Theodor Mommsen

Römische Forschungen

I0085851

Theodor Mommsen

Römische Forschungen

ISBN/EAN: 9783741164279

Hergestellt in Europa, USA, Kanada, Australien, Japan

Cover: Foto ©Lupo / pixelio.de

Manufactured and distributed by brebook publishing software
(www.brebook.com)

Theodor Mommsen

Römische Forschungen

RÖMISCHE FORSCHUNGEN

VON

TH. MOMMSEN.

ZWEITER BAND.

BERLIN.
WEIDMANNSCHE BUCHHANDLUNG.
1879.

INHALT.

— ..

I.
DIE ECHTE UND DIE FALSCHE ACCA LARENTIA.[*])

Märchen sind für Jedermann, für Alt und Jung, Gelehrte und Ungelehrte, die älteste Weltlitteratur, erfunden lange vor der Erfindung der vier Facultäten und allem Anschein nach bestimmt noch lange zu grünen, wenn diese ehrwürdigen Schwestern ihr Geschäft aufgegeben haben werden. So mag es denn gestattet sein das oder vielmehr die Märchen von der Acca Larentia bei einer Gelegenheit zu erzählen, bei welcher jene Facultäten allen Anlass haben nicht bloss sich zu betheiligen, sondern auch sich wo möglich von der liebenswürdigen Seite zu zeigen und eines Meisters werth, dem diejenige schlichte Sauberkeit der gelehrten Forschung gegeben ist, welche man Anmuth nennt, und unter dessen Händen alle Halme, auch die unscheinbarsten, immer zum zierlichen Strauss geworden sind.

Der Name der Acca Larentia oder, wie er wahrscheinlich ursprünglich gelautet hat, der Larentina Acca[1]) ist zu-

---

[*]) Aus den „Festgaben für Gustav Homeyer zum 28. Juli 1871". Berlin 1877. S. 91—107.

[1]) *Laurentia* statt *Larentia* ist eine zwar häufig begegnende Variante, aber sowohl die Autorität der besseren Handschriften fast überall (nur bei Minucius Felix 25, 8, bei Dionysios 1, 84. 87

nächst verknüpft mit dem uralten Fest der Larentalia[2]). —

und in dem durch Tzetzes erhaltenen dionischen Bruchstück 4, 13
spricht die Ueberlieferung für den Diphthong), wie besonders die
Auffassung der *Larentalia* als des Gedächtnissfestes dieser Frau
zeigen, dass nur die letztere Form Autorität hat. — *Larentina*
statt *Larentia* lesen wir bei Verrius Flaccus (im pränestinischen
Kalender C. I. L. I p. 319: *Accae Larentin* . . .) und bei Varro 6,
23. 24 (vgl. C. I. L. I p. 469), hier neben der gewöhnlichen in den
Formeln [*dies*] *Larentinae* und *dies parentum Accas Larentinas*; ferner
bei Tertullian *adv. nat.* 2, 10. Lactantius 1, 20, 4 (wenigstens nach
den meisten Handschriften), Augustinus *de civ. dei* 6, 7, 2 und
Fulgentius p. 560 Merc. Danach hat, obgleich die meisten Gewährsmänner, Dionysius, Livius, Ovidius und so weiter, nur die
Form auf *-ia* kennen, doch die auf *-ina* mehr Anspruch darauf
als die ältere zu gelten. — Dafür spricht noch eine andere Erwägung. Lautet der Name Acca Larentia, so ist der zweite
Name Geschlechts-, der erstere der alterthümliche Frauenvorname;
und so haben die Späteren diesen Namen entschieden gefasst, sogar schon Vergilius, indem er zwei volskischen Königsschwestern
die Namen Camilla und Acca (Aen. 11, 820. 823) giebt. Lautet
dagegen der Name Acca Larentina, so ist die zweite Form Cognomen und muss die erste als Geschlechtsname gefasst werden;
und in der That findet sich sowohl bei den Schriftstellern (Liv. 25,
14, 4. 13 und daraus Val. Max. 3, 2, 20) wie auf Inschriften
(I. N. 5342. 5354. 5362. 5379. 5381. 5432. 5965; *Annali dell' Inst.*
1856, 11) ein Geschlechtsname, der in männlicher Form Accavus
oder Accaus, in weiblicher Acca lautet. Wenn derselbe vorzugsweise bei den Paelignern auftritt, so muss er doch wohl als ein
ursprünglich allgemein italischer aufgefasst werden, so selten auch
Geschlechtsnamen auf *-avus (-aus)* sonst sind (vgl. *Sext. Cariaus
Sext. fil. Firminus* in einer von mir gesehenen Veroneser Inschrift
C. V, 3922). Danach scheint der Name ursprünglich Acca Larentina oder vielmehr, nach der in älterer Zeit üblichen Namenfolge,
Larentina Acca gelautet zu haben und erst später, als die richtige
Auffassung des Namens Acca schwand, in Acca Larentia umge-
setzt worden zu sein. Es wird indess gestattet sein die schon
dem späteren Alterthum geläufigere Form beizubehalten.

[2]) Dass der Name des Festes *Larentalia* lautet, steht fest durch

Dies ist zwar ein Fest des Jupiter[2]), aber in seinen Ge-
bräuchen durchaus ein Todtenfest[4]), und zwar nicht allgemeiner Art wie die Feralia des 21. Februar, sondern auf
eine bestimmte Persönlichkeit und deren Todestag und
Grabstätte bezogen. Jedes Jahr am 23. December werden
am Abhang des Palatin gegen den Fluss zu im Velabrum[5])

Varro de l. l. 6, 23, Ovidius fast. 3, 57 und Festus u. d. W. p. 119,
wogegen die Form *Larentinalia* bei Lactantius 1, 20, 4 und Macrobius 1, 10. 11 nicht in Betracht kommen kann. Grammatische
Harmonie nach den Regeln der späteren Sprache zwischen der
Benennung des Festes und dem Namen derjenigen, der es galt,
scheint mir Thilo (*de Varrone Plutarchi q. Rom. auctore praecipuo*
p. 18) nicht mit Recht zu fordern; die Namen sind beide sehr
alter Bildung und neben Larentina mag eine ältere Form Larenta
verschollen sein.

[2]) Als *feriae Iovi* sind die Larentalien bezeichnet in den uralten die Gottheiten der benannten Festtage angebenden Bei-
schriften des Kalenders (C. I. L. I p. 375); auch bei Macrobius
sat. 1. 10, 10 heissen sie *feriae Iovis quae appellantur Larentinalia*. —
Mit den Lären haben die Larentalia nichts gemein; keine Spur
deutet darauf und die verschiedene Quantität des Vocals spricht
dagegen.

[4]) Dies tritt in allen Angaben über das Fest auf das Be-
stimmteste hervor; so heisst es, um nur die ältesten und aus-
drücklichsten Zeugnisse zu nennen, bei Cato (Macrob. 1, 10, 12)
annua parentatio, bei Varro 6, 23 *dies parentum Accae Larentinae*,
wobei man sich zu erinnern hat an die alterthümliche Bezeichnung
des Grabes als *dris inferum parentum sacrum* (C. L L. I n. 1241).
Die bei Varro überlieferte Lesung *diem tarentum accas tarentinas*
kann also auf leichtere Weise gebessert werden, als Thilo (*de
Varrone Plutarchi q. Rom. auctore praecipuo* p. 19) und ich im C. I.
L. I p. 409 früher vorgeschlagen haben.

[5]) Cicero ad Brut. 1, 15, 8: *(maiores) hunc honorem mulieri Larentiae tribuerunt, cui vos pontifices ad aram in Velabro sacrificium
facere soletis*. Macrobius 1, 10, 15: *in Velabro loco celeberrimo urbis
sepulta est ac sollemne sacrificium eidem constitutum, quo die manibus*

1*

von den Pontifices und dem Flamen des Quirinus[6]) der
Larentina auf ihrem Grabe[7]) die üblichen Todtenspenden
dargebracht[8]).   Die lange Reihe der römischen Gemeindefeste weist keines auf, das irgend Aehnlichkeit mit diesem
hätte; wie diese an ein einzelnes Individuum sich
knüpfende[9]) Todtenfeier ein Gemeindefest werden konnte
in einer Gemeinde, die sonst weder Gemeindegedächtniss-
feste verstorbener Menschen als solcher noch Versetzung
derselben unter die Gemeindegötter kennt, und wie dies
individuelle Todtenfest zugleich ein Fest des Gottes des

---

eius per flaminem sacrificaretur.   Von dem Grab im Velabrum
spricht auch Plutarch Rom. 5.

[6]) Antias bei Gellius 7, 7, 6: *a flamine Quirinali sacrificium ei
publice fit.*   Den Flamen nennt auch Macrobius a. a. O. ohne
nähere Bezeichnung; den Flamen des Mars, freilich in irriger
Beziehung auf das Fest der Lupa, Plutarch (A. 30).   Wegen der
Pontifices s. A. 5.

[7]) Von der *sepulcri magnificentia* spricht schon Cato a. a. O.
Dass dies uralte Todtenfest innerhalb der Stadt gefeiert wird,
kann man darauf zurückführen, dass das Velabrum ausserhalb
der Mauern der ältesten palatinischen Stadt liegt; aber vielleicht
mit besserem Recht wird man daran erinnern, dass nach ältester
Sitte die Geschlechtsgräber sich innerhalb des Geschlechtshauses
befanden (Marquardt Handb. 5, 1, 362).

[8]) Macrobius a. a. O. Plutarch q. R. 34: τῇ Λαρεντίᾳ ποιοῦσι
τὸν ἐναγισμὸν καὶ χοὰς ἐπιφέρουσιν εἰς τάφον τοῦ Δεκεμβρίου μηνός.

[9]) Wie deutlich noch die späteren Römer empfanden, dass das
Todtenfest der Larentina in dieser Hinsicht eine Anomalie war,
zeigt besonders der wenn nicht ciceronische, doch sicher recht
alte Brief, welcher die Eintragung des Geburtstags des D. Brutus in den römischen Kalendern durch diese Analogie rechtfertigt, ad Brut. 1, 15, 8: *D. Bruto liberato cum laetissimus
ille civitati dies illuxisset idemque casu Bruti natalis esset, decrevi
ut in fastis ad eum diem Bruti nomen adscriberetur, in eoque sum
maiorum exemplum secutus, qui hunc honorem mulieri Larentiae tribuerunt.*

Lichtes und Lebens, des Jupiter ist[10]), dieser Räthsel
Wort ist wohl auf immer verschollen. Aber wo die Gelehrten schweigen, da reden die Küster; und hier haben
sie sich folgendermassen vernehmen lassen[11]).

An einem Feiertage[12]) forderte der Tempeldiener des
Hercules, da es ihm an anderen Spielgesellen gebrach,
den Gott selber auf die müssige Zeit mit dem Brettspiel
zu vertreiben, und der Gott war es zufrieden. Mit der
einen Hand sollte der Diener für sich, mit der anderen
für den Gott werfen[13]) und wer verlor, entweder der
Diener aus seinen Mitteln oder der Gott aus dem Opfer-
kasten[14]), dem Sieger eine Mahlzeit ausrichten und ihm ein
hübsches Mädchen zuführen. Sie würfelten also; und
der Gott blieb Sieger. Der Diener erfüllte sein Wort; er
trug dem Gott in seinem Tempel Speisen und Wein auf

---

[10]) Macrobius Erklärung 1, 10, 15: *Iovi feriae consecratae, quod
aestimaverunt antiqui animas a Iove dari et rursus post mortem eidem
reddi* zeigt nur den weiten Abstand seiner Anschauungen von
denen der alten Zeit.

[11]) Mit der ausführlichen Erzählung, die Plutarch q. R. 35,
Rom. 5 und Macrobius 1, 10, 12 aus den Kalenderbüchern abgeschrieben haben, stimmen die kürzeren Berichte bei Verrius
Flaccus im pränestinischen Kalender und bei den christlichen
Schriftstellern Tertullian *ad nat.* 2, 10, Augustinus *de civ. dei* 6,
7, 2, Lactantius 1, 20 (mit Berufung auf Verrius) oft wörtlich
überein, um von blossen Andeutungen, wie bei Ovid *fast.* 3, 55,
zu schweigen.

[12]) Augustinus: *aedituus otiosus atque feriatus*; Macrobius: *aedi-
tuum per ferias otiantem*; Plutarch: ἀπολαύων σχολῆς.

[13]) Tertullian: *una manu Herculis nomine, alia ex sua persona
lusus inisse*; Augustinus: *utraque manu alternante, in una constituens
Herculem, in altera se ipsum*; Macrobius: *ipso utriusque manum tuente.*

[14]) Tertullian: *ex stipibus templi*; Augustinus: *de stipe templi.*

und führte die gefeiertste Hetäre der Zeit[15]), mit Namen
Acca Larentia und dem Beinamen Fabula[16]), in den
Tempel; dann ging er davon und schloss den Tempel zu.
Der Gott aber fand Wohlgefallen an dem schönen Mädchen
und im Traume war es ihr, als wenn er in ihren Armen
gelegen und sie geheissen habe wohl aufzumerken, welcher
Mann sie beim Austreten aus dem Tempel zuerst an-
sprechen werde; dieser werde ihr das Geschenk des Gottes
bringen. Als sie dann am anderen Morgen den Tempel
verliess, da begegnete ihr ein reicher alter Hagestolz aus
dem Tuskerland Tarutius[17]), und sie gefiel ihm. Also
folgte sie ihm in sein Haus und er nahm sie späterhin
zu seinem rechtmässigen Weibe. Von ihm erbte sie sein
ganzes grosses Vermögen, das sie dann, insbesondere eine
Anzahl von Landgütern in der Nähe von Rom[18]), in ihrem

---

[15]) Verrius: *meretrix, Herculis scortum* (ebenso Lactantius aus
Verrius); Macrobius: *nobilissimum id temporis scortum;* Augustinus:
nobilissimam meretricem.

[16]) Plutarch q. R. 35: τῇ δὲ ἑτέρᾳ Ἀκρωτίᾳ (der Dirne des Hercules) ψαβόλαν ἐπίκλησιν εἶναι λέγουσιν. Lactantius 1, 20: *Romani
meretricem colunt . . . . Faulam, quam Herculis scortum fuisse Verrius
scribit.* Man hat darin allerlei tiefe Dinge gesucht, es ist aber
wohl nichts als der bei Hetären so gewöhnliche Nebenname, wie
z. B. bei Lucian dial. meretr. 11, 2 eine Philemation vorkommt,
ἣν Παιδία ἐπικαλοῦσιν, und bei Athenaeos 13, c. 37 f. eine Menge
ähnlicher Beinamen sich finden. *Fabula* wäre also etwa Schwatz-
maul.

[17]) Tarrutius heisst er bei Plutarch, Tarutius bei Augustin.
Tarutili (Genitiv) in den pränestinischen Fasten, Carutius durch
Schuld der Abschreiber bei Macrobius. Einen Tusker nennt ihn
Macer bei Macrobius, einen alten kinderlosen Hagestolz Plutarch,
während ihn Augustinus zum *iuvenis* macht.

[18]) Diese Aecker nennt Cato bei Macrobius a. a. O.: *Turacem
Semurium* (auch erwähnt, als von Antonius vertheilt, bei Cicero

Testament der römischen Gemeinde vermachte. Deshalb
stiftete nach ihrem Heimgang[19]) die Gemeinde ihr das
Grab und das jährliche Gedächtnissfest.

Diese Erzählung gehört augenscheinlich zu derjenigen
Reihe von Legenden, welche an die grossentheils früh ver-
schollenen Feste des alten volksthümlichen Kalenders anknüpfen und die dunklen Namen des *regifugium* und der
poplifugia, der *lucaria* und *angeronalia* und so weiter mit
dem leichten Gewinde ihrer Einfälle umspinnen. In wissen-
schaftlicher Verarbeitung erscheinen diese dann in den
Kalenderbüchern und weiter in Varros und seiner Nachfolger antiquarischen Schriften, woraus endlich in spätester
Zeit die Christen ihre Polemik geschöpft haben[20]). In

Philipp. 6, 5, 14) *Lutirium* (so die Pariser Handschrift, gewöhnlich *lintirium)* et *Solinium*. Ob der Name des ersten dieser Güter
mit dem des Gatten der Acca Tarutius und (woran Jordan *prol.
ad Catonis fragm.* p. XXXIII gedacht hat) beide wieder mit dem
Namen der Vestalin *Gaia Taracia* (vgl. C. I. L. I n. 1202) *sive
Furetia* (oder *Fufetia)* bei Plinius 34, 6, 25 und Gellius 7, 7, 1
zusammenhängen, welche letztere das spätere Marsfeld der Gemeinde
geschenkt haben soll, ist nicht auszumachen, zumal da wir nicht
im Stande sind, die bei Macrobius überlieferte Form *Turax* zu
controliren. Findet hier Verwandtschaft statt, so wird man nicht
mit Schwegler 2, 46 die Gaia und die Acca für dieselbe Sagen-
figur erklären dürfen, sondern vielmehr hier zwei aus einem
und demselben Namen eines Gemeindegrundstücks unabhängig
von einander entwickelte Besitztitel-Anekdoten zu erkennen haben.

[19]) Augustinus: *illa non comparente*. Plutarch Rom. 5: *λέγεται
δὲ αὐτὴν ἔνδοξον οὖσαν ἤδη καὶ θεοτιμῆ νομιζομένην ἀφανῆ γενέσθαι
περὶ τοῦτον τὸν τόπον*. Der Vergötterung wegen wird hier, wie bei
dem Romulus, dem Sterben das Verschwinden substituirt.

[20]) Die A. 11 aufgeführten Quellen gehen ohne Zweifel im
Wesentlichen alle auf Varros *antiquitates sacrae* zurück, der auch
in der Schrift *de lingua Latina* 6, 23 die Anekdote voraussetzt.

die römischen Annalen hat diese Erzählung zwar auch ihren
Weg gefunden, wie sie denn von Valerius Antias in der
Form erzählt wird, dass Acca den König Romulus zum
Erben eingesetzt habe[21]), während andere Annalisten sie
unter der Regierung des Ancus verzeichneten[22]); aber wie
es schon diese verschiedene Stellung bezeichnet, ist sie
den ursprünglichen Annalen ohne Zweifel fremd gewesen
und erst von den jüngeren Historikern, vielleicht zuerst
von Antias, aus den Fasten in die Chroniken übertragen
worden[23]). — Was das Alter dieser Erzählung anlangt, so
hat sie wenigstens in ihren Grundzügen bereits Cato[24]), in

Ueber die unmittelbare oder durch Zwischenglieder vermittelte
Ableitung ist A. 35 zu vergleichen.

[21]) Gellius 7, 7, 6: *Acca Larentia . . . . testamento, ut in Antiatis
historia scriptum est, Romulum regem, ut quidam autem alii tradi-
derunt, populum Romanum bonis suis heredem fecit.* — ['Dem römischen
Volk,' sagt Pernice (Labeo 1, 263), 'wird von altersher voll-
kommene private Rechts- und Handelsfähigkeit zugeschrieben;
keine Spur einer diese vermittelnden Fiction oder eines theore-
tischen Bedenkens findet sich.' Hier scheint doch eine solche vorzuliegen. Der scharfe Gegensatz der beiden Berichte legt es
nahe, dass die alles erklärenden römischen Aetiologen auch die
Frage aufgeworfen und in ihrer Weise beantwortet haben, kraft
welchen Rechts die römische Gemeinde zum Erben eingesetzt
werden dürfe, während doch sonst der juristischen Person die
testamenti factio fehlt. Wenn zum Beispiel König Numa dieses Erb-
recht der römischen Gemeinde geordnet hat, so hatte Antias guten
Grund die Amme des Romulus zu Gunsten nicht der Gemeinde,
sondern ihres Milchsohnes testiren zu lassen.]

[22]) Macrobius 1, 10, 12. 15.

[23]) Cato hat vielleicht auch von dem ältesten Gemeindebesitz
die *origines* verzeichnet und in diesem Zusammenhang unserer
Anekdote gedacht.

[24]) *Cato ait*, sagt Macrobius a. a. O., *Larentiam meretricio quaestu
locupletatam post excessum suum populo Romano agros . . . reliquisse*

der obigen Ausführung wohl ohne Zweifel Varro gekannt, so
dass sie innerhalb unserer schriftstellerischen Ueberlieferung
ziemlich bis auf deren Anfänge zurückreicht. Nichts desto
weniger ist es vollständig klar, dass sie erst entstanden
sein kann, als nicht bloss die Kunde von der alten Landes-
religion, sondern auch die ernste Auffassung derselben
vollständig geschwunden war: insbesondere ist hervorzuheben, dass ihr Urheber zwar dem Hercules, dem flotten
Gott des raschen Gewinnes und der sauberen wie der
unsauberen Speculation, sehr wohl seine Stelle anzuweisen
verstand, aber dass er von den Larentalien als einem
Jupiterfest gar keine Empfindung mehr hatte und insofern,
was vor allem Erläuterung erheischte, zu erklären nicht
einmal versuchte; ferner dass er das Recht der Frauen zu
testiren, das relativ jung ist, als von Haus aus bestehend
betrachtet. Dennoch ist dieses die echte Larentia, die
Mutter der falschen. Aber ehe wir von dieser reden, wird
es nothwendig sein eine allbekannte weit ältere und
schönere Sage, so weit sie hier in Betracht kommt, in die
Erinnerung zurückzurufen: ich meine die von der Aussetzung der Zwillingsbrüder Romulus und Remus. Durch
einen glücklichen Zufall ist uns von dieser ziemlich getreu
die älteste buchmässige Fassung aufbehalten, wie sie um
die Zeit des hannibalischen Krieges Q. Fabius Pictor aufgezeichnet hat: sie steht bei Dionysios[25]) und im Wesent-

---

et ideo sepulcri magnificentia et annuae parentationis honore dignatam.
Auch aus Antias wird von Gellius a. a. O. nicht mehr angeführt.
Die Erzählung vom Hercules also kann jünger sein, obwohl sie
es nicht sein muss; zu vereinbaren ist sie auch mit dem, was aus
Catos und Antias Berichten übrig ist.

[25]) Dionysios giebt bekanntlich diesen Theil der Ursprungs-

lichen auch bei Plutarch[36]). Daraus ist das Folgende, wo
kein Gewährsmann besonders angegeben ist, entnommen.

Die von von der Ilia, der Tochter des früheren Königs —
Numitor, aus der Umarmung des Gottes Mars geborenen
Zwillinge befahl der jetzige Herr von Alba König Amulius
in den Fluss zu werfen. Die Diener des Königs nahmen
die Kinder und trugen sie von Alba bis an die Tiber auf
den Hügel des Palatin; aber als sie von diesem zum Fluss
hinabsteigen wollten, um den Befehl zu vollziehen, fanden

---

geschichte in zwei verschiedenen Fassungen, einmal 1, 79—83 nach
Fabius, Cincius, Cato, Piso und 'vielen anderen Annalisten', dann 1,
84 nach 'anderen, die vom Fabelhaften nichts wissen wollen',
womit augenscheinlich die jüngeren sonst von Dionysios benutzten
Chronisten der sullanischen und nachsullanischen Epoche, wie
Antias und Macer, gemeint sind. Dass bei dem ersteren Bericht
zunächst Fabius zu Grunde liegt, zeigt die Nennung desselben
zu Anfang an erster Stelle und am Schluss c. 83 a. E. an einziger; ferner dass nach der scharf bezeichneten Einlage aus
Tubero c. 80 z. A. die Erzählung mit ὡς ὁ Φάβιος παραδίδωσι
wieder aufgenommen wird. In unserer ganzen Ueberlieferung
haben wir kein Stück von gleicher Authentie und gleicher Ausdehnung, das so wie dieses uns Wort und Weise des römischen
Herodot vergegenwärtigte.

[36]) Plutarch im Romulus erzählt, wie er sagt, wesentlich nach
Diokles von Peparethos als dem für diese Erzählung unter den
griechischen Schriftstellern ältesten Gewährsmanne, dem nach
Plutarchs Meinung Fabius selber gefolgt ist. Er will also den
fabischen Bericht geben, und in der That stimmt die plutarchische
Fassung im Ganzen recht wohl zu der von Dionysios aus Fabius
aufbehaltenen. Doch sagt Plutarch ausdrücklich zu Anfang wie
am Schluss (c. 8 a. E.), dass er seinem Hauptgewährsmann nur
im Ganzen, in den meisten Punkten folge, und legt mehrfach
Varianten ein. Zu diesen gehört insbesondere der Abschnitt c. 4
von den Worten καίτοι τοῦτο παθεῖν an bis c. 5 a. E., in dem die
rationellen Substituten für den Mars und die Lupa auftreten.

sie ihn ausgetreten und vermochten das Strombett nicht zu erreichen. So schoben sie die Wanne mit den Kindern in das flache Uferwasser. Sie schwamm eine Weile; aber die Wasser traten bald zurück und da sie gegen einen Stein stiess[37]), fiel sie um; schreiend lagen die Kinder im Schlamm. Das hörte eine Wölfin, die eben vorher ge-

[37]) Man erwartet dafür den Feigenbaum; dass Fabius von diesem schweigt, ist merkwürdig. Bekanntlich wird der Baum von allen Späteren auf diese Sage bezogen und die Benennung *ruminalis* darauf zurückgeführt, dass *rumen* im älteren Latein das Euter bedeutet. Aber derjenige Baum, den man viele Jahrhunderte als *ficus ruminalis* wies, stand nicht am Palatin, sondern auf dem Comitium und sollte durch ein späteres Wunder von seinem ursprünglichen Platz dahin versetzt sein (Plinius h. n. 15, 18, 77; Becker Topogr. S. 291). Es ist wohl möglich, dass noch zu Fabius Zeit man die *ficus ruminalis* auf dem Comitium in keine Verbindung mit der Sage von der Aussetzung der Zwillinge brachte und dass sowohl die Etymologie von den Zitzen wie auch die wunderbare Versetzung vom Palatin weg erst nach Fabius von gelehrten Fabulisten aufgebracht worden ist. Die Späteren freilich bezeichnen sogar das Erzbild der Wölfin als gesetzt *ad ficum ruminalem* (Liv. 10, 23, 12), obwohl dasselbe entschieden nicht auf dem Comitium, sondern am Palatin stand. — [Wenn Jordan Top. 1, 200 dagegen geltend macht, dass die Versetzung des Feigenbaumes durch Navius und der Glaube an eine *ficus ruminalis* auf dem Palatin keineswegs späte Erfindung seien, so ist wenigstens das Letztere unzweifelhaft richtig, da schon Ennius (v. 71 Vahlen) den Feigenbaum mit der Wölfin in Verbindung bringt. Jene Etymologie musste jedem sich aufdrängen, der des Lateinischen kundig war; sollte aber zwischen jenem altheiligen Stadtbaum auf dem Comitium und der säugenden Wölfin eine passende Verbindung hergestellt werden, so brauchte man den Baum an der der Legende von der Wölfin ein für allemal angewiesenen Stätte; und sicher ist in Folge dessen zu dem wirklichen Feigenbaum auf dem Markt der Ur-Feigenbaum auf dem Palatin und seine wunderhafte Verpflanzung später hinzugedichtet worden. Dafür aber, dass dies schon vor oder

worfen und die Euter schwer von Milch hatte, und sie
kam herbei und reichte den Knäblein die Zitzen, um sie
zu tränken, und während sie tranken, leckte sie sie mit
der Zunge rein. Ueber ihnen flog ein Specht; er hütete
die Kinder und trug ihnen gleichfalls Speise zu[36]). Der
Vater waltete über seinen Söhnen; denn Wolf und Specht
sind die heiligen Thiere des Vaters Mars. Das sah einer
der königlichen Hirten, welcher die Schweine wieder zurück-
trieb auf die vom Wasser freigewordene Flur und er
staunte und rief die Genossen; die fanden die Wölfin, wie
sie mütterlich sorgte für die Kinder und die Kinder zu
ihr waren wie zu einer Mutter. Und sie machten einen
grossen Lärm, um das Thier zu verscheuchen. Aber die
Wölfin ward nicht scheu; sie liess von den Kindern, aber
nicht aus Furcht; langsam und ohne um die Hirten sich
zu kümmern verschwand sie bei der heiligen Stätte des
Faunus[39]), wo aus einer Schlucht des Berges das Wasser
hervorsprudelt, in das Dickicht des Waldes. Die Männer
aber hoben die Knaben auf und brachten sie dem obersten
der Schweinehirten des Königs, dem Faustulus; denn sie
meinten, die Götter wollten nicht, dass sie umkämen.

durch Fabius geschehen ist, liegen keine Beweise vor, während
es andererseits sehr bedenklich erscheint den palatinischen Feigenbaum in die fabische Erzählung von der Wölfin hineinzutragen,
die ihn nicht bloss nicht kennt, sondern genau genommen ihn
ausschliesst. Dagegen steht der Annahme nichts im Wege, dass
es der Dichter Ennius gewesen ist, der an die Stelle des fabischen
Felsblocks jenen Ur-Feigenbaum gesetzt hat.]

[36]) Von dem Specht spricht Dionysios nicht; er erscheint aber
bei Plutarch Rom. 3.

[39]) Dionysios und wohl schon Fabius nennt den Pan; es kann
nur der Faunus gemeint sein, der ja auch *Lupercus* heisst.

Aber des Faustulus Frau hatte eben ein todtes Kind geboren und war traurig. Da gab ihr der Mann die Zwillinge und sie nährte sie und sie zogen sie auf und nannten sie Romulus und Remus. Als dann Rom gegründet
worden war, da baute König Romulus sich ein Haus
unfern der Stätte, wo seine Wanne gestanden. Die Schlucht
aber, in der die Wolfin verschwunden war, heisst seitdem
die Wolfsschlucht, das Lupercal; dort ward späterhin das
eherne Bild der Wölfin mit den Zwillingen aufgestellt
und der Wölfin selbst, der Lupa, erwiesen die Römer
göttliche Ehre[20]).

So lautet die schlichte Erzählung des ältesten römischen

---

[20]) Das Letztere sagt Fabius nicht, aber Lactantius 1, 20, 1:
Romuli nutrix Lupa honoribus est affecta divinis und ähnlich Arnobius 4, 3: *quod abiectis infantibus pepercit lupa non mitis, Luperca
dea est appellata auctore Varrone*. Wenn Plutarch q. Rom. 35 sagt:
*Λαρεντίαν Ἄκκαν . . . τὴν Ῥωμύλου τροφόν . . . τῷ Ἀπριλλίῳ μηνὶ
τιμῶσι*, und anderswo (Rom. 4): *ταύτη δὲ* (der Acca als Amme
des Romulus) *καὶ θύουσι Ῥωμαῖοι καὶ χοὰς ἐπιφέρει τοῦ Ἀπριλλίου
μηνὸς αὐτῇ ὁ τοῦ Ἄρεος ἱερεὺς καὶ Λαρεντίαν καλοῦσι τὴν ἑορτήν*, so
ist es kaum zweifelhaft, dass der Name des Festes, der Flamen
des Quirinus (dass dafür der Flamen des Mars genannt wird, ist
eine nahe liegende vielleicht erst von Plutarch verschuldete Vertauschung) und der Charakter der Grabfeier in Folge der Contamination der Ziehmutter des Romulus mit der Dirne des Hercules fälschlich auf das Fest der Lupa übertragen sind. [Aber der
April ist nicht aus der Larentia-Legende entnommen; dagegen
findet unter den Festen dieses Monats sich eines, das für die
Dirne des Hercules sich vortrefflich schickt, dasjenige des 1. April,
an dem die ehrbaren Frauen der Venus verticordia für die Treue
der Männer, die Dirnen der Glücksgöttin opfern (C. I. L. I p. 390).
Dies wird zur Gewissheit durch die von Wilamowitz mir mitgetheilte Verbesserung des augenscheinlich verdorbenen *αὐτῇ* in
α̅῾, also *τοῦ Ἀπριλλίου μηνὸς πρώτῃ*.]

Annalisten. Er kennt noch die wirkliche Wölfin, wie das
schöne Erzbild auf dem Capitol[81]) sie darstellt; er spricht
wohl von der Frau des Faustulus, der Amme der Zwillinge,
aber sie ist hier namenlos und ehrbar. Wie sie weiter zu _
einem Namen und zugleich um ihre Ehre gekommen ist,
das lässt sich noch einigermassen erkennen.

Gehen wir in der Zeitfolge den Spuren der Annalen
nach, so bürgt Dionysios dafür, dass wenigstens noch Piso
im Anfang des 7. Jahrhunderts sich nicht wesentlich von
Fabius entfernte. Sogar Valerius Antias scheint, nach einer
Andeutung des Gellius, wenigstens von dem später der
Gattin des Faustulus beigelegten Namen noch nichts gewusst zu haben[32]); wie er mit der Wölfin sich abfand,
wissen wir nicht. Aber endlich findet jeder Lindwurm
seinen Sanct Georg; und wenn es keiner seiner Vorgänger
gethan, so hat Macer in diesem altmodischen Wust aufge-
räumt und aus demselben einen saubereren Kern vernünftiger
Geschichte herausgeschält. Es fielen sogar zwei böse Fabeln
auf einen Streich, indem Macer die von Tarutius auf der
Strasse gefundene Gattin Acca Larentia wenigstens zur
Wittwe des königlichen Hirten Faustulus machte. Diese
nährte die Zwillinge, und da die Schandmäuler der Nachbarschaft sie von ihren Jugendsünden her *lupa* zu nennen

---

[81]) Dass dieses Erzbild seit dem 10. Jahrhundert am Lateran
stand und von da um 1473 auf das Capitol kam, hat Stevenson
(*ann. dell' Inst*. 1877 S. 375 fg.) kürzlich erwiesen. Die Identification desselben mit dem im J. 459 d. St. in Rom aufgestellten
Originalwerk ist dadurch noch zweifelhafter geworden, als sie
ohnehin schon war, während andererseits die kürzlich erhobene
Frage, ob das Werk selbst nicht mittelalterlichen Ursprungs sei,
seit jenem Nachweis wohl sicher wird verneint werden können.

[32]) Gellius 7, 7 erzählt von der Acca Larentia, dass sie bei einigen

fortfuhren, entstand das Ammenmärchen, dass die Zwillinge
von einer Wölfin gesäugt worden seien. — So verschwand die
Wölfin, indem jetzt das Wort *lupa* in seiner secundären
Bedeutung als feile Dirne genommen[33]) und also prädicativ
auf die Gattin des Faustulus bezogen ward. Man erkennt
auch wohl, wie Macer, oder wer sonst der Vater dieser
Fassung ist, auf seinen Einfall gekommen ist. Der Geschichtsverbesserer brauchte zur Wegschaffung der *lupa* eine
öffentliche Dirne, die in die Ursprungsgeschichte verflochten
werden konnte; und da sich keine andere darbot als jene
Acca, die ja nach Macers unmittelbarem Vorgänger Antias
den Romulus zum Erben einsetzte, so musste diese wohl oder
übel bei den Zwillingen Mutterstelle vertreten. Allerdings
ergab sich auf diesem Wege eine wenig erbauliche Confusion
durchaus incongruenter Elemente; es ist eben derselbe Griffel,
welcher für den Gott Mars den König Amulius hineincorrigirt,
wie er in vollem Waffenschmuck in den Kerker seiner Nichte
einbricht und darum für den Kriegsgott gehalten wird, und
welcher auch sonst an unzähligen Stellen in ähnlicher
Weise die bösen Schwarmgeister der alten rohen Zeit mit

Annalisten, worunter er den Antias nennt, auftrete als reiche Hetäre, die ihr Vermögen dem König oder der Gemeinde hinterlassen
habe, dagegen bei Masurius Sabinus nach anderen Chroniken
als Amme des Romulus. Damit ist doch gesagt, dass die erste
Kategorie von der Acca Larentia als der Amme des Romulus
nichts wusste; und einem Philologen, wie Gellius war, kann man
schon zutrauen, dass er den Gegensatz der beiden Darstellungen
richtig erfasst hat.

[33]) Wenn Dionysios 1, 84 in diesem gut lateinischen, aber nicht
griechischen Ausdruck Ἑλληνικόν τι καὶ ἀρχαῖον findet, so bezieht
sich dies, wie mir Wilamowitz nachweist, wahrscheinlich darauf,
dass die Grammatiker das Wort aus 'den Italioten' angemerkt

Fleiss und Erfolg ausgetrieben hat. Beiläufig mag noch
bemerkt werden, dass das Hineinziehen der Acca Larentia
in die Romulusfabel auch insofern sich als jüngerer Zusatz
erweist, weil die letztere sonst offenbar entstanden ist unter
dem Einfluss der Vorstellung, dass es damals nur einstellige
Personnamen gegeben hat und der Geschlechtsname wie
die Geschlechtsordnung erst durch Romulus geordnet worden
sind[34]). Dies gilt von Romulus, Remus, Faustulus, Ilia,
Numitor, Amulius, ja selbst von den jüngeren Figuren
Celer, Faustinus, Antho, während die Acca von Haus aus
zweinamig gewesen und stets geblieben ist.

Bereits in Ciceros Zeit also standen das alte Märchen
und die neue Verbesserung sich einander gegenüber, die
Lupa als Wölfin und die Lupa als Dirne. Dass Varro die
letztere Auffassung gekannt hat, lässt sich nach den Zeit-
verhältnissen nicht bezweifeln; doch ist es nicht ausgemacht,
ob er diese, als er seine Alterthumskunde schrieb, funkel-

---

hatten, womit die tarentinischen Komiker gemeint sein mögen
(λύπππα· λέγεται δὲ οὕτως παρά Ιταλιώταις ἡ λύκαινα heisst es in
den suetonischen Glossen bei Miller *mélanges de litt. Gr.* p. 414 und
ähnlich in anderen Glossaren). In der That war also das angeblich altgriechische Wort, an das Dionysios wohl gedacht hat, wahrscheinlich ebenfalls Lehnwort aus einem der italischen Dialekte.
Dass Lactantius 1, 20, 3 die attische Leaena, die Buhle des
Aristogeiton herbeizieht, ist bloss Vergleichung.

[34]) Schrift *de praenom.* z. A.: *Varro simplicia in Italia fuisse no-
mina ait existimationisque suae argumentum refert, quod Romulus et
Faustulus neque praenomen ullum neque cognomen habuerint. qui ab eo
dissentiunt, aiunt matrem eorum Ream Silviam vocatam, avum Silvium
Numitorem, fratrem eius Amulium Silvium* (vgl. Bd. 1, S. 5).
Diese Ausnahmen hängen alle zusammen mit der albanischen
Königsliste der Silvier, über deren sehr spätes Auftreten ich in
der Chronologie S. 156 gesprochen habe.

nagelneue Weisheit in seine Darstellung aufgenommen hat[35]),
zumal da directe Einwirkung der Neuerungen Macers bei
ihm bisher noch nicht nachgewiesen worden ist. Dagegen
die Schriftsteller der augustischen und der späteren Zeit
fanden neben den beiden alten Märchen auch deren jüngere
Verklitterung vor, und konnten die letztere nicht füglich
ignoriren.

Zunächst die Historiker liessen die kaum in ernsthafter

---

[35]) Die Ziehmutter des Romulus führt den Namen Larentia
zwar bei Ovidius in den Fasten 3, 55 und bei Plutarch in den
römischen Fragen 35, und im Allgemeinen ist es gewiss genug,
dass beide Schriften auf Varro zurückgehen. Aber keineswegs
darf jede beiläufige Erwähnung, die in einer derselben begegnet,
ohne weiteres als ausgemacht varronisch angesprochen werden.
Wenn auch Varro in seiner Alterthumskunde die Larentia nur als
die Dirne des Hercules verzeichnet hat, so konnte darum Ovidius
sehr wohl, zumal in jener beiläufigen Erwähnung, der *nutrix Larentia* gedenken, die ja, als er schrieb, bereits den Annalisten geläufig geworden war. Die Schrift von den römischen Fragen aber
giebt uns erwiesener Massen die varronische Doctrin überarbeitet
durch die Gelehrten der augustischen Zeit, wie Verrius Flaccus
und Juba. Wenn Thilo (*de Varrone Plutarchi q. Rom. auctore praecipuo* p. 17) und H. Peter (Quellen Plutarchs S. 151) den vorliegenden Abschnitt als zweifellos varronisch bezeichnen, so ist
das wohl im Ganzen richtig, aber unmittelbar ist gewiss auch er
nicht aus Varro entlehnt. Augustinus, der gewiss den Varro vor
sich hatte, spricht von der Larentia nur als der Dirne des Hercules. Auch was Varro über die Einnamigkeit der ältesten
römischen Zeit vorbringt (A. 34), sieht nicht danach aus, als ob
er die Acca Larentia in ihrer Function als Amme des Romulus
gekannt habe. — [Kürzlich ist von A. Barth *de Iubae ὁμοιότησιν*
(Göttingen 1876) in sehr befriedigender Weise erwiesen worden,
dass Plutarch sowohl in den römischen Fragen wie in den Bio-
graphien wesentlich von Juba abhängt, dieser selbst aber aus
Dionysios und Varro schöpft, während von Benutzung des Verrius
Flaccus bei ihm sich keine Spuren zeigen.]

Mommsen, röm. Forschungen II.   2

Weise erzählbare Geschichte von dem Ursprung der Larentalien auf sich beruhen. Was diejenige von der Aussetzung der Kinder anlangt, so haben sie im Ganzen genommen sich damit begnügt beide Versionen neben einander
zu stellen, wobei freilich der der jüngeren Fassung eigene
Name Acca Larentia häufig in die ältere die Frau des
Faustulus ohne Namen erwähnende hineingezogen wird.
So behandeln diese Berichte Dionysios[36]), Livius[37]),
Plutarch[38]), die Schrift *de viris illustribus*[39]) und die
sogenannte *origo gentis Romanae*[40]). Auf die geringfügigen Abweichungen dieser Fassungen von einander einzugehen ist nicht erforderlich; die Grundzüge sind überall
dieselben und in der Regel auch beide Fassungen mehr
oder minder contaminirt nebeneinander gestellt.

Dagegen in den Schriften nicht eigentlich historischen
Inhalts begegnet uns die Acca in zwiefacher Verbindung.
Einmal giebt es eine Erzählung, deren ältester und eigentlich einziger Vertreter für uns der Jurist Masurius Sabinus
aus der Zeit des Tiberius ist[41]). Danach hatte die Gattin

---

[36]) Weiterhin 1, 87 im allgemeinen Rückblick giebt er der
Gattin des Faustulus ohne Bedenken den Namen Laurentia.

[37]) 1, 4.

[38]) Rom. 3. 4. Daraus Zonaras 7, 1.

[39]) c. 1. Hier steht nur die ältere Fassung.

[40]) c. 20. 21. Hier werden für die ältere Fassung Ennius lib. I
und Caesar lib. II, für die jüngere Valerius als Zeugen citirt.
Verwandt ist die Darstellung in den servianischen Scholien zur
Aeneis 1, 273.

[41]) Aus dem ersten Buch seiner Memorialien giebt sie Gellius
7, 7, 6; und dass auch Plinius h. n. 18, 2, 6 dieselbe Notiz aus
derselben Quelle hat, kann nach Brunns schöner Entdeckung über
die Beschaffenheit der plinianischen Autorenverzeichnisse nicht
zweifelhaft sein, da darin für dieses Buch Masurius Sabinus in

des Faustulus Acca Larentia zwölf Söhne und da von diesen
einer starb, trat an dessen Stelle Romulus ein, aus welcher
Gemeinschaft das Collegium der zwölf Ackerbrüder (*fratres
arvales*) hervorging. Diese Erzählung setzt, so wie sie
vorliegt, die jüngere Form der Aussetzungssage voraus
und ist also selbst gewiss erst in der nachsullanischen,
vielleicht erst in der augustischen Zeit aufgekommen; wenn
man nicht annehmen will, dass sie ursprünglich auf die
Ziehmutter des Romulus als solche ohne nähere Bezeichnung gelautet hat. Uebrigens ist sie in ihren Beziehungen
wenig klar; da bei dem Arvalopfer keine Priesterin betheiligt ist, so scheint sie hervorgegangen lediglich aus dem
Bestreben das von Augustus reorganisirte Collegium der
Ackerpriester mit den Anfängen Roms zu verknüpfen und
zugleich die auffallende Bezeichnung derselben als *fratres*
durch historische Aetiologie zu erklären, also dem Romulus
elf, wo nicht Brüder, doch Milchbrüder zu finden, wobei
Remus, da er ja bei Gründung der Stadt umkommt, wie
billig ignorirt wird.

Vor Allem aber wurden diejenigen Schriftsteller, die
den Kalender entweder für sich allein oder in einem
grösseren Zusammenhang behandelten, durch die Umwandlung der Acca Larentia der Larentalien in die Amme des
Romulus berührt; und natürlich begegnen wir auch hier
den Spuren jener Erfindung des Macer. Verrius Flaccus[42])

erster, Cassius Hemina in zweiter Stelle steht, unsere Stelle aber
den § 6 ausmacht, während Hemina in § 7 mit Namen angeführt
wird. Fulgentius p. 560 Merc., angeblich nach Rutilius Geminus
in libris pontificalibus, scheint keine Notiz nicht aus Gellius oder
Plinius genommen zu haben.

⁴¹) In seinem Kalender heisst es: *Accae Larentin[ae]* . . . . . .

2*

gab an, dass die Acca Larentia der Larentalien von Einigen —
als Gattin des Faustulus aufgefasst werde, von Anderen
als Dirne des Hercules. Genau ebenso, wahrscheinlich
ebenfalls nach Verrius, berichtet Tertullian[43]), und auch
Ovidius[44]) scheint die Absicht gehabt zu haben in diesem
Sinne das Larentalienfest zu behandeln. Hier wird also
zwischen der älteren und der neueren Fassung dem Leser
die Wahl freigegeben. Plutarch dagegen lässt beide Erzählungen neben einander gelten und nimmt eine doppelte
Acca Larentia an, indem er von der im April verehrten
Amme des Romulus die jüngere[45]) Fabula zubenannte und
im December gefeierte Dirne des Hercules unterscheidet;
welche conciliatorische Kritik dann freilich sofort über ihre
eigenen Füsse stolpert, indem sie die eine wie die andere
Feier gleichmässig als durch den öffentlichen Flamen aus-
gerichtete Parentationen auffasst und sogar ausdrücklich
das eine Grab am Velabrum für beide Individuen in An-

---

*hanc alii Remi et Rom[uli nutricem, alii] meretricem Herculis scortum
[fuisse dic]unt: parentari ei publice, quod p. R. he[redem fece]rit magnae
pecuniae, quam accepe[rat testame]nto Tarutili amatoris sui.* Bei Festus
in dem Artikel *Larentalia* p. 119, der nur im Auszug des Paulus
vorliegt, steht nach des letzteren Weise nur die erste Version:
Larentalia coniugis Faustuli, nutricis Remi et Romuli Larentiae festa;
Lactantius dagegen (oben A. 16) führt unter Nennung des Verrius
nur die zweite an.

[43]) *adv. nat.* 2, 10: *scortum haec meritorium fuit, sive dum Romuli
nutrix [et id]eo lupa quia scortum, sive dum Herculis amica est.*

[44]) Er sagt allerdings in der Ankündigung 3, 55 f. nur, dass
er bei den Larentalien auf die Amme Roms, die Larentia zurückkommen werde; aber dies zeigt wenigstens, dass er von einer
doppelten Larentia nichts wusste.

[45]) Dabei liegt wohl die Version zu Grunde, die diese Geschichte
unter Ancus versetzt (A. 22).

spruch nimmt[46]). Demselben Kritiker, dem Plutarch diese
Weisheit entlehnt, oder einem geistesverwandten scheint
Lactantius[47]) seine Notizen zu verdanken.

So hatten denn die beiden Märchen, das ernsthafte wie
das leichtsinnige, erfahren, was ein armes Märchen nur erfahren kann. Sie waren eingeführt worden in die Hallen
der Klio, in denen besonders die leichtsinnige Geschichte
von dem verwetteten Mädchen sich wunderlich vorgekommen
sein mag. Als in diesen Hallen sodann eine verständige
— Polizeiwirthschaft begann und aller alte Unsinn mit dem
Besen der Vernunft und vor Allem der vernünftigen Etymologie hinausgekehrt ward, da mussten sie freilich ge-
ständig sein, dass sie nichts waren als gräuliche Fabeln,
und wurde also von Rechts wegen nicht bloss der goldene
Sagenschmuck ihnen vom Leibe gerissen, sondern schliesslich
beide zur Strafe verkuppelt, wie laut auch die ehrbare Ziehmutter des Stadtgründers gegen die ihr auferlegte Jugendgeschichte und nicht minder die leichtsinnige Dirne gegen
den zukunftvollen Ammendienst Einspruch that. Nun kam
die Zeit erst der Variantensammler, die die Gestaltungen
und Umgestaltungen der beiden Patienten neben einander
legten und sauber protokollirten, und dann der Sagenkritiker,
die den unglücklich verkoppelten Wechselbalg noch viel
unglücklicher aus einander schnitten. Mehr konnten sie
nicht erdulden und waren nun wirklich todt; aber der
christliche Prediger erschien an ihrem Grabe und wies an

---

[46]) Rom. 5: λέγεται δὲ αὐτὴν ... ἀφανῆ γενέσθαι περὶ τοῦτον τὸν
τόπον, ἐν ᾧ καὶ τὴν προτέραν ἐκείνην Λαρεντίαν κτίσθαι.

[47]) Die Larentalien zwar bezieht er auf die Amme des Romulus,
fährt aber dann 1, 20, 5 fort: *nec hanc solam Romani meretricem colunt, sed Faulam quoque, quam Herculis scortum fuisse Verrius scribit.*

ihrem Lebenslaufe klar und erbaulich, auch etwas saftig
nach, wie die abgesetzten Götter einen höchst unmoralischen
Lebenswandel geführt hätten. Und auch hiemit waren
ihre Prüfungen noch nicht völlig zu Ende. Die Auferstehung
der alten Welt erweckte auch sie zu neuem Leben und
neuer Pein. Bisher hatten sie wenigstens das Glück genossen nichts zu bedeuten; jetzt aber erwuchs ein anderes
Geschlecht, dem es gegeben war Sinn in den Unsinn zu
bringen oder, um höflicher zu reden, in den Mythen den
Logos, zu deutsch in den Sagen den Kern zu finden. So
kam die Larentia dazu die anerkannte Larenmutter zu werden
und beiher auch die göttliche Göttin der Arvalbrüder; die
Siebenmeilenstiefel der Mythologen schritten vor ungeirrt
weder durch Historie noch durch Prosodie. Indess die
Märchen auch auf diesem zweiten Marterweg zu begleiten
ist unsere Absicht nicht; denn wenn es wohl sich ziemt
am festlichen Tag Hekatomben zu schlachten, so wird doch
kein sanftmüthiger Mann — und sanftmüthig sind wir ja
alle oder wünschen es zu werden — sich gern dieses
Hundert wählen aus den Reihen der Landsleute und der
Collegen.

DER BEGRIFF DES POMERIUM.[1]

Sprachlich und sachlich macht das Pomerium der Forschung Schwierigkeit; es erscheint nicht überflüssig den oft behandelten Gegenstand nochmals zur Sprache zu bringen. Dabei soll indess die sehr verwickelte historischtopographische Untersuchung über den ursprünglichen Lauf und die späteren Vorschiebungen des Pomerium so weit möglich ausser dem Spiele bleiben; die zu erwartende neue Bearbeitung der römischen Topographie wird auch diese wichtige und nur im grossen Zusammenhang zu erörternde Frage eingehend behandeln[2]). Um diese Behandlung von anderer Seite vorzubereiten, möchte ich hier lediglich den Begriff und die rechtliche Bedeutung des Pomerium festzustellen versuchen.

Die Schreibung *pomerium*, griechisch πωμήριον[3]), steht

---

[1] |Zuerst gedruckt im Hermes 10 (1876) p. 40--50. Seitdem ist die Frage von Nissen pompeian. Stud. S. 466—477 von seinem Standpunkt aus erörtert und im entgegengesetzten Sinn beantwortet worden. Mich hat seine Deduction nicht davon überzeugt, dass der technische Sprachgebrauch 'wie so oft' den natürlichen 'einfach umdreht' (S. 473).|

[2] |Der seitdem erschienene erste Band von Jordans Topographie hat die Frage S. 163 ff. eingehend erörtert, in wesentlicher Uebereinstimmung mit der hier vorgetragenen Auffassung.|

[3] Bei Plutarch Rom. 11 und bei Dio 39, 39. 63. 65. 40, 47. 50. 41. 3. 15. 16. 43, 50. 44, 47. 55, 6. 8.

urkundlich fest[4]) und ist die einzige der entwickelten Sprache bekannte; doch scheint man in älterer Zeit auch *postmerium* geschrieben zu haben[5]). Schon bei den Alten wird das Wort auf *pone* oder *post*[6]) und *moerus = murus* zurückgeführt[7]); und wenn auch die hiebei angenommene

---

[4]) Das Bestallungsgesetz Vespasians (Orelli I p. 567) Z. 14 und die Pomeriensteine des Claudius (C. I. L. n. 1510), des Vespasianus und Titus (das. n. 1511) und Hadrians (das. n. 1512) stimmen in dieser auch in den massgebenden Handschriften (so in den Florentiner Pandekten 18, 7, 5, in der Veroneser Handschrift des Livius 5, 52, 15, in der des Licinianus p. 9, in der des theodosischen Codex 10, 4, 5 und so weiter) ausschliesslich auftretenden Schreibung überein. Für *pomoerium* giebt es schlechterdings keinen gültigen Beleg.

[5]) Denn die lückenhafte Stelle des Festus p. 249 (nach der mir vorliegenden Collation Kells) ... *rium esse ait Antistiu* .... *ficalis pomerium, id est l(?)* ......, verglichen mit dem Auszug *posimirium* (so die Handschriften) *pontificale pomerium, ubi pontifices auspicabantur,* scheint nur in folgender Weise hergestellt werden zu können: [*postme*]*rium esse ait Antistiu[s l(ibro)* .... *commentari iuris ponti*]*ficalis pomerium, id est* [*ubi pontifices auspicarentur*], wo also der Epitomator *pontificalis pomerium* falsch verbunden haben würde. Auf jeden Fall enthielt das Lemma eine von *pomerium* abweichende Wortform, und da *posimirium* sprachlich ganz unerklärlich ist, wird wohl mit Corssen Aussprache 1, 184 *postmerium* herzustellen sein. — *Postmoerium* in der gleich anzuführenden varronischen Stelle und danach bei Livius ist offenbar nicht dem Sprachgebrauch entnommen, sondern eine zur Erklärung der üblichen von den Grammatikern fingirte Form, wie nicht minder die in gleicher Weise auftretenden Formen *promoerium* (A. 12) und *circamoerium* (A. 10).

[6]) Vgl. Cicero orat. 47, 157: *pomeridianas quadrigas quam postmeridianas libentius dixerim.*

[7]) Messalla bei Gellius 13, 14: *pomerium est locus .... pone muros.* Varro de l. L. 5, 143: *qui (orbis) quod erat post murum, postmoerium dictum.* Livius 1, 44: *pomerium verbi vim solam intuentes*

Umlautung von *oe* in *ê* irregulär genannt werden muss[8]),
so kann doch, zumal bei dem hohen Alter der Bildung,
dies an der Ableitung selbst nicht irre machen[9]). Wie
postliminium den Raum hinter der Grenze, *intercolumnium*
den Raum zwischen zwei Säulen, so bezeichnet *pomerium*
sprachlich den Raum hinter der Mauer; und die sachliche
Untersuchung ist darauf angewiesen von dieser Bedeutung
wenigstens auszugehen.

Damit aber ist die von Livius[10]) aufgestellte und jetzt

_____

postmerium (so die Hdschr.) *interpretantur esse.* Plutarch Rom. 11:
καλεῖται κατὰ συγκοπὴν πωμήριον οἷον ὄπισθεν τείχους ἢ μετὰ τεῖχος.
Festus u. d. W. p. 250: [*Varro* (? vgl A. 13) *pomerium dictum
existimat*] *veluti postmoe*[*rium, quod complectitur quae*] *intro muris urbis
[comprehenduntur].*

[8]) Corssen Aussprache 1. 328. 707. 710 giebt kein analoges Beispiel, denn Verderbnisse des Mittelalters wie *obedire* und *amenus*
statt *oboedire* und *amoenus* sind der uralten Form nicht ebenbürtig,
und auch die Vergleichung von *ploerumus* und *plerique* ist sprachlich bedenklich (Corssen 1, 442).

[9]) [Dem dilettantischen Treiben, das, wo sachliche Verbindun-
gen lockend auftreten, bei jedem Lautanklang meint sich' über
feste Sprachgesetze hinwegsetzen zu dürfen, kann nicht scharf
genug entgegengetreten werden; aber man darf doch andererseits
nicht aus den Augen lassen, dass diese Lautgesetze zum Theil
selbst relativ jungen Ursprungs sind und nicht selten ältere Wort-
bildungen jenseits derselben liegen. Der Art sind die Umlautung
von *oe* in *i* in *pomerium*, von *t* in *d* in *quadrare* neben *quattuor*, von
x vor *e* in *s* in *sescenti* und *Esquilinus*, dessen correlates Verhältniss
zu *inquilinus* evident ist, sogar von *e* in *b* in *Sucusa, Subura.* Man
kann auch dadurch vom rechten Weg abkommen, dass man zu
lange auf dem geraden Pfade bleibt.]

[10]) Livius a. a. O. fährt nach den Anm. 7 angeführten Worten
fort: *est autem magis circamoerium locus, quam in condendis urbibus
quondam Etrusci, qua murum ducturi erant, certis circa terminis in-
augurato consecrabant, ut neque interiore parte aedificia moenibus con-
tinuarentur (quae nunc vulgo etiam coniungunt) et extrinsecus puri ali-*

in der Regel, zum Beispiel von O. Müller, Becker, Schwegler
gebilligte Erklärung des *pomerium* als eines Raumes zu
beiden Seiten der Mauer schlechthin unvereinbar. Ein Raum,
für den die Mauer theils hinten, theils vorn ist, kann nimmermehr als Platz hinter der Mauer bezeichnet werden; die
von Livius gegebene Erklärung ist entweder erst aus späterer Denaturirung des Grundbegriffes hervorgegangen oder
wahrscheinlicher blosses Missverständniss. In der That
räumt Livius ihre Sprachwidrigkeit selbst ein und giebt
sie ferner im Gegensatz zu einer anderen von den älteren
Gelehrten vorgetragenen. Die sachlichen Anhaltspunkte,
welche zu ihr geführt haben, werden später erwogen werden; sicher ist sie eine Spitzfindigkeit der Archäologen der
augustischen Zeit und also zu verwerfen.

Eine zweite Erklärung, dass *pomerium* einen ausserhalb
der Stadtmauer abgegrenzten Raum, das Glacis derselben
bezeichnet, ist wohl bei manchen Neueren zu finden[11]),
aber dem Alterthum ebenso fremd[12]) wie mit der Grund-

----

quid ab humano cultu pateret soli. hoc spatium, quod neque habitari
(innen) *neque arari* (aussen) *fas erat, non magis quod post murum
esset quam quod murus post id* (also theils genannt, weil der Raum
hinter der Mauer, theils weil die Mauer hinter dem Raum ist,
und insofern der Raum vor und hinter der Mauer), *pomerium
Romani appellarunt.*

[11]) Rodbertus in seiner Abhandlung über den Tract der aure-
lianischen Mauer (Hildebrand Jahrbücher für Nationalökonomie
und Statistik 1874 Bd. 2 S. 36 f.) folgt dieser Ansicht. freilich
mit der eigenthümlichen Modification, dass das ursprüngliche Pomerium zwischen Mauer und Graben liegen und, nicht nothwendig
an die Mauer sich anschliessend, um die Stadt herumlaufen soll.
Es widerlegt sich dies schon dadurch, dass Mauer und Graben als
Pflugfurche und Pflugkamm immer hart an einander schliessen.

[12]) Wenn es bei Festus a. a. O. heisst: *Cato* (? wenn nicht

bedeutung des Wortes unvereinbar. Bei den Bezeichnungen, die auf ein Schliessen hinauslaufen, werden einem einfachen Gesetz der Logik zufolge die Angaben 'vor' und 'hinter' in allen Sprachen der Regel nach so gehandhabt, dass der Eingeschlossene den Blick nach aussen, nicht der Aus-

---

hierin der Rest einer ablativischen Participialform steckt) *olim qui-*
dem omn[i muro proximum, si excipias Aven]tinum, nunc etiam intra
ae[dificia manere ait pomerium, dictum] quasi promoerium (so die
Handschr.) — denn so ungefähr ist nach dem Auszug (*dictum autem*
pomoerium quasi promoerium, id est proximum muro) und dem Umfang
der Lücken zu ergänzen, — so zeigt der Beisatz, dass der Urheber
des fictiven *promoerium* sich darunter nicht einen Raum vor, sondern einen Raum nahe der Mauer gedacht hat. — Noch viel
weniger dürfen für diese Bedeutung des Pomerium diejenigen
Erklärungen und die Anwendungen angeführt werden, welche
von dem Wort *pomerium* in der spätesten Kaiserzeit erscheinen:
so in den cyrillischen Glossen p. 578 Steph.: περὶ τὸ τεῖχος *pome-*
rium und p. 551: ὁ ἐντὸς ἢ ἐκτὸς τείχους κῆπος *pomerium;* dann bei
Tzetzes *schol. ad alleg.* (Cramer *anecd. Oxon.* 3, 383): πωμήριον λατινι-
κῶς λέγεται τὸ ἀπὸ τῆς τάφρου μέχρι τοῦ τείχους διάστημα καὶ τὸ
ἐντὸς ἀπὸ τοῦ τείχους μέχρι τῶν οἰκιῶν; bei dem ganz schlechten
jeder eigenen Anschauung baaren Commentator des Frontinus
p. 17 Lachm.: *pomerium urbis est quod ante muros spatium sub certa*
mensura demensum est: sed et aliquibus urbibus et intra muros simili
modo est statutum propter custodiam fundamentorum; [endlich in
einer kaiserlichen Verordnung vom J. 400 (C. Th. 10, 4, 5): *rei*
publicae loca, quae aut includuntur moenibus civitatum aut pomeriis
sunt conexa, deren Concipient, offenbar unter dem Einfluss jener
Schulerklärung, das im praktischen Gebrauch damals verschollene
Wort mit löblichem Schülerfleiss verwerthet. Welcher Werth
diesen Definitionen zukommt, zeigt sich recht deutlich darin,
dass ihre Urheber so gut wie Cola di Rienzi sich das *pomerium*
als Obstgarten ⟨κῆπος⟩ vorstellten. Im Uebrigen ist es gar nicht
einmal wahr, dass sie das Pomerium sich lediglich vor der Stadt
dachten; vielmehr lehrt die zweite cyrillische Glosse und ebenso
Tzetzes und Aggenus, dass sie unter dem Pomerium den Raum

geschlossene den Blick nach innen richtet. Wie wer
'hinter Schloss und Riegel' sitzt, sich in dem ge-
schlossenen Gemach befindet, wie die 'Vorstadt' ausserhalb
der Mauer erbaut ist, wie vor allem das schon oben verglichene *postliminium* den Raum bezeichnet, den der die
Grenze schirmende Soldat hinter sich hat, so ist 'hinter
der Mauer' der durch diese abgesperrte und vertheidigungs-
fähig gewordene Raum. Die umgekehrte Auffassung ist
zwar nicht schlechthin unmöglich; dass 'hinter der Stadtmauer das Weichbild liegt', lässt sich ertragen; aber es
ist unnatürlich und ungewöhnlich den Standpunkt so zu
nehmen, dass der ausgeschlossene Raum als der eingeschlossene gefasst wird.

Danach bleibt also nichts übrig als zurückzukehren zu
derjenigen Erklärung, welche etymologisch die allein mögliche ist und in der, abgesehen von der schon erörterten
Sondermeinung des Livius[12]), unsere gesammte Ueberliefe-

<hr>

zu beiden Seiten der Mauer verstanden, wahrscheinlich eben im
Anschluss an die Stelle des Livius in der allen Grammatikern
geläufigen ersten Dekade. Nissen (pomp. Stud. S. 471) legt auf
diese Stellen, besonders die der Verordnung, Gewicht. Meiner Ansicht nach beweisen sie keineswegs, was er daraus folgert, und
wenn sie es bewiesen, so könnten über eine in augustischer Zeit
streitige Wortbedeutung weder die Schulmeister des vierten und
fünften Jahrhunderts noch deren Schüler entscheiden.]

[12]) [Dies soll nicht heissen, dass sie nicht bei Späteren wiederkehrt; vielmehr sind diese grossentheils wahrscheinlich geradezu
von der livianischen Anschauung abhängig. Wenn Servius sagt
zur Aen. 6, 197: *ager post pomeria ubi captabantur auguria dicebatur
effatus*, so ist wenigstens die nächstliegende Erklärung, dass er
unter *pomeria* den Wallraum versteht, ja es scheint sogar der
Plural eben auf das doppelte Pomerium des Livius hinzuweisen. Wenn Papinian sagt Dig. 18, 7, 5: *cui pomerio civitatis
interdictum est, urbe etiam interdictum esse videtur . . . ne scilicet qui*

rung übereinstimmt (A. 7) und am bestimmtesten die gewichtigsten unserer Zeugen. Varro[14]) sagt: *terram unde exculpserant, fossam vocabant, et introrsum iactam murum: post ea* (d. h. *post fossam et murum*) *qui fiebat orbis, urbis principium, qui quod erat post murum, postmoerium dictum: eoque*[15]) *auspicia urbana finiuntur.* So gewiss die Mauer hinter dem Graben, so gewiss ist das Pomerium hinter der Mauer. Wo möglich noch deutlicher besagt dasselbe die aus den Auguralbüchern erhaltene Definition[16]): *Pomerium,* heisst es hier, *est locus intra agrum effatum per totius urbis circuitum pone muros regionibus certis determinatus, qui facit finem urbani auspicii.*

Aber wie ist dies 'hinter den Mauern' gedacht? ist es der zwischen dem Mauerkamm und dem für städtische Zwecke freigegebenen Raum sich hinziehende unmittelbar an die Mauer sich anschliessende Streifen? So hat sich Livius das Pomerium gedacht, insoweit er dasselbe diesseits der Mauer legt. [Aber die Vertreter der entgegenstehenden Erklärung fassen das Pomerium vielmehr als

---

careret minoribus fruretur maioribus, so verhalten sich ihm die beiden Begriffe offenbar ungefähr wie Stadt und Vorstadt. Dass von den Grammatikern der späteren Zeit dasselbe gilt, zeigt A. 12.

[14]) de l. L. 5, 143. Vielleicht gehört ihm auch die A. 7 angeführte Stelle, wonach das Pomerium umfasst [*quae*] *intro muris urbis* [*comprehenduntur*].

[15]) Die Handschrift *eiusque*, wofür ich *eo usque* vermuthet hatte; aber besser passt, was Jordan Top. 1, 167 vorschlägt, *eoque*.

[16]) Gell. 13, 14, 1 aus der Schrift *de auspiciis* des Augur Messalla. Mit Recht tadelt Nissen S. 470 den von mir, freilich nicht ohne angesprochenes Bedenken, gemachten Versuch den *locus* hier als Grenzlinie zu fassen.]

die innere Stadt, mit Ausschluss des Walles sowohl wie
der inneren Wallstrasse, also begrenzt durch diejenige
Linie, welche den für städtische Zwecke freigegebenen Raum
gegen den militärischen Mauerring und seinen Zubehör
abschliesst. Dieser Raum liegt ebenfalls hinter der Mauer,
wenn er gleich an die Mauerlinie nicht anschliesst; und in
diese Definition gehen sämmtliche Angaben auf. Pomerium
wird definirt als der von den Mauern umschlossene innere
Stadtraum[17]); *pomerium ampliare*[18]) und die diesem technischen gleichstehenden Ausdrücke[19]) bezeichnen das Vor-
schieben des für städtische Besiedelung freigegebenen Raumes.
Das Pomerium ist der Raum, auf dem die Auspicien ein-
geholt werden[20]). Der Aventin befindet sich wie ausserhalb des *ager effatus*[21]) so auch ausserhalb des Pomerium[22]).
Pomerium, urbs, ager effatus sind also sachlich durchaus
zusammenfallende Begriffe[23]); die Mauer und der Graben

---

[17]) Festus A. 7: [*quae*] *intro muris urbis* [*comprehenduntur*].

[18]) So die A. 4 angeführten Pomeriumsteine der Kaiser Claudius
und Vespasianus.

[19]) *pomerium augere:* Tacitus ann. 12, 23; *pomerio addere: vita
Aureliani* 21.

[20]) A. 5: *pomerium ubi pontifices auspicabantur.*

[21]) Nach Gellius a. a. O. 4 ist der Aventin nicht eingeschlossen
intra effatos urbis fines. Die Tradition knüpft dies an die dem
Aventin eigenen *aves obscenae* (Messalla bei Gellius 13, 14; Seneca
de brev. vitae 13, 8); was dann weiter durch die Auspicien des
Remus erhärtet ward (Festus p. 250).

[22]) Messalla bei Gellius 13, 14: *omnes qui pomerium protulerunt,
montem istum excluserunt.* Seneca *de brev. vitae* 13, 8: *Aventinum
montem extra pomerium esse.* Nach Livius Anschauung liegt er vielmehr *intra pomerium.*

[23]) So wird auch Messallas *pomerium est locus intra agrum effatum*
genommen werden müssen. Diese Worte sind allerdings miss-

sowie die jenseit sich erstreckende Flur sind überall gleichmässig ausgeschlossen; der Unterschied liegt nur darin,
dass bei dem ersten Worte an das örtliche Verhältniss zur
Mauer, bei dem zweiten an die städtische, bei dem dritten
an die religiöse Zweckbestimmung gedacht wird. Kaum
kann es als eine verschiedene Bedeutung bezeichnet werden,
dass der Begriff der Binnenstadt in den der Grenzlinie
derselben übergeht. In diesem Sinn sagt man *pomerium
proferre*; und ebenso fasst Varro in der oben angeführten
Stelle das *pomerium* als *urbis principium* und fassen beide,
Varro sowohl wie Messalla, dasselbe als *finis urbani
auspicii*, also zunächst wenigstens als Linie, wenn darin
auch keineswegs eine Ablehnung der räumlichen Ausdehnung des Begriffs gefunden werden darf, wie ja *fines* selbst
oft genug den *ager finitus* bezeichnen. Ganz ähnlich verhält es sich mit dem eng verwandten, man möchte fast
sagen correlaten Begriff des *postliminium*: er bezeichnet

---

verständlich, da *ager effatus* nicht eigentlich die Raumgrenze ist,
sondern der Raum selbst; man erwartet *intra effatos urbis fines*
(vgl. A. 21). Aber *ager* und *fines* fallen im Sprachgebrauch so zusammen, dass diese Vertauschung wohl entschuldbar ist. Deutlicher spricht Varro 6, 53: *effata dicuntur quia* (Hdschr. *qui*) *augures
finem auspiciorum caelestium extra urbem agris sunt effati ubi esset,*
'wie haben die Grenze der Himmelszeichen dem ausserstädtischen
Lande gegenüber abgesprochen.' Hier erscheint sehr deutlich die
Identität von *pomerium* und *urbs*, insofern Wallstrasse und Wall
hienach wie ausserhalb der *ager effatus* so auch ausserhalb der *urbs*
sich befinden. Es wechselt *pomerium* selbst im strengen Sprachgebrauch mit *urbs*. Laelius Felix bei Gellius 15, 27, 4: *centuriata
comitia intra pomerium fieri nefas esse, quia exercitum extra urbem
imperari oporteat, intra urbem imperari ius non sit.*

genau genommen den Raum hinter der Grenze des römischen Gebiets oder der römischen Waffen, aber man denkt
dabei immer zuerst und zunächst an diese Grenze selbst.

Die Verschiebung des Begriffes, wie sie bei Livius
sich findet, erklärt sich daraus, dass der Raum 'hinter
den Mauern' unmittelbar an die Mauer sich anschliessen
zu müssen schien. Diese Auffassung liegt nicht bloss
nahe, sondern ist in der That unabweislich; der Marktplatz liegt auch hinter der Mauer, aber wie könnte er je
so genannt werden? Es kommt nur eben darauf an, was
man unter der Mauer versteht. Fasst man diese als die
Linie [34]), die durch den Kamm der Umwallung gegeben
wird, so schliesst die Binnenstadt nicht an die Mauer
an, wohl aber, wenn die Umwallung concret verstanden
wird, also die Wallseite nach der Stadt zu und der Auf-
gang von der Stadt her als integrirende Theile der
Mauer erscheinen. Darin eben liegt der letzte Grund
der ganzen Controverse. Die ältere Auffassung ging
aus von dem concreten Begriff der Mauer; die späteren
setzten dafür die Linie des Wallkammes und kamen
dann folgerichtig zu derjenigen Auffassung, welche Livius
entwickelt. Denn dass, wer von ihr ausging, das Pomerium auf den Graben und das Aussenglacis erstreckte,
ist nur consequent: bei der rechtlichen Gleichgültigkeit
der durch den Mauerkamm bezeichneten Linie konnte die
Zweckbestimmung des Bodens — und darum handelt es
sich doch hier, insbesondere um die Fähigkeit desselben

---

[34]) [Ich habe dies früher auch gethan und in Folge dessen das
Richtige nur halb gefunden.]

zum Uebergang in das Privateigenthum — unmöglich für
die eine Mauerseite allein gegeben werden.]

Die Zweckbestimmung der Institution ist hiernach leicht
zu finden. Die Stadtbefestigung geschieht bekanntlich nach
alter Ueberlieferung[25]) in der Weise, dass die Mauer nach
der Feldseite zu steil emporsteigt und mit ihrer Stirnwand
auf dem innern Grabenrand aufsteht, wogegen nach der
Stadtseite zu die Mauer abgeböscht wird und überall den
Zugang bis auf die Mauerhöhe gestattet. In Betreff der
Aussenseite des Grabens gegen die Flur zu steht Livius
Bericht, dass der Ackerpflug den Grabenrand nicht berühren
durfte und zwischen dem Graben und dem für den Feld-
bau freigegebenen Aussenland rings um die Stadt ein ebenfalls versteintes Glacis herumlief, meines Wissens vereinzelt und empfiehlt sich auch insofern wenig, als er mit
einer irrigen Definition des Pomerium verflochten ist. An
sich indess ist es wahrscheinlich genug, dass ein solcher
Aussenweg um den Stadtgraben herum bestanden hat,
und auch die Versteinung desselben ist wohl denkbar.
Aber wo er sich fand, wird er mehr für die Instand-
haltung des Grabens und der Mauer gedient haben als unmittelbar für die Vertheidigung, und spielte auf jeden Fall
eine wenigstens staatsrechtlich untergeordnete Rolle[26]).

---

[25]) Für Rom ist besonders zu beachten die Schilderung namentlich des Agger, wie sie der vortreffliche Lanciani ann. dell' inst.
1871 S. 60 f. an der Hand der Schriftsteller und der Denkmäler
gegeben hat. [Jordan Topographie 1, 218 fg.]

[26]) Man kann vergleichen, dass bei den römischen Wasser-
leitungen zu beiden Seiten ein Landstreifen von bestimmter Breite
von Häusern, Bäumen und Gebäuden frei bleiben musste (Frontinus de aq. 127; Henzen 6428; lex col. Genetivae c. 99; Cod.

Mommsen, röm. Forschungen II.   3

Es kommt hinzu, dass für den Mauerbau die Ueberlieferung zwar durchaus ausgeht von der mit einem Aus-
sengraben umzogenen Mauer, aber in der Wirklichkeit die
Oertlichkeit sehr häufig die Anlegung eines Grabens weder
erfordert noch gestattet; ja die ältesten Mauerbauten sind
wohl überwiegend auf der halben Höhe der Berge geführt
worden, so dass der entweder natürlich abfallende oder
künstlich abgeschroffte Felshang unter der Mauer die Stelle
des Grabens vertrat. Schon darum also, weil dem Graben
gar keine Allgemeingültigkeit zukommt, kann das Pomerium
nicht füglich an den äusseren Grabenrand geknüpft wer-

Theod. 15, 2, 1). Auf mehr als einen solchen Weg führt der
livianische Bericht nicht. Verbote in Betreff der baulichen Au-
lagen ausserhalb der Stadt sind ohne Zweifel vorgekommen; aber
Zeugnisse darüber sind mir nicht bekannt; [und dass in dem
Lagerschema eine entsprechende Vorschrift über das Aussenglacis
fehlt, beweist nach meiner Meinung unwidersprechlich, dass in
der schematischen Stadtanlegung ein solches ebenso wenig Platz
gefunden hat. Es ist gewiss sehr beachtenswerth, worauf Nissen
S. 468 hinweist, dass die späteren griechischen Techniker zwischen
Stadt und Mauer einen freien Raum von 60, zwischen dem Graben
und dem für private Zwecke freigegebenen Lande einen freien
Raum von 360 Ellen vorschrieben. Ein Zeugniss freilich ist dies
keineswegs, wie dies auch Nissen selbst anerkennt. Vom militärischen Standpunkt mag immer zugegeben werden, dass ein
solcher gebäudefreier Raum nicht hat fehlen können; es ist dies
noch kein Beweis dafür, dass er in das Schema aufgenommen
worden ist. Dass in der Zeit, aus der wir unmittelbare Kunde
besitzen, Belagerungen in Italien ebenso zu den Ausnahmen
gehörten wie in dem griechischen Gebiet zu den regelmässigen
Vorkommnissen, hat wahrscheinlich wesentlich dazu mitgewirkt,
dass in unseren Nachrichten über die Stadtgründung in Italien
die symbolische und juristische Seite so sehr überwiegt und die
praktische so auffallend zurücktritt.]

den. — Dagegen ist die Zugänglichkeit der Mauer von der Stadtseite her die erste und die ganz allgemeine Bedingung jeder Vertheidigung; und dafür ist die hinter der Mauer in ihrer ganzen Ausdehnung herumlaufende Strasse eingerichtet, welche den Fuss der Mauer und den für Gebäude freigegebenen Raum oder das Pomerium trennt[27]). Dass ohne jene Wallstrasse keine primitive Stadtvertheidigung gedacht werden kann, ist ebenso einleuchtend, wie dass es durchaus erforderlich war die Grenze zu bezeichnen, bis wohin die Gebäude vorgeschoben werden durften: *cippi pomeri,* sagt Varro a. a. O., *stant et circum Ariciam* (?) *et circum Romam,* oder, wie Messalla dies ausdrückt, das Pomerium ist ein *locus regionibus certis determinatus.*[28])

Hieraus erklären sich ferner die zwischen dem Lauf der Mauer und dem des Pomerium vorkommenden Abweichungen. Der Wall und die Wallstrasse gehören allerdings theoretisch und praktisch nothwendig zusammen; auch

---

[27]) In dem römischen Lager, wie der sogenannte Hyginus es schildert, läuft ähnlich die 30 Fuss breite *via sagularis* (oder vielleicht eher *angularis,* denn sie ist die einzige nicht in gerader Linie verlaufende Lagerstrasse) hinter dem Lagerwall in seiner ganzen Ausdehnung herum; aber die für die Vertheidigung des Walles zunächst bestimmten Truppen lagern hart an demselben zwischen ihm und dieser Strasse. Dies ist dieselbe Einrichtung, nur dadurch modificirt, dass die Stadtmauer regelmässig unbesetzt, der Lagerwall regelmässig besetzt gedacht wird. Die städtische Wallstrasse entspricht dem von den Vertheidigern des Lagerwalles eingenommenen Raum und der *via sagularis* zugleich: denkt man sich dieselbe von der Bürgerschaft besetzt und diese, wie natürlich, so aufgestellt, dass hinter ihr die Circulation möglichst frei bleibt, so ergiebt sich genau das Bild, das uns das Lager vorführt.

[28]) [Erwähnt werden müssen hier noch die bekannten Steine von Capua mit der Aufschrift *iussu Caesaris qua aratrum ductum est*

3*

wird man die letztere regelmässig so schmal gemacht haben,
wie die Rücksicht auf die Vertheidigung es erlaubte, um
dem für Gebäude bestimmten Raum die möglichst grosse
Ausdehnung zu geben. Aber sowohl militärische wie
andere Rücksichten konnten dazu veranlassen an gewissen
Punkten die Grenze der Wallstrasse nach der Stadtseite zu,
das heisst die Aussenlinie des Pomerium weiter zurückzu-
nehmen, dem Wall also und seinem Zubehör an solchen
Stellen eine anomale Breite zu geben, und es ist dies auch geschehen. Selbst der scheinbare Widerspruch, dass die älteste
Stadt uns zugleich kreisförmig — als *urbs* — und viereckig —
als *templum* — erscheint, löst sich vielleicht in der Weise,
dass die Stadt von einem mehr oder minder kreisförmigen
Wall und Graben umschlossen, aber das durch die Wallstrasse eingeschlossene für Tempel und Häuser bestimmte
Pomerium ein in diesen Kreis eingezeichnetes Viereck ist[29]).
Die hiedurch für den Anbau ausfallenden Kreisabschnitte
konnten als Zufluchtstätten für die flüchtenden Leute vom

(I. R. N. 3590). Es scheint mir zweifellos, dass dieses Pomeriensteine der nach Caesar von den Triumvirn abermals gegründeten Colonie Capua sind, wie von dem gleichartig gestellten Casilinum Cicero Phil. 2, 40, 102 die Doppelgründung
meldet und dabei des *aratrum circumducere* ausdrücklich gedenkt.
Da in der *fossa*, wie der Wortlaut eigentlich besagt, diese Steine
unmöglich gestanden haben können, so ist nichts im Wege sie
an der inneren Mauerseite aufgestellt zu denken, insofern die
Furche zunächst als Linie gedacht ist, die den Stadtraum von
dem Territorium trennt und die Mauer wie die Mauerstrasse gleichmässig bestimmt.]

[29]) Dass beide Grundanschauungen bestehen, wird nicht in Abrede zu stellen sein. In Rom freilich war die ursprüngliche Stadtmauer nicht als *urbs*, sondern als *Roma quadrata*, also als *templum*
gestaltet (Schwegler 1, 447).

Lande und als Sammelpunkte für das Bürgerheer Verwendung finden. — Auch als man die Form des Vierecks für die Stadt aufgab, was in Rom mit der Anlage der servianischen Mauer geschah, folgte die innere Grenze der Wallstrasse nicht überall dem Wall, sondern der Aventin blieb aus der für den Häuserbau bestimmten Stadtfläche ausgeschlossen (A. 21). Es erklärt sich nun, zwar nicht, warum dies geschah, aber wohl, wenn eine solche Ausschliessung aus irgend einem Grunde beabsichtigt ward[30]), wie sie hat bewerkstelligt werden können; während, wenn man das Pomerium vor die Stadtmauer verlegt, schlechterdings nicht abzusehn ist, wie der Aventin sich zugleich innerhalb des Mauerrings und ausserhalb des Pomerium befinden konnte. Man brauchte alsdann nur bei diesem Hügel die Wallstrasse so weit von dem Wall zu entfernen, dass der ganze Hügel innerhalb der Befestigungsanlagen verblieb. Dies ist bekanntlich geschehen und daraus später die Agitation entstanden auf Freigebung des Aventins für städtische Bauten zuerst in der Form der Superficies, sodann unter Verzicht des Staats auf das Bodeneigenthum, das ihm, wie an jeder *via publica*, so auch an den Wällen und dem Pomerium zustand.

Wenn diese Untersuchung das Richtige trifft, so kann es immerhin sein, dass, wie Livius sagt, aussen um die Mauer herum Terminalsteine gestanden haben; die Grenzsteine des Pomerium aber im eigentlichen Sinne des Worts

---

[30]) Die Ausschliessung der Aventin mag militärisch nothwendig erschienen sein, um einen grösseren häuserfreien Raum innerhalb der Ringmauern zur Verfügung zu behalten. Aber auch das römisch-latinische gewissermassen exterritoriale Dianaheiligthum kann hiebei in Betracht gekommen sein.

haben nicht ausserhalb der Mauer, sondern innerhalb nach
der Stadtseite zu gestanden. Ob dies in den einzelnen
topographischen Fragen Bestätigung findet, kann und soll
hier, wie gesagt, nicht untersucht werden. Nur einige
Andeutungen füge ich in dieser Beziehung hinzu, die freilich die vorhandenen Schwierigkeiten mehr bezeichnen als
beseitigen.

Der palatinische Mauerring ist, wenigstens nach den
drei Seiten des Forum, des Velabrum und des Circus hin,
durch die noch erhaltenen Reste wesentlich festgestellt[31]).
Verglichen mit dem Bericht des Tacitus[32]) über den *sulcus*
und das *pomerium* des Romulus und über die *certis spatiis
interiecti lapides,* die noch damals dessen Lauf *per ima
montis Palatini* bezeichneten, ergiebt sich die Schwierigkeit, dass die vorhandenen Mauerreste einen wesentlich
engeren Bezirk umschliessen, als Tacitus ihn bezeichnet,
insonderheit jene die etwa bei S. Anastasia gelegene Ara
maxima ausschliessen, während Tacitus sie ausdrücklich
einschliesst. Lanciani hat den Anstoss zu heben versucht,
indem er im Anschluss an Livius das Pomerium aussen
um die Mauer herumführt und die *ara maxima* zwischen
Pomerium und Mauerring der palatinischen Stadt unter-
bringt. [Jordan hat dagegen vorgeschlagen jenen Mauerring als den der palatinischen Burg zu fassen, während die
dem von Tacitus beschriebenen — und in Folge der Lustra-
tion an den Parilien[33]) im Gedächtniss gebliebenen — Pome-

---

[31]) Lanciani Ann. 1871 S. 42 f.; C. L. Visconti und Lanciani
guida del Palatino (1873) S. 17 f.; [jetzt vor allem Jordan Top. 1,
172].

[32]) ann. 12, 24.

[33]) Varro 6, 34: *die februato ... februatus populus, id est lupercis*

rium gleichlaufende Stadtmauer verschwunden sei; und
diese Annahme zeigt in der That einen Weg aus dem
Labyrinth. Freilich haben dann schon die Alten selbst die
erhaltene Burgmauer als die Mauer der palatinischen Stadt
betrachtet und insonderheit die Thore der letztern irrig auf
jene übertragen; und ich bin weit davon entfernt dieses
vielleicht schwierigste aller Probleme der römischen Topographie als durch jene Erörterung endgültig erledigt bezeichnen zu wollen. Man wird auch die Möglichkeit offen
lassen müssen, dass Tacitus den Begriff des Pomerium in
derselben Weise wie Livius über seine eigentliche Grenze
ausgedehnt hat und dass die Versteinung, von der er
spricht, in der That das Aussenglacis der palatinischen
Stadt bezeichnet. Eine solche Annahme, die im Wesentlichen auf die von Lanciani vorgeschlagene Lösung hinaus-
kommt, wird man auch sich gefallen lassen können. Aber
nicht darf man, um das Räthsel des palatinischen Pomerium
zu lösen, den Grundbegriff des Pomerium überhaupt in
sein Gegentheil verkehren. Die Fragen, welche die pala-

— — — ——

nudis lustratur antiquum oppidum Palatinum gregibus humanis cinctum.
Jordans (Top. 1. 162. 2. 269) Interpretation der letzten Worte,
dass die 'Menschenheerden', das heisst die mit Thierfellen ge-
schürzten Luperker, die palatinische Stadt 'umgürtet' hätten, scheint
mir unmöglich; Varro konnte wohl in einer Satire, aber nicht in
dieser Schrift die Luperker in einer so scurrilen Weise bezeichnen,
und ebenso wenig sagen, dass die von den Luperkern umstandene
Stadt von den Luperkern lustrirt ward. Mein Vorschlag *a regibus
Romanis moenibus cinctum* scheint mir noch immer vorzuziehen; der
Plural, den Jordan für unmöglich erklärt, bezeichnet einfach, dass
an diesen Mauern mehrere Könige gebaut haben oder vielmehr,
dass er hier die Frage nicht erörtern will, welcher einzelne König
das einzelne Mauerstück gebaut habe. .

tinischen Trümmer hervorrufen, nicht lösen zu können
wird sich jeder bescheiden, der weder mit den Göttern
noch mit den Augurn zu concurriren unternimmt; einen
concreten Begriff des römischen Staatsrechts der historischen Zeit, wie der des Pomerium unzweifelhaft ist, wird
man keinen Urzustandsdivinationen zum Opfer bringen
dürfen.] — Erhalten ist von den Grenzsteinen des palatinischen Rom keiner.

Von den wahrscheinlich schriftlosen Grenzsteinen des
servianischen Pomerium, welche Varro sah, ist ebensowenig
einer auf uns gekommen.

Von denen des kaiserlichen Rom haben sich drei an
ihrem ursprünglichen Platze gefunden. Ein Cippus Vespasians[34]) ist an der alten Stelle zwischen der Porta Ostiensis
und dem Fluss unterhalb des Testaccio zum Vorschein
gekommen, also ausserhalb der servianischen Mauer, aber
in einem Gebiet, das Claudius füglich mit dem Aventin
zugleich zur Stadt geschlagen haben kann. Einer des
Claudius[35]) und ein dritter Hadrians[36]) sind im Marsfeld
bei S. Biagio della Pagnotta und bei der *chiesa nuova* der
Philippiner zum Vorschein gekommen, also ebenfalls ein
gutes Stück ausserhalb der servianischen Mauer; aber auch
dieser dicht bewohnte Strich kann sehr wohl durch Claudius
zur Stadt geschlagen worden sein. Da die Pomeriensteine
eine Reihenzahl tragen und, wie alle *termini*, so aufgestellt
waren, dass von jedem Stein bis zu dem nächsten die
Grenzlinie gerade (*recta regione*) lief, so können die erhal-

---

[34]) C. I. L. VI. 1232.
[35]) C. I. L. VI 1231 a.
[36]) C. I. L. VI. 1233 a.

tenen und am alten Platz gefundenen dazu dienen die
Stadtgrenze der Kaiserzeit zu ermitteln, wie Claudius und
Vespasian sie bestimmten. Aber sie verhelfen uns nicht
zur Entscheidung der Frage, wie das Pomerium sich zu
der Mauer verhält. Denn bei der Vorschiebung des Pomerium, wie sie unter Claudius und Vespasian erfolgte,
hat man keine neue dem neuen Pomerium entsprechende
Stadtmauer angelegt, sondern das Pomerium lediglich als
die ideale Grenzlinie der jetzt als mauerlos betrachteten
Stadt behandelt. — Dass dagegen diese Pomeriensteine mit
der Schriftseite nach der Stadt zu aufgestellt gewesen sind[37],
zeigt deutlich ihre Bestimmung die Häusergrenze zu bezeichnen.

[37] [Ueber die Anfstellung der Steine hat jetzt Jordan Top. 1,
325 fg. die thatsächlichen Angaben vollständig gesammelt].

DIE LUDI MAGNI UND ROMANI.[1])

Es ist schon oft über die *ludi magni, maximi, Romani*
verhandelt worden: doch dürfte über den Begriff und die
Entwickelung derselben noch einiges schärfer und anders
als bisher geschehen zu fassen sein.

Ludere enthält nicht von Haus aus den Begriff der
Festfeier, sondern zunächst, wie bekannt, den des Spielens[2]),
der körperlichen oder geistigen wetteifernden und erfreu-
lichen Thätigkeit ohne unmittelbaren praktischen Zweck.
Daraus entwickelt sich die engere Beziehung auf das Wett-
fahren, und in dieser Anwendung erscheinen die *ludi* zuerst
im römischen Sacralwesen. Es ist in der Ordnung, dass sie
ausgehen von dem Cultus derjenigen Gottheiten, die zu den
Pferden und Zugthieren in der nächsten Beziehung stehen,
also des Mars und des Consus. Durch diese Beziehungen
sind die Plätze bestimmt worden, an die seitdem die
römischen Spiele geknüpft erscheinen: der Altar des Consus
ist zu allen Zeiten der Mittelpunkt des Circus maximus
geblieben und die Feier der Equirrien auf dem Marsfeld

---

[1]) Zuerst gedruckt im Rheinischen Museum für Philologie 14
(1859) S. 79—87.

[2]) [Die Zurückführung von *loidus* auf die Sanskritwurzel *krid*-
spielen (Corssen krit. Nachträge zur lat. Formenlehre S. 35)
empfiehlt sich sprachlich wie sachlich.]

ist sicher nicht ohne Einfluss auf die Anlage des flaminischen Circus gewesen. Auch in der Ueberlieferung sind
nur die Wettfahrten der Equirrien und der Consualien un-
vordenklich alt und nur sie finden sich in dem ältesten
Kalender unter den stehenden Festen verzeichnet. Aber
eben daraus erklärt sich auch die äusserliche Geringfügig-
keit dieser ältesten *ludi:* dass die Pferde hier liefen, war
lediglich ein religiöser Ritualact und es knüpfte sich an
diese so wenig wie an jedo andere im Kreise des öffentlichen Gottesdienstes enthaltene religiöse Caeremonie die
Vorstellung einer gegen die Gottheiten übernommenen besonderen Verpflichtung oder die einer ausserordentlichen
Festlichkeit Eben diese beiden aber sind das Auszeich-
nende desjenigen Actes, den die Römer späterhin gewöhnlich unter *ludi* verstehen. Auch dabei sind die Wettfahrten
die Ursache der Benennung und der Keim und Kern des
ganzen Instituts, aber es verbindet sich hier damit der
Begriff des ausserordentlich gelobten und zum Dank für
die besondere göttliche Gnade ausserordentlich gefeierten
Festes, welches darum auch folgerichtig nicht den Schutz-
patronen der Pferde und Mäuler, sondern dem Schützer
der Gemeinde überhaupt, dem höchsten besten Jupiter gefeiert wird. Darum ist die genaue Bezeichnung dieser Festfeier nicht *ludi* schlechtweg, sondern *ludi magni, ludi
maximi, ludi Romani* — Bezeichnungen, welche die alten
Gewährsmänner übereinstimmend für identisch erklären[3])

---

[3]) Die Stellen sind bekannt: Liv. 1. 35 von Tarquinius Spielen:
manure ludi Romani magnique varie appellati. Cicero *de re p.* 2, 20. 35
von demselben: *eundem primum ludos maximos, qui Romani dicti sunt,
fecisse accepimus.* Festus im Auszug p. 122: *Magnos ludos Romanos
appellabant, quos in honorem Iovis, quem principem deorum putabant,*

und die alle darauf hinauskommen den Begriff der *ludi*, so zu sagen, besonders zu accentuiren, das Fest, um das es sich handelt, als ein vor allen gemeinen Festen ausgezeichnetes und ausserordentliches zu betonen.

Es ist diese Auffassung mit der gangbaren insofern in entschiedenem Widerspruch, als die letztere nicht bloss die *ludi magni Romani* selbst, sondern auch deren Jahrfesteigenschaft zurückführt auf den König Tarquinius Priscus und die Spiele von Haus aus als Jahrspiele fasst. Indess beruht diese Annahme einzig auf den bekannten Worten, mit denen Livius seine Schilderung der von Tarquinius geordneten Festfeier schliesst: *sollemnes deinde annui mansere ludi Romani magnique varie appellati*. Wenn die Worte '*sollemnes annui*', wie man sie durchgängig gefasst hat, synonym sind mit *stati*, so hat Livius sich diese Spiele vorgestellt als von Tarquinius zum Jahrfest gemacht, womit freilich die Richtigkeit dieser Vorstellung selbst noch nicht bewiesen ist. Aber es liegt doch wohl in Livius Worten mehr als der hiebei vorausgesetzte Pleonasmus. *Sollemnis* bezeichnet die häufige durch den Gebrauch geheiligte, *annuus* die rechtlich festgestellte Wiederholung; wie denn bekanntlich alle rechtlichen Formalien *sollemnia* heissen, aber durchaus nicht alle *sollemnia*, z. B. bei der Beerdigung, der Hochzeit, auch rechtliche Formalien sind.

---

faciebant. Vgl. denselben *v. Romani ludi* p. 262. Pseudo-Ascon. p. 142: *Romani ludi sub regibus instituti sunt magnique appellati, quod magnis impensis dati; tunc primum ludis impensa sunt ducenta milia nummum* (vgl. Dion. 7, 71). — Der zwar nicht ungelehrte, aber ganz verkehrte Versuch die Consualien zu *ludi magni* zu stempeln (Ascon. a. a. O.) ist nichts als eine Notherklärung virgilischer Scholiasten.

Man wird also nach *sollemnes* interpungiren und übersetzen
müssen: diese Feier wurde gebräuchlich und späterhin
jährig; und so verstanden sagt die Stelle das gerade Gegentheil von dem gewöhnlich in sie hineingelegten Sinn und
bezeugt, dass das von Tarquinius geordnete Jupiterfest zunächst eben nicht Jahrfest gewesen ist. Die Untersuchung
hat unter diesen Umständen hinsichtlich der Frage, wann
diese Umwandlung stattgefunden hat, vollkommen freie
Bahn.

Prüfen wir zunächst das Wesen und den Ursprung
dieser Spiele, so finden wir. dass damit die Jährigkeit
derselben in grellem Widerspruch steht. Bekanntlich erschien bei den römischen Spielen in der Pompa, die
rechtlich das Hauptstück dieser Feier ist, wie das *epulum*
das der *ludi sacri* im engeren Sinne[4]), der Magistrat der
Stadt, immer ein solcher, der das für den Triumph erforderliche Imperium besass[5]), in der Tracht der Triumphatoren
und auf dem Triumphalwagen; der Tempel des höchsten
besten Jupiter auf dem Capitol, das Ziel der späteren eigentlichen Triumphalprozession, war für diesen Zug der Ausgangspunkt. Diese Triumphalprocession ohne Triumph
ist augenscheinlich nicht das Ursprüngliche und Aelteste.
Sicherlich wird ehemals der Triumphalaufzug des Siegers
nach dem Capitol und der Zug desselben vom Capitol zu

---

[4]) Preller röm. Myth. p. 195 macht unrichtig das *epulum Iovis*
zum Mittelpunkt der *ludi Romani*. Es gehört dies vielmehr den
plebeischen Spielen zunächst und überhaupt den *ludi sacri* an
(Friedländer in Marquardts Handb. 4 S. 473; C. I. L. I p. 401. 406);
in die römischen Spiele ist es erst in der Kaiserzeit eingedrungen.

[5]) In Ermangelung eines Consuls oder Prätors wird dafür ein
Dictator ernannt. Liv. 8, 40.

dem Spielplatz ein unzertrennliches Ganzes gebildet haben
und dieses Ganze eben das römische Siegesfest gewesen
sein; erst später wurde beides getrennt, so dass der wirklichen Triumphalprocession nicht nothwendig Triumphalspiele folgten und sie daher auf dem Capitol endigte, dagegen die Triumphalspiele vom Triumph sich ablösten
und daher der Aufzug auf das Capitol hiebei wegfiel. —
Damit stimmt auch die Ursprungssage aufs genaueste
überein. Sie knüpft an den König Tarquinius Priscus
an und zwar entweder an seinen Sieg über die Latiner
oder an den über die Etrusker[6]), das heisst an ausserordentliche vermuthlich doch durch besondere Gelübde
motivirte Sieges- und Dankfeste, unzweifelhaft eben diejenigen, welche die Fasten als den ersten und zweiten
der tarquinischen Triumphe aufzählen. Eigentlich zurückgeführt auf ihn als den Urheber werden weder die Spiele
noch der Triumph, wohl aber wird ihm dort die für die
späteren Spiele massgebende Ordnung beigelegt, hier gleichmässig die Feststellung des Triumphalcaeremoniells, namentlich des Triumphalwagens, des Mittelpunkts und Haupt-
stückes in dem ganzen Schauzug[7]). So deutlich wie möglich
also zeigt auch die Ursprungssage es an, dass die *ludi magni
Romani* ursprünglich Triumphal-, also ausserordentliche

---

[6]) Jenes thut Livius 1, 35: *praeda inde maiore* (aus der Eroberung der latinischen Stadt Apiolae) *quam quanta belli fama fuerat
revecta ludos opulentius instructiusque quam priores reges fecit.* Dagegen Dionys. 6, 95 (über die Beziehung dieser Stelle auf die
römischen Spiele s. mein R.-G. 1⁶. 456): τὴν μὲν πρώτην (ἡμέραν)
ἀνερώσαντος βασιλέως Ταρκυνίου, καθ᾽ ὃν χρόνον ἐνίκησε Τυῤῥηνούς.

[7]) Strabon 5, 2, 2 p. 220 Cas. Flor. 1, 1, 5 Jahn. Zonar. 7, 8.
Besonders Plutarch Rom. 16.

auf besonderem Votum beruhende Spiele gewesen und dies
längere Zeit hindurch geblieben sind; wobei man noch
daran sich erinnern wolle, dass es der älteren und ein-
facheren Auffassung des Verhältnisses der segnenden Götter
zu den gesegneten Menschen widerstreitet eine einmalige
Wohlthat durch einen jährlich sich erneuernden Dankact
zu erwiedern[8]). — Die Annahme, dass die römischen Jupiterspiele zwar an sich sehr alt, aber erst verhältnissmässig
spät unter die *feriae statae* aufgenommen sind, findet
noch eine bedeutende, wenn auch nur stillschweigende
Unterstützung in dem Fehlen dieser Spiele in dem ältesten
Festkalender. Ich habe anderswo[9]) im Zusammenhang dargelegt, dass zu diesem nur die in unseren Steinkalendern
mit grosser Schrift geschriebenen Worte gehören, alles mit
kleiner Schrift beigesetzte, wie es schon der Augenschein
verräth, nichts ist als späterer Nachtrag. In den Jahr-
festen der ersten Klasse finden sich nun wohl die Equirrien
und Consualien, aber es wird mit keiner Silbe der *ludi
Romani* gedacht; was wohl unwiderleglich beweist, dass
zu der Zeit, wo diese älteste Redaction stattfand — nach
meiner Vermuthung zur Zeit der Decemvirn[10]) — die letzteren wohl schon *sollemnes*, aber noch nicht *annui* gewesen
sind. Ob sich dies in den einzelnen Erwähnungen dieser
Spiele bestätigt findet und ob überhaupt die allmähliche
Umgestaltung derselben sich verfolgen lässt, wird zu unter-

---

[8]) So wurden zum Beispiel die Apollinarspiele *in perpetuum in
statam diem* erst vovirt, nachdem sie längere Zeit jährlich, aber
in unum annum gelobt worden und *die incerto* gehalten waren.
Liv. 27. 23.

[9]) C. I. L. I p. 361.

[10]) Meine Chronologie S. 30.

suchen sein, sollten auch ganz reine und sichere chronologische Ergebnisse sich nicht gewinnen lassen.

Der Ueberlieferung nach war das Fest ursprünglich
eintägig; ein zweiter Tag soll nach Vertreibung der Könige[11],
ein dritter nach der Regillerschlacht oder doch um diese
Zeit in den ersten Decennien der Republik hinzugefügt
worden sein[12]. Für die richtige Auffassung dieser Berichte

---

[11] Dionys. 6, 95.

[12] Es giebt über diesen dritten Zusatztag vier verschiedene
Berichte. Nach dem einen (Dion. 6, 95) wurde der dritte Tag
zugesetzt in Folge der Rückkehr der Plebs vom heiligen Berge
im J. 260. — Nach dem zweiten (Dion. 5, 57) wurde in Folge
einer glücklich entdeckten Verschwörung zu Gunsten der Tarquinier im J. 254 ein dreitägiges Dankfest angeordnet und da
dieses bezeichnet wird als die gewöhnliche römische Festfeier
(denn Ritschls Bedenken *parerg.* 1, 307 A. kann ich nicht theilen),
so liegt wahrscheinlich auch hier ein Versuch vor den dritten Zusatztag historisch zu erklären. — Eine dritte Version lässt den
Dictator A. Postumius vor der Schlacht am Regillussee (255 oder
258) geloben ἀγῶνας καταστήσεσθαι πολυτελεῖς, οὕς ἄξει ὁ 'Ρωμαίων
δῆμος ἀνὰ πᾶν ἔτος (Dionys. 6, 10, vgl. 17), womit im Ganzen
übereinstimmt, was Cicero *de div.* 1, 26, 55 von diesen selben
Spielen sagt: *cum bello Latino ludi votivi maximi primum fierent.*
Ritschls Auffassung (*parerg.* I p. XXV), dass die 'ersten Spiele'
im Gegensatz zu den instaurativen gesagt sei, bürdet dem Schriftsteller eine Incorrectheit und Dunkelheit auf; denn da die Instauration etwas Zufälliges ist, so kann, bevor von dieser die Rede
gewesen ist, der Annalist die beginnende Feier nicht wohl als die
erste bezeichnen. Ueberdies bezeugt ja die Stelle des Dionysios
dass es einen Bericht gab, welcher die römischen Spiele auf die
Regillusschlacht zurückführte. Denn dass die von Postumius gelobten Spiele eben die gewöhnlichen Jupiterspiele sind, geht aus
Dionys. 7, 71 und überhaupt aus den gesammten Berichten
über das Traumgesicht des T. Latinius hervor, das überall an die
postumischen Spiele angeknüpft wird. Auch dass Dionysios diese

ist vor allem daran zu erinnern, dass die dauernden Veränderungen des Festrituals, namentlich die Vermehrung der
Festtage, in keinem nothwendigen Zusammenhang damit
stehen, ob diese Spiele bloss *sollemnes* waren oder schon
annui. Das Schema der Siegesfeier, wie es Tarquinius fest-

Spiele als jährliche bezeichnet, ist zwar an sich falsch und im
Widerspruch mit Ciceros *ludi votivi*, zeigt aber doch deutlich, dass
Dionysios an die *ludi Romani* denkt. Doch möchten diejenigen
die die römischen Spiele auf Postumius zurückführten, darum
deren Einsetzung durch Tarquinius keineswegs haben leugnen
wollen. Vielmehr wollten sie nur sagen, dass die Spiele als drei-
tägige zuerst von Postumius gefeiert worden sind — eben wie
ja die Einführung der Spiele durch Tarquinius gar nicht auf die
Spiele an sich, sondern auf die neue Fest- und Spielordnung bezogen wird. Es ist selbst möglich, dass Cicero sie darum nicht
magni nennt, sondern *maximi*, eben wie späterhin im Gegensatz
der dreitägigen Spiele die ersten viertägigen so heissen (Liv. 6.
42). — Diese Annahme erhält eine bedeutende Unterstützung durch
eine vierte der vorigen eng verwandte Version über die Entstehung
des dritten Zusatztages bei Macrob. *sat.* 1. 11. 5. wo derselbe an
die durch das Traumgesicht des Latinius veranlasste Instauration
vom J. 264 angeknüpft wird. Die Verkehrtheit dieser Erzählung,
wie sie jetzt vorliegt, hat Ritschl a. a. O. p. XXVI gezeigt; aber
ganz aus der Luft gegriffen kann es doch nicht sein, dass Macrobius für die Zusetzung eines Tages zu der Festfeier sich auf
ein Senatusconsult und ein mänisches Gesetz beruft. Wenn er
in seinen Quellen fand, theils dass der dritte Tag der Siegesfeier
zuerst von A. Postumius gelobt und durch ein Senatusconsult und
ein mänisches Gesetz festgestellt worden sei, theils den bekannten
Bericht über die durch Latinius Traumgesicht bei der postumischen
Feier veranlasste Instauration, so lag es ihm sehr nahe beides
so ineinanderzuwirren, wie wir jetzt es bei ihm lesen. — Der geschichtliche Kern aller dieser Anekdoten scheint einfach die Thatsache zu sein, dass um die Zeit der ersten Secession die Siegesfeier dreitägig ward; wozu man dann ätiologische Mythen hinzuzuerfinden nicht säumig war.

gestellt hatte oder haben sollte, normirte das Ritual, die ﹘
Dauer, den Kostenbetrag; es konnte Zusätze oder Steige-
rungen erhalten theils vorübergehender Natur bei ganz
ausserordentlichen Siegen, theils bleibender, etwa weil die
Gemeinde überhaupt mächtiger und reicher geworden und
daher im Stande war den Sieg besser als früher zu verdanken: alles dieses aber schliesst nicht aus, dass die
Siegesfeier nicht anders als auf ein besonderes Votum und
einen bestimmten Waffenerfolg hin stattfand. Alle Berichte also über die Normirung und die allmähliche Steigerung
dieser Jupiterspiele machen keinen Beweis dafür, dass dieselben für die frühere Zeit der Republik oder gar für die
Königszeit als jährig gedacht worden sind[13]). Dagegen
erscheinen die Spiele vom J. 264, auf die das Traumgesicht
des T. Latinius sich bezog, in der freilich arg verwirrten
Ueberlieferung doch deutlich einerseits als beruhend auf
einem bestimmten Gelübde, andrerseits als die gewöhnlichen ﹘
Jupiterspiele[14]); wer sich von den Fesseln der gewöhnlichen
die *ludi votivi* und die *sollemnes* von einander scheidenden
Auffassung frei gemacht hat, wird hier den Beweis dafür erkennen, dass die römischen Gelehrten die *ludi
Romani magni* für diese Zeit sich noch nicht stehend gedacht
haben. Wenn ferner der älteste römische Festkalender

---

[13]) Dass Dionysios (5. 57) römische Spiele im September des
J. 254 ansetzt, kann nimmermehr als Zeugniss gelten. Vgl. meine
Chronol. S. 82.
[14]) Ich lege weniger Gewicht darauf, dass Augustin *de civ.
dei* 4, 26 die Spiele geradezu *ludi Romani* nennt, als darauf, dass
die Schilderungen bei Cicero *de div.* 1,26, 55, Liv. 2, 36 und Dionys
7, 71 ebenso bestimmt sie als *ludi votivi* wie als die *ludi sollemnes*
charakterisiren (meine R. G. 1⁶, 226).

mit Recht als ein Stück der zwölf Tafeln betrachtet wird,
so liegt in dem oben Gesagten der Beweis. dass diese Spiele
zur Zeit der Decemvirn noch nicht rechtlich stehend geworden waren. Eben dahin und wohl noch etwas weiter
führt die Beobachtung des Sprachgebrauchs. Diesem nach-
gehend bemerkte Ritschl[15]), dass Livius zwar im ersten
Buch ausdrücklich *ludi Romani* und *ludi magni* für
gleichbedeutend erkläre, aber 'nichtsdestoweniger eine sichere
Beobachtung lehre, dass Livius späterhin, so oft er auch
'diese Spiele erwähnt, sie niemals *magni* nennt, sondern
'ohne Ausnahme *ludi Romani* sagt. In allen Stellen da-
'gegen, in denen er von *ludi magni* spricht sind *ludi
'votivi* gemeint[16]).' Die Bemerkung, dass *ludi magni*
und *ludi Romani* im Sprachgebrauch unterschieden werden,
ist ganz richtig; nur trifft dennoch Livius kein Vorwurf.
wenn er sagt: *mansere ludi Romani magnique varie appellati.* Das Jupiterfest der späteren Zeit kommt in

---

[15]) *Parerg.* 1, 290).

[16]) [Die Bezeichnung *ludi magni* für besonders gelobte Spiele
ist häufig und augenscheinlich technisch; sie begegnet in unseren
Annalen insonderheit unter den J. 323 (Liv. 4, 27), 358 (Liv. 5, 19).
362 (wo merkwürdiger Weise Diodor 14, 106 sagt: Ῥωμαῖοι δὲ
Αἰκούαν — so ist zu lesen — πόλιν ἐκ τοῦ τῶν Αἰκῶν ἔθνους ἑλόντες κατὰ
τὰς τῶν ὑπάτων εὐχὰς μέγαν ἀγῶνα τῷ Διὶ συνετέλεσαν, während die
jüngeren Annalen nach Liv. 5, 31 diese Spiele bezeichnen als von
Camillus gelobt. für die — schon 358 erfolgte — Eroberung von
Veii). 394 (Liv. 7, 11). 537 (Liv. 22, 9, 10. c. 10, 7), 546 (Liv. 27, 33,
8), 551 (Liv. 30, 2, 8), 554 (Liv. 31, 9, 10), 563 (Liv. 36, 2), 568 (Liv. 39,
5, 7) und noch unter Augustus (Sueton Aug. 23). Allem An-
scheine nach kommt diese Bezeichnung jeder auf besonderen Ge-
lübden des Obermagistrats beruhenden Festfeier zu und ist es
nur Zufall, wenn solche Votivspiele nicht ausdrücklich *ludi magni*
genannt werden.]

4*

doppelter Beziehung vor: als quasitriumphale ordentliche
Jahr- und als wirklich triumphale ausserordentliche Feier;
denn natürlich hörten darum, dass das Triumphalfest stehend ward und seinen ursprünglichen Charakter als Siegesfeier verlor, die wirklichen Siegesfeste keineswegs auf, wenn
sie auch seltener wurden, und immer blieb für beide das
Ritual im Wesentlichen das gleiche.   An jene ordentlichen
Jupiterspiele heftete sich die Benennung *ludi Romani*[11], an
die ausserordentlichen der Name *ludi magni*, und darum
hatte Livius, als er das beiden gemeinschaftliche Grund-
schema besprach, guten Grund zu sagen, dass diese Spiele
bald *ludi Romani*, bald *ludi magni* genannt würden, ohne
dass er damit gemeint war beide Ausdrücke im strengen
Sinne des Wortes für gleichbedeutend zu erklären.   Von
ludi Romani nun ist erst später die Rede, soviel ich
finde nicht vor dem J. 432[18]: was allerdings zum guten
Theil daher rühren wird, dass stehende Festlichkeiten der
Natur der Sache nach weit seltener als ausserordentliche
in den Annalen erwähnt werden. — Die Ueberlieferung
also führt nur dahin, dass die vermuthlich durch allmäh-

---

[11] [Wenn Cicero Verr. 5, 14. 36 sagt: *mihi ludos antiquissimos,
qui primi Romani appellati sunt, cum dignitate maxima et religione
Iovi Iunoni Minervaeque esse faciundos*, so können freilich auch die
übrigen öffentlichen Spiele der Römer selbstverständlich *Romani*
genannt werden, insofern sie zu den *Neapolitani* u. s. w. in Gegensatz treten; aber Ciceros Worte sagen mehr und sind nur dann
in Ordnung, wenn die übrigen Spiele im solennen Stil *ludi Romani plebeii, Romani Apollinares* u. s. w. hiessen, was ja möglich,
aber meines Wissens sonst ohne Beleg ist. Vielleicht schrieb
Cicero *qui imprimis Romani appellati sunt*.]

[18] Liv. 8, 40 vgl. 10. 47.   Auf die Angaben in A. 13. 14 ist
natürlich kein Verlass.

liches Stehendwerden[19]) vorbereitete Annuität der Jupiterspiele definitiv zwischen dem Decemvirat und dem Beginn
der samnitischen Kriege eingetreten ist. Indess wahrscheinlich dürfen wir diese Umwandlung bestimmt zurückführen auf die Einsetzung der curulischen Aedilität im
J. 388. Die curulischen Aedilen waren recht eigentlich
und von Hause aus die *curatores ludorum sollemnium*, das
heisst die Ausrichter eben dieser Jupiterspiele; wir wissen
ferner, dass damals an dem Schema der *ludi magni* geändert, dass beschlossen ward einen Tag zu den bisherigen
dreien hinzuzufügen[20]). Es ist nicht schlechthin nothwendig, aber in hohem Grade wahrscheinlich, dass die Einführung der jährlichen Jupiterspiele eben mit der Einsetzung der jährlich eintretenden *curatores ludorum sollemnium* zusammenfällt. Erst damals also können auch
die Tage sich schliesslich festgestellt haben, so wahrscheinlich es auch ist, dass seit ältester Zeit die Feier des Festes
an der Zeit haftete, wo die Heere aus dem Felde zurückzukehren pflegten, also bei den alten Sommerfeldzügen
regelmässig in den Herbst fiel. — Natürlich treten daneben
nach Umständen ausserordentliche Triumphalspiele ein und
immer noch richten diese in der Regel sich nach dem für

---

[19]) Es ist möglich, wie ich dies schon anderswo ausgesprochen
habe (Chronol. S. 162), dass die grossen Spiele eine Zeitlang an
die *lustra* sich angeschlossen haben und also in vierjährigen Fristen
sich gefolgt sind, etwa in Folge eines Gelübdes, das von vier zu
vier Jahren erneuert ward. Gleichartige Gelübde sind in schweren
Zeiten auch später noch nicht selten vorgekommen (Liv. 22, 10.
27, 33. 30, 2. 27. 31, 9. 42, 28).

[20]) Liv. 6, 42: *ut ludi maximi fierent et dies unus ad triduum
adiceretur.*

das jetzt stehend gewordene Siegesfest der Gemeinde geltenden Schema.   Schlechthin nothwendig indess diese
Gleichartigkeit [natürlich nicht und auf diejenigen ordentlichen und ausserordentlichen Spiele, die nicht dem
capitolinischen Jupiter und seinen Tempelgenossen galten,
leidet sie gar keine Anwendung. Ein schlagender Beweis
für die Behandlung der ausserordentlichen Spiele nach dem
Muster der ordentlichen sind Pompeius funfzehntägige
Spiele[21]), wenn man damit zusammenhält, dass die *ludi
Romani* im augustischen Festkalender sechzehn Tage
währen, ein Tag aber nach Caesars Tode hinzugekommen
war[22]). Selbst die Summe, die auf die ausserordentlichen
Spiele zu verwenden war, war nach altem Herkommen
nothwendig eine vorher fest bestimmte *(pecunia certa)*
und regelmässig wohl eben die 200000 schweren Asse, die
für die ordentlichen ausgeworfen waren[23]); erst im J. 554
ist hiervon abgegangen und die Höhe der auf die Spiele
zu verwendenden Summe der späteren Festsetzung durch
den Senat überlassen worden[24]. Darum wird man auch
die Lücke, die in unserer Ueberlieferung zwischen der
viertägigen Feierordnung des J. 388 und der funfzehn-

---

[21]) Cicero in *Verr. act.* 1, 10, 31. Darum auch das. 11, 34:
secundum binos ludos.

[22]) Friedländer in Marquardts Handb. 4, 491.

[23]) Für die im Jahre 537 gelobten Spiele wurden 333333⅓ schwere
Ass ausgesetzt (Liv. 22, 10, 7; Plutarch Fab. 4; mein röm. Münzwesen S. 302).

[24]) Liv. 31, 9. Auch die Verwechselungen der *ludi Romani*
und der *ludi votivi*, die Ritschl a. a. O. p. XXIII not. anmerkt,
erklären sich hieraus leicht, so wie danach auch die Lesung der
Mainzer Handschrift Liv. 34, 44, 6: *ludi Romani votivi* gerechtfertigt erscheint.

tägigen der ciceronischen Zeit liegt, mit Wahrscheinlichkeit theilweise ausfüllen dürfen mittelst der Wahr-
nehmung, dass in den J. 563 bis 582 die ausserordentlichen Jupiterspiele regelmässig zehn Tage währten[25]).

[Noch mag schliesslich darauf hingewiesen werden, dass
die ausserordentlichen Gemeindefeste, und ebenso natürlich
die aus ihnen entwickelten ordentlichen, durchaus von den
Magistraten der Stadt ausgerichtet werden, dagegen die von
Haus aus stehenden mit dem Cult ein für allemal ver-
bundenen Spiele, wie die zu Anfang erwähnten Equirrien
und Consualien, die zu dem capitolinischen Tempel gehörigen *ludi Capitolini*, die Circusspiele der Dea dia,
die wir aus den Arvalacten kennen, überhaupt alle die
untergeordneten und in gewissem Sinne privaten Spiele, zu
denen die magistratischen *ludi magni* (im weiteren Sinne
genommen) den Gegensatz bilden, nach der Analogie
der *munera* als gemeine Bürgerlast behandelt werden.
Das leitende Princip dieses bis dahin unverstandenen Her-
gangs hat das 128. Capitel des Stadtrechts der Colonie

---

[25]) Liv. 36, 2. 36. 39, 22, 1 und 8. 40, 45. 42, 20. 28; sogar noch im J. 689 (Cic. Cat. 3, 8, 20). Bei den *ludi magni*
im J. 552 währten die Circusspiele vier Tage (Liv. 30, 27); die
Dauer der scenischen erfahren wir nicht. Ueber die ordentlichen
Spiele dieser Zeit erfahren wir nur, dass im J. 540 die scenischen
viertägig wurden (Liv. 24, 43); wie viele Tage damals der Circus
in Anspruch nahm, wird nicht gesagt. Ob der Zusatztag im
J. 567 (Liv. 39, 7) dauernd war, ist doch sehr unsicher. Dass als
zweiter Tag der (circensischen) Spiele bei Livius 45, 1, freilich
nur nach wahrscheinlicher Emendation, s. d. XV. K. Oct., der
16. Sept. nach vorjulianischer Datirung, angesetzt wird, stimmt
mit dem augustischen Kalender überein, hilft aber nicht eben
weiter.

Genetiva klar gelegt [26]) und erst dadurch ist auf manche
vereinzelte Nachricht dieser Art und namentlich auf die
Inschriften der Jahrescollegien der zwölf *magistri* und
ministri der verschiedenen Tempel von Capua Licht gefallen. Nur darin unterschied sich diese Gemeindelast von
den übrigen bürgerlichen Verpflichtungen, dass man die
magistri des einzelnen Fanum nicht aus der Bürgerschaft
überhaupt auslas, sondern aus der Nachbarschaft des
Tempels [27]) oder auch aus dem zunächst auf den Schutz
dieser Gottheit angewiesenen Kreise [28]); es muss eine
einigermassen der älteren christlichen Gemeindenconsti-
tuirung analoge Ordnung bestanden haben und die an-
nähernd gleiche Vertheilung der Last über die gesammte
Bürgerschaft auf diesem Wege erreicht worden sein.
Neben dieser Regel ist ausnahmsweise die Einsetzung von
Collegien mit lebenslänglicher Mitgliedschaft vorgekommen,
so dass die Deckung der für den betreffenden Cult erforderlichen Ausgaben durch den Eintritt in diese Priesterschaft
ein für allemal übernommen ward; zu welcher Kategorie
das Arvalencollegium gezählt werden darf [29]). Endlich
hat, während unmittelbare Bestreitung der Cultuskosten aus

---

[26]) Ephemeris epigraphica II p. 115 und dazu mein Comment.
p. 128.

[27]) So wird das Collegium für die *ludi Capitolini* constituirt aus
denen *qui in Capitolio aut in arce habitarent* (Liv. 5, 50).

[28]) So ist es zu verstehen, dass die Dedication des Mercur-
Tempels die Stiftung des *collegium mercatorum* zur Folge hat
(Liv. 2, 27, 5).

[29]) Es soll damit durchaus nicht geleugnet werden, dass die
Kosten des Cults der Dea dia im Wege der Fundirung, vielleicht
auch in dem der Stipendiirung aus öffentlichen Mitteln mehr oder
minder gedeckt wurden; aber rechtlich wird das Verhältniss doch

dem Aerarium bei den nicht magistratischen Sacralhandlungen nur in mässigem Umfange vorgekommen zu sein
scheint[30]), Fundirung derselben wahrscheinlich in sehr aus-
gedehntem Umfange stattgefunden[31]), insofern, abgesehen
von den nach der römischen Sacralordnung den Tempeln
zufallenden Sporteln und sonstigen sacralen Einnahmen,
liegende Gründe den einzelnen Tempeln überwiesen wurden;
wovon als Beispiel die Tempelschenkung Sullas an den
Dianatempel auf dem Berg Tifata bei Capua dienen kann.
Es ist nicht meine Absicht, auf diesen weiten und einer
eingehenden Behandlung noch durchaus entbehrenden Abschnitt des römischen Sacralwesens hier einzugehen; aber
es schien angemessen wegen des Gegensatzes zu den
magistratischen *ludi magni* auf die Behandlung der kleinen
nicht magistratischen Spiele wenigstens hinzuweisen.]

---

so zu denken sein, dass sie dem jedesmaligen Magister zur Last
fielen und, wenn die Einnahme nicht reichte, er einzutreten hatte.

[30]) Die Vestalinnen allerdings bezogen förmliche Besoldung
(Staatsrecht 2³, 62).

[31]) Staatsrecht 2³, 63 fg.

DIE CAPITOLINISCHEN MAGISTRATSTAFELN.[1])

Die von Otto Hirschfeld kürzlich in diesen Blättern[2])
aufgestellte Behauptung, dass die capitolinischen Fasten
nicht, wie man bisher angenommen hat, kurz vor dem
J. 724, sondern vielmehr nicht lange nach·dem J. 742 abgefasst seien, hat mich zu einer abermaligen Prüfung dieser
nicht unwichtigen Controverse veranlasst. Da ich glaube
einige materielle Thatsachen feststellen zu können, welche
für die Frage präjudiciell und nicht oder nicht genug beachtet sind und welche Hirschfelds geschickte Combination
in einigen Punkten bestätigen, in anderen und wichtigeren
widerlegen, so lege ich meine Ergebnisse hier vor. Die
Datirung der capitolinischen Fasten gehört zu den Funda-
menten unserer Wissenschaft; und so weit an mir ist,
möchte ich dazu thun, dass nicht eines der wesentlichsten
Resultate der Borghesischen Forschungen vor einer scharfsinnigen, aber nicht nach allen Seiten hin erwogenen und
nicht an den Monumenten selbst erprobten Hypothese
auch nur vorläufig das Feld räumen müsste.

---

[1]) [Zuerst gedruckt Hermes 9 (1875) S. 267—280; Nachtrag
über die colotianischen Fasten daselbst 10 (1876) S. 469—471.]

[2]) [Hermes 9 S. 93 fg. Der zweite Artikel Hirschfelds in
derselben Zeitschrift 11 S. 154 fg. ist bei diesem Wiederabdruck
berücksichtigt worden, so weit dies erforderlich schien.]

Die vortreffliche Untersuchung Henzens und Detlefsens
über die ursprüngliche Aufstellung der capitolinischen
Magistrats- und Triumphaltafeln (C. I. L. I p. 417 fg.)
hat dargethan, dass dieselben vier in zwei Spalten be-
schriebene Wand- und vier schmalere nur einspaltig be-
schriebene Pfeilerflächen, ausserdem theilweise den zwischen
den Wand- und den Pfeilerflächen befindlichen, ursprünglich offenbar nicht zum Beschreiben bestimmten Raum
gefüllt haben. Auf den Wandflächen stand die Magistratstafel; der erhaltene Schluss der vierten Wandtafel reicht
bis zum J. 742. Auf die Pfeilerflächen war die Triumphaltafel geschrieben; der erhaltene Schluss des vierten
Pfeilers reicht bis zum J. 733 und ist unten unbeschrieben.
Auf den Zwischenflächen sind theils die Säcularspiele in
der Weise verzeichnet, dass die der J. 518 und 737 ungefähr neben die betreffenden Jahre der Magistratstafel gestellt, unter die letzteren dann diejenigen Domitians gesetzt
sind, theils enthielten sie die Fortsetzung der Magistratstafel
wenigstens bis zum J. 766. Es soll hier versucht werden die
verschiedenen Nachträge unter sich und von dem ursprünglichen Bestand der Tafel zu sondern. Ich habe mich dabei der kundigen Unterstützung des Herrn Dressel in Rom
zu erfreuen gehabt, der mir die wichtigsten Stellen im
Abklatsch mitgetheilt und über alle aus Autopsie den verlangten Aufschluss gegeben hat. Bei der Beurtheilung
der paläographischen Fragen hat mich Herrn Bormanns
einsichtige Beihülfe wesentlich gefördert.

Der jüngste Nachtrag ist aus der Zeit Domitians und
verzeichnet dessen Säcularspiele, und nur diese. Die von
mir (Chronol. S. 185) und dann auch von Henzen (C. I.
L. I p. 419) befolgte Annahme, dass sämmtliche Säcularspiele

erst unter Domitian nachgetragen seien, widerlegt der Augenschein, insbesondere, nach Dressels Bemerkung, die der
Abklatsch bestätigt, die verschiedene Form der Buchstaben
C und R in diesen Säcularspielnotizen verglichen mit denen
des J. 737. Hinzu kommt die völlig abweichende Redaction der Notiz über die domitianischen Säcularspiele von
denjenigen, die die älteren betreffen; insbesondere entnehmen die letzteren ihre Datirung aus den Consulnamen,
denen sie zur Seite gestellt sind, während den domitianischen das Jahr *post Romam conditam* vorgesetzt ist.
Endlich würde Domitian, wenn er die Säcularspiele sämmtlich verzeichnet hätte, die claudischen nicht übergangen
haben [3]). — Uebrigens glaube ich am Anfang der ersten
der drei weggemeisselten Zeilen, die jede etwa 25 Buchstaben gehabt haben müssen, zu erkennen /////E/4//,
wohl IMP·CAESARE, in der dritten // II // \ //// AC /////////
///V/F, wo also am Schluss wohl stand MAG·XVV·S·F.

Ein fernerer Nachtrag sind die Angaben über die dritten
Säcularspiele des J. 518 und die fünften des J. 737, welche
beide auf den Zwischenflächen neben den betreffenden Con-
suljahren sich finden. Die ohne Zweifel einst vorhandenen
analogen Angaben für die J. 298. 408. 628 sind verloren
gegangen. Die Schrift nähert sich im Allgemeinen sehr
derjenigen der ursprünglich eingehauenen Theile der Con-
sularfasten, ist aber in sich verschieden: bei der Notiz zum
J. 518 so schön und sauber wie die Magistratstafel selbst [4]).

---

[3]) Der Versuch, den ich zur Entschuldigung dieser auffallenden
Lücke gemacht habe (Chronol. S. 193), fällt mit seinem Fundament.

[4]) Herr Bormann macht übrigens mit Recht darauf aufmerksam, dass von den drei Zeilen dieser Notiz die erste nicht bloss

bei der zum J. 737 gehörigen vernachlässigt und schlecht;
aber dem Wesen nach sind beide Schriftformen, wie der
Abdruck ausweist, dennoch gleich. Bemerkenswerth ist
namentlich das gleichförmig beide Stücke beginnende LVDI,
so dass die Verlängerung des ersten und des letzten Buchstabens über die Linie und der Accent über dem zweiten in
beiden Aufzeichnungen auftreten; ferner in der Notiz zum
J. 737 das stetige Festhalten des Querstrichs in dem A trotz
der sonst nachlässigen Schrift. Mir scheint es trotz der Verschiedenheit nicht zweifelhaft, dass beide Vermerke wohl von
verschiedenen Arbeitern, aber gleichzeitig und zwar nicht
lange nach der augustischen Säcularfeier nachgetragen
worden sind. Als Nachträge bezeichnet sie der Platz,
au dem wir sie finden. Dass die Notiz über die Spiele
vom J. 737 schon an ihrem Platze stand, als die Fasten
vom J. 766 eingehauen wurden, lehrt der Augenschein;
denn der Schreiber der letzteren fuhr in dem Beschreiben
dieser Columne offenbar deshalb nicht fort, weil er auf die
dem J. 737 zugefügte Spielnotiz traf. Da nun die spätere
Eingrabung, wie wir weiterhin sehen werden, im J. 766
selbst erfolgt ist, so sind die Spielangaben wenigstens noch
unter Augustus eingehauen worden. Dies bestätigen andere
Beobachtungen. Schon dass die Spiele des J. 518 höchst
wahrscheinlich nur fingirt sind, um die Feier des J. 737
möglich zu machen (Chronol. S. 185), nöthigt fast unabweislich dazu diese Anzeichnungen zu combiniren. Die
Redaction der Notizen ferner ist völlig dieselbe: *ludi*

---

etwas grössere, sondern auch wesentlich andere Schriftcharaktere
zeigt als die zweite und dritte; auf der ersteren sind die End-
punkte der Buchstabenlinien mit Gegenstrich versehen, auf diesen
nicht.

saeculares tert. (folgen die Namen) *mag. Xvir.* und *ludi
saeculares quinct.* (folgen die Namen) *mag. XVvir.* Endlich die Schreibung *quinct.* und die Bezeichnung des
Augustus in dieser Notiz als *divi f. C. n.*, genau wie in
den capitolinischen Fasten der J. 730. 731 und sonst
nirgends weiter, weisen die Aufzeichnung für 737 in die
augustische Zeit selber.

Anerkannter Massen ferner ist derjenige Theil der
Magistratstafel, der auf einer der Zwischenflächen steht
oder stand, ein späterer Nachtrag, schon darum, weil die
Zwischenfläche nicht von Haus aus bestimmt war beschrieben
zu werden. Es gilt dies von den J. 743—766; und die
Schrift des davon allein erhaltenen die Jahre 754—766
umfassenden Fragments bestätigt es[5]). 'Die Fragmente der
'Jahre 754 — 766', schreibt Herr Dressel, 'sind augen-
'scheinlich von anderer Hand als die der nächst vorher-
'gehenden Fragmente 728 bis 732 und 742; die Buchstaben
'sind schlanker, einzelne auch anders geformt, zumal be-
'merkenswerth das häufige A ohne Querstrich, das dem
'älteren Theil der Tafel fremd ist. Es ist nicht klar, ob
'alle von einer Hand sind. Dass die J. 754—759 (einschliess-
'lich der auf dieses Jahr folgenden Angaben über die tri-
'bunicischen Kaiserjahre) von derselben Hand sind, kann mit
'aller Bestimmtheit versichert werden; einzelne Kleinigkeiten
'in den Buchstabenformen kommen allerdings mehr in dem
'einen Theil zur Geltung, wie denn im Anfang A. später-

---

[5]) [Das die J. 754—760 enthaltende in der Ephemeris epigraphica III p. 11 abgedruckte Fragment ist erst kürzlich hinzugekommen.   Herr Dressel hat dasselbe nachträglich ebenfalls
einer genauen Untersuchung unterzogen.]

'hin A vorwiegt: doch ist darauf kein Gewicht zu legen.
'Dagegen sind die Consuln des J. 760 so wie wenigstens
'die folgenden Kaiserjahre und Ordinarien des J. 761, viel-
'leicht auch die Folgejahre 762. 763 von einer anderen
'Hand geschrieben; die Buchstaben sind um 1 bis 1½ Mm.
'grösser und etwas anders geformt als in dem vorher-
'gehenden Stück. Die J. 764—765 scheinen wieder von
'einem anderen Schreiber herzurühren; dagegen gleicht das
'J. 766 genau der Schrift von 763. Jedenfalls aber kamen
'diese Hände sich alle sehr nahe und es kann auch sein,
'dass nur die wechselnde Buchstabengrösse den Schein ver-
'schiedener Hände hervorruft.' Der letzteren Meinung, dass
der Abschnitt 761—766 auf einmal eingehauen sei, ist
Henzen gefolgt, indem er zugleich die Abfassung dieses
Theils wegen der nachlässigen Schrift in die Zeit der
Flavier setzt. Ich kann indess nach Prüfung der Abklatsche
nur Herrn Bormann darin beistimmen, dass die Hände
verschieden sind: das K namentlich ist im J. 763 nicht,
wohl aber im J. 765 über die Linie verlängert, das G im
J. 765 durch Verlängerung des untern Endes, im J. 766
durch Beisetzung eines Querstriches vom C differenzirt.
Auch die Disposition der Formel *ex k. Iulis* ist im J. 765
eine andere als in den Vorjahren. Demnach ist die Tafel
in dieser Epoche stetig, vielleicht von Jahr zu Jahr, fortgesetzt worden[6]). Wie lange dies geschehen sei, lässt sich

---

[6]) [Bormann, der nachträglich das schon länger bekannte Stück
761—766 im Original geprüft hat (bei Hirschfeld im Hermes 11
S. 160), hat sein nach den Abklatschen abgegebenes Urtheil nur
bestätigt gefunden. 'Die Jahre 761—763 scheinen auf einmal ein-
'gehauen zu sein; die Aehnlichkeit ist äusserst gross. Dagegen
'scheinen die folgenden Jahre 764. 765. 766 jedes besonders ein-

nicht mit solcher Sicherheit ausmachen, wie man gewöhnlich annimmt. Die Columne hört allerdings mit dem
Jahre 766 auf, aber allem Anschein nach nur deshalb,
weil der Schreiber mit dem Schluss des J. 766 bis an die,
wie wir sahen, früher eingehauene Notiz über die Säcularspiele gelangt war. Wenn er weiter schreiben wollte, so
war es natürlich, dass er dazu nicht den schmalen unter
diesen Säcularspielen frei gebliebenen (nachher von Domitian für die seinigen benutzten) Raum verwendete, sondern
oben auf einer anderen Zwischenfläche von neuem begann:
von den oberen Theilen der Tafeln aber fehlt so viel, dass
das Nichtvorkommen späterer Trümmer als 766 keinen
vollgültigen Beweis dafür giebt, dass wir den effectiven
Schluss besitzen. Dass das vorletzte Jahr des augustischen
Regiments einen passenden Abschluss bildet, leuchtet mir
nicht ein: und es dürfte das Aufhören dieser Aufzeichnungen wohl lediglich auf Zufälligkeiten zurückzuführen
sein. Immer aber bleibt es wahrscheinlich. dass die Liste,
wenn überhaupt über, doch nicht viel über 766 hinaus
fortgeführt worden ist.

Dass die hiernach übrig bleibende Hauptmasse, die auf
den vier Wandflächen und den vier Pfeilern selbst sich
findet und diese wesentlich füllt, so wie sie vorliegt, im
J. 742 zum Abschluss gebracht worden ist, ist von Hirschfeld aufgestellt und in sehr ansprechender Weise combinirt

---

'gehauen zu sein. Der Unterschied ist sehr bemerklich, zunächst
'in der ganz verschiedenen Anordnung. dann auch in dem Ver
'hältniss der Grösse der Buchstaben und Enge der Linien in den
'einzelnen Theilen, ganz abgesehen von der Verschiedenheit der
'Form der Buchstaben: wo wenigstens die beiden Formen des G
'G und Ϲ, mir sicher zu sein scheinen.'

worden mit der Uebernahme des Oberpontificats durch
Augustus in eben diesem Jahre. Denn das Gebäude, von
dem unsere Tafeln herrühren, war ohne Frage, nach Detlefsens treffender Vermuthung, die Regia, die Amts-
wohnung des Oberpontifex. Hier gehörten die Fasten hin[1]),
während es unbegreiflich sein würde, warum man den Castor-
tempel mit einem so heterogenen Schmuck versehen haben
sollte. Nichts liegt in der That näher, als dass Augustus,
als dies Local in seine Obhut überging, es in Stand gesetzt und die an ihm befindlichen Tafeln geordnet hat.
Aber Hirschfeld knüpft an die scharfsinnige Combination
neben richtigen Folgerungen, auf die wir zurückkommen,

---

[1]) [Die Vermuthung Hirschfelds, dass dies die bei den Pontifices
befindliche Fastentafel sei, von der Dionysios 1, 74 spricht, ist
mir zwar auch früher plausibel erschienen, aber bei nochmaliger
Prüfung muss ich doch zu der bisherigen Auffassung der berühmten
Stelle zurückkehren, nach welcher das ἐπὶ τοῦ παρὰ τοῖς ἀρχιερεῦσι
κειμένου πίνακος ἑνὸς καὶ μόνου τὴν πίστιν ἀβασάνιστον καταλιπεῖν
von Dionysios dem eben vorher genannten Polybios vorgeworfen
wird. Denn wenn Dionysios hier von sich aussagte, dass er nicht
bloss auf die Autorität der Pontificaltafel hin das Gründungsjahr ansetzen, sondern seine Ansetzung begründen wolle, so
müsste er doch in seiner Ausführung auf jene Pontificaltafel
irgendwie zurückkommen und seinen Ansatz als mit ihr stimmend
bezeichnen, was aber nicht der Fall ist.] — Auf keinen Fall wird
man mit Hirschfeld annehmen dürfen, dass in der Pontificaltafel
das Gründungsjahr selbst nach Olympiadenrechnung angegeben
war. Mag man darunter vollständige Fasten von der Stadtgründung an verstehen [oder, wie Seeck mir vorschlägt und was allerdings manches für sich hat, die für das laufende Jahr an der
Regia aufgestellte mit der Jahrzahl *ab urbe condita* bezeichnete
Tafel,] immer ergab sich das Olympiadenjahr der Stadtgründung
aus ihr durch einfache Vergleichung mit den beiderseits laufenden
Jahrziffern und konnte ein also berechnetes Olympiadenjahr mit
gutem Grund als das der Tafel bezeichnet werden.

auch solche, die aus ihr sich nicht ergeben und die noch
weniger mit anderen sicheren Thatsachen übereinstimmen.

Die Magistratstafel reicht insofern bis zum J. 742.
als die vier für dieselbe zunächst vom Architekten bestimmten Wandflächen mit dem J. 742 gefüllt erscheinen.
Hirschfeld folgert hieraus, dass sie auf einmal und mit
absichtlicher Ausschliessung jeder Fortsetzung aufgestellt
worden sei und dass das J. 742 eine Epoche bezeichne,
über die der Urheber der Tafeln nicht habe hinaus-
gehen wollen. Er meint weiter, dass bei Uebertragung
der Wohnung des Oberpontifex aus der Regia nach
dem Palatin die Fasten gleichsam dahin gefolgt seien
und sie darum mit 742 hätten aufhören müssen. Aber
diese Annahme ist weder an sich gerechtfertigt noch mit
den Thatsachen vereinbar. Jenes nicht, weil die Regia
darum, dass Augustus sie nicht bezog, nicht aufhörte Amts-
wohnung des Oberpontifex zu sein: wobei auch nicht zu übersehen ist, dass der Oberpontificat überhaupt mit dem Principat
nicht rechtlich verknüpft ward und Augustus am wenigsten
in der Lage war die Verknüpfung also gleichsam officiell
zu proclamiren. Unvereinbar aber mit den Thatsachen
ist Hirschfelds Vermuthung. einmal insofern, als dann nicht
abzusehen ist, warum die Säcularspiele nicht in die Fasten
selbst aufgenommen sind, da die Veranlassung zu ihrer
Aufnahme doch unzweifelhaft die Feier des J. 737 gewesen
ist. Der Behauptung ferner, dass die capitolinischen Fasten
nicht über das J. 742 hinaus hätten geführt werden sollen,
widerstreitet die Thatsache, dass sie wenigstens bis zum
J. 766 fortgeführt worden sind, und zwar wahrscheinlich von
Jahr zu Jahr. Denn darin liegt unzweifelhaft die officielle Erklärung, dass das J. 742 das principielle Schlussjahr der

Tafel nicht war. Selbst wenn, wie Hirschfeld meint,
ohne rechte Gründe dafür beizubringen, diese Fortführung
erst unter Tiberius stattgefunden haben sollte, bleibt es
doch mehr als verwegen supponirten palatinischen Fasten
zu Gefallen von Tiberius zu behaupten, dass er Augustus
Absicht bei dieser Anlage entweder nicht gekannt oder
bei Seite gesetzt hat.

Man wird also Hirschfelds Hypothese über das Epochen-
jahr 742 auf alle Fälle fallen lassen müssen[6]). Aber

---

[6]) [Hirschfeld hat sie vielmehr später dahin erweitert, dass
jedes Jahr, mit welchem eine der vier Tafeln der Fasten oder des
Triumphalverzeichnisses begann, zugleich ein historisches Epochen-
jahr gewesen sei. Es ist aber von vorn herein nicht abzu-ehen,
wie der Concipient und der Steinmetz dies fertig gebracht haben
sollen, da jenem durch das Material beinahe die Zeilenzahl vor-
geschrieben, dieser durch die Raumverhältnisse, insonderheit durch
die unvermeidliche gleiche Höhe der Anfangszeilen, ein für
allemal gebunden war; und die Einzelergebnisse sind dem entsprechend durchaus unbefriedigend. Es war eine seltsame Art
die Unglaubwürdigkeit der älteren Chronologie dadurch anzudeuten, dass die erste Tafel mit dem Jahre der Alliaschlacht
schloss; ein noch seltsameres Compliment für den damals lebenden
Livius, dass man die zweite Tafel deshalb mit 461 schloss, weil
seine erste Dekade eben so weit reichte; und wenn mit dem
Anfang der vierten der Antritt der Consuln am 1. Januar zu-
sammenfallen oder der Schluss der ersten Siegercolonne in dem
gallischen Triumph des Marcellus das Gegenspiel für die Alliaschlacht darstellen sollte, so setzt man in der That bei den
Pflastertretern des Forum eine seltene Geschichtskunde und
einen noch selteneren Tiefsinn der Geschichtsbetrachtung voraus.
Wer Beziehungen sucht, wird sie freilich finden; aber der Fund
bringt kein Glück. Was Denkmäler dieser Art, in augustischer
Zeit auf dem römischen Markt aufgestellt, sagen wollen, das
sagen sie offen und klar und braucht es nicht erst herauszugeheim-
nisst zu werden.]

5*

auch das Fundament, auf dem sie schliesslich beruht,
die Annahme, dass Augustus, als er die Regia übernahm, die Tafeln aufgestellt und bis auf das laufende
Jahr 742 hinab geführt hat, ist für die Magistratstafel
nicht richtig, und wird vielmehr an der bisherigen Meinung
festzuhalten sein, dass die Tafeln zwischen den J. 718 und
724 aufgestellt und dann eine Zeitlang stetig ergänzt
worden sind.

Diese Annahme beruht hauptsächlich auf der Ausführung
Borghesis (in seinen *fasti* I p. 7). Er wies darauf hin,
dass in der Magistratstafel der Antoniername überall, wo
er auftritt, ausgemeisselt und erst später wieder hergestellt
worden ist. Es könne die Ausmeisselung nur diejenige
sein, die dem Bruch zwischen Caesar und Antonius folgen
musste und nach dem Zeugniss der Historiker in der That
im Herbst des J. 724 gefolgt ist[9]). Von derselben zeugen
auch andere Denkmäler, namentlich die colotianischen
Fasten, in denen der Antoniername gleichfalls durchgängig
getilgt und wiederhergestellt ist; ebenso die venusinischen
Fasten und noch die des Kalenders vom J. 354, insofern
sie das zweite Consulat des Antonius vom J. 720 ignoriren.
Wie allen anderen Forschern ist diese Schlussfolgerung
Borghesis auch Hirschfeld 'auf den ersten Blick einleuchtend'
erschienen; und wenn er bei näherer Ueberlegung an ihrer
Beweiskraft irre geworden ist, so dürften hier die *secundae
curae* sich schwerlich bewährt haben. Er geht davon aus,

[9]) Nach Plutarch Cic. 49 (vgl. Anton. 86) beschloss dies der
Senat unter dem Consulat des Caesar und Cicero, also im Sep-
tember oder October 724; das Jahr bestätigt Dio 51, 19. Der
Beschluss wurde also, merkwürdig genug, erst gefasst auf die
Kunde von dem Tode des Antonius.

'dass eine vollständige Eponymenliste auch die Namen der-
'jenigen Männer, deren Andenken geächtet worden war,
'enthalten müsse und auf die capitolinischen Fasten, da
'sie kein Ehrendenkmal seien, die Ausmeisselung des
'Namens keine Anwendung leide.' Aber sie hat nun einmal Anwendung darauf gefunden: und überhaupt ist es ja
notorisch, dass die Namenstilgung diese Distinction zwischen
Ehren- und historischen Denkmälern nicht macht, vielmehr
die Namen des Domitian, des Commodus, des Geta gerade
ebenso getilgt worden sind, wo sie in der Datirung oder
sonst in historischer Erwähnung auftraten, wie auf den
eigentlichen Ehrendenkmälern[10]).   Dass man die Namen

---

[10]) [Hirschfeld (Hermes 11, 156) verkennt meines Erachtens das
Wesen dieser Namenstilgung, wenn er nach den Kategorien fragt,
auf die dieselbe von Rechtswegen sich erstreckt habe. Wenn
Tacitus *ann.* 3, 17. 18 von dem im Senat gestellten Antrag auf
Tilgung des Namens Pisos in den Fasten spricht, so beweisen
diese Worte keineswegs, dass in anderen öffentlichen Denkmälern
der Name des Piso stehen bleiben solle; es ist wenigstens ebenso
wahrscheinlich, dass Tacitus die Fasten nur deswegen nennt,
weil die Namenstilgung hier vorzugsweise schwierig und wichtig
war und was sonst der Art vorkommen konnte, zum Beispiel die
Tilgung in den Priesterlisten, thatsächlich daneben verschwand.
Aber selbst wenn man in dem relativ gemessen und förmlich
behandelten pisonischen Prozess so verfahren sein sollte, wie
Hirschfeld annimmt, so sind in den bei weitem meisten Fällen,
wo Rache- oder Angstgefühl solche Decrete hervorriefen, dergleichen Restrictionen geradezu undenkbar. In jenen extremen
Fällen, wo die öffentliche Meinung oder was sich dafür ausgiebt
fordert, dass der Verruchte nicht bloss nicht sein, sondern auch
nicht gewesen sein soll, da soll der Senat beschlossen haben den
M. Antonius — und mit ihm alle Antonier! — zwar aus der Liste
der Consuln zu tilgen, aber in der der Triumphatoren den argen
Mann stehen zu lassen? also da, wo die Tilgung praktisch höchst

der also geächteten Personen in der Beamtenliste getilgt
hat, wo sie standen, resp. nicht hingesetzt, wo sie noch
nicht standen, das ist nicht bloss, wie Hirschfeld sagt,

unbequem war, sie vorzunehmen, wo sie praktisch gleichgültig
war, sie zu unterlassen? und das soll *damnatio memoriae* sein? So
zahm geht es nicht ab, wenn den gestürzten Herren ihre Statuen
nachgeworfen werden. Gewiss also ist es nicht spätere Erweiterung, wenn, wie der Biograph des Commodus c. 20) es ausdrückt,
der Name *ex omnibus publicis privatisque monumentis* entfernt wird;
vielmehr ist, wo die Tilgung einmal angeordnet wird und nicht ausdrückliche Restrictionen hinzugefügt werden, dieselbe in diesem
allgemeinen Sinne zu fassen, und ohne Frage war dem Majestäts-
gesetz verfallen, wer auch nur in einem Privatbrief das Jahr 31 n. Chr.
späterhin als das der Consuln Tiberius und Seianus bezeichnete.
Wie weit praktisch und rückwirkend dies durchgeführt ward, ist
eine andere Frage, die natürlich je nach den Umständen eine sehr
verschiedene Erledigung fand. — Uebrigens dehnt Hirschfeld den
Kreis der *monumenta privata* zu weit aus, wenn er die der Agrippina
des Tiberius von dem Gemeinderath in Laus gesetzte Inschrift
(V, 6359; vgl. III, 6070) als die älteste Privatinschrift bezeichnet,
die eine Erasion aufweise; vielmehr gehören die Denkmäler, nach
denen wir die Erasion zu beurtheilen haben, wohl ohne Ausnahme in den Kreis der *monumenta publica*, während die Frage, ob
zum Beispiel auf dem Grabstein eines also Geächteten der Name
geduldet wurde, sich mit unseren Documenten schwerlich entscheiden lässt. — Wenn auf den barberinischen Tafeln an der
einen Stelle, wo der Name des M. Antonius vorkommt (*quod
pace(m) cum [M. Antoni]o fecit*) eine Rasur in dem erhaltenen
Schlussbuchstaben nicht wahrgenommen wird, so beweist dies
keineswegs, dass die Tilgung des Antoniernamens sich auf das
Triumphalverzeichniss nicht erstreckt hat. Die so kindische wie
grauenhafte Energie, mit der des Getas Name getilgt worden ist,
passt für diese Epoche überhaupt nicht und Augustus hat überdies jener Namentilgung bald gewehrt. Sollte aber wirklich der
Name hier absichtlich stehen geblieben sein, so wird man vielmehr sagen müssen, was in der That sehr wahrscheinlich ist,
dass von Rechts wegen die Tilgung nicht jeder beiläufigen

'denkbar', sondern ebenso durch die Natur der Sache geboten, wie als das stets eingehaltene Verfahren bezeugt sowohl durch die Schriftsteller[11]) wie durch zahlreiche Denkmäler. Das Verfahren dagegen, das Hirschfeld zur Erklärung der Tilgung und Restitution des Namens in Vorschlag bringt, dass man den Namen, um zugleich die Vollständigkeit der Liste zu retten und die *damnatio memoriae* anzudeuten, erst hingesetzt, dann ausgemeisselt, dann wieder hingesetzt habe, ist weder bezeugt noch auch nur denkbar. Das praktische Bedürfniss der Vollständigkeit des Eponymenverzeichnisses hat allerdings sich hier vielfach geltend gemacht, zumal da vor der Erfindung der Postconsulate im Anfang des vierten Jahrhunderts n. Chr. man kein Surrogat der Jahresbenennung besass und in der That die Namen des Cinna und Carbo sowohl wie die des Gaius und des Domitian für die Jahresbezeichnung unentbehrlich waren und blieben. Es hat dies in republikanischer Zeit dergleichen Namentilgung wahrscheinlich überhaupt verhindert[12]) und auch unter der Monarchie dazu geführt,

---

Erwähnung des Namens, sondern den hauptsächlichen Nennungen galt. Dass man den Namen des Antonius nicht mehr unter den Triumphatoren führen wollte, schliesst doch noch nicht ein, dass auch der Triumph, den Caesar wegen einer mit Antonius gemeinschaftlich vollzogenen Handlung gefeiert hatte, ausgelöscht oder durch Tilgung des zweiten Namens unverständlich gemacht wurde.]

[11]) So geht in dem Process gegen Piso der Antrag dahin *nomen Pisonis radendum fastis* (Tacitus ann. 3, 17).

[12]) Darauf hat Hirschfeld (Hermes 11, 156) mit Recht hingewiesen. Ciceros Stossseufzer (*pro Sest.* 14, 33: *si appellandi sunt consules, quos nemo est qui non modo ex memoria, sed etiam ex fastis evellendos putet*) schlugen keine Löcher in den Stein. Dass

dass die Eponymentafel die meisten derartigen Damnationen
früher oder später wieder ignorirt hat. Durchgängig aber ist
dies keineswegs geschehen. Das zweite Consulat des Antonius
vom J. 720, dessen Rechtsbeständigkeit nie angefochten
worden ist[13]), ist sowohl in den venusinischen Fasten,
die offenbar erst nach dem Sturz des Antonius geschrieben
sind, wie in den livianischen Cassiodors und in den aus
den capitolinischen abgeleiteten des Chronographen von 354

---

eine solche Massregel im J. 711 gegen Antonius beschlossen ward,
folgert Hirschfeld aus Ciceros Worten Phil. 13, 12, 26: *tu videlicet
consularis, cuius totus consulatus est ex omni monimentorum memoria
evulsus.* Aber diese können auf die Cassirung der vom Consul
Antonius eingebrachten Gesetze und seiner sonstigen Acte gehen,
während Cicero, wenn die Namentilgung förmlich vom Senat
beschlossen worden wäre, uns dies nicht bloss angedeutet haben
würde. Es scheint also in der That diese Erasion zuerst im J. 724
vorgekommen zu sein als eine der Signaturen der nun definitiv
constituirten Monarchie.

[13]) [Hirschfeld im Hermes 11, 155 hat dies dennoch versucht.
Aber wie lange der Consul, der am Morgen des 1. Januar sein
Amt angetreten hat, dasselbe behält, ist für die Rechtsgültigkeit
des Antritts natürlich gleichgültig, und es giebt Fälle genug, in
welchen der antretende Consul noch am selben Tag wieder zu-
rücktrat, ohne dass jemand auf den seltsamen Gedanken gekommen wäre ihm deshalb den Antritt zu bestreiten. Wenn Dio
49, 39 an den sofortigen Ersatz des Antonius durch seinen Substituten die Bemerkung anknüpft: ὅθεν εἰσὶν οἳ τοῦτον, ἀλλ' οὐκ
ἐκεῖνον ἐν τῇ τῶν ὑπάτων ἀπαριθμήσει ὀνομάζουσι, so sieht man,
dass er Fasten wie die livianischen kannte, und mit gutem
Grunde sich die Frage stellte, warum Antonius hier fehle,
während doch sein erstes Consulat in denselben Fasten unangefochten stand. Dass er auf die Kürze des Consulats rieth, ist
falsch, aber begreiflich; monarchische Personalien, wie Augustus
Rücksichtnahme auf den Atratinus (A. 20), gelangten nicht in die
zahmen Annalen der Kaiserregierung.]

in der Weise beseitigt, dass der nach seinem Rücktritt eingetretene Consul seinen Platz einnimmt; erst in den späteren
Redactionen der Fastentafel, bei Dio und Idatius ist Antonius wieder in seine Stelle eingesetzt. Noch entschiedener
ist diese Ausschliessung festgehalten worden in Beziehung
auf den Seianus. Die Tilgung seines Namens erfolgte noch
in dem Consulatjahr 31 n. Chr. selbst; und sowohl in den
beiden auf Stein überlieferten Magistratslisten dieser Zeit,
derjenigen der Arvalen (Henzen *acta Arval.* p. CCXLV) und
der nolanischen (I. R. N. 1968) wie in sämmtlichen hand-
schriftlich überlieferten bei Cassiodor, dem Chronographen
von 354, Idatius fehlt der Name Seianus und steht bloss
Ti. Augusto V cos. Wir würden von Scians Consulat
nichts wissen, wenn nicht Münzen des Jahres mit den Namen
der beiden Consuln (Eckhel 6 p. 196) vorhanden wären und
die Annalen der Zeit den Hergang meldeten. Es lässt sich
an diesen Thatsachen gewissermassen die Fortdauer der
damnatio memoriae messen und die Wiederaufnahme der
Namen als historische Rehabilitation der Personen betrachten.
Aber mit der Frage, was die Verfügung der Namenstilgung
von Rechtswegen bedeutet hat, haben diese späteren Vorgänge nichts gemein. Wenn die Aechtungen ergingen, blieb
zunächst weder Raum für die Erwägung, dass die Namen-
losigkeit der Jahre grosse praktische Unbequemlichkeit nach
sich zog, noch gar für die Frage, ob des gestürzten Mannes
Gedächtniss in der That unwürdig sei auf die Nachwelt zu
kommen: man musste eben dem Gebot sich fügen. Ein Bedürfniss nun gar die *damnatio memoriae* durch Schein-
tilgung anzudeuten bestand so wenig, dass man vielmehr, wo
es möglich war, selbst das Fehlen des Namens verdeckte, wie
dies die oben angeführte Behandlung des zweiten Consulats

des Antonius deutlich offenbart und in der That für jeden
Unbefangenen sich von selber versteht. Die Procedur des
gleichzeitigen Einhauens, Tilgens und Wiederherstellens,
überhaupt die Supposition, dass man den Namen zugleich habe
setzen und nicht setzen wollen, bricht sich wohl selber den
Stab. Wir haben bisher angenommen, dass, wo ein Name
getilgt und wiederhergestellt ist, Damnation und spätere
Restitution zu Grunde liegt, wie dies auch vielfach, zum Beispiel bei den Denkmälern der numidischen Legion, urkundlich belegt werden kann. Bei dieser Ansicht wird man stehen
bleiben müssen und Hirschfelds Versuch beides in einen
gleichzeitigen Act zusammenzufassen zu denjenigen Irrungen
legen, die gleichsam die Nemesis der feinen Combination
sind.

Zum Ueberfluss lässt sich in dem Fall der Tilgung des
Antoniernamens positiv darthun, dass zwischen der
Ausmeisselung und der Wiederherstellung desselben ein
Zwischenraum liegen muss. Diejenige dieser Proceduren,
welche die Censur des M. Antonius 657 in den capitolinischen Fasten betroffen hat, ist in der Weise erfolgt,
dass die ältere Schrift die beiden Censorennamen nicht
durch Zwischenraum trennte, sondern mit dem gewöhnlichen die Wörter trennenden Punkt an einander knüpfte:

N · FLACCVS · ////////////

Die restituirte Schrift dagegen lässt zwischen den beiden
Censorennamen leeren Raum:

N · FLACCVS ·   M · ANTON

Nun werden in der capitolinischen Magistratstafel die Cen-
sorenpaare immer fortlaufend geschrieben, offenbar um sie

von den mit absetzendem Intervall geschriebenen für die
Jahrzählung allein in Betracht kommenden Consulpaaren
zu scheiden. Dies Gesetz hat der erste Schreiber befolgt,
der zweite vernachlässigt; also können beide nicht identisch sein.

Daran wird also unter allen Umständen festzuhalten
sein, dass die capitolinischen Fasten zu ihrem grösseren
Theil schon öffentlich aufgestellt waren, als diejenige
Katastrophe eintrat, die die Tilgung des Antoniernamens
zur Folge gehabt hat. Wäre es möglich eine solche für
die Zeit nach 742 nachzuweisen, so würde man sich der
Hirschfeldschen Ansicht anschliessen können; und es könnte
wenigstens in Frage kommen, ob nicht die Katastrophe
des Julius Antonius im J. 752 die Ursache der Tilgung
geworden sei. Allein mit Recht hat Hirschfeld diesen
Ausweg stillschweigend verworfen. Ob des Julius Name
in den Fasten getilgt worden ist oder nicht, steht nicht
fest[14]); aber auch wenn es geschehen ist, kann, zumal bei
der Stellung, die die übrigen Glieder des antonischen Hauses
zu dem kaiserlichen einnahmen, diese Tilgung unmöglich
die der Namen sämmtlicher älterer Antonier nach sich
gezogen haben; diese Ausdehnung der Erasion[15]), meines

---

[14]) Für die Tilgung spricht, dass die den — hier fehlenden —
capitolinischen Fasten nächst verwandten das Jahr 744 bezeichnen
mit *Africano et Maximo*, welche Cognomina beide dem Collegen
des Julius, dem Q. Fabius zukommen und darauf hinführen, dass
in ihrem Original bei dem betreffenden Jahre dieser allein genannt war. Tacitus Worte dagegen (A. 18) führen vielmehr
darauf, dass die Tilgung vorgeschlagen, aber von Augustus abgelehnt ward.

[15]) Sie hat nachweislich ausser ihm selbst (Cap. Fasten J. 707
und 717; Colot. J. 710 und 711) den Grossvater (Capit. J. 655 [in

Wissens sonst ohne Beispiel, ist dagegen dem Stande der Dinge im J. 724 völlig angemessen.

Also die von Borghesi festgestellte Thatsache, dass die Magistratstafel bis wenigstens zum J. 717, unter dem die späteste derartige Litura auftritt, schon im J. 724 öffentlich aufgestellt war, steht heute noch unerschüttert fest und jede ihr widerstreitende Hypothese über die Entstehung der Fasten ist damit widerlegt.

Unterstützend tritt hinzu, was Henzen und Detlefsen so schön dargethan haben, Hirschfeld aber ignorirt[16]), dass das Gebäude, an welchem die Fasten aufgestellt waren, nach Dios (48, 42) Zeugniss von Cn. Domitius Calvinus nach seinem Triumph im J. 718 errichtet worden ist. Dies zwingt ja nicht zu der Annahme, dass schon er auf die Fronte desselben die Magistratstafel hat einhauen lassen; aber nachdem erwiesen ist, dass diese Tafel vor 724 sich an ihrem Platz befand, ist die Combination unabweislich.

Die Schriftformen endlich stehen nicht entgegen. Auf meine Frage, ob die dürftigen Reste der Magistratstafel für 728—732 und 742 — andere besitzen wir aus den J. 719—742 nicht — von anderer Hand seien als die

---

einem kürzlich gefundenen Fragment] und 657), den Oheim (Colot. J. 712) und den Bruder (Colot. J. 713) des Triumvir betroffen; auch macht es keinen Unterschied, ob dieselben den Vornamen Marcus oder einen andern führten.

[16]) Denn so muss es doch bezeichnet werden, wenn er sagt (Hermes 9 S. 94), dass seines Wissens die Ausführung des Unternehmens 'einstimmig' dem Augustus zugeschrieben werde, und dann zu zeigen versucht, dass dieser vor 724 dazu nicht in der Lage gewesen sei. Calvinus und sein Bau scheinen hier ganz vergessen zu sein.

früheren mit dem J. 718 schliessenden, antwortet mir
Herr Dressel: 'Vielleicht sind diese Stücke von anderer
'Hand als das Fragment, das die J. 643—646 und 717.
'718 enthält. Denn auf jenen ist das T und E charakte-
'ristisch, weniger auf diesem; auch das S auf jenen nach-
'lässiger als auf diesem. Doch möchte die kleinere Schrift
'dazu beitragen den Schein verschiedener Hände zu er-
'wecken; die grösseren Schriftformen der zweiten Columne
'der J. 728 f. sind wiederum identisch mit denen der J. 717.
'718.' Die Abklatsche haben Herrn Bormann nach sorgfältiger Prüfung zu dem Ergebniss geführt, dass die Hände
wahrscheinlich verschieden sind; namentlich zeigt das A in
der älteren Schrift zwei gleich lange Schenkel, während
in dem Fragment 729—731 der linke Schenkel als Haupt-
linie überfasst und der rechte unter der Spitze desselben
ansetzt. Das Fragment von 742 aber zeigt wieder andere
Formen. Es hat also grosse Wahrscheinlichkeit, dass die
Tafel ursprünglich um 720 schloss und von da an gleichzeitig, vielleicht theilweise jährlich fortgeführt worden
ist. Aber selbst wenn die Schriftformen dieses späteren
Abschnitts, welche Henzen, allerdings mit Recht, als
den früheren gleichartig bezeichnet, an sich die Möglichkeit offen lassen sollten, dass er von demselben Schreiber
herrührt, auf keinen Fall sprechen paläographisch zwingende
Gründe für die Identität der Hand, und nimmermehr wird
man bloss darum, weil die Schrift keine auffallende Un-
gleichheit zeigt, die anderweitig gebotene Annahme ab-
weisen dürfen, dass die Tafel im Wesentlichen um das
J. 720 vollendet worden ist.

Die Wiederherstellung der Namen der Antonier setzte

Borghesi[17]) in die Zeit des Claudius, mit Berufung darauf.
dass dieser Kaiser seines Grossvaters Andenken in Ehren
gehalten habe (Sueton Claud. 11). Allein dem steht das Zeugniss des Tacitus entgegen, wonach bereits im Jahre 20 n. Chr.
der Kaiser Tiberius bei den Verhandlungen über die Tilgung
des Namens des Piso im Senat geltend machte, dass der
Name des Triumvir Antonius in den Fasten unangefochten
stehe[18]). Damit stimmt unsere Tafel wohl überein. 'Die
drei Rasuren', schreibt Herr Dressel, 'sind ganz deutlich:
die Oberfläche ist durch sie vertieft. Die Buchstabenformen des restituirten Namens sind an allen drei Stellen
entschieden dieselben, obwohl bei dem J. 707 die Schrift
etwas kleiner und gedrängter ist und daher etwas anders
aussieht[19]); auch von der übrigen Schrift weichen sie
kaum ab'. In der That zeigen die mir vorliegenden Abklatsche der restituirten Stellen durchaus den allgemeinen
Schriftcharakter der Tafeln selbst und passen nicht wohl
für die claudische Epoche. Mir scheint es hienach kaum
zweifelhaft, dass die Restitution des im J. 724 getilgten
Antoniernamens nicht unter Claudius stattgefunden hat,
sondern dass schon Augustus selbst, vielleicht gleich nach

---

[17]) *fasti* I p. 7. Darin ist ihm Henzen (C. I p. 422) gefolgt.
Ich habe früher (*mon. Ancyr.* p. 129) an Restitution unter Gaius
gedacht.

[18]) Tacitus ann. 3, 18: *multa ex ea sententia mitigata sunt a prin-
cipe: ne nomen Pisonis fastis eximeretur, quando M. Antonii, qui bellum
patriae fecisset, Iulii Antonii, qui domum Augusti violasset, manerent.*
Dazu stimmt gut die unter Tiberius gesetzte Inschrift der Cae-
rellier (C. VI. 1364), von denen der eine sich bezeichnet als *leg.
M. Antoni.*

[19]) Hier zeigen sich Spuren der früheren Schrift, nach dem *F*
der späteren ein Punkt, nach dem *N·* der späteren ∨

seiner Rückkehr aus dem Osten, die Katastrophe als der
Vergangenheit angehörig behandelte und den Namen der
Antonier da wieder herstellte, wo nicht anderweitige Rücksichten im Wege standen[20]). Wie vollkommen dies sowohl
dem allgemeinen Charakter seiner Politik wie insbesondere
seinem Verhalten gegen das antonische Haus entspricht,
bedarf der Ausführung nicht.

Wenn ich in Betreff der Magistratstafel Hirschfelds
Ergebnissen im Wesentlichen mich nicht anzuschliessen
vermag, so freut es mich um so mehr ihm für die Triumphaltafel durchaus beistimmen zu können. Auch sie hat man
bisher insoweit dem Calvinus beigelegt, als die Magistratstafel auf diesen zurückgeht: aber da die Beschreibung
der Pfeiler von der der Wandflächen unabhängig ist, so
kann sie mit gleichem Recht auch in eine spätere
Zeit gesetzt werden, und nach allen Seiten hin verdient diese
Annahme den Vorzug. Vor allem steht der Name des
Antonius hier, und zwar nicht auf Rasur, bei dem J. 714;
welches ein Uebersehen voraussetzt, wenn diese Tafel im
J. 720 entstanden ist, aber gerechtfertigt erscheint, wenn
sie nach 724 auf Augustus Befehl abgefasst ward. Sodann
ist die Schrift der Fragmente 709—720 und 726—735 so

---

[20]) Für 720 scheint L. Sempronius Atratinus, der das von Antonius nur wenige Stunden geführte Consulat noch am 1. Januar
selbst übernahm, aus persönlichen Rücksichten seinen Platz als
Ordinarius behalten zu haben und das eigentlich ordentliche zweite
Consulat des Antonius auch ferner noch ignorirt worden zu sein.
Nur so erklärt es sich, weshalb die livianischen Fasten und die
des Chronographen das erste Consulat des Antonius anerkennen,
das zweite aber nicht (S. 72). Das dritte vom Jahre 723 wurde
ihm vor dem Antritt durch Volksbeschluss abrogirt und hat in
Caesars Machtbereich nie Anerkennung gefunden.

völlig bis in die kleinste Einzelheit hinein identisch, dass
sowohl Herr Dressel sie beide derselben Hand zuschreibt
als auch Herr Bormann und ich nach Einsicht der Abklatsche
durch die unbedingte Identität aller Buchstabenformen zu
der gleichen Ansicht gekommen sind. Auch die von Hirschfeld gegebene Zeitbestimmung trifft zu. Die Tafel schliesst
mit dem J. 733 und es fehlen in ihr die Ovation des Nero
Drusus vom J. 743 und alle folgenden Triumphe, während _
deren aus den J. 734—742 keine bekannt sind; sie ist
also in den J. 733—742 abgefasst, und höchst wahrscheinlich, nach Hirschfelds scharfsinniger Vermuthung,
von Augustus bei Uebernahme der Regia zu der Magistratstafel hinzugefügt worden. In der Beschränkung auf die
Triumphaltafel hat Hirschfelds Combination in der That
die Probe der Autopsie bestanden.

Der Versuch Hirschfelds die Magistratstafel nicht,
wie ich es gethan habe, einem handwerksmässigen Kalender-
macher, sondern dem Verrius Flaccus beizulegen, fällt von
selbst, wenn sie um das J. 720 in Stein gegraben ist; denn
so hoch hinauf reicht Verrius philologischer Primat sicher
nicht. Uebrigens mag es dahingestellt bleiben, welches
Gewicht man Hirschfelds, wie mir scheint, mehr weit als
sicher greifenden litterarischen Combinationen beilegen
will[21]).

Unter den mancherlei anderen Fragen, die Hirschfelds
anregende Untersuchung aufwirft oder wieder aufnimmt,
will ich nur eine einzige noch kurz berühren. Bei der
Erörterung des Verhältnisses der capitolinischen Fasten

----

[21]) [Vahlen in dem Berliner Lectionsverzeichniss für Winter
1877/8 S. 513 hat dieselben abgewiesen.]

zu den nächst verwandten scheint Hirschfeld (S. 95 f.)
meine Auseinandersetzung C. I. L. I p. 483 übersehen zu
haben, die, wie ich meine, seine Bedenken im Wesentlichen
erledigt. Es ist dort gezeigt, dass für die Fasten des
Chronographen von 354 und deren Sippe die capitolinischen
Fasten keineswegs buchstäblich der Originaltext sind, wohl
aber sie alle eine Familie bilden, deren ältester und cor-
rectester Vertreter der capitolinische Text ist. Wenn
ich von Livius Benutzung der capitolinischen Fasten
rede, so meine ich damit die Benutzung der für uns durch
sie hauptsächlich repräsentirten Familie in irgend einem
Hand- und Hülfsbuch. Hirschfelds Glauben, dass Livius
das Original hätte benutzen müssen, wenn es, als er
schrieb, auf dem Markte stand, theile ich nicht; mag
Livius immer 'fast täglich' an der Regia vorübergegangen
sein, so wird doch Hirschfeld selbst gewiss einräumen,
dass auch wer das Privilegium hat auf dem Capitol zu
leben und zu arbeiten, regelmässig die capitolinischen
Fasten des Corpus einsehen wird und nicht die des
Conservatorenpalastes. Wenn nun Hirschfeld gar so weit
geht zu behaupten, dass Livius die Fasten der Regia nicht
bloss habe kennen, sondern auch sie habe anführen müssen
und dass sie, da er dies nicht thue, im J. 727 an ihrem
späteren Platz nicht hätten stehen können, so ist mir diese
Argumentation nicht verständlich. Hätten wir die Annalen,
aus denen Livius schöpfen konnte, wir würden diesen
mageren Auszug daraus, trotz seiner officiellen Aufstellung,
ebenso wenig citiren, wie der Geschichtschreiber der
neueren Zeit für die Geschichte der regierenden Häuser
sich auf den gothaer Almanach beruft, wenn er auch ihn
gelegentlich einsieht. — Dass eine der charakteristischen

Eigenthümlichkeiten dieser Fastengruppe die irrige Bezeichnung des Consuls 423 durch *Mugillanus III* statt
Cursor III ist, meine ich erwiesen zu haben; und wenn
Hirschfeld (S. 95) im Anschluss an eine nachher von
mir ausgesprochene Vermuthung dies damit erledigt glaubt,
dass der Mann wahrscheinlich beide Cognomina geführt
hat, so übersieht er, dass das Concipientenversehen dadurch
keineswegs aufgehoben wird. Den *L. Papirius Mugillanus
Cursor* durfte der Concipient *Mugillanus* oder *Cursor*
oder beides zugleich nennen, aber nicht bei seinem dritten
Consulat bloss *Mugillanus*, bei den übrigen bloss *Cursor*;
und dass er dies dennoch gethan hat, ist ebenso verkehrt
wie charakteristisch für die von ihm herstammenden Tafeln.

Für seine Vermuthung, dass die capitolinischen Fasten
mit 742 schliessen sollten, hat Hirschfeld sich weiter darauf berufen, dass die biondischen (C. I. L. I. p. 467) und
die colotianischen Fasten (C. I. L. I. p. 466) ebenfalls
bis 742 reichen. Aber die ersteren sind am Schluss verstümmelt; und auch von den colotianischen lässt es sich
zeigen, dass diese in ihrer jetzigen Gestalt die J. 709 bis
714. 731—742 umfassende Liste ebenso wenig zu einer
und derselben Zeit in Stein gehauen ist wie die entsprechenden Abschnitte der capitolinischen.

Die Schrift ist in beiden Hälften allerdings die gleiche,
und zwar nicht schablonenhaft gleich, sondern mit der her-
kömmlichen freien Behandlung; in der Höhe der einzelnen
Buchstaben, in der Länge des Schwanzes von Q und sonst
finden sich diejenigen Abweichungen, wie sie auch eintreten, wo dieselbe Hand zu gleicher Zeit schreibt.

Auch das Gesetz die Consulpaare durch Intervallirung der
beiden Namen auszuzeichnen ist in dieser Liste gleichmässig
wie in der capitolinischen eingehalten.   Die an zweiter
Stelle stehenden Consuln bilden eine Columne für sich, so
dass die Anfangsbuchstaben der Namen oder auch das S
der Vormerkung *suf.* unter einander stehen.   Diejenigen
Langzeilen dagegen, welche nicht Consulnamen enthalten
und doch über beide Columnen weggehen, sind durch einen
inneren Zwischenraum nicht getrennt; es gilt dies nicht
bloss von Zeilen wie 1, 1 (C · IVLIVS · CAESAR · $\overline{IIII}$ ·
SINE · CONLEGA · ABDIC) und 1, 10 (EX · A · D · V · K ·
DEC · AD · PR · K · IAN · SEXT), sondern auch wo drei
Triumvirn oder zwei Censoren oder ein Dictator und ein
Reiterführer in derselben Zeile genannt werden, sind die
Namen in einer Reihe fortlaufend geschrieben.

    Aber ein wesentlicher Unterschied zeigt sich innerhalb
der Tafel in der Punktsetzung.   In der ersten Hauptcolumne (J. 709 — 714) ist der Punkt nach dem strengen
Gesetz der Worttrennung gesetzt; das heisst, er steht
zwischen je zwei derselben Zeile angehörigen Wörtern, niemals aber am Zeilenschluss.   Als selbständige Zeile ist,
nach dem eben Bemerkten, auch die den zweiten Consul
enthaltende aufgefasst.   Als für sich stehend erscheint
auch die Vormerkung SᵛF, nicht bloss wo sie neben zwei
Namen und zunächst parallel dem zwischen ihnen frei
bleibenden Interstitium steht, sondern auch wo nur ein
einziger Name folgt.   Nach dieser Regel ist in diesem Abschnitt die Interpunction mit absoluter Strenge[21]) entweder

---

[21]) Bei der späteren Rasur und der sehr grob ausgeführten
Wiederbeschreibung sind die angrenzenden Punkte theilweise
zerstört.

6*

gesetzt oder weggelassen, wie dies der auch hierin (bis auf den am Schluss von Z. 2 irrig zugesetzten Punkt) genaue Abdruck bei Henzen (a. a. O.) zeigt. Nur ein einziges Mal in Z. 2 findet sich vor dem Namen des zweiten Consuls nicht ein leerer Raum, sondern ein Trennungspunkt; offenbar weil der erste Name Q · FABIVS · MAXIM bei seiner — selbst zu einer nicht streng correcten Abkürzung nöthigenden — Länge das eigentlich erforderliche Spatium nicht zuliess. Es war nur in der Ordnung, dass da, wo die Spaltentrennung nicht in der üblichen Weise markirt werden konnte, als Surrogat dafür wenigstens die Worttrennung angezeigt wurde.

Dagegen in der oberen Hälfte der zweiten Hauptcolumne, in den Fasten der J. 731—737, fehlt der worttrennende Punkt fast durchgängig; Henzens Abdruck zeigt ihn nur an vier Stellen und jedesmal nach dem Vornamen, wo er bekanntlich überhaupt am seltensten fehlt; ich finde auf dem Abdruck von jenen vier Punkten nur drei, da nach L in Z. 3 keiner zu stehen scheint. Vom J. 738 an erscheint der worttrennende Punkt wiederum beinahe so fest wie früher; er fehlt nur einmal (denn auf den beschädigten Schluss von Z. 14 ist kein Verlass) in Z. 10 hinter DOMITIVS.

Die römischen Steinschreiber haben die interpungirende Worttrennung ungefähr gehandhabt wie die Bezeichnung der Vocallänge durch die dafür angenommenen Differenzirungszeichen: nothwendig war weder diese noch jene und es ist auch in der besten Zeit in der einen wie in der andern Weise geschrieben worden. Aber dennoch liegt es hier deutlich vor, dass die vor uns liegende Tafel vielleicht von demselben Steinmetz oder doch in der gleichen

Officin, aber nicht auf einmal, vielmehr zu drei verschiedenen durch Decennien getrennten Zeitpunkten geschrieben worden ist.

Die Gleichförmigkeit der Schreibung erklärt sich genügend aus der Geschicklichkeit der verwendeten Personen und ihrem Bemühen das äussere Erscheinen der wohl gearbeiteten Tafel nicht zu entstellen. Wir sind also glücklicher Weise nicht genöthigt anzunehmen, dass die colotianischen Fasten so, wie sie liegen, von Anfang bis zu Ende in oder nach dem J. 742 geschrieben sind, wodurch Thatsachen von grosser geschichtlicher Bedeutung verschoben werden würden.

VERONESER FASTENTAFEL VON
439—494 n. Chr.[1])

Die Handschrift der Veroneser Capitularbibliothek
LV. 53 (membr. 8. foll. 99) enthält von einer Hand des
8. oder 9. Jahrhunderts geschrieben Isidors *sententiarum
libri*, worüber Reifferscheid *bibl. patrum Lat.* Bd. 1 S. 99
verglichen werden kann. Ein Theil der Handschrift —
nach Reifferscheids Angabe die Blätter 33. 34. 61—99 —
sind palimpsest und enthalten, nach Giuliaris Mittheilung,
die *constitutiones ecclesiasticae*. Auf dem ersten Blatt des
Blätterpaars 87. 88 steht ein Theil dieser Constitutionen,
anfangend *res et filiae et membra nostra tamen sicut | sa-
pientes et uos* u. s. w., auf dem zweiten (f. 88) ein Consularverzeichniss, das G. B. de Rossi, welcher zuerst auf dasselbe aufmerksam geworden ist, nach Abschrift von Le
Blant und Miniscalchi in der Einleitung zum ersten Band
seiner *inscriptiones christianae urbis Romanae* p. LXII
herausgegeben hat. Das erhaltene Blatt ist das letzte
des Verzeichnisses; es beginnt mit dem Jahre 439 und geht
in schöner grosser und deutlicher Quadratschrift gleich-

---

[1]) [Zuerst gedruckt im Hermes 7 (1873) S. 474—481. Die durch
Krügers Revision der Handschrift gewonnenen Berichtigungen
(Hermes 8, 230) sind hier eingesetzt worden.]

mässig fort bis zum Jahre 486; dann wechselt die Hand
und es folgen in andern Schriftformen noch acht weitere
Jahre bis 494; der Rest der Seite ist leer. Da in Rossis
Abdruck ausser anderen kleinen Versehen der von anderer
Hand geschriebene, auch von Reifferscheid übersehene Nachtrag sich nicht findet, so wird es angemessen sein das
kurze Stück hier im Abdruck vollständig mitzutheilen.

439	THEODOSIO XVII	ET	FESTO	f. 88
440	UALENTINIAŇ V	ET	ANATOLIO	
441	CYRO Ū Ō CONS			
442	DIOSCORO	ET	EUDOXIO	
443	MAXIMO IĪ	ET	PATERIO	
444	THEODOSIO XVIII	ET	ALBINO	
445	UALENTINIAŇ VI	ET	NOMO	
446	AETIO III	ET	SYMMACHO	
447	CALYPIO	ET	ARDABURE	
448	POSTUMIANO	ET	ZENONE	
449	ASTURIO	ET	PROTOGENE	
450	UALENTINIAŇ VII	ET	AUIENO	
451	MARCIANO	ET	ADELFIO	
452	HERCULANO	ET	SPORACHIO	
453	OPILIONE	ET	UINCOMALO	
454	AETIO	ET	STUDIO	
455	UALENTINIANO VIII	ET	ANTHEMIO	
456	IOHANNE	ET	UARANE	
457	CONSTANTINO	ET	RUFO	
458	LEONE AUG	ET	MAIORIANO AUG	
459	RECIMERE	ET	PATRICIO	
460	MAGNO	ET	APOLLONIO	
461	SEUERINO	ET	DAGALAIFO	
462	LEONE AUG II	ET	SEUERO AUG	

463	BASILIO	ET	UIUIANO
464	RUSTICO	ET	OLYBRIO
465	HERMENERICO	ET	BASILISCO
466	LEONE II	ET	TATIANO
467	PUSEO	ET	IOHANNE
468	ANTHEMIO AUG II		
469	MARCIANO	ET	ZENONE
470	SEUERO	ET	IORDANNE
471	LEONE ĪĪĪ	ET	PROUIANO
472	FESTO	ET	MARCIANO
473	LEONE A̅U̅G̅ V		
474	' LEONE ĪŪN̄ A̅U̅G̅		f. 88'
475	P̄C̄ LEONIS IUN A̅UG.		
476	BASILISCO	ET	ARMATO
477	P̄C̄ BASILISCI	ET	ARMATI
478	HILLO Ū̄C̄ CONS.		
479	ZENONE Ū̄C̄ CONS.		
480	BASILIO IUN· UC CONS·		
481	PLACIDO UC CONS·		
482	SEUERINO IUN· UC̄ CONS		
483	FAUSTO IUN· UC· CONS.		
484	UENANTIO ET THEUDORIC		
485	SYMMACHO IUN UC· CONS		
486	DECIO IUN UC̄ CONS		

487	boetio	u̅c̄ c̄o̅n̄
488	dynamio	et silia(?)dio
489	probino	et eusebio
490	fausto alio	et longino
491	olybrio	u̅c̄ c̄o̅n̄

492	anastasio	et rufo
493	albino	uc con
494	asterio	et presidio

Für die Würdigung der Tafel sind einige allgemeine Bemerkungen voraufzuschicken. — In der späteren Zeit des getheilten Reiches, und zwar wenigstens vom J. 399 an, ist die consularische Jahresbezeichnung dadurch bedingt, dass das Consulpaar des betreffenden Jahres nicht durch einen und denselben von den Kaisern der beiden Reichshälften gemeinschaftlich vollzogenen Act bestellt wird, sondern in der Regel jeder Kaiser je einen der Consuln selbstständig creirt, während ausnahmsweise auch wohl beide Consuln von einem der Kaiser allein bestellt werden. Wenn das Festhalten des Consulats und der consularischen Eponymie bei der Theilung des Reiches als eines der wesentlichsten Momente in dem Festhalten an dem Gedanken der Reichseinheit bezeichnet werden darf, so ist das Aufhören der Sammtbestellung ein weiterer Schritt auf dem Wege der Auflösung der Einheit, und es drückt sich dieser auch äusserlich darin aus, dass seitdem in jeder Reichshälfte der für diese ernannte Consul voran steht. Beispielsweise steht im J. 470, wo Jordanes für den Orient, Severus für den Occident ernannt wurden, in den orientalischen Quellen (bei Marcellin, Victor Tunnunensis, der alexandrinischen Chronik, dem justinianischen Codex) Jordanes, dagegen in den occidentalischen (bei Cassiodor, Marius von Avenches, dem Chronisten von Ravenna) Severus an erster Stelle. Nur dem Kaiser gegenüber gilt diese Regel nicht, sondern nimmt der Augustus, welcher mit einem Privaten zusammen das Consulat bekleidet, durchaus den ersten Platz ein; ja selbst wenn beide Kaiser gemeinschaftlich das Consulat verwalten, wie zum Beispiel 458 Leo und Maiorianus, 462 Leo und Severus, wechselt die Ordnung nicht nach dem Datirungsort, sondern wird ein für allemal durch das Amtsalter bestimmt. — Noch weit mehr aber als in der definitiven gehen die beiden Reichshälften in der provisorischen Jahrbezeichnung aus einander. Die Ernennungen der Consuln erfolgten in dieser Epoche selten rechtzeitig, so dass man zu Anfang des Jahres sehr häufig mit der Datirung auf die Consuln des Vorjahres zurückgreifen musste; und die Promulgation, oder, wie sie technisch heisst, die Nuntiation, des in der anderen Reichshälfte ernannten Consuls verzögerte sich begreiflicher Weise noch öfter und in noch höherem Grade. Desswegen datirte ganz gewöhnlich während eines grossen Theils, ja während des ganzen Jahres der Orient nur nach dem orientalischen, der Occident nur nach dem occidentalischen Consul — allenfalls mit dem Zusatz *et qui de Occidente* (oder *de Oriente*) *nuntiatus fuerit* — und kam die definitive Jahresbezeichnung erst gegen Ende des betreffenden Jahres oder gar erst nach dessen Ablauf in Gebrauch.

Diese allgemeinen Momente sind festzuhalten, um die Consulartafel von Verona richtig zu würdigen. Rossi sagt von derselben: *hi fasti extrema tantum excepta parte integra exhibent consulum paria, ideoque ex eorum genere sunt, e quibus verae temporum notae singulis designandis annis monumentis inscriptae peti minime debent: neque idcirco huius fragmenti extremae tantummodo parti aliquod pretium inest, superiori nullum. Postrema potius haec pars caute adhibenda, quippe quae singularem indolem prae se ferat et a legitimis veterum inscriptionum ceterorumque fastorum hypaticis notis discrepet.* Dies ist ganz

richtig, verlangt aber doch schärfere Bestimmung. Die
Veroneser Tafel zeigt bis etwa 481 die Consulate in der
definitiven Redaction und zwar in derjenigen der occidentalischen Reichshälfte. Die orientalischen Consuln, auch
diejenigen, welche auf den im Occident in den betreffenden
Jahren selbst geschriebenen Denkmälern nirgends erscheinen, wie zum Beispiel 441 Cyrus, 445 Nomus, 453 Vin-
comalus u. a. m., stehen durchaus an ihrem Platz, allerdings
aber, so weit sie Private sind, durchaus an zweiter Stelle, abgesehen natürlich von den Jahren, wo beide Consuln im
Orient ernannt worden sind. Die als illegitim von der
Regierung nicht anerkannten Consulate, insbesondere das
des Avitus von 456, sind beseitigt; die provisorischen
Postconsulate begegnen nirgends.

Es gilt dies auch für die Jahre 475—477, obgleich es
auf den ersten Blick anders zu sein scheint. Das J. 475
ist nicht mit Zenos zweitem Consulat bezeichnet, sondern
als Postconsulat des jüngeren Leo; die Jahre 476. 477 erscheinen als Consulat und Postconsulat des Gegenkaisers
Basiliscus und seines Genossen Armatus. Man sollte allerdings erwarten, dass diese Bezeichnungen, die mt der Erhebung des Basiliscus gegen den Kaiser Zeno im Lauf des J. 475
zusammenhängen, nach der Rückkehr des letzteren im
J. 477 und dem Sturz des Basiliscus in Wegfall gekommen
sind; aber dem ist nicht so. Sämmtliche occidentalische
Chroniken, insonderheit Cassiodor, Marius Aventicensis, der
Chronist von Ravenna, die Kopenhagener Fortsetzung des
Prosper, kennen das Jahr 475 nur als *post consulatum
Leonis iunioris;* und selbst in den Aufzeichnungen, die
dem System des Ostreichs folgen, findet sich zum Theil
dieselbe Benennung, so bei Victor Tunnunensis und in

den sogenannten *fasti Florentini maiores*[2]), ja sogar in
einer Verordnung des justinianischen Codex[3]). In der
That erscheint die Bezeichnung dieses Jahres mit *Zenone
Aug. II cos.* sicher beglaubigt nur bei dem Constantino-
politaner Marcellinus und in der alexandrinischen Paschalchronik. Die Neapolitanische Paschaltafel (Roncalli chr. 1,
726) verbindet beide Bezeichnungen: *post cons. Leonis
Aug.* und *Zenone Aug. bis*, jedoch so, dass die letztere
später zugeschrieben zu sein scheint. — Für die Jahre 476
und 477 kennen die Chronisten keine anderen Benennungen
als *consulatu* und *post consulatum Basilisci II et Armati*; _
nur dass, worauf Rossi (inscr. chr. I p. 383) mit Recht
aufmerksam macht, Victor Tunnunensis bei 476 nach *Basi-
lisco* einschaltet *tyranno* und 477 mit Weglassung des Basiliscus bezeichnet mit *post consulatum Armati*. In der
justinianischen Verordnungensammlung fehlen Verordnungen
vom J. 476 durchaus, da Zeno während desselben flüchtig
war, und sind die des Jahres 477 alle ebenfalls datirt

---

[2]) In der Bonner Ausgabe des Chr. pasch. 2, 188; denn die Bezeichnung *ANYПATA* ist eben die des Postconsulats.

[3]) 5, 5, 8. Vier andere: 1, 49, 1 — 3, 28, 29 — 5, 3, 18 —
5, 31, 11 (wo der Veroneser Palimpsest das Jahr bezeichnet mit
Zenone A. IV cos) sind in unsern Ausgaben datirt *Zenone II cos*;
aber es fragt sich sehr, ob sie nicht vielmehr dem J. 479 als dem
J. 475 angehören [Krüger hat in seiner Ausgabe sie hiernach auf
479 datirt]. Zeno war Consul zuerst vor seiner Thronbesteigung
469, dann als Kaiser 475 und 479; wem das Jahr 475 Postconsulat
Leos war, musste folgerichtig das Jahr 479 als zweites, nicht als
drittes Consulat Zenos bezeichnen. In der That thut dies Cassiodor, während die übrigen oben angeführten Quellen bei dem
Jahre 479 den Zeno nur als Augustus ohne Beifügung einer Ziffer
aufführen. Nur wo 475 als das zweite Consulat Zenos bezeichnet
wird, erscheint 479 als das dritte.

post consulatum Armati[4]). Augenscheinlich vermochte
Kaiser Zeno die officielle Datirung der J. 475—477, die
wohl lauten sollte *Zenone Aug. II cos.*, *consulatu* und *post
consulatum Armati*, im Orient nur ungenügend und im
Occident gar nicht durchzusetzen; man ignorirte hier des
Kaisers zweites Consulat und liess den Namen des Basiliscus in den Fasten. Demnach ist die in den Veroneser
Fasten vorliegende Bezeichnung der Jahre 475—477 keine
andere als die in Italien überhaupt recipirte. Dass man in
Rom, als für 478 die Publication der Consuln unterblieb,
datirte *post consulatum iterum Armati*, nicht *Basilisci II
et Armati* (Rossi inscr. chr. I n. 868. 869), kann damit
sehr wohl bestehen.

Das erste Jahr, in welchem unsere Tafel sich von der
definitiven Liste entfernt, ist 482. Hier wird nur der occidentalische Consul Severinus genannt, nicht aber der orien-
talische Trocondes, obwohl dieser auf einer stadtrömischen
Inschrift (Rossi n. 877) vom 19. October d. J. vorkommt,
also bereits vor diesem Tage im Occident nuntiirt war.
Von da an verzeichnet die Tafel mehrfach nicht die definitive Datirung, sondern die provisorische des Occidents;
486 bloss den Decius, nicht den Longinus; 493 bloss den
Albinus, nicht den Eusebius. Dagegen werden in den
Jahren 484, 489 und 490 neben den occidentalischen Consuln Venantius, Probinus und Faustus die orientalischen
Theudoricus, Eusebius und Longinus aufgeführt; auch 491

---

[4]) Cod. Iust. 1, 2, 16. 1, 23, 7. 5, 27, 5. 8, 4, 9. In unsern
Ausgaben sind diese Erlasse zum Theil auf 476 gestellt, aber so
weit ich urtheilen kann, ohne genügende Beglaubigung. [Die
kritische Ausgabe des Codex von P. Krüger hat sie hienach dem
J. 477 zugewiesen].

und 492, wo es occidentalische Consuln nicht gab, nennt
unser Verzeichniss die orientalischen.   Aber dies verträgt
sich damit sehr wohl, dass dieser zweite Theil der Liste
zurückgeht auf spätere mehr oder minder gleichzeitige
Aufzeichnungen, die der ursprünglichen als Nachtrag an-
gefügt worden sind.   Denn von diesen orientalischen Consuln der Jahre 484—492 steht es entweder fest oder hindert
doch nichts anzunehmen, dass sie nicht gar lange nach
ihrer Bestellung auch im Occident proclamirt worden sind,
also füglich auch in ein solches Verzeichniss ihren Weg
finden konnten, eben wie sie ziemlich ähnlich bei Cassiodor
und in der Chronik von Ravenna stehen.

Aufmerksamkeit verdient noch die in dem letzten Abschnitt unserer Fastentafel den Consuln der Jahre 480.
482. 483. 485. 486 beigelegte Bezeichnung *iunior*, so wie das
gleichartige *alius*, das der letzte Schreiber dem Jahre 490
beigefügt hat.   Die Fasten der früheren Zeit wissen von
einem solchen Beisatz nichts[5]), wie denn, so lange das
Jahr regelmässig mit zwei Namen bezeichnet wird, zur
Beifügung eines solchen Distinctivs keine Veranlassung
war.   Zuerst tritt dasselbe auf bei dem Consul des Jahres
480 Basilius, den wir in den Chroniken des Cassiodor,
des Ravennaten und des Marius von Avenches, eben wie
in unserer Tafel, von dem gleichnamigen Consul des
Jahres 463 durch diesen Beisatz unterschieden finden,
während in den orientalischen Quellen derselbe nicht begegnet.   Dies kommt daher, dass im Jahre 463 im Orient
Vibianus, im Occident Basilius promulgirt wurden und die

---

[5]) Dass die Kaiser Valentinian II und Leo II als *iuniores* bezeichnet werden, ist nicht gleichartig.

Publication des ersteren im Occident während des Amts-
jahres nicht erfolgte (Rossi inscr. chr. 1 p. 356). Es war
danach wohl im Occident, nicht aber im Orient die Benennung der beiden Jahre 463 und 480 der Verwechselung
ausgesetzt und also Ursache vorhanden dem zweiten ein
Distinctiv beizufügen. — Aehnlich verhielt es sich mit
dem Consul Severinus 482. Im Jahre 461 war Severinus
im Occident, Dagalaifus im Orient Consul und erfolgte die
Nuntiation des Consuls der anderen Reichshälfte nicht
rechtzeitig; es ist also in der Ordnung, dass die Veroneser
Tafel ebenso wie Marius von Avenches (p. 403 Ronc.)
dem zweiten dieser Consuln den Beisatz *iunior* geben.
— Endlich die Bezeichnung des Faustus 490 durch *Faustus
alius* ist zwar insofern ungeschickt, als doch in dieser Weise
nicht datirt werden konnte, aber der Sache nach trifft es
zu, dass derselbe von dem gleichnamigen Consul des J. 483
zu unterscheiden war, wie dies anderswo durch das
übliche *iunior* geschieht. — Wenn dagegen die Tafel den
Consuln Faustus 483, Symmachus 485, Decius 486 gleichfalls die Bezeichnung *iunior* beifügt, so gibt es dafür keine
Rechtfertigung[6]) und lässt sich dies wohl nur daraus erklären, dass der unwissende Schreiber die Bezeichnung

---

[6]) Dass das verwirrte Augsburger Verzeichniss, das in meiner
Ausgabe des Cassiodor p. 694 abgedruckt ist, den Faustus ebenfalls *iunior* nennt, hat kein Gewicht. — Rossi a. a. O. p. 392 bezieht bei dem Faustus 483 den Beisatz darauf, dass im J. 438 ein
gleichnamiger Vorfahr desselben mit dem Kaiser Theodosius
Consul gewesen ist. Aber das Determinativ *iunior* hat nie genealogischen Werth, sondern unterscheidet zwei übrigens gleich-
lautende Jahrbezeichnungen; und dies trifft für 438 und 483
nicht zu.

ium. v. c. cons. als Titulatur des einzeln stehenden Consuls betrachtete. Aehnlich hat derselbe bei dem Jahre 479 dem Zeno die Bezeichnung *v. c.* gegeben, ohne sich zu erinnern, das derselbe Kaiser war. Es würde sich dies also zu den Beweisen stellen, dass die letzten Jahre des Verzeichnisses nicht Abschrift einer officiellen Liste, sondern vom Schreiber aus eigener oft mangelhafter Kunde zugesetzt sind.

So viel, und vielleicht schon zu viel, über dies kleine Bruchstück des Alterthums. Wenn es dem Historiker nicht ganz gleichgültig sein darf, so verdient es vielleicht in noch höherem Grade die Beachtung des Paläographen. Es kann nach der bisher gegebenen Darlegung nicht zweifelhaft sein, dass das Consularverzeichniss der Veroneser Handschrift aus einer bis etwa 481 reichenden Vorlage im Jahre 486 abgeschrieben und nachträglich bis zum Jahr 494 fortgeführt worden ist. Man darf demnach diese Handschrift nicht bloss zu den äusserst seltenen zählen, welche in Quadratschrift geschrieben und datirt sind, sondern es tritt hier noch die weitere Besonderheit hinzu, dass der allem Anschein nach nur acht Jahre später geschriebene Zusatz wesentlich verschiedene Schriftformen zeigt — Ь ԁ Ϛ ո ſ statt Ð ꓳ Ϛ Ꝛ S — so wie die Abkürzung C̄ON statt C̄ONS. Ein photographisches Facsimile dieser Fasten ist vor kurzem in Zangemeisters und Wattenbachs *exempla codicum Latinorum* Taf. 29. 30 erschienen: zwar hat für die zweite Schrift der Lichtdruck grösstentheils versagt, doch ist auch von dieser genug auf den Tafeln zu erkennen, um den Unterschied der Hände vollständig deutlich zu machen].

DIE NEUEN FRAGMENTE DER JAHRTAFEL DES LATINISCHEN FESTES*).

Zu dem bereits im funfzehnten Jahrhundert an der Stätte des Tempels des Jupiter Latiaris, der Höhe des Monte Cavo gefundenen Fragment der Jahrtafel des latinischen Festes, das die Jahre der Stadt 727—732 umfasst[1]), und den grösseren im Jahre 1765 eben dort gefundenen, später im vaticanischen Museum selbst zu Grunde gegangenen Trümmern, die den Jahren 71—73. 106—109 n. Chr. und anderen noch späteren bis jetzt nicht genügend bestimmten angehören[2]), sind in den J. 1867—1869 einige neue Bruchstücke hinzugetreten. Die durch dieselben erweckte Hoffnung, dass die Stätte des Tempels noch grössere Stücke dieser werthvollen Urkunde bergen möchte, hat sich als unbegründet erwiesen; die auf Kosten des archäologischen Instituts im J. 1876 angestellten und längere

*) [Der erste Theil dieser Abhandlung erschien zuerst im Hermes 5 (1871) S. 379—384. Bei diesem Wiederabdruck ist die Untersuchung auf die durch Rossi und durch die Ausgrabungen von 1876 hinzugekommenen Ergänzungen erstreckt. Die Abweichungen dieser Bearbeitung von der früheren sind hier nicht bezeichnet worden.]

[1]) C. I. L. I p. 472 u. VIII VI, 2014.

[2]) C. I. L. VI, 2016—2018.

Zeit hindurch fortgeführten Nachgrabungen haben von
diesen Fasten nur ein einziges winziges Bruchstück
geliefert[3]). — Für die erste Mittheilung[4]) des grösseren
Theils jener in den J. 1867 — 1869 zum Vorschein
gekommenen Splitter schulden die deutschen Gelehrten,
wie für die so vieler anderen römischen Funde, dem
archäologischen Institut in Rom und zunächst Herrn
Henzen den Dank. Eine wichtige Ergänzung dieser Fragmente hat dann G. B. de Rossi[5]) hinzugefügt und zugleich
das zur Ueberschrift gehörige Stück mit den übrigen in
die richtige Verbindung gebracht. Im sechsten Bande des
Corpus inscriptionum Latinorum sind jetzt die bisher auf-
gefundenen Fragmente, einschliesslich des letzten im J. 1876
hinzugetretenen, sämmtlich vereinigt.

Die neuen Fragmente sind von geringem Umfang, aber
insofern von grossem Werth, als dies die ersten Stücke
der Tafel sind, welche in die Republik hinaufreichen und sie
zuerst über die Anfänge dieser Aufzeichnungen wenigstens
eine Erörterung möglich machen. Ein einziges der neuen
Bruchstücke[6]) gehört der Kaiserzeit an und zwar den
Jahren 40 — 43 n. Chr.; es berichtigt in mehrfacher
Hinsicht unsere Fasten. Wir lernen daraus, dass im
Jahre 40 nach dem Rücktritt Caligulas am 13. Januar
während des ersten Semesters Q. Terentius Culleo und
dessen bis jetzt unbekannter College die Fasces führten;
im Jahre 41 erscheint der Name des Q. Pomponius Secun-

---

[3]) C. I. L. VI p. 863. 864, insbesondere n. 2011a.
[4]) *Bullett. dell' Inst.* 1870 p. 129 fg.
[5]) *Ephemeris epigraphica* II p. 93 fg.
[6]) Jetzt C. I. L. VI. 2015.

dus, des mehrmals von Tacitus erwähnten Schicksals-
gefährten des Camillus Scribonianus, seiner Verurtheilung
wegen radirt; im J. 42 finden wir im ersten Semester
als Nachfolger des Kaisers Claudius nicht, wie man bisher vermuthet hatte, den C. Suetonius Paullinus, sondern
einen Cestius Gallus, wahrscheinlich denselben, der
dreissig Jahre später als Statthalter von Syrien von den
Juden sich schlagen liess; die geringen Reste endlich des
Datums vom Jahre 43 werden von Henzen mit gutem
Grund auf die bisher nicht genügend fixirten bei Plinius[7])
erwähnten Consuln L. Pedanius und Sex. Palpellius Hister
bezogen. — Aber wichtiger als diese Notizen, so brauch-
bar sie an ihrem Orte sind, sind die Fragmente des Feriale
aus republikanischer Zeit. Zwar die dürftigen Ueberreste
aus den Jahren d. St. 537—542 und 552—554[8]) lehren
nichts weiter als dass das latinische Fest in den Jahren 537.
538. 540. 541. 542 in der zweiten Hälfte des April oder
der ersten des Mai, nur im Jahre 539 nach, wahrscheinlich aber nicht lange nach dem 15. Mai gefeiert ward;
was denn doch auch für die Geschichte des hannibalischen
Krieges von einiger Wichtigkeit ist. Dass dem C. Flaminius vorgeworfen wird im Jahre 537 vor der Abhaltung
des Latinerfestes Rom verlassen zu haben[9]), beweist die Regel:
im Allgemeinen darf angenommen werden, dass die in dem

---

[7]) h. n. 10, 12, 35. Von Hister giebt es auch eine Ehrentafel
aus Pola (Orelli 693 = C. I. L. V, 48).

[8]) Ephem. Epigr. I p. 43 = C. I. L. VI, 2012. 2013.

[9]) Liv. 21, 63, 8. Allerdings ist diese Erzählung späte Fiction
(Seeck im Hermes 8, 162 fg.); aber sie wäre so nicht erfunden
worden, wenn nicht über die Pflicht der Consuln das Latinerfest
zu feiern, bevor sie Rom verliessen, kein Zweifel bestanden hätte.

Festverzeichniss genannten Consuln bei der Feier anwesend gewesen sind[10]). Es ist daher nicht ohne Interesse zu erfahren, dass zum Beispiel im Jahre der Schlacht von Cannae das Latinerfest zwischen dem 14. April und dem 15. Mai (des unberichtigten Kalenders) gefeiert ist, also Varro und Paullus wahrscheinlich nicht vor der zweiten Hälfte des April zum Heere abgegangen sind. Aber das hauptsächliche Interesse concentrirt sich auf das älteste Fragment der Festtafel[11]), das die Jahre 302—306 d. St. betrifft und so weit möglich ergänzt folgendermassen lautet:

```
                . . . . . i . . . . . . .
            . . . . . tur autem Λ . . . . . . .
        i . . . . infra scriptu[m] . . . . .
u. c. 303  Xviris [legibus s]cribendis          tribu[nis] . . . . .
       5   L(atinae) f(uerunt) ... [I]un.       {L(atinae) f(uerunt)]...
u. c. 304  Xviris legib[us scribe]ndis          trib[unis] . . . . .
           L(atinae) non [f(uerunt)]            [L(atinae) f(uerunt)]...
u. c. 305  M. Horatio M. f. L.[n.].. rrin(o)    tribu[nis] . . . . .
           Barbat[o]                            [L(atinae) f(uerunt)]...
      10   [L. Va]lerio P. f. P. n. Putito eos.
           [L(atinae) f(uerunt)] IIII eid. Ian.
           [ite]r(um) L(atinae) f(uerunt) III non. Febr.
           [tert(ium)] L(atinae) f(uerunt) k. Mai.
```

---

10) Bei dem J. 727 ist bemerkt: [imp. Caesar vale]tudin(e) inpeditus fuit und ähnlich bei 730: [inpeditus fuit imp.] Caesar valetud(ine), bei den J. 728. 729: [imp. Caes]ar in Hispania fuit. Man könnte daraus folgern, dass, wenn am Latinerfest ein Consul abwesend war, das Festverzeichniss dies besonders bemerkte; wahrscheinlicher indess betrachtet man diese Anzeichnungen als eine dem Kaiser als solchem erwiesene Höflichkeit, zumal da es bei dem J. 731 heisst: [imp. Caes]ar in monte fuit.

11) Rossi in der Ephem. epigr. a. a. O., wo das ganze Fragment in Holzschnitt gegeben ist; danach Henzen C. I. L. VI. 2011.

u. e. 306 [*Larte Herm*]*inio* . . . . .
15   [*T. Verginio*   *cos.*]
    [*L(atinae) f(uerunt)*] . . . .

Die drei ersten Zeilen gehören der Ueberschrift an,
welche dreizeilig war; denn oben ist die Schmalfläche des
Steines vorhanden, wenn auch die erste Zeile fast ganz ausgebrochen ist. Von der dritten Zeile ist der erste Buch-
stabe erhalten. Eine Ergänzung dieser geringen Reste ist
selbstverständlich unmöglich.

J. 303. Wie der Augenschein, namentlich die Stellung des
ersten Buchstabens der dritten Zeile lehrt, hob die Verzeichnung der Feste mit dem Decemvirat an. Auf die Frage,
warum dies geschehen ist, würde uns wohl die Ueberschrift
Antwort geben, wenn sie sich erhalten hätte; so sind
wir auf Vermuthungen angewiesen. Was wir aber die
Geschichte des alten Nationalfestes wissen, giebt dafür
keinen Anhalt; nur so viel steht fest, dass nach der ein-
stimmigen und in diesem Fall durch die höchste innere
Wahrscheinlichkeit gestützten Tradition das Fest weit über
die Republik hinaufreicht und gewöhnlich auf den Tarquinius
Superbus zurückgeführt wird[12]), also die Ordner dieser
Tafel keineswegs beabsichtigten mit dem Ursprung desselben zu beginnen. Auch unter den später eintretenden
Erstreckungen des Festes knüpft keine an den Decemvirat
an, und es wäre auch schwer abzusehen, wie eine Verlängerung des Latinerfestes gerade das Eintreten der Verzeichnung hätte herbeiführen sollen. Die Annahme, dass

---

[12]) Tarquinius Superbus nennen Dionys. 4, 49 und die Schrift
de viris ill. 3, 2; Tarquinius Priscus die *schol. Bob. in Cic. Planc.*
p. 255 und Dionys. 6, 95. Andere Berichte (schol. Bob. a. a. O.)
knüpfen sie an König Faunus und ähnliche Namen an.

die Aufzeichnung mit dem J. 303 begonnen habe, weil die
im Tempelarchiv vorhandenen Notizen eben so weit zu-
rückreichten, würde hier nicht so thöricht sein wie zum
Beispiel bei der analogen Triumphal- und Lustralliste;
aber wer die Beschaffenheit der römischen Ueberlieferung
kennt und den Beginn mit einem allgemein epoche-
machenden Jahr beachtet, wird sich doch nimmermehr
zu solcher Gläubigkeit verstehen können; wie wir denn
auch unter dem J. 304 eine deutliche Spur finden werden,
dass wir es auch hier nicht mit geschichtlich beglaubigten
Ansetzungen zu thun haben. Allem Anschein nach hat
es eine alte, vielleicht sogar geschichtlich richtige Ueberlieferung gegeben, dass die Verzeichnung dieser und wohl
auch anderer analoger sacraler Vorkommnisse legislatorisch
durch die Decemvirn angeordnet worden ist; es ist sogar
wohl möglich, dass eine Bestimmung der zwölf Tafeln
dahin ging oder darauf gedeutet ward. Da sie den Kalender
publicirten und die Intercalation regelten, so ist eine derartige Anordnung der Sachlage durchaus angemessen. Hierauf fussend haben dann ohne Zweifel die Priester dafür
Sorge getragen, dass das Verzeichniss so weit reichte, wie
es reichen musste. Die uns erhaltenen Reste sind sämmtlich erst in der Kaiserzeit auf Stein geschrieben worden.

Dass die Namen der Decemvirn, ebenso wie die der
Kriegstribunen consularischer Gewalt, als allzu zahlreich
aus der Liste fortgeblieben sind, liegt vor Augen.
Es stimmt dies dazu, dass eine gewisse Kategorie von
Jahrtafeln, unter den uns erhaltenen die idatianischen und
die damit zusammenfallenden der Paschalchronik, bei allen
Jahren, die mehr als zwei Eponyme haben, nur die Amts-
bezeichnung setzen und die Namen weglassen. Dass als

Antrittstag auch für die ersten Decemvirn der 15. Mai
betrachtet ward, der für die zweiten ausdrücklich angesetzt
wird, habe ich anderweitig gezeigt (Chronol. S. 91³): dazu
stimmt, dass ihr latinisches Fest zwischen dem 16. Mai
und dem 13. Juni gesetzt wird. Uebrigens spricht diese
Uebereinstimmung der Daten der Festtafel mit unseren
Fasten, der wir noch weiterhin begegnen werden, gewiss
eher dafür als dagegen, dass der Anfang dieser Liste ein
späteres Machwerk ist.

J. 304. Rossi nahm hier ein Versehen des Steinmetzen an,
indem er an *L(atinae) [[fuerunt] non(is) [Iun(is)]* dachte;
aber es wird vielmehr ausgesagt, dass wohl die ersten, aber
nicht die zweiten Decemvirn die latinische Festfeier gehalten haben. Dies passt so evident in den paradigmati-
schen Gegensatz der *decemviri iusti* und *iniusti* (Staatsrecht 2², 696), dass hierdurch für jeden, der diese Verhältnisse kennt, der Gedanke an echte Ueberlieferung ausgeschlossen wird, die Fastentafel also keineswegs an der
latinischen Festliste ein hoch hinaufreichendes Correctiv
gefunden haben würde, auch wenn wir die letztere besässen.

J. 305 Z. 8 ergeben die beiden an einander schliessenden
Fragmente -ᴚ ᴚᴉᴎ- oder —ᴀ·ᴚ|ᴎ—; so lange nur das untere
Stück vorlag, sind die Buchstaben irrig als *consul*ARI
PO*testate* aufgefasst worden. Es kann hierin nur ein
zweites Cognomen des ersten Consuls M. Horatius Bar-
batus stecken; aber welches dies war, wissen wir nicht.
Rossi hat Turrinus ergänzt, indem er annimmt, dass die
Consuln der J. 304, die Diodor 12.26 (nach der Handschrift
von Patmos *Κάγκων Ὡράτιον καὶ Λεύκιον Οὐαλέριον Τούρ-
πινον*) nennt, in *Μάρκον Ὁράτιον Τούῤῥῖνον καὶ Λεύκιον
Οὐαλέριον* zu ändern seien, aber es ist vielmehr *Τούρπινος*

entstellt aus *Ποπτος*. Auch fordert der Raum ein beträchtlich längeres Cognomen, zumal da man aus M · FI nicht
mit Rossi machen darf M · FIL·, welche genau genommen
incorrecte Abkürzung[13]) diesem Document fremd ist, sondern M · F · L · N herzustellen hat. Einen passenden Namen
zu finden ist mir nicht gelungen.

Dass der zweite Consul des Jahres 305 hier nur Pu-
titus heisst, entspricht der gemeinen Ueberlieferung; nur
die Triumphaltafel giebt ihm ein zwiefaches Cognomen
Poplicola Potitus.

Das Datum der ersten Feier des J. ist der 10. Januar.
Der bis jetzt gangbare und in der That den bisher bekannten Nachrichten entsprechende Satz[14]), 'dass das Fest
immer erst im Beginn des Frühlings, zuweilen aber später
begangen sei', wird also hier berichtigt. In der That war
auch jene Regel nicht wohl damit vereinbar, dass das
Fest gefeiert sein musste, bevor der Oberbeamte zum Heere
abgehen durfte; danach muss dasselbe sich vielmehr ursprünglich gerichtet haben nach dem bekanntlich lange
Zeit wandelbaren Anfang des Amtjahres, und so finden
wir es jetzt in der That. Denn sei es echte Ueberlieferung
oder nicht, es steht fest, dass der Sturz der Decemvirn in
die erste Hälfte des December gesetzt worden ist und nach
der Restauration der alten Verfassung die Magistrate der
Plebs ihr Amt antraten am 10.[15]), die der gesammten Gemeinde am 13. December[16]); wozu also sehr wohl passt,

---

[13]) Hermes 1 S. 467.
[14]) Marquardt Handbuch 4, 443.
[15]) Meine Chronol. S. 92.
[16]) Dieser Tag ist bekanntlich seitdem für die Volkstribune

zumal da das Fest noch vorher indicirt werden musste[17]),
dass dasselbe in diesem Jahre am 10. Jan. stattfand. —
Die hiemit gewonnene Einsicht in die enge Verknüpfung
des latinischen Festes mit der Annuität der Magistratur
giebt uns ferner den Schlüssel dazu, weshalb die Ueberlieferung die Stiftung dieses Festes seltsamer Weise auf
den Tarquinius Superbus zurückführt (S. 101 A. 12). Das
Fest war mit der jährigen Magistratur für den Termin der
Feier so verwachsen, dass man den letzten König zwar
den Bund und die Festfeier ordnen und den Platz für
dieselbe anweisen, aber dieso selbst erst mit der Republik
beginnen liess. — Der spätere Gebrauch das latinische
Fest nicht vor Anfang April zu veranstalten hängt ohne
Zweifel damit zusammen, dass, wahrscheinlich im J. 532,
der Antritt der Consuln fixirt ward und zwar auf den
15. März. Als später im Jahre 601 man diesem Termin
den 1. Januar substituirte, ist die einmal durch so viele
Jahre festgehaltene Feierzeit davon unberührt geblieben.

Das latinische Fest ist aber im J. 305 noch zwei andere
Male gefeiert worden; zum Schutz des [ite]r(um) mag
angeführt werden, dass in demselben Festverzeichniss unter
dem J. 541 sogar hinter einem Consulnamen IT statt II
steht. Dass die zweite Feier vom 28. Jan. (des vorcaesarischen

stehend geworden. Dass er von Dionysios 6, 89 auch auf die
Volkstribune vor 305 bezogen wird, ist Unkunde.
[17]) Ob zwischen Indiction und Feier eine gesetzlich bestimmte
Frist erforderlich war, wissen wir nicht; doch scheint es fast, als
sei dies der Fall gewesen. So weit wir sehen, liegen immer
mindestens 14 Tage, man kann vielleicht sogar sagen mindestens
ein Trinundinum zwischen dem Antritt der Consuln und dem
Latiar

Kalenders) und die dritte vom 1. Mai betrachtet werden können
als Instaurationen des Festes wegen eines dabei vorgekom-
menen Fehlers, wie sie auch sonst mehrfach erwähnt
werden[18]), will ich nicht bestreiten; aber es ist wenigstens
zweifelhaft, ob man eine solche Instauration in der That
als zweite und nicht vielmehr als die erste gültige
Festfeier aufgefasst hat. Auf jeden Fall wird eingeräumt
werden müssen, dass das Fest zwar regelmässig in jedem
Jahre nach dem Antritt der Magistrate, aber auch ausserdem
ausserordentlicher Weise als Dankfest gefeiert worden ist.
Livius[19]) zum Jahre 586, wo er von den wegen der grossen
Erfolge in Makedonien angeordneten Festlichkeiten berichtet, nennt zunächst die fünftägigen Supplicationen wegen
des Sieges des Paullus und die dreitägigen wegen desjenigen des L. Anicius und fährt dann der Handschrift
zufolge also fort: *in triduo suplicationes decreuitur latinae dictae a consule sunt in ante iiii et iiii* (so) *et pr.
id. nob.* Aber da er von dem latinischen Fest in diesem
Jahre bereits einmal berichtet hat[20]), so sind ihm von seinen
philologischen Revisoren seit J. F. Gronov diese zweiten
Latinae einstimmig aberkannt worden, obwohl über die dafür herzustellende Lesung jeder von ihnen seine eigene
Meinung hat: J. F. Gronov schrieb *et feriae edictae,* Jacob
Gronov *et statim edictae,* Madvig *eae edictae,* Weissenborn
dilatae et edictae, Vahlen *atque indictae,* Hertz *indictae,*

---

[18]) Livius 5, 17, 1. c. 19, 1. 32, 1, 9. 37, 3, 4. 40, 45, 2. 41, 16.
Dio 39, 20.

[19]) 45, 3, 2.

[20]) 44, 19, 4: *pridie id. April.;* 44, 22, 16: *pridie kal. April.* Eine
dieser Lesungen muss falsch sein.

andere anders. Man wird aber vielmehr der bisher, so
viel ich weiss, nur von den Italienern Oderici und Marini
vertretenen Ansicht beitreten müssen, dass in diesem Jahre
das Latinerfest der makedonischen Siege wegen zum zweiten
Mal gefeiert worden ist. Zu lesen mag also etwa sein:
*in tridnum supplicationes decrevit. Iterum Latinae edictae
a consule sunt in a. d. IIII et III et pr. id. Nov.*, oder
auch *et pr. et id. Nov.*, wofern es damit seine Richtigkeit
hat, dass die Feier in dieser Zeit eine viertägige war[21]). —
In der That giebt es wenigstens noch einen weiteren
Beleg für die ausserordentliche nicht durch ein Vitium
der ersten, sondern durch ein freudiges Ereigniss veranlasste Feier des latinischen Festes. Dio erzählt[22]) unter
dem Jahre 745, dass wegen der Erfolge, die Tiberius in
Pannonien und insbesondere Drusus in Germanien erfochten
hatten, eine abermalige Feier des Latinerfestes vorbereitet
ward, die mit dem Triumph des Drusus verbunden werden
sollte, aber nicht stattfand wegen des plötzlichen Todes

---

[21]) Nach Plutarch Cam. 42 wurde das Fest im J. 387 viertägig.

[22]) 55, 2: καὶ γε αἱ ἀνοχαὶ δεύτερον τὴν χάριν αὐτοῦ (des älteren
Drusus), πρὸς τὸ τὰ νικητήρια ἐν ἐκείναις αὐτὸν ἑορτάσαι, γενήσεσθαι
ἔμελλον. Diese Stelle machte Marini Arv. p. 140 mit Recht geltend,
um die livianische zu schützen. — In welche Verbindung das
latinische Fest hier mit dem Triumph gebracht wird, ist nicht
klar; am nächsten liegt die Annahme, dass dem Drusus der Triumph
in monte Albano bestimmt war, der natürlich füglich mit dem eben
da stattfindenden Latiar verbunden werden konnte. Marquardts
Annahme (Handb. 4, 443 A. 3045), dass die Ovation überhaupt
vom Albanerberg begonnen habe, halte ich für unbegründet; einer
Verbindung des Triumphs *in monte Albano* und der Ovation stand
zwar nichts im Wege (Livius 26, 21, 6), aber die Ovation an sich
hat mit dem albanischen Berg nichts gemein.

des Drusus. -- Wenn ferner das latinische Feriale für das
Jahr 731 folgendermassen lautet:

731 [*imp. Caesare XI C*]*n. Pisone cos.*

        [*L. f.   . . k.*] *Iul.*

        [*imp.   Caes*]*ar in monte fuit.*

        {*k. Iul.? imp. Ca*]*esar cos. abdicavit* [23]).

        [*iter. L. f.   . . .*]*k. Nov.*

        [. . . . . *Pis*]*one collega*

732 [*M. Claudio L. Arruntio*] *cos.*

so bleibt zwar in diesen Ueberresten manches unklar, insbesondere was in der mit *one collega* schliessenden Zeile
gestanden haben mag; aber das scheint doch keinem Zweifel
unterworfen, dass auch in diesem Jahre zwischen dem
16. October und dem 1. November eine zweite Feier
des latinischen Festes stattgefunden hat; und auch hier
ist wohl nicht an eine Instauration wegen *vitium* zu denken,
sondern eher an ein ausserordentliches Dankfest wegen
der Umgestaltung der tribunicischen Gewalt, des Symbols
der Monarchie, durch Augustus. Für die zwiefache ausserordentliche Feier im Jahre 305 kann die Wiederherstellung
der Verfassungen der Plebs wie der Gemeinde als Veranlassung gedacht worden sein. Wohl mag auch hierin
der Anfang mit dem Ende sich in eins zusammengezogen
haben und dieselbe Festfeier begangen sein bei der Wieder-
geburt wie am Grabe der römischen Republik.

    Die zweite Columne des latinischen Feriale begann, wie
Rossi erkannt hat, mit drei auf einander folgenden Kriegs-
tribunenjahren, bei denen, wie schon bemerkt ward, der Ab-

---

[23]) Dio 53, 30: ἀπεῖπε τὴν ὑπατείαν ἐς Ἀλβανὸν ἐλθὼν . . . ἵνα
μὴ κωλυθῇ. Vgl. Staatsrecht 2², 835.

kürzung wegen die Namen der Eponymen weggelassen und
nur der Amtstitel hingesetzt ist. Dies trifft zu auf die
J. 320—322. 328—330. 334—340. 346—360. 363—378.
384—387. Mit diesem Abschnitt der Festtafel steht ferner
in Beziehung das zuletzt gefundene im C. I. L. VI, 2011a
abgedruckte kleine Stück, das ich hier nach einem mir von
Henzen mitgetheilten Abklatsch[34]) und nach einer von ihm
und Bormann vorgenommenen genauen Revision des Ori-
ginals mit den Ergänzungen vorlege:

357	*tribunis milit*AR · PRO cos
	l. f. R · NON · ...
358	*m. furio l. f. sp. n. ca*MILLO · DIC *atore*
	l. f. PR · K N *ou*
359	*tribunis milit*AR · PRO · *cos*
	l. f. . II NON · *sept.*
360	*tribunis milit*AR · PRO · *cos*

---

[34]) Z. 4 las Henzen MILIO. aber der Stein fordert vielmehr
die Lesung MILLO. Auch ist die Ergänzung *mamerco aeMILIO
DICtatore*, die in jenem Fall die einzig denkbare sein würde,
sowohl wegen des Fehlens des Cognomen anstössig als auch insofern, dass keine der drei Dictaturen desselben 317. 320. 328 zugleich ein tribunicisches Vor- und zwei tribunicische Nachjahre
aufweist. — Z. 5 las Henzen PR · K *iu*N; aber der allerdings
schadhafte Raum nach K war vielmehr unbeschrieben und nur
der Punkt ist zerstört. — Von den in den Bruch fallenden
Buchstaben fehlen mehrere bei Henzen.

Für die Ergänzung ist zunächst massgebend, dass Z. 2. 6. 8 die gleichmässig vor der Datumzeile eintretende Jahresbezeichnung . . AR · PRO · C . . . offenbar keine Eigennamen enthält und also hier, wo die Decemviral- und die Anarchiejahre unmöglich sind, schlechterdings Kriegstribunenjahre verzeichnet gewesen sein müssen. Zur Rechtfertigung der hienach gegebenen Ergänzung wird es genügen einmal auf die alten tusculanischen Inschriften C. I. L. I n. 63. 64 des *M. Furio C. f. tribunos militare* hinzuweisen, andererseits auf die für die Bezeichnung der magistratischen Kriegstribune *pro consulibus* im Staatsrecht 2², 180 A. 6 gegebenen Belege, wenn auch diese Bezeichnung als titulare hier zum ersten Mal erscheint. — Innerhalb der Kriegstribunenepoche begegnet kein anderer Dictator, dessen Cognomen auf *-millus* endigte, als M. Furius Camillus Dictator nach den capitolinischen Fasten und der sonstigen besseren Ueberlieferung[25]) 358. 364. 365. 386. 387. Von diesen fünf Jahren sind zunächst die beiden letzten dadurch ausgeschlossen, dass sie nicht zwei tribunicische Folgejahre aufweisen. Aber auch 364 und 365 können nicht gemeint sein; denn der Schreiber unserer die eponymen Kriegstribunen nicht namentlich aufführenden Liste setzte, wie wir hier sehen und wie dies wohl begreiflich ist, an die Stelle des blossen Amtstitels der Kriegstribune, wo es anging, den Namen des Dictators, wird also auch die beiden Jahre 364 und 365 mit dem des Camillus bezeichnet haben, während hier auf das Dictatorjahr

---

[25]) Dio (bei Zonaras 7, 24) giebt dem Camillus ausser diesen fünf noch eine mehr im J. 370, aber er steht damit allein.

ein einfaches tribunicisches folgt. Dagegen entspricht das
Jahr 358 allen Anforderungen: hier sind in der That sowohl das vorhergehende Jahr wie die beiden nächstfolgenden Kriegstribunenjahre ohne Dictatur. — Ueber die Daten
des latinischen Festes erfahren wir aus unserem Fragment,
dass dasselbe im J. 358 am 31. Oct., im J. 359 entweder
am 2. oder 3. Aug. (*IIII* oder *III non. Sext.*) oder am
2. oder 3. Sept. (*IIII* oder *III non. Sept.*) gefeiert
worden ist. Nach den livianischen Angaben traten die
Beamten des J. 353 vor der Zeit ihr Amt am 1. Oct.
an [26]), und dieser Termin muss, so weit aus Livius
Schweigen zu schliessen ist, für ihre Nachfolger bis 357
ebenfalls gegolten haben. Aber die Kriegstribune des
J. 357 wurden wegen fehlerhafter Feier des latinischen
Festes zur Abdication vor der Zeit veranlasst und nach
einem 15 tägigen Interregnum neue Tribune für das J. 358
gewählt [27]); wann diese antraten, erfahren wir nicht. Da
die Magistratswechsel der nächsten beiden Jahre 359,
360 keine Irregularität aufweisen, so scheint deren Antritt
auf demselben Tag geblieben zu sein, der für 358 angesetzt war. — Unsere Listen stimmen hiezu nicht; vielmehr scheint nach ihnen die fehlerhafte Feier ein Jahr
später stattgefunden zu haben. Mit dieser Modification
würde es vollständig im Einklang sein, dass die Magistrate
von 358, am 1. Oct. antretend, das latinische Fest am
31. Oct. d. J. feiern, dass sie wegen des hiebei begangenen Fehlers vor Ablauf des Amtjahres zurücktreten und
nun ihre Nachfolger ihr latinisches Fest Anfang August

---

[26]) Livius 5, 9, 11. Chronologie [2] S. 98.

[27]) Liv. 5, 17.

oder September abhalten. Ob diese Differenz auf blossen
Zufall beruht oder der späte Annalist, dem Livius nacherzählt, es angemessen gefunden hat das Jahr der Einnahme Veiis von dem vitiösen Latinerfest zu befreien und
dies darum um ein Jahr zurückzuschieben, ist nicht zu
entscheiden.

DIE ERZÄHLUNG VON CN. MARCIUS CORIOLANUS[1]).

Die Erzählung von den Thaten und Leiden des Cn. Marcius Coriolanus hat in den römischen Geschichtsbüchern gestanden, seit es solche als litterarische Werke gab. Das Verhältniss der Quellen, aus denen wir sie kennen, lässt sich ohne besondere Schwierigkeit feststellen.

1. Die ältere Erzählung liegt uns nirgends rein und im Zusammenhang vor. Sie wich namentlich insofern von der späteren Darstellung ab, als danach Coriolanus nach der Katastrophe bei den Volskern als Verbannter lebt, bis in hohem Greisenalter dort der Tod ihn abruft. So erzählte der älteste römische Annalist, der Zeitgenosse Hannibals Q. Fabius[2]), und allem Anschein nach noch Atticus in seinem Jahrbuch[3]); anderweitig begegnet dieser Ausgang nicht. Als ein zweites unterscheidendes Moment

---

[1]) [Zuerst gedruckt im Hermes Bd. 4 (1870) S. 1—26.]

[2]) Livius 2, 40, 10: *apud Fabium longe antiquissimum auctorem usque ad senectutem vixisse eundem invenio; refert certe hanc saepe cum exacta aetate usurpasse vocem multo miserius seni exilium esse.*

[3]) Cicero Brut. 10, 42 (vgl. Lael. 12, 42) lässt den Coriolan durch Selbstmord endigen, indem er hervorhebt, dass Atticus darüber anders berichte; dass dieser ihn natürlichen Todes sterben liess wie Fabius, ist nach dem ganzen Zusammenhang (vgl. § 43 *mors vulgaris*) wahrscheinlich.

der älteren Fassung darf angesehen werden, dass darin die
Eroberung Coriolis zeitlos dargestellt und nicht an das
Consulat des J. 261 angeknüpft war[4]). Uebrigens wird
der ältere Bericht sich von dem späteren in eigentlich
wesentlichen Punkten nicht entfernt haben, da Livius, der
die abweichende Angabe über Coriolans Ende anmerkt,
andere bedeutende Abweichungen wohl ebenfalls hervorgehoben haben würde. Für die Erzählung von dem Traumgesicht, das die Instauration der *ludi Latini* herbeiführt,
beruft sich Cicero[5]) auf 'sämmtliche römische Historiker,
Fabius, Gellius, insbesondere aber auf Coelius': und auch
Dionysios[6]) nennt in dieser Beziehung als Gewährsmann
den Fabius.

2. Die jüngere Fassung begegnet uns in grösserer oder
geringerer Vollständigkeit bei folgenden Gewährsmännern,
die für uns selbständige sind.

---

[4]) Dies geht aus Livius hervor, der auch hier wie meistens
von den älteren Berichten sich minder weit entfernt als Dionysios und die Späteren. Er sagt geradezu (2, 33), dass in
der Erzählung von Coriolis Eroberung der Name Coriolans den
des commandirenden Consuls verdunkelt habe und dass man erst
durch einen Schluss dazu gelangt sei in diesem den Postumus
Cominius Consul 261 zu erkennen. Es fehle nämlich dessen Name
in dem mit den Latinern in diesem Jahre abgeschlossenen Vertrag
und daraus gehe hervor, dass er damals wegen Kriegführung von
Rom abwesend gewesen; er also (?) werde es wohl sein, unter
dessen Führung Marcius Corioli erstürmt habe.

[5]) de div. 1, 26, 55. [Seeck vermuthet mit Wahrscheinlichkeit,
dass diese Traumgeschichte, ebenso wie die Erzählung von dem
Traum des C. Gracchus, die Cicero ebendaselbst aus Coelius anführt,
in dessen Geschichte des hannibalischen Krieges bei Gelegenheit
der beiden Traumgesichte Hannibals vorgekommen sind, welche
Cicero de div. 1, 24. 48. 49 ihr entnimmt].

[6]) 7. 71.

a) Cicero kennt neben der abweichenden älteren auch die Erzählung, wonach Coriolan sich selbst den Tod gab, und folgt ihr, indem er sie zugleich mit dürren Worten als Rhetorenerfindung bezeichnet[7]).

b) Livius ziemlich knappe Darstellung lässt die Quelle nicht hervortreten, nur dass aus der Art, wie er die Variante des Fabius berichtet, so viel mit Sicherheit erhellt, dass dies Fabius nicht ist[8]). — Aus Livius geflossen sind

---

[7]) Im Brutus a. a. O. sagt Atticus mit Beziehung auf Ciceros von der seinigen abweichende Darstellung vom Ende Coriolans, dass es einmal das Recht der Rhetoren sei die Geschichte zu fälschen (*concessum est rhetoribus ementiri in historiis*) und dass wie bei Coriolan, so bei dem mit ihm zusammengestellten Themistokles das passende tragische Ende von Kleitarchos und Stratokles hinzuerfunden sei. O. Jahns Vermuthung, dass diese in den Zusammenhang wenig passende Auseinandersetzung zwischen Cicero und Atticus sich auf eine etwa in den Büchern vom Staat gegebene der jüngeren Version folgende Erzählung von Coriolans Katastrophe beziehe, ist sehr wahrscheinlich. Nichtsdestoweniger wird in dem nach dem Brutus geschriebenen Laelius 12, 42 der Selbstmord Coriolans wieder als historisches Factum vorgetragen. Vgl. ad Att. 9, 10, 3.

[8]) [Die Worte lauten 2, 40, 10: *invidia rei oppressum periisse tradunt alii alio leto, apud Fabium longe antiquissimum auctorem usque ad senectutem vixisse eundem invenio.* Es ist, denke ich, vollständig evident, wenn auch von Nitzsch röm. Ann. S. 58 in Abrede gestellt, dass die von Livius hauptsächlich benutzten Annalen in dem gewaltsamen Tode Coriolans übereinstimmten, in der Todesart aber auseinander gingen — nach Einigen legte er Hand an sich selbst, nach Anderen ward er von den Volskern gesteinigt. Die abweichende Erzählung des Fabius dagegen wird zu den vorher benutzten mehreren Annalisten in Gegensatz gestellt und nachträglich beigebracht, so dass auch hier allem Anschein nach Livius zwar mehrere Annalen verglichen, aber den Fabius aus zweiter Hand citirt hat. Vergleicht man damit zum Beispiel die in einer

8*

die Anekdoten bei Valerius Maximus 1, 7, 4 und 5, 4, 1;
ferner der Bericht des Eutropius[9]). Cassius Dio (nebst
Zonaras) kann seine Erzählung aus Livius und Dionysios
zusammengestellt haben[10]).

c) Dionysios in seiner ungemein ausführlichen Erzählung, deren Weitschweifigkeit er selbst zu entschuldigen
nothwendig findet[11]), beruft sich für eine einzelne Angabe[12]), nicht um die Abweichung einzelner, sondern um
die Uebereinstimmung aller seiner Quellen zu bezeichnen,
auf 'Licinius Macer und Gellius und viele andere römische
Historiker'. Sein Bericht liegt der plutarchischen Biographie Coriolans in der Weise zu Grunde, dass diese nicht
als selbstständige Quelle zu betrachten ist. Es geht dies

---

späteren Abhandlung erörterten Citate des Livius 4, 23, wonach
er für die Fasten des J. 320 die Annalen des Macer, Antias und
Tubero eingesehen, ausserdem aber noch bei Macer und Tubero
die abweichende Angabe der *scriptores antiqui* gefunden hat, so ist
die Analogie evident und wird man mit ziemlicher Sicherheit an
unserer Stelle unter den *alii* jene drei jüngeren Chroniken, in der
parallelen unter den *scriptores antiqui* den Fabius verstehen dürfen.
Natürlich schliesst dies nicht aus, dass Livius in unserem Fall
der Version des Fabius aus inneren Gründen den Vorzug giebt.]

[9]) 1, 14. 15. Dass Coriolanus hier im lateinischen wie im
griechischen Text Quintus statt Gnaeus heisst, ist Versehen des
Ausschreibers.

[10]) Die Erzählung folgt wesentlich der livianischen, selbst
darin, dass der Vorname (bei Zonaras) Gnaeus, nicht Gaius
ist und dass die doppelte Version über Coriolans Ende wie bei
Livius angedeutet wird: ἐξ ἐπιβουλῆς ἢ καὶ γηράσας ἀπέθανεν.
Coriolans Bewerbung um das Consulat und später das Angebot
der Zurückberufung berichten dagegen nur Dionysios und dessen
Ausschreiber.

[11]) 7, 66.

[12]) 7. 1.

so weit, dass Plutarch selbst die von Dionysios begangenen
Versehen in den Namen (Gaius Marcius statt Gnaeus[13]);
T. Latinus statt T. Latinius; Tullus statt Tullius) und
die conjecturale Substituirung des Königs Gelon von Syrakus (c. 16) für den König Dionysios der Ueberlieferung
mit übernommen hat; geradezu alles, was Plutarch in dieser
Biographie vorbringt, so weit es auf Coriolan selbst sich
bezieht, wird aus Dionysios genommen sein[14]). — Auch

---

[13]) In dem Vornamen Gnaeus stimmen überein Livius (denn
die eine Stelle 2, 33, 5, wo C. Marcius steht, kommt nicht in Betracht gegen drei andere übereinstimmende 2, 35, 1. 39, 9. 54, 6)
nebst der Epitome, Valerius Maximus 4, 3, 4 (mit Paris, nicht
aus Livius), Victor, Gellius, Florus(mit Jordanis), Zonaras (A. 10).
Vgl. A. 9.

[14]) Es ist längst, z. B. von Schwegler 2, 24 und in ausführlicher Darlegung von H. Peter die Quellen Plutarchs (Halle 1865)
S. 7 fg. mit Recht hervorgehoben worden, dass der Coriolan des
Plutarch grösstentheils aus Dionysios genommen ist, den er auch
in der comp. Alcib. et Coriol. 2 ausdrücklich nennt. Aber man
wird wohl noch weiter gehen und sagen müssen, dass in dieser
ganzen Biographie, abgesehen von einigen darin vorkommenden
nicht auf Coriolan bezüglichen Notizen, Plutarch nichts benutzt
hat als den Dionysios. Selbst die Jugendgeschichte, die Dionysios als solche nicht hat, geht zurück auf gelegentliche Aeusserungen desselben: so die Angabe, dass Marcius nach dem frühen
Tode seines Vaters von der Mutter erzogen worden sei, auf Dionys. 8, 51, und dass er in der Regillerschlacht für Rettung eines
Kameraden den Eichenkranz empfangen habe, auf Dionys. 8, 29
(vgl. 7, 62). Wenn Angaben wie die, dass Marcius sich im Laufen
Ringen und Fechten früh ausgezeichnet; dass er siebzehn Feldzüge gemacht (c. 15) — wobei vielleicht von Vertreibung der
Könige an gerechnet worden ist und auch die Worte des Dionysios 8, 29, die wie auf die Regillerschlacht so auch auf die, in
der der erste Consul fiel, sich beziehen lassen, eingewirkt haben
können — sich nicht ausdrücklich bei Dionysios wiederfinden, so
wird doch darum keineswegs mit Peter a. a. O. S. 17 angenommen

Appians recht ausführlicher Bericht enthält nicht einen
einzigen Zug, der nicht bei Dionysios wiederkehrt, und

werden dürfen, dass die ersten sieben Capitel der Biographie 'aus
einem weiter nicht bekannten Schriftsteller' genommen sind. Abgesehen davon, dass kaum ein Autor zu finden sein wird, der
Plutarch diese Jugendgeschichte seines Helden geliefert auch nur
haben könnte, ist es geradezu unglaublich, dass er, wenn er wirklich diese irgendwo so vorfand wie er sie giebt, diese Quelle mit
dem siebenten Capitel völlig bei Seite gelegt und sich von da an
ausschliesslich an den Dionysios gehalten haben sollte. Wenn
weiterhin Plutarch c. 39 die Matronen nicht, wie Dionysios 8, 62
sagt, ein Jahr, sondern zehn Monate um Coriolan trauern lässt,
weil er mit den römischen Trauerfristen (röm. Chronol. S. 48)
besser · bekannt war als manche seiner Tadler (vgl. H. Peter
a. a. O. S. 12); wenn die schöne Schilderung Plutarchs von dem
Erscheinen Coriolans im Hause des Tullius (c. 23) ausführlicher
und malerischer ist als die dionysische (8, 1), indem Plutarch die
ergreifende Erzählung von Themistokles Niedersitzen am Herd
des Molosserkönigs Admetos (Themistocl. 24) auf die römische
Legende übertrug (Schwegler 2, 370); wenn Plutarch den groben
Rechenfehler des Dionysios bei der Berechnung der Stimmen
in dem Prozess Coriolans verbessert, so darf das ebenso wenig
irren (obwohl es manche geirrt hat, z. B. Schwegler 2, 370), wie
die Gedächtnissfehler, wodurch der Tullus Attius des Dionysios
zum Tullus Amphidius wird oder die Mutter Coriolans Volumnia
(statt Veturia), die Gattin desselben Vergilia (statt Volumnia)
heisst. — Was Plutarch in der Schrift de fort. Rom. c. 5 von
Coriolan erzählt, ist auch aus Dionysios, aber unmittelbar, nicht
erst aus der Biographie geflossen, denn der Spruch der Göttin bei
Dionysios 8, 56: ὁσίῳ πόλεως νόμῳ, γυναῖκες γαμεταί, δεδώκατέ με
lautet hier: ὁσίως (?) με πόλεως νόμῳ, γυναῖκες ἄσιαι (?), καθι-
δρύσασθε, dagegen in der Biographie: θεοφιλεῖ με θεσμῷ, γυναῖκες,
δεδώκατε. — Auf Dionysios geht auch das fälschlich unter die dionischen Fragmente 18, 1 Dind. eingestellte wahrscheinlich dem
Johannes Antiochenus entnommene (Hermes 6, 8, 2 fg.) Except
des Planudes zurück: die Anekdote, dass Marcius aus der Beute
von Corioli nur einen Kranz und ein Schlachtpferd, ferner einen
Gefangenen, den er früher gekannt, angenommen habe (fr. 18, 1).

stimmt mehrfach wörtlich überein, so dass kaum eine andere
Möglichkeit übrig bleibt, als dass auch er ihn aus Dionysios entlehnt hat.

d) Drei offenbar aus gleicher Quelle geflossene Erzählungen bei Valerius Maximus 1, 8, 4. 4, 3, 4. 5, 2, 1 —
anderes bei ihm ist, wie bemerkt, aus Livius entlehnt —
zeigen die engste Verwandtschaft mit derjenigen des Dionysios, jedoch in der Weise, dass sie nicht aus diesem geflossen sein können, sondern, so weit sie reichen, vollständiger und besser sind. Es wird angemessen sein die
nicht sehr umfänglichen Berichte bei Valerius mit den entsprechenden des Dionysios zusammenzustellen, um theils
die oft wörtliche Uebereinstimmung. theils die grössere
Authenticität der valerischen zu verdeutlichen:

Val. 4. 3. 4	Dion. 6. 92
Cn. Marcius, patriciae gentis adulescens, Anci regis clara progenies, cui Corioli Volscorum oppidum capti suum cognomen adiecerunt,	. . . ἦν μὲν ἐκ τοῦ γένους τῶν πατρικίων . . . . . . , ἐκαλεῖτο δὲ Γάιος Μάρκιος . . . . (folgt die Belagerung und Erstürmung von Corioli).
	6,94
cum editis conspicuae fortitudinis operibus a Postumo Cominio consule accurata oratione apud milites laudatus omnibus donis militaribus	συγκαλέσας ὁ Ποστούμιος εἰς ἐκκλησίαν τὸν στρατὸν ἔπαινον τοῦ Μαρκίου διεξῆλθε πολὺν καὶ στεφάνοις αὐτὸν ἀριστείοις ἀνέδησεν . . . .

kehrt so nur bei Dionysios 6, 94 wieder; Plutarch c. 10 hat
sie zwar, aber er erwähnt den Kranz nicht.

et agri centum iugeribus

et decem captivorum electione	ἐδωρήσατο δ᾽ αὐτὸν ἵππῳ
et totidem ornatis equis	πολεμιστῇ στρατηγικοῖς ἐπι-
	σήμοις κεκοσμημένῳ καὶ δέκα
	σώμασιν αἰχμαλώτοις, ἐπ᾽
	ἐκείνῳ ποιήσας οἷς βούλοιτο
	λαβεῖν

centenario boum grege	
argentoque quantum sustinere	ἀργυρίῳ τε ὅσον ἂν ἐξενέγ-
valuisset donaretur,	κασθαι δύναιτο αὐτὸς
•	καὶ ἀπὸ τῆς ἄλλης λείας
	πολλαῖς καὶ καλαῖς ἀπαρ-
	χαῖς . . . .

nihil ex his praeter unius	ὁ Μάρκιος . . . ἔφη . . . . ἀρ-
hospitis captivi salutem	κεσθήσεσθαι τῷ τε ἵππῳ
equumque quo in acie uteretur	. . . . καὶ ἑνὶ αἰχμαλώτῳ,
accipere voluit.	ὃς ἔτυχεν αὐτῷ ξένος ὤν.

Die hundert Morgen Landes und die hundert Rinder also
hat Dionys durch die allgemeine Schlussbemerkung über
'andere werthvolle Beutestücke' ersetzt und anstatt der
zehn aufgeschirrten Schlachtpferde, von denen Marcius nur
eines annimmt, ein einziges gesetzt; im Uebrigen stimmen
die Berichte in jedem Zug.

Val. 5, 2, 1	Dion. 8. 55. —
Senatus matronarum ordi-	ἡ βουλὴ . . . γνώμην ἀπεδεί-
nem benignissimis decretis	ξαντο . . . . . ταῖς γυναιξὶν
adornavit. Sanxit namque,	ἔπαινόν τε ἀποδεδόσθαι . . .
ut femini ssemita viri cederent	καὶ γέρας ὅ τι ἂν αὐταῖς λα-

.... *vetustisque aurium insignibus novum vittae discrimen adiecit; permisit quoque eis purpurea veste et aureis uti segmentis.*

βούσαις ἥδιστόν τε καὶ τιμιώτατον ἔσεσθαι μέλλῃ

ταῖς δὲ γυναιξὶ βουλευσαμέναις εἰσῆλθεν ἐπιφθόνου μὲν δωρεᾶς μηδεμιᾶς δεῖσθαι

Super hacc aedem et aram Fortunae muliebri eo loco, quo Coriolanus exoratus fuerat, faciendam curavit.

ἀξιοῦν δὲ ἐπιτρέψαι σφίσι τὴν βουλὴν Τύχης γυναικῶν ἱδρύσασθαι ἱερόν .... ἡ μέντοι βουλὴ καὶ ὁ δῆμος ... ἐψηφίσαντο .... νεών καὶ βωμὸν ... συντελεσθῆναι.

Val. 1, 8, 4

Fortunae etiam muliebris simulacrum, quod est Latina via ad quartum miliarium, eo tempore cum aede sua consecratum, quo Coriolanum ab excidio urbis maternae preces reppulerunt, non semel sed bis locutum constitit perspicuis[u]*) verbis: Rite me matronae dedistis riteque dedicastis.*

Dion. 8, 56

... τὸ δηλῶσαι τὴν γενομένην ἐπιφάνειαν τῆς θεοῦ ... οὐχ ἅπαξ, ἀλλὰ [καὶ] δίς ..... θάτερον τῶν ἀμφιδρυμάτων .... ἐφθέγξατο πολλῶν παρουσῶν γλώττῃ Λατίνῃ φωνὴν εὐσύνετόν τε καὶ γεγωνόν·.... Ὁσίῳ πόλεως νόμῳ, γυναῖκες γαμεταί, δεδώκατέ με.

---

[u]) Die Verbesserung *perspicuis* für *prius his* rührt von Wilamowitz her.

Auch hier fügen beide Fassungen sich ohne Schwierigkeit
in einander; die zuerst von Valerius angeführten Aus-
zeichnungen scheinen die 'Neid erregenden Verleihungen'
zu sein, auf die die Matronen verzichten. — Von welchem
Gewährsmann Valerius diesen und die die gleiche Quelle
verrathenden nicht eben zahlreichen Berichte[16]) entlehnt
hat, ist nicht gewiss. Ohne Zweifel hängt er ab von einem
der Annalisten der republikanischen Zeit, ob aber unmittelbar[17]) oder etwa durch Vermittelung einer verlorenen
Schrift Ciceros oder der Beispielsammlung des Nepos, ist
nicht auszumachen.

e) Die Erzählung in der Schrift *de viris illustribus*
c. 19, so kurz sie auch ist, ist entschieden nicht aus
Livius entnommen. Aus Dionysios könnte sie allenfalls
geflossen sein, aber da nichts weder hier noch anderswo
auf die Benutzung einer griechischen Quelle führt, auch
wenigstens eine Angabe bei Victor selbstständig zu sein
scheint, so wird der Epitomator eher, wenn auch nur
mittelbar, aus einem älteren römischen Annalisten geschöpft
haben[18]). Da andere nicht dem Livius entlehnte Nach-

---

[16]) Vgl. Kempf in der Vorrede p. 22.

[17]) Vgl. Kempf p. 20, der die Benutzung eines solchen Annalen-
werks leugnet.

[18]) Merkwürdig ist es, dass bei Victor der Volskerfeldherr
Titus Tatius heisst, in welcher Lesung nicht bloss in c. 12 beide
Handschriftenklassen übereinstimmen (denn dass in einer der
Handschriften, welche die unvollständige Klasse vertreten, dem
Laur. 68, 29 der Vorname fehlt, kommt nicht in Betracht), sondern
die auch wiederkehrt in der Biographie des Cicero c. 81, dessen
Geschlecht *a Tito Tatio rege* abgeleitet wird. Natürlich ist dies
ein Fehler, wie denn die sonstigen Gewährsmänner als Ahnherrn
der arpinatischen Tullier den Attius Tullius nennen (Silius 8, 406

richten in dieser Compilation auf die Chronik des Antias zurückgehen[19]), so mag er auch hier demselben Gewährsmann gefolgt sein.

f) Endlich sind noch über das Traumgesicht des Latinius und die dadurch veranlasste Instauration der Spiele verschiedene Berichte vorhanden, die dasselbe von der Erzählung von Coriolan zu trennen scheinen. An der Spitze derselben steht derjenige des Macrobius[20]), der den Vorgang in das J. 474 setzt; dass dies Datum nicht, wie ich früher mit Anderen angenommen habe, als verdorben angesehen werden darf, geht daraus hervor, dass die Instauration erfolgt *ex senatus consulto et lege Maenia*. Denn einmal passt es nicht für das dritte, aber wohl für das fünfte Jahrhundert, dass ein Plebiscit — denn nur an ein solches kann gedacht werden — über eine religiöse Angelegenheit dieser Art entscheidet; andrerseits spricht für jene Angabe, dass ein anderes gleichnamiges Plebiscit um eben diese Zeit gegeben sein muss[21]). — Mit dem Bericht des Macrobius ist derjenige bei Lactantius[22]) wenigstens insofern verwandt, als der Name des Herrn, der den Sclaven durch den Circus peitscht,

---

regia progenies et Tullo sanguis ab alto [Atto?]; Plutarch Cic. 1 εἰς Τύλλιον Ἄττιον [vielmehr Ἄττιον ἀνάγουσι) und die Tullier sich ja auch gar von einem Tatier nicht ableiten können; aber es ist nicht Abschreiber-, sondern Epitomatorenversehen, welches der bekannte Name des Collegen des Romulus veranlasst hat.

[19]) Vgl. die Abhandlung über die Scipionenprozesse.

[20]) 1, 8, 3.

[21]) Bd. 1, 242.

[22]) inst. div. 2, 7, 20. Eine andere den Fortunatempel betreffende Notiz 5, 7, 11 kann aus Valerius Maximus 1, 8, 4 genommen sein.

Autronius Maximus[23]) nur bei diesen beiden sich findet;
wogegen die verschiedene Benennung des Bauern, dem das
Traumgesicht erscheint, füglich auf Schreib- oder Epito-
matorenfehler zurückgeführt werden kann[24]). Auch der
Bericht des Augustinus[25]) dürfte selbstständig sein, da er
allein die Spiele ausdrücklich mit dem richtigen Namen
als die römischen bezeichnet, auch allein meldet, dass der
Senat den vierfachen Kostenbetrag für die instaurirten
Spiele zu verwenden beschloss. In welche Zeit Lactantius
und Augustinus die Anekdote setzen, erhellt aus ihren
Angaben nicht. Lactantius, Augustinus und Macrobius
gehen in diesen Angaben ohne Zweifel auf eine gemeinschaftliche Quelle zurück, zunächst vielleicht auf Varro
(unten A. 67). — Was dagegen Valerius Maximus[26]) und
Arnobius[27]), letzterer mit Berufung auf die 'Annalen',
über denselben Gegenstand melden, ist allem Anschein
nach aus Livius genommen.

Die sonstigen Erwähnungen Coriolans, zum Beispiel
bei Florus[28]) und Gellius[29]), sind so allgemeiner Art, dass

---

[23]) Antronius Maximus bei Lactantius ist gewiss Verderbniss.

[24]) T. Latinius ist die ursprüngliche Form, bezeugt durch
Livius (mit Valerius Maximus 1, 7, 4 oder vielmehr Iulius Paris)
und Augustinus; T. Latinus schrieb Dionysios (und aus ihm Plutarch) in Folge unkundiger Auffassung der römischen Nomenclatur; Ti. Atinius Lactantius offenbar durch Lesefehler
(T · LATINIVS = TI · ATINIVS).

[25]) de civ. dei 4, 26. Dagegen ist die Erzählung über den
Fortunatempel 4, 19 ohne Zweifel aus Valerius Maximus entlehnt.

[26]) 1, 7, 4.

[27]) 7, 39.

[28]) 1, 5.

[29]) 17 21 11.

es weder möglich noch sachlich von Wichtigkeit ist die
Quelle derselben festzustellen.

———

Vergleichen wir die also übrigbleibenden relativ letzten
Quellen mit einander und zwar zunächst die beiden wichtigsten Livius und Dionysios, so wird man finden, dass sie
in allem Factischen im Ganzen übereinstimmen; nur dass
Dionysios in seiner Weise allgemein staatsrechtliche
Fragen in die specielle Erzählung ungehörig hineinzieht,
zum Beispiel den Senat zu der gerichtlichen Verfolgung
des Coriolan vor der plebejischen Gemeinde seine Einwilli-
gung geben lässt[10]) und die Erlassung des icilischen Plebiscits, das die Unterbrechung des zum Volk redenden
Tribuns untersagte, in diesen Prozess einfügt[11]). Wenn
Marcius bei Dionysios erst nach erfolgter Verurtheilung in
die Verbannung geht, im Widerspruch mit Livius und
Victor, so ist jene den römischen Ordnungen zuwider-
laufende Wendung wahrscheinlich absichtlich eingeführt,
um besseren Raum für die endlosen Reden und Gegen-
reden zu gewinnen. Sieht man von diesen Bestandtheilen
der dionysischen Erzählung ab, die entweder willkürliche
Erfindungen oder doch wenigstens willkürliche Einlegungen
des asiatischen Rhetors sind, so ist die wesentliche Identität der Quelle unverkennbar selbst in den so wandelbaren
Kriegsberichten. Die Eroberung von Corioli zum Beispiel
stimmt in allen Einzelheiten, die sehr ausgeführte Erzählung von dem Zuge Coriolans gegen Rom wenigstens da-

---

[10]) Vgl. Bd. 1, 236.
[11]) Schwegler 2. 398 fg.

rin, dass, ganz gegen die sonstige Weise, von einer Gegen-
wehr der Römer und von Feldschlachten überhaupt dabei
nicht die Rede ist, vielmehr der ganze Zug in einer Kette
von Belagerungen einzelner Ortschaften besteht; ferner
darin, dass Coriolan von Antium ausgehend zunächst sich
südwärts gegen Circeii wendet, und der Heerzug sein End-
ziel findet am fünften Meilenstein von Rom am cluilischen
Graben.   Auch die Namen der latinischen Städte, die
zwischeninne von Coriolan belagert und meistens auch erobert werden, sind ziemlich dieselben; die Reihenfolge
weicht allerdings ganz ab.   Die livianische Darstellung
wird in Ordnung sein, wenn man also schreibt: *inde* (von
Circeii) *in Latinam viam transversis tramitibus transgressurus Satricum Longulam Poluscam Coriolos (novella haec
Romanis oppida) ademit: inde Lavinium recepit: tum deinceps Corbionem Vitelliam Trebium Labicos Pedum cepit.*
Denn *transgressus*, wie überliefert ist, hat Livius nicht
schreiben können, da von den hier aufgeführten Städten.
so weit ihre Lage bekannt ist, nur Labici an der latinischen
Strasse liegt und der Marsch von Circeii auf Satricum und
Lavinium an der Küste hin und der latinischen Strasse in
ziemlich weiter Entfernung parallel führt[32]).   Wenn man
dagegen sich erinnert, dass der Tempel der *Fortuna Muliebris* am vierten[33]), der letzte Lagerplatz Coriolans vor

---

[32]) [Dass *inde* auf *transgressurus* folgt, woran Weissenborn z. d. St.
Anstoss genommen hat, scheint mir unbedenklich; Livius nennt
vorher neben dem letzten Ziel des ganzen Marsches eine Reihe
von Orten, die unterwegs erobert wurden, und von diesen aus
wendet Coriolan sich gegen Lavinium.]

[33]) Festus v. *Pudicitiae* p. 242. Val. Max. 1, 8, 4 (oben S. 120).
Der Lagerplatz Coriolans am cluilischen Graben war am fünften

Rom am fünften Meilenstein der latinischen Strasse sich
befand, so war es angemessen den Marsch Coriolans gleich
von vorn herein zu bezeichnen als gerichtet auf dieses
Ziel, auf das es dem Erzähler hauptsächlich ankam, und
folgerichtig ward alsdann gesagt, dass Coriolan von Circeii
aus die latinische Strasse nicht in gerader Richtung gewinnen
wollte, sondern erst an der Küste hinauf und sodann, etwa
über Lavinium und Bovillae, auf Seitenwegen nach Labici
marschirte. Dionysios Bericht läuft darauf hinaus, dass
Coriolan von Circeii aus über Toleria, Bola, Labici, Pedum,
Corbio, die Stadt der Copiolaner (?), Bovillae, Lavinium
an den cluilischen Graben gelangte und alsdann während
der dreissigtägigen Bedenkzeit, die er der Stadt liess,
sieben andere Städte Longula Satricum Pollusca Cetia (?)
Albiatae (?) Mogillae (?) und die der Choriclaunier (Corioli ?) bezwang, wobei, auch wenn man von den verdorbenen Namen und den Orten unbekannter Lage absieht,
doch aller topographische Zusammenhang aufgehoben erscheint, also auch hier sich nur zeigt, dass der Schreiber
in Latium ebenso wenig Bescheid wusste wie mit den
Ordnungen des römischen Senats.

Zu diesen Differenzen zwischen Livius und Dionysios,
welche zwar unleugbar vorhanden sind, aber sich auf

Meilenstein, was hiemit nicht in Widerspruch steht, wie man öfter
gemeint hat; denn die Erzählung lässt den Zug der Frauen von
weitem aus dem Lager gesehen werden (Livius 2, 40, 4: *nisi me
frustrantur oculi, mater tibi coniuxque et liberi adsunt;* Dionysios 8, 44:
ὡς εὐσύνοπτοι πόῤῥωθεν ἔτι προιούσαι τοῖς ἐκ τοῦ χάρακος αἱ γυναῖκες ἐγένοντο) und den Sohn der Mutter bis vor das Lager entgegen gehen (Dion. a. a. O.: ὑπαντᾶν τῇ μητρὶ προελθὼν ἐκ τοῦ
χάρακος ἔγνω).

Proceduren zurückführen lassen, die beide an einer gleichen
oder gleichartigen Quelle vorgenommen haben, kommt
weiter eine Reihe von Zügen, die bei Dionysios sich finden,
bei Livius aber fehlen, ohne doch dem Gang seiner Darstellung eigentlich zu widersprechen: so die Erzählung von
den dem Cn. Marcius zugetheilten Beutegeschenken; die
von dem Streifzug gegen Antium während der Hungersnoth; die Debatte im Senat über die Anklage Coriolans
und überhaupt die ausführliche Prozessgeschichte[34]); die

---

[34]) Wenn K. W. Nitzsch (Rhein. Mus. 23, 610, Röm. Annalistik
S. 23) so weit geht zu behaupten, dass Dionysios 'nicht nur den allgemeinen Ton, sondern den detaillirten Gang und die einzelnen Redner
jener langgesponnenen Debatten' nicht frei erfunden, sondern seinen
Quellen entlehnt habe, so wird kaum jemand geneigt sein diese
Behauptung in ihrem ganzen Umfang zu unterschreiben. Allerdings die Namen der einzelnen Redner sind in mehreren Fällen
nachweislich von Dionysios den älteren Chroniken entnommen
und es mag dies wohl im Allgemeinen gelten, wie denn überhaupt eigentlich freie Erfindung des Thatsächlichen nicht Dionysios Art ist. Aber dass der Inhalt der Reden ohne Ausnahme
auf den Rhetor zurückgeht, erhellt mit der grössten Bestimmtheit
daraus, dass nie etwas darin vorkommt als die jedem Leser des
Dionysios nur zu wohl bekannten staatsrechtlichen Klügeleien
und Hypothesen des Schriftstellers selbst, die seinsollenden politisch-
historischen Betrachtungen über die Comitiencompetenz, das Be-
stätigungsrecht des Senats und dergleichen mehr. Der ganze
sachliche Inhalt der dionysischen Reden findet sich wieder in dem
erzählenden Theil seines Werkes, und dies ist dafür entscheidend,
dass er sie nicht entlehnt, sondern verfertigt hat. Wenn Nitzsch
weiter sagt: 'dass er Reden in grosser Anzahl in seinen Quellen
fand, erhellt aus seiner Aeusserung (6, 83), die Rede des Menenius
Agrippa finde sich in allen alten Historien', so folgt für mich aus
dieser Aeusserung gerade umgekehrt, dass er ausgeführte Reden
überhaupt in seinen Quellen nicht fand, allerdings mit dieser einen
Ausnahme der berühmten Fabel vom Magen und den Gliedern

Nennung der Valeria bei Gelegenheit der Frauengesandtschaft und anderes mehr. Dass unter diesen dem Dionysios
eigenthümlichen Momenten zwei sind, die sich als Doppel-
darstellung derselben Thatsache erweisen, also den dionysischen Bericht als zusammengearbeitet aus zwei abweichenden annalistischen Relationen, ist kürzlich von
K. W. Nitzsch[35]) angenommen worden, aber nach
meiner Meinung ohne zureichenden Grund. Der Zug des
Marcius, den Dionysios unter dem J. 262 berichtet[36]),
gerichtet nicht gegen Corioli, sondern in das Gebiet der
Antiaten, unternommen nicht unter Führung eines Feldherrn[37]), sondern als Plünderzug von Freiwilligen, motivirt
nicht wie die gewöhnlichen consularischen Expeditionen
dieser Epoche, sondern speciell durch die damals herrschende
Hungersnoth, endigend nicht mit der Erstürmung einer
Stadt, sondern mit Hereinbringung und Vertheilung von

---

die freilich so alt ist wie die römische Chronik überhaupt und
die er darum auch als 'überliefert' auszuzeichnen sich verpflichtet
hielt.

[35]) Rhein. Mus. 24, 162, Röm. Annal. S. 72.

[36]) 7, 17.

[37]) Dass auch die ältere Erzählung, wenn sie gleich den Feldherrn nicht nennt, doch bei der Erstürmung Coriolis einen solchen
voraussetzt und nicht etwa den Marcius selbst dazu gemacht hat,
geht nicht bloss aus Livius hervor, sondern auch aus der Erzählung von der Beutevertheilung, deren Ursprünglichkeit mir nicht
zweifelhaft ist. [Ueberhaupt liegt es im Wesen der römischen
Staatsordnung, dass jeder Krieg gedacht wird als von Rechtswegen unter den Auspicien eines bestimmten Magistrats geführt;
es muss also auch in der historischen Dichtung, wo sie nicht ausdrücklich das Gegentheil angiebt, jeder Krieg in diesem Sinn
gefasst werden, selbst wenn sie nicht nöthig findet den Magistrat
mit Namen zu nennen.]

Lebensmitteln für die Darbenden, ist dem Zuge gegen Corioli so völlig unähnlich, wie es nur immer zwei Expeditionen sein können, bei denen derselbe Offizier sich aus-
zeichnet. Einen jüngeren Zusatz wird man allerdings darin _
zu erkennen haben, zusammenhängend mit dem Ausspinnen
der Prozessgeschichte, wobei auf diesen Freibeuterzug zurückgegriffen wird [38]) und nicht ohne guten Grund. Denn die Darstellung, wie Livius sie giebt, dass Marcius wegen eines
im Senat abgegebenen Votums des Hochverraths angeklagt
worden sei, ist allerdings eine criminalrechtliche Unmöglichkeit; es lag einem späteren rechtsverständigen Chronikenschreiber und Geschichtsverbesserer sehr nahe damit die Anklage wegen unterschlagener Beute zu verbinden, wie sie im
Prozess des Camillus und sonst vielfältig in derartigen
Erzählungen begegnet. Aber dies spricht eben erst recht
gegen die Annahme, dass Dionysios zwei Berichte über
denselben Vorgang falsch vereinigt hat. — Noch weniger
Gewicht hat Nitzschs zweite derartige Aufstellung, wonach Coriolan die erste Anklage abgewehrt haben, dann
aber einer zweiten von Decius angestellten unterlegen sein
soll. Nach Dionysios klagen die Tribune, an ihrer Spitze
Decius [39]), den Coriolan wegen Hochverraths an (c. 58); in

---

[38]) 7, 63.

[39]) 7, 39 (wo die Aenderung von Ἀευκίου in Δεκίου zweifellos
ist) und fg. Der Tribun C. Sicinius Bellutus vertritt die äusserste
Linke im Collegium, die den Coriolan kraft tribunicischen Spruchs
vom Felsen stürzen will, ohne die Sache auch nur an die Plebs
zu bringen. Der Träger der gemässigteren Ansicht ist Decius
bei Dionysios wie bei Victor. Als dann das letztere Verfahren
stattfindet, ist es wieder Sicinius, der Coriolans Senatsvotum vergeblich geltend macht, Decius aber, der mittelst der Beschuldigung
wegen unterschlagener Beute die Verurtheilung durchsetzt.

der Verhandlung vor dem Volke nach Ablauf des Trinundinum (c. 59) motiviren sie ihre Anklage zunächst mit
dem anstössigen Votum im Senat, sodann, da Coriolanus
diese Anschuldigung siegreich zurückweist und die Stimmung der Menge, selbst des ihm feindlich gesinnten Theils
derselben, entschieden für Freisprechung ist, mit der Beschuldigung unterschlagener Beute. Augenscheinlich ist,
auch nach Dionysios eigener Vorstellung, dies nicht 'eine
neue Anklage', wie denn auch vorher keine Freisprechung
erfolgt ist, sondern eine und dieselbe Gerichtsverhand-
lung auf Perduellion mit mehrfacher Motivirung, wie sie ja
zulässig und gewöhnlich war[40]). Auch hier also ist von
Contamination so wenig etwas wahrzunehmen wie überhaupt in der dionysischen Coriolanfabel[41]). - - Im Verhältniss zu Livius betrachtet liegt in keinem der angeführten
Momente ein zwingender Grund auf Verschiedenheit der
Quelle bei ihm und Dionysios zu schliessen. Dass dessen
kürzere Darstellung 'sich zum Theil in Sprüngen fortbe-
wegt', hat Nitzsch sehr richtig bemerkt. Es ist unter den
bezeichneten Zügen nicht ein einziger, den ein Darsteller,
dem es auf Abkürzung und wohl auch auf Beseitigung

---

[40]) Ein der römischen Prozessformen kundigerer Erzähler würde
freilich die vielen Reden für und gegen auf die vier Anklage-
termine vertheilt haben; und Dionysios Quelle mag darauf Rücksicht genommen haben.

[41]) [Diese Aufstellung hat Nitzsch Annal. S. 73 zurückge-
nommen, bleibt aber dabei, 'dass hier bei Dionysios vor die einfache Erzählung bei Livius eine zweite ausführliche geschoben
worden sei.' Darüber kann allerdings kein Streit sein, dass Livius
eine und Dionysios mehrere Prozessverhandlungen berichtet; aber
soll der letztere wirklich jede von diesen einem besonderen Annalisten haben entnehmen müssen?]

des zum sonstigen Ton der Annalen nicht recht stimmenden
anekdotenhaften Gepräges ankam, nicht füglich hätte weg-
werfen können.   Durch Weglassung zum Beispiel jenes
Freibeuterzugs und der daran geknüpften Prozessdebatte
verlor die Erzählung an juristischer Haltbarkeit, gewann
aber an pragmatischer Einheit und poetischem Eindruck.
Allerdings hat derselbe Gelehrte[42]) nicht ohne Grund Gewicht gelegt auf das dreimalige Hervortreten der Valerier
in der dionysischen Erzählung: nehmlich bei der Gesandtschaft nach Sicilien, an deren Spitze P. Valerius des Poplicola Sohn steht[43]): bei den Senatsdebatten, un denen
M'. Valerius der Dictator des J. 260 sich betheiligt[44]);
und bei der Frauengesandtschaft, die angeregt wird von
Valeria der Schwester des Poplicola[45]) und zu deren Gedächtniss ein Tempel dem Frauenglück geweiht wird, dessen
erste Priesterin dieselbe Valeria ist[46]).   Diese Erwähnungen
sehen wie spätere Zusätze aus; und wenn die zuerst von
Kiessling aufgestellte, neuerdings von Mehreren weiter

---

[42]) Rh. Mus. 24, 151, Röm. Annalistik S. 58.   Zum Theil dasselbe stellte schon Kiessling auf *de Dionysi auctoribus Latinis*
(1858) p. 26.

[43]) 7, 1.

[44]) 7, 54.

[45]) 8, 39. Wenn Livius von derselben Gesandtschaft sagt 2, 40, 1:
*matronae . . . coeunt: id publicum consilium an muliebris timor fuerit,
parum incenio*, so folgt daraus nicht, dass er den Namen der Valeria
in seinen Quellen nicht fand; eher mochte des Livius Gewährsmann einfach berichten, dass die Versammlung im Haus der
Valeria stattfand und diese den Zug zu dem Hause Coriolans
anführte, ohne das Motiv des Znsammentretens in bestimmter
Weise zu bezeichnen.

[46]) 8, 55.

ausgeführte Hypothese ihre Richtigkeit hat, dass eine Reihe
derartiger die Valerier betreffenden Züge in die römischen
Annalen von Valerius Antias eingeführt sind, so beweisen
sie allerdings, dass Dionysios entweder aus Antias oder
aus einem Ausschreiber desselben schöpft.   Aber daraus,
'dass sich bei Livius solche valerische Spuren gar nicht
finden', folgt keineswegs, 'dass derselbe hier den Antias
nicht eingesehen habe': denn all diese losen und farb-
losen Züge sind von der Art, dass sie bei Livius Behandlung der Coriolanfabel beinahe mit Nothwendigkeit
wegfallen mussten, auch wenn sie in seiner Quelle
sich fanden. -- Die Vergleichung der livianischen und
der dionysischen Erzählung von Coriolan führt also
zu dem Ergebniss, dass beide entweder aus demselben
annalistischen Werk geflossen sind oder doch aus zwei
Annalisten, die materiell wesentlich mit einander übereinstimmten; welche dieser beiden Annahmen den Vorzug
verdient, kann in der Beschränkung auf diese einzelne
Erzählung nicht in abschliessender Weise entschieden
werden[47]. — Dass damit auch über Valerius Maximus

---

[47]) [Wenn Nitzsch in der röm. Annalistik S. 52 fg. seine frühere
Ausführung wiederholend zugleich geltend macht, dass 'alle bisherigen Forscher' im Gegensatz gegen meine Ausführung 'eine
bedeutende Differenz' zwischen Livius und Dionysios anerkannt
hätten, so habe auch ich diese Differenzen anerkannt und im
Einzelnen dargelegt, aber zugleich gezeigt, dass, wenn auf dieselbe Quelle einerseits das verkürzende Verfahren des Livius,
andererseits das nach Motiven und Pragmatik strebende dionysische angewandt wird und man die sonstigen Eigenthümlichkeiten beider Schriftsteller, namentlich die Unbekanntschaft des
Griechen mit der Topographie Latiums berücksichtigt, ungefähr
das herauskommen konnte, was wir bei beiden lesen.]

entschieden ist, der unmittelbar oder mittelbar von demselben Gewährsmann wie Dionysios abhängt, ist schon bemerkt worden. — Etwas anders steht es in dieser Beziehung mit dem sogenannten Victor. Ist es richtig, was
später wenigstens wahrscheinlich gemacht werden wird.
dass er einen ursprünglichen Zug der Fabel bewahrt hat,
den alle übrigen Quellen beseitigen, nehmlich dass Coriolanus die Getreidevertheilung als Consul verhindert hat,
so liegt uns in diesem Auszug eine ältere Quelle vor als
die gemeinschaftliche des Livius, Dionysios und Valerius.
Man wird dann etwa annehmen müssen, dass der sogenannte
Victor hier dem Antias folgt, die drei anderen Schriftsteller dem Macer, dem es ganz gleich sieht einen solchen
mit den Fasten nicht zu vereinigenden Consul Cn. Marcius ausgemerzt zu haben. Aber wie dem auch sein mag,
dafür, dass all diese Berichte, mit Einschluss desjenigen
des Victor, aus einer und derselben relativ jungen Quelle
abgeleitet sind, fällt entscheidend ins Gewicht, dass sie
alle in den oben bezeichneten Eigenthümlichkeiten der
jüngeren Fassung übereinstimmen, sowohl in dem tragi-
schen Ende Coriolans als auch in der Anknüpfung der
Eroberung Coriolis an das Consulat des Postumus Cominius[46]), welche Anknüpfung nach Livius ausdrücklicher
Meldung nichts ist als die recht leichtfertige Combination

---

[46]) Auch die Erzählung von dem alten P. Scaptius Liv. 3, 71.
der über die Einnahme von Corioli, der er beigewohnt, im J. 305
vor der Volksversammlung aussagt, ist in ihren detaillirten Zahlen-
angaben auf das J. 261 als das der Eroberung von Corioli, gestellt
und offenbar aus der Coriolanus-Erzählung entwickelt. S. Schwegler
2, 364.

eines der Ueberlieferung nach Bedürfniss nachhelfenden
Geschichtsforschers, etwa des Antias.

Aber wenn in der Erzählung von Coriolan die Abweichungen, welche innerhalb der auf der nachsullanischen Annalistik beruhenden Berichte hervortreten, von
geringem Belang sind, so greifen auch diejenigen, welche
zwischen dem älteren Bericht, wie er bei Fabius gestanden
haben mag, und jenen jüngeren Formen bestehen, in den
wesentlichen Bestand der Erzählung nicht viel tiefer ein.
Wenn Fabius dem fern von der Heimath alternden Coriolan die Worte in den Mund legte, dass die Verbannung
keinen so schwer drücke wie den Greis, so ist damit deutlich angezeigt, dass auch er schon die Erzählung nicht,
wie man wohl gesagt hat, als dürre Notiz, sondern in
relativ lebhafter und persönlicher Färbung vorgetragen'
hat. Ob der tragische Ausgang darin bestehen soll,
dass der wider sein Vaterland kämpfende und als Landesfeind dasselbe errettende Held fern von der Heimath im
Elend stirbt oder dass er Hand an sich selbst legt, ist eine
Controverse nicht für Historiker, sondern für Aesthetiker
oder vielmehr nichts als der Vergröberungsprozess, dem
jedes poetische Motiv unterliegt, das aus des Meisters
Händen auf die Strasse geräth. Gewiss gehen noch manche
andere Züge der uns vorliegenden Erzählung auf spätere
Steigerung und Variirung zurück; aber wären sie mehr als
nebensächlich gewesen, so würden sie in unserer nichts
weniger als dürftigen Ueberlieferung hervortreten. Die
Erzählung ist so völlig in sich geschlossen, so sorgfältig
und streng componirt, dass es ganz unmöglich erscheint
sie in wesentlichen Stücken sich anders vorzustellen als
wir sie jetzt lesen. Seit sie war, war sie was sie ist; und

wie das Gemälde des Meisters in jeder, auch der schlechtesten
und spätesten Copie den Motiven nach unverändert erscheint,
so hat auch die Erzählung vom Coriolanus wohl Anknüpfungen und Aenderungen, aber niemals eigentlichen Umwandlungen unterlegen.

—————

Wie fest nun aber und gleichmässig immer in unserer
Ueberlieferung die Erzählung von Coriolanus erscheint, so
lässt sich dennoch erweisen, dass dieselbe unserer annalistischen Ueberlieferung von Haus aus fremd und unter
anderen Bedingungen und mit anderen Tendenzen selbständig entwickelt ist[49]).

Zunächst erscheint sie völlig zeitlos. Dass Coriolis
Eroberung erst durch späte Combination auf den Consul
des J. 261 bezogen worden ist, wurde schon bemerkt (S. 114):

———

[49]) Die weiter folgende Auseinandersetzung ist natürlich nicht
in allen Stücken neu. Bereits Niebuhr und Schwegler sind zu
dem Ergebniss gekommen, dass die 'Sage vom Coriolanus' nicht
bloss eine Menge unhistorischer Elemente enthält, was ja in die
Augen springt, sondern auch nicht in ihrem richtigen Zusammenhang steht; beide sind geneigt sie in die Zeiten des grossen
Volskerkrieges 289 fg. d. St. hinabzurücken. Es liegen in dieser
Annahme bis zu einem gewissen Masse bereits die Elemente desjenigen Ergebnisses, das auch mir das richtige scheint, wenn
gleich der vorgeschlagene Platzwechsel weder die Schwierigkeiten
und Widersprüche genügend hebt (wie denn die der Abstimmung zu Grunde liegende Tribuszahl für das J. 289 noch
weniger passt wie für das J. 263) noch an sich methodisch und
historisch berechtigt ist. Die Darlegung des ganzen Zusammenhangs, wie sie hier versucht ist, erscheint auch nach jenen Untersuchungen nicht überflüssig.

— aber dasselbe gilt auch von der Getreidevertheilung, von
der Anklage, von dem Zuge Coriolans gegen Rom: in keiner
dieser Erzählungen spielen die Consuln der Jahre irgend
eine wesentliche Rolle und das sonst an Namen und
Gestalten so reiche Bild weist nicht eine fest an
einem bestimmten Jahr haftende Persönlichkeit auf. Es
ist sogar nicht unwahrscheinlich, dass das Fehlen der
Consulate für 263. 264 bei Livius eben damit zusammenhängt, dass deren Erwähnung in die coriolanische Erzählung einzufügen war und diese dafür keine rechten Abschnitte darbot.

Aber noch mehr: die Erzählung, wie sie vorliegt, steht
in den wichtigsten Punkten in schroffem Widerspruch zu
derjenigen historischen Umgebung, in die wir sie eingefügt
finden. Das Triumphalverzeichniss weiss von den Erfolgen
des J. 261 nichts. Nach der Darstellung unserer Annalen
ferner bewegen sich die Kriege mit den Volskern in den
Jahren unmittelbar vor und unmittelbar nach 261 durchaus auf deren Gebiet um Velitrae, Suessa, Antium[50]); wie
Corioli, zwischen Ardea und Aricia nördlich von Lanuvium
gelegen[51]). keine volskische. sondern eine ursprünglich
latinische Stadt und als solche, nicht als latinische Colonie.
in dem Verzeichniss der Gemeinden des latinischen Bundes
mit aufgeführt[52]), dazu kommt. in demselben Jahre, wo
zwischen Rom und Latium durch Sp. Cassius das ewige
Bündniss aufgerichtet ward. von den Römern mit stürmender

---

[50]) Schwegler 2, 363. 374.

[51]) Dies geht mit Sicherheit hervor aus Liv. 3, 71; im Uebrigen
ist die Lage des Orts unbekannt.

[52]) Dionys. 5, 61.

Hand genommen zu werden, ist geradezu unbegreiflich.
Ebenso seltsam ist die Volksversammlung der Volsker am
ferentinischen Quell[53]), da wo sonst die latinische Gemeinde
zu rathschlagen pflegt: man sieht, dass, als diese Erzählung entstand, der Gegensatz zwischen Latium und dem
Volskerland bereits in Vergessenheit gerathen war.

Bedenklicher noch als diese geographisch-militärischen
Divergenzen ist der Bericht über die Abstimmung der
Comitien über Coriolan. Derselbe sei, so erzählt Dionysios[54]), der einzige hierauf eingehende Berichterstatter,
von neun Tribus unter einundzwanzig freigesprochen worden
und nur zwei freisprechende Stimmen hätten gefehlt, um
Stimmengleichheit und damit Freisprechung herbeizuführen.
Dass hiebei ein arger Rechenfehler obwaltet, leuchtet ein:
denn theils führt die letztere Angabe auf das Stimm-
verhältniss von neun gegen dreizehn, also auf eine Gesammtzahl nicht von einundzwanzig, sondern von zweiundzwanzig
Bezirken, theils ist bei ungleicher Bezirkzahl Stimmengleichheit undenkbar. Die dionysische Erzählung ist wahrscheinlich ein mathematisch wie poetisch gleich verun-
glückter Versuch die Erzählung von Coriolan mit den
annalistischen Angaben auszugleichen. Ohne Zweifel legte
jene die Gesammtzahl von zwanzig Bezirken zu Grunde
und lautete so, dass Coriolanus neun freisprechende, elf

---

[53]) Liv. 2, 38, 1. Vgl. Dionys. 8, 4.
[54]) 7, 64, womit die Wiederholungen 8, 6. 24 übereinstimmen.
Ueber Huschkes unglaublich perversen Versuch den inneren
Widerspruch durch Interpretation zu beseitigen hat Schwegler
2, 352 richtig geurtheilt. Aber auch mein früherer Vorschlag
durch Emendation zu helfen beruht auf mangelhafter Einsicht in
das Wesen der ganzen Erzählung.

verurtheilende Stimmen gehabt habe, also, wenn eine
günstige Stimme mehr gefallen wäre, in Folge der bei
Stimmengleichheit für den Beklagten entscheidenden Pro-
zessregel freigesprochen sein würde. Da nun aber die
Chronik für die Zeit von 259 bis 367 d. St. die Zahl der
Bezirke nicht auf zwanzig, sondern auf einundzwanzig ansetzt, so meinte Dionysios die Zahl der zur Freisprechung
fehlenden Stimmen um eine erhöhen zu müssen, womit
er freilich nicht bloss die Symmetrie der Erzählung be-
schädigte, die durchaus die möglichst kleine Majorität erfordert, sondern auch in einen für die greisenhafte Impotenz
dieses Quasihistorikers charakteristischen Conflict mit dem
Einmaleins gerieth. Beseitigen wir die bei Dionysios aus den
Annalen eingefügte Ziffer, so erscheint die Erzählung,
welche Dionysios vorgefunden haben muss und die schon
wegen der bei ihm obwaltenden Verwirrung sicher nicht
als seine Erfindung betrachtet werden kann, ebenso in sich
geschlossen und verständig wie mit den sonstigen annalistischen Ansetzungen nach allen Seiten hin im Widerspruch.
Denn einmal hat zwar allem Anschein nach die Zahl der
Tribus, nachdem die ursprüngliche Vierzahl aufgegeben
war, eine Zeitlang und namentlich zu Anfang der Republik
auf zwanzig gestanden; aber nicht bloss hält, wie schon
gesagt ward, die Ueberlieferung, die wir kennen, die Zahl
von 21 für die Epoche von 259 bis 367 d. St. fest, sondern
es ist auch keinem Zweifel unterworfen, dass, seit nach
Bezirken gestimmt ward, die Zahl derselben stets eine un-
gerade gewesen, ja eben die Einführung der Abstimmung
nach Bezirken die Ursache gewesen ist die Zahl derselben
von zwanzig auf einundzwanzig zu erhöhen, um Stimmen-

gleichheit zu vermeiden[54]). Eine Erzählung also, welche
die zwanzig Bezirke abstimmen lässt und die Stimme der
Minerva auf die Comitien bezieht, für die sie nie in Frage
gekommen ist, steht mit unserer sonstigen nicht bloss
historischen, sondern staatsrechtlichen Kunde in unauf-
löslichem Widerspruch. Nicht minder ist der Prozess vor
den plebejischen Tribus im J. 263 völlig unvereinbar mit
der sonst wohl beglaubigten Thatsache, dass die Abstimmung der Plebejer anfänglich nach Curien erfolgt und
erst seit dem J. 283 in Folge des publilischen Plebiscits
die Tribus hier eingetreten sind[55]).

Wenn ferner bei der Getreidevertheilung Coriolan bei
dem sogenannten Victor als Consul auftritt, während Dionysios[57]) ihn sich vergeblich um das Consulat bewerben
lässt, und er sowohl wie Livius ihn nicht wegen Amts-
handlungen, sondern allein oder wenigstens zunächst wegen
seiner Abstimmung im Senat zur Verantwortung ziehen
lassen, so ist allem Anschein nach die erstere Fassung
die ursprüngliche und die zweite nur daraus hervorgegangen,
dass die Magistratstafel von dem Consul Cn. Marcius
Coriolanus so wenig etwas wusste wie das Triumphalverzeichniss von der Eroberung Coriolis und darum eine Ausgleichung erforderlich ward, wie sie deutlich genug bei

---

[54]) Bd. 1, 188.
[55]) Dieser Widerspruch wird allerdings beseitigt, wenn, wie
Dionysios dies anderswo thut (9, 46) und auch Livius zu thun
scheint, Coriolan in Curiatcomitien verurtheilt wird (Bd. 1,
185 A. 15). Indess möchte ich jetzt dies vielmehr für die
spätere Fassung halten, die darauf ausgeht den Prozess mit dem
publilischen Gesetz in Harmonie zu bringen.
[57]) 7, 21. Ebenso Appian It. 2.

Dionysios vorliegt[58]). Pragmatisch gewinnt die Erzählung
ungemein, wenn Coriolan nicht bloss als Senator gegen
die unentgeltliche Getreidevertheilung sich aussprach,
sondern sie vielmehr als Beamter verhinderte; denn nur
in dem letzten Fall konnte nach bekannten Rechtsbegriffen
überhaupt von Verantwortung die Rede sein[59]). — Ganz
gleicher Art endlich ist es, wenn die Erzählung die
Gesandten, die nach Sicilien gehen um Getreide zu
kaufen, an den König Dionysios von Syrakus ent-
senden lässt, unbekümmert darum, dass der ältere Dionysios nicht im J. 263, sondern ein Jahrhundert später
(348 d. St. = Ol. 93, 3 — 387 d. St. = Ol. 103, 2)
auf dem Thron sass.

Mit diesen zahlreichen Divergenzen der Coriolanus-
erzählung von der historischen Umgebung, die sie jetzt
einschliesst, stimmt zusammen, dass sie bei Livius, wo
die ältere Fassung ungetrübter sich darstellt, selbst äusserlich deutlich als Einlage erscheint[60]). Zwischen kurzen
annalistischen Notizen c. 33, 3 und c. 40, 14 verläuft
jene Erzählung in ununterbrochenem Fluss, so dass selbst
von den fünf dazwischen liegenden Consulaten nur drei

---

[58]) Man beachte, dass die vergebliche Bewerbung Coriolans um
das Consulat bei ihm ganz ausserhalb der Pragmatik der Erzählung steht.

[59]) Dieser Anstoss führte dann später dazu die Erzählung von
der unterschlagenen Beute einzufügen (S. 129).

[60]) Ueber diese Einfügung urtheilt richtig K. W. Nitzsch
röm. Annalistik S. 60, dem ich auch darin nur beipflichten kann,
dass dieselbe nicht erst durch Livius vollzogen ist, sondern dieser
die Coriolanuserzählung mit den annalistischen Notizen, die sie
einschliessen, einer und derselben älteren Quelle entlehnt haben
wird.

c. 33, 1. 7 und c. 39, 9 angemerkt und ausserdem zu
Anfang der Erzählung der Tod des Agrippa Menenius c. 33,
10. 11 berichtet wird[61]). In mehr verwischter Gestalt,
aber doch auch unverkennbar zeigt sich der Zusammenhang
der ursprünglichen Erzählung bei Dionysios.

Vielleicht noch entschiedener als in diesen zahlreichen
Divergenzen tritt die Ungleichartigkeit der Erzählung hervor in Ton und Tendenz. Schon die gewiss nicht hauptsächlich auf spätere Ausschmückung zurückzuführende
Ausführlichkeit der Erzählung ist in den älteren Annalen
beispiellos. Vor allen Dingen aber ist sie in einer Weise
lebendig gedacht und poetisch gestaltet, wie wir nichts
Aehnliches aus der früheren römischen Zeit besitzen. Das
grossartige Heldenbild des vom undankbaren Volke in das
Elend getriebenen Consuls, der, ein umgekehrter Camillus,
an der Spitze des Landesfeindes heimkehrt um sein Vaterland zu verderben und, als dasselbe bezwungen am Boden
liegt, seinen Sieg und seine Rache der Mutter zu Liebe
aus der Hand giebt, findet seines Gleichen kaum in der
griechischen Ueberlieferung, geschweige denn in der farb-
losen römischen Chronik. Auch im Einzelnen zeigt sich
eine Ausführung und Steigerung in der Darstellung, wie
sie sonst nicht wieder vorkommt: so in dem Bericht von
den dem tapferen Sieger nach Coriolis Erstürmung ver-
liehenen Gaben von zehn Gefangenen, zehn Rossen, hundert
Rindern, hundert Morgen Landes und einer Manneslast
Silbers: so in den dreifachen vergeblichen Entsendungen.

---

[61]) Die Stellung dieser Notiz ist dadurch bedingt, dass die
Todesfälle in den Annalen stets am Schluss des einzelnen Jahres-
berichts stehen.

zuerst von fünf, sodann nach dreissig Tagen von zehn
Consularen, endlich nach drei Tagen der sämmtlichen
Priester: so in den Kriegsgeschichten, die mit ihren zahlreichen Ortsnamen weit mehr den Berichten aus den samnitischen und sicilischen Kriegen gleichen als den ein-
silbigen und abgerissenen Notizen der ältesten Stadtchronik. — Durch die ganze Erzählung geht ein roman-
tischer und humaner Zug, vor allen Dingen aber eine
Frauenhuldigung, wie sie ihres Gleichen nicht hat vielleicht
in der gesammten antiken Ueberlieferung. Dass der tapfere
Krieger keine andere Siegesbeute annimmt als die Freiheit
des gefangenen Gastfreundes; dass die unbarmherzige Aus-
peitschung des Knechts als Einleitung des fröhlichen Volks-
festes vor den Augen des höchsten besten Jupiter dasselbe
ungefällig macht; dass der verbannte Römer nicht bloss
zu den Landesfeinden geht, sondern geradewegs das Gast-
und Flüchtlingsrecht heischend niedersitzt am Heerde des
feindlichen Königs, das alles sind lebendige Bilder und
poetische Motive von tiefster Wirkung. Vor allem aber
wenn im Uebrigen die römischen Annalen in ihren älteren
Bestandtheilen durchaus den Satz bestätigen, dass die
Frau nicht der Bürgerschaft und dem Staat angehört,
sondern dem Hause, und selbst Frauennamen darin so gut
wie völlig mangeln, so ist diese Erzählung umgekehrt das
Werk eines römischen Frauenlob. Ausser dem Helden
selbst sind die einzigen persönlich darin hervortretenden
römischen Gestalten seine Mutter Veturia und seine Gattin
Volumnia als die Chorführerinnen der Matronen. Es ist
ihre eigentliche Moral, dass wo die Waffen versagen und
die Männer verzagen, die muthige Vaterlandsliebe der

Frauen Rettung bringt in höchster Noth[62]), nicht indem
sie Krieger spielen, sondern indem sie ganz sind, was sie
sein sollen, Gattinnen und Mütter. Und als ewiges Denk-
mal dieser Frauenthat bleibt jener Tempel vor dem esqui-
linischen Thor dem Frauenglück gewidmet und nur zu-
gänglich für solche römische Ehefrauen, die nicht mehr
als einmal vermählt gewesen sind[63]).

Der relativ moderne Charakter des Berichts tritt ferner
sehr deutlich hervor in der Berücksichtigung später Ge-
bräuche und vor allem in der Heranziehung griechischer
Ereignisse, ja griechischer Etymologien. Von Beinamen,
die von dem Namen der eroberten Stadt dem Eroberer
beigelegt werden, findet sich in unseren hierin sicher zuverlässigen Annalen kein älteres Beispiel als dasjenige des
Consuls des J. 425 L. Aemilius, der von der Eroberung
von Privernum den Beinamen Privernas annahm[64]). Die
Kunde griechischer Dinge zeigt sich in dem Hineinziehen
bekannter griechischer Namen, des Dionysios von Syrakus
(S. 117. 141.), des Aristodemos von Kyme[65]), welche beide
keineswegs späterer Ausschmückung anzugehören scheinen.—

---

[62]) Val. Max. 5, 2, 1: *plus salutis rei publicae in stola quam in
armis fuisse.*

[63]) Ausser den Berichten über Coriolan gedenken dieses Tempels
Festus v. Pudicitiae p. 242; Tertullian de monog. 17; Servius ad
Aen. 4. 19. Im Cult kann er keine bedeutende Rolle gespielt
haben; weder die Topographen noch die Kalender gedenken dieser
Kapelle, obwohl Dionysios (8, 55) den 1. Dec. als den Tag des
ersten Opfers, den 6. Juli als den der Einweihung des Tempels
verzeichnet.

[64]) S. unten die Beilage zu der Abhandlung über Fabius und
Diodor über die örtlichen Cognomina des römischen Patriciats.

[65]) Liv. 2, 34, 4. Dionys. 7, 2.

Noch bezeichnender aber ist die Verknüpfung der Erzählung mit einer griechischen Etymologie. Das Volksfest,
bei welchem auch die Volsker erscheinen und schimpflich
ausgewiesen den Krieg gegen Rom unter Coriolans Führung
beginnen, wird durchaus dargestellt als ein auf besondere
Veranlassung mit ungewöhnlichen Zurüstungen erneuertes;
und die Veranlassung der Erneuerung, dass vor dem Beginn des Festes ein Sclave unter dem Folterkreuz durch
die Rennbahn gepeitscht worden sei und dieser Festanfang
das Missfallen des Jupiter erregt habe, gehört allem Anschein nach zu den ursprünglichen Bestandtheilen der
Erzählung[66]).   Der Ausgangspunkt aber ist wohl ohne
Zweifel auch hier, wie so oft, etymologische Aetiologie:
man suchte für die *instauratio ludorum* nach dem historischen Ausgangspunkt und zugleich nach einer Erklärung
des Namens und fand sie in dieser Anekdote, wonach die
erste Instauration den Namen empfing ἀπὸ τοῦ σταυροῦ[67]).
Allerdings ist der Zusammenhang hier früh verdunkelt und
die Wundergeschichte, die nur auf die erste überhaupt
vorgekommene Instauration bezogen im rechten Zusammenhang erscheint, weiterhin auf eine nicht genügend auf-

---

[66]) Man beachte die Anführung des Fabius bei Cicero de div. 1, 26,
53 und Dionysios 7, 71. Die neuerlich von Nitzsch (im Rhein. Mus.
24, 153, Röm. Annal. S. 60) aufgestellte Ansicht, dass das Traumgesicht des Latinius ein in die Coriolansage später eingefügtes
Stück sei, ist mit der Lage der Ueberlieferung nicht zu vereinigen.

[67]) Ausdrücklich hervorgehoben wird diese Etymologie freilich
nur bei Macrobius sat. 1, 11, 5, wie es scheint nach Varro, der
sie ebenfalls verwirft. Aber nur von ihr ausgehend ist die Erzählung nach Entstehung und Ziel begreiflich und das Motiv, dass
das *sub furca caedi* des Sclaven zunächst die Instauration herbeiführt, ist allen Versionen der Erzählung gemeinsam.

geklärte Weise zu späteren Instaurationen in Beziehung
gebracht worden [68]).

Dass die Erzählung von Coriolanus fremdartige Elemente
sich angeeignet hat, kann man im Allgemeinen nicht sagen.
Entlehnung griechischer Motive zeigt sich in der älteren
Erzählung nirgends, während die spätere Abänderung, wonach der Held in der Verbannung nicht natürlichen Todes
stirbt, sondern sich selber den Tod giebt, sicher der klei-
tarchischen Themistokleslegende nachgebildet ist [69]), wie
denn die Analogie der beiden Erzählungen schon im Alterthum lebhaft empfunden ward. Auch anderweitige Berichte
der Annalen sind für die Coriolanerzählung nicht gerade-

---

[68]) Einfach tritt der alte Zusammenhang bei Livius 2, 36 und
Dionysios 7, 68, 73 hervor; aus dem letzteren (6, 71) wird man
auch schliessen dürfen, dass in der Chronik des Fabius die *ludi
Romani* in dieser Verbindung zuerst auftraten. Dagegen unterscheidet Coelius bei Cicero de div. 1, 25 eine erste Instauration
der Spiele wegen Unterbrechung durch plötzlichen Kriegslärm
und eine zweite wegen der Peitschung des Sclaven; vermuthlich
weil dieser Annalist das in der ursprünglichen Erzählung ohne
feste Anknüpfung an einen bestimmten Krieg auftretende Siegesfest ähnlich wie Dionysios 6, 10, 7, 71 an die Regillerschlacht
(255 oder 258) anknüpfte und diese der Zeit nach von dem Prozess
Coriolans so weit ablag, dass eine einfache Instauration nicht
genügend erschien. Macrobius a. a. O. bringt gar den Vorgang
in das J. 474 der Stadt; wovon der Zusammenhang freilich nicht
klar ist. Die Spiele, auf die diese Erzählung sich bezieht, sind
natürlich die *ludi Romani* (vgl. oben S. 48); wenn Dionysios 6, 95
dafür die latinischen, Valerius 1, 7, 4 gegen seine Quelle (Livius)
die plebejischen nennt, so sind das notorische Irrthümer.

[69]) Cicero Brut. 10, 11 (S. 115 A. 7) sagt dies eigentlich
geradezu. Dass auch Plutarch bei seiner Wiedergabe der Erzählung von Coriolan eine der schönsten Scenen der Themistokleslegende benutzt hat, ist S. 118 bemerkt worden.

zu Muster gewesen. Nur etwa der Bericht über die Sendung wegen Getreides nach Etrurien, Campanien und Sicilien kann den gleichartigen aus den J. 321 [70]) und 343 nachgebildet sein; bemerkenswerth ist es allerdings, dass bei dem letzteren Jahre Livius ebenfalls der Unterstützung der sicilischen Tyrannen gedenkt und hier allem Anschein nach in der That Dionysios I. von Syrakus gemeint ist [71]). Aber in ihrem staatsrechtlichen und juristischen Inhalt ist dennoch die Erzählung selbst in der That eine Wiederholung. Unsere ältere Ueberlieferung, namentlich so weit sie den Prozess betrifft, ist durchaus ätiologischer und exemplificatorischer Natur. So stellt der Prozess des Horatius die erste Anwendung des noch von der Willkür des Beamten abhängigen Provocationsprozesses dar; so der Prozess der Söhne des Brutus und ihrer Mitschuldigen denjenigen vor dem Magistrat vor dem Erlass des valerischen Provocationsgesetzes; so endlich der Prozess des Coriolanus das Strafverfahren vor der Versammlung der Plebs vor dessen Einschränkung durch die zwölf Tafeln. Alle diese Erzählungen bezeichnen prägnante Momente des alten Criminalrechts und stellen den Verlauf des Rechtshandels so in den Vordergrund, dass über den alten und, richtig aufgefasst, höchst werthvollen Kern dieser Darstellungen kein Zweifel bleiben kann. Hier nun aber tritt der bemerkenswerthe Fall ein, dass zwei ganz gleichartige Prozessgeschichten vorhanden sind, beide die Vollgewalt der plebejischen Volksversammlung auch in Capitalprozessen der Patricier constatirend und insofern den Satz der zwölf

---

[70]) Liv. 4, 25.
[71]) Liv. 4, 52. Schwegler 2, 367.

Tafeln erklärend und einleitend, dass die Capitalgerichts-
barkeit fortan nicht der Plebs, sondern allein dem *maximus
comitiatus* zustehen solle: ich meine den des Cn. Marcius
Coriolanus vom J. 263 und den des Kaeso Quinctius vom
J. 293. In beiden Fällen ist die Anklage capital[12]), der
Angeklagte Patricier, die Ankläger die Volkstribune, die
entscheidende Versammlung die plebejische; in beiden Fällen
weicht der Angeklagte dem Todesurtheil durch das Exil
aus. Nur das ist dem Prozess des Kaeso eigen, dass die
Fragen über die Zulässigkeit des Exils und die damit zusammenhängende über das Recht durch Bürgschaftstellung
sich der Verhaftung während des Prozesses zu entziehen
darin scharf und ausführlich zur Sprache kommen. Wie
hierin diese Erzählung sich als die strengere und juristisch
vorzüglichere zeigt, so ist sie auch insofern sachgemässer,
als der Prozess des Kaeso zeitlich und sachlich zusammenhängt mit dem terentilischen Antrag auf Revision des Landrechts, also die politisch wichtigste Neuerung des revidirten
Landrechts, die Aufhebung der plebejischen Capitalgerichte,
dadurch passend eingeleitet ward, während der Prozess des

---

12) Vgl. besonders Liv. 2, 35, 2: *se iudicem quisque, se dominum
ritae necisque inimici factum ridebat.* Dass Dionysios (8, 64) die
Anklage auf ewige Verbannung richten lässt, fällt natürlich ihm
zur Last und hängt wohl damit zusammen, dass er den Coriolan
seiner Verurtheilung beiwohnen lassen wollte (S. 124). Uebrigens
scheint es echt zu sein, das heisst der ursprünglichen Erzählung
anzugehören, dass der Tribun zunächst droht wegen Verletzung
der sacrosancten Aedilen den Coriolanus vom tarpeischen Felsen
stürzen zu lassen (8, 35), sodann aber auf Bitten gemässigter
Männer sich bestimmen lässt von diesem strengsten Verfahren
abzusehen und eine Verhandlung vor der Plebs zu gestatten.

Coriolanus auch in diesem Punkt ausser der ihm von Rechtswegen zukommenden historischen Verbindung steht.

Fassen wir das Gesagte zusammen, so erscheint die
_ Erzählung von Coriolanus als ein erst später in die römischen Annalen eingefügtes und darum in allen Stücken
denselben ungleichartiges und widersprechendes Einschiebsel. Wenn jene Annalen, im Allgemeinen genommen,
aus der Magistratstafel hervorgegangen sind und die den
einzelnen Consulaten beigefügten Notizen, je höher wir
hinaufsteigen, immer dürftiger und nebensächlicher erscheinen, so haben wir dagegen hier umgekehrt eine von
Haus aus zeitlose, nachweislich erst spät und auch dann
nur theilweise in das Fastenschema eingefügte Erzählung
mit glänzender personenreicher Darstellung, mit fast novel-
listischer Pragmatik, aber freilich ohne Zweifel auch von
einer zu dem poetischen Werth im umgekehrten Verhältniss stehenden historischen Geringhaltigkeit. Wenn irgend
eine. so ist es diese Erzählung, die den Verdacht erweckt
ursprünglich der Familientradition anzugehören und aus
den Geschlechtssagen ihren Weg in die officielle Stadtchronik gefunden zu haben: und es sind Spuren vorhanden,
die diese Vermuthung unterstützen und näher bestimmen.
Was Cicero[73]) andeutet, dass die Fälschungen insbesondere
von den plebejischen Adelsfamilien und deren Anknüpfung
an den Patriciat ihren Ausgang genommen haben, dazu
liefert die Erzählung von Coriolan den lebendigen Commentar. Es sind streng genommen nur drei römische Geschlechter, die darin mit Bestimmtheit hervortreten: die
Marcier, Veturier und Volumnier; und es kann nicht Zu-

---

[73]) Brut. 16, 62. Vgl. Bd. 1, 124.

fall sein, dass die Marcier zu den ältesten plebejischen
Adelsgeschlechtern gehören — der erste Consul dieses
Namens findet sich im J. 397 —, die Veturier und Volumnier aber zu den nicht zahlreichen Geschlechtern, von
denen es im fünften Jahrhundert sowohl patricische als
plebejische zum Consulat gelangte Zweige gab [74]). Somit
ist der Inhalt der Erzählung recht eigentlich eine Verherrlichung der plebejischen Nobilität [75]) und zwar durch Anknüpfung derselben an den Patriciat; man versteht nun,
warum Coriolanus eingeführt wird als *Cn. Marcius patriciae
gentis adulescens, Anci regis clara progenies* [76]). Aber nicht
bloss eine Verherrlichung des plebejischen Adels ist die
'Sage von Coriolanus', sondern auch eine Verherrlichung
der Plebs selbst und ihrer politischen Rechte, die hier auf
ihrem Höhepunkt erscheinen und in einem Umfang, den
die spätere durch die zwölf Tafeln festgestellte Rechts-
ordnung wesentlich beschränkt hat. Wenn die römischen
Annalen im Allgemeinen von Patriciern geordnet und von

---

[74]) Vgl. wegen der Veturier Bd. 1, 120, wegen der Volumnier
das. S. 110.

[75]) Wenn das Auftreten der Valeria, der Schwester des Publi-
cola, zu den alten Bestandtheilen der Erzählung gehört, was
freilich sehr zweifelhaft ist (S. 132), so würde das mit der plebejischen Tendenz der Erzählung sich wohl vertragen; denn von
allen patricischen ist dies das am meisten der Plebs sich zu-
neigende Geschlecht.

[76]) Val. Max. 4, 3, 4; vgl. oben S. 115 und über die sonstigen
Marcier der Königszeit Bd. 1, 104. Die beiden Söhne des Coriolanus, die in der Heimath zurückbleiben (Dion. 7, 67. 8, 45), sind
ohne Zweifel dargestellt worden als die Stammväter der späteren
Marcier, die früh in mehrere grosse Familien sich getheilt haben.
Der Vorname Gnaeus übrigens kommt später in dem Geschlecht
nicht vor (vgl. indess Liv. 6, 1).

patricischem Geist erfüllt sind, so darf die Erzählung von
Coriolan als ein plebejisches Einschiebsel betrachtet werden. nicht älter als die erste Hälfte des fünften Jahrhunderts[77]), aber auch nicht viel jünger, entstanden etwa
in der zweiten Hälfte desselben vor dem Anheben der
eigentlichen Schriftstellerei, als die Stadtchronik im Schosse
des seit dem J. 454 beiden Ständen angehörigen Ponti-
ficalcollegiums[78]) ihre erste Redaction empfing. Dies ist
die Zeit des pyrrhischen oder des ersten punischen Krieges,
als die alten ständischen Kämpfe noch lebendig in den
Gemüthern nachzitterten, als in der neuen plebejischen
Nobilität die Anlehnung an den alten immer noch be-
neideten Geschlechtsadel mit dem Stolz der siegreichen
Demokratie sich verschmolz, [als die weitgestreckten Landschaften der Volsker[79]) und der Sabiner in die latinische

---

[77]) Das zeigt die Benennung Coriolanus, um die die Erzählung
sich dreht und die doch wohl von Haus aus als Siegesbeiname
gedacht ist; denn diese kommen vor den ersten Decennien des
fünften Jahrhunderts nicht vor (oben S. 144). Die gewöhnlich
aufgestellte Erklärung, dass Coriolanus ein alter Beiname der
Marcier gewesen und daraus die Fabel von der Einnahme Coriolis
entwickelt sei, ist an sich wenig glaublich, da jener Beiname
in keiner Weise weiter zu belegen ist, würde übrigens chronologisch zu keinem wesentlich anderen Ergebniss führen; denn
bevor die Siegesbeinamen aufkamen, konnte man diese Erzählung nicht aus dem Namen entwickeln. Auch sonst spricht
vieles dafür der Erzählung kein höheres Alter beizulegen, wie
zum Beispiel die darin hervortretende Verwischung des Gegensatzes der Latiner und der Volsker (S. 138).

[78]) Unter den zuerst ernannten vier plebejischen Pontifices war
C. Marcius Rutilus Consul 444.

[79]) [Die Geschichte der ersten Hälfte des 5. Jahrh. der Stadt,
vielleicht des grossartigsten Abschnitts in dem grossartigen Bau

Nation aufgingen]. Auch steht diese Erzählung nicht
allein. In denen von dem ersten Consul L. Iunius Brutus[80]),
von dem Schutzpatron der Bauern und Latiner im dritten
Jahrhundert Sp. Cassius walten dieselben Tendenzen der
plebejischen Nobilität theils sich an das Patriciat anzuknüpfen, theils ihre politischen und socialen Bestrebungen
historisch zu idealisiren. Wer in diesen Erzählungen
nach einem sogenannten geschichtlichen Kern sucht, wird
allerdings die Nuss taub finden; aber von der Grösse und
dem Schwung der Zeit, die sie hervorbrachte, zeugt die
Gewalt und der Adel dieser Dichtungen, insbesondere derjenigen von Coriolanus, die nicht erst Skakespeare ge-
schaffen hat.

---

der italischen Einheit unter Roms Führung, ist, geographisch ausgedrückt, die Schöpfung des 'neuen Latium', die Vorschiebung der
Stammesgrenze vom circeischen Vorgebirge an den Volturnus,
wodurch hauptsächlich das alte Volskergebiet ein Theil von Latium
ward.   Daran dachten die, welche den Coriolan fordern liessen
dass die Römer ewige Freundschaft mit den Volskern machen
und ein dauerndes beschworenes Bündniss mit ihnen abschliessen
sollten gleich wie mit den Latinern (Dionys. 8, 35; Appian Ital. 5).
Vgl. S. 137].

[80]) Dabei ist auch das Auftreten der Vitellier und der Aquillier
zu beachten; vgl. Bd. 1, 105. 107.

SP. CASSIUS, M. MANLIUS, SP. MAELIUS,

die drei Demagogen der älteren republikanischen Zeit[1]).

I. SP. CASSIUS.

Den Namen des Sp. Cassius Vecellinus oder Vicellinus[2]) führt die Magistratsliste viermal auf, dreimal als Consul 252. 261. 268 und einmal als Reiterführer 253 oder 256[3]),

---

[1]) [Zuerst gedruckt im Hermes 5 (1871) S. 228—271].

[2]) [Bd. 1 S. 108 A. sind die vier durch unabhängige Ueberlieferung auf uns gekommenen Formen dieses Namens angegeben: *Becillinus* (Cicero), Ὀυσκελλῖνος (Dionysios), *Vigellinus* oder *Bigellinus* (Chronogr. 354 an mehreren Stellen constant), *Vitellinus* (Idat., Chr. pasch.). Diese führen entweder auf Vecellinus oder auf Vicellinus, da für das *i* in der zweiten Silbe zwei und für *e* gewissermassen ebenfalls zwei Zeugnisse vorliegen, insofern ΟΥϹ gleich ΟΥϵ ist, während in der Endung -ellinus drei Zeugnisse gegen -illinus übereinstimmen. Die von Hertz (Hermes 5, 474. 6, 384) und Dittenberger (das. 6, 141) gebilligte Form Vecilinus streitet also mit der Ueberlieferung; und Analogien, wie die des *mons Vecilius* bei Liv. 3, 50 und des seltenen Geschlechtsnamens Vecilius sind für die in unendlicher Formenfülle entfaltete römische Nomenclatur nicht entscheidend.]

[3]) Diejenige Ueberlieferung, welche den T. Larcius zum ersten Dictator macht, nach Livius 2, 18, 5 (vgl. Staatsrecht 2² S. 133 A. 6) die der *veterrimi auctores*, giebt ihm als Reiterführer den Sp. Cassius bei (Liv. a. a. O., Dionys. 5, 75); das Jahr der Dictatur

ferner die Triumphaltafel zweimal 252. 268. Die Ueberlieferung zeigt in den wesentlichsten dieser Ansetzungen
kein Schwanken. Insonderheit die drei Consulate treten
ohne Variante auf und müssen auch in der capitolinischen Tafel gestanden haben, da diese zwar hier
selbst fehlt, aber die aus ihr geflossenen Listen sie anerkennen und die Triumphaltafel wenigstens den mit
dem ersten Consulat verknüpften Triumph verzeichnet. —
Sp. Cassius ist der einzige seines Geschlechts in der patricischen Consularliste; und die Frage ist somit nicht un-
berechtigt, ob er nicht mit den Pseudopatriciern M. Iunius
Brutus und Cn. Marcius Coriolanus in eine Reihe gehört
und seine geschichtliche Existenz überhaupt angefochten
werden kann[1]). Aber die sorgfältige Erwägung der Ueberlieferung wird diese Parallele als nicht zutreffend beseitigen.
Die Fasten sind das älteste Document der römischen Geschichte und jeder fest mit ihnen verknüpfte Name hat
Anspruch auf eine andere Behandlung als was ausserhalb

---

schwankt. Welchen ersten Reiterführer diejenigen ansetzten, die
den M'. Valerius als den ersten Dictator betrachteten, ist nicht
bekannt.

[1]) Vgl. Bd. 1 S. 111. Es wird zur Entschuldigung der daselbst
erhobenen Zweifel geltend gemacht werden dürfen, dass bei so
verwickelten Untersuchungen, wie die über die Glaubwürdigkeit
der Geschichte der früheren römischen Republik sind, kaum anders
verfahren werden kann, als die aus den einzelnen Untersuchungen sich ergebenden Bedenken zunächst hinzustellen, bis
weitere Specialforschung sie entweder bestätigt oder beseitigt.
Ein solches Bedenken erregt jeder in der halb historischen Zeit
vereinzelt auftretende patricische Ahnherr eines sonst nur als
plebejisch bekannten Geschlechts; aber nicht alle Fälle der Art
sind Fälschung.

derselben steht, oder doch, wie jener Brutus, aus ihnen
entfernt werden kann, ohne sie wesentlich anzutasten.
Hier kommt weiter die gleich zu erwähnende Urkunde
des latinischen Bündnisses hinzu, die des Sp. Cassius
Namen an der Spitze trug. Aber auch nach einer anderen
Seite zeigt sich die völlige Verschiedenheit dieser Ueberlieferung von jenen Fabeln. Sowohl der Vorname Spurius
wie das Cognomen Vecellinus sind den späteren plebejischen
Cassiern fremd, wie denn das letztere überhaupt nicht
weiter vorkommt. Auch stehen diese Cassier an Nobilität
weit zurück hinter den Iuniern und Marciern und treten
erst mit dem Consul des J. 583 C. Cassius Longinus auf
den politischen Schauplatz, so dass, wenn sie auch später
ihren Stammbaum auf jenen Sp. Cassius zurückgeführt
haben mögen[1]), sie doch diesen wohl sich aneignen, aber
gewiss nicht erfinden konnten; denn als sie zu Ansehen
und Einfluss gelangten, stand die Magistratstafel bereits
zu fest, als dass eine solche mehrfache Interpolation derselben hätte eingefügt werden können. Wir sind also
berechtigt die Erzählung von Sp. Cassius als eine von
denen zu behandeln, welche in ihren ursprünglichen und
wesentlichen Bestandtheilen als glaubwürdig zu gelten
hat; und wenn es gelingt diese von den späteren Zu- und
Umsetzungen zu scheiden, so ist dies nicht bloss für

---

[1]) Ein ausdrückliches Zeugniss dafür giebt es nicht; aber man
kann dafür gelten lassen, dass (nach Dionysios 8, 78. 80) nach
Sp. Cassius Hinrichtung über das Schicksal seiner drei Söhne be-
rathschlagt und beschlossen wird diese zu verschonen. Es sieht
das ganz so aus, als hätten die späteren Cassier sich auf diese
Söhne zurückgeführt.

den Bildungsprozess der römischen Annalistik von Werth, sondern auch für die positive Geschichte.

Unter den historischen Vorgängen, welche unsere Berichte mit seinem Namen verknüpfen, wird gleich der erste, der die von ihm im J. 252 ausgeführten Kriegsthaten betrifft, in zwiefacher und wesentlich verschiedener Form überliefert. Livius[6]) vertheilt unter die Jahre 251 und 252 die Erzählung eines Krieges gegen die Aurunker, der sich namentlich um Pometia dreht und mit der Hinrichtung von dreihundert Geisseln so wie mit der Erstürmung der Stadt durch die Römer endigt; triumphirt haben nach ihm sowohl beide Consuln des J. 251 wie beide des J. 252. Dionysios[7]) dagegen berichtet aus beiden Jahren einen Krieg mit den Sabinern, wegen dessen von den beiden Consuln des J. 251 der eine, Agrippa Menenius zu Wagen, der andere P. Postumius zu Ross, ferner der Consul des J. 252 Sp. Cassius zu Wagen triumphirt hätten; bei der Ovation — der ersten, die erwähnt wird — führt er Macer an. Den Triumph des Menenius über die Sabiner kennt auch die Schrift *de viris illustribus*[8]), die Ovation des Postumius über dieselben auch der ältere Plinius, vielleicht nach Piso[9]). Die capitolinischen Fasten führten die drei Triumphe der Consuln Postumius, Menenius und Cassius auf; die Namen der besiegten Völker sind auf denselben nicht erhalten. Livius also steht hier mit seiner Fassung

---

[6]) 2, 16. 17.
[7]) 5, 44—49. Aus ihm schöpft Zonaras 7, 13.
[8]) 18, 1.
[9]) h. n. 15, 29, 125. Die verwandte Notiz über den ersten Triumph auf dem albanischen Berge giebt Plinius gleich darauf aus L. Piso.

allein und mit der Triumphaltafel wenigstens insofern unzweifelhaft in Widerspruch, als diese dem zweiten Consul
des J. 252 den Triumph nicht zugesteht. — Weiter aber
ist gegen den livianischen Bericht über die Kriegsereignisse
251. 252 geltend zu machen die oft hervorgehobene Thatsache, dass die Erzählung von der Einnahme Pometias und
der Hinrichtung der dreihundert Geisseln sich in ihren
wesentlichen Momenten deckt mit einer gleichartigen von
Dionysios wie von Livius selbst unter dem J. 259 eingereihten.
Nimmt man noch hinzu, dass Livius auch einen andern
Vorgang des J. 259, die Weihung des Mercurtempels,
unter demselben Jahre zweimal, offenbar nach verschiedenen
Quellen, erzählt hat[10]), so kann es kaum einem Zweifel
unterliegen, dass auch die unter 251. 252 erzählte Kriegsgeschichte nichts ist als eine Variante zu der Erzählung
von 259, welche durch irgend einen Zufall an die falsche
Stelle gekommen ist und die jenen Jahren angehörigen
annalistischen Berichte verdrängt hat[11]). Hier also erscheint

---

[10]) 2, 21, 7: *aedes Mercuri dedicata est idibus Maiis.* Daneben
2. 27 eine weitläuftige Erzählung von dem Streit der Consuln,
wer den Tempel einweihen soll und der Uebertragung der Einweihung auf einen Primipilar (!) M. Laetorius durch Volksschluss,
der Tag der Weihung ist hier nicht genannt. Nirgends so deutlich wie hier können wir die alte einfache annalistische Notiz
zusammenhalten mit dem darum später gesponnenen Lügengewebe,
zu dem hier wohl den nächsten Anlass gab, dass jene Notiz den
Dedicanten nicht nannte. Vgl. Staatsrecht 2² S. 605 A.

[11]) An sich trägt die Erzählung 2. 16. 17 einen älteren Charakter
als die an der richtigen Stelle stehende 2, 22—26; vermuthlich ist
jene aus der gleichen Quelle wie der kurze Bericht über die Dedication des Mercurtempels, diese aus der gleichen Quelle wie die
ausführliche über denselben Vorgang. Bedenklich ist bei der

die dionysische Fassung als die relativ ältere oder vielmehr als die einzige, die darauf Anspruch hat als überliefert zu gelten. Die Geschichtlichkeit des Sabinersiegs
des Cassius anzufechten liegt kein genügender Grund vor.

Das zweite Consulat des Sp. Cassius ist dasjenige, in
welches die späteren Annalen die Secession der Plebs auf
den heiligen Berg und den an Coriolanus Namen haftenden
Krieg setzen; aber mit dem Namen des Sp. Cassius wird
auffallender Weise weder das eine noch das andere dieser
gefeierten Ereignisse verknüpft[12]). Man unterscheidet hier
deutlich die doppelte Quelle unserer älteren Ueberlieferung:
die im Ganzen zuverlässige Magistratsliste mit den ursprünglich ihr eingereihten Berichten und die zeitlosen
erst durch späteres Zurechtmachen den Annalen einver-
leibten Erzählungen, zu denen nicht bloss die vom Coriolanus
gehört, sondern auch die von der Beschwichtigung der

letzteren besonders die pragmatische Verknüpfung des Krieges
um Pometia mit der Regillerschlacht, dem latinischen Bündniss,
der Secession der Plebs. Eigentlich historischen Werth hat indess wohl weder der eine noch der andere dieser Berichte von
der Eroberung Pometias, so wenig wie der dritte unter Tarquinius
Superbus gelegte: sie alle sind vermuthlich nur verschiedene
Wandelungen einer aus der Etymologie des pometinischen Feldes
herausgesponnenen den Annalen ursprünglich fremden Erzählung.
Es ist beachtenswerth, dass die Triumphaltafel für 259 keinen
Triumph ansetzt: hier folgt auf den wegen der Regillerschlacht
sofort der des J. 260.

[12]) Die Wendung in der Rede bei Dionys. 8. 70 wird man dagegen nicht geltend machen. — Auch die Dedication des Cerestempels lässt Dionysios 6. 94 in diesem Jahr durch den Consul
Cassius erfolgen. Dass seine Einweihung in dies Jahr fällt, mag
geschichtlich sein, die Anknüpfung an Sp. Cassius ist gewiss
ungeschichtlich (vgl. S. 174 A. 39).

Menge durch den klugen Agrippa Menenius. Von Sp. Cassius dagegen wird berichtet, dass er in diesem Jahre für
Rom den ewigen Bündnissvertrag mit den vereinigten
latinischen Städten abschloss; und es stützt sich dieser
Bericht auf den Bündnissvertrag selbst, dessen den Namen
des Sp. Cassius enthaltende Urkunde[13]) noch Cicero in
seinen früheren Jahren auf dem Markt von Rom gesehen
zu haben scheint[14]). Die Existenz und die wesentlich
richtige Datirung dieses Grundvertrages der geeinigten
Nation wird wohl keiner Anfechtung unterliegen; ihn in
seiner geschichtlichen Bedeutung zu würdigen ist hier nicht
der Ort, da diese mit der Person des Magistrats, der ihn
schloss, in keinem für uns erkennbaren Zusammenhang
steht. Der Pragmatismus der Chroniken schweigt diesem
Ereigniss gegenüber vollständig; unsere Annalen wenigstens,
Livius wie Dionysios, wissen nichts darüber anzugeben, in
welchem Zusammenhang und unter welchen Verhältnissen
der Abschluss statt fand, so dass die Vermuthung statthaft ist, es habe in den ältesten Annalen davon gar nichts
gestanden[15]) und sei er erst auf Grund der Urkunde in
die späteren eingetragen worden.

---

[13]) Livius 2. 33: *nisi foedus cum Latinis columna ahenea insculp-
tum monumento esset ab Sp. Cassio uno, quia collega afuerat, ictum.*
Hier scheint der Bündnissvertrag selbst gemeint, nicht ein ratifi-
cirender Senats- oder Volksschluss (vgl. Rubino Forschungen
S. 266).

[14]) pro *Balbo* 23. 53: *cum Latinis omnibus foedus esse ictum
Sp. Cassio Postumo Cominio cos. quis ignorat? quod quidem nuper in
columna ahenea meminimus post rostra incisum et perscriptum fuisse.*
Abschriften hatten noch die Gelehrten der augustischen Zeit
(Festus p. 166 unter *nancitor*).

[15]) Noch Livius fügt den Vertrag nicht eigentlich der Erzäh-

Die Erzählung von des Cassius drittem und letztem
Consulat 268 ist in unserer Ueberlieferung verknüpft mit
derjenigen von der im Jahre darauf gegen ihn erhobenen
Anklage nach der Königswürde zu streben, und von seiner
Hinrichtung. Dass er zuvor in diesem Amt die Volsker
und insbesondere die Herniker überwunden und über sie
triumphirt habe, ebenso wie sein Amtsvorgänger C. Aquillius, meldet Dionysios[16]), und seinen zweiten Triumph
kennt auch Valerius Maximus[17]); Livius berichtet nur die
Ueberwindung der Herniker durch den Vorgänger des
Cassius; die Triumphaltafel fehlt für diese Epoche. Nach
beiden Annalisten veranlasst dieser Krieg den Cassius
einen Vorschlag zur Auftheilung von Gemeinland einzubringen, der aber in sehr verschiedener Formulirung
auftritt. Nach Livius beantragt Cassius die Auftheilung
des von den Hernikern abgetretenen Gebiets, zwei Drittel
ihrer Mark umfassend, und des sonstigen von den Römern
besessenen Gemeinlandes unter Römer und Latiner; nach
Dionysios gewährt er den von ihm besiegten Hernikern
nicht bloss in Beziehung auf den künftigen Kriegsgewinn
gleiche Rechte mit Römern und Latinern, sondern beantragt
sogar die Auftheilung des gesammten damals den Römern
zuständigen Gemeinlandes unter Römer, Latiner und Herniker. Beide Schriftsteller[18]) wissen ferner von einem

----

lung ein, sondern erwähnt ihn nur beiläufig, um das Datum der
Eroberung Coriolis zu bestimmen. Dionysios rückt die Urkunde
ein mit der einfachen Vorbemerkung, dass in dieser Zeit auch
der Vertrag mit Latium abgeschlossen worden sei.

[16]) 8, 68. 69.
[17]) 6, 3. 1.
[18]) Livius 2, 41, 8; Dion. 8. 70.

Vorschlag des Cassius den für das während der Theurung
261 dem Volk verkaufte sicilische Getreide gezahlten Preis
den Käufern zurückzugeben. Aber die Vorschläge werden
nicht zu Gesetzen erhoben: ob Cassius sie zurückzieht
oder die Gemeinde sie verwirft, tritt in den Berichten
nicht deutlich hervor. — Die ganze bei Dionysios sehr
weitläuftig ausgesponnene Erzählung kann in keiner Weise
vor der Kritik bestehen. Ihre äusserliche Autorität ist
sehr schwach: kein älterer Schriftsteller weiss etwas von
diesem cassischen Ackergesetz und es steht dasselbe mit
allem, was daran hängt, allein auf dem Zeugniss von
Livius und Dionysios, die hier zwar nicht aus der gleichen,
aber doch aus eng verwandten Quellen geschöpft haben:
wie denn namentlich das offenbar aus der Coriolanfabel
entwickelte Moment der Rückgabe des Kaufpreises des
sicilischen Getreides [19]) bei beiden den nahen Zusammenhang und zugleich die Geringhaltigkeit ihrer Quellen
constatirt. Diese tritt ferner deutlich hervor in der
Vorsicht, womit sich die Erzählung darauf beschränkt
Dinge aufzustellen, welche an den geschichtlich überlieferten
Thatsachen nach keiner Seite hin etwas änderten: denn die
cassischen Rogationen scheitern ja [20]) und man fragt
sich verwundert, wie die knappen Annalen dieser Zeit dazu gekommen sein sollen dergleichen politische Fehlgeburten
auch nur zu erwähnen. In der That ist die Erzählung

---

[19]) Vgl. oben S. 141. 147.

[20]) Nach Livius Darstellung scheint gar kein Beschluss zu
Stande zu kommen; nach Dionysios kommt es zu einem Senatus-
consult, nicht zu einem Gesetz, wie dies Nitzsch Röm. Ann.
S. 83 richtig gegen Schwegler 2, 478 ausführt.

eben nur da um des Processes des Cassius willen, und
dieser Mangel der Selbstständigkeit reicht allein aus um sie
zu kennzeichnen als einen nicht ursprünglichen Bestandtheil der Annalen. Der ganze Bericht gehört zu der
Kategorie der Schlachtbeschreibungen, worin die Comman-
danten des rechten und linken Flügels sorgfältig namhaft
gemacht sind, der Senatsverhandlungen, die eine Reihe
von Rednern für und wider nennen, und all solcher Dinge
mehr, auf die recht eigentlich der Satz passt, dass dem
Rhetor in der Historie erlaubt ist zu lügen. Was die letzten
politischen Resultate unberührt lässt, das ist durchaus
Detailausführung nnd wird von den Erzählern gewissermassen von Rechtswegen nach Belieben hin- und her-
geschoben. Eine solche Erfindung liegt denn auch hier
vor, und zwar eine recht schlechte; denn weder hängt sie
in sich zusammen, noch motivirt sie, was sie motiviren
soll, noch ist sie im Einklang mit dem öffentlichen Recht
der Römer. Dass den Hernikern nach hartnäckigem Kriege
und zweimaligem Triumph über sie der dritte Theil des
römischen Gemeindelandes zum Geschenk gemacht worden,
ist eine ganz absurde Erfindung, von wem immer Dionysios
sie entnommen haben mag. Nicht völlig so albern lautet
die livianische Erzählung, aber auch hier ist doch schlechterdings nicht abzusehen, warum den Latinern ein so uner-
hörtes Geschenk zugestanden wird[21]). — Sodann ist der
nächste, eigentlich der einzige Zweck dieser Erzählung,
wie gesagt, die Motivirung der Verurtheilung des Cassius
wegen versuchter Usurpation der Krone; aber eine wenn

---

[21]) Ich verweise übrigens auf Schweglers treffende, nur noch
nicht weit genug gehende Kritik 2, 458 fg.

auch gemeinschädliche Massregel in aller Form Rechtens als Gesetzvorschlag einzubringen konnte nie auch nur als verboten, geschweige denn als *regni occupandi consilium* betrachtet werden. — Weiter ist die allerdings nur von Dionysios berichtete Gleichstellung der Herniker mit Rom und Latium wenigstens aufs Aeusserste unwahrscheinlich[21]): nicht minder unwahrscheinlich aber die beiden Berichten gleichmässig zu Grunde liegende Annahme, dass die Verbündeten ein Anrecht haben nicht bloss auf einen Theil der beweglichen Beute, sondern auch auf einen Theil des dem Feinde abgewonnenen Bodens[23]). — Vor

---

[21]) Es ist freilich schwer zu sagen, was diese seltsame Erzählung veranlasst haben kann; denn dass ein altes Bündniss zwischen den Römern und Hernikern bestand (Schwegler 1, 577), genügt doch allein nicht. Plinius (*n. h.* 34, 5, 20) giebt an, dass die *Prisci Latini ex foedere tertias praedae* vom römischen Volk zu fordern hatten; es scheint dies dem cassischen Bundesvertrag entlehnt. Suchte nun ein Annalist mit dieser ungleichen Theilung der Beute die präsumtive ursprüngliche Rechtsgleichheit von Römern und Latinern, das *foedus aequum* in Harmonie zu bringen, so mochte er der Erzählung die Wendung geben, dass das Bündniss von 261 Latinern und Römern gleiche Theile der Beute zusagte (Dion. 6, 95) und dann 268 durch das Zutreten der Herniker die latinische Quote auf ein Drittel herabsank. Dass den Hernikern ihr Drittelrecht entzogen ward, konnte man, wenn man wollte, an die Niederlage vom J. 396 anknüpfen.

[22]) Wenn im cassischen Bündniss von λάφυρα καὶ λεία ἢ ἐξ πολέμων, bei Plinius a. a. O. von *praeda* die Rede ist, so kann bei diesen technisch fixirten Ausdrücken schlechthin nur gedacht werden an die bewegliche Beute. Dass der Vertrag mit den Hernikern sich auch auf das Land erstreckte, sagt Dionysios allerdings ausdrücklich 8, 77 und fügt anderswo 8, 69 hinzu, dass dieser Vertrag mit dem latinischen völlig gleichlautend gewesen sei; aber dies berechtigt nicht an jenen Stellen eine den Worten

11*

allen Dingen aber ist die Ansetzung, in der Livius und
Dionysios gleichfalls übereinstimmen und die in der That
der Kern der ganzen Erzählung zu sein scheint, dass von
dem römischen Gemeinland nicht bloss den Bürgern, sondern auch den Bundesgenossen ausgetheilt werden soll, in
der Weise, wie sie hier auftritt[34]), beispiel- und man darf
sagen sinnlos. Man wird also das cassische Ackergesetz
mit allem, was sich daran anschliesst, als völlig und spät
erfunden aus der Geschichte auszuweisen haben; während
Cassius Sieg und Triumph über die Herniker geschichtlich
sein kann.

Aber wenn die um das cassische Ackergesetz sich bewe-
gende Erzählung ungeschichtlich ist, so ist ferner einleuchtend, dass hier nicht eine jener verhältnissmässig unschuldigen Fälschungen vorliegt, die bloss die überlieferten
Thatsachen erklären und verbinden wollen, sondern eine
Fälschung von politischer Tendenz, in der die agrarischen
Bewegungen des siebenten Jahrhunderts in das dritte
hineingetragen worden sind. Dabei ist es merkwürdig, dass
nicht so sehr das zur Ausführung gelangte Agrargesetz
dieser Epoche, das heisst die Vertheilung der dem Staat
gehörigen Possessionen unter die Bürger, dem Urheber
dieser Erzählung im Sinn gelegen hat, als dessen weitere
Consequenzen und insbesondere die dadurch herbeige-

---

nach unmögliche Interpretation zuzulassen; ganz abgesehen davon,
dass eine Theilung des Kriegsgewinns in dieser Ausdehnung mit
der von Haus aus bestehenden römischen Hegemonie schlechthin unvereinbar ist.

[34]) Dass bei Ackerassignationen die *socii nominis Latini* zuweilen
mit berücksichtigt werden (Liv 42, 4, 4), ist etwas wesentlich
verschiedenes.

führte latinische Frage, deren letzte Consequenz der
Bundesgenossenkrieg gewesen ist. Nicht dass die Bürger
Gemeindeland empfangen sollen, erscheint als das Unerhörte in den Vorschlägen des Cassius[25]), sondern
dass die Latiner mit den Römern zugelassen werden
sollen; und je weniger dies Hineinziehen der Latiner durch
den sonstigen Verlauf der Erzählung gefordert wird, desto
deutlicher offenbart sich die Absichtlichkeit. Nun ist
allerdings der Vorschlag die römischen Staatsdomänen an
die Bundesgenossen zu vertheilen, geradezu, so viel wir
wissen, während der agrarischen Bewegungen des siebenten Jahrhunderts niemals gemacht worden; aber in der
Form, dass den Latinern zunächst das Bürgerrecht ertheilt
werden solle, wurde diese Vertheilung allerdings sowohl
von C. Gracchus wie noch bestimmter von M. Drusus ins
Auge gefasst und um diese Massregel Decennien hindurch
ein erbitterter Parteikampf geführt. Man darf wohl sagen,
dass der Sp. Cassius dieser Erzählung gar nichts anderes
ist und will als was in Wahrheit späterhin diese beiden
grossen Volkstribunen waren und wollten: der Versuch wird
gemacht den Latinern Rechtsgleichheit mit den römischen
Bürgern zu gewähren; die Bürgerschaft, neidisch auf die
Bundesgenossen, lässt ihre Führer im Stich; die Vorschläge
werden zurückgezogen oder fallen; ihren Urheber, beschuldigt nach königlicher Gewalt zu streben, trifft die
Rache der Gegner. Selbst Einzelheiten kehren wieder, ins-

---

[25]) Bei Dionysios 8, 72 fordert der Volkstribun C. Rabuleius
den Cassius auf die Vertheilung auf die römischen Bürger zu
beschränken; darein willigt auch der Führer der aristokratischen
Partei; Cassius aber widersetzt sich entschieden.

besondere dass die Latiner vor der Abstimmung nach Rom
strömen, aber vom Consul Verginius durch Edict ausgewiesen werden, dagegen der Consul Cassius durch ein
anderes Edict sie anweist nicht zu weichen [26]) — eben wie
in der That im J. 632 der Consul C. Fannius und der Volkstribun C. Gracchus zwei Edicte der Art im entgegengesetzten
Sinn erliessen [27]). Es scheint also dieses cassische Ackergesetz nicht der Vorläufer des sempronischen gewesen zu
sein, sondern vielmehr eine Rückspiegelung desselben, und
diese ganze Erzählung demnach jüngerer Entstehung als
die Katastrophe des C. Gracchus.

Dazu stimmt sehr wohl, dass es neben derjenigen
Erzählung, die die Katastrophe des Cassius an sein Ackergesetz anknüpft, über die von Cassius in seinem dritten
Consulat begangenen Verbrechen, die im Jahr darauf seine
Verurtheilung herbeiführten, wenigstens noch eine abweichende und zwar sicher über die sullanische Annalistik
zurückreichende Version gegeben hat. Der Annalist Piso
erzählte, dass Cassius vor seinem Hause seine Bildsäule

---

[26]) Dionys. 8. 72.

[27]) Appian b. c. 1, 23. Plutarch C. Gracch. 12. Schwegler 2, 463.
Auch die Judication über die Grenzen zwischen den Staats- und
den Privatländereien und die Ackercommission kehren wieder
(Dion. 8, 73. 75. 76). Die geheimen Zusammenkünfte mit den
Latinern (Dion. 8, 78) erinnern an Drusus. Bei dem Vorschlag
des Cassius die für das sicilische Getreide von den Käufern gezahlten Gelder denselben zu erstatten könnte der des Ti. Gracchus über die Vertheilung des attalischen Schatzes unter die
neu angesiedelten Bürger, um ihnen Betriebscapital zu schaffen,
zu Grunde liegen; wahrscheinlicher aber geht dies auf irgend eine
Clausel des Frumentargesetzes des jüngeren Bruders, die wir
nicht kennen.

von Erz aufgestellt habe und diese nach seiner Verurtheilung eingeschmolzen worden sei[28]). Dass in dem öffentlichen

---

[28]) Plinius h. n. 34, 6, 30: *L. Piso prodidit M. Aemilio C. Popillio II cos. (im J. d. St. 596) a censoribus P. Cornelio Scipione M. Popillio statuas circa forum eorum qui magistratum gesserant sublatas omnes praeter eas, quae populi aut senatus sententia statutae essent, eam vero, quam apud aedem Telluris statuisset sibi Sp. Cassius, qui regnum affectaverat, etiam conflatam a censoribus.* Dass das Einschmelzen der Statue des Cassius hier nicht jenen Censoren des J. 596 beigemessen werden soll, folgt aus dem Wortlaut wie aus der Sache. Wollte Plinius dies sagen, so hätte er den Satz mit *conflatam* schliessen müssen; andererseits kann keine Chronik je erzählt haben, dass Cassius wegen Strebens nach der Königsgewalt verurtheilt, die von ihm sich selbst gesetzte Bildsäule aber an ihrem Platze geblieben sei. Also berichtet er zwei verschiedene Vorgänge, beide nach Piso, der vermuthlich bei Gelegenheit des zweiten Vorgangs den ersten sachlich verwandten mit erwähnt hatte. Allerdings bleibt die Fassung bei Plinius sprachlich wie sachlich bedenklich. Sprachlich schleppen die Worte *a censoribus* übel nach und die folgende Wendung: *nimirum in ea quoque re ambitionem providebant illi viri* passt nicht recht, wenn diese Männer nur theilweise mit Namen genannt sind. Sachlich finden sich in dem Bericht des Plinius zwei Fehler: einmal, dass nach einer wohl glaubwürdigen Ueberlieferung der Tellustempel erst im J. 484 auf der cassischen Heimstätte erbaut ist, zweitens, dass das Einschmelzen eines Weihgeschenks — als solches wird diese Statue aufgefasst werden müssen — ebenso wie die Entfernung der Bildsäulen vom öffentlichen Grund und Boden zwar wohl censorische Geschäfte sind (Staatsrecht 2³ S. 433 A. 2. S. 437), es aber zur Zeit des Sp. Cassius Censoren noch nicht gab. Die von Becker im Handb. 2, 2, 228 vorgeschlagene Textänderung *conflatam a quaestoribus* ist schon darum zu verwerfen, weil Plinius hier Beispiele censorischer Strenge gegen das Setzen der Bildsäulen zusammenstellt. Wahrscheinlich sind beide Fehler von Plinius begangen und haben eben sie die ungeschickte Fassung veranlasst. Piso wird bei Gelegenheit des Vorgangs vom J. 596 daran erinnert haben, dass Sp. Cassius sich selbst eine Bildsäule da, wo jetzt der Tellustempel sei,

Aufstellen des Bildes eines lebenden Bürgers nach dem
Recht der Republik die Anmassung königlicher Prärogative _
gefunden ward, ist im höchsten Grade wahrscheinlich[29]);
und es liegt also nahe, dass Piso hiermit nicht bloss eine
Folge, sondern auch die Ursache der Verurtheilung hat
aussprechen wollen. Historischen Werth wird dieser Bericht so wenig haben wie der der jüngeren Annalisten;
aber er ist unleugbar besser, nicht bloss weil er kürzer
ist, sondern auch weil er mindestens in schlüssiger Weise
die Verurtheilung motivirt.

Vielleicht hat es sogar hinsichtlich der Motivirung der
Verurtheilung des Cassius noch eine dritte Version gegeben.
Die Erzählung von den neun auf dem römischen Markt
verbrannten Tribunen tritt bekanntlich in zwei gänzlich
verschiedenen Fassungen auf. Nach der einen von Festus[30])
erhaltenen sind es neun Kriegstribune gewesen, die im
J. 267 in der Schlacht gegen die Volsker fielen und deren
Leichen nach Rom geführt und dort am Circus, wo ein
weisser Stein die Stätte bezeichnete, verbrannt worden sind.
Nach der zweiten, die Valerius Maximus[31]) erwähnt, waren

---

aufgestellt habe (wobei der in *sibi* liegende Tadel zu beachten
ist) und diese in Folge seiner Verurtheilung eingeschmolzen
worden sei; was dann Plinius leicht zu dem doppelten Irrthum
verführen konnte, dass die Statue am Tellustempel gestanden habe
und dass die zweite Massregel ebenso wie die erste von Censoren
verfügt worden sei, die er denn freilich nicht mit Namen zu
nennen wusste und daher jenes allgemeine *a censoribus* ungeschickt hinsetzte.

[29]) Staatsrecht 1² S. 434.

[30]) In dem fragmentirten, aber im Wesentlichen verständlichen
Artikel p. 174.

[31]) 6, 3, 2: *P. Mucius tr. pl..... omnes collegas suos, qui duce*

es neun Volkstribune, die mit Sp. Cassius sich im J. 268
verschworen zur Unterlassung der Magistratswahlen und
insofern zum Umsturz der Grundgesetze der Republik;
weshalb sie, auf die Anklage des zehnten Mitglieds des
Collegiums, des verfassungstreuen P. Mucius verurtheilt.
den Feuertod erlitten. Dieselbe Erzählung kennt aus einer
uns unbekannten Quelle auch Dio[32]); aber bei ihm ist
der Vorgang nicht mit der Katastrophe des Cassius
in Verbindung gebracht, sondern in den patricisch-
plebejischen Kampf eingereiht und zwischen die Jahre
283 und 296 gestellt. Dass diese Erzählungen hervorgegangen sind aus der an einer Oertlichkeit des Forum
haftenden Legende von neun dort verbrannten Tribunen, etwa
aus der Benennung der durch den weissen Stein bezeichneten
Stelle als *bustum novem tribunorum*, und dass die älteste
Ueberlieferung darüber nichts zu melden wusste, ob dies
Kriegs- oder Volkstribunen gewesen und ob sie lebendig
oder todt dort verbrannt seien, ist einleuchtend; aber das

*Sp. Cassio id egerant, ut magistratibus non subrogatis communis libertas
in dubium vocaretur, viros cremavit . . . . Unus . . tribunus eam poenam
novem collegis inferre ausus est.* Damit hängt zusammen, dass Valerius anderswo 5, 8, 2 den Cassius selbst als Volkstribun sein
Ackergesetz einbringen lässt; wobei die Verschiebung der Dinge
wahrscheinlich auf Rechnung des Valerius kommt.

[33]) fr. 22 und bei Zonaras 7, 18. Durch patricische Umtriebe
seien heimlich die muthigsten Vertreter der Rechte der Plebs
beseitigt, zum Beispiel einmal neun Volkstribunen vom Volk verbrannt worden; dies habe aber ihre Nachfolger nur angefeuert
Rache dafür zu nehmen. Unmittelbar vorher geht bei Zonaras
die Vermehrung der Zahl der plebejischen Magistrate; es folgt
die Dictatur des Cincinnatus. — Woher Dio diese Notiz genommen
hat, erhellt nicht; bei Livius und Dionysios hat er sie nicht gefunden.

Verhältniss der drei Fassungen zu einander ist nicht in
gleicher Weise klar. Die dionische möchte aus der valerischen hervorgegangen sein; denn da die Pointe der
valerischen Erzählung in dem Gegensatz liegt zwischen
dem einen conservativ und den neun revolutionär gesinnten
Volkstribunen, so war genügender Grund vorhanden die
Erzählung aus dem J. 268 in die Zeit zu verlegen, wo es
bereits zehn Volkstribune gab; und diese Vermehrung
scheint Dio in das Jahr 283 gesetzt zu haben[33]). Aber
auch die Fassungen von Festus und Valerius können nicht
von einander unabhängig aus jener Oertlichkeitsbezeichnung
entwickelt worden sein; sie berühren sich in dem Namen
des P. Mucius, der auch unter den Kriegstribunen bei
Festus auftritt und zu den übrigen dort genannten nicht
passt. Wahrscheinlich ist also die von Festus aufbehaltene
Fassung jünger und als rationelle Correctur der valerischen
aufzufassen. Ein Anlass die letztere umzugestalten fehlte
nicht, da sie allen criminalrechtlichen Satzungen ins Gesicht schlägt; und es lässt sich ferner mit Wahrscheinlichkeit
nachweisen, dass wer die bei Festus vorliegende Erzählung
zuerst aufbrachte, zu jenem einen ihm durch ältere Fiction
an die Hand gegebenen plebejischen Namen, wie er für
einen Volkstribun sich schickte, aus der Magistratstafel
der Jahre 252—266 acht andere patricische Namen hinzugesetzt hat, wie sie Kriegstribunen dieser Epoche angemessen waren[34]). Bestimmter vermögen wir in die Genesis

---

[33]) Die Vermehrung der Zahl der Tribune, die der in Rede
stehenden Notiz unmittelbar voraufgeht, kann nur die von fünf
auf zehn sein (vorgreifend erwähnt auch bei Zon. 7, 15), da diese
Notiz zehn Tribune voraussetzt. Staatsrecht 2³ S. 264 A. 3.

[34]) Diese acht kehren, wie O. Müller (zum Festus S. 389) schön

der vielbesprochenen Erzählung nicht einzudringen. Auch
die relativ älteste Fassung ist wohl ziemlich jung, viel-

nachgewiesen hat, in den Fasten der Jahre 252—266 als Consuln
oder Dictatoren in derselben Folge wieder. Die dagegen von
Mercklin (*de nomen tribunis Romae combustis* Dorpat 1856. 4 p. 16 fg.)
erhobenen Einwendungen scheinen mir von keinem Belang; da es
sich hier nicht um historisch beglaubigte Berichte, sondern um
späte Fictionen handelt, so ist es kein Wunder, dass über das
Ende dieser acht Männer theilweise anders berichtet wird. [Ich
setze die Worte her mit den wenig abgeänderten Ergänzungen
Müllers und seinen Zeitbestimmungen. [*Nomen tr(ibunos) mil(itum)*
exercitus] *T. Sicini* (Consul 267) *Volsci* [*interfecerunt, cum proelium*]
inissent adversus [*Romanos: qui sumptu publi*]*co combusti feruntur* [*eo*
loco in crepidi]*ne quae est proxime cir*[*cum qui postea la*]*pide albo*
constratus [*est: quorum nomina fuerunt*] *Opiter Verginius* [*Tricostus,*
(Consul 252), *M. Valerius*] *Laevinus* (vielleicht Dictator 253), *Postumus*
Co[*minius Auruncus* (Consul 253, 261), *M. Tu*]*llius Tolerinus* (Consul 254?), *P. Ve*[*turius Geminus* (Consul 255), *A. Sempr*]*onius Atratinus*
(Consul 257, 263), *Ver*[*ginius Tricostus* (Consul 258), *P. Mu*]*eius Scaevola,*
Sex. Furi[*us Fusus?*] (Consul 266?). Dabei muss man freilich hin-
nehmen, dass dem Consul des J. 254 M. Tullius sonst nur das
Cognomen Longus gegeben wird und dass die Combination des an
zweiter Stelle genannten Laevinus mit dem ersten möglicher Weise
dem J. 253 zuzuschreibenden (vgl. Staatsrecht 2³ S. 133 A. 4) Dictator
M. Valerius recht bedenklich ist. Nichts desto weniger ist das Zusammentreffen der Namenreihe mit den Fasten besonders der
J. 253—258 unmöglich zufällig; vielmehr sieht jene ganz so aus,
als habe, wer sie zusammenstellte, aus einer Fastentafel je einen
Consul dieser Jahre aufgenommen: es hatte dies insofern
eine gewisse Berechtigung, als noch in viel späterer Zeit es
ganz gewöhnlich war die Kriegstribunenstellen mit den im
Heer dienenden gewesenen Magistraten zu besetzen. Warum
der Urheber dieser Liste das J. 256 übersprang und dagegen
ausser jenem Laevinus noch einen Namen etwa aus dem J. 266
beifügte, sind Fragen ohne Antwort und einer leichtfertigen
Geschichtsfälschung gegenüber eigentlich auch ohne Berechtigung.
Wichtiger ist es auf ein Moment hinzuweisen, das die sehr
späte Entstehung dieser Liste noch weiter darthut: das Auf-

leicht hervorgegangen aus der Hauschronik der Mucier,
gleich derjenigen von dem beherzten Königsmörder C. Mucius Scaevula. Dass diese Erzählung den schuldigen Tribunen den Vorwurf machte die Wahl ihrer eigenen Nachfolger unterlassen zu haben und sie dafür den Feuertod
erleiden liess, passt zu der uralten Ueberlieferung [35]) von
einem Gesetze, das den Tribunen für die Unterlassung der
Wahl der Nachfolger den Feuertod androhte. In welcher
Weise das Verbrechen dieser Volkstribune mit der Katastrophe
des Cassius in Verbindung gebracht war, ob er etwa den
Tribunen die Unterlassung der Wahl befahl und insofern das
Streben nach der Königsgewalt hier zunächst auf die Beseitigung der plebejischen Freiheit bezogen ward [36]), lässt
sich nicht ausmachen; so viel aber scheint gewiss, dass dies
die plebejische Motivirung der cassischen Katastrophe ist,
während die Motivirung durch das Ackergesetz den conservativen Standpunkt einnimmt.

---

treten des Namens Laevinus, das zwar den patricischen Valeriern eigen ist, aber von dieser Liste abgesehen zuerst bei
ihnen im J. 474 begegnet. Es wird das hoffentlich genügen,
um jeden Urtheilsfähigen davor zu bewahren darin etwas mehr
zu erkennen als späten Trug, wie denn auch Müller dies richtig
betont hat.]

[35]) Diodor 12, 25. Staatsrecht 2³ S. 267.

[36]) Verschiedene Hypothesen bei Schwegler 2, 711. Man könnte
selbst auf die Vermuthung kommen, dass der Sp. Cassius des
Valerius gedacht worden ist als ein zur Plebs übergetretener
Sohn des Consularen und also selbst als Volkstribun. So weit
aber wird man nicht gehen dürfen, dass diese Fassung auch das
cassische Ackergesetz zur Rogation dieses Tribuns gemacht habe,
obwohl die Angabe bei Valerius 5, 8, 2 diese Vermuthung nahe
legt; denn der Urheber des Ackergesetzes stirbt nicht den Feuertod, sondern wird, auch nach dieser Stelle, vom Vater zum Tode
verurtheilt.

Aus den bisher erörterten Berichten über das dritte
Consulat des Sp. Cassius ergiebt sich, dass, abgesehen von
der an sich nicht weiter verdächtigen Meldung über die
Besiegung der Herniker, alle übrigen und namentlich alle
diejenigen, welche die Verurtheilung des Folgejahrs zu
motiviren beabsichtigen, durchaus als Erfindungen nicht
der ältesten Zeit, sondern der jüngeren Annalisten bezeichnet
werden müssen. Höchst wahrscheinlich hat die älteste
annalistische Ueberlieferung ungefähr so gelautet, wie wir
sie noch bei Diodor lesen: *δόξας ἐπιθέσθαι τῇ τυραννίδι
καὶ καταγνωσθεὶς ἀνῃρέθη,* und wenn Piso zur Motivirung
des Spruchs die öffentliche Aufstellung des Standbildes, ein
plebejisch gesinnter Erzähler die Beseitigung des Volkstribunats hinzuerfand, so dürfte die ganz andere Wege wandelnde
Fiction, die den Cassius ein Ackergesetz zu Gunsten der
Latiner einbringen lässt, wohl erst in der sullanischen
Zeit, etwa durch den grossen Vater der Lügen Valerius
Antias aufgebracht worden sein. — Der Bericht über
die Verurtheilung selbst wegen Trachtens nach königlicher Gewalt tritt mit einer Festigkeit und Gleichförmigkeit auf[37]), dass schon darin das hohe Alter dieser
Notiz deutlich zu Tage tritt. Indess über die Form,

---

[37]) Diodor. 11, 37: *δόξας ἐπιθέσθαι τῇ τυραννίδι.* Cicero *de rep.*
2, 35, 60: *de occupando regno molientem;* ähnlich das. 2, 27, 49. Lael.
8, 28. 11, 36. Philipp. 2, 44. 144. Livius 2, 41, 9: *inspicio regni.*
Dionys. 8, 77: *ἐπὶ τυραννίδος αἰτίᾳ.* Plinius 34, 4, 15: *regnum ad-
fectantem;* ebenso 34, 6, 30 aus Piso: *qui regnum adfectaverat.*
Valerius 5, 8, 2: *adfectati regni crimine.* Auch Livius 2, 41, 11:
diem dictam perduellionis entfernt sich von dieser Darstellung keineswegs; *perduellio* ist die juristische Kategorie, unter die das *regnum
adfectare* subsumirt wird. — Eine andere Frage ist es, ob die
perduellio in der That unter die Competenz der Quästoren fiel und ob
die Erzählung insofern correct ist; vgl. Staatsrecht 2², S. 528. 598.

in welcher diese Verurtheilung erfolgt, zeigen die Berichte
wieder eine nicht unerhebliche Differenz. Nach der ältesten
auf uns gekommenen Fassung, der von Cicero in den
Büchern vom Staat mitgetheilten, wird er von einem
Quästor zum Tode verurtheilt und, da er an die Gemeinde
provocirt, das Urtheil auch von dieser bestätigt, nachdem
die Zweifel der Menge, ob der Angeklagte schuldig sei,
durch das Zeugniss des eigenen Vaters gegen ihn beseitigt
sind. Der Quästor vollzieht darauf das Todesurtheil[38]):
das Vermögen des Cassius wird eingezogen und der Erlös
zu Weihgeschenken verwendet, insbesondere daraus Erz-
bildsäulen im Tempel der Ceres aufgestellt[39]); sein Haus
auf dem Esquilin aber wird dem Boden gleich gemacht
und auf dessen Stätte später im J. 484 der Tempel der
Tellus erbaut[40]). Damit stimmt, so weit er reicht, der

---

[38]) *de rep.* 2, 35, 60: *Sp. Cassium de occupando regno molientem
summa apud populum gratia florentem quaestor accusarit eumque ... cum
pater in ea culpa esse comperisse se dixisset, cedente populo morte mactarit.*

[39]) Dies meldet nur Dionysios 8, 79; aber dass dieser Zug alt
ist, ist deshalb wahrscheinlich, weil auch die Version, die das
Gericht zum häuslichen macht, denselben aufgenommen hat. Dass
damit bloss eine sentimentale Anknüpfung an die angebliche
Weihung des Cerestempels durch denselben Cassius im J. 261
beabsichtigt worden ist, ist nicht wahrscheinlich: dazu ist die
Erzählung zu alt. Es muss dies also doch wohl mit Liv. 3, 55, 7
und den wenigen anderen Spuren zusammengestellt werden, worin
die Ceres als die Schutzpatronin der Volksfreiheit erscheint. — Indess sehr beachtenswerth ist auch die mir mitgetheilte Vermuthung,
dass alte Weihgeschenke des cassischen Geschlechts im Cere-
tempel sowohl die dionysische Erzählung von der Weihung desselben durch den Consul Cassius (S. 158 A. 12) wie diese von den
Widmungen aus dem Vermögen des verurtheilten Hochverräthers
hervorgerufen haben.

[40]) Dies giebt Cicero an einer andern Stelle de domo 38, 101

kurze Bericht Diodors[41]). — Von der ciceronischen Fassung
entfernt sich diejenige, der Livius und Dionysios folgen,
hauptsächlich nur dadurch, dass sie von dem Zeugniss des
Vaters gegen den Sohn nichts wissen; gewiss aber ist dies
wichtige und ergreifende Moment nicht bloss zufällig
bei beiden weggeblieben. Ausserdem werden hier zwei
Quästoren statt des einen genannt und beide namhaft gemacht, worin wohl eine Entstellung zu erkennen ist; denn
nach der Natur der Sache wie nach den glaubwürdigsten
Zeugnissen geht die Verurtheilung so wie deren Rechtfertigung im Provocationsverfahren formell von einem einzigen Beamten aus[43]). Dionysios[44]) allein fügt hinzu, dass

an. Die Angabe über die Hausschleifung ist offenbar ein Bestandtheil des ursprünglichen Berichts.

[41]) 11, 37: Σπόριος Κάσσιος ὁ κατὰ τὸν προηγούμενον ἐνιαυτὸν
ὑπατεύσας δόξας ἐπιθέσθαι τυραννίδι καὶ καταγνωσθεὶς ἀνῃρέθη. Man
würde den Worten Gewalt anthun, wenn man καταγνωσθείς nicht
von dem wirklichen Gericht, sondern von dem Quasi-Prozess vor
dem Hausvater verstehen wollte.

[43]) Da nach den römischen Ordnungen jeder College die Amts-
gewalt für sich allein vollständig hat, so ist nicht bloss unzweifelhaft der einzelne Magistrat genügend, um ein Judicat zu fällen,
sondern es ist in der That unmöglich ein concurrirendes Judicat
zweier Collegen rechtlich zu construiren. Dafür spricht weiter
die Analogie der Perduellionsduovirn (Staatsrecht 2² S. 601) und
nicht minder die der Civiljurisdiction; endlich das directe Zeugniss
der von Varro 6, 91 aufbehaltenen Schemas der quästori-
schen Anklage, das einen Quästor als Ankläger ansetzt und
dessen *collegas* nur beiläufig erwähnt. Uebrigens ist schon
früh in dieser Hinsicht, wie bei allem Rogiren und Refe-
riren, die unterstützende Thätigkeit der Collegen mit der formalen Cooperation zusammengeflossen und man kann insofern die
jüngere Fassung nur minder correct, nicht eigentlich falsch nennen
Vgl. Staatsrecht 1² S. 37.

[44]) 8, 78. Vgl. S. 193 A. 84.

die Todesstrafe durch Hinabstürzen vom tarpejischen Felsen
vollstreckt worden sei, während weder Cicero noch Livius
die Form der Vollstreckung andeuten; man wird darum
dies als ein erst spät hinzugekommenes und also unglaub-
würdiges Moment der Erzählung bezeichnen dürfen. —
Wesentlich abweichend lautet diejenige Erzählung, welche
der ältere Plinius[45]) und Valerius Maximus[46]) geben
und auch Dionysios und Livius anführen, letzterer
sogar in erster Linie, während beide sie als die minder
glaubwürdige bezeichnen[47]): danach ist es der Vater, der
den Sohn kraft seiner väterlichen Gewalt vor dem Hausgericht zur Verantwortung zieht und ihn *more maiorum*[48])
hinrichten lässt, worauf er ferner aus dem Erlös des Pecu-

[45]) h. n. 34, 4, 15.

[46]) 5, 8, 2. Aus Livius ist dies schwerlich genommen, weil
Valerius die Volksgunst bei Cassius, ähnlich wie Cicero, hervorhebt, was mit Livius nicht stimmt. Dass er ihn zum Volkstribun
macht statt zum Consul, ist wohl sein Versehen (s. S. 168 A. 31).
— Florus 1, 17 schöpft wohl aus Livius. — Drumann 2, 112 findet
auch bei Cicero Philipp. 2, 11, 26: *C. Cassius in ea familia natus,
quae non modo dominatum, sed ne potentiam quidem ferre potuit* eine
Anspielung auf die Hinrichtung des Sp. Cassius durch den eigenen
Vater. Aber dann hat Cicero sich sehr ungeschickt ausgedrückt,
da Sp. Cassius ja eben beschuldigt ward nach dem *dominatus* zu
streben. Vielmehr denkt Cicero hier an die Cassier des 7. Jahrhunderts, die allerdings dem übermächtigen Einfluss der einzelnen
aristokratischen Parteiführer in entschiedener Weise entgegen-
traten und was man damals Freiheit nannte, energisch vertraten.

[47]) Livius 2, 41: *invenio apud quosdam, idque propius fidem est, a
quaestoribus . . . diem dictam perduellionis.* Dionys. 8, 79: ὅτι δὲ καὶ
τὸν ἧσσον πιθανὸν (λόγον), ἐπειδή κἀκεῖνος πεπίστευται ὑπὸ πολλῶν
καὶ ἐν γραφαῖς ἀξιοχρέοις φέρεται, μὴ παρελθεῖν.

[48]) Livius: *verberasse et necasse.* Valerius: *verberibus adfectum
necari iussit.*

lium des Sohnes ein ehernes Standbild der Ceres weiht und
durch Inschrift bezeichnet als eine Gabe aus dem cassischen
Hause. — Die beiden jüngeren Fassungen erklären sich
daraus, dass die älteste von Cicero aufbehaltene einen
inneren Widerspruch in sich trägt, den die Späteren
herauscorrigirt haben. Wenn des Spurius Vater bei dessen
Verurtheilung noch lebte, so besass der Sohn, da zumal
an eine Emancipation in dieser Epoche keineswegs gedacht
werden kann, kein eigenes Vermögen und es konnte also
von einer Einziehung desselben und der Schleifung seines
Hauses in Folge der Verurtheilung nicht die Rede sein.
Man half sich nun in zwiefacher Weise: einige Annalisten
liessen den Vater weg und hielten die übrige Erzählung
fest; andere, die diesen drastischen Zug nicht aufgeben
mochten, verwandelten das *iudicium publicum* in ein *iudicium domesticum*[49]) und die rechtliche Consecration des Vermögens des Perduellis in die freiwillige Hingabe des Sonder-
guts des Sohnes von Seiten des Vaters, während die Schleifung
des Hauses, wie sich aus Livius und Dionysios deutlich ergiebt, bei dieser Erzählung wie billig weggelassen wurde. Der
Urheber dieser dritten Fassung, die mit Fug eine eigentliche Fälschung genannt werden kann, muss entweder Piso
oder Antias sein, da Plinius in dem Autorenverzeichniss diese
beiden an die Spitze stellt und in dem dem unseren unmittelbar vorhergehenden Paragraphen beide anführt. Für
Piso spricht, dass Plinius aus ihm bald nachher eine andere ebenfalls den Cassius betreffende Notiz beibringt und
dass Dionysios Aeusserung, auch dieser Bericht finde sich

---

49) Dabei mag weiter in Betracht gekommen sein, dass die
Quästoren für den Perduellionsprozess nicht passten. (S. 173 A. 37).

bei vielen glaubwürdigen Gewährsmännern, sich also besser
erklärt; eine sichere Entscheidung indess ist nicht möglich. — Als historisch beglaubigt kann, ausser der Thatsache der Verurtheilung selbst, wohl nur der Bericht über
die Schleifung des cassischen Hauses gelten, wovon in Verbindung mit dem Bau des Tellustempels sich füglich die Tradition erhalten haben kann. Vielleicht darf die Vermuthung
ausgesprochen werden, dass der fehlgeschlagene Versuch des
Sp. Cassius sich der Herrschaft über die Gemeinde zu bemächtigen, ähnlich wie bei den Tarquiniern, die Vertreibung
des gesammten Hauses, sei es zur rechtlichen, sei es zur
bloss factischen Folge gehabt hat; in der Zeit der strengen
Geschlechterverbindung würde dieses Verfahren wohl begreiflich sein und daraus sich erklären, dass die patricischen
Cassier seitdem verschwinden. Die wirkliche Motivirung der
Verurtheilung kennen wir nicht; selbst was die ältesten
von Cicero benutzten Annalen, vielleicht die fabischen, in
dieser Hinsicht über das Zeugniss des Vaters gegen den
Sohn angeben, kann nicht als beglaubigt gelten, theils
wegen des inneren Widerspruchs der Erzählung, an dem
die Späteren mit Recht anstiessen, theils weil für diese
Zeit eben alles, was nach pragmatischer Causalität aussieht,
mehr als verdächtig ist und die Ueberlieferung besten Falls
nur die nackten Thatsachen aufbewahrt hat. Was über die
Form des Prozesses gesagt wird, insbesondere dass der
Quästor richtet und Provocation eintritt[50]), zeigt, wie man
sich in der Zeit, als der altrepublicanische Capitalprozess

---

[50]) Die Comitien werden nirgends definirt und brauchten auch
nicht definirt zu werden, da die Nennung des Quästors genügt
um sie als die der Centurien zu bezeichnen.

noch lebendig war, die Formen desselben dachte; eigentliche Ueberlieferung aber ist ohne Zweifel auch darin nicht
zu erkennen.

II. M. MANLIUS.

Sehr ähnlich der Erzählung von Sp. Cassius verläuft
diejenige von M. Manlius; doch ist, obwohl diese ein volles
Jahrhundert später spielt, ihre Anknüpfung an die Magistratstafel keineswegs so sicher wie bei jener. Allerdings führen die capitolinischen Fasten den *M. Manlius
T. f. A. n.* . . . als Consul des J. 362 auf, und übercin-
stimmend damit nennt Livius[51]) als Consul dieses Jahres
M. Manlius, cui Capitolino postea fuit cognomen. Aber
wenn die diodorischen Fasten, die uns zufällig zwiefach an
zwei weit von einander entfernten Stellen[52]) erhalten sind,
den Consul beide Male A. Manlius nennen, so kann es ja
freilich sein, dass bereits der von Diodor benutzte Text
verdorben war; möglich ist es indess ebenfalls, dass Diodor
uns vielmehr die älteste Redaction der Magistratstafel aufbewahrt hat und der Consul des J. 362 A. Manlius Capitolinus erst durch spätere Interpolation mit dem M. Manlius, der das Capitol vor den Galliern errettet hat, identificirt worden ist[53]). Was von den Vorgängen des J. 362

---

[51]) 5, 31.

[52]) 14, 103. 15, 14. Die Eponymen der J. 360—364 stehen bekanntlich bei Diodor zweimal. — Bei Dionysios 1, 74, wo die Consuln des J. 362 gelegentlich erwähnt werden, steht *Τίτου Μαλλίου*;
aber dies muss ein Fehler sein, da er später 13, 8 den M. Manlius
zum Consular macht.

[53]) Hiess der Consul des J. 362 Aulus, so wird er nicht verschieden sein von A. Manlius Kriegstribun mit consularischer Ge-

berichtet wird, die Besiegung der Aequer und der Triumph
über diese so wie die Ausrichtung der grossen Spiele[54]),
steht mit der Erzählung von M. Manlius ausser aller Verbindung. Dass dieser, als er den Gallier vom tarpeischen
Felsen hinunterwarf, bereits Consular war, berichten freilich Livius[55]) und Dionysius (S. 179 A. 52); aber Diodor,
obwohl er sonst die That des Manlius ausführlich
erzählt, weiss davon nichts[56]); die Möglichkeit ist nicht
ausgeschlossen, dass die ältere Erzählung diesen Zug nicht
enthalten hat und mit dessen Entwickelung die Aenderung
des Vornamens in den Fasten zusammenhängt. Bei dem
anderweitig noch zu erörternden Verhältniss der diodorischen Magistratsliste zu den übrigen uns erhaltenen darf
behauptet werden, dass, wenn Diodor dem M. Manlius das
Consulat von 362 abspricht und es einem A. Manlius über-

---

walt in den J. 365. 369. 371, vielleicht auch 384. Livius 6, 20 erwähnt zwei Brüder des Marcus Manlius, Aulus und Titus, von
denen man jenen mit dem oben genannten Kriegstribun zu identificiren pflegt.

[54]) Diodor 14, 106: Ῥωμαῖοι Αἰχλον (überliefert ist Αυγοίχεαν)
πόλιν ἐκ τοῦ τῶν Αἰχῶν ἔθνους ἑλόντες κατὰ τὰς τῶν ὑπάτων εὐχὰς
μέγαν ἀγῶνα τῷ Διὶ συνετέλεσαν. Auch Livius 5, 31 weiss von dem
Aequerkrieg *in Algido*, den er als *bellum haud memorabile* bezeichnet,
aber doch berichtet, dass deswegen dem einen Consul der Triumph,
dem andern die Ovation bewilligt ward; ebenso von den *magni ludi*,
die aber nach ihm nicht in diesem Aequerkrieg gelobt sind, sondern
von Camillus im veientischen (vgl. c. 19, 6). Unzweifelhaft hat
auch hier Diodor diejenige Fassung aufbewahrt, von der die
livianische eine spätere Umsetzung ist (vgl. oben S. 51 A. 16).

[55]) 5, 47: *M. Manlius, qui biennio ante consul fuerat.* (vgl. c. 31).
Ebenso Plut. Cam. 27 wohl aus Livius.

[56]) Bei ihm wird er 14, 116 eingeführt als Μάρκος τις Μάλλιος
ἔνδοξος ἀνήρ.

weist, sein wenn auch einzeln stehendes Zeugniss[57]) mindestens ebenso schwer wiegt wie die der übrigen Gewährsmänner zusammen.

Findet nun auch die Erzählung von M. Manlius keinen
unzweifelhaften Anhalt in der Magistratstafel, so ist sie
doch in ihren Grundzügen sehr alt. Es wird angemessen
sein, zunächst die ursprünglichen Bestandtheile von dem,
was sicher oder wahrscheinlich späterer Zusatz ist, abge-
sondert zusammenzustellen.

Während der Belagerung der capitolinischen Burg im
J. 364 d. St. versuchten die Gallier in einer dunklen Nacht
die Höhe unbemerkt zu erklimmen. Die eingeschlafenen
Posten vernahmen davon nichts; aber wachsamer waren
die Gänse der capitolinischen Juno; ihr Schnattern und
Flattern erweckte den tapfern M. Manlius, der eben noch
zur rechten Zeit anlangte, um, als der vorderste Gallier
sich hinauf schwingend den Arm auf den Rand des
Abhangs legte, ihm diesen mit dem Schwert abzuhauen
und zugleich ihn mit dem Schilde vor die Brust zu stossen,
dass er hinab in die Tiefe stürzte[58]). Einige Zeit dar-

---

[57]) Wenn Claudius (bei Gellius 17, 2, 14) sagt: *M. Manlius, quem
Capitolium servasse a Gallis supra ostendi cuiusque operam cum M. Furio
dictatore cumprime fortem atque exsuperabilem* [welche Lesung gegen
meine Vermuthung *exsuper habilem* Hertz *de histor. Romanor. reliquiis*
S. 16 A. 45 mit Recht vertheidigt hat] *res publica sensit, is et genere*
[*et ei* ist wohl falsche Gemination] *et virtute bellica nemini concedebat*,
so ist beachtenswerth, dass von bekleideten Aemtern auch hier nicht
gesprochen wird. Ebenso wenig ist dies der Fall in derkurz vorher
17, 2, 13 aus demselben Annalisten angeführten Schilderung, die
auch, und wohl mit Recht, auf Manlius bezogen zu werden pflegt.

[58]) So erzählt den Hergang insbesondere Diodor 14, 115. Auch
Cicero (*de domo* 38, 101) gedenkt der Rettung des Capitols durch
M. Manlius.

auf, im J. 369 suchte derselbe Mann sich der königlichen
Gewalt zu bemächtigen; aber er wurde überwältigt und getödtet[59]). Sein Haus wurde geschleift und die Stätte desselben nahm späterhin insbesondere der heilige Hain am
Tempel der Juno Moneta ein[60]); das Patriciergeschlecht
aber, dem er angehörte, untersagte durch einen besonderen
Beschluss allen seinen Mitgliedern die Führung des Vornamens Marcus[61]).

Die zweite Hälfte dieses Berichts dürfte im Wesentlichen geschichtlich sein; sie findet einen festen Rückhalt

---

[59]) Diodor 15, 35: Μάρκος Μανίλιος ἐπιβαλόμενος τυραννίδι καὶ
κρατηθεὶς ἀνῃρέθη. Auch bei Cicero finden wir nichts, als dass er
propter suspicionem regni appetendi est necatus Philipp. 2, 44, 117;
ähnlich *de rep.* 2, 27, 49, *de domo* 38, 101 und in einem Briefe an
Nepos (bei Ammian 21, 16, 13).

[60]) Cicero *de domo* 38, 101: *eius domum eversam duobus lucis con-
vestitam videtis.* Liv. 6, 20: *cum domus eius fuisset, ubi nunc aedes
atque officina Monetae est.* 7, 28, 5 zum J. 409: *senatus duumviros ad
eam aedem (Iunonis Monetae) .. faciendam creari iussit: locus in arce
destinatus, quae area aedium M. Manli Capitolini fuerat.* Valerius
Maximus 6, 3, 1; Plutarch Cam. 36; Dio fr. 26, 1, vermuthlich alle
drei aus Livius. Etwas anders Victor 24, 7: *domus diruta, bona
publicata,* was Dio a. a. O. auch wiederholt. Livius (nach ihm
Valerius, Plutarch Cam. 36 und Dio) und Plutarch q. R. 91
knüpfen hieran den Volksschluss, *ne quis patricius in arce aut in
Capitolio habitaret;* was vielleicht auch zu der alten Erzählung
gehört.

[61]) Cicero Philipp. 1, 13, 32: *propter M. Manli scelus decreto gentis
Manliae neminem patricium Manlium Marcum vocari licet.* Ebenso
Festus *ep. v. Manlium* p. 125f. und *v. Manliae* p. 151; Liv. 6, 20, 14
und, wohl aus ihm, Dio fr. 26, 1. Bei Victor 24, 8: *gentilitas eius
Manli cognomen eiuravit, nequis postea Capitolinus vocaretur* (so haben
beide Handschriftenfamilien übereinstimmend), liegt offenbar ein
Versehen des Epitomators vor. Die eidliche Verpflichtung der
Gentilen kennt auch Plutarch q. R. 91. Vgl. Quintilian 3, 7, 20.

darin, dass allerdings in älterer Zeit wenigstens noch ein
patricischer Manlius vorkommt, der den Vornamen Marcus
führte, nehmlich der Kriegstribun consularischer Gewalt 320 und 334[62]), dagegen späterhin keiner. Dadurch bestätigt sich nicht bloss die Thatsache selbst, sondern auch die überlieferte auch sonst in keiner Weise verdächtige Datirung; man wird also in dem diodorischen Bericht über die Katastrophe des Manlius eine gleichzeitige
und zuverlässige Annalennotiz erkennen dürfen. — Nicht
dasselbe lässt sich von der Erzählung sagen, dass eben
dieser Manlius vorher das Capitol gerettet habe. Einmal
ist die Fassung eine ganz verschiedene und durchaus von
der Art, wie sie nicht aus annalistischer Aufzeichnung,
sondern aus Familienerzählungen hervorzugehen pflegt: dafür spricht nicht bloss die romantische Farbe und das individuelle Detail, mit dem die Erzählung von Haus aus
auftritt, sondern vor allem der Umstand, dass hier nicht
die Waffenthat eines Feldherrn, sondern die eines Soldaten
berichtet wird. Wenn noch Cato 'die Thaten der Gemeinde
ohne die Namen vortrug', so wird niemand bezweifeln,
dass Erzählungen wie die von Manlius Torquatus oder von
Siccius Dentatus nicht von Haus aus der Chronik der Gemeinde angehören, sondern erst in relativ später Zeit ihr
eingereiht worden sind; die ältesten annalistischen Notizen
sind ohne Zweifel mehr von Amtswegen als in freier
schriftstellerischer Thätigkeit aufgezeichnet worden und

---

[62]) In den capitolinischen Fasten ist unter dem J. 334 erhalten
M. Manl...; ausserdem nennen sie seinen Sohn [*P. Man]lius M. f.
Cn. n. Vulso* als Kriegstribun 354. Vgl. über ihn Borghesi *fasti*
2, 81.

ihren Urhebern möchte die Nennung des Soldaten neben
dem Feldherrn wohl ebenso unzulässig erschienen sein wie
die Bewilligung des Triumphes an einen andern als diesen.
Hierzu kommt noch das weitere sehr gewichtige Moment,
dass das Cognomen Capitolinus in der Magistratsliste bereits früher bei den Manliern auftritt[63], was ohne Zweifel
damit in Verbindung zu bringen ist, dass das Haus der —
Manlier eben auf dem Capitol lag. Also ist es unzweifelhaft spätere Fälschung, wenn in den jüngeren Annalen[64])
von unserem M. Manlius gesagt wird, dass ihm dieser Beiname wegen der Rettung des Capitols gegeben sei; auch
würde, wenn dies richtig wäre, das Cognomen Capitolinus
viel mehr noch als das Pränomen Marcus vom Geschlecht
untersagt worden sein. Aber es liegt weiter auf der Hand,
wie leicht jene Erzählung von der Verurtheilung des tapferen
M. Manlius Capitolinus im J. 369 dazu führen konnte ihm
eine wesentliche Rolle bei der Vertheidigung des Capitols
wenige Jahre vorher zuzutheilen und den Beinamen darauf
zurückzuführen.

Ich erwäge weiter diejenigen Bestandtheile der Erzählung, die entweder erweislich später zugesetzt sind oder
doch zugesetzt sein können.

Ohne Frage gehört hiezu die Vorgeschichte von den
Kriegsthaten des M. Manlius. Ein Bericht, den Livius,

---

[63]) M. Manlius Vulso Capitolinus Kriegstribun 320. 334 (in unserer Ueberlieferung einmal Vulso genannt, einmal Capitolinus);
L. Manlius Capitolinus Kriegstribun 332; A. Manlius Vulso Capitolinus Kriegstribun 349. 352. 357.

[64]) Livius 5, 31. 6, 17 (danach, wie es scheint, Plutarch Cam. 36
und Zonar. 7, 24); Victor 24, 1. Richtig urtheilt darüber Schwegler 3, 258.

der sogenannte Victor und der ältere Plinius gleichmässig
vor Augen gehabt haben[65]), meldet, dass derselbe mit dem
sechzehnten Jahr in das Heer eintrat und vor dem sieb-
zehnten, mit dem die Dienstpflicht begann, bereits zwei
Spolien gewonnen hatte, dass er überhaupt dreiundzwanzig
Wunden, und zwar alle vorn, aufweisen konnte so wie gegen
dreissig Spolien und siebenunddreissig Ehrengeschenke,
darunter zwei Mauerkränze — er war der erste Ritter, der
einen solchen empfing — und sechs (oder nach einer andern
Angabe acht) wegen geretteter Bürger, darunter eine wegen
der Rettung seines Feldherrn, des Reiterführers C. Servilius
im J. 365[66]). Es wird kein Widerspruch dagegen sich erheben, wenn diese ganze Erzählung als später Zusatz be-

---

[65]) Livius 6, 20; Victor 24, 1; Plinius h. n. 7, 28, 103. 16, 4, 14.
Wem der letzte hier folgt, ist nicht festzustellen; man kann an
Varro oder an Nepos denken, die für beide Bücher als Quellen genannt
werden. Die Uebereinstimmung geht bis ins kleinste; so stimmen in
der Zahl der 37 Ehrengeschenke Victor und Plinius, während es nach
Livius 'gegen vierzig' sind; so in der Zahl der Wunden Victor
und Plinius, während Livius nur des *pectus insigne cicatricibus bello
acceptis* gedenkt. Die Berichte ergänzen sich gegenseitig, widersprechen sich aber nirgends, ausser insofern Plinius (zweimal) von
sechs, Livius von acht Bürgerkränzen spricht.

[66]) Schwierigkeit machen die Worte des Livius 6, 20, 8: *homines
prope quadringentos produxisse dicitur . . . .; ad haec decora quoque
belli non commemorasse tantum, sed protulisse etiam conspicienda . . .;
ad hoc servatos ex hostibus circa [produxit], inter quos C. Servilium
mag. equitum absentem nominatim* (überliefert ist *nominatum*). So hat
Madvig die, wie sie überliefert ist, nicht zu construirende Stelle
hergestellt; und man hat sie dann dahin verstanden, dass Livius
den Servilius habe bezeichnen wollen als Reiterführer zur Zeit
des Prozesses und insofern abwesend. Aber Plinius 7, 28, 103 sagt
vielmehr: *P.* (so) *Servilium magistrum equitum servaverat, ipse volne-
ratus umerum femur.* Bei der engen Verwandtschaft beider Erzäh-

zeichnet wird, vermuthlich von Haus aus erfunden, wie sie
bei Livius auftritt, für die Vertheidigungsrede des Manlius,
wo ja vor allem es dem Rhetor unbenommen war zu
erfinden.

Von geringer Bedeutung ist es, dass M. Manlius unter
den Zwischenkönigen des J. 366 genannt wird[67]. — Dagegen können manche bei Diodor mangelnde Züge in der
Erzählung der Späteren von der Rettung des Capitols wohl
auf Ursprünglichkeit Anspruch machen, insbesondere die
Geschenke, die die Geretteten dem Manlius in sein Haus

---

lungen ist es nicht zu bezweifeln, dass Livius dasselbe meint und
also sagen will, Manlius habe dem Servilius während dessen Reiter-
führerschaft 365 das Leben gerettet, Servillus aber sei zur Zeit
des Prozesses nicht in Rom gewesen. [Aber schwerlich ist die
Stelle durch jene Aenderungen in Ordnung gebracht; denn wenn man,
wie man hienach muss, nach *cires* aus dem Vorigen *commemorass*
ergäuzt, die Geretteten also überhaupt nicht vorgeführt, sondern
nur genannt wurden, so kam nichts darauf an, dass der Reiterführer nicht in Rom war. Darum ist der mir mitgetheilte Vorschlag *absentem* als ein aus der Glosse *produxit* in Verbindung
mit dem diesem widersprechenden *nominatim* oder *nominatum* ge-
flossenes weiteres Einschiebsel zu betrachten eine nothwendige
Ergänzung der Madvigschen Emendationen. Vielleicht aber ist
es vorzuziehen unter Streichung von *produxit* die überlieferte
Lesung trotz ihrer sprachlichen Härten festzuhalten und zu erklären: *ad hoc servatos ex hostibus cives eum produxisse interque eos
C. Servilium magistrum equitum absentem nominatum esse.* Denn in
der That kann die Erzählung, nachdem sie die aus dem Schuld-
kerker gelösten vierhundert sämmtlich in Person auftreten lässt,
unmöglich bei den auf dem Schlachtfeld Geretteten sich mit der
blossen Nennung der Namen begnügt haben. Dagegen begreift
man es wohl, warum sie für den angeklagten Demagogen den
patricischen Reiterführer nicht persönlich auftreten lassen wollte.]

[67]) Liv. 6, 5, 6.

auf der Burg bringen, ein jeder eine Tagesration, ein halbes Pfund Spelt und ein Viertelmass Wein[68]). Andere Momente dagegen, wie dass auf Manlius Antrieb man beschlossen habe das Capitol zu halten[69]), dass die Bürger ihn als Patronus begrüsst und die Gemeinde ihm ein Haus auf dem Capitol geschenkt habe[70]), sehen ganz aus wie Ausmalungen eben jener Hand, die von des Manlius Narben an Schultern und Hüfte berichtet.

Grösseres Interesse als diese ziemlich gleichgültigen und unschuldigen Ausschmückungen der alten Erzählung von der Rettung des Capitols haben die Veränderungen, welchen der Bericht über Manlius Ende unterlegen hat. Sie sind eingetreten in Beziehung theils auf die Zeit des Ereignisses, theils auf die Todesart, theils auf die Ursache der Katastrophe.

Die Zeit anlangend berichtet Diodor die Katastrophe unter dem Magistratsjahr 369, während Livius in dieses Jahr zwar die Einkerkerung des Manlius durch den Dictator A. Cornelius Cossus setzt, aber ihn dann wieder frei kommen und erst im J. 370 verurtheilt werden lässt. Auch Gellius[71]) setzt sein Ende in das letztere Jahr. — Dies ist wahrscheinlich deswegen geschehen, weil die späteren Annalen, wie dies bei Livius[72]) deutlich hervortritt, die beiden

---

[68]) Livius 5, 47, 8 (daraus Plutarch Cam. 27); Dionys. 13, 8; Victor 24, 4; Servius zur Aen. 8, 651.

[69]) Victor 23, 9. 24, 3 und ebenso Florus 1, 7 [13].

[70]) Beides steht bei Victor 24, 3. 4; des Patronats gedenkt auch Livius 6, 18, 14: *ego me patronum profiteor plebis, quod mihi cura mea et fides nomen induit*, obwohl er früher nicht davon gesprochen hat. Vgl. 6, 14, 5: *parenti plebis Romanae*.

[71]) 17, 21. 24. 25, vielleicht nach Nepos.

[72]) 6, 11. Aehnlich Plutarch Cam. 36. Schon der Annalist Clau-

Retter Roms in der gallischen Katastrophe Camillus und
Manlius in einen poetisch wirksamen Gegensatz zu bringen
bemüht waren, jenen als den Führer der Aristokratie, den
stets in Amt und Würden stehenden Feldherrn und Staats-
mann, diesen als den Vertreter der Plebs, den tapferen
Soldaten, den amtlosen Demagogen. Dieser Gegensatz wird
erheblich gesteigert, wenn Camillus bei der Katastrophe des
Manlius selbst eine thätige Rolle spielt und da er unter den
Magistraten des J. 369 nicht erscheint, wohl aber im J. 370
den Kriegstribunat bekleidet, so hatte man insofern wohl
Veranlassung die Katastrophe aus jenem in dieses zu übertragen. Auch lässt die livianische Darstellung selbst, in
dem doppelten Anlauf, den sie zu der Katastrophe nimmt,
nicht undeutlich erkennen, dass die Erzählung nachträglich
verlängert worden ist. — Freilich tritt in dem livianischen
Bericht die Mitwirkung des Camillus bei der Veurtheilung
des Manlius nicht hervor; aber er kann in seiner abkürzen-
den Weise dies, wie so vieles andere von den jüngeren
Annalisten ihm dargebotene Detail, haben liegen lassen.
Bei Plutarch [72]) ist es in der That Camillus, der die Gerichts-
stätte an einen Ort verlegt, von wo das Capitol nicht gesehen werden kann; und die allerdings wesentlich ab-

---

dius (S. 181 A. 57) stellt Manlius und Camillus also nebeneinander.
— Ob damit auch zusammenhängt, dass der Sohn des Camillus
den Tempel der Juno Moneta gelobt, dem die manlische Heimstätte zugeschieden ward (Liv. 7, 28; Ovid fast. 6, 183), steht dahin.

[72]) Cam. 36. Da sonst alles, was hier gesagt wird, aufs Ge-
naueste mit Livius stimmt, so ist es zwar nicht unmöglich, aber
doch nicht wahrscheinlich, dass Plutarch dies aus einer anderen
Quelle, etwa aus Dionysios entnommen hat; er wird wohl, um die
Erzählung zu beleben, Livius allgemeine Wendung *prodicta die in
Petelinum lucum* auf Camillus übertragen haben.

weichende dionische Darstellung[74]) lässt den Manlius geradezu durch Camillus untergeben. Es ist wenigstens eben
so wahrscheinlich, dass das Hineinziehen des Camillus in die
Katastrophe des Manlius von Livius bei Seite gelassen als dass
es erst in der nachlivianischen Annalistik hinzugetreten ist.

Ueber den Verlauf der Katastrophe selbst giebt zunächst der älteste Bericht, der diodorische die Andeutung,
dass M. Manlius 'überwältigt und getödtet ward'; was
doch nur so verstanden werden kann, dass er bis zu
gewaltthätiger Auflehnung gegen die Behörden vorge-
schritten und im Kampfe überwältigt worden ist. Dafür
sprechen auch die jüngeren Fassungen insofern, als die bei
Livius stehende Bezeichnung *Manliana seditio* um so
sicherer als überliefert anzusehen ist, weil sie streng genommen zu Livius eigener Erzählung nicht passt, wie denn
auch manche einzelne Züge[75]) darauf deuten, dass die
Schilderung späterhin abgeschwächt worden ist durch Umwandlung des gewaltthätigen Rebellen in einen die Schulden
seiner Anhänger bezahlenden Volksfreund. Die eben erwähnte dionische Erzählung lässt sogar den Manlius geradezu in offenem Aufstand das Capitol besetzen und von
dem Dictator Camillus überwunden werden; und wenn
sie auch so, wie sie vorliegt, nimmermehr als die ursprüngliche gelten kann, theils weil diese Dictatur des
Camillus mit allen anderen Zeugnissen in Widerspruch
steht[76]), theils weil die Erzählung, so kurz sie ist, eine

---

[74]) Bei Zonaras 7, 24.

[75]) Insbesondere Liv. 6, 19, 1 die *recessio plebis in domum priva-
tam, forte etiam in arce positam.*

[76]) Zonaras bezeichnet sie als die vierte, was mit den sonstigen

Reihe der nachweislich später zugesetzten Züge aufgenommen hat[77]), so spricht sie doch dafür, dass die manlische Sedition nicht bei allen jüngeren Annalisten, vielleicht nicht einmal bei Dionysios, so zahm verlief wie bei
Livius, sondern Gewalt gebraucht und nicht eine Verschwörung entdeckt, sondern ein Aufstand bewältigt ward.

Abgesehen von der diodorischen Fassung gehen alle
übrigen Schriftsteller, die dieser Katastrophe gedenken,
unter ihnen bereits Cicero[78]), davon aus, dass dieselbe zu
einer förmlichen gerichtlichen Verurtheilung des Manlius
geführt hat. Es ist dies nicht unbedingt unvereinbar mit
dem ältesten Bericht. Offene Auflehnung gegen das be-
stehende Regiment fordert zwar die Anwendung der Prozessformen nicht, aber schliesst sie doch auch nicht nothwendig aus; warum konnte die älteste Ueberlieferung nicht
so lauten, dass Manlius vom Dictator A. Cornelius über-

Berichten insofern stimmt, als Camillus erste drei Dictaturen in
358. 364. 365 gesetzt werden. Aber die von 386 ist nach den capitolinischen Fasten die vierte, die von 387 nach diesen und Livius
die fünfte, was also die von 370 ausschliesst. Vgl. oben S. 110.

[77]) Dahin gehört (abgesehen von dem, was Zonaras nicht aus
Dio, sondern aus Plutarch genommen hat) die Demagogie des
Manlius; das Hineinziehen der Person des Camillus, während die
ältere Fassung den der *Manliana seditio* wegen ernannten Dictator
nicht in dem fictiven des J. 370, sondern in dem historischen des
J. 369 A. Cornelius Cossus gefunden hat; endlich das Hinabstürzen vom Capitol, das freilich hier in der sonderbarsten Weise
umgewandt ist: Manlius wird von einem Sklaven, der ihn einen
Sklavenaufstand hoffen lässt, an einen Punct des Capitols geführt,
unterhalb dessen die Bewaffneten des Camillus im Hinterhalt liegen, hier von dem Sklaven hinabgestossen und also von den Gegnern gefangen.

[78]) de domo 38, 101: *regnum appetisse est iudicatus.*

wältigt und gefangen und darauf in gewöhnlicher Weise
vor Gericht gestellt ward?[79]) Es muss also zunächst als
eine offene Frage bezeichnet werden, ob dies Prozessver-
fahren ein weiteres Element der ältesten und geschichtlich
zuverlässigen Erzählung gewesen ist oder vielmehr eine
Umgestaltung derselben; die Entscheidung derselben, wenn
sie überhaupt entschieden werden kann, wird davon abhängen, ob die Prozessgeschichte in sich unbedenklich ist
oder den Verdacht späterer Zudichtung nahe legt.

Die Prozessgeschichte dreht sich zunächst um ein Motiv,
das in allen Darstellungen gleichmässig wiederkehrt und
offenbar den eigentlichen Kern der Erzählung bildet: dass
Manlius, in der magistratischen Instanz verurtheilt, an die
Gemeinde, das heisst an die Centurien provocirt habe und
dass diese, auf dem Marsfeld versammelt unter dem Felsen
des Capitols, es nicht habe über sich gewinnen können
gleichsam unter den Augen des stummen Zeugen der Errettung der Stadt durch denselben Mann aus höchster und
nächster Gefahr, über den Angeklagten das Schuldig auszusprechen. Da sei von dem vorsitzenden Beamten die
Versammlung aufgehoben und eine andere berufen worden
vor das Flussthor in den petelinischen Hain, wo dann die
Centurien das Urtheil bestätigten. — Diese Erzählung, die
ohne nennenswerthe Abweichungen in unseren Berichten,
vorzugsweise bei Livius, auftritt, ist offenbar hervor-

---

[79]) Die vermögensrechtlichen Folgen der Perduellion konnten
wohl auf keinen Fall ohne Judicat eintreten, auch wenn der Perduellis selbst in offenem Aufstand getödtet war. Indess die Supposition, dass hier ein solches Judicat nach dem Tode des Schuldigen
gemeint sei, wird keinen Vertreter finden.

gegangen aus der ungeschichtlichen Verflechtung der Verurtheilung des M. Manlius im J. 369 mit der wenige
Jahre zuvor erfolgten Belagerung der Stadtburg; ob aber
wer den Hochverräther Manlius zum Vertheidiger des
Capitols machte, gleich auch diesen Zug in die Hochver-
rathserzählung einfügte oder ob dies erst ein späterer
Annalist hinzuerfunden hat, ist nicht mit Sicherheit zu
entscheiden. Die im Einzelnen sich dabei erhebenden
Bedenken wegen der Lage des Flussthors[80]) und der for- _

---

[80]) Becker Top. S. 156. Mit der gewöhnlichen Ansetzung des
Flussthores unterhalb des Capitols am Forum Boarium ist der
Bericht allerdings unvereinbar; aber die Beweise für diese Ansetzung sind schwach. [Jordan Top. 1, 240 vertheidigt dieselbe, indem er annimmt, dass der Hain in beträchtlicher Entfernung vom
Capitol, etwa bei den *navalia* gelegen haben möge und hier unter den
Bäumen man dies nicht erblickt habe. Dass einer Volksversammlung, die doch nicht im Walde stattfinden konnte, auf dem Marsfeld
die Aussicht auf das Capitol durch einen Hain habe versperrt werden
können, scheint mir schwer denkbar; vor allen Dingen aber ist dabei
nicht erwogen, dass nach festem Sprachgebrauch *extra portam* nicht
den Raum vor dem Thor schlechthin, sondern den unmittelbar an das
Thor anstossenden Platz bezeichnet. In der That liegt die topographische Frage so, dass über die Lage der *Flumentana* anderweitig nur feststeht, was schon der Name besagt, dass sie nicht
weit vom Tiber gelegen hat und die Erzählung von Manlius, so
wie sie uns vorliegt, das Forum Boarium und das Marsfeld
ausschliesst.] Die Topographen werden also für die *Flumentana*
eine Oertlichkeit suchen müssen, die sich mit der Erzählung verträgt, etwa neben der Trigemina unter dem Aventin. Wäre ein
solcher Punkt wirklich nicht zu finden, so ist bei Livius entweder
die Lesung verdorben oder die Worte *extra portam Flumentanam*
sind ein falscher Zusatz späterer Annalisten, während die älteren
nur den petelinischen Hain nannten. Einen *lucus Poetelius* gab es
auf dem Esquilin (Varro 5, 50) und dieser ist in jeder anderen
Hinsicht geeignet: nur kann freilich neben ihm die *porta Flumentana* nicht gewesen sein.

malen Zulässigkeit einer solchen Procedur überhaupt[81])
sind nicht genügend, um auf sie die Behauptung stützen
zu können, dass dieses Stück jünger sei als die früher
als alt bezeichneten Elemente der Manlius - Erzählung
überhaupt.

Sicherer lässt sich urtheilen über den Theil der Erzählung, der das Prozess- und Strafverfahren selbst näher definirt. Es liegen hierüber zwei entgegenstehende Versionen
vor. Nach der einen, die Livius[82]) als Variante aufbewahrt
hat, tritt das ordentliche Perduellionsverfahren und zwar
mit Ernennung von Duovirn ein. Wahrscheinlich hängt
damit zusammen der Bericht des Nepos, den Gellius[83]) aufbehalten hat, dass die Todesstrafe durch Stäupung, also
more maiorum, vollstreckt worden sei; denn es ist guter
Grund zu der Annahme vorhanden, dass diese Strafform
dem ordentlichen durch Quästoren oder Duovirn durchge-
führten, dagegen das Hinabstürzen vom tarpejischen Felsen
dem ausserordentlichen tribunicischen Verfahren eigen gewesen ist[84]). — Nach der zweiten Version sind es die

Volkstribune, welche die Capitaljurisdiction ausüben und
in der bekannten Form, dass ein curulischer Beamter für
sie die Centurien einberuft, auch in der Provocationsinstanz
die Sache führen; sie sind es denn auch, welche das Urtheil
durch Hinabstürzen des Manlius vom tarpeischen Felsen
vollstrecken.   Diese Erzählung, die bei weitem bekanntere,
findet sich für uns zuerst bei Varro[85]), sodann bei Livius
wenigstens als Haupterzählung, bei Dionysios, Victor und
den späteren Ausschreibern[86]). — Zwischen diesen beiden
Erzählungen ist die Wahl nicht schwer: es springt
in die Augen, dass die erstere Version die ältere ist,

---

prozesses finden.   Hier soll nur darauf hingewiesen werden, dass
auf diese Weise die Doppelform der Execution begreiflich wird:
den Quästoren und Duovirn standen als Gehülfen oder Vertretern der
Consuln deren Lictoren zur Vollstreckung der Stäupung zur Verfügung, nicht aber den Tribunen, während diesen wieder, nicht
aber jenen die persönliche Unantastbarkeit zukam, die doch
bei der Strafe des Hinabstürzens eine wesentliche Rolle spielt.
Die einzeln überlieferten Vorgänge fügen sich der Regel, ausser
dass nach Dionysios Sp. Cassius von einem Quästor vom Felsen
gestürzt wird.   Aber wir haben schon gesehen (S. 176), dass
diese Erzählung nicht schwer wiegt; die ältere nahm wohl für
den öffentlichen Prozess dieselbe Strafform an, welche in der das
Hausgericht substituirenden Version erscheint, das ist die Hinrichtung *more maiorum*.

[85]) Gellius 17, 21, 24: *damnatus capitis e saxo Tarpeio, ut M. Varro
ait, praeceps datus . . . est.*   Vgl. Staatsrecht 2² S. 309 A. 2.

[86]) Valerius 6, 3, 1; Plutarch Cam. 36; Florus 1, 17 [26]; Ampelius 27.   Welche wunderliche Wendung Dio diesem Hinabstürzen
gegeben hat, wurde S. 190 A. 77 bemerkt.   Freilich geben andere
Excerpte (so 25, 2. 3) und die Erwähnung 45, 32 wieder dem
Zweifel Raum, ob hier nicht ein Missverständniss des Zonaras
vorliegt oder gar Dio die Absurdität so weit getrieben hat, einen
zwiefachen Sturz anzunehmen.

indem sie die — in den frühesten Annalen wohl überhaupt nicht näher definirte — Prozessform einfach nach
den Regeln des damals geltenden ordentlichen Crimi-
nalprozesses gestaltete, die zweite dagegen der Ver-
suchung nicht widerstehen konnte den Mann, der den
Landesfeind vom tarpeischen Felsen in die Tiefe hinabge-
stürzt hatte, als Vaterlandsverräther selbst in gleicher
Weise mit dem Tode büssen zu lassen. Als den Vater
dieser Umdichtung darf man mit Wahrscheinlichkeit den
Antias betrachten; dass schon Varro diesen nicht überall
verschmäht hat, steht anderweitig fest[87]).

Es bleibt noch übrig dasjenige zu erörtern, was unsere
Berichte über die Zwecke der manlischen Bewegung und
die Motive ihres Urhebers vorbringen. Die ältere Erzählung hat sicher darauf sich überhaupt nicht eingelassen,
sondern die Verurtheilung des Manlius, eben wie die des
Cassius, gemeldet ohne jede weitere Motivirung, als sie aus
dem prozessualischen Rubrum sich ergab. Auch giebt es
für diese Motivirung keine älteren Zeugen als Livius, Dionysios, Victor; die berühmte Erzählung von Manlius Umtrieben hat also äusserlich keine grössere Autorität
als die von den Wunden desselben an Schulter und Hüfte.
An den Inhalt derselben genügt es in kurzem zu erinnern.
Der Patricier Manlius tritt auf als plebejischer Demagog[88]):
abgesehen von den Beschuldigungen, die er gegen den Se-

---

[87]) Röm. Chronol. S. 182 A. 355.

[88]) Livius 6, 11, 7: *primus omnium ex patribus popularis factus*.
Dies hängt damit zusammen, dass er nach der Rettung des Capi-
tols von der Bürgerschaft zum Patron gemacht wurde (vgl.
S. 187 A. 70).

nat richtet wegen Unterschlagung der den Galliern abgenommenen Beute[89]), sucht er vor allem den bedrängten
Schuldnern Abhülfe zu bringen. Bei Livius und Victor
tritt allerdings zunächst in den Vordergrund, dass er
die Schulden der Plebejer aus eigenen Mitteln, selbst mit
Veräusserung seiner Grundstücke zahlt; aber es fehlen doch
auch weiter gehende Andeutungen nicht: das vom Senat
zu erstattende Gold soll verwendet werden zur Tilgung
der Privatschulden der geringen Leute[90]); die Massen
drohen den Kerker zu erbrechen, in dem Manlius gefangen
sitzt, und erzwingen seine Befreiung[91]); der Patricier Manlius setzt sich in Verbindung mit den Tribunen der Plebs[92]);
es ist die Rede von Sistirung der Jurisdiction[93]), das
heisst einem allgemeinen Moratorium für die sämmtlichen
Schuldner; die Ackervertheilung genügt dem Manlius nicht,   —

---

[89]) Dies berichten gleichmässig Livius 6, 14, 11 c. 15, 5 und
Victor 24, 5. Es ist hier nicht nöthig bei dem Bündel von Fälschungen zu verweilen, der sich um das gallische Gold aufgehäuft
hat; nur daran mag erinnert werden, dass die der Gemeinde zur
Aufbringung der von den Kelten geforderten Brandschatzung
aufgelegte Steuer bei Livius a. a. O. keineswegs mit dem in Widerspruch steht, was derselbe 5, 50, 7 über die freiwilligen Leistungen der römischen Frauen bei dieser Veranlassung mittheilt; denn
die Matronen ergänzen nur die in dem Staatsschatz fehlende, das
heisst die trotz des Tributum noch mangelnde Summe.

[90]) 6, 14, 11: *ea res* (die Unterschlagung der gallischen Beute)
si palam fiat, exsolvi plebem aere alieno posse. Vgl. c. 15, 5.

[91]) Victor 24, 5: *in carcerem coniectus populi consensu liberatur.*
Livius 6, 17, 6: *ne nocte quidem turba ex eo loco dilabebatur refrac-
turosque carcerem minabantur, cum remisso id quod erepturi erant ex
senatusconsulto Manlius vinculis liberatur.*

[92]) 6, 11, 7: *cum plebeis magistratibus consilia communicare.*

[93]) 6, 18, 14: *prohibete ius de pecuniis dici.*

sondern von Haus aus richtet er seine Bestrebungen gegen
die rechtmässigen Ansprüche der Gläubiger[94]). Wenn also
Appian[95]) den Manlius den Verkauf der Domänen beantragen lässt, um mit dem Erlös die Privatschulden zu
tilgen, und als das Ziel der Bewegung 'neue Tafeln' bezeichnet, so spricht er in der That nur in scharfer Fassung
aus, was bei Livius rhetorisch umschrieben wird und in
dem schillernden Glanz seiner Darstellung verschwimmt.
Selbst das freilich erst von Dio[96]) vorgebrachte Motiv, dass
Manlius auch auf einen Aufstand der Sklaven sich Rechnung gemacht habe, kann füglich schon bei älteren Annalisten vorgekommen sein. — Auch dieser Erzählung
gegenüber ist der Einwand berechtigt, den eigentlich
schon Livius selbst erhebt[97]), dass alle diese Handlungen
juristisch nimmermehr als Indicien des Strebens nach
königlicher Gewalt bezeichnet werden können und die Darstellung also nicht bloss erfunden ist, sondern auch recht
spät und recht schlecht erfunden. — Aber Tendenz ist auch
in dieser Erfindung. Wie die agrarischen Streitigkeiten
des siebenten Jahrhunderts das cassische Ackergesetz er-
schaffen haben, so ist diese Erzählung von dem Versuch

---

[94]) 6, 11, 8: *non contentus agrariis legibus . . . fidem moliri coepit.*

[95]) Ital. 9: *ἐβούλευσιν χρεῶν ἀποκοπὰς κοινάς, ἢ τὸν δῆμον ἠξίου
τοῖς δανεισασιν ἀποδοῦναι, τὴν γῆν ἐς τοῦτο ἀποδόμενον ἔτι οὖσαν
ἀνίμητον.*

[96]) Bei Zonaras 7, 24 bringt ein Sklave den Manlius in die
Gewalt seiner Gegner, indem er bei ihm auf dem Capitol als
Ueberläufer sich einfindet und ihm den Beistand der Sklaven-
schaft in Aussicht stellt.

[97]) 6, 18, 6: *inde de regno agendi ortum initium dicitur, sed nec cum
quibus, nec quem ad finem consilia pervenerint, satis planum traditur.*

der Schuldentilgung durch Manlius der analogen Bewegung derselben Epoche entsprungen und nichts als deren
quasihistorischer Abklatsch. In realer Gestalt traten diese
Tendenzen, unter allen staatsumwälzenden die dem Gemeinwesen gefährlichsten, zuerst auf in den Wirren des Bundes-
genossenkrieges in jenem Moratorium, das die Schuldner
im J. 665 dem schwachen Gerichtsherrn der Hauptstadt
abzwangen und für das dann die Gläubiger an diesem
blutige Rache nahmen; rechte Consistenz gewannen sie
erst einige Jahre darauf unter Cinnas Regiment (667—670),
wo das valerische Gesetz drei Viertel aller Privatschulden
zu Gunsten der Schuldner cassirte, und sodann in Catilina
und den catilinarischen Existenzen der Revolutionszeit,
Caelius und Dolabella. — Aber ohne Zweifel hat die Möglichkeit solcher Vorgänge, die ja die griechischen Landschaften seit einem Jahrhundert und länger zerrütteten,
schon geraume Zeit vor dem Socialkrieg die Gemüther beschäftigt, schon lange die besitzende Klasse den Schreckens-
traum vorgeträumt von dem Demagogen, der mit Mora-
torien und neuen Tafeln die Herrschaft der Reichen und
Grossen umstürzt und in einer oder der andern Form über
den Trümmern der Republik seine Herrschaft gründet.
Aus solchen Vorstellungen ist diese Erzählung etwa in
der sullanischen Zeit entwickelt worden. Denn es liegt
weder ein äusserer Beweis dafür vor noch ist es an sich
wahrscheinlich, dass sie schon bei einem der vorsullanischen Annalisten gestanden hat; sie mag ebenfalls von
Antias herrühren oder aus einer anderen ungefähr gleichartigen und gleichzeitigen Quelle. So ist der Befreier der
bedrängten Schuldner, der Führer der Umsturzpartei
M. Manlius gewiss keine historische Gestalt, aber dennoch

im höchsten Sinne historisch; wenn die Darstellung dieser nicht durchaus wesenlosen und selbst in ihrem Uebermass als historischer Factor bedeutsamen Befürchtungen in den verlorenen Annalen des siebenten Jahrhunderts mit untergegangen ist, so hat sich davon in der Bastardhistorie des vierten ein lebendiges Abbild erhalten.

III. SP. MAELIUS.

Die dritte derjenigen Erzählungen, welche wir hier zusammenfassen, die von der Tödtung des Sp. Maelius durch C. Servilius Ahala im J. 315 d. St., ist aus wesentlich anderen Quellen geflossen, als die bisher erörterten, auch die Differenz in den darüber vorliegenden Berichten eine viel weiter greifende, insbesondere seit durch ein vor nicht langer Zeit zum Vorschein gekommenes Bruchstück des Dionysios die Fassung dieser Erzählung, wie sie wenigstens bei Piso gestanden hat[98]), zu unserer Kunde gelangt ist[99]).

***

[98]) 12, 4 Kiessl.: *λεγέσθω δὲ καὶ ὁ δοκῶν ἧττον εἶναί μοι πιθανὸς λόγος, ᾧ κέχρηται Κίρκιος καὶ Καλπουρνίνος ἐπιχώριοι συγγραφεῖς.* Kiessling vermuthet den Ausfall von *καὶ ἄλλοι* vor *ἐπιχώριοι συγγραφεῖς*, was allerdings in diesem Zusammenhang so nackt nicht stehen kann; aber auch das Prädicat *ἐπιχώριοι* ist seltsam und wohl verdorben. Man ändert ferner gewöhnlich *κέχρηνται Κίγκιος* und vielleicht mit Recht; doch ist auch die Bezeichnung des Piso durch das einfache *Καλπούρνιος* gegen Dionysios Weise und durch 1, 7 nicht genügend zu rechtfertigen, so dass vielleicht herzustellen ist *ᾧ κέχρηται Λεύκιός τε Καλπούρνιος καὶ ἄλλοι συχνοὶ* (? vgl. Dion. 7, 1) *συγγραφεῖς*.

[99]) Richtiger als ich in der Chronol. S. 316 hat Schwegler 3, 136 diese Fassung gewürdigt und sie mit gutem Grund als die relativ ältere und glaubwürdigere bezeichnet.

Der lakonische Bericht Diodors[100]) unter dem J. 315: *Σπόριος Μαίλιος ἐπιθέμενος τυραννίδι ἀνῃρέθη* ist mit jeder der späteren Fassungen vereinbar, da er sich der pragmatischen Motivirung enthält.

Von denjenigen Fassungen, welche den Vorgang motiviren, mag die ältere ungefähr also gelautet haben.

Es war eine schwere Theurung über die Gemeinde gekommen und der mit den Massregeln zur Abhülfe betraute Patricier L. Minucius Augurinus[101]) vermochte der Noth nicht zu steuern. Was aber dem adlichen Beamten nicht gelang, das setzte ein reicher Plebejer ins Werk, Sp. Maelius[102]): durch die wohlfeile Abgabe des von ihm angekauften Getreides sanken die Marktpreise rasch auf den gewöhnlichen Betrag. Minucius, dadurch erbittert, beschuldigte im Senat den Maelius nach der Wiederaufrichtung des Königthums zu streben. In Folge dessen sprach der Senat sich dahin aus, dass gegen Maelius das Gesetz

---

100) 12, 37.

101) L. Minucius Augurinus heisst er bei Plinius h. n. 18, 3, 15, Minucius Augurinus bei Zon. 7, 20, L. Minucius bei Livius, Minucius bei Dionysios. Dass dieser Minucier dem Haus der Augurini angehörte, bestätigt auch die Münze Röm. Münzw. S. 650.

102) Die lateinischen Texte nennen ihn durchgängig *Maelius* (so u. A. der Veroneser Codex des Livius) oder *Melius;* für die Richtigkeit der ersteren Schreibung zeugt der in den capitolinischen Fasten unter dem J. 354 genannte Kriegstribun *P. Maelius Sp. f. C. n. Capitolinus.* Bei Diodor heisst er in der alten Handschrift von Patmos (nach gefälliger Mittheilung von Prof. Bergmann) im Inhaltsverzeichniss des 12. Buchs *Σπόριος Μάλλιος,* im Text daselbst c. 37 *Σπόριος Μαίνιος,* bei Dionysios und Plutarch (Brut. 1) *Μάλλιος,* bei Zonaras *Μάλιος.* Dass er von seinem Reichthum den Beinamen *Felix (Εὐδαίμων)* geführt hat, weiss nur Dionysios 12, 1.

zur Anwendung komme, wonach jeder nach königlicher
Gewalt strebende Bürger Leib und Gut verwirkt hatte
und jedem gestattet war denselben ohne Urtheil und Recht
zu tödten[103]), und beauftragte mit der Vollstreckung einen
jungen muthigen Patricier, den C. Servilius[104]). Dieser
 zieht den Maelius, als derselbe vom Markt nach Hause
geht, bei Seite, unter dem Vorwand ihm eine wichtige
Mittheilung insgeheim machen zu wollen, und ersticht ihn
mit dem verborgen unter der Achsel in Bereitschaft
gehaltenen Dolche[105]). Die Menge will den Mörder verfolgen,

---

[103]) Dionysios sagt es nicht geradezu, aber es ist evident, dass
auch in dieser Fassung die Handlung des Ahala keineswegs ein Mord
ist, sondern die Ausführung des Grundgesetzes der Republik *de
sacrando cum bonis capite eius, qui regni occupandi consilia inisset*
(Livius 2, 8). Dass die Sacration hier schon durch die Handlung
selbst und nicht erst durch richterlichen Ausspruch erfolgt, entspricht der allgemeinen Auffassung dieses Gesetzes (Staatsrecht 2²
S. 15 vgl. S. 691). Dionysios Darstellung aber ist dadurch bedingt, dass er Caesarianer war und die Tödtung Caesars ausdrücklich gerechtfertigt ward durch das Präcedens der Tödtung des
Maelius.

[104]) Gaius heisst er bei Cicero *Cat. mai.* 16, 56, bei Livius 4,
13. 14 und bei Zonaras 7, 20; Quintus den Handschriften zufolge
bei Cicero *Catil.* 1, 3, 6 und, wenigstens in den Ausgaben, bei
Augustinus *de cir. dei* 3, 17; Marcus bei Cicero *de domo* 32, 86.

[105]) Wer insgeheim bewaffnet war, trug nach griechischer und
römischer Sitte den Dolch unter der Achsel. Ausser den bei
Stephanus (unter μάλη) hiefür angeführten Stellen aus älteren
Griechen erhellt dies besonders aus der bekannten Frage des Antonius an Cassius bei Dio 44, 34: ἆρά γε καὶ νῦν ξιφίδιόν τι ὑπὸ
μάλης ἔχεις; (vgl. 46, 55. 58, 18). So erklärt sich Nepos Alcib. 10:
etsi gladius ei erat subductus, familiaris sui subalare telum eripuit:
nachdem die Waffen entwendet sind, bleiben die, welche man
verborgen am Körper trug und vermuthlich auch zur Nachtzeit

aber steht davon ab, als sie ihn rufen hört, dass er im
Auftrag des Senats den Hochverräther getödtet habe, und
ihn von dem Ort der That stehenden Fusses in die Curie
sich begeben sieht, wo er den noch versammelten Vätern
die Ausführung des Auftrags berichtet. Das Vermögen
des Maelius wird, wie das Gesetz es vorschreibt, von Staatswegen eingezogen, sein Haus im Vicus iugarius unter dem
Capitol niedergerissen, und die leere Stätte führt seitdem,
sei es weil das Haus des Maelius dem Boden gleichgemacht,
sei es weil dem Maelius also billig vergolten worden war,
den Namen Aequimelium[106]). Dem Servilius wurde zum

---

nicht ablegte. Das unter den *zonae militares* im diocletianischen
Edict 10, 10 aufgeführte lederne *subalare* kann der für diese
Geheimwaffe bestimmte Tragriemen sein.

[106]) Varro 1 l. 5, 157: *Aequimelium, quod aequata Maeli domus
publico (publice?), quod regnum occupare voluit is.* Cicero de domo
38, 101: *Sp. Maelii regnum appetentis domus est complanata, et quia
illud* (so wird zu schreiben sein; die Handschriften *qui aliud*)
*aequum accidisse populus Romanus Maelio iudicavit, nomine ipso Aequi-
melii iustitia poenae comprobata est.* Aehnlich Valerius Max. 6, 3, 1,
wahrscheinlich aus Cicero. Liv. 4, 16: *domum, ut monumento area
esset oppressae nefariae spei, dirui extemplo iussit: id Aequimelium appellatum est.* Schrift de vir. ill. 18, 5. Dionys. 12, 4: οὗτος ὁ τόπος
ἔτι καὶ εἰς ἐμὲ ἦν ἐν πολλαῖς ταῖς πέριξ οἰκίαις μόνος ἀνειμένος ἔρη-
μος, καλούμενος ὑπὸ Ῥωμαίων Αἰκυμήλιον (so Esc., Αἰκυμίλιον Ambr.),
ὡς ἂν ἡμεῖς εἴποιμεν ἰσόπεδον Μαίλιον (μίνον Esc. aus ΜΕΔΙΟΝ
oder ΜΑΛΔΙΟΝ)· αἶκον γὰρ ὑπὸ Ῥωμαίων τὸ μηδεμίαν ἴχον ἐξοχὴν
καλεῖται, συμφθαρέντων δὲ ἀλλήλοις κατὰ τὴν ἐν μιᾷ συνεχφορὰν (κατὰ
τὴν μίαν ἐκφοράν Esc. Ambr.; vgl. de comp. verb. p. 166 R.) τῶν
ὀνομάτων Αἰκυμήλιον (so Ambr., αἰκύμηνον Esc.) ἐκάλεσαν (so
nach der Herstellung von Wilamowitz unter Beseitigung der
von dem Ambrosianischen Epitomator eingesetzten Flickworte).
Nach Cicero *de div.* 2, 17, 39 scheint der Platz benutzt worden
zu sein, um die auf dem Capitol zu opfernden Thiere dort vor-

— Gedächtniss seiner That der Beiname Ahala gegeben, welcher seitdem in seinem Geschlechte erblich ward[107]); dem Minucius aber, theils wegen seiner Verdienste um die Entdeckung des Complotts, theils weil er mittelst der confiscirten Getreidevorräthe des Maelius den Kornpreis bis auf einen As für den Scheffel herabbrachte[108]), vor der Porta Trigemina eine Säule mit seiner Statue errichtet[109]).

So scheint im Wesentlichen die ältere Erzählung den Vorgang dargestellt zu haben; denn dass schon mit dieser das Aequimelium und die minucische Statue verknüpft waren, ist zwar nicht äusserlich bezeugt, aber doch nicht füglich zu bezweifeln. Bedenklicher ist die Frage, ob schon in dieser ältesten Fassung die Erzählung sich um die Kornpreise

---

läufig abzustellen. Vgl. Liv. 24, 47, 15. 38, 28, 3. Becker Topogr. S. 486. — Dass *Aequimelium*, nicht *Aequima-lium* geschrieben ward, lässt sich nach dem Text des Dionysios nicht bezweifeln; auch hindert jene Schreibung nicht, dass die quasihistorische Etymologie den Namen mit dem Geschlecht der Maelier verknüpfte.

[107]) So ausser Dionysios a. a. O. auch Plutarch Brut. 1.

[108]) Livius 4, 16: *frumentum Maelianum assibus in modios aestimatum plebi divisit.* Plinius 18, 3, 15: *farris pretium in trinis nundinis ad assem redegit.*

[109]) Diese Säule zeigt der Denar des C. Augurinus; sie ist ionisch und trägt die Bildsäule eines stehenden Mannes mit einem Speer (röm. Münzw. S. 549); die Basis ist mit Löwenköpfen und Aehren verziert. Erwähnt wird die Säule mit Bildniss auch von Dionysios 12, 4 und Plinius h. n. 18, 3, 15. 34, 5, 21; den Ort bezeichnet Plinius. Bei Livius 4, 16, 2: *L. Minucius bove aurato extra portam Trigeminam est donatus* scheint irgend ein Missverständniss untergelaufen zu sein oder er folgt einer anderen Version in Betreff der minucischen Säule. Die Ehrenbezeugungen für Minucius erfolgen nach Dionysios a. a. O. durch Senatsbeschluss, nach Livius 4, 16, 5 durch Plebiscit, nach Plinius *unciaria stipe collata.*

gedreht hat[110]); es ist denkbar, dass sie den Minucius die
Anklage auf Hochverrath gegen Maelius erheben liess,
ohne diese weiter zu motiviren. Dass die Motivirung durch
das Getreidegeschäft eine recht schwache, man kann sagen
eigentlich noch haltloser ist als die schlechthin unmotivirte
Erzählung, lässt sich nicht leugnen[111]). Auch in den Belohnungen und Bestrafungen, mit denen die Erzählung
schliesst, führt nichts bestimmt auf das Motiv der Frumen-
tationen; ja dass die Statue den L. Minucius mit dem
Speer bewaffnet darstellt, passt sehr wenig zu der Rolle,
die die Erzählung ihm anweist. Indess lässt sich dafür,
dass die Annona erst später in die Erzählung hineingezogen ist, doch auch nicht viel mehr geltend machen,
als dass sie füglich fehlen kann, und es wird also dahin
gestellt bleiben müssen, ob dies ursprünglicher Bestandtheil der Erzählung ist oder späterer Zusatz.

Die eben dargelegte Fassung fand sich nach Dionysios
Zeugniss bei Piso; ob dessen Vorgänger, insbesondere Fabius,
ähnlich erzählten oder sich der pragmatischen Motivirung
überhaupt enthielten, wie dies wenigstens der diodorische

[110]) Cicero wenigstens kennt diese Wendung schon (pro Mil. 27,
72: *Sp. Maelius . . annona levanda iacturisque rei familiaris, quia
nimis amplecti plebem videbatur, in suspicionem incidit regni appetendi*);
aber er kennt auch die Dictatur des Cincinnatus.

[111]) Bei Dionysios 12, 1 ist dem einigermassen dadurch abge-
holfen, dass Maelius das Tribunal des Präfecten der Annona occu-
pirt und das Volk zu Contionen versammelt, wodurch er allerdings als Magistrat sich gerirt und dem Gesetz verfällt. Auch
wird ihm von den Versammelten geradezu eine höhere Würde als
die consularische und zwar für sich und sein Geschlecht angeboten.
Nach Livius 4, 13 bringt Maelius in seinem Hause Waffenvorräthe
zusammen und hält hier mit seinen Freunden Zusammenkünfte.

Auszug thut (S.199), lässt sich nicht entscheiden. Anderweitig begegnet diese Fassung nicht; Plutarchs Etymologie
des Cognomen Ahala (S. 202 A. 107) stimmt mit Dionysios
fast wörtlich überein und ist wahrscheinlich aus ihm entlehnt.

Die jüngere Fassung unterscheidet sich von der älteren
hauptsächlich dadurch, dass sie den Ahala die Tödtung
nicht als Privatmann vollziehen lässt, sondern als Beamten
und ihn zum Reiterführer macht, wodurch es denn nothwendig wurde auch einen Dictator hinzuzuerfinden[112]).
Man wählte dazu den L. Quinctius Cincinnatus Consul 294,
Dictator 296 und vielleicht späterhin noch einmal[113]), einen
zur Zeit der Katastrophe des Maelius, der Annahme der
Annalisten zufolge, bereits in den Achtzigen stehenden
Greis[114]). Von ihm wird Maelius zur Verantwortung vorgeladen und da er der Aufforderung des Reiterführers ihm
vor den Richterstuhl des Dictators zu folgen sich zu entziehen
_ sucht, von diesem niedergestossen. — Ob diese Fassung in

---

[112]) Ausdrücklich sagt Dionysios 12, 4, dass Piso und die mit
ihm übereinstimmenden römischen Annalisten φασίν ούτε Δικτάτορα
ύπὸ τῆς βουλῆς ἀποδειχθῆναι τόν Κοίντιον ούτε Ίππάρχην ύπὸ τοῦ
Κοιντίου τὸν Σερουίλιον.

[113]) Dionys. 12, 2: δίς ἤδη ταύτην ἀνεπιλήπτως πεπλεκότα τὴν
ἀρχήν. Sonst findet sich von dieser zweiten Dictatur keine Notiz;
die Schrift de viris ill. sagt sogar 17, 5: iterum post viginti annos
dictator dictus. — Diodors Fasten schieben zwischen 297 und 298
ein sonst nicht bekanntes Consulat des L. Quinctius Cincinnatus
und M. Fabius Vibulanus ein, von dem in einer folgenden Abhandlung die Rede sein wird.

[114]) Livius 4, 12, 2 und, wohl aus ihm, Zonar. 7, 20. Bei dieser
Altersberechnung, die des Cincinnatus Geburtsjahr in das J. 236
bringt, mag mitgewirkt haben, dass sein Sohn Kaeso, der ferox
iuvenis, 293 verbannt ward.

den Annalen stand, denen die capitolinischen Fasten entnommen sind, ist ungewiss, da das Jahr 315 darin fehlt:
Cicero aber kennt sie bereits[115]) und ihr folgen Livius, Dionysios (in der Haupterzählung) und der sogenannte Victor,
welche drei auch hier in allem Wesentlichen übereinstimmen
und wo nicht aus derselben, doch aus nahe verwandten
Quellen geschöpft haben[116]), so wie natürlich auch deren
Ausschreiber, wie Valerius Maximus[117]) und Zonaras[118]).

Das Motiv der Umänderung ist ebenso evident, als dass
durch dieselbe die ganze Erzählung ihre Bedeutung und
ihre Beziehung verlor. Dass jeder Bürger jeden anderen
Bürger, den er des Strebens nach der Königsherrschaft
schuldig hielt, wo er ihn traf tödten konnte, und tödten
nicht in den Formen der Justiz, wie sie doch selbst der

---

[115]) Cato 16, 56: (*L. Quincti Cincinnati*) *dictatoris iussu magister
equitum C. Servilius Ahala Sp. Maelium regnum appetentem occupatum
interemit.* Alle übrigen zahlreichen Stellen, wo Cicero diese Katastrophe erwähnt, würden auch mit der älteren Erzählung vereinbar sein.

[116]) Die Uebereinstimmung zwischen Livius und Dionysios ist
zum Theil sehr eng, z. B. Liv. 4, 13, 4 = Dion. 12, 1 p. 173, 13 Kiessl.
Anderswo indess finden sich wieder Abweichungen, z. B. über die
Stellung der Volkstribunen zu Maelius L. 4, 13, 9 = D. 12, 1
p. 173, 32 Kiessl. und insbesondere über den Hergang der Ermordung, so dass Identität der Quelle doch nicht wahrscheinlich ist.

[117]) 5, 3, 2.

[118]) 7, 20. Fast durchaus scheint dieser Bericht aus Livius
geflossen; doch sind einige kleine Züge wohl aus Dionysios eingelegt; so dass der Senat den ganzen Tag versammelt bleibt, damit das Vorhaben nicht auskomme (vgl. Dion. 12, 2), auch wohl
das Cognomen des Minucius. — Augustinus de civ. dei 3, 17;
Florus 1, 17 [26]; Ampelius 27, 2 schöpfen wohl alle aus Livius.

Vater gegen den Sohn in der Gewalt einzuhalten hatte,
sondern nach Mörderart mit einer verborgen gehaltenen
Waffe, musste wohl politisch wie sittlich anstössig erscheinen; und das einzige dämpfende Moment, das die ursprüngliche Erzählung enthält, die vorhergehende Erörterung
der Sache im Senat und die von diesem ergangene Sanctionirung oder vielmehr Aufforderung zu der Mordthat,
macht den Vorgang in der That für das Gefühl nur noch
empörender. Somit ward die Erzählung früh gemildert, indem man dem Thäter den Beamtencharakter verlieh, den
Hochverrathsprozess zwar nicht als beendigt, aber doch als
eingeleitet ansetzte, die Blutthat unter den Nimbus des ehrwürdigen Cincinnatus stellte, endlich den Getödteten durch
die Weigerung der Ladung zu folgen wenigstens bis zu
einem gewissen Grade ins Unrecht setzte. Aber was der
Erzählung hiemit an Anstössigkeit abgenommen wird, wird
ihr gleichzeitig an Sinn und Zusammenhang entzogen.
Die ältere Fassung ist politisch und juristisch wohl motivirt:
das Gesetz, das der Senat und in seinem Auftrag Servilius
zur Vollziehung bringt, liegt ebenso klar vor wie die Ausführung der That selbst. Aber welches Gesetz vollstreckt
denn jener Reiterführer und woher kommt ihm die Waffe?
Wenn der Geladene sich weigerte der Ladung zu folgen,
so war ohne Zweifel zunächst der Lictor, überhaupt aber
jeder Bürger berechtigt und verpflichtet ihn mit Gewalt
festzunehmen; aber nie und zu keiner Zeit hat der blosse
Fluchtversuch eines Anzuklagenden den Häscher oder denjenigen, der freiwillig Häscherdienst thut, berechtigt denselben niederzumachen. Anders verhält es sich freilich
bei thätlichem anderweit nicht zu überwältigenden
Widerstand des Angeschuldigten; und so hat Dionysios

die Erzählung gewendet: nach ihm flüchtet sich Maelius
in einen Schlächterladen und verwundet mit dem Fleischer-
messer einen der Begleiter des Servilius, worauf er nicht
von diesem selbst, aber von dessen Leuten niedergemacht
wird. Indess noch Livius Erzählung weiss von dieser
Aggression des Maelius nichts und steht der ursprünglichen
offenbar näher; denn das äusserste Mass des Lictorenrechts,
die unbedingte Coercition will diese keineswegs illustriren.
Auch bei Livius wird Maelius ohne Urtheil mit Recht
getödtet, nicht weil er sich nicht will verhaften lassen,
sondern weil er nach der Königswürde strebt, und
Servilius gefeiert nicht als beherzter Diener des Gerichts,
sondern als Erretter der Republik von dem Königthum[119]),
so dass streng genommen die dictatorische Ladung und des
Maelius Fluchtversuch den wahren Rechtsgrund der
Tödtung nicht abgeben, sondern nur verdunkeln. — Was
sodann den Hergang der Tödtung selbst anlangt, so giebt
die Erzählung, wie sie uns vorliegt, darüber keine Andeutung, wie Servilius zu der Waffe kommt. Sollte auch
der Reiterführer das Recht gehabt haben in der Stadt das
Schwert zu tragen, was nicht recht glaublich ist[120]),

---

[119]) Dies ist wenigstens die eigentliche Tendenz der Darstellung,
zusammengefasst in der Anrede des Dictators: *macte virtute,
C. Servili, esto liberata re publica.* Freilich steht daneben die Aus-
rede: *Maelium iure caesum, etiamsi regni crimine insons fuerit, qui
vocatus a magistro equitum ad dictatorem non venisset . . . . vim pa-
rantem, ne iudicio se committeret, ei coercitum esse.* Man sieht, wie
nahe es lag von dieser Darstellung zu der rationelleren des Dionysios fortzuschreiten.

[120]) Antonius allerdings führt als Magister Equitum das Schwert
auch in Rom (Dio 42, 27 vgl. 45, 29. 46, 16); aber dies wird als
Usurpation der neuen Militärmonarchie dargestellt. Vgl. Staatsrecht 1² S. 418 A. 4. 2² S. 168.

so trug er es an der Seite, nicht verborgen unter der
Achsel; unmöglich kann die Erzählung, die den Servilius zum Beamten macht, ihn zugleich einen Dolch
heimlich unter dem Gewande haben tragen lassen[131]). Aber
dann können auch die Servilier von diesem Vorfall nicht
das Cognomen Ala empfangen haben, wie denn in der
That die Annalisten dieser Kategorie dies unterdrücken
und den Servilius gleich mit diesem Cognomen einführen.
Indess gerade dieser Zug der Erzählung hat der inneren
Wahrscheinlichkeit nach fast den meisten Anspruch darauf
nicht für historisch, aber für einen ursprünglichen Bestandtheil derselben, ja für ihren Ausgangspunct zu gelten. —
Man wird also, wie dies auch dem Stande der Ueberlieferung entspricht, vielmehr die zweite Dictatur des Cincinnatus und die Reiterführerstellung Ahalas als relativ
späte Fiction zu betrachten haben.

Abgesehen von diesen jüngeren Zuthaten charakterisirt
sich die Erzählung als eine nicht ursprünglich der Chronik
entstammende, sondern wahrscheinlich der Familienüber-
lieferung angehörige vornehmlich durch ihre ursprüngliche
Zeitlosigkeit. Diese tritt zunächst darin hervor, dass das
Cognomen der Servilier, dem zu Liebe sie hauptsächlich
erfunden ist, in der Magistratstafel bereits geraume Zeit vor
demjenigen Jahre auftritt, unter dem der Vorgang in die Annalen eingereiht ist. In den capitolinischen Fasten[132]) führt

---

[131]) Bei Dionysios 12, 2 tragen die Ritter, von denen begleitet
Servilius vor den Maelius tritt um ihn zu laden, unter den Ge-
wändern Dolche.

[132]) Der Chronograph von 354 substituirt in allen vor dem
J. 389 liegenden Fällen für Ahala das erste Cognomen Structus,
obwohl er durchaus das jedesmal letzte auszuschreiben pflegt

oder führte das Cognomen Ahala bereits der Consul des J. 276,
das identische Axilla [133]) der Consul des J. 327, Kriegstribun
335. 336. 337, Reiterführer 336; was sich mit der
hier erörterten Erzählung nur unter der Voraussetzung in
Einklang bringen lässt, dass sie, wie die meisten der zur
Erklärung von Cognomina erfundenen Anekdoten, ursprünglich keinem bestimmten Jahr angehört hat. — Noch deutlicher zeigt sich dies darin, dass von den vier in derselben
eine Rolle spielenden Personen nur eine einzige und eben
die der älteren Erzählung fremde in den Fasten ihren Platz
hat, dagegen die drei mit der ursprünglichen Erzählung
verflochtenen der Magistratstafel, dass heisst den ältesten Annalen nachweislich fremd sind. Von L. Quinctius Cincinnatus
ist in dieser Hinsicht schon die Rede gewesen: die für ihn
erfundene Dictatur knüpfte allerdings diesen Vorgang an
die Magistratstafel. Aber von den drei Namen der älteren
Version Sp. Maelius, C. Servilius, L. Minucius kennen die
Beamtenverzeichnisse keinen. Es hat dies offenbar schon
früh, bald nachdem die Erzählung den Annalen einverleibt

(vgl. C. I. L. I p. 483); vermuthlich lag ihm die capitolinische
Magistratstafel in einem Exemplar vor, in dem ein Gelehrter, welcher
das Cognomen Ahala erst mit dem J. 315 aufkommen liess, dasselbe
bei den älteren und den gleichzeitigen Serviliern getilgt hatte.

[133]) Cicero orat. 45, 153: *quomodo vester Axilla Ala factus est
nisi fuga litterae vastioris?* (wo das *vester* darauf geht, dass er an
M. Brutus, den Adoptivsohn des Q. Servilius Caepio schreibt)
scheint anzudeuten, dass die Servilier sich früher Axillae, später
Ahalae oder Alae nannten: was auch mit den capitolinischen
Fasten stimmt, wofern man von dem Consul des J. 276 absieht.
Livius giebt an der einzigen Stelle, wo er den Axilla der Fasten
mit seinem Cognomen bezeichnet (4. 12), auch ihm den Namen
Ahala.

worden war, Anstoss gegeben und mancherlei Windungen
und Wendungen der Erzählung veranlasst. Zwar bei dem Plebejer Sp. Maelius konnte die Frage, warum er in den Fasten
fehle, nicht aufgeworfen werden; wenn ihn die spätere
Darstellung zu einem jungen Mann vom Ritterstand, einem
reichen Kaufmannssohn macht[124]), so ist damit nur die
Stellung ausgesprochen, die einem angesehenen Plebejer
jener Epoche allein beigelegt werden konnte, und auch
die ältere Fassung wird, wenn auch weniger bestimmt und
weniger prosaisch, ungefähr dasselbe gesagt haben. Aber
auch die Patricier C. Servilius und L. Minucius werden
in den Fasten dieser Epoche auffallender Weise vermisst.
Denn weder darf mit jenem der schon erwähnte C. Servilius
Structus Axilla Consul 327, Kriegstribun 335. 336. 337,
Reiterführer 336[125]) noch mit diesem L. Minucius Esquilinus Augurinus Consul 295, Decemvir 304[126]) identificirt werden, insbesondere weil nirgends eine Notiz auf
eine solche Identification hinweist und diese doch gewiss

---

[124]) Livius 4, 13, 1: *ex equestri ordine, ut illis temporibus praedives.*
c. 15, 6: *Sp. Maelium, cui tribunatus plebis magis optandus quam sperandus
fuerit, frumentarium divitem.* Dionys. 12, 1: ἀνὴρ τις οἴκου τε οὐκ
ἀφανοῦς καὶ χρήμασιν ἐν τοῖς μάλιστα δυνατός, Σπόριος Μάλλιος Εὐδαίμων ἐπίκλησιν ἀπὸ (Hdschr. ἐπὶ) τῆς πολλῆς εὐπορίας, νεωστὶ μὲν
παρειληφὼς τὸν οἴκον τοῦ πατρός. ἡλικίαν δὲ καὶ τάξιν ἔχων ἱππικήν,
οἷα μήτε ἀρχὰς παραλαμβάνειν μήτε ἄλλην κοινὴν ἐπιμέλειαν μηδεμίαν.

[125]) Abgesehen davon, dass dieser in den capitolinischen Fasten
nicht Ahala heisst, sondern Axilla, spricht gegen die Identification, wofern diese Fasten, wie wahrscheinlich, den Mörder des
Maelius als Reiterführer 315 aufgeführt haben, dass sie dem Reiterführer des J. 336 keine Iterationszahl beisetzen.

[126]) Gegen diese Identification, die auch ich früher angenommen
habe, macht Weissenborn mit Recht geltend, dass die Decemvirn
des J. 304 sämmtlich verurtheilt wurden.

14*

nicht fehlen würde, wenn die Annalen sie angenommen
hätten. Als Antwort auf die Frage, was aus diesen Vor-
fechtern der Aristokratie geworden sei, scheint in Betreff
des Servilius die Erzählung erfunden zu sein, die bei
Cicero sich findet, dass derselbe, wegen der Tödtung des
Maelius in Centuriatcomitien verurtheilt, ins Exil ging[177]);
während die sonstigen Berichte von einer Verbannung
nichts wissen, ja Livius dieselbe bestimmt genug ausschliesst. Wohl halten bei ihm einige Volkstribune des
J. 315 Reden gegen Minucius und Servilius[178]) und beantragt dann ein Tribun des J. 318 gegen Minucius die
Anklage und gegen Servilius die Einziehung des Vermögens;
aber beide Anträge bleiben erfolglos[179]). Wenn die von

---

[177]) Ausdrücklich sagt dies Cicero *de domo* 32, 86; und gewiss
denselben Bericht hat er im Auge *de rep.* 1, 3, 6: *vel exilium
Camilli vel offensio commemoratur Ahalae vel invidia Nasicae vel ex-
pulsio Laenatis vel Opimii damnatio.* Schwegler (3, 136) meint freilich aus diesen Worten folgern zu können, dass Cicero — dem er
nach der damals herrschenden, jetzt wohl allgemein aufgegebenen
Annahme die Rede *de domo* abspricht — von der Verbannung des
Ahala nichts gewusst habe, da er das *exilium Camilli* von der
offensio Ahalae unterscheide. Aber auch Laenas und Opimius sind
ins Exil gegangen und offenbar ist hier nichts beabsichtigt als
ein rhetorischer Wechsel wesentlich gleicher Bezeichnungen. Da
Valerius Maximus 5, 3, 2, was er über das Exil des Ahala sagt,
wahrscheinlich aus Cicero entlehnt hat, so ist dieser dafür der
einzige Gewährsmann. — Von der Rückberufung des Ahala aus
dem Exil berichtet gar nur Cicero, ebenso wie von derjenigen
des Kaeso Quinctius. Hier ist unzweifelhaft wenigstens ein Gedächtnissfehler vorgefallen, durch den dem erlauchten Verbannten
ausser dem Präcedenzfall des Camillus noch eine stattliche Reihe
weiterer Präcedentien erwuchs.

[178]) 4, 16, 5.

[179]) 4, 21, 3. Weissenborn z. d. St. versucht eine Vereinigung

_ Cicero benutzten Annalen die Verbannung des Ahala berichteten, um damit sein Verschwinden von der Bühne zu motiviren, so mögen die von Livius zu Grunde gelegten lieber dies Verschwinden hingenommen als einen Vorgang aufgestellt haben, der mit der Schleifung des Hauses des Maelius und den dem Minucius erwiesenen Ehren in grellen Widerspruch trat. — Was den Minucius anlangt, so wird die Angabe, welche Plinius[130]) vorbringt und auch Livius[131]) anführt, aber als interpolirte Familientradition verwirft, dass er zur Plebs übergegangen und in das Volkstribunencollegium des Jahres als elftes Mitglied eingetreten sei, aus dem gleichen Motiv hervorgegangen sein sein Fehlen in den Fasten zu erklären; denn Minucius Uebertritt zur Plebs schloss ihn ebenso

---

dieser Angabe mit der ciceronischen: Ahala sei vorher angeklagt und ins Exil gegangen, weshalb der Tribun weiter Vermögenseinziehung beantragt habe.   Aber in diesem Falle hätte Livius den erfolgreichen Hauptantrag weggelassen und bei dem verunglückten secutorischen Prozess verweilt, somit in der That was Verurtheilung war, als Freisprechung geschildert.   Auch ist es zwar richtig, dass die Confiscation der Güter in dieser Zeit nicht als selbstständige Strafe auftritt; aber vermuthlich stand es in der Befugniss des Anklägers im Capitalprozess die an sich den Verlust des Lebens und des Vermögens umfassende Strafe auf das letztere zu beschränken, so dass der Annalist in dem, was er schrieb nichts rechtlich Undenkbares aufgestellt hat.

[130]) 18, 3, 15: *L. Minucius Augurinus qui Sp. Maelium coarguerat, farris pretium in trinis nundinis ad assem redegit undecimus plebi tribunus.* Maelius selbst bringt (nach Dionysios 12, 1) den Preis von 120 Assen (12 Drachmen) auf 20 herab.

[131]) 4, 16, 3: *hunc Minucium apud quosdam auctores transisse a patribus ad plebem undecimumque tribunum cooptatum seditionem motam ex Maeliana caede sedasse invenio.*

von der Aemterlaufbahn aus wie den Servilius das Exil.
Daneben scheint bei dieser Erzählung auch die Frage ihre
Antwort haben finden zu sollen, in welcher Eigenschaft
Minucius sich um das Getreidewesen zu bekümmern gehabt
habe. Ob die älteste Erzählung überhaupt diese Frage
aufgeworfen hat, ist, wie gesagt (S. 203), ungewiss; das
ist nach der Ueberlieferung nicht zu bezweifeln, dass diejenigen, die ihn zum elften Volkstribun machten, ihn als
solchen das Getreide des Maelius vertheilen und die
niedrigen Kornpreise herbeiführen liessen. In den linnenen
Büchern dagegen fanden Livius Gewährsmänner, das heisst
doch wohl Macer, den Minucius unter den Magistraten
der beiden Jahre 314. 315 als *praefectus annonae* aufgeführt[132]) — eine Wendung, die wohl daraus hervorgegangen
ist, dass man die Widersinnigkeit jenes elften getreide-
vertheilenden Volkstribuns einsah, die aber in der That
nur eine Unmöglichkeit mit der andern vertauscht; denn
die ältere Geschichte der Republik weiss von *praefecti
annonae* gerade so viel wie von elften Volkstribunen.
Einleuchtend liegt in all diesen mannichfaltig gewandten
Anekdoten das Bestreben zu Tage eine ursprünglich ausser-

---

¹³²) Livius 4, 12, 8. 13, 7: *L. Minucius praefectus annonae seu
refectus seu, quoad res posceret, in incertum creatus; nihil enim constat
nisi in libros linteos utroque anno relatum inter magistratus praefecti
nomen.* Nach Vergleichung von c. 7, 2. c. 20, 8. c. 23, 2 in demselben Buche kann es kaum zweifelhaft sein, dass Livius die
libri lintei nur durch Macer kennt; Tubero, den er an der letzten
Stelle daneben nennt, hängt wohl von Macer ab. Dass Minucius
vom Senat zum ἔπαρχος τῆς ἀγορᾶς bestellt worden war und
durch Maelius von seinem Tribunal verdrängt wird, berichtet auch
Dionys. 12, 1.

halb der Chronik stehende, vermuthlich aus den Geschlechts-
erzählungen der Servilier oder der Minucier hervorgegan-
gene Erzählung in die annalistische Ueberlieferung nachträglich einzuflechten.

Fassen wir die Ergebnisse zusammen, so erscheint
die Erzählung von Sp. Maelius den schon erörterten von
Sp. Cassius und M. Manlius insofern nicht gleichartig,
als sie allem Anschein nach nicht bloss von quasi-histo-
rischer Fabulirung überwuchert, sondern selbst eine relativ
späte Fabel ist. Ein nach der Königskrone greifender plebejischer Mann ist für diese Epoche eine Anomalie, die
selbst als Fiction nicht in sehr frühe Zeit hinaufreichen
kann. Darum trägt sie auch noch in höherem Grade als
die beiden anderen die politische Tendenz an der Stirn.
Mag sie nun ursprünglich bloss den Zweck gehabt haben
den Umsturzmann als vogelfrei darzustellen und der getreide-
spendende Demagoge ein späterer Zusatz sein, oder mag
von Haus aus das letztere Moment mit ihr verflochten
gewesen sein, immer erscheint sie als eine durchaus im
aristokratischen Sinn erfundene Erzählung. — In einem
gewissen Gegensatz zu dieser ihrer ursprünglichen Tendenz
steht indess das wahrscheinlich von Macer eingesetzte
Moment, dass Augurinus als *praefectus annonae* in der
Magistratsliste dieses Jahres verzeichnet sei. Das Bemerkenswerthe ist dabei nicht so sehr die Sache selbst als die
Uebertragung dieses Geschäfts an eine einzelne Person.
Es ist ein wesentliches Moment in den Bestrebungen
der demokratisch-monarchischen Popularpartei, dass sie
durchgängig statt des Beamtencollegiums den Einzel-
beamten fordert wie in letzter Instanz den Imperator
statt des Senats. Bezeichnend dafür ist namentlich das

appuleische Coloniegesetz, das die Ausführung der Colonie
statt in die Hände der Triumvirn in die des Feldherrn selbst
legt[133]). Sehr wahrscheinlich sind im siebenten Jahrhundert
bei den durch die Stockungen und Schwankungen der Korn-
zufuhr veranlassten Bewegungen ähnliche Tendenzen her-
vorgetreten. Die *praefectura annonae*, in welchen dieselbe
zur Durchführung gelangte, hat erst Augustus als stän-
diges Amt geordnet; aber vorbereitet ist sie worden durch
ausserordentliche und vorübergehende Anordnungen gleicher
Art der späteren Republik, wie sie nachweislich zu Gunsten
des Consulars M. Aemilius Scaurus im J. 650[134]) und
dann in viel weiterem Umfang und weiter greifender
politischer Bedeutung zu Gunsten des Cn. Pompeius im
J. 697, wahrscheinlich aber ausserdem noch mehrfach
vorgekommen oder doch vorgeschlagen worden sind.
Diese Agitation wird Macer zu seiner Aufstellung den
Anlass und das Muster gegeben haben. Mit der
älteren durchaus aristokratischen Fassung der Erzählung
von Sp. Maelius hat diese anticipirte Getreidepräfectur
nichts gemein; erst der demokratische Archäolog hat
aus dem volksfreundlichen Aristokraten Augurinus einen
Vorgänger desjenigen Verwalters des Getreidewesens gemacht, wie seine Partei ihn begehrte.

---

[133]) Darauf läuft auch Livius 2, 27 hinaus: *certamen consulibus
inciderat, uter dedicaret Mercuri aedem: senatus a se rem ad populum
reiecit: utri eorum dedicatio iussu populi data esset, cum praeesse annonae, mercatorum collegium instituere, sollemnia pro pontifice iussit
suscipere.* Vgl. Staatsrecht 2² S. 652 A. 6.

[134]) Cicero *de har. resp.* 20, 43: *Saturninum . . . . in annonae
caritate quaestorem a sua frumentaria procuratione senatus amovit eique
rei M. Scaurum praefecit.* Ders. *pro Sest.* 17, 39. Staatsrecht 2² S. 653.

Die einzigen realen Anlehnungen der Erzählung
möchten die topographischen sein, einmal an die Säule mit
der Statue eines Minucius vor der Porta Trigemina, andererseits an den freien Platz Aequimelium genannt unterhalb
des Capitols. Nach der Verschiedenheit der Schreibung
(S. 202 A. 106) darf es als sicher gelten, dass diese Oertlichkeit von allem andern eher als von dem Plebejergeschlecht
der Maelier den Namen führt; nichts desto weniger ist es
nicht unwahrscheinlich, dass die Vermuthung, der öde
Platz möge die Wohnstätte eines verurtheilten Hochverräthers bezeichnen, die etymologisirende Anekdote von des
Sp. Maelius Thaten und Leiden erzeugt hat. — Warum
die Erzählung gerade bei dem J. 315 ihre Stelle gefunden
hat, vermögen wir nicht zu sagen [125]); vielleicht war dies
das erste Jahr, unter welchem die Annalen von einer
ernstlichen Theurung berichteten, und schien dasselbe
deshalb dafür besonders schicklich.

Das aber bleibt schliesslich noch hervorzuheben, dass
unter allen römischen Legenden keine in den späteren
geschichtlichen Verlauf so unmittelbar und so verhängniss-
voll eingegriffen hat wie die Erzählung von der That des
Ahala. Es gehört zu dem Wesen der römischen Entwickelung, dass die Ueberlieferung von den Thaten der Vorfahren,
einerlei ob Wahrheit oder Fabel, das Handeln der Nach-
kommen wesentlich bestimmen half und die Präcedentien
und Ueberlieferungen hier eine Rolle spielen wie nirgends

---

[125]) Diesen Platz hat die Erzählung schon bei Diodor und
hat denselben gewiss bereits in den ältesten Annalen gehabt; also
kann er nicht mit Rücksicht auf Cincinnatus gewählt sein. Vielmehr hat umgekehrt diese Jahreszahl dazu geführt in die spätere
Umbildung der Erzählung eben den Cincinnatus hineinzuziehen.

sonst. Diese Erzählung lehrte, vor allem in ihrer ursprünglichen, aber auch noch in der späteren abgeschwächten Form,
dass die Tödtung des Tyrannen, auch wenn sie in der Form
des Meuchelmordes sich vollzieht, Bürgerrecht und Bürgerpflicht sei; und dieser Lehre gehorchend hat jenes
Mörders Enkelsohn Brutus den Dictator Caesar getödtet.
Dass er durch diese geschichtliche und geschlechtliche
Erinnerung mit zum Morde getrieben wurde, ist eine erwiesene Thatsache; und wenn die That des Ahala so wenig
Geschichte ist, wie die constantinische Schenkung und die
isidorischen Decretalen Urkunden, so hat sie dafür Geschichte gemacht wie kaum ein historischer Vorgang.

Für den, der dem Gange dieser Untersuchungen gefolgt
ist, wird es weiter keiner Rechtfertigung bedürfen, wes-
wegen sie hier zusammengefasst sind. Die drei Erzählungen
von Sp. Cassius, M. Manlius und Sp. Maelius sind keineswegs aus gleichartiger Quelle hervorgegangen und keineswegs gleichartigen Werthes; wohl aber sind sie in der
jüngeren Annalistik in gewissem Sinne correlat geworden.
Dass die Demagogie zur Tyrannis führe und der Weg
derselben entweder die Ackervertheilung oder die Getreide-
spende oder die Vernichtung der Schuldbücher sei, diese
der Geschichte des siebenten Jahrhunderts entnommene
Lehre wurde hineingetragen in die des dritten und vierten
und in ätiologischer Plastik dargestellt. Wie Sp. Cassius
durch Ackervertheilung, wie M. Manlius durch Schuldentilgung, so greift Sp. Maelius durch Getreidespenden nach
der Krone; allen dreien ist insofern Schuld wie Strafe

gemeinsam. Vermuthlich fanden die Tendenzannalen der
sullanischen und nachsullanischen Epoche in Beziehung
auf Sp. Maelius schon mehr vorgearbeitet als in Beziehung
auf die beiden andern Figuren; denn wenn bei diesen die
Motive der Landvertheilung und der Schuldbücher nicht
vor der zweiten Hälfte des siebenten Jahrhunderts in die
Annalen gelangt zu sein scheinen, so hat wahrscheinlich
die Erzählung von Sp. Maelius sich bereits in früherer
Zeit, wo nicht von Haus aus um die Getreidevertheilung
gedreht; ja man könnte vermuthen, dass die spätere
Annalistik eben von hier den Anstoss empfing auch die
Cassius- und die Manlius-Erzählung ähnlich zu gestalten
und also jene merkwürdige pseudo-historische Trilogie
antidemagogischer Tendenz zu entwickeln, in welche Einsicht gewonnen zu haben von positivem Werth ist für die
Geschichte des siebenten Jahrhunderts, von negativem für
die des dritten und vierten.   Vor allem aber für die
Kunde der römischen Institutionen ist es von grösster
Wichtigkeit die einzelnen Angaben aus der unhistorischen
oder halbhistorischen Epoche nicht anders zu benutzen, als
nachdem festgestellt ist, in wie weit diese Erzählungen
wesentlich echte Tradition sind oder willkürliche Ausführungen aus der gracchischen oder auch erst aus der
sullanischen Periode. Wie vieles, was über den ältesten
Criminalprozess geredet zu werden pflegt, ist lediglich dem
Detail jener drei Demagogenprozesse entnommen! In den
hier behandelten drei Erzählungen tritt die im siebenten
Jahrhundert, insbesondere in der sullanischen Zeit durchgeführte Interpolation der alten Annalen in helles Licht;
und sie vor allem sind geeignet die immer noch viel zu
günstigen Vorstellungen über den Stand unserer Ueber-

lieferung, insbesondere über die Quellen und den Werth
der livianischen Annalen, auf das richtige Mass zurückzuführen. Ausser den diodorischen und den ciceronischen
Berichten so wie einzelnen zerstreuten Notizen sind die
vorsullanischen Annalen für uns verloren; jede der hier
betrachteten Erzählungen beweist, dass Livius wie nicht
minder unsere beiden andern Haupt- und relativ selbst-
ständigen Quellen, Dionysios und die Schrift *de viris
illustribus*, im Grossen und Ganzen genommen auf die sullanischen und nachsullanischen Geschichtswerke zurückgehen, auf die von Valerius Antias umgearbeiteten Annalen
und die davon abhängigen der späteren Epoche. So weit
von Vergleichung verschiedener Annalen bei Livius überhaupt die Rede sein kann, hat er nur die Schriftsteller
dieser Zeit, den Antias, Macer, Tubero mit einander verglichen, nicht aber diese mit den älteren, zum Beispiel
den Annalen des Fabius und des Piso, vielmehr von diesen
besseren Quellen keine stetig zu Rathe gezogen, geschweige
denn seiner Darstellung auch nur abschnittsweise zu Grunde
gelegt. Es ist möglich, dass er sie hin und wieder eingesehen hat; wahrscheinlich aber hat er sie für sein Ge-
schichtswerk nicht anders benutzt als aus zweiter Hand.
Dies ist recht übel; aber noch übler ist es sich darüber
Illusionen zu machen.

FABIUS UND DIODOR[1]).

— Wenn über den Werth und das Verhältniss der Chroniken der römischen Republik die Meinungen weiter auseinander gehen und sich schärfer gegenüberstehen als auf anderen gleichartigen Forschungsgebieten, so macht in dieser Hinsicht das in Diodors Auszug uns aufbehaltene Annalenwerk eine erfreuliche Ausnahme. 'Die bei Diodor erhaltenen Berichte weisen eine Reinheit der Tradition auf, welche von den späteren, namentlich auch den livianischen Annalen weit absticht. Dieser Satz hat seit Niebuhr gegolten und kann überhaupt mit wissenschaftlichen Gründen nicht angefochten werden.' Diese Worte Nissens[2]) bezeichnen richtig den gegenwärtigen Stand der Forschung, und es ist diese gewonnene Ansicht glücklicherweise durchaus unabhängig von den Meinungsverschiedenheiten über den Verfasser des von Diodor ausgeschriebenen Quellenwerks. Jede weitere Untersuchung bestätigt es · wieder,

---

[1]) [Zuerst gedruckt S. 222—236 im Hermes 5 (1871) S. 271 — 290, das Uebrige mit Ausnahme des neu hinzugefügten Abschnitts S. 245—263 im Hermes 13 (1878) S. 305—334].

[2]) Rhein. Mus. 25, 27. Urtheile wie zum Beispiel das Schweglers 3, 199, dass Diodor 'überall ungenau' und sein Zeugniss 'durchaus ohne Gewicht' sei, verstummen mehr und mehr und werden hoffentlich bald ganz verschwunden sein.

dass, wo die diodorische Ueberlieferung von der sonstigen sich
entfernt, die erstere durchgängig den richtigen oder mindestens den älteren und minder entstellten Bericht giebt.

Es mag zunächst gestattet sein die Vorzüglichkeit der
Angaben Diodors gegenüber allen sonst uns vorliegenden in
einigen besonders merkwürdigen Beispielen weiter darzulegen, bevor ich mich zu dem eigentlichen Gegenstand
dieser Untersuchung wende.

Hinsichtlich der römischen eponymen Beamten des
J. 320 liegt die Ueberlieferung also. Livius[1] berichtet,
dass Macer in diesem Jahr die Consuln [C.] Iulius [Iulus]
III, [L.] Verginius [Tricostus] II verzeichne, Antias und
Tubero dagegen die Consuln M. Manlius und Q. Sulpicius;
er fügt hinzu, dass nach Macers und Tuberos Angabe die
älteren Chroniken (*scriptores antiqui*) für dies Jahr Kriegstribunen aufführen, giebt aber deren Namen nicht an.
Die capitolinischen Tafeln selber fehlen, aber in den Auszügen finden sich in dem einen (Paschalchronik und Idatius) Capitolinus und Camerinus (oder Carinus), in dem
anderen Capitolinus und Cossus; dass dies Consuln sind,
nicht Kriegstribune, geht daraus hervor, dass der erste dieser
Auszüge in derselben Weise wie die Fasten des latinischen
Festes (S. 100. 109) die tribunicischen Collegien nur der Zahl
nach aufführt, wie dies in der That gleich für die folgenden
Jahre 321. 322 geschieht (*his consulibus item tribuni plebis
III annis II*), die Hinsetzung der Namen also das Colle-

---

[1] 4, 23.

gium als consularisches kennzeichnet. Dagegen Diodor[4])
weiss in diesem Jahr nichts von Consuln, sondern führt
die Namen folgendermassen auf: Χιλ. τρεῖς Μάρκος Μά-
νιος, Κόϊντος Σουλπίκιος Πραιτέξτατος, Σερούλιος Κορνήλιος Κόσσος, worin man leicht die drei Namen erkennt
M. Manlius Capitolinus, Q. Sulpicius Praetextatus, Ser.
Cornelius Cossus. Dies ist offenbar die älteste Ueberlieferung, nicht bloss weil Livius dies sagt, sondern auch
weil aus der diodorischen Ansetzung allein sich die
bessere unter den beiden anderen herleiten lässt, während dies umgekehrt nicht der Fall ist. Es ist dies diejenige, in welcher die capitolinische Tafel mit Antias
und Tubero zusammentrifft. Zwar werden hier zwei
Consuln aufgeführt statt dreier Kriegstribune; aber
der eine dieser Consuln ist offenbar identisch mit dem
einen der Kriegstribune Diodors M. Manlius Capitolinus,
während der zweite bei Antias und Tubero den Vor- und
Geschlechtsnamen des zweiten diodorischen Kriegstribuns
Q. Sulpicius, dagegen in den Auszügen der capitolinischen
Fasten, die nur die Cognomina erhalten haben, in der einen
Redaction das Cognomen des dritten Kriegstribunen Ser.
Cornelius Cossus zeigt, in der andern dagegen zwar nicht
das Cognomen des zweiten Q. Sulpicius Prätextatus, aber
doch das den patricischen Sulpiciern ebenfalls eigenthümliche Camerinus. Demnach möchte die älteste Liste so
gelautet haben:

---

[4]) 12, 53. Ich gebe den Text nach der mir von dem verstorbenen Prof. Bergmann freundlich mitgetheilten Lesung der
alten Handschrift von Patmos.

> *M. Manlius Capitolinus*
> *Q. Sulpicius Praetextatus Camerinus*   *tr. mil.*
> *Ser. Cornelius Cossus*

und aus dieser durch einen sehr alten Schreibfehler die
Worte *Ser. Cornelius* ausgefallen sein, so dass übrig blieb
Q. Sulpicius Praetextatus Camerinus Cossus, wo es denn
nahe lag, da nur zwei Namen sich vorfanden, aus den
Kriegstribunen Consuln zu machen[5]). Diese beiden Ansetzungen lagen offenbar schon Macer vor; sein Mittel
sich aus der Verlegenheit zu ziehen ist charakteristisch
für seine unkritische Kritik: er wirft jene Namen alle weg
und wiederholt mit Iterationsbeisetzung die Consuln des
Vorjahrs. — Vielleicht giebt es in den gesammten Annalen
des Livius keine Stelle, wo er so ausführlich wie hier über
seine Quellen Rechenschaft legt; und hier nun liegt es
auf der Hand, dass er die drei sullanischen oder noch
jüngeren Annalisten Antias, Macer und Tubero selber verglichen, dagegen das, was er über die älteren Schriftsteller
sagt, nicht aus diesen selbst, sondern eben auch aus
Macer und Tubero genommen hat. — Aus einer nicht
älteren Quelle als der den livianischen Annalen zu Grunde
liegenden ist auch die capitolinische Fastentafel geflossen.
Im ganzen Bereich unserer Litteratur bewahrt der einzige
Diodor die Fassung der älteren Schriftsteller, und er kennt
nur diese.

Von grösserem Umfang ist die nicht genügend beachtete

----

[5]) Wenn der schlechtere der beiden Epitomatoren den zweiten
Consul als Camerinus, nicht als Cossus bezeichnete, so mag er
wohl, wie Hübner vermuthet, *Camerino Cosso* aufgefasst haben als
verschrieben für *Camerino cos.*

Differenz, welche in der Consulartribunenliste zwischen
Diodor einer- und Livius und der capitolinischen Tafel
andererseits besteht. Bei Diodor wechseln in bunter Folge
Collegien von drei, vier und sechs Stellen mit einander
ab; während dagegen in den beiden andern Listen, abgesehen davon, dass das bei Diodor dreistellige Collegium
des J. 329 in diesen vierstellig ist, seit dem J. 349,
womit nach allen Listen die sechsstelligen Collegien beginnen, lediglich solche auftreten, also den nach Diodor
dreistelligen Collegien je drei, den nach diesem vierstelligen
je zwei Namen hinzugefügt werden. Wer diese principielle
Verschiedenheit auf die Nachlässigkeit sei es Diodors, sei
es seiner Abschreiber zurückführen zu können meint, hat
die Sachlage wenig erwogen. Diodor hat die Listen allerdings wahrscheinlich schon selbst vielfach, namentlich
durch Auslassungen entstellt[6]), aber keineswegs absichtlich verkürzt; hätte er dies gewollt, so würde er es
nicht bloss für einen kleinen Theil der sechsstelligen

---

*) Insbesondere sind davon diejenigen Stellen betroffen worden,
wo derselbe Gentilname in der Liste mehrere Male unmittelbar
nach einander steht. So werden zum Beispiel für 360 die drei
Kriegstribune M. Furius, L. Furius, C. Aemilius bei Diodor
zweimal aufgeführt, zuerst 14, 97 so: *Χιλ. τρεῖς Μάρκος Φρούριος,
Γάιος Αἰμίλιος*, dann 15, 2, so: *Χιλ. τρεῖς Μάρκος Φρούριος, Γάιος
καὶ Αἰμίλιος*, wo also L. Furius beide Male fehlt. Bekanntlich
setzen die Römer in Listen, welche die Namen abgesetzt und
unter einander anführen, bei zwei unmittelbar auf einander folgenden gleichen Gentilnamen diesen nur in der ersten Zeile und
lassen in der oder den folgenden statt desselben leeren Raum; wie
dies auch in den capitolinischen Fasten bei den J. 336. 442 geschehen ist. Dasselbe findet auch statt bei zwei neben einander
geschriebenen Namen (C. I. L. I n. 1280). Wenn Diodor eine also
geschriebene Liste vorlag, so erklären diese Irrthümer sich leicht.

Collegien gethan haben. Er giebt überdies regelmässig an der
Spitze des Verzeichnisses die Zahl der jedesmaligen Consulartribunen an, und es ist nicht der entfernteste Grund vorhanden in diesen Ziffern wesentliche Verderbnisse zu suchen.
Die Schreiber ferner haben die Namenlisten wohl in jeder
anderen Weise misshandelt, aber ebensowenig systematisch
verkürzt: vielmehr erkennt man deutlich, dass die Liste
in den jüngeren Handschriften — nicht in der alten von
Patmos[7]) — nach Anleitung jener Ziffern durch Einsetzung
falscher Namen ergänzt worden ist[8]). Den unmittelbaren
Beweis ferner dafür, dass Diodor in dieser Beziehung seine
Quelle im Wesentlichen treu wiedergiebt, liefern die Listen
für 360—364, die bekanntlich durch ein Versehen Diodors
zweimal ausgezogen sind und dennoch, von Schreibfehlern
abgesehen, völlig übereinstimmen, namentlich auch darin,
dass beide Male für 360 nur drei, für 363 nur vier Namen
verzeichnet sind. In der Hauptsache also liegt hier eine
tiefgreifende und weit zurückreichende Verschiedenheit der
Listen vor; und es fragt sich, welche von beiden Fassungen
die glaubwürdigere ist.

Nun spricht aber in dieser Beziehung alles für Diodor.
Die dauernde Unstetigkeit der Zahl harmonirt, wie dies

---

[7]) Auch für die Namen der Consulartribunen hat Bergmann die Freundlichkeit gehabt mir die sämmtlichen zum Theil
wichtigen Varianten dieser Handschrift mitzutheilen.

[8]) So ist der Ausfall des L. Furius in der zweiten der beiden
A. 6 angeführten Stellen schon in älterer Zeit, wenn nicht gar
von Diodor selbst durch das eingeschobene καὶ verdeckt; in
der ersten aber ist dies nicht geschehen und daher in den meisten
jungen Handschriften am Schluss zugesetzt Κάϊλος Ἥρος, welcher
erdichtete Name in der Handschrift von Patmos nicht steht.

anderswo nachgewiesen worden ist[9]), durchaus mit dem
Wesen des Consulartribunats. Weiter ist nicht abzusehen,
wie man darauf fallen konnte unter den späteren Consular-
tribunencollegien eine bestimmte beschränkte Zahl von
sechs auf drei oder vier zu reduciren, während es einem
Fälscher nahe lag mit Hülfe des in gewissem Sinn ganz
richtigen Satzes, dass die Normalzahl der Consulartribunen
sechs ist. von dem ersten Auftreten dieser Zahl an sie
nun auch unbedingt durchzuführen; die Regularität selbst
ist geeignet Verdacht zu erwecken. Ferner sind von den
im Ganzen elf Collegien, welche nach Diodor drei- oder
vierstellig, nach Livius und, so weit sie reicht, der
capitolinischen Liste sechsstellig sind, neun (329. 360. 363.
368. 371. 372. 376. 384. 386) bei Livius so geordnet, dass
die bei Diodor fehlenden Namen durchaus an letzter
Stelle stehen; und dasselbe gilt auch, mit einer einzigen
Ausnahme, von den capitolinischen Fasten[10]). Es wird
dadurch der Verdacht bestärkt, dass alle diese Namen — es sind zusammen neunzehn — aus später
Interpolation der Fasten hervorgegangen sind. Endlich
die Musterung der Namen im Einzelnen ist nicht geeignet
diesen Verdacht zu entkräften. Es sind nehmlich die hiernach in Wegfall kommenden Tribunate die folgenden:

---

[9]) Staatsrecht 2², 175.

[10]) Dieselbe Folge zeigen die J. 363. 386; und auch für die
auf den Steinen fehlenden Jahre 329. 360. 368. 371. 372. 376
stimmen wenigstens die Auszüge, so weit sich aus diesen die im
Original beobachtete Folge der Namen erkennen lässt. Eine Abweichung begegnet nur im J. 384, wo von den beiden bei Diodor
fehlenden, bei Livius an fünfter und sechster Stelle stehenden
Namen auf der capitolinischen Tafel der erste an zweiter oder
dritter gestanden haben muss, der zweite an vierter Stelle steht.

1) das zweite des C. Aemilius Ti. f. Ti. n. Mamercinus 363. Das erste fällt 360.

2. 3) das dritte und vierte des L. Aemilius Mamercinus _
371. 372. Die beiden ersten fallen 363. 367. — Die bekannte Verwirrung, die in Bezug auf diesen Namen in
den Listen herrscht, ist wahrscheinlich in der Weise zu
erledigen, dass der angebliche Kriegstribun 365 L. Aemilius mit Diodor in einen L. Papirius verwandelt, der
unter den acht diodorischen Kriegstribunen des J. 374
auftretende L. Aemilius als einer der Censoren dieses
Jahres betrachtet werden muss.

4) das zweite des P. Cornelius 360. — Es kann hier
mit gleichem Recht an P. Cornelius Maluginensis tr. m.
357, P. Cornelius Cossus tr. m. 359, P. Cornelius Scipio
tr. m. 359 gedacht werden[11]).

5) das des Agrippa Furius Sex. f. 363. Anderweitig
nicht bekannt.

6) das des L. Geganius 376. Anderweitig nicht bekannt.

7. 8. 9) die der sämmtlichen nach dem J. 305 in den
Fasten auftretenden Horatier. nehmlich das des L. Horatius
Barbatus 329, das des L. Horatius Pulvillus 368 und das
des L. Horatius 376. Sie sind anderweitig unbekannt.

10) das des L. Papirius Sp. f. C. n. Crassus 386.
Sonst unbekannt.

11) das des Sp. Postumius 360. Er begegnet ausserdem als Censor 374.

12) das des Sp. Servilius C. f. C. n. Structus 386.
Sonst unbekannt.

---

[11]) Borghesi fast. 2, 165. Vgl. unten die Abhandlung über die
lex curiata.

13) das des C. Sulpicius 372. Er begegnet ausserdem als Censor 374.

14) das des M. Trebonius 371. Anderweitig nicht bekannt. Ein P. Trebonius steht bei Diodor unter den acht Kriegstribunen des J. 374 und zwar ist dies der eine der beiden bei Livius fehlenden, so dass man ihn für einen der Censoren dieses Jahres halten würde, wenn nicht die Plebität des Geschlechts im Wege stände.

15) das erste des L. Valerius Poblicola 360, der nachher noch viermal 365. 367. 371. 374 zum Tribunat gelangt ist.

16. 17.) das erste und das fünfte des P. Valerius Potitus Poblicola 368. 384, der ausserdem noch viermal II 370. III 374. IV 377. VI 387 zum Tribunat gelangt ist. Von diesen ist überdies noch das sechste verdächtig, weil für das Jahr 387 die diodorischen Fasten fehlen und das sechste Tribunat des P. Valerius bei Livius an der letzten, in den capitolinischen Fasten an der vorletzten Stelle steht. Ueber das gleichfalls verdächtige Tribunat 370 vgl. S. 231.

18) das des C. Valerius 384. Anderweitig nicht bekannt.

19) das des L. Veturius L. f. Sp. n. Crassus Cicurinus 386. Er kehrt wieder unter den bei Diodor, wie gesagt, fehlenden Kriegstribunen des J. 387; indess da er in den capitolinischen Fasten zwar an drittletzter, aber bei Livius an vorletzter Stelle steht, so kann auch dies zweite Tribunat aus demselben Grunde wie das sechste des P. Valerius Potitus angefochten werden.

Die Beseitigung all dieser Namen kann erfolgen, ohne dass irgend ein fester Punkt der Ueberlieferung erschüttert wird. Es war keine besonders schwierige Operation den

geduldigen Stammbäumen einige Horatier und Valerier
mehr einzufügen, die beiden Censoren des J. 374 unter
die Tribune einzureihen, einer Anzahl bereits in den
Fasten auftretender Personen noch ein oder das andere
Tribunat mehr beizulegen. Bemerkenswerth ist, dass die
eingeschobenen Namen durchaus bekannten patricischen
Geschlechtern angehören mit Ausnahme des einzigen
M. Trebonius.

Es darf danach als sicher gelten, dass die älteren Annalen diese neunzehn Namen nicht enthalten haben und
dass sie selbst, sammt den hie und da an ihnen hängenden Kriegsgeschichten, auf später Fiction beruhen,
welche auf der capitolinischen Tafel und in den Annalen
des Livius im Wesentlichen gleichmässig erscheint.
Wo indess in der Reihenfolge der Namen die letzteren
von jener sich entfernen, steht Livius dem älteren echten
Text näher als die Tafel[12]).

Ob eine gleichartige Interpolation auch in den Listen
von 369 und 370 stattgefunden hat, ist minder sicher.
Beide sind allerdings nach Diodor vier-, nach Livius sechsstellig; aber die Ordnung der überall arg zerrütteten
Liste stimmt nicht überein. Diodor nennt für 369 *Αὔ-
λιος Παπίριος, Μάρκος Πόπλιος, Τίτος Κορνήλιος, Κίντος
Λεύκιος*. Bei Livius heissen sie *A. Manlius, P. Cornelius,
T. Quinctius Capitolinus, L. Quinctius Capitolinus, L. Papirius Cursor II*; der sechste Name fehlt, wird aber gewöhnlich durch *C. Sergius II* ergänzt, weil dieser als tr.
mil. 367 und III 374 vorkommt und sein zweites Tribunat

---

[12]) Aehnliche Beobachtungen über das Verhältniss der Fastentafel zu Livius finden sich Bd. 1 S. 66.

fehlt. Die capitolinische Tafel nannte, nach den Auszügen zu schliessen, an erster Stelle einen Capitolinus,
an vierter einen Cincinnatus. Wenn man Diodors
Liste also rectificirt: *Λεύκιος Παπίριος, Πόπλιος Κορ-*
νήλιος, Τίτος Κοίνκτιος, Λεύκιος (Κοίνκτιος), so fehlen
ihm die Tribunate des A. Manlius Capitolinus II (I 365,
III 371). das aber bei Livius und vielleicht auch in
der capitolinischen Tafel den ersten Platz hat, und
das problematische des C. Sergius. — Die Liste für 370
lautet bei Diodor in der Handschrift von Patmos also:
χιλ. τέτταρες Σερούιος Σουλπίκιος, Λεύκιος Παπίριος, Τίτος
Κοίνκτιος; der vierte Name fehlt. Die livianische Liste
giebt dieselben drei Namen an vierter, fünfter und sechster Stelle (nur dass Papirius hier, wohl unrichtig, Gaius
heisst). ausserdem an den drei ersten *Ser. Cornelius Ma-*
luginensis II, P. Valerius Potitus II, M. Furius Camil-
lus V. Dieselben Namen nannte ohne Zweifel auch die
capitolinische Tafel, aber in anderer Folge: Ser. Sulpicius
Rufus stand, nach dem Auszug zu urtheilen, an erster
Stelle wie bei Diodor, Camillus an vierter, wonach es
wahrscheinlich wird, dass hier einmal die capitolinische
Tafel die alte Folge bewahrt hat und die Liste also herzustellen ist:

Ser. Sulpicius Rufus II   *M. Furius Camillus V*

L. Papirius Crassus   [*Ser. Cornelius Maluginensis II*]

T. Quinctius Cincinnatus II [*P. Valerius Potitus II*]

wo dann Diodor die ersten vier verzeichnet hätte, die
beiden letzten aber in die Reihe der oben aufgeführten
Fälschungen gehören würden. Ser. Cornelius Maluginensis
begegnet ausserdem als Militärtribun 368. 372. 374. 378.
384. 386. Ueber P. Valerius Potitus ist S. 229 gesprochen

worden. — Aber hier, wo die Indicien namentlich für
das Jahr 369 nicht zusammenstimmen, kann auch
Diodor sich versehen und aus einem sechsstelligen
Collegium irrthümlich ein vierstelliges gemacht haben.

Den eben erörterten Differenzen zwischen der diodorischen Magistratsliste und den übrigen würde sich weiter
diejenige anreihen, welche Nissen[13]) in Betreff der
Jahre 432. 434. 439 nachzuweisen versucht hat. Nach
ihm hätte Diodor einen Consul Q. Popilius Laenas zuerst
434, dann 439 aufgeführt, welchen die jüngeren Listen
nicht anerkennen und ihm im J. 434 das zweite Consulat
des L. Papirius Cursor, im J. 439 das vierte des Q. Poblilius Philo substituiren. Nun aber habe das zweite
Consulat des L. Papirius Cursor bereits in den älteren
Fasten unter dem J. 432 gestanden; dem Cursor seien
also statt der ihm zukommenden fünf Consulate sechs
beigelegt worden. Diese habe man dann in dreifacher
Weise auf die ursprüngliche Fünfzahl zurückgeführt:
einige hätten eines seiner Consulate an einen L. Papirius
Mugillanus gegeben und zwar entweder das erste von 428
oder das dritte von 435, andere seinem zweiten Consulat
das des L. Fulvius Curvus substituirt. — Mir scheint indess diese Combination verfehlt, nicht bloss weil sie ungemein künstlich und verwickelt ist[14]), sondern weil sie

---

[13]) Rhein. Mus. 25, 25 fg. 34 fg.
[14]) So darf wohl gefragt werden, warum man, die Voraussetzungen Nissens einmal zugegeben, lieber auf jede andere Weise
half als auf dem nächstliegenden Wege, durch Aenderung der
Iterationszahlen bei den Consulaten des Cursor; ich wenigstens
sehe nicht ein, was den Interpolator hätte hindern können ihm
statt der fünf einfach sechs Consulate beizulegen.

auf unhaltbaren Voraussetzungen fusst. Was zunächst die
oft besprochene Differenz zwischen den Cognomina Cursor
und Mugillanus bei den J. 428. 435 betrifft, so ist diese,
wie man darüber auch sonst denken mag [15]), gewiss nicht
erfunden um dem Cursor ein überschiessendes Consulat ab-
zunehmen; denn dann müsste bei Mugillanus die Iterationsziffer fehlen, dass aber die Auszüge der capitolinischen
Tafel unter 435 verzeichnen *Mugillano III*, wo man *Cursore III* erwartet, ist ja eben das Problem. Vor allem
aber ist es unzweifelhaft falsch, worauf doch Nissens Combination wesentlich beruht, dass die älteren Fasten unter
dem J. 432 das zweite Consulat des Cursor verzeichnet
haben. Er meint (S. 26) dies thun zu können 'in Uebereinstimmung mit Idatius und der Paschalchronik gegen
Livius und die capitolinischen Fasten'; aber dabei ist das
Verhältniss der Quellen verkannt. Die capitolinischen
Fasten nannten, nach Ausweis der Triumphaltafel, ebenso
wie Livius den Consul des J. 432 L. Fulvius Curvus.
Wenn nun von den beiden Epitomatoren der capitolinischen
Tafel (denn Idatius und die Paschalchronik sind bekannt-
lich wesentlich identisch und stimmen in unzähligen
Fehlern) der eine angiebt *Corvo*, der zweite *Cursore*, so
sind dies evident zweierlei Versuche dem sonst in der
Tafel nicht wiederkehrenden Cognomen Curvus bekanntere
Fastennamen zu substituiren; unmöglich kann man dem
einen durchaus unselbstständigen Auszug, wo er dem

---

[15]) Meine Ansicht darüber habe ich in der Chronologie S. 112
auseinandergesetzt. Uebrigens ist es gar nicht unmöglich, dass
der Widerspruch nur scheinbar ist und L. Papirius beide Cognomina geführt hat.

zweiten und der Triumphaltafel gegenübersteht, eine
Geltung für sich beilegen. Die Sache liegt genau, wie
wenn von zwei Handschriftenfamilien die bessere und ein
Theil der schlechteren mit einander gegen andere Handschriften der schlechteren stehen; wer philologisch und
überhaupt logisch geschult ist, nennt die Lesung der
letzteren Schreibfehler oder Conjectur. Also wird man
für das Jahr 432, dessen Fasten bei Diodor fehlen,
auch bei ihm keine anderen Consuln voraussetzen
dürfen als die sonst einstimmig überlieferten. — Da nun
Diodor in der Zahl der Consulate des L. Papirius mit der
gemeinen Ueberlieferung stimmt, so wird dessen zweites
Consulat anderswo bei Diodor gesucht werden müssen,
und zunächst natürlich bei dem Jahre 434, wo die übrigen
Listen dasselbe verzeichnen, neben Q. Poblilius Philo III.
Wenn also bei Diodor hier aufgeführt werden Κόιντος
Ποπλιος καὶ Κόιντος Πόπλιος, so hat man nie gezweifelt
und in der That nie zweifeln können, dass die Abschreiber
hier den einen Namen falsch verdoppelt und deshalb den
zweiten ausgelassen, oder auch umgekehrt den einen
Namen ausgelassen und deshalb den zweiten verdoppelt
haben. Wenn endlich bei dem J. 439 der zweite Auszug der capitolinischen Fasten einen *Laenas II* nennt,
während diese selbst nebst dem ersten Auszug, und
ebenso Livius so wie im Wesentlichen auch Diodor,
dafür den Q. Poblilius Philo (IV) verzeichnen, so ist
es in der That eine Zumuthung, die philologischen
Augen sonderbar vorkommen muss, dass dem Auszug einer
hier sogar noch erhaltenen Urkunde selbstständige Autorität
zukommen soll gegenüber dieser selbst und allen anderen
unabhängigen Quellen. Der Fehler des Auszugmachers

ist auch in diesem Falle vollkommen evident: das vorhergehende Jahr 438 lautet in dem Auszug *Rutilio et Laenate*
und der Epitomator hat also lediglich anstatt den zweiten
Consul des J. 439 zu setzen den zweiten des J. 438
wiederholt. — Nissen bestreitet freilich, dass Diodors
Κόιντος Πόπλιος τὸ δεύτερον identisch sei mit dem
Q. Poblilius Philo IV. der anderen Listen und erkennt
vielmehr in diesem seinen Q. Popilius Laenas; aber dabei
ist wieder geistreicheren Combinationen zu Gefallen die einfache Annahme verschmäht, dass hier die Differenz bloss
in der Iterationsziffer zu suchen ist, mag nun dabei Versehen
des Schriftstellers oder auch Verschiedenheit der Ueberlieferung obwalten. Die nächst liegende Aushülfe wird
immer sein ein Versehen Diodors in der Ziffer anzunehmen;
wobei in Erwägung kommt, dass bei der ausserordentlichen
Seltenheit der Iterationsziffern in den Fasten Diodors die
von ihm benutzte Tafel wahrscheinlich dieselben überhaupt
nicht gehabt hat und wir es hier also vielleicht mit einer
Folgerung Diodors zu thun haben, die nicht schwer wiegt.
Wenn aber die diodorische Zahl Glauben verdient, so
würde dies höchstens dazu berechtigen die vier Consulate
415. 427. 434. 439 unter zwei Q. Publilii Philones Vater
und Sohn so zu vertheilen, dass 415 und 427 dem Vater,
434[16]) und 439 dem Sohn zukommen, nicht aber einen
sonst nirgends zu findenden Consul zweimal in die Fasten
einzuschieben. — Uebrigens giebt Nissens Combination
auch sonst vielfach Anstoss und führt neue Verlegenheiten

[16]) Die Iterationsziffer III für den Consul Philo des J. 434 ist
ausdrücklich nur durch den Chronographen bezeugt und die Annahme zulässig, dass erst die späteren Annalisten sie zugesetzt
und ebenso bei 439 die Ziffer II in IV verwandelt haben.

herbei: so die sehr empfindliche für den wohl beglaubigten
Consul L. Fulvius Curvus anderweitig Raum zu schaffen; vor
allem aber die Consulate zweier Patricier für 432 und zweier
Plebejer für 434, wovon jenes gegen das Gesetz und in
dieser Zeit auch gegen die Observanz verstösst, dieses
zwar nicht gegen das Gesetz, aber gegen ein Herkommen,
das in dieser Epoche weit unverbrüchlicher beobachtet
ward als irgend ein Gesetz. Wenn etwas zuverlässig ist,
so ist es das *ambo primi de plebe* in den Fasten des
J. 582; und dazu soll anderthalb Jahrhunderte vorher
ein Präcedens vorgekommen und in Vergessenheit gerathen sein?

— ———

Eine der ältesten im Ganzen beglaubigten Meldungen,
welche die Annalen erhalten haben, betrifft die Ermordung
römischer Gesandten durch den König der Veienter Lars
Tolumnius und die Fidenaten und den Fall dieses Königs
in dem darüber ausgebrochenen Kriege von der Hand des
römischen Feldherrn A. Cornelius Cossus. Diese Vorgänge
sind im Gedächtniss geblieben, weil sich an den ersteren die
Aufstellung der Statuen der ermordeten Gesandten auf
dem Markte, an den zweiten die Weihung der Feldherrnspolien im Jupitertempel geknüpft hat. In der Ueberlieferung aber erscheint die Erzählung in doppelter oder
vielmehr in dreifacher Gestalt.

Diodor (12, 80) berichtet unter dem J. 328 die Ermordung der Gesandten durch die Fidenaten und eine
grosse, aber unentschiedene Schlacht gegen dieselben, in
welcher der Dictator Manius Aemilius und der Reiterführer
und zugleich Consulartribun A. Cornelius Cossus den

Befehl führten. Den Tod des Tolumnius erzählt er nicht,
hat ihn aber ohne Zweifel nur weggelassen; er kann in
seiner Quelle weder gefehlt noch anderswo gestanden haben.
Ihm schliessen sich Valerius Maximus (3, 2, 4), Florus
(1, 11, 3) und die Schrift *de viris ill.* (25) wenigstens
insofern an, als sie den Cossus die Spolien als Reiterführer gewinnen lassen[17]).

Livius dagegen erzählt den Gesandtenmord unter dem
J. 316, die grosse unentschiedene Schlacht, in welcher der
Veienterkönig von der Hand des Cossus fällt, unter dem
J. 317; aber den Befehl in dieser Schlacht führen andere
Feldherren und Cossus gewinnt die Spolien als nicht-
magistratischer Kriegstribun. Unter dem J. 328 wird bei
Livius der Gesandtenmord nicht, dafür aber die Ermordung
der nach Fidenae gesandten römischen Colonisten berichtet
und, ähnlich wie bei Diodor, ein von dem Dictator Ma-
mercus Aemilius und dem Reiterführer und Consulartribun
A. Cossus über die Fidenaten erfochtener glänzender
Sieg. — Derselben Version ist Dionysios gefolgt, da auch
bei ihm (12, 5) Cossus die Spolien als Kriegstribun gewinnt. Sie fand sich aber auch in allen von Livius hier
eingesehenen Quellenwerken; er sagt ausdrücklich, dass
alle ihm vorliegenden Schriftsteller *(omnes ante me auctores)*
den Cossus als (gewöhnlichen) Kriegstribun darstellten.

---

[17]) Wahrscheinlich gehören hierher auch Plutarch, insofern er
(Rom. 16) den Cossus triumphiren lässt, was wenigstens mit der
livianischen Version sich nicht verträgt; und Servius, indem er
(zur Aen. 6, 842) den Cossus als *tribunus militum consulari potestate*
bezeichnet. Wenn die beiden letzten Wörter in dem Vulgattext
mit Recht fehlen sollten, was ich freilich nicht glaube, so hängt
Servius vielmehr von Livius ab.

Beiden Erzählungen gleichmässig tritt ein urkundliches Zeugniss entgegen. Als Kaiser Augustus bei der grossen Reparatur der römischen Tempel an den des Jupiter Feretrius auf dem Capitol kam, fand sich in diesem das alte linnene Panzerhemd vor, das Cossus dem gefallenen König vom Leibe gezogen und dem Gotte geweiht hatte: in dieser Weihinschrift aber war er als Consul bezeichnet. Dies Amt bekleidete Cossus weder im J. 316 noch im J. 328, sondern im J. 326; und diese Berichtigung hat, nach mündlicher Mittheilung des Kaisers selbst, Livius (4, 20) nachträglich seinen Annalen eingeschaltet. Dem entsprechend bezeichnet Festus in seinem antiquarischen Lexikon p. 186 oder vielmehr Verrius Flaccus die *spolia opima* des Cossus als von ihm in seinem Consulat geweiht: begreiflicher Weise empfing dieser augustische Hofgelehrte dieselben Mittheilungen wie Livius und legte sie seiner Darstellung zu Grunde.

Von diesen drei Versionen derselben Erzählung ist die zweite augenscheinlich über die erste gefälscht.

Einmal erweist sie sich insofern als späte und schlechte _ Erfindung, als es dem Wesen der Feldherrenspolien zuwiderläuft, dass ein anderer als der höchstcommandirende Officier sie gewinnt: *ea rite opima spolia habentur*, sagt Livius (4, 20) sich selber widerlegend und mit vollem Recht, *quae dux duci detraxit, nec ducem novimus nisi cuius auspicio bellum geritur*. Zwar hat kein geringerer als Varro diesen Satz angefochten (bei Festus a. a. O.): *opima spolia esse etiam si manipularis miles detraxerit, dummodo duci hostium;* aber selbst wenn es dergleichen *opima spolia* zweiter Ordnung gegeben haben sollte, so zwingt doch die uralte und tralaticische Darstellung, dass

die ersten *spolia opima* durch den König Romulus, die
zweiten durch Cossus, die dritten durch den Consul Marcellus gewonnen seien, diejenigen des Cossus auf jeden
Fall zu den vom Feldherrn selbst gewonnenen zu stellen.
Höchst wahrscheinlich ist aber Varros ganz allein stehende
Bemerkung nichts als ein verfehlter Versuch diejenige
annalistische Version des Cossussieges, die wir bei Livius
lesen, mit den Regeln des Staatsrechts in Einklang zu
bringen.

Zweitens tragen die beiden Berichte von 316 und 328
den Charakter der Doppelerzählung an der Stirn: was dort
der uralte Gesandtenmord ist, wird hier ersetzt durch die
Ermordung der römischen Ansiedler; die fidenatische
Schlacht mit Cossus Heldenkampf bildet in beiden den
Mittelpunkt.

Drittens ist auch die Ursache evident, wesshalb die
Zurückdatirung der Erzählung vorgenommen worden ist,
welche dann wie üblich zu der Verdoppelung geführt hat.
Der Beiname *Fidenas* ist dem patricischen Geschlecht der
Sergier eigen und begegnet in den Fasten zuerst bei dem
Consul des J. 317; wenn man ihn, wie dies nachweislich
geschehen ist, als Siegesbeinamen fasste [18]), so war es eine

---

[18]) Liv. 4, 17: *a bello credo quod deinde genuit appellatum.* Dass
dies nicht eine Vermuthung des Livius ist, sondern durch die
Gesetze des römischen Namenwesens in der That nahe gelegt war,
ist in der Beilage (S. 294) ausgeführt. — Dabei wird freilich angenommen werden müssen, dass die ursprüngliche Fälschung den
Consul Sergius in der Schlacht commandiren liess, in welcher
Tolumnius fiel, und dass der Dictator Mam. Aemilius und sein
Reiterführer L. Quinctius Cincinnatus, welche nach Livius darin
befehligten, einem noch jüngeren Stadium der Geschichtsver-

unabweisbare Consequenz die durch den Tod des Tolumnius berühmt gewordene Schlacht auf sein Amtsjahr zu
bringen.

Unzweifelhaft also liegt uns in der diodorischen Version
die Fassung der älteren Annalen vor, welche nicht bloss
Livius und Dionysios, sondern auch schon sämmtliche von
Livius hier benutzte Autoren mit einer jüngeren durch
und durch verfälschten vertauscht hatten; ganz wie bei
den Fasten des J. 320 diejenige Angabe bei Diodor steht,
welche Livius bei seinen Gewährsmännern Antias, Macer,
Tubero selber nicht fand, aber aus den von Macer und
Tubero eingesehenen *scriptores antiqui* beibringt.

Aber richtig ist auch Diodors Angabe nicht. Dem
inschriftlichen Zeugniss, das Kaiser Augustus auffand, den
Glauben zu versagen berechtigt nichts; auch diejenige
Kritik, welche das Datum des polybischen Bündnissver-
trages vom Jahre 1 der Republik nicht als gültig anerkennt, wird die Spolieninschrift des Cossus unbedenklich
als beweisfähig gelten lassen. Was man zur Ausgleichung
dieses Zeugnisses mit der annalistischen Erzählung wohl
vorgebracht hat: dass Cossus sich als Consulartribun auch
Consul habe nennen dürfen; oder dass er zwei Jahre nach
dem Consulat — in dieser Epoche! — den abgelegten
Amtstitel auf das Weihgeschenk gesetzt; oder dass er den
Panzer neun Jahre nach dem Siege geweiht habe, sind
sämmtlich gleich leere Ausreden; der Widerspruch ist
evident und es wird nichts übrig bleiben als den Fall des
Tolumnius jener Inschrift gemäss in das Jahr 326 zu

---

besserung angehören. Der erstere Name ist augenscheinlich aus
dem J. 328 hieher übertragen.

setzen. Wenn dennoch schon die älteren Annalen dafür
auf 328 gekommen sind, so ist dies in der That sehr
begreiflich und wirft ein helles Licht auf ihre Entstehung.
Es ist schon hervorgehoben worden, dass diese Vorgänge vor anderen in der Erinnerung gehaftet haben, weil
sie zwei sichtbare Spuren zurückliessen, die Gesandten-
statuen und das Weihgeschenk des Cossus. Ohne Zweifel
sind sie in die Annalen gelangt nicht durch gleichzeitige
Aufzeichnung, sondern durch spätere Einreihung im Beginn
der historischen Forschung[19]). Aber wer diese vornahm,

[19]) Niese (Hermes 13, 412) beurtheilt zwar im Allgemeinen
die Genesis der Erzählung ebenso wie ich, weicht aber darin ab,
dass die Einreihung dieser anfänglich zeitlos umlaufenden Erzählung in die Annalen nicht, wie ich meine, vor die beginnende
römische Historiographie fällt, sondern erst nach Fabius oder, insofern der Gewährsmann Diodors nach Nieses Annahme ein nach
Fabius schreibender Chronist ist, sogar erst nach diesem.
Möglich ist die eine wie die andere Annahme; für Nieses Auffassung spricht, dass Diodor nur den fidenatischen Krieg, nicht
aber den Fall des Königs der Veienter meldet, für die meinige, dass
man sich schwer entschliesst die erste Aufnahme einer Erzählung, die
Livius in allen seinen Quellen nicht bloss fand, sondern bereits
verdoppelt fand, in das römische Jahrbuch in eine verhältnissmässig so späte Zeit herabzurücken. Mir scheint die erstere
Erwägung nicht schwer zu wiegen — denn dass Diodor seine Vorlage stark zusammengestrichen hat, ist ausser allem Zweifel —,
wohl aber die zweite. Allem Anschein nach gehen bei weitem die
meisten annalistischen Meldungen und namentlich diejenigen, die
einiges Relief und die einen thatsächlichen Kern haben — was
hier beides zutrifft —, insofern auf Fabius zurück, als die
Späteren weit mehr um- und nachgedichtet als eigentlich zugesetzt
haben. Wenn man erwägt, in welcher Ausgestaltung die Ur-
geschichte bereits bei Fabius vorliegt, so wird man geneigt sein,
auch was späterhin von ausgeführteren Erzählungen begegnet,

wird nicht, wie Kaiser Augustus, die Inschrift entziffert,
sondern von den Feldherrnspolien des Cossus als solchen
gewusst und sie danach in der Magistratstafel untergebracht
haben; und da er hiebei die Wahl hatte zwischen dem
Consulatjahr 326 und dem des consularischen Kriegs-
tribunats und der Reiterführung 328, so versah er sich in
der Stelle. Der Gesandtenmord, den sei es echte Ueberlieferung, sei es der Pragmatismus der ältesten Ciceroni
mit dem Sieg des Cossus verknüpft, folgte dann in der
Datirung nach. Wenn Livius 4, 20 gegen die Versetzung
einwendet, dass die Annalen für 325, 326 und 327 von
Kriegsereignissen nichts berichteten und eigentlich nur die
Namen der Consuln verzeichneten, so hat er damit nur
erwiesen, dass für diese Epoche an gleichzeitige Verzeichnung selbst der wichtigsten und auffallendsten Vorgänge
noch nicht gedacht werden kann.

Eine andere meines Erachtens nicht gehörig erwogene
Differenz gehört in die Geschichte der samnitischen Kriege.
Im J. 441, berichtet Diodor (19, 101), wurde Q. Fabius
zum Dictator bestellt; als solcher nahm er die wichtige
Stadt Fregellae und liess von den dort gemachten Gefangenen die namhaftesten, über 200 an der Zahl, in Rom
mit dem Beil hinrichten. Er rückte dann abermals in das
feindliche Gebiet ein und eroberte Calatia (?) und die Burg
von Nola, worauf er reiche Beute unter die Menge und
unter die Soldaten Aecker vertheilte. Diese Erzählung

---

auf jene Epoche zurückzuführen, wo das römische Stadtbuch noch
mehr zu den Urkunden gehörte als zu der Litteratur.

entspricht im Grossen und Ganzen der livianischen 9, 28,
insofern auch hier die Einnahme von Fregellae, Nola und
Calatia gemeldet wird: abgesehen aber von anderen Abweichungen, bei denen ich nicht weiter verweile, zum Beispiel dass jene Hinrichtungen vielmehr an die Eroberung
von Sora im J. 440 geknüpft werden (Liv. 9, 24), ist besonders auffallend, dass zwar auch hier ein Dictator auftritt, aber er bei Livius und ebenso in den capitolinischen
Fasten den Namen führt C. Poetelius *C. f. C. n.* Libo
Visólus. Man hat in dieser Differenz nach dem Vorgang
Niebuhrs[20]) eine Fälschung im Interesse des fabischen
Geschlechts zu sehen geglaubt und sich an Livius und die
Fastentafel gehalten. Genauere Prüfung zeigt vielmehr,
dass die Version der jüngeren Quellen die gefälschte ist.

Ich verweile nicht bei der von Livius berichteten Discrepanz, dass nach einigen Angaben Visolus *dictator clavi
figendi causa* gewesen sei, nach anderen dagegen, welchen
auch die Fastentafel folgt, *rei gerundae causa;* obwohl
auch dies die Zuverlässigkeit der ihm beigelegten Dictatur
nicht eben empfiehlt. Wer aber ist der Mann? Es giebt
einen gleichnamigen Consul 394. 408. 428, aber dieser ist
nicht identisch mit dem Dictator, theils weil ein Consul
des J. 394 im Jahre 441 Dictator wenigstens *rei gerundae
causa* nicht wohl sein konnte, theils weil in der Fasten-
— tafel der Consul *C. f. Q. n.,* der Dictator *C. f. C. n.* heisst.
Also war der Dictator des Consuls Sohn. Dann aber fehlt
dieser Dictator in dem Consularverzeichniss; und es ist
dies insofern auffallend, als wir hier bereits in derjenigen
Epoche stehen, in der das Consulat factisch die Vor-

---

[20]) R. G. 3, 276.

bedingung für die Dictatur geworden ist[21]). Auch hier
also verstösst die jüngere Version wenn nicht gegen das
Gesetz, so doch gegen das Herkommen. Aber es erhebt
sich ein noch ernstlicheres Bedenken. An den poetelischen
Namen knüpft sich vor allem das berühmte Gesetz über
die Aufhebung der Schuldknechtschaft; und dessen Datirung
schwankt in bedenklicher Weise. Livius (8, 28) setzt dasselbe in das dritte Consulat des Vaters, das J. 428; Varro
(de l. L. 7, 105) dagegen unter die Dictatur des Sohnes,
also in das J. 441. Offenbar steht diese Discrepanz in
Zusammenhang mit der Verbindung, in welche dies
Gesetz mit der caudinischen Katastrophe gebracht wird:
derjenige Schuldknecht, dessen Misshandlung die nächste
Ursache des Gesetzes ward, ist nach der einen Version[22])
der Sohn des damals commandirenden Consuls T. Veturius.
nach einer anderen[23]) der Sohn eines der dabei betheiligten
Kriegstribune L. Poblilius. Da ein Grund für die pragmatische Verknüpfung des caudinischen Unheils mit dem
Schuldgesetz für uns wenigstens nicht erkennbar ist, so
dürfte sie wenn nicht historisch begründet sein, so doch zu
derjenigen Tradition gehören, durch welche die Kunde von
dem poetelische Gesetz über die Nexi selbst sich erhalten
hat. Dasselbe gehört wahrscheinlich zu denjenigen Angaben, welche nicht von Haus aus in den Annalen
gestanden haben, sondern aus einer an sich durchaus zu-

---

[21]) Röm. Staatsrecht 2², 137.
[22]) Valerius Maximus 6, 1, 9.   Der Gläubiger heisst hier L.
Plotius.
[23]) Dionys. 6, 5; den Namen des Schuldners Πόπλιος berichtigt
Liv. 9, 28, der den Gläubiger L. Papirius nennt.

verlässigen Rechtstradition den späteren Annalisten bekannt wurden. Es hafteten an demselben theils der Name des Rogators C. Poetelius Visolus, theils jene Anknüpfung an die caudinische Katastrophe; aber beides vertrug sich mit einander nicht: der den Fasten bekannte Magistrat dieses Namens trat darin zuletzt im J. 428 auf; die Capitulation von Caudium fällt in das J. 433. Also war die Geschichtsverbesserung hier sehr nothwendig: man hatte entweder einen nachcaudinischen Visolus herbeizuschaffen oder die Anknüpfung an Caudium zu opfern. Die jüngeren Annalen, so die dionysischen und die von Varro und Valerius benutzten, sind der Mehrzahl nach den ersteren Weg gegangen und haben der zweiten Dictatur des ämterreichen Rullianus die des Visolus substituirt. Doch muss auch der zweite weniger bedenkliche Weg betreten worden sein, da Livius das Gesetz auf 428 bringt. Andererseits freilich hat an der ersteren Manipulation auch er insofern sich betheiligt, als er unter 441 nicht Q. Fabius, sondern Libo Visolus zum Dictator macht. Also liegt hier wohl eine Fälschung vor, aber nicht da, wo man sie gesucht hat und nicht zu Gunsten des fabischen Hauses, sondern im Gegentheil bei den jüngeren Annalisten und der aus ihnen geflossenen Fastentafel. Auch hier finden wir, eben wie bei der Spoliencontroverse, den Varro bereits unter dem Einfluss der gefälschten Tradition.

Wenn hier die späteren Annalen ihrer pragmatischen Darstellung zu Liebe eine Namensvertauschung in der Dictatorenliste vorgenommen haben, so ist in einem anderen

Fall aus gleichem Grunde wahrscheinlich ein Consulat von
ihnen gestrichen worden.

In Betreff der Katastrophe der Fabier am Cremera entfernt
sich Diodors[24]) kurzer Bericht: 'Ρωμαίοις πρὸς Οὐηιεντανοὺς
ἐνσιάντος πολέμου μεγάλη μάχη συνέστη περὶ τὴν ὀνομα-
ζομένην Κρεμέραν. τῶν δὲ 'Ρωμαίων ἡτιηθέντων συνέβη
πολλοὺς [τε ἄλλους] αὐτῶν πεσεῖν, ὡς φασί τινες τῶν συγγραφέων, καὶ τοὺς Φαβίους τοὺς τριακοσίοις συγγενεῖς ἀλλήλων
ὄντας καὶ διὰ τοῦτο μιᾷ περιειλημμένους προσηγορίᾳ von
der sonstigen Ueberlieferung darin, dass, während diese
durchaus die Fabier allein nur mit ihrem persönlichen Ge-
folge von Hörigen und Knechten[25]) umkommen lässt, Diodor

---

[24]) 11, 53. Die Aenderung Dindorfs ὧν φασί τινες scheint mir
nicht richtig; sprachlich könnte ein Zeitwort wie γενέσθαι dann
nicht wohl entbehrt werden und sachlich ist dagegen zu erinnern,
dass allem Anschein nach in dem Untergang der Fabier alle Berichte übereinstimmten, während Diodor allein von einer Feldschlacht weiss, in der sie mit vielen anderen Bürgern ihren Tod
fanden.   Ich habe nach dem Vorschlag von Wilamowitz nach
πολλοὺς eingesetzt τε ἄλλους; αὐτῶν hat nur dann die rechte Beziehung und die also hergestellte Form entspricht dem Sprachgebrauch Diodors.

[25]) Dionys. 9, 15: τετρακισχιλίους μάλιστα ἐπαγόμενος, ὧν τὸ μὲν
πλεῖον πελατῶν τε καὶ ἑταίρων ἦν, ἐκ δὲ τοῦ Φαβίων γίνους ἓξ καὶ
τριακόσιοι ἄνδρες.   Festus p. 334. 335 v. scelerata: cum clientium
milibus quinque.   Gellius 17, 21, 13: cum familiis suis.   Servius zur
Aen. 6, 846: cum servis et clientibus suis.   Wenn Livius 2, 49 von
sex et trecenti milites omnes patricii spricht und die Kleinheit des
exercitus betont (c. 48, 8. 49, 3; ähnlich Ovidius fast. 2, 199), so hat
er, wie immer, nur die Zahl der eigentlichen Soldaten im Auge
und will keineswegs leugnen, dass diese ihre Dienerschaft bei sich
hatten.   Die calones militum servi (Festus ep. p. 62) finden sich
selbst im ordentlichen Heer; dass bei dieser Expedition, die gedacht wird als unternommen von Freiwilligen adlicher Herkunft

daneben als 'von einigen berichtet' eine Erzählung kennt, wonach die Fabier vielmehr in einer Feldschlacht nebst vielen anderen Bürgern gefallen sind. — In der That trifft dieser Gegensatz hier den eigentlichen Kern der Erzählung. Um dieselbe richtig zu verstehen, ist zu erinnern an die doppelte Form, in welcher der Kriegsdienst namentlich in älterer Zeit auftritt, die *militia legitima* und die *coniuratio*[26]). Wenn jene die gesetzliche Verpflich-

---

und auf längere Zeit, die Zahl derselben sich ungewöhnlich hoch beläuft, ist in der Ordnung. Es ist sehr möglich, dass bei der Fixirung der Ziffern die Legionszahlen vorgeschwebt haben, so dass thatsächlich die Fabier den Platz der Legionsreiterei einnahmen, die Gefolgsmannschaft den des Fussvolks.

[26]) Theoretisch findet sich dieser Gegensatz entwickelt nur in den servianischen Scholien zur Aeneis 2, 157. 7, 614. 8, 1 und den daraus geflossenen Angaben Isidors 9, 3, 53. 54. 55 und der Donatscholien zu Terentius Eun. 4, 7, 2 = 772. Diese grossentheils wörtlich übereinstimmenden Fassungen geben alle auf eine und dieselbe sachkundige Darlegung der Gattungen des römischen Kriegsdienstes zurück und ergänzen und berichtigen sich gegenseitig. *Apud maiores nostros*, heisst es in der dritten und ähnlich in den übrigen, *tria erant militiae genera . . . nam aut legitima erat militia aut coniuratio aut evocatio*. Bei dieser Dreitheilung ist zunächst die Einrufungsform zu Grunde gelegt: wie die *militia legitima* den Dilectus voraussetzt, so ist dessen Mangel der *coniuratio* und der *evocatio* gemeinsam; sie unterscheiden sich dadurch, dass bei jener die Bürger im Allgemeinen, bei dieser einzelne Leute zu den Waffen gerufen werden. Insofern fällt die *coniuratio* mit dem *tumultus* zusammen, schon bei Vergil selbst 8, 4: *simul omne tumultu coniurat trepido Latium* und dann bei seinen Erklärern (namentlich 7, 614 und bei Isidor): *coniuratio quae fit tumultu, id est Italico bello et Gallico, quando vicinum urbis periculum singulos iurare non patitur . . . haec et tumultuatio dicitur.* Was von der *evocatio* zu 8, 1 gesagt wird (die anderen Scholien sind hier inhaltlos oder noch schlimmer verwirrt; vgl. A. 29): *ad diversa loca diversi propter cogendos mitte-*

tung des Bürgers zum Heerdienst, die Führung eines
Magistrats und die Einschwörung des einzelnen Soldaten
auf dessen Namen zur Voraussetzung hatte, in älterer
Zeit, wo der Bürger nur im Sommer Heerdienst zu leisten
schuldig war, auch wenigstens insoweit festen Zeitgrenzen
unterlag, so beruhte diese für den Dienst sowohl [37]) wie

-- -- -- --

bantur exercitus, ist insofern richtig, als umfassende Evocationen
allerdings wohl regelmässig durch dergleichen Werbeoffiziere ins
Werk gesetzt worden sind, aber doch nicht genau, da die *conqui-
sitio* auch als Hülfsmassregel bei dem ordentlichen Dilectus eintreten kann und bei der *evocatio* keineswegs das eigentlich entscheidende Moment ist. Dies ist vielmehr die Aufforderung zum
freiwilligen Eintritt, mochte sie nun gerichtet sein an gesetzlich
dienstpflichtige Personen oder, wie dies bei der späteren *evocatio*
nothwendig war, an gesetzlich vom Dienst befreite Leute. —
Von diesem Standpunkt aus trägt das Unternehmen der Fabier
den Charakter der *coniuratio* keineswegs und nähert sich vielmehr
der *evocatio*. Wenn dasselbe dennoch als *coniuratio* bezeichnet wird
und sogar für dieselbe paradigmatisch ist (A. 38), so beruht dies
wahrscheinlich darauf, dass die ältere Darstellung den Kriegsdienst nicht nach der Einberufungsform in jene drei, sondern
vielmehr nach dem Rechtsgrund in zwei Kategorien schied, die
militia legitima und *non legitima* und die Bezeichnung *coniuratio* für
die letztere brauchte, um so mehr als auch bei der *evocatio* der
Sammteid (A. 29) nicht gefehlt haben kann. In diesem Sinn fällt der
Fabierzug allerdings in den Kreis der *coniuratio;* an den vielleicht
erst später seit dem Eintreten der magistratischen Evocation
(A. 41) aufgekommenen Gegensatz der *coniurati* im engeren Sinn
und der *evocati* ist dabei gar nicht gedacht.

[37]) Darin treffen das zweite und das dritte der eben erörterten
genera militiae, die *coniuratio* und die *evocatio* zusammen. Jener
eigen ist die Formel des Aufrufs: *qui rem publicum salvam esse
vult, me sequatur*, welche in der besseren Recension jenes Scholiums
(zur Aen. 8, 1) an der richtigen Stelle erwähnt wird. Wenn sie
in der mehr entstellten Fassung (zur Aeneis 7, 614 so wie bei
Isidor und in den Terenzscholien) vielmehr an die *evocatio* geknüpft

für die Führung[26]) durchaus auf der Freiwilligkeit, für

---

wird, so hat offenbar ein späterer Halbgelehrter das unter die
Waffen Rufen der Bürgerschaft mit dem *evocare* in verkehrte Verbindung gebracht. Den Ansatz dazu enthält schon die bessere
Recension, indem sie das Feldzeichen des Fussvolks bei dem *tumultus* als dasjenige bezeichnet, *quod pedites evocabat.* Dass die *evocatio*
auf besonderer Aufforderung beruht und zu dem allgemeinen Aufruf der Waffenfähigen den geraden Gegensatz bildet, ist so bekannt und so ausgemacht, dass man sich verwundern muss, wenn
jener Scholiastenschnitzer noch fortfährt bei der Darstellung der
Evocation seine Rolle zu spielen und die Verwirrung des alten
Grammatikers immer fortzeugend sich weiter spinnt. — Uebrigens
ist nicht zu übersehen, dass der freiwillige Eintritt bei dem *tumultus* und der freiwillige Eintritt bei der Evocation doch wesentlich verschieden sind: in jenem Fall genügt der Bürger streng
genommen nur seiner gesetzlichen Wehrpflicht und es wird bloss
abgesehen von der legalen Aushebungsform, in diesem dagegen
thut er in der That, was er auch unterlassen konnte und durfte.
Dies haben auch die Römer gefühlt und aus diesem Grunde wird
(in dem ersten jener Scholien) allein von den *evocati* gesagt, dass
sie *non sunt milites, sed pro milite; unde Sallustius, 'neu quis miles
nere pro milite'.* Dass die Fabier der Legende durchaus Freiwillige
im vollen Sinn des Wortes sind, nicht *milites,* sondern *pro militibus,*
und an den *tumultus* hier keineswegs gedacht ist, ist bereits A. 26
erörtert worden.

[26]) Dies lässt sich allerdings nicht unmittelbar beweisen, da
die spätere Rechtsentwickelung dergleichen Freibeuterzüge untersagte (S. 253). Das Nothstandscommando der späteren Zeit
(Staatsrecht 1² S. 666 fg.) ist wesentlich verschieden, eben weil
es sich auf den Nothfall beschränkt; und was man in dieser Hinsicht von älteren Vorgängen geltend machen könnte, wie die Expedition Coriolans gegen Antium (S. 129), giebt historisch keine
Gewähr. Aber allem Anschein nach hat ursprünglich jeder Nicht-
magistrat, wo nicht Staatsverträge im Wege standen, das Recht
gehabt ausserhalb der Landesgrenze allein oder in Gesellschaft
zu beuten, dagegen dem Magistrat die Aufbietung von Mannschaften nur in der Form des *dilectus* und des *tumultus* zugestanden.

die Verpflichtung auf dem gegenseitigen Eid, den die
also Zusammentretenden auf treues Zusammenstehen sich
einander leisteten[39]), für die Dauer lediglich auf dem
Entschluss der freiwillig sich meldenden Mannschaften[30]).

---

[39]) Servius a. a. O.: *qui convenissent, simul iurabant, et dicebatur
ista militia coniuratio.* Dass dieser Kameradeneid auch bei der
militia legitima seit Alters her freiwillig geleistet zu werden pflegte
und seit dem hannibalischen Krieg sogar gefordert ward, berichtet
Livius 22, 38, woraus wir auch die Formel erfahren: *sese fugae
atque formidinis ergo non abituros neque ex ordine recessuros nisi teli
sumendi aut [re]petendi aut hostis feriendi aut civis servandi causa.*
Darauf geht auch die Erzählung von dem Schwur des M. Flavoleius und seiner Kameraden Liv. 2, 46. 47, Dionys. 9, 10. Wenn
Nitzsch (Annal. S. 80) hieraus schliesst, dass bis zum J. 538 d. St.
das Davonlaufen dem römischen Soldaten von Rechtswegen frei-
gestanden habe, so darf ich wohl unterlassen auszuführen,
was jeder sich selber sagen wird. Dagegen ist es vielleicht nicht
überflüssig, obwohl es dies sein sollte, abermals daran zu erinnern,
dass nach dem öffentlichen wie nach dem Privatrecht der Römer
der Eid eine rechtliche Verpflichtung nie begründet, wohl aber, wo
eine solche besteht, dieselbe verstärkt, oder wo sie nicht besteht,
als sittliches Surrogat derselben eintritt. Die *coniuratio* bei der
legitima militia gehört zu der ersten, die *coniuratio* im eminenten
Sinn zu der zweiten Kategorie. — Terminologisch verhält es sich
also mit der *coniuratio*, wenigstens in späterer Zeit, wie mit
der *direcs io* bei den Senatsbeschlüssen: der Act tritt bei dem
Kriegsdienst überall ein, als Gattung der *militia* aber bezeichnet
coniuratio diejenige, wo das *sacramentum* fehlt und nur die
coniuratio erfolgt.

[30]) Andere Consequenzen dieses Gegensatzes können hier übergangen werden. Ich hebe nur noch hervor, dass bei der *militia
legitima* die Kosten der Bezirk, späterhin die Staatskasse trägt
und die Beute hier an den Staat fällt, während bei der *coniuratio*
ohne Zweifel in beider Hinsicht das Gegentheil gilt, wie denn
auch die Fabier *privato sumptu* den Zug unternehmen (Liv. 2,
48, 9; Dionys. 9, 15).

Alles dies passt auf diejenige Expedition, welche mit
der Katastrophe am Cremera endigt. Sie wird in eine
Epoche verlegt, wo der Dienst vorf Rechtswegen mit dem
Herbst zu Ende ging und den Beamten wahrscheinlich unter
gewöhnlichen Verhältnissen gar kein rechtliches Mittel zustand die Soldaten über die Zeit hinaus bei der Fahne
zu halten[31]); die militärischen Verhältnisse werden so dargestellt, dass die Heimführung der Bürgerwehr durchaus
zulässig und möglich war, wohl aber die Wohlfahrt der
Gemeinde anstatt der nutzlosen Sommereinfälle in das feindliche Gebiet eine dauernde Grenzvertheidigung erforderte[32]).
Diese übernimmt in patriotischer Aufopferung das fabische
Geschlecht, und zwar in vollem Einklang mit den Behörden;
der Senat, desswegen befragt, willigt ein[33]) und der Consul
des Jahres 275 benutzt seinen Feldzug gegen die Veienter
hauptsächlich dazu, um die von den Fabiern in Angriff
genommene Grenzfeste zu begründen und auszustatten[34]).

---

[31]) Dies soll natürlich nicht heissen, dass der Soldat nach Ablauf der Frist beliebig sich entfernen konnte, nicht einmal, dass
das *sacramentum* auf eine bestimmte Endfrist gestellt war, sondern
nur, dass der Beamte, wenn er diese Frist überschritt und nicht
durch den offenbaren Nothstand gerechtfertigt war, eine Klage
wegen Missbrauchs seiner Gewalt zu gewärtigen hatte, mit welcher
es sicher in jener Zeit sehr ernst genommen wurde.

[32]) Liv. 2, 48, 5: *ex eo tempore neque pax neque bellum cum Veientibus
fuit; res proxime formam latrocinii tenerat: legionibus Romanis cede-
bant in urbem, ubi abductas senserant legiones, agros incursabant ...
Veiens hostis . . . contumeliis saepius quam periculo animos agitabat,
quod nullo tempore neglegi poterat aut averti alio sinebat. tum Fabia
gens senatum adiit.*

[33]) Liv. a. a. O. Festus p. 285 v. *religioni*.

[34]) Dionysios 9, 15.

Aber in der sorgfältigsten Darstellung dieser Legende wird
der Führer der Fabier, der Consular M. Fabius, genau
geschieden von seinem Bruder, jenem Consul Kaeso, der als
Feldherr der Gemeinde das Castell gründen hilft[35]) und erst
im folgenden Jahre, nachdem er sein Amt niedergelegt hat,
sich zu der Heldenschaar gesellt[36]); mit offenbarer Absicht
wird es vermieden, Magistrate an die Spitze derselben zu

---

[35]) Dionysios 9, 15. Livius freilich 2, 48, 49 und ebenso, vermuthlich nach ihm, die Schrift *de viris ill.* 14 machen den Consul
Kaeso Fabius zum Führer des Zuges; was vielleicht nichts ist
als eine nachlässige Zusammenfassung desselben Berichts, den wir
bei Dionysios lesen. Da beide Erzählungen sonst bis auf das
Genaueste in dem Gang der politischen wie der militärischen
Vorgänge übereinstimmen, selbst in so spät erfundenen Neben-
figuren, wie den Volkstribunen Sp. Icilius (Liv. 2, 43, 3. c. 44, 1:
Sp. Licinius; Dion. 9, 12: *Σπόριος Σικίλιος,* wo die Abweichungen
im Namen ohne Zweifel auf Rechnung der Abschreiber kommen),
und Ti. Pontificius (Liv. c. 44, 1, Dion. 9, 5) und vor allem dem
Centurio M. Flavoleius (Liv. c. 45, 13, Dion. 9, 10, 13), so ist es
von vorn herein wahrscheinlich, dass die vorkommenden Abweichungen entweder auf Livius verkürzende oder auf Dionysios
pragmatisirende Methode zurückgehen, und hier dürfte der erstere
Fall vorliegen. Wenn Nitzsch (Annalistik S. 77 fg.) den 'fabischen
Ursprung' der livianischen Capitel 2, 44—52 und ihren 'auffallend
alterthümlichen Charakter' verfochten hat, so kann ich dieser
Behauptung nur die entgegenstehende gegenüberstellen, dass
wenige Erzählungen so deutlich wie diese den Stempel spätester
Ueberarbeitung an der Stirn tragen. Nichts zeigt dies so deutlich wie die ungeschickte Verflechtung der alten Fabierlegende
mit den ständischen Kämpfen und namentlich mit dem cassischen
Ackergesetz (oben S. 161). In der That beruht genau besehen
jenes Urtheil nur darauf, dass hier die Fabier in den Vordergrund treten und gehört zu einer Methode der Quellenanalyse, in
der ich weder eine Analyse noch eine Methode erkennen kann.

[36]) Dion. 9, 16.

stellen, und wird die Katastrophe in ein Jahr gelegt, wo
keiner der Fabier das Consulat verwaltet, also, da durch
die Ordnung dieser Zeit die proconsularische Erstreckung
der Gewalt von selber ausgeschlossen ist[37]), die nicht
magistratische Führung der Fabierschaar in volle Evidenz
tritt. Diese Auflassung des Fabierzugs findet darin ihre
schliessliche Bestätigung, dass eben jener Gewährsmann, der
den Gegensatz der *militia legitima* und der *coniuratio* entwickelt, die Fabier bezeichnet als *coniurati*[38]). Dass dieses
Moment in den uns erhaltenen recht jungen Erzählungen
nicht schärfer hervortritt, beruht auf den späterhin veränderten Verhältnissen und Anschauungen. Schon der
ältere Cato sprach es aus, dass nur dem Soldaten,
das heisst dem durch das *sacramentum* eingeschwo-
renen, das Recht zustehe mit dem Feinde zu kämpfen[39]).
Die Führung durch einen verfassungsmässig dazu berufenen
Magistrat wird mehr und mehr die rechtliche Voraussetzung des Kriegsdienstes überhaupt[40]); freiwilliger Dienst

---

[37]) Dionysios (a. a. O.) Beisatz ἐξουσίᾳ κοσμηθεὶς ἀνθυπάτῳ beruht auf seiner eigenen irrigen Anschauung. Vgl. Staatsrecht
2², 679 A. 3.

[38]) Servius zur Aen. 6, 846: *Fabii . . . . trecenti sex fuerant de
una familia, qui cum coniurati cum servis et clientibus suis contra
Veientes dimicarent, insidiis apud Cremeram fluvium interempti sunt.*
Ebenso wird zur Aen. 7, 614 nach Aufzählung der *tria militiae
genera* bei der *coniuratio* hinzugesetzt: *sicut de Fabiis legimus.*

[39]) Cicero *de off.* 1, 11, 37; Plutarch *q. R.* 39. Vgl. Liv. 8, 34. 10.

[40]) Bei der *coniuratio* bezeichnet die bessere Scholienfassung
(zur Aen. 8, 1) den Anführer (*qui fuerat ducturus exercitum*) nicht
ausdrücklich als Magistrat, aber lässt ihn doch die Feldzeichen
vom Capitol holen; in der geringeren (zur Aen. 7, 614 und bei
Isidor) erfolgt der Aufruf (der hier auf die *evocatio* übertragen
ist) geradezu durch den Consul.

kam nur in der Weise noch vor, dass ein solcher dazu
aufrief und die Dienstnehmenden in dessen Heer eintraten[41]); nur wo der Nothstand mit unmittelbar zwingender Gewalt hervortrat, konnte auch später noch der Private in die Lage kommen das Commando zu führen. Jener
alte derbe und für die ältere Zeit praktisch sowohl wie
theoretisch unentbehrliche Satz, dass der Bürger sich des
Landesfeindes auch ungeheissen erwehren dürfe, verschwand
früh; die Fehde mit dem Landesfeind auf eigene Hand
galt den Späteren als rechtswidrige und tadelnswerthe
Selbsthülfe. Es hat grosse Wahrscheinlichkeit, dass die
Missbilligung dieser freiwilligen Kriegsleistung eben in der
Fabiertragödie ihren grossartigen Ausdruck gefunden hat.
Trotz der hohen patriotischen Gesinnung, aus der die Unter-
nehmung hervorgeht, trotz ihrer militärischen Zweckmässigkeit, trotz ihrer Billigung durch den Rath und die Beamten der Gemeinde endigt sie dennoch nahezu mit dem
Untergang eines der edelsten und mächtigsten römischen
Geschlechter: es scheint in der That ihr didaktischer Zweck
zu sein an diesem Untergang zu zeigen, dass der Bürger
nicht auf eigene Hand Heldenthaten verrichten, sondern
in williger Unterordnung unter die berufenen Behörden
seinen Arm gegen den Feind nur auf deren Geheiss
erheben soll.

---

[41]) Dass die *evocatio* nur vom Magistrat ausgehen kann, wird
wohl nicht ausdrücklich gesagt, aber geht aus dem Wesen der
Institution hervor. Eine andere Frage ist es, seit wann und
unter welchen Voraussetzungen es dem Beamten zustand Freiwillige aufzubieten; allem Anschein nach ist dies verhältnissmässig spät geschehen und längere Zeit wohl von vorgängiger
Gestattung des Senats abhängig gewesen.

In diesem Sinn hat die Fabiersage in dem älteren Staatsrecht und bei den dessen kundigen Annalisten den Werth und den Zweck gehabt die Unzweckmässigkeit des *bellum privatum* und dessen Beseitigung in bekannter Weise exemplificatorisch darzustellen: und so hat sie noch der Gewährsmann verwendet, dem die Commentatoren der Aeneis ihre Darstellung der *tria militiae genera* entlehnt haben. Die Annalisten der augustischen Zeit dagegen haben den rechtlichen Inhalt der Legende nicht mehr verstanden. Die Erzählung selbst wird wie bei dem ältesten Annalisten, so auch bei allen folgenden wesentlich gleichmässig gestanden haben, nur dass über den Verlauf der Katastrophe zwei abweichende Berichte vorliegen, der eine wahrscheinlich ältere mit überwiegend sacraler[42]), der andere mit rein militärischer Motivirung. Dass es daneben eine Erzählung gegeben hat, welche wohl auch den Untergang des fabischen Geschlechts am Cre-

---

[42]) Wir kennen sie allein aus Dionysios 9, 19: danach wurden die Fabier überfallen, als sie zur Darbringung eines Geschlechtsopfers nach Rom zogen. Es ist eine ansprechende Vermuthung Haakhs (Pauly Realencyclop. 3, 371), dass dabei an die Lupercalien gedacht ist, welche ein fabisches Geschlechtsfest wenn nicht der Geschichte, doch der Legende nach einst gewesen sein müssen, die Anwesenheit sämmtlicher *luperci* erfordern und auf den 15. Febr. fallen, während die einzige von der Alliaschlacht unabhängige Angabe des Tages der Katastrophe (bei Ovidius *fast*. 2, 195) den 13. Febr. nennt. Diese Fassung für die ältere zu halten bestimmt mich hauptsächlich die Erwägung, dass der Preis der Frömmigkeit des fabischen Geschlechts auch in der sicher auf den ältesten Annalisten zurückgehenden Legende von dem Opfer des M. Fabius Dorsuo während der gallischen Belagerung hervortritt. Dass Dionysios sie als weniger wahrscheinlich verwirft, spricht auch mehr zu ihren Gunsten als gegen sie.

mera berichtet, aber unter Beseitigung der *coniuratio*
daraus lediglich eine Niederlage der römischen Bürgerschaft
machte, welche das fabische Haus besonders schwer traf,
erfahren wir allein aus Diodor[43]). Wahrscheinlich aber ist
auch diese Erzählung, zumal da sie sonst nirgends ange-
troffen wird, auf denselben Gewährsmann zurückzuführen,
dem Diodor den mit der gewöhnlichen Version übereinstimmenden Bericht entnommen hat. Dass Diodor hier
aus derjenigen Quelle schöpft, aus welcher ihm die
Silviernamen zugekommen sind, ist höchst unwahrscheinlich; und eine dritte hat er für die römische Geschichte
dieser Epoche schwerlich gehabt. Man mag sich den
Vorgang etwa in der Weise zurecht legen, dass in
dem Geschlecht der Fabier sich die Erinnerung bewahrt
hatte an eine grosse Schlacht am Cremera, in welcher
dreihundert und sechs Geschlechtsgenossen und unter ihnen
von den drei das fabische Geschlecht in die Consulartafel
einführenden Brüdern zwei, Kaeso und Marcus gefallen seien;
dass dann in der vorlitterarischen Zeit diese Geschlechts-
legende mit der *coniuratio* in exemplificatorischer Weise verknüpft und danach umgestaltet worden ist; dass endlich der

---

43) Wenn Macer bei Livius 9, 38, 16 angiebt, die *Faucia curia*
sei, wie bei der Alliaschlacht und der caudinischen Niederlage, so
auch bei der Katastrophe am Cremera diejenige gewesen, welche
über die den betreffenden Feldherren zu ertheilende *lex curiata* vor-
gestimmt habe, so setzt allerdings auch er einen dabei commandirenden Magistrat voraus. Indess ist weder ausgemacht, dass
in seiner Erzählung volle Consequenz war, zumal da sie wahrscheinlich den Vorgang eben wie Livius nur beispielsweise erwähnte, noch ist es ausgeschlossen, dass dies auf den Auszug des
Kaeso Fabius als Consul 275 geht.

älteste Annalist, der für das Publicum schrieb, bei diesem ihn persönlich so nahe angehenden Vorgang sowohl und hauptsächlich die letztere Version vorgetragen hat wie auch die andere an sich einfachere und glaublichere. Die τινὲς τῶν σιγγραφέων werden also auf Diodors Rechnung kommen. Hat Fabius Quellen angeführt, so berief er sich, wie dies Niebuhr[44]) nicht ohne Wahrscheinlichkeit vermuthet hat, auf die Leichenreden seines Geschlechts, nur freilich nicht auf diejenige, welche M. Fabius als Consul im J. 274 seinem vor dem Feind gefallenen Bruder Quintus gehalten hat, sondern auf das Elogienschema des fabischen Hauses, worin der stereotype Bericht über die Thaten der Ahnen ohne Zweifel mit dem Consul des J. 269 begann.

Aber bei weitem wichtiger für die Schätzung unserer Quellen als die Frage nach den Umwandlungen der Erzählung von der Cremeraschlacht, ist diejenige nach dem Verhältniss derselben zu dem ältesten Document der römischen Ueberlieferung, zu der Magistratstafel. Bekanntlich lässt jene Erzählung von dem ganzen Hause[45]) der Fabier nur einen fast erwachsenen Knaben übrig bleiben und aus diesem die späteren Fabier alle entspringen[46]); diese Meldung darf.

44) 2, 224 mit Bezug auf die Worte des Livius 2, 47: *funera deinde duo deinceps collegae fratrisque ducit, idem in utroque laudator.*

45) In der Erzählung wird durchaus nur Rücksicht genommen auf den Hauptstamm der Fabier, die Vibulani, später Maximi, wie sie denn die berühmten Fabii Maximi der späteren Zeit bezeichnet als entsprossen jenem einzigen Ueberlebenden (Ovidius *fast.* 2, 238; Schrift *de viris ill.* 14; vgl. Liv. 2, 50, 1). Es ist keine Rede von den anderen Stämmen dieses Geschlechts, die übrigens alle erst in späterer Zeit nachweisbar sind und sehr wohl erst nach jener Katastrophe aus dem Hauptstamm abgezweigt sein können.

46) Ovidius *fast.* 2, 239: *puer impubes et adhuc non utilis armis.*

eben weil sie den Legendenstempel an der Stirn trägt, mit
Grund zu dem alten Bestand der Familienerzählung
gerechnet werden. Derselbe Fabier hat, nach einer anderen
möglicher Weise mit jener Sage von Haus aus verknüpften,
eher aber doch erst später hinzugefügten Erzählung, in
Folge seiner Heirath mit der Tochter des N. Otacilius in
Maleventum und der diesem gegebenen Zusage seinem ersten
Sohn den Namen des mütterlichen Grossvaters beizulegen
den sonst in dem römischen Patriciat nicht vorkommenden
Namen Numerius in das fabische Haus gebracht[47]).   Die
Fasten, so weit sie erhalten sind, so wie die den verlorenen Theilen entnommenen Angaben der Schriftsteller
führen auf folgenden Stammbaum, wobei die nicht direct in
der Liste enthaltenen genealogischen Angaben durch
Klammern unterschieden sind:

Livius 2, 50, 11: *unum prope puberem aetate relictum* (daraus
Eutrop 1, 16: *propter aetatem puerilem;* incorrect Orosius 2 5:
uno tantum ad enuntiandam cladem reservato). Schrift *de viris ill.* 14:
unus ex ea gente propter inpuberem aetatem domi relictus. Dionysios
9, 22: λέγουσι δή τινες ὅτι ἓν μόνον ἐλείφθη τοῦ γένους παιδίον, wo
die Eingangsworte nur hinzugefügt scheinen, um die Polemik
gegen die ihrer inneren Unwahrscheinlichkeit wegen von Dionysios verworfene Erzählung einzuführen.

[47]) Schrift *de praenom.* 6. und fast mit denselben Worten
Festus p. 170 v. *Numerius,* beide vielleicht aus Varro.

K.⁴⁸) F.

| Q. F- Tibulanus | K. F- Vibulanus | M. F- Vibulanus | |
| cos. 269. 271 | cos. 270. 273. 275 | cos. 271. 274 | N. Otacilius |

Q. F- M. f. K. n. Vibulanus ∪ Otacilia
cos. 287. 289. 295

| M. F- [Q. f. M. n.] Vibulanus cos. 312, tr. mil. 321 | Q. F- Q. f. M. n. Vibulanus cos. 331, tr. mil. 338. 340 | N. F- Q. f. M. n. Vibulanus cos. 333, tr. mil. 339. 347 |

| Q. F- M. f. Q. n. Ambustus Vibulanus (?) cos. 342 (?), tr. mil. 364 | N. F- M. f. Q. n. Ambustus tr. mil. 348. II 364 | K. F- M. f. Q. n. Ambustus tr. mil. 350. 353. 359. 364 |

Diese Aufstellung, welche die einzig mögliche ist, wenn man an den Berichten der Schriftsteller über das fabische Haus im wesentlichen festhält, steht mit deren Angaben

---

⁴⁸) Dass die drei Fabier, die in den sieben J. 269 — 275 das Consulat verwalteten, Brüder sind, wird oft gesagt; den Namen des Vaters nennt Dionysios 8, 83. 87. 90, ohne Zweifel nach den Fasten. — Uebrigens ist diese Präpotenz des fabischen Hauses in den bezeichneten Jahren natürlich schon den späteren Annalisten aufgefallen und von ihnen zur Ausmalung der Erzählung benutzt worden (Liv. 2, 42, 8 c. 43, 11 c. 45, 16); an sich aber ist es nichts besonderes, dass drei Brüder eines angesehenen Geschlechts einige Jahre hindurch sich in dem Oberamt behaupten. Unter sehr veränderten Verhältnissen bieten die vier Meteller Consuln 631. 637. 639. 642, die drei Cottae Consuln 679. 680. 689 analoge Erscheinungen. Es ist nicht der geringste Grund vorhanden zur Erklärung dieser gewiss historischen Thatsache besondere staatsrechtliche Combinationen zu erfinden.

nur in einem Nebenpunkt in offenbarem Widerspruch:
der erste Numerius des fabischen Geschlechts ist des
einzig die Cremeraschlacht überlebenden Fabiers dritter
Sohn, nicht sein erster, wie es die Erzählung angiebt und
die Natur der Sache fordert. Durch die Annahme mehrfacher Verheirathung lässt diese Differenz sich nicht aus-
gleichen, da der älteste Sohn des überlebenden Fabius einen
Sohn Numerius hat, welcher den Namen doch nur von seinem
mütterlichen Urgrossvater führen kann. — Freilich ruft in
anderer Hinsicht dieser Stammbaum mehrfache Bedenken
hervor. Der Ueberlebende war im J. 277 — um *prope pubes*
in möglichst weitem Sinne zu nehmen — noch nicht waffen-
fähig, also etwa siebzehn Jahr alt und im J. 287 Consul.
Unmöglich ist dies nach damaliger Ordnung nicht[49]), aber
doch befremdend. Dass der Consul des J. 312 ein Sohn
des überlebenden Fabius gewesen ist, ebenso wie die der
J. 331 und 333, stimmt dazu, dass er, wie die Namen seiner
Söhne zeigen, Sohn eines Quintus und Nachkomme desjenigen Fabius war, der den Namen Numerius in das Geschlecht brachte; aber die Altersverschiedenheit der drei
Brüder ist auch für diese Zeit sehr auffallend. Indess wird
man einräumen können, dass diese Aufstellung, wie sie die
einzig mögliche Vereinigung zwischen jenen annalistischen
Berichten und den Fasten ist, so auch keinen unauflöslichen
Widerspruch in sich schliesst.

Aber wenn die Fasten Diodors, ausser dem Q. Fabius
Vibulanus Consul zuerst 287, weiter nach dem J. 297 das
Consulat des L. Quinctius Cincinnatus und des M. Fabius
Vibulanus aufführen, so ist dies mit jenem Bericht von

---

[49]) Staatsrecht 1³ S. 545.

dem Untergang aller Fabier im J. 277 bis auf einen schlechthin unvereinbar. Dieser Fabier gehört demselben Hause
an. muss zur Zeit der Katastrophe gelebt haben und kann
nicht zum Sohn des jugendlichen Consuls vom J. 287 gemacht werden. Es ist meines Erachtens evident[50]), dass
die ältere unbefangene Annalistik sowohl die Geschichte
von dem einen im J. 277 überlebenden Fabier erzählte
wie die fabischen Consulate von 287 und 298 hinsetzte,
dann aber die spätere Forschung auf den Widerspruch aufmerksam ward und das zweite Consulat strich. Sehr wahrscheinlich sind gleichzeitig die genealogischen Angaben
der Magistratstafel in der Weise umgestaltet worden, dass
der darin vorausgesetzte Stammbaum mit den Annalen
wenigstens einigermassen bestehen konnte; wenn also auch
der oben aufgestellte vermuthlich eben derjenige ist,
welchen die späteren Redacteure der römischen Ueberlieferung angenommen haben, so wird er doch, wie es auch
seine innere Unwahrscheinlichkeit anzeigt, dem wirklichen
Stammbaum des Hauses schwerlich entsprechen.

Kann hienach nicht mit Grund bezweifelt werden, dass
das von Diodor zwischen 297 und 298 eingestellte Consulat echt und späterhin ausgemerzt ist, so wird weiter
eingeräumt werden müssen, dass das zweite bei ihm[51]) allein
sich findende, die zwischen 326 und 327 d. St. aufgeführten

---

[50]) Ich bedaure in der Chronologie S. 125 dies Consulat, ebenso wie das gleich zu erwähnende nach 326 aufgeführte, als eingeschoben behandelt zu haben.

[51]) 12, 77.

Consuln L. Quinctius und A. Sempronius ebenfalls der ursprünglichen Magistratstafel angehören[52]), wenn auch für
deren Streichung — denn einfacher Ausfall ist schwerlich
anzunehmen — eine bestimmte Ursache nicht nachgewiesen
werden kann. Möglich ist es, dass der Waffenstillstand
mit Veii dazu Veranlassung gab, dessen Ablauf unter dem
J. 327 Livius[53]) berichtet: *cum Veientibus nuper acie di-
micatum ad Nomentum et Fidenas fuerat indutiaeque inde.
non pax facta, quarum et dies exierat et ante diem rebel-
laverant.* Mit jenem Kriege ist der unter dem J. 317
erzählte gemeint. Von dem längeren Waffenstillstand, der
ihn beendigte, hat Livius vorher nichts berichtet; in den
älteren Annalen kann die Angabe der Jahre oder vielmehr der Monate seiner Dauer nicht gefehlt und diese
späteren Annalisten Anstoss gegeben haben. Beispielsweise wenn am Schluss des J. 318 auf 100 Monate
Waffenstillstand geschlossen war, so lief dieser bei regel-
mässiger Dauer der Magistratur[54]) zu Ende mit dem vierten
Monat des achten darauf folgenden Magistratsjahres. Waren
aber durch verfrühten Antritt die Magistraturen verkürzt, so
konnte die Endfrist sich bis in die Amtführung des folgenden
Collegium erstrecken. War dies der Fall und erzählten

---

[52]) Die bei Diodor fehlenden Collegien der varronischen Jahre
(nach der gewöhnlichen Bezifferung) 282. 331 — 335. 387 stehen
natürlich nicht auf gleicher Linie; meines Erachtens sind sie alle
entweder durch Nachlässigkeit ausgefallen oder durch Willkür
beseitigt, und geben keinen Grund an diesen Stellen unsere
Fasten zu corrigiren.

[53]) 4. 30. 14.

[54]) Von dem Schaltmonat sehe ich ab, da es sich nur um ein
Beispiel handelt.

dann die Annalen, dass unter dem neunten folgenden Collegium die Veienter vor Ablauf der Frist den Krieg begonnen hätten, so schien dies gegen die früheren Angaben zu verstossen und konnte dazu Veranlassung geben ein Collegium auszumerzen. Indess mag diese Ursache oder eine andere hier zu Grunde liegen, an der Echtheit der Ueberlieferung kann kein gegründeter Zweifel sein.

Welche grundlegende Wichtigkeit es für alle chronologischen Untersuchungen hat, dass für das Jahr von der Gründung der Republik bis zu dem der Alliaschlacht hienach (mit Einrechnung von Anfangs- und Endjahr, mit Ausschluss aber des dritten Decemviraljahres) nicht mit der gangbaren Magistratstafel 120, sondern vielmehr 122 Stellen gerechnet werden müssen, bedarf keiner Auseinandersetzung. Anwendungen von diesem Ergebniss werden wir weiter noch zu machen haben.

— — —

— Es liesse sich dem noch viel hinzufügen, im Allgemeinen wie im Besonderen; so das mit den späteren Annalen scharf contrastirende Masshalten in den Siegesziffern, die, wo sie auftreten, überall glaublich lauten: so zahlreiche Momente in der Darstellung des samnitischen Krieges, in denen Diodor offenbar allein das Richtige bewahrt hat, und vieles Andere mehr, wovon einzelnes später noch zur Sprache kommen wird. Indem ich die Untersuchung nach dieser Richtung nicht weiter verfolge, wende ich mich zu der Frage, welche Quellen Diodor für die frühere römische Geschichte seiner Darstellung zu Grunde gelegt hat.

Von Diodors Werk selbst sind die römischen Annalen vom J. 268—452 d. St. in den erhaltenen Büchern 11—20

vollständig auf uns gekommen, während von seiner Darstellung der Königszeit und der ersten beiden Decennien
der Republik so wie von den Berichten über die Epoche
vom zweiten samnitischen Krieg abwärts nur Trümmer
übrig geblieben sind. Dass er, seitdem die Fäden der
römischen und die der griechischen Geschichte in einander
laufen, zum grossen Theil auch jene nach griechischen
Quellen erzählt, steht unzweifelhaft fest. Vom zweiten
punischen Krieg an hat Diodor sich anerkannter Massen
zunächst an Polybios gehalten [55]). Aber schon die Kriege
des Pyrrhos und der erste punische drehen sich wesentlich
um Sicilien und der hannibalische hat die griechischen
Staaten in weitem Umfang mit ergriffen; es ist selbstverständlich und notorisch, dass der Sikeliote das Material
für diesen Abschnitt zum guten Theil nichtrömischen
Quellen entlehnt, die Geschichte des Pyrrhos zum Beispiel
wesentlich nach Hieronymos von Kardia erzählt hat [56]).
Spuren römischer Annalen begegnen allerdings auch hier,
namentlich in der Darstellung des zweiten punischen
Krieges [57]). Die Vermuthung spricht dafür, dass die nicht
aus griechischen Quellen herrührenden Bestandtheile dieser
Erzählung aus demselben Annalenwerk geflossen sind, dem
er die in den griechischen Quellen fehlenden Angaben über
die ältere römische Geschichte entnommen hat. Indess diese Vermuthung kann trügen und auf keinen Fall
lässt diese Frage sich erledigen ohne genauestes Einziehen

---

[55]) Nissen krit. Untersuch. S. 110 f.

[56]) Reuss Hieronymos von Kardia S. 115 f.

[57]) Zum Beispiel die Schilderung von dem Untergang Saguuts
p. 512 Wess., die genau mit Appian Hisp. 12 und Livius 21, 14
stimmt.

insbesondere in die schwierige Untersuchung über die
Wahrheit und Dichtung in Betreff des hannibalischen
Krieges. Um die Untersuchung zu vereinfachen und Ergebnisse, die mir sicher scheinen, nicht mit zweifelhaften
Möglichkeiten zu vermischen, habe ich die aus römischen
und griechischen Quellen zusammengesetzten Theile der
diodorischen Geschichte für jetzt bei Seite gelassen und
mich beschränkt auf die römischen Berichte bis auf die
Zeit des Pyrrhos, deren wesentliche Ableitung aus römischen Annalen keinem Zweifel unterliegt.

Vor allem wird festzustellen sein, in wie fern Diodor
in diesem Abschnitt mehrere Quellen neben einander benutzt hat.

Einlagen aus denjenigen griechischen Quellen, welche
Diodor sonst für diese Epoche benutzt hat, lassen in
diesen Abschnitten sich nur wenige nachweisen. In der
Stelle 14, 113, wo von den Etruskern im Padusthal die
Rede ist und über deren Herkunft zwei Berichte vorgetragen werden: 'einige sagen, dass es Colonien der Zwölf-
'städte Etruriens seien, andere dagegen, es seien Pelasger,
'die vor der troischen Zeit in Folge der deukalionischen
'Ueberschwemmung aus Thessalien ausgewandert seien', ist
wenigstens der letztere zunächst der Pelasgererzählung des
Hellanikos (bei Dionys. 1, 28) verwandte griechisch und vielleicht dem Timaeos entnommen[58]). Für die Zahl der im
J. 459 bei Sentinum Gefallenen führt Diodor (p. 420 vgl.
fr. XL) ausdrücklich den Samier Duris an: ἀνῃρέθησαν
ὑπὸ Ῥωμαίων Φαβίου ὑπατεύοντος δέκα μυριάδες, ὡς
φησι Δοῦρις, und da er die Geschichte des Agathokles

---

[58]) Auf die Frage, ob in diesem Abschnitt noch anderes dem
Timaeos gehört, komme ich in der folgenden Abhandlung zurück.

wesentlich nach Duris erzählt[59]), so unterliegt es keinem
Zweifel, dass er auch diese Nachricht selbst dem Werke
des Duris entlehnt hat. Aber dass er gegen seine Gewohnheit hier den Gewährsmann nennt, deutet an sich schon
darauf hin, dass der genannte seine Hauptquelle nicht ist;
wie er denn auch den Namen des Consul Fabius schwerlich bei Duris gefunden haben wird. — Aber nach der
Beschaffenheit der Angaben selbst können derartige Einlagen von Diodor nur in verschwindendem Umfang vorgenommen worden sein; in den griechischen Quellen, die
er sonst für diese Bücher benutzte, waren die Berichte,
um die es sich hier handelt, im Ganzen genommen sicher
ebenso wenig zu finden wie das Consulverzeichniss.

Anticipirte Benutzung des Polybios, bevor dieser Diodors Hauptquelle wird, hat in der Erzählung von den
beiden punischen Kriegen sicher nicht stattgefunden, wohl
aber bei dem karthagischen Söldnerkrieg, für welchen
Diodors Hauptquelle versagt haben muss; was er darüber
beibringt, ist ziemlich wörtlich aus Polybios abgeschrieben[60]). Wenn demnach Diodor das Olympiadenjahr

---

[59]) Dies hat zuletzt Nitsche entwickelt 'König Philipps Brief an
die Athener und Hieronymus von Kardia' (Programm des Berliner Sophien-Gymnasiums 1870) S. 5 fg.

[60]) Die Ausführung Ungers (Rhein. Mus. 34 S. 90 fg.) hat mich
von der Unrichtigkeit dieser Annahme nicht überzeugt. Von den
positiven Nachrichten, die Diodor über den Söldnerkrieg giebt,
steht in der That nur eine bei Polybios nicht, ich meine die
Stelle p. 509 Wess.: ὑπὲρ τῶν ἵππων τῶν θανόντων ἐν Σικελίᾳ καὶ
τῶν σφαγέντων ἀνδρῶν τιμὰς ὑπερβαλλούσας ..., während Polybios 1.
68 unter den Forderungen der Söldner ausser dem rückständigen
Solde nur Geldentschädigung für die gefallenen Pferde (τῶν τ-
θνεώτων ἵππων ἀπῄτουν τὰς ἀξίας) und für die nicht geleisteten

der Gründung Roms auf 7, 2 ansetzt, wie dies Polybios
thut. so kann auch dies sehr wohl aus Polybios entlehnt sein.

Abgesehen von den aus den Darstellungen griechischer
Geschichte und aus Polybios geflossenen Angaben lag
dem Diodor wenigstens für die Vorgeschichte Roms
_ bekanntlich eine zwiefache Quelle vor[61]). Er folgt in
seiner Erzählung der damals gewöhnlichen Version, wonach Romulus zwar ein Nachkomme des Aeneas, aber

Getreidelieferungen (τῆς προσοφειλομένης σιτομετρίας . . . τὴν μέ-
γιστην γεγονυῖαν ἐν τῷ πολέμῳ τιμὴν ἥκιστον αὐτοὺς δεῖν κομίζεσθαι)
nennt. Aber τῶν σφαγέντων ἀνδρῶν τιμαί ist unmöglich, wie Unger
S. 93 übersetzt, 'die Löhnung der im Kriege gefallenen Söldner';
es sind Worte ohne Sinn, welche an die Stelle von τῆς προσοφειλομένης σιτομετρίας τιμαί oder einer äquivalenten Wendung getreten
sind und deren jetzige Fassung wahrscheinlich auf Rechnung mehr
wohl noch des Auszugmachers als des Abschreibers kommt.

⁶¹) Möglich ist es, dass nicht Diodor selbst, sondern ein etwas
älterer Compilator diese beiden Quellen so, wie sie bei Diodor
auftreten, in einander gearbeitet hat: in den Ergebnissen ändert
es nichts, ob noch ein Mittelglied zwischen Diodor und seine
Quelle eingeschoben wird. Indess ist dessen Existenz insofern wenig wahrscheinlich, als die Silvierfabel selbst nicht gar
lange vor Diodor erfunden worden zu sein scheint. Derselbe
schrieb nach dem Tode des Dictator Caesar (1, 4) und nach der
Ordnung Siciliens durch dessen Sohn (16. 7), also nach 718; aber
da er sein Werk mit dem ersten Consulat Caesars 695 schloss und
Caesar den Sohn nicht als Augustus bezeichnet, so hat er wahrscheinlich vor dem Abschluss der Bürgerkriege durch die Schlacht
bei Actium (723) und vor Caesars Annahme des Augustusnamens
(727) sein Werk abgefasst. Die Umgestaltung des Stammbaums
der Iulier wird in dieselbe Zeit fallen und aus denselben Motiven
hervorgegangen sein wie die Consecration Caesars, welche Diodor
auch kennt; die rasche Verbreitung der Legende ist nicht auf
fallend, da sie zu der officiösen Adulation gehört.

durch viele Generationen von ihm getrennt ist und erzählt
von den Silvierkönigen ziemlich ausführlich. Aber er
kennt auch 'einige Geschichtschreiber', die den Romulus
zum Tochtersohn des Aeneas machen und tadelt sie wegen
der dadurch herbeigeführten chronologischen Verwirrung.
Weiterhin nennt er dann den Schriftsteller, den er im
Sinne hat, mit Namen: *Φάβιος ὁ τὰς 'Ρωμαίων πράξεις
ἀναγράψας ἄλλως μεμυθολόγηκεν* [62]). — Jene Hauptquelle
nun ist augenscheinlich sehr jung, eben weil sie eine der
spätesten Erdichtungen, das Verzeichniss der Silvierkönige

------

[62]) Ich habe schon in der Chronologie S. 152 A. 288 darauf
hingewiesen, dass die Identification der *ἔνιοι τῶν συγγραφίων* und
des später genannten Fabius schlechthin unabweislich ist. Es
bestätigt sich dies dadurch, dass die Version, welche den Romulus
zum Tochtersohn des Aeneas macht, gleichfalls bei Naevius und
Ennius, also eben bei Pictors Zeitgenossen sich vorfindet, während
sie bei den Späteren durch die bekannte chronologische Nach-
rechnung verdrängt worden ist. Peter hist. Rom. rel. p. LXXXXVII
verkennt das Gewicht dieser Gründe nicht, macht aber dagegen
geltend, dass die Gründungssage, welche Plutarch Rom. 3 nach
Diokles von Peparethos und Pictor, Dionysios 1, 79 nach Pictor,
Cincius, Cato, Piso vortragen, den Romulus zum Tochtersohn des
Numitor macht. Aber dass in dieser ältesten Fassung die Anknüpfung der Zwillinge an Aeneas und die an das albanische
Königshaus neben einander festgehalten worden sind, steht ausser
allem Zweifel (Schwegler 1, 407). Wohl hat niemand bisher
das Räthsel gelöst, wie diese beiden realistisch betrachtet
sich aufhebenden Erzählungen in einander gefügt worden sind;
aber wir befinden uns nun einmal hier in dem ausgesprochenen
Zauberkreis der Märchenwelt wie bei Naevius und Ennius, so
auch bei Fabius, der zwar die Legende in Prosa vortrug, aber
den Traum des Aeneas ausführlich berichtet und seiner Erzählung
offenbar ein poetisches Colorit gegeben hat. In irgend einer
Weise muss die Dichtung hier das Unmögliche möglich gemacht
haben.

aufgenommen hat und sogar einen Sohn des Ascanius
kennt, den Oberpontifex Iulius, 'der gleichsam der zweite
nach dem König war'[63]) und sicher erst mit Rücksicht
auf den Dictator Caesar in die Geschichte eingeführt worden
ist. Unmöglich also kann dies diejenige Quelle sein,
welcher Diodor die oben geschilderten in ihrer Art einzigen
Fasten der Republik und die daran sich knüpfenden Notizen
verdankt. Vielmehr hat er die Haupterzählung der Vorgeschichte allem Anschein nach einer in der caesarischen
oder der früheren augustischen Zeit abgefassten wahrscheinlich nach dem Vorgange Kastors[64]) griechische und
römische Dinge gleichmässig umfassenden Chronographie
entnommen. Was er derselben weiter entlehnt hat, steht
dahin. Ich habe früher[65]) die Vermuthung ausgesprochen,
dass dies sich ausser der Silvierfabel beschränkt habe auf
die für die Königszeit in der Zusammenfassung gegebene
Zahl von 244 Jahren, da diese erweislich jung ist und die
Einzelsätze Diodors vielmehr die ältere Gesammtzahl von
240 Jahren ergeben. Das ebenfalls den älteren Annalen
fremde Olympiadenjahr der Gründung Roms 7, 2 kann dieser
Chronographie entlehnt, aber auch aus Polybios entnommen
sein (S. 267). Aber wohl mit besserem Recht haben andere
Gelehrte[66]) in Betreff der Königsliste und der die Könige

---

[63]) Vgl. Schwegler 1, 337.

[64]) Kastor selbst, der im J. 693 sein Werk schloss und die
laufende Olympiadenzahl auf 181 angab, also nicht nach 701
publicirt hat, hat wohl die albanischen Könige aufgeführt, aber
Diodors unmittelbare Quelle kann er nicht gewesen sein (Chronol.
S. 156). Collmann *de Diodori Siculi fontibus* (Leipzig 1869) S. 38
lässt mich das Gegentheil von dem sagen, was ich aufgestellt habe.

[65]) Chronol. ² S. 127.

[66]) Collmann in der Anm. 32 angeführten Schrift.

Roms betreffenden Nachrichten eine weiter gehende Benutzung der Chronographie angenommen. Namentlich erscheint
es bemerkenswerth, dass die Erzählung von Numas Unter-
weisung durch Pythagoras p. 549 als Variante mit λέγουσι
δέ τινες eingeführt wird, also wahrscheinlich in der Hauptquelle fehlte oder gar verworfen ward; diese Erzählung,
eine derjenigen, welche als mit der conventionellen Fabel-
chronologie in Conflict stehend von den späteren Kritikern
beseitigt wurden, stand bei Fabius wahrscheinlich noch
unangefochten[67]). Auf jeden Fall wird es zweckmässig
sein die Berichte Diodors über die Königszeit als mehr
oder minder contaminirt von den Bestandtheilen abzusondern, die er sicher jenen vortrefflichen Annalen entnommen hat, obwohl auch von jenen doch wohl das Meiste
dem Fabius gehörte.

Diese sicheren Ueberreste beginnen mit dem Anfang
der Magistratstafel, also für uns, da die früheren Jahre
spurlos verschwunden sind, mit dem J. 268 d. St. Dass
vor allem die Fasten in ihrer ganzen Ausdehnung der
guten Quelle entlehnt sind[68]), steht unumstösslich fest; und

[67]) 'Aus der Nebenquelle, die die Silvier geliefert hat, stammt
auch der in Kreta begrabene König Picus(6,5)'. Wilamowitz. — Collmann a. a. O. S. 41 glaubt noch an zwei andern Stellen Diodors
eine von Fabius abweichende Darstellung der Ursprungsgeschichte
nachweisen zu können: insofern er den Remus die sechs Geier
früher erblicken lässt als den Romulus die zwölf, und insofern
Remus bei ihm nicht von Romulus, sondern von Celers Hand
fällt. Aber die Gründe, wesshalb diese Fassungen dem Fabius
abgesprochen werden, scheinen mir nicht triftig; beide Momente
sind sehr alt.

[68]) Volquardsen (Quelle Diodors S. 11) hat darauf aufmerksam
gemacht, dass Diodor in den Büchern 17. 18 wohl die römischen

da die von Diodor benutzte Chronographie schwerlich ein
Consulnverzeichniss enthielt, erklärt es sich leicht, wesshalb Diodor hier dieselbe bei Seite legte. Aber auch im
Uebrigen trägt die diodorische Erzählung einen durchaus
einheitlichen und gleichartigen Charakter; während in der
Magistratstafel nicht eine einzige Variante auftritt, ist
unter den Doppelberichten, welche weiter in den historischen Abschnitten vorkommen, keiner von der Art, dass
er auf eine doppelte Quelle einen sicheren Schluss gestattete.
Ich stelle sie hier zusammen, so weit sie nicht in anderer
Verbindung ausführlicher erörtert worden sind [69]).

12, 64 unter dem J. 322 wird der Sieg des Dictators
A. Postumius erzählt und daran die Hinrichtung des
Sohnes wegen subordinationswidriger Tapferkeit ge-
knüpft mit den Worten: ἴδιον δέ τι καὶ παντελῶς

Consuln der J. 416—435 aufführt, aber gar keine annalistischen
Nachrichten beibringt, also wahrscheinlich deren Eintragung ver-
gass. Aber hieraus zu schliessen, dass er jene aus einer anderen
Quelle entnahm als diese, würde voreilig sein. Diodor wird sein
chronologisches Parapegma, das er zunächst aus Apollodor nahm
und das die Consuln schwerlich enthielt, erst aus seiner römischen
Quelle vervollständigt und dann an der Hand dieser Tafel die
Geschichtserzählung aus seinen griechischen und römischen Quellen
zusammengestellt haben. Die Magistratstafel und die historischen
Nachrichten stimmen in ihrem Charakter so genau zusammen,
dass eine Verschiedenheit der Quelle für diese und für jene kaum
denkbar ist.

[69]) Dahin gehört theils der doppelte Bericht über die Katastrophe am Cremerabach, welcher, wie oben S. 256 gezeigt ward,
wahrscheinlich in der einen wie in der anderen Version auf Fabius
zurückgeht theils der Bericht über den Triumph des Camillus,
wie ἔνιοί φασιν, nach der an den Galliern genommenen Revanche,
welcher in der folgenden Abhandlung eingehend erörtert ist.

ἄπιστόν φασι πρᾶξαι τὸν Ποστούμιον. Der Sieges-
bericht beruht sicher auf dem Triumphalverzeichniss:
die Erzählung von der Hinrichtung ist eine wohl von
Fabius zuerst schriftlich fixirte Anekdote.

14, 102 zum J. 361. Die Römer vertheilen das Gebiet _
von Veii *κατ' ἄνδρα δόντες πλέθρα τέτταρα, ὡς δέ
τινες, εἴκοσιν ὀκτώ.* Livius 5, 30 giebt sieben *iugera*
an, *ut omnium in domo liberorum capitum ratio ha-
beretur:* was Niebuhr (2, 563) mit der zweiten Meldung Diodors in der Weise auszugleichen sucht, dass
die Familie durchschnittlich zu vier Köpfen gerechnet
worden sei. Da diese Nachricht ohne Frage zu denjenigen gehört, die sich eine Zeit lang durch mündliche
Ueberlieferung fortgepflanzt haben und erst später in
die Annalen gelangt sind, so können schon demjenigen,
der sie zuerst aufzeichnete, zwei Versionen derselben
zu Ohren gekommen sein.

14, 116 zum J. 364 wird der Zahlung des Lösegeldes
an die Gallier die Bemerkung angehängt: *λέγουσι δέ
τινες καὶ διότι τὸν χρυσοῦν κόσμον αἱ γυναῖκες . . . εἰσι-
νέγκασαι ταύτης ἔτυχον παρὰ τοῦ δήμου τιμῆς ὥστ'
ἐξουσίαν ἔχειν ἐφ' ἁρμάτων ὀχεῖσθαι κατὰ τὴν πόλιν.*
Diese ätiologische Erzählung[70]) ist, obwohl sehr alt,
doch nothwendig jünger und geringhaltiger als der
Bericht über die gallische Katastrophe selbst; es ist
vollkommen begreiflich, dass eben die ältesten Annalen
diese Nachricht als minder glaublich anhangsweise
brachten.

Fragen wir weiter, welches römische Annalenwerk Diodor

---

[70]) Vgl. mein Staatsrecht 1³, 377.

seiner Erzählung der republikanischen Epoche zu Grunde
gelegt haben mag, so hat in der Hauptsache längst Niebuhrs richtiger Blick divinatorisch erkannt, dass die ältesten
überhaupt schriftstellerisch publicirten römischen Annalen,
nehmlich die kurz nach dem Ende des hannibalischen
Krieges[71]) von Q. Fabius Pictor in griechischer Sprache
verfassten von Diodor ausgezogen worden sind. Diese Annahme ist seitdem oft gebilligt und oft[72]) verworfen worden:
von denen aber, die diese Meinung für richtig halten, hat
wohl keiner die eigentliche Beweisführung angetreten und
es ist in dieser Hinsicht im Ganzen bei Behauptungen und
beiläufigen Bemerkungen geblieben. Ich glaube darum in
der That eine alte Schuld einzulösen, indem ich die Gründe
entwickele, die für mich die Niebuhrsche Vermuthung
fast zur Gewissheit gemacht haben, und auch den Gegnern
dieser Ansicht insofern einen Dienst zu leisten, als eine
Beweisführung sich leichter und besser discutirt als eine
Divination.

Zunächst passt auf das Beste was Diodor über seine
Quellen aussagt oder zu verstehen giebt. Er nennt seine
Gewährsmänner überhaupt nur bei bestimmten Veran-
lassungen, seine Hauptquellen gar nicht; und so darf es
nicht befremden, dass in dem wesentlich aus Fabius entlehnten Abschnitte dessen Name nirgends begegnet. Dagegen finden wir ihn in dem Abschnitt, der zunächst

---

[71]) Die **Fragmente** reichen bis zu der Sendung des Fabius
nach Delphi Ende des J. 538 (denn dass Fabius darüber selber
berichtete, sagt Appian Hann. 27 eigentlich geradezu); dass das
Werk selbst bis zu dem Frieden ging, hat man längst mit Recht
aus Appian Hann. 27 entnommen.

[72]) Zum Beispiel von Nissen in Jahns Jahrb. 95 (1867) S. 328

nicht aus ihm genommen ist, als secundäre Quelle mit
Namen genannt (S. 268). Da Diodor erweislicher Massen die
Quelle gewechselt hat, so ist es von vorn herein wahrscheinlich, dass die bis dahin in zweiter Reihe benutzte bei diesem
Wechsel an die erste Stelle trat; eben wie Polybios von
Diodor anfangs hie und da berücksichtigt, später aber zu
Grunde gelegt wird. Ausser dem Fabius nennt Diodor in
diesem ganzen Abschnitte nur einen einzigen Historiker
mit Namen und zwar den Samier Duris für die Zahl der
im J. 459 bei Sentinum Gefallenen. Es ist schon (S. 265)
darauf hingewiesen worden, dass dies deutlich eine Einlage ist und als Hauptquelle auch in dieser Stelle das
römische Annalenwerk hervortritt.

Die Auswahl ferner erscheint durchaus angemessen.
Lateinische Quellen hat Diodoros, wo er es vermeiden
konnte, schwerlich benutzt[13]); unter den griechisch geschriebenen Annalen Roms war die Auswahl nicht gross,
und Polybios, den Diodor später zu Grunde legte, wies
ausdrücklich und ausschliesslich auf Fabius hin und schloss
sich an denselben in der Weise an, dass aus beiden Werken
zusammen sich eine fortlaufende Erzählung ergab.

Der schriftstellerische Charakter der von Diodor ausgezogenen Annalen tritt meines Erachtens in den uns

---

[13]) Freilich sagt er 1. 4: ἡμεῖς . . . πολλὴν ἐμπειρίαν τῆς Ῥωμαίων
διαλέκτου περιπεποιημένοι πάσας τὰς τῆς ἡγεμονίας ταύτης πράξεις
ἀκριβῶς ἀνελάβομεν ἐκ τῶν παρ᾽ ἐκείνοις ὑπομνημάτων ἐκ πολλῶν
χρόνων τετηρημένων. Aber dennoch scheint er es bequemer gefunden zu haben wie für die zweite Hälfte des sechsten Jahrhunderts den Polybios und für das siebente die Fortsetzung desselben durch Poseidonios, so für die frühere Zeit den Fabius zu
compiliren.

erhaltenen Auszügen ohne sehr wesentliche Entstellung
hervor: wer die diodorischen Excerpte im Zusammenhang
durchgegangen hat, wird wohl ungefähr den Gesammteindruck erhalten, den die Annalen des Fabius selbst in ihren
früheren Theilen machten. Ohne Zweifel hat Diodor in seiner
nachlässigen und gedankenlosen Weise häufig die Eintragung
der für ihn nebensächlichen römischen Nachrichten unterlassen (S. 270 A. 68) und auch wo er sie setzte, von dem ihm
vorliegenden Material sehr viel weggeschnitten, wie er denn
einmal sogar eine früher versprochene Ausführung an ihrem
Platz zu geben vergisst[74]); in den jüngeren Annalen sind
Angaben in nicht geringer Zahl aufbehalten, die mit grösserer oder geringerer Sicherheit auf Fabius zurückgeführt
werden dürfen und von denen bei Diodor nichts steht.
Einzelnes hat derselbe ohne Zweifel auch umgestaltet und
verdorben, wie wir denn einer seltsamen Contamination
der über den Ständekampf vorliegenden Nachrichten später
noch gedenken werden. Aber es sind doch von ihm eine
Menge an sich sehr untergeordneter Notizen aufgenommen
worden, und was stehen geblieben ist, hat zum grösseren
Theil schwerlich eine wesentliche Umgestaltung erfahren.
Den Stamm der Chronik bildet die Magistratstafel, welche
ausser den Eponymen höchstens die Dictatoren und die
Reiterführer sämmtlich aufführte, anderer Magistrate aber,
selbst der Censoren nur gelegentlich gedachte. Dazu kommen kurze kaum stilisirte Notizen über die Eroberung,
den Verlust, die Colonisirung der einzelnen botmässigen
Städte und über die von Rom bekriegten Völkerschaften;
die inneren Angelegenheiten treten davor zurück, wie denn

---

[74]) 14, 117 über den Prozess des Camillus.

zum Beispiel in der Epoche bis auf die Belagerung von Veii
nur Sp. Cassius, die Vermehrung der Zahl der Volkstribune
im J. 283 d. St., der Decemvirat, Sp. Maelius, die Einführung des Soldes und die Spiele des J. 362 Erwähnung
finden. Zusammenhängende Ausführungen finden sich über
die Stadtgründung, den Decemvirat, die gallische Katastrophe. Mit den Samnitenkriegen beginnt ein gewisser
Pragmatismus und erkennt man die Anfänge gleichzeitiger
Geschichtsaufzeichnung, die Umrisse einer im Allgemeinen
beglaubigten Kriegsgeschichte, welche dann in den pyrrhischen und den punischen Kriegen ohne Zweifel zu einer
wirklichen Geschichtserzählung geworden ist. Von Diodors
Nachrichten über diese ist, wie schon bemerkt ward (S. 264),
nur weniges fabischen Ursprungs. Dagegen ist sicher aus
Fabius geschöpft, was in der Geschichte der beiden ersten
punischen Kriege Polybios nicht aus griechischer oder kartha-
gischer Quelle giebt, und auch die jüngeren lateinischen
Annalen werden in den späteren schon bei Fabius mehr
pragmatisch gestalteten Abschnitten sich enger als für die
frühere Zeit an ihren Choragen angeschlossen haben. Auf
das Genaueste entspricht das, was wir also von Fabius übrig
haben, den Angaben des Dionysios 1, 6, dass Fabius οἷς
μὲν αὐτὸς ἔργοις παρεγένετο, διὰ τὴν ἐμπειρίαν ἀκριβῶς
ἀνέγραψε, τὰ δὲ ἀρχαῖα τὰ μετὰ τὴν κτίσιν τῆς πόλεως
γενόμενα[75]) κεφαλαιωδῶς ἐπέδραμεν. Während in der
annalistischen Darstellung der pyrrhischen und noch mehr
der punischen Kriege wohl nationale Befangenheit und

---

[75]) Damit deutet Dionysios an, was die Fragmente bestätigen,
dass Fabius die Stadtgründung selbst und was damit zusammenhängt, keineswegs κεφαλαιωδῶς, sondern in eingehender Entwickelung erzählt hat.

litterarische Unzulänglichkeit gewaltet haben wird, aber
doch die Erzählung eine geschichtliche heissen konnte,
durchläuft in den älteren Theilen der Chronikenschreiber,
Notiz an Notiz fügend, das weite Gebiet der Jahrhunderte,
und die Reihe seiner Facta macht ungefähr denselben Eindruck wie diejenige seiner Namen. Und doch empfinden
wir vor diesen ältesten Zeugnissen einer grossen geschichtlichen Entwickelung dieselbe Ehrfurcht wie vor den nicht
beredteren Klosterchroniken der germanischen Anfangszeit,
und es wandelt einen dabei zugleich etwas wie Verachtung
an gegen das klingelnde Falsificat, das sich daraus bei
Livius und Dionysios entwickelt hat. Ja man wird hinzufügen dürfen, dass es nicht Mangel an Gestaltungsfähig-
keit gewesen ist, wenn Fabius in den früheren Abschnitten
blos zusammenhanglose Notizen gab, sondern dass er in
anderer Weise Achtung vor der Ueberlieferung hatte als
Antias und Macer, und dem Pragmatismus nur da Raum
gab, wo die Beschaffenheit seiner Kunde dafür reichte.

Die Vergleichung der anderweitig mit Sicherheit auf
Fabius zurückzuführenden Nachrichten mit den Annalen
Diodors führt weder nach der einen noch nach der
anderen Seite hin zu sicherer Entscheidung. Was wir
sonst als fabischen Ursprungs nachweisen können, tritt
nirgends in Widerspruch mit denjenigen Angaben Diodors, welche wir für Fabius in Anspruch nehmen[76]).

---

[76]) Ueber Romulus doppelten mütterlichen Grossvater ist S. 268
A. 62 gesprochen worden. Warum das, was Fabius bei Polybios
3, 8 über Hasdrubals Verhalten berichtet, mit Diodors wahrscheinlich auch aus Fabius geschöpften Aeusserungen über Hamil-
kar (exc. de virt. p. 102) nicht bestehen kann, wie Peter (hist. rel.
p. LXXXXVII) behauptet, verstehe ich nicht.

Dass positive Uebereinstimmung kaum zu Tage tritt, kann
nicht anders sein; denn die uns unter Fabius-Namen überlieferten Nachrichten gehören zum weitaus grössten Theil
denjenigen Epochen an, die bei Diodor entweder der Chronographie ganz oder theilweise entlehnt sind oder bei ihm
fehlen; es ist in der That nicht eine einzige darunter, die
mit der fabischen Masse bei Diodor die Vergleichung gestattete. Doch versagt auch dies Argument nicht ganz.
Was Polybios aus römischen Annalen entlehnt hat, darf
im Grossen und Ganzen auf Fabius zurückgeführt werden,
und ausser anderem[77]) passen die Erzählung der gallischen
Katastrophe bei Polybios (2, 18) und die bei Diodor (14,
115) völlig in einander[78]).

Ungern entschliesse ich mich dazu die Frage zu erörtern,
ob in der diodorischen Ueberlieferung Spuren von besonderer Rücksichtnahme auf das fabische Haus und seine
Interessen begegnen; der Papierkorb gentilicischer Annalen-
phantasien ist leider zum Ueberschwellen voll. Aber wenn
es erwiesen ist, dass die *Fabii Pictores* allerdings ein Zweig
des erlauchten patricischen Hauses gewesen sind[79]) und
keineswegs, wie bei Valerius Antias und bei Claudius
Quadrigarius, die Voraussetzung gentilicischer Stimmungen
auf der blossen Identität des Geschlechtsnamens beruht;

---

[77]) Collmann, der der Niebuhrschen Ansicht folgt, macht S. 52
mit Recht aufmerksam auf die auffallende zum Theil selbst auf
die Redewendungen sich erstreckende Uebereinstimmung des diodorischen Berichts über Tarquinius Priscus p. 551 Wess. mit dem
polybischen 6, 2. der sicher auf Fabius zurückgeht.

[78]) Dies ist in der folgenden Abhandlung weiter ausgeführt.

[79]) Plutarch Fab. 18: Πίκτωρ συγγενὴς Φαβίου (d. h. des
Cunctator).

wenn ferner auch aus einer ausdrücklich dem Fabius beigelegten Notiz die lebhafte Theilnahme ihres Verfassers
an dem ein Jahrhundert zuvor zwischen dem berühmtesten
Träger des berühmten Namens und seinem älteren Zeitgenossen L. Papirius Cursor geführten Hader hervor-
leuchtet[80]), so fürchte ich nicht ins Leere zu greifen, wenn
ich kurz diejenigen Punkte zusammenstelle, auf welche die
persönlichen Beziehungen des Chronisten eingewirkt zu
haben scheinen[81]).

Wenn man sich die Stellung des zu sacralen Missionen
nach Griechenland verwandten griechisch und also wenigstens
mit für griechische Leser schreibenden Q. Pictor vergegen-
wärtigt, so erscheint es wohl glaublich, dass er bei der
Darstellung der Vorgeschichte Roms die Auseinandersetzung
des Diokles von Peparethos über die Gründung Roms zwar
sicherlich nicht zu Grunde gelegt, aber doch erwähnt hat[82]).

----

[80]) Nach Liv. 8, 30 berichtete Fabius, dass Maximus Rullianus
als Reiterführer 429 die dem Feinde abgenommenen Waffen ver-
brennen liess, damit sie nicht den Triumph des ihm vorgesetzten
Dictators L. Cursor verherrlichen möchten.

[81]) Nitzschs Ausführung (Annalistik S. 226 f.) 'Diodors Annalen nicht fabischen Ursprungs' hat nicht ein einziges dieser
Momente richtig gewürdigt, verschiedene geradezu in ihr Gegentheil verkehrt.

[82]) Dass der Zeit nach Diokles älter war als Fabius, muss
wenigstens Plutarch (Rom. 3) geglaubt haben, da er sonst nicht
den Diokles als den für diese Dinge ältesten griechischen Gewährsmann bezeichnen könnte, dem auch Fabius, der älteste römische,
meistentheils gefolgt sei. Dazu stimmt recht wohl, dass der um
das J. Roms 550 geborene (Strabon 13, 2, 27 p. 594) Demetrios
von Skepsis des Diokles als eines Verstorbenen gedenkt (bei Athenaeus 2 p. 442 E), wenn auch diese Erwähnung selbst es nicht
schlechthin ausschliesst, dass Diokles nach Fabius geschrieben

Selbst für die Gestaltung der Gründungsgeschichte ist die
Stellung des ältesten römischen Geschichtschreibers zu dem
Hellenenthum vermuthlich folgenreich gewesen. Die Anknüpfung des albanischen Königssohnes Romulus an den
troischen Aeneas ist allerdings zuerst wohl durch den Dichter

hat. — Plutarchs Annahme wird wahrscheinlich insoweit richtig
sein, dass er in seiner Quelle (schwerlich bei Fabius selbst, aber
bei einem Späteren, der diesen ausschrieb und mit Namen anführte)
die Angabe fand, Fabius habe des Diokles von Peparethos als
des Verfassers einer Schrift oder doch einer Erörterung über die
Gründung Roms (ὃς δοκεῖ πρῶτος ἐκδοῦναι Ῥώμης κτίσιν) gedacht
und desshalb jenen fabischen Bericht wesentlich (τὰ κυριώτατα)
dem Diokles vindiciren zu können glaubte. Dass jener Grieche
um die Zeit des hannibalischen Krieges in Rom verweilte und
seine Auseinandersetzung etwa dem Naevius oder auch münd-
lichen Mittheilungen entnahm, ist ebenso wohl möglich wie
dass Fabius dieser Erörterung eines Zeitgenossen, vielleicht eines
Freundes in seinem für die Griechen geschriebenen Geschichts-
werk gedachte. — Die gewöhnliche Annahme, dass Plutarch sich
über das Altersverhältniss der beiden Schriftsteller geirrt und
Diokles vielmehr den Fabius ausgeschrieben hat, setzt nicht bloss
ein Versehen desselben voraus, sondern auch ein solches, dessen
Entstehung nicht recht abzusehen ist. Plutarch müsste in diesem
Fall sowohl die fabische Erzählung gelesen haben wie die des
Diokles, von dem er allerdings in den quaest. Graecae 40 eine Schrift
περὶ ἡρῴων citirt, und gefunden haben, dass beide wesentlich
stimmten; er müsste ferner in Ermangelung genauer Angaben
über die Abfassungszeit der beiden Schriften auf die Priorität
des Griechen durch einen blossen Schluss gekommen sein. Bei
jedem anderen Gegenstand wäre ein solcher Schluss glaublich
genug, aber gewiss nicht bei einer Erzählung von Roms Gründung.
Ein belesener und keineswegs in nationaler Eitelkeit besonders
befangener Schriftsteller wie Plutarch würde, sollte man meinen,
vielmehr das Gegentheil gefolgert haben, wenn ihm nicht ein
positiver Anhalt für jenes an sich befremdende Verhältniss des
Griechen und des Römers vorgelegen hätte.

Naevius aus ihrer sicilischen Heimath auf römischen Boden
verpflanzt worden und Fabius hierin nur dem älteren Zeitgenossen gefolgt. Aber immer ist es wahrscheinlich
Fabius gewesen, der der conventionellen Geschichte Roms
den hellenischen Stempel aufgedrückt hat, mit welchem
sie uns vorliegt; und man wird nicht irren, wenn man
hierin dieselbe hellenisirende Tendenz erkennt, die in dieser
Epoche überhaupt die geistige Entwickelung Roms beherrscht. -- Die Angaben Diodors unter dem J. 309 (12,
31) über die Entstehung der campanischen Nation und
unter dem J. 326 (12, 76) über die Eroberung von Kyme
durch die neuen Campaner können an sich sowohl aus der
griechischen wie aus der römischen Quelle entnommen sein.
Für die erstere Annahme kann man geltend machen, dass
bereits Hekataeos[83]) von Capuas Gründung gesprochen hat;
für die zweite dagegen fällt ins Gewicht, dass dieselben
Nachrichten, freilich in veränderter Fassung und mit etwas
abweichender Datirung, in den livianischen Annalen wiederkehren[84]), während diese sonst keine Spur von Benutzung
des Timaeos oder analoger Quellen zeigen, und dass für
den Namen der Campaner eine lateinische Etymologie gegeben wird. Es mag daher wohl schon Fabius, viel-

---

[83]) fr. 27 Müller: Κάπυα ἀπὸ Κάπυος τοῦ Τρωϊκοῦ.

[84]) Die erstere Nachricht unter dem J. 307 12, 31: τὸ ἔθνος
τῶν Καμπανῶν συνέστη καὶ ταύτης ἔτυχε τῆς προσηγορίας ἀπὸ τῆς
ἀρετῆς τοῦ πλησίον κειμένου πεδίου ist ohne Zweifel identisch mit
der livianischen 4. 37 unter dem J. 330: Volturnum Etruscorum
urbem quae nunc Capua est ab Samnitibus captum Capuamque ab duce
eorum Capye vel, quod propius vero est, a campestri agro appellatam.
Dass sie auch bei Eusebios J. Abr. 1581 wiederkehrt, entscheidet
über den Ursprung nicht, da hier annalistische und griechische

leicht selbst mit Benutzung griechischer Quellen, diese
Nachrichten aufgenommen haben. Bei der Wichtigkeit
Capuas für die römische Politik namentlich in der hannibalischen Epoche ist es begreiflich, dass er den Ursprung
dieser Stadt verzeichnete; während man andrerseits sich
daran zu erinnern hat, wie die Kymaeer zu dem Hellenis-
mus der Römer standen.

Dass unter dem J. 277 der Untergang der Fabier am
Cremera in Diodors Quelle eingehend dargestellt gewesen
zu sein scheint, ist S. 246 fg. ausgeführt worden.

Bemerkenswerth ist ferner die Ausführlichkeit, mit
welcher unter dem J. 358 (44, 93) die Sendung des Weihgeschenks aus der veientischen Beute nach Delphi erörtert
wird; die Erzählung nimmt mehr Platz ein und enthält
mehr Einzelheiten als die von der Eroberung Veiis selbst.
Unabweislich drängt dabei sich die Frage auf, ob dies nicht
geschehen ist, weil fast zweihundert Jahre später nach der
Schlacht bei Cannae der Chronikschreiber selbst eine ganz
ähnliche Mission ebenfalls nach Delphi empfing [85]).

Das grösste Unheil, das über die römische Republik
gekommen ist, hat nach der gangbaren Erzählung das
Haus der Fabier über sie gebracht: des M. Fabius drei
Söhne Quintus, Numerius und Kaeso sind die pflicht-
vergessenen Gesandten, deren unzeitige Kampflust die
gallische Invasion herbeiführte und die dann, statt ausgeliefert zu werden, von der Gemeinde an die Spitze des

----

Notizen unter einander gemischt sind. — Die zweite Nachricht
giebt Diodor 12, 76 unter dem J. 326 ausführlich, kürzer Livius
4, 44 unter dem J. 334.

[85]) Liv. 22, 57. 23, 11.   Appian Hann. 27.   Plutarch Fab. 28.

Staats gestellt, als die Feldherren an der Allia vor allem
die eigene Schuld büssten. Es ist in der folgenden
Abhandlung gezeigt, dass der Annalist, dem Diodor
folgt, diese Erzählung nicht gekannt hat, sondern diese
schwere Schuld erst bei der späteren Umdichtung auf das
fabische Geschlecht geworfen worden ist.

Endlich verdient hervorragende Beachtung die besondere
Ausführlichkeit und der besondere Preis, welche die diodorischen Annalen dem namhaftesten Manne des fabischen
Hauses, dem Maximus Rullianus zu Theil werden lassen.
Dass gleich bei dessen erstem Auftreten als Reiterführer
420 der Chronist Fabius eingehend seiner gedachte, ist
schon (S. 279 A. 80) hervorgehoben worden; Diodor hat
darüber nichts aufgenommen. Wohl aber schildert er relativ
sehr ausführlich seine erste Dictatur im J. 439 (17, 79),
seine zweite — dieselbe, die später aus den Fasten ausgemerzt ward — im J. 441 (19, 101) und sein zweites
Consulat im J. 444 (20, 35); der Bericht über das fünfte
durch die Schlacht von Sentinum bezeichnete vom J. 459
muss auch eingehend gewesen sein, ist aber bis auf die
Variante aus Duris untergegangen. Der Ton ist durchaus ein laudatorischer, am bestimmtesten da, wo Rullianus gefeiert wird als der erste Römer, der den cimi-
nischen Wald überschritten habe[86]). Wenn Nitzsch[87])
das Gegentheil daraus folgert, dass die Chronik von
einer Niederlage des Rullianus bei Lautulae im J. 441
und von dem Fall des tapferen Reiterführers M. Aulius
— erzählt, der es verschmäht habe sich durch die Flucht

---

[86]) 20, 35: πρῶτος Ῥωμαίων ἐμβεβληκὼς εἰς τοὺς τόπους τούτους.
[87]) Annalistik S. 227.

zu retten[66]) und sogar hierin einen Angriff auf den Fabius
erkennt, weil nicht auch er sich habe niedermachen lassen,
so wird es genügen zu constatiren, dass nach dieser Auffassung, wer eines tapferen Soldaten muthige Aufopferung
feiert, damit die Ehre der am Leben gebliebenen Kameraden
angreift. Vielmehr ist es einleuchtend, dass der ganz
ungewöhnlich warme Ton dieser Erzählung hervorgegangen
ist aus dem dankbaren Gedächtniss, welches das fabische
Haus dem tapferen Waffenbruder ihres berühmten Ahnherrn bewahrte.

Wenden wir uns schliesslich dazu, den politischen
Standpunkt des Chronisten zu ermitteln, so sind dafür
besonders drei Stellen bezeichnend: die Beurtheilung des
Decemvirats und seiner Consequenzen (12, 25), die der
Nichtauslieferung des strafbaren Gesandten (14, 113) und
die der Censur des Appius (20, 36).

Aus dem Urtheil, das der Chronist über die Censur
des Appius fällt, hat Nitzsch[89]) eine den Claudiern freund-
liche Gesinnung herausgelesen, insofern derselbe seiner
Bewunderung der Wegebauten des Appius lebhaften Ausdruck giebt[90]). Wenn die Bewunderung für den römischen _

---

[66]) 19, 72: τροπῆς δὲ γενομένης καθ᾽ ἅπαν τὸ στρατόπεδον ὁ μὲν
Αὖλιος καταισχυνθεὶς ἐπὶ τῇ φυγῇ μόνος ὑπέστη τῷ πλήθει τῶν πολε-
μίων, οὐ κρατήσειν ἐλπίζων, ἀλλ᾽ ἀήττητον τὴν πατρίδα τὸ καθ᾽ αὐτὸν
μέρος ἀποδεικνύων.

[89]) Annalistik S. 229.

[90]) 20, 36: τῆς ἀφ᾽ ἑαυτοῦ κληθείσης Ἀππίας ὁδοῦ τὸ πλεῖον μέρος
λίθοις στερεοῖς κατέστρωσεν ἀπὸ Ῥώμης μέχρι Καπύης, ὄντος τοῦ
διαστήματος σταδίων πλειόνων ἢ χιλίων, καὶ τῶν τόπων τοὺς μὲν ὑπερ-
έχοντας διασκάψας, τοὺς δὲ φαραγγώδεις ἢ κοίλους ἀναλήμμασιν
ἀξιολόγοις ἐξισώσας, κατηνάλωσεν ἁπάσας τὰς δημοσίας προσόδους,
αὐτοῦ δὲ μνημεῖον ἀθάνατον κατέλιπεν, εἰς κοινὴν εὐχρηστίαν φιλο-

Strassenbau überhaupt, und für die *regina viarum* und ihren Urheber insbesondere, ein Kennzeichen claudischen Parteigeistes ist, so dürfte dieser sehr viel weiter verbreitet sein, als man bisher vermuthet hat. Bei Diodor fehlt neben dieser Anerkennung der Hinweis auf die übermässige Anspannung der Staatsfinanzen und selbst auf die von dem Erbauer der Strasse bewiesene persönliche Hoffart keineswegs; und in dem sonstigen Bericht tritt der Tadel scharf und unverhüllt hervor, wie denn dem Appius vorgerückt wird, dass er gegen das Herkommen vieles geneuert und um die Gunst der Menge bemüht sich um den Senat nicht gekümmert habe[91]); dass er 'gegen die Sitte' (ὡς ἦν ἔθος) nicht Männer von guter Geburt und von Ansehen in den

<hr />

τιμηθείς. Wenn Nitzsch daran die Frage knüpft, ob auch diese Ausdrücke aus Fabius stammen sollen, so geht die Schilderung der appischen Strasse allerdings ohne Zweifel auf des vielgereisten Verfassers (Diod. 1, 4) Autopsie zurück; im Uebrigen aber kann ich die Frage nur bejahen. Die tadelnde Färbung der letzten Wendungen liegt übrigens auf der Hand, zumal wenn man sich erinnert, dass dies die erste Strasse gewesen ist, welche nach dem Namen ihres Erbauers benannt ward. — Die weitere Hypothese, welche Nitzsch auf diese Claudierträume aufbaut, dass die diodorischen Annalen ein Werk des angeblichen Clienten der Claudier, des Aedilen Cn. Flavius seien, und was weiter über die angebliche plebejische Historiographie daran geknüpft wird, glaube ich hier ebenso übergehen zu dürfen, wie die Ausführungen Clasons (Heidelberger Jahrb. 1872 S. 35 und R. G. 1, 17), welcher das Wesentliche der Aufstellungen von Nitzsch adoptirend nur für den hypothetischen Flavius den wenigstens etwas greifbareren Piso einstellt. Alle diese weitgreifenden Combinationen haben als Fundament einzig und allein die claudierfreundliche Gesinnung Diodors; und wie es mit diesem Fundament bestellt ist, haben wir gesehen.

[91]) πολλὰ τῶν πατρῴων νομίμων ἐκίνησε· τῷ δήμῳ γὰρ τὸ κεχαρισμένον ποιῶν οὐδένα λόγον ἐποιεῖτο τῆς συγκλήτου.

Senat aufgenommen habe, sondern geringe Leute und sogar Freigelassenensöhne; ferner, dass er ebenfalls 'gegen
die Sitte' (ὅπως ἦν ἔθος ποιεῖν τοῖς τιμηταῖς) es unterlassen habe die anrüchigen Ritter und Senatoren von der
Liste zu streichen, um sich nicht den persönlichen Hass
der Gelöschten aufzuladen. Solche Urtheile dürften doch
kaum als Schmeicheleien gemeint gewesen sein; und ebenso
wenig erscheint es als claudierfreundlich, wenn des Appius
Blindheit für simulirt erklärt wird, weil er es nicht gewagt
habe sich ferner im Senat sehen zu lassen. Vielmehr wird
kein Unbefangener auch nur einen Augenblick daran
zweifeln, dass der also urtheilende Geschichtschreiber auch
hier auf dem Standpunkt seines Ideals, des Maximus Rullianus steht, welcher bekanntlich als Censor im J. 450 die
Reform des Appius im conservativen Sinne modificirte.
Dass damit eine Anerkennung der Persönlichkeit und der
Leistungen des Appius sich wohl vertrug, bedarf keiner
Ausführung; auch Rullianus stellte nicht einfach die frühere
Ordnung wieder her, sondern ging einen Mittelweg zwischen
ihr und den Neuerungen seines Vorgängers.

Die gleiche Gesinnung athmet der scharfe Tadel des
Uebergreifens der Comitien in die Administration des Senats. Als der Vater des wegen Verletzung des Völkerrechts vom Senat zur Auslieferung bestimmten Gesandten
die Sache an die Comitien brachte, 'hat zuerst die Bürger-
'gemeinde dazu gegriffen einen Spruch des Senats, dem sie
'früher durchaus botmässig war, zu cassiren'[92]). Wenn

---

[92]) 14, 113: ὁ μὲν οὖν δῆμος τοῖς ἔμπροσθεν χρόνοις πάντα πειθό-
μενος τῇ γερουσίᾳ τότε πρῶτον ἤρξατο διαλύειν τὸ κριθὲν ὑπὸ τῆς
συγκλήτου. Vielleicht dachte Pictor hierbei an die Auslieferung
des M. Claudius Clineas (?) an die Corsen im J. 518 (Staatsrecht 1.

man diese Worte, wie man wohl darf, dahin versteht, dass
die Comitien trotz ihrer formalen Souveränetät durch den
Geist der Verfassung gehalten waren wie andere ideale
Schranken, so vor allem die Satzungen des Völkerrechts
gelten zu lassen, so sprechen sie nur aus, was für die
ehrenwerthen römischen Staatsmänner aller Zeiten und
Meinungsschattirungen das A und O der Politik gewesen ist.

Eigenthümlicher ist die Aeusserung (12, 25) über den
Decemvirat oder vielmehr über die auf seinen Sturz ge-
folgten Gesetze. Zunächst wird ein Fehler zu beseitigen
sein, der sicher nicht dem von Diodor compilirten Chronisten zur Last fällt: ich meine, dass als Consequenz des
Sturzes der Decemvirn nicht bloss die Wiederherstellung
des Tribunats angegeben wird, sondern auch das Gesetz,
dass einer der Consuln Plebejer sein müsse, der andere es
sein dürfe. Dies aber ist bekanntlich der Inhalt des licinischen Gesetzes vom J. 387; es wird also damit nicht
bloss der gesammte Kampf der Patricier und Plebejer aus
der Geschichte eliminirt, sondern auch die Magistratstafel
auf den Kopf gestellt, deren gemischte Collegien bekanntlich erst mit dem J. 388 beginnen. Aber Diodor widerspricht hier sogar sich selber: denn unter dem J. 379 führt
er die 'magistratlose Zeit' ($\dot{\alpha}\nu\alpha\varrho\chi\iota\alpha$) auf, welche bekanntlich
mit dem licinischen Gesetz in ursächlichem Zusammenhang
steht. Unter diesen Umständen erscheint es sehr bedenklich, dass das Jahr 387 bei Diodor fehlt[93]), obwohl es in

---

244 vgl. 2, 105), die er erlebt haben muss: sie erfolgte, ward
aber vermuthlich nach dem Präcedens des J. 363 vor den Comitien
angefochten.

[93]) Auf die Zusammengehörigkeit der Verschiebung des lici-

der Rechnung mit bei ihm zählt[94]); man wird dem Compilator wohl nicht Unrecht thun durch die Annahme, dass
er die Darstellung des Ständekampfs sich erleichtert hat,
indem er die Gesetze des J. 304 und die des J. 387 zu-
sammenzog und das letztere dann strich. — Sieht man
von dieser Manipulation ab, die ohne Frage nur den Diodor angeht[95]), so ist in dem Bericht[96]) vor allem bemerkenswerth die Wendung, dass die besten Männer des hohen
Adels selbst dahin gewirkt hätten die Hoffart der Adels-
partei zu brechen[97]), und weiter die Verherrlichung des

nischen Gesetzes in das Jahr 304 und des Fehlens des J. 387 hat
zuerst van der Mey *Diodori Siculi fragmenta antiquiorem hist. Ro-
manam spectantia* (Deventer 1864) S. 26 aufmerksam gemacht.

[94]) Diodor (14, 93) rechnet von der Sendung nach Veii im
J. 358 bis zur Eroberung von Lipara im J. 503 (Polyb. 1, 39)
137 Jahre. Unsere Fasten zählen von 359—503 145 Stellen, wovon aber vier Jahre der Anarchie, die in unseren Fasten fünf-,
bei Diodor einjährig ist, und die vier Diodor unbekannten Dictatorenjahre abgehen; es bleiben also in der That 137 und das
J. 387 zählt demnach mit.

[95]) Nitzsch S. 234 freilich trägt kein Bedenken darin eine
Fälschung des Aedilen Cn. Flavius zu erkennen.

[96]) Freilich findet Nitzsch S. 229 f. auch in ihm eine Verherrlichung des Ap. Claudius, weil von der Anklage und Verurtheilung der Decemvirn nicht die Rede ist und weil die Friedensstifter bezeichnet werden als hochadliche Männer und gleichsam
Herren der Stadt. Diodors Schweigen beweist natürlich gar nichts;
und die 'Herren der Stadt', die drei Friedensstifter, heissen bei
Ascouius und Livius Sp. Tarpeius, L. Iulius, P. Sulpicius
(Schwegler 3, 70), gehen also die Claudier nichts an.

[97]) τοῦτο δ' ἔπραξαν πεπεινῶσαι σπεύδοντες τὴν τῶν πατρίων
ὑπεροχὴν· οἱ γὰρ ἄνδρες οὗτοι διά τε τὴν εὐγένειαν καὶ τὸ μέγεθος
τῆς ἐκ προγόνων αὐτοῖς παρακολουθούσης δόξης ὡσεί τινες κύριοι τῆς
πόλεως ὑπῆρχον. In der späteren Umgestaltung treten diese

Volkstribunats; er heisst der Hort der bürgerlichen Freiheit[98]) und, was sonst wohl der Sache nach richtig ist, aber
nicht leicht gesagt wird[99]), die höchste politische Gewalt
im städtischen Regiment[100]). Indess würde sehr irren, wer
daraus folgern wollte, dass wer dies schrieb ein Gesinnungs-
genosse des Clodius oder auch nur des C. Gracchus gewesen sei. Für die Zeit des hannibalischen Krieges, als
die ständischen Kämpfe erloschen, die demokratisch-socialen
noch nicht begonnen waren und der Volkstribunat als ge-
fügiges Werkzeug in der Botmässigkeit des Senats stand,
gehörte diese nachdrückliche Missbilligung der Adelshoffart
als eben der rechten adlichen Gesinnung widerstreitend
und die unumwundene Anerkennung der tribunicischen
Rechte durchaus zum Glaubensbekenntniss der regierenden
Aristokratie, welche damals noch sehr wohl begriff, dass
nur ein verständiges Masshalten ihr die Führerrolle sicherte
und welche den einzelnen unbotmässigen Magistrat einzig
und allein durch den Tribunat zu fesseln vermochte.

Wir werden also damit wohl schliessen dürfen, dass
der politische Standpunkt, auf welchem die diodorischen
Annalen stehen, für einen Zeit- und voraussetzlichen Ge-
sinnungsgenossen des L. Aemilius Paullus, der bei Cannae
fiel, in jeder Hinsicht der angemessene ist.

Das Geschäft der Quellenkritik ist mehr ein Zerstören
als ein Aufbauen; zuweilen aber schafft sie umgekehrt,

Friedensstifter zurück und nehmen die Consuln Valerius und
Horatius ihren Platz ein.

[98]) τούτους ὑπάρχειν οἱονεὶ φύλακας τῆς τῶν πολιτῶν ἐλευθερίας.

[99]) Vgl. Staatsrecht 1², 26.

[100]) αἱρεῖσθαι δημάρχους μεγίστας ἔχοντας ἐξουσίας τῶν κατὰ πόλιν
ἀρχόντων.

und dies dürfte hier der Fall sein. Dass die fabischen
Annalen von allen wie die ältesten so die reinsten sind,
bedarf keines Beweises. Wer die Augen nicht dem hellen
Sonnenschein verschliesst, kann sich auch darüber nicht
täuschen, dass Livius sie nicht unmittelbar, sondern nur
durch die Vermittelung von Macer, Antias, Tubero benutzt
hat und alle bei ihm vorkommenden Anführungen des
Fabius aus zweiter Hand sind[101]). Wir aber besitzen in
der That noch einen nicht unansehnlichen Theil der fabischen Schrift selbst in einem Auszug, der nicht schlechter
ist als in unzähligen anderen Fällen, und sind durch denselben in den Stand gesetzt uns von der Beschaffenheit
des Werkes eine leidlich deutliche Vorstellung zu machen
und in vielen wichtigen Einzelfragen wenigstens über eine
zweihundertjährige immer sich steigernde Geschichtsver-
derbung hinaus an die verhältnissmässig reine Urquelle
zu gelangen.

BEILAGE.
DIE ÖRTLICHEN COGNOMINA DES RÖMISCHEN PATRICIATS.

Wenn das Cognomen, das heisst die willkürlich dem
Individuum gegebene Bezeichnung, seinem Wesen nach
durch die verschiedensten und überwiegend durch eigent-

---

[101]) Das folgt mit zwingender Nothwendigkeit aus Livius
eigenen Angaben über seine Quellen für die Fasten des Jahres
320 (oben S. 222), so wie für die Erzählung von Cossus (oben
S. 236).

lich gleichgültige Momente bestimmt wird, so ist die Verwendung solcher Beinamen, die dem Wortsinn nach
eine Heimathbezeichnung in sich schliessen, insofern einer Erörterung nicht unwerth, als hierin die Sitte auffallende und enge Schranken gezogen hat. Um es sofort
auszusprechen: man hat es namentlich in älterer Zeit vermieden diejenigen Heimathbezeichnungen, welche in ihrem
Wortsinn verstanden das römische Bürgerrecht aufheben
würden, als Cognomina zu verwenden. Einer besonderen
Begründung bedarf das Gesetz nicht; dass es gegolten hat,
soll an den patricischen Cognomina dargelegt und sollen
dann weiter die in diesem Kreis vorkommenden Ausnahmen erörtert werden.

Die von einem Stadttheil entnommenen Cognomina erscheinen besonders in der ältesten Zeit sehr häufig, vor
allem *Capitolinus*, ferner *Aventinus, Caeliomontanus, Esquilinus, Sacraviensis*[102]), *Vaticanus*[103]).

Auch von den Pagi des ursprünglichen römischen Gebiets und den ältesten Erweiterungen desselben wird das
Gleiche gelten. Da die Gaubenennungen grösstentheils
verschollen sind, lässt sich hier der Beweis nicht mit gleicher
Evidenz führen; doch gehören sicher hierher die Benennungen *Amintinus* der Volumnier[104]) und *Regillensis* der

---

[102]) In dem Auszug der capitolinischen Fasten für das gewöhnlich als magistratlos verzeichnete Jahr 381 (C. I. L. I p. 508);
welchem Geschlecht das Cognomen zukam, wissen wir nicht.

[103]) Von den älteren plebejischen Beinamen gehört zum Beispiel
hieher *Tusciricanus* (Liv. 45, 17).

[104]) Römische Inschrift Orelli 3796 = C. I. L. VI 251: *mag. pagi
Amintini minor(is)*. Plinius 3, 5, 68 nennt unter den untergegangenen
Städten Latiums *Amitinum*. Vgl. C. I. L. vol. I p. 205.

19*

Postumier[105]) und der Claudier[106]). Aber mit diesen Pagi
fallen in der That zusammen diejenigen Ortschaften, welche
zwar in den Erzählungen von dem Latinerkrieg des ersten
Tarquinius und von dem Zuge Coriolans als Städte auftreten, aber ihre Selbständigkeit, wenn sie sie jemals besassen, in frühester Zeit eingebüsst, also geschichtlich von je
her nur als Pagi gegolten haben. Solchen Ortschaften[107]) ent-
stammen die Beinamen *Collatinus* der Tarquinier[108]). *Medul-*
linus der Furier[109]), *Camerinus* der Sulpicier[110]), *Mugillanus*
der Papirier[111]), welchen eine Reihe anderer wahrscheinlich
gleichartiger, aber nicht einmal legendarisch an Ortschaften
angeknüpfter sich anschliessen werden, wie *Coritinesanus*
der Herminier, *Maluginensis* der Cornelier, *Vibulanus* der
Fabier, *Vecellinus* der Cassier.

---

[105]) Aus diesem Beinamen ist bekanntlich die Legende von der
Schlacht am See Regillus entsprungen, die darum fest an den
Namen des Dictators A. Postumius geknüpft ist.

[106]) Wegen der Form *Inregillensis* s. C. I. L. I p. 444.

[107]) Hierher gehört wahrscheinlich auch das Cognomen eines
ungewissen Geschlechts *Caruentanus* (cap. Fasten vom J. 296, vgl.
C. I. L. I p. 492. 493). Es wird dies zwar von der im cassischen
Vertrag und sonst genannten Ortschaft *Caruentum* (Schwegler
2, 326) nicht getrennt werden können; aber wahrscheinlich behielten
auch von den Ortschaften jenes Verzeichnisses einzelne späterhin
nur *ad sacra* ihre Selbständigkeit, traten aber im Uebrigen unter
die Pagi ein.

[108]) Liv. 1, 38. 57 und sonst.

[109]) Medullia Liv. 1, 33. 38; Medullum (so die Handschriften)
Plinius 3, 5, 68 unter den untergegangenen Städten Latiums.

[110]) Cameria Liv. 1, 38; Camerium Plinius a. a. O. als verschollene latinische Stadt; wohl zu unterscheiden von dem um-
brischen Camerinum.

[111]) Dionys. 8, 36 vgl. Liv. 2, 39.

Wenn also das Cognomen ohne Bedenken entlehnt
wird sowohl von dem Namen des Stadttheils wie von dem
des Landbezirkes, dem der betreffende Bürger zunächst
angehört, da die Herkunft vom capitolinischen Berg
oder aus dem amintinischen Gau mit dem römischen Bür-
gerthum sich verträgt, so finden sich dagegen solche Beinamen, die die Zugehörigkeit zu einem fremden Volk oder
gar zu einer fremden Stadt bekunden, in dem patricischen
Namenkreis so gut wie gar nicht vor[112]). Im Gegensatz
gegen diese Regel stehen nur die folgenden von ausländischen Landschaften entlehnten Bezeichnungen:

> *Auruncus* der Cominier,
>
> *Sabinus* der Claudier und der Sicinier (?),
>
> *Siculus* der Cloelier,
>
> *Tuscus* der Aquillier (?);

von welchen Benennungen die der Sicinier und der Aquillier
ganz vereinzelt stehen und auf eine sehr junge Einlage in
die Fasten zurückzugehen scheinen[113]). Die anderen drei

---

[112]) Wenn also Niebuhr (R. G. 2, 275. 361) diese Benennungen
auf den Patronat der betreffenden Häuser über die gleichnamigen
Bürgerschaften zurückführte, so verkannte er gerade das eigentlich entscheidende Moment. Wie hätte auch, von allem andern
abgesehen, der römische Schutzherr von Cales sich *Calenus*, das
heisst einen Calener nennen können!

[113]) Wir kennen von den Consuln des J. 267 nur die Geschlechtsnamen T. Sicinius und C. Aquillius und die Beinamen Tuscus und
Sabinus (C. I. L. I p. 488. 489; Festus u. d. W. *norem* p. 174);
welcher mit welchem zusammengehört, ist nicht zu entscheiden.
Beide Geschlechter erscheinen in der patricischen Liste nur an
dieser Stelle und ich habe mein Bedenken gegen dies Collegium
schon Bd. 1, 111 ausgesprochen. Die seltsamen geographischen
Cognomina vermehren die Zahl der für junge Interpolation

Benennungen scheinen auf unverfälschter Tradition zu beruhen; und es begreift sich auch, dass die Bezeichnung
nach einer sprachverschiedenen und keineswegs staatlich
geeinigten Nationalität, wie *Siculus* und *Auruncus*, weit
eher in cognominalem Werth verwendet werden konnte
als zum Beispiel *Praenestinus* oder *Veliternus*. Wie lebhaft dennoch die beginnende römische Historie den
Gegensatz der Rechtsstellung und des Namens empfand
zeigt die bekannte Legende von der Einwanderung der
Claudier aus der Sabina, die ohne Frage nichts ist als
die Historisirung des fremdartigen Geschlechtsbeinamens.

Aber wenn die von Landschaften des Auslandes entlehnten Cognomina in der patricischen Nomenclatur spar-
sam sind, so giebt es in derselben[114]) in der That nur einen
einzigen, der einer nichtrömischen Bürgerschaft entlehnt
wäre; und es ist dies eben das Cognomen *Fidenas*, das
ungefähr gleichzeitig bei den Sergiern (zuerst bei dem Consul des J. 317) und bei den Serviliern (zuerst bei dem
Dictator des J. 319) auftritt und sich bis gegen das Ende
des 4. Jahrhunderts behauptet. Dies seltsame Zusammen-

---

sprechenden Indicien. — Zu berichtigen ist an den angeführten
Stellen der Name des Consuls 267; die Ueberlieferung bei Festus
u. d. W. *novem* p. 174), Livius 2, 40 und Cassiodor u. d. J. spricht
für *Sicinius* und nur Dionysios 8. 64. 10. 36 nennt ihn *Siccius*, ohne
Zweifel durch sein Versehen, zumal da er in der letzteren Stelle
zugleich mit Siccius Dentatus genannt wird.

[114]) Auch unter den Cognomina der plebejischen Nobilität der
Republik verstossen sehr wenige gegen diese Regel. In dem Verzeichniss der auf *-anus* endenden örtlichen Cognomina bei Hübner
ephem. epigraph. 2, 53 finde ich dieser Art nur zwei: *Tempsanus*
der Semproner (Liv. 39, 23) und *Veientanus* der Pomponier
(Liv. 25, 3).

treffen legt auch sachlich die Vermuthung nahe, die sprachlich ohnehin kaum abzuweisen ist[115]), dass die Geschlechter
der *Sergii* und der *Servilii* ursprünglich ebenso zusammen-
gefallen sind wie die *Claudii* und die *Clodii*. — Aber dass
die Benennung den ältesten römischen Annalisten, welche die
Fastentafel sorgfältiger studirten als ihre heutigen Nachfahren und den in einer solchen Benennung enthaltenen
Ausdruck der politischen Zugehörigkeit lebhaft empfanden,
grossen Anstoss geben musste, ist einleuchtend; und die
Abhülfe lag nahe.

Die von den besiegten Städten und Ländern den siegreichen Feldherren beigelegten Namen fallen der Regel
nach mit dem geläufigen Ethnikon zusammen und sind,
wenn auch aus der ältesten Fastentafel nicht nachweisbar, doch recht alt: schon im 5. Jahrh. und in historisch nicht füglich anfechtbarer Weise[116]) begegnen darin
die Benennung *Privernas* 425 bei den Aemiliern[117]), *Cau-
dinus* 479 (?) bei den *Cornelii Lentuli*[118]), *Messalla* 491

---

[115]) Denn *Servius* und *Sergius* sind nur verschiedene Schreibungen
desselben Worts (Bd. 1 S. 8. S. 19 A. 21), und der alte Vorname *Serg(v)ius* konnte als Gentilicium theils ohne Veränderung,
theils mit neuer Ablautung verwendet werden.

[116]) Den Marcius Coriolanus genügt es zu erwähnen.

[117]) Anerkannt in der Triumphaltafel von 425 und in der
Magistratstafel (wo die früheren Erwähnungen fehlen) unter
dem J. 438.

[118]) Da die Brüder Consuln 517. 518 beide den Namen führen,
haben sie ihn vermuthlich geerbt; und dafür spricht weiter, dass
nach den Triumphalfasten (C. I. L. I p. 457) des J. 479 ihr Vater
ein zweites Cognomen neben Lentulus geführt haben muss. Gewöhnlich (und dieser Annahme bin auch ich im C. I. L. I p. 14
gefolgt) führt man die Erwerbung des Namens auf den Dictator
L. Lentulus zurück, der im J. 434 die caudinische Katastrophe

bei den Valeriern. Somit lag es sehr nahe den Stein des
Anstosses, den die *Sergii* und· *Servilii Fidenates* des 4.
Jahrhunderts den Antiquaren boten, dadurch bei Seite zu
schieben, dass man dem ältesten von ihnen zu einem Sieg
über die Fidenaten verhalf; und das ist, wie wir sahen,
auf Kosten des Cossus geschehen.

den Samniten vergolten haben soll (Liv. 9, 15); allein dabei ist
übersehen, dass der Consul des J. 479 *Ti. f. Ser. n.*, also sicher
weder Sohn noch Enkel des L. Cornelius Dictator 434 gewesen
ist. Es bleibt also wohl nichts übrig als die Annahme, dass der
Consul 479 seinen wenig bekannten Sieg über die Samniten, wegen
dessen er triumphirte, entweder über die *Samnites Caudini* erfocht
oder auch die Stadt Caudium einnahm und davon benannt ward.

DIE GALLISCHE KATASTROPHE [1]).

— Der allgemeinen Auseinandersetzung, welche ich in der
vorhergehenden Abhandlung über das Verhältniss des Diodor
zu Fabius gegeben habe, eine besondere Untersuchung über die
uns in Betreff der Einnahme Roms durch die Kelten im J. 364 = 390
d. St. vorliegenden Berichte nachträglich folgen zu lassen,
veranlasst mich zunächst die gleichzeitig mit der meinigen
erschienene Erörterung Nieses [2]) über diese Vorgänge. Während diese in den allgemeinen Voraussetzungen und Auffassungen mit der meinigen sich wesentlich begegnet, be-
harrt auch Niese (S. 412) bei der Ablehnung der Identificirung des von Diodor ausgezogenen Annalenwerkes mit
dem fabischen, hauptsächlich weil der polybianische unzweifelhaft aus Fabius genommene Bericht über die gallische Katastrophe von dem diodorischen wesentlich ab-
weiche. Obwohl ich meine entgegengesetzte Ansicht bereits
in der früheren Darlegung begründet hatte, ist dies
doch nicht in so eingehender Weise geschehen, wie
ich es gethan haben würde, wenn mir jene Untersuchung

---

[1]) Zuerst gedruckt im Hermes 13 (1878) S. 515 — 555. Bei
diesem Wiederabdruck sind weitere handschriftliche Auseinander-
setzungen Nieses, die durch diese meine Arbeit hervorgerufen
worden sind, mit Gestattung des Verfassers berücksichtigt worden.

[2]) Hermes 13, 401 fg.

damals vorgelegen hätte. Nun ist mir dieser Widerspruch
Veranlassung geworden die Untersuchung noch einmal aufzunehmen und meine Ergebnisse hier im Zusammenhang
mitzutheilen. Etwas Ueberflüssiges glaube ich damit nicht
zu thun; das Verhältniss von Diodor zu Fabius ist präjudiciell für die gesammte römische Forschung und meiner
Meinung nach sicher festzustellen. Zugleich aber sind die
Wandelungen der Berichte über die Alliaschlacht und ihre
Folgen so charakteristisch und fliessen dafür die Quellen
relativ in solcher Fülle[3]), dass für den Einblick in den
Entwickelungs- oder vielmehr den Verderbungsprocess der
römischen Annalistik, so weit sie die frühere Geschichte
der Republik behandelt, vielleicht eben hier der günstigste
Standpunkt gefunden wird. — Ich werde dabei in der
Weise verfahren, dass die Momente der Erzählung in ihrer
historischen Folge vorgelegt und für jedes einzelne theils
die ursprüngliche Fassung, theils die späteren Trübungen

---

[3]) [Auffallend ist es, dass unter den ennianischen Fragmenten
sich keines findet, das mit einiger Wahrscheinlichkeit hieher gezogen werden könnte. Das Fragment, welches Macrobius sat. 1, 4,
aus dem siebenten Buch anführt: *qua Galli furtim noctu summa
arcis adorti moenia concubia vigilesque repente cruentant* wird von
Vahlen p. XLIV und in etwas anderer Wendung von Ribbeck
(Rhein. Mus. 15, 275) hieher gezogen; aber Vahlen selber bemerkt, dass bei dem Ueberfall des Capitols von Verwundung der
Vertheidiger nicht die Rede ist, und ändert ferner die Buch-
zahl VII in IIII. Nach meiner Meinung gehört dies in die Erzählung der Belagerung von Mutina oder Tannetum durch die
Gallier im J. 536 (Polyb. 3, 40; Liv. 21, 25, 26). Die weiter von
Ribbeck (a. a. O.) hieher gezogenen fr. inc. XLVIII und LXIII
sind ganz unbestimmten Zusammenhangs. Allerdings lud die
Katastrophe in ihrer älteren Fassung einen patriotischen Poeten
nicht gerade zu besonders eingehender Behandlung ein.]

und Abwandelungen nach Möglichkeit festgestellt werden; woraus dann das Gesammtergebniss für die Entwickelung der Annalistik von selber hervorgeht. Es versteht sich, dass dabei der diodorische Bericht (14, 113 — 117) als anerkannter Massen der relativ reinste den Ausgangspunkt bildet. [Dieser Bericht wird bei dem Jahre, in welches die Alliaschlacht fällt, 364 d. St. nach varronischer Zählung, in der Weise vorgetragen, dass er den gesammten Vorgang von dem Ursprung des Zerwürfnisses zwischen den Galliern und den Römern an nicht bloss bis zum Abzug der Gallier, sondern sogar bis zur Wiedergewinnung des Lösegeldes in einer Folge darlegt. Es ist schlechterdings unmöglich ihn als einen einfachen Jahresbericht zu betrachten. Entweder hat Diodor hier vereinigt, was sein Gewährsmann unter den J. 363. 364. 365 erzählt hat, wie er denn in der griechischen Geschichte oft in gleicher Weise die Chronologie bei Seite setzt und in willkürlicher Weise die Ereignisse mehrerer Jahre unter einem derselben erzählt[1]); oder was vielleicht wahrscheinlicher ist, er hat den Bericht schon also zusammengefasst bei seinem Gewährsmann gefunden. Dass in der römischen Erzählung sonst bei ihm nichts ähnliches begegnet, erklärt sich daraus, dass in dem Abschnitt derselben, den wir besitzen, dergleichen einheitliche durch mehrere Jahre sich hinziehende Erzählungen überall nicht wiederkehren.]

1. Dass die Einwanderung der transalpinischen Gallier in Italien und ihre dortigen Ansiedelungen von je her in den römischen Annalen für die Erzählung der Einnahme Roms durch die Senonen den Ausgangspunkt gebildet hat, lehrt Diodor, und es liegt dies in der Sache. Der grosse Gegen-

---

[1]) Volquardsen Untersuchungen über die Quellen Diodors S. 35 fg.

satz zwischen den eindringenden Transalpinern und den
früheren Bewohnern der Halbinsel, der in der That aus
den alten Sonderstämmen das einheitliche Italien gestaltet
hat, tritt hiermit ein in die römische Welt: und historisch
sowohl wie künstlerisch war es unerlässlich diesen Gegensatz hier in seinen grossen und allgemeinen Umrissen an
die Spitze zu stellen. Dass was Livius (5, 33) über die
transapenninischen Etrusker beibringt, im wesentlichen schon
in den ältesten Annalen stand, zeigt die analoge, wenn auch
ins Kurze gezogene Meldung Diodors[5]). Auch die Erwähnung der anderssprachigen Veneter (c. 33, 10) wird
in denselben nicht gefehlt haben, da deren entscheidendes

---

[5]) Dass die Etrusker-Pelasger im Padusthal auf jeden Fall
aus griechischen Quellen eingelegt sind, habe ich S. 265 bemerkt.
Aber wahrscheinlich gehört, worauf Wilamowitz mich aufmerksam macht, von den diodorischen Angaben über die Tyrrhener
und die Gallier dem Timaeos noch der Synchronismus, wonach die Kelten in Italien einwanderten 'als Dionysios Rhegion
belagerte'. Da diese Belagerung mit der Einäscherung Roms
durch die Kelten der Zeit nach zusammenfällt, so ist es nicht
zweifelhaft, dass Timaeos auch die letztere erwähnt und die
Einwanderung der Kelten in Italien mit ihr unmittelbar verknüpft
hat. Aber unter den weiteren Angaben Diodors ist keine, die
mit einiger Wahrscheinlichkeit auf Timaeos zurückgeführt werden
könnte; wie es denn auch nicht zweifelhaft sein kann, dass Timaeos
von diesen Ereignissen nur die allgemeinsten Umrisse angegeben
haben wird. Auch Polybios gedenkt desselben in dieser Verbindung, aber nur um die Berichte des 'dieser Oertlichkeiten un-
kundigen' Gewährsmanns zu beseitigen; er verwirft die Pelasger
des Padusthals mit einer verächtlichen Abweisung der Phaethon-
legende und folgt derjenigen Annahme, die Diodor hierin in
Gegensatz stellt, also derjenigen des Fabius, indem auch er als
die von den Galliern vertriebenen Bewohner des Padusthals die
Etrusker betrachtet.

Eingreifen am Schluss der ganzen Erzählung nothwendig eingeleitet werden musste. Die analoge Angabe bei Polybios 2,
17 kann gleichfalls aus Fabius genommen sein, wie überhaupt
was hier über die nordischen Gallier berichtet wird: freilich
war Polybios in der Lage seine Vorlage aus anderen Berichten
oder eigener Anschauung zu erweitern oder zu berichtigen.
Dagegen ist die Notiz über die Herkunft der Raeter allem
Anschein nach von Livius anderswo her entlehnt, und der
merkwürdige detaillirte Bericht über die gallischen An-
siedlungen im Pogebiet c. 34. 35, 1—3 augenscheinlich
eine Einlage des Pataviners.

2. Eine besondere Veranlassung des Einfalls der
Senonen in Etrurien und zunächst in das Gebiet von
Clusium meldet Diodor nicht. Nach der Erzählung von
Livius (c. 33), Dionysios[6]) und Plutarch (Cam. 15. 16)
begab sich der reiche Kaufmann Aruns von Clusium,
um sich an dem mächtigen und stolzen Lucumo, seinem
gewesenen Mündel, wegen der Verführung seiner Gattin
und an seinen Mitbürgern wegen versagter Rechtsfolge zu
rächen, mit einem Vorrath von Wein und Oel und Feigen zu
den transalpinischen Galliern und reizte dadurch diese zum
Einfall in die mit solchen bis dahin ihnen unbekannten
Gaben gesegneten italischen Fluren. In den fabischen
Annalen kann diese Motivirung nicht gestanden haben.
Denn sie setzt voraus, dass damals die Kelten überhaupt
die Alpen noch nicht überschritten hatten, während die
Haupterzählung offenbar von der verständigen Anschauung

---

[6]) 13. 10. 11. Offenbar hat der ambrosianische Epitomator in
den Capiteln 10. 11. 12 (Kiessling) nachgeholt, was bei Dionysios
zu Anfang von c. 6 nach der Verwünschung des Camillus folgte.

ausgeht, dass, als die Gallier in das Gebiet von Clusium ein-
rückten, das ganze Gebiet zwischen Alpen und Apenninen
bereits in ihrer Gewalt war; welche Incongruenz auch
Livius richtig hervorhebt[1]). Diodor sagt sogar ausdrücklich, dass die Senonen, die zunächst Clusium angriffen, _
schon vorher in Italien gewohnt hätten; wodurch jene
Anekdote schlechterdings ausgeschlossen wird. Man wird
also das Hineinziehen der Transalpiner sammt der daran
hängenden Liebesgeschichte als eine der Ausgeburten der
jüngsten Annalistik ansehen dürfen, welche sicher dadurch
veranlasst worden ist, dass dieselbe den transalpinischen
Zuzug, wie wir sehen werden (S. 308), an seiner rechten
Stelle strich. Für Livius ausschliessliche Abhängigkeit
von den Annalisten der spätesten Republik ist es wieder bezeichnend dass er seine wohlberechtigte Kritik nur auf innere
Gründe stützt, keineswegs auf das Fehlen dieser Erzählung
in den älteren Annalen.

3. Dass die Gallier in das clusinische Gebiet einfielen,
um sich dort bleibend festzusetzen, meldet Diodor und
wiederholen alle übrigen Berichte; es musste auch nothwendig ausgesprochen werden, dass es sich hier nicht um
einen blossen Beutezug handelt, wie deren die Gallier so
viele nach Italien hinein unternommen haben, sondern um
den ersten Versuch derselben jenseit der Völkerscheide der
beiden grossen Nationen, des Apennin, Fuss zu fassen. —
Die Kopfzahl des einrückenden gallischen Schwarmes giebt

---

[1]) c. 33, 5: *eos qui oppugnaverint Clusium non fuisse qui primi
Alpes transierint satis constat.* Charakteristisch ist es für Livius,
dass er nichtsdestoweniger bald nachher (c. 37, 2) die Feindes-
schaaren heranstürmen lässt *ab Oceano terrarumque ultimis oris.*

nur Diodor an und zwar auf 30000 Mann; die mässige
Ziffer ist für diese Annalenkategorie charakteristisch. —
[Den Führer der Kelten nennt Diodor nirgends, so oft
auch dazu Gelegenheit war; ja da nach seiner Darstellung
es die junge Mannschaft der Senonen ist, welche in Folge
der in der Heimath herrschenden Theuerung entsandt
wird, um diese zu entlasten und sich anderswo neue Sitze
zu suchen, so hat er sich diesen Schwarm wenn überhaupt
unter einheitlicher, doch schwerlich unter der Führung
des Landesfürsten gedacht. Dagegen die spätere Erzählung
nennt als den Führer den König Brennus[8]). Dass dieser
Name später hinzuerfunden wurde, ist um so wahrscheinlicher, als derjenige gallische Fürst, der die Kelten gegen
Delphi führte und gewissermassen der Archeget der kleinasiatischen Galater ward, in der That diesen Namen trug[9]);
als jenem nach Rom gelangten Schwarm ein fürstlicher Führer gefunden werden sollte, wird man dafür sich des berühmten Namens bedient haben[10]).]

4. Nach Clusium, erzählt Diodor weiter, werden von

---

[8]) Appian Gall. 3: ὁ τῶν Κελτῶν βασιλεὺς Βρέννος; Liv. 5,
38, 3: *Brennus regulus Gallorum*; Plutarch Cam. 17: ὁ βασιλεὺς τῶν
Γαλατῶν Βρέννος.

[9]) Diodor p. 497 und Vat. p. 51. 52. Polyb. 4, 46. 9, 30. 35.
Liv. 38, 16. Pausan. 10, 23, 6.

[10]) So lange dies Sachverhältniss nicht erkannt war, lag es
nahe die Uebereinstimmung der Namen daraus zu erklären, dass
Brennus nicht Name, sondern Amtsbezeichnung des Feldherrn
oder Fürsten gewesen sei, zumal da Strabo 4. 1, 13 p. 187 sagt:
τὸν ἄλλον (?) Βρέννον τὸν ἐπελθόντα ἐπὶ Δελφοὺς Πραυσόν τινές φασιν,
womit er aber freilich, wie das weitere zeigt, vielmehr sagen will,
dass er dem Gau der Prausen angehört habe. Etymologisch findet
jene Annahme keinen genügenden Anhalt. Zeuss *gramm. Celt.*

Rom zwei Gesandte geschickt, um über das keltische Heer
nähere Kunde einzuziehen[11]). Jene Zahl entspricht dem
alten Herkommen[12]) und diese Zweckbestimmung den bestehenden Verhältnissen. — Die Späteren haben diesem
Bericht eine doppelte Modification gegeben. Erstlich er-
bitten die Clusiner die Hülfe der Römer und werden zum
Bündniss zugelassen[13]) oder sind sogar schon vorher dazu
zugelassen worden[14]), welcher Zug wohl hinzugefügt worden —
ist, um die Römer von Haus aus als die Beschützer Italiens
gegen die Gallier einzuführen und ihr Auftreten gegen die
Gallier in besserem Licht erscheinen zu lassen. Zweitens
hat die jüngere Fassung den römischen Gesandten theils Namen geschöpft, theils ihre Zahl von zwei auf drei vermehrt.
Diodor nennt die Namen nicht; da er aber später, als ihre
Auslieferung gefordert wird, den Hauptschuldigen derselben
als den Sohn eines der damals, das ist im J. 363[15]) fun-

---

p. 1070 (ed. 2) sagt von dem Worte: *brenniat* (proreta) utrum
'conferendum vetusto nomini *Brennus* an hib. *bruinecha* (gl. pro-
'retas), *unbroine* (gl. a prora) Gildae Lorica 49?'

[11]) c. 113: *κατασκεψομένους τὴν στρατιὰν τῶν Κελτῶν.* Nachher
θατέρου τῶν πρεσβευτῶν. Uebrigens schliesst jene Angabe des
eigentlichen Zweckes der Sendung nicht aus, dass die Abgesandten
im Rechtssinne Boten der römischen Gemeinde an die Führer der
Gallier waren; vielmehr fordert die ganze Erzählung diese Auffassung, da ja sonst nach römischer Auffassung von Verletzung
des Völkerrechts gar nicht die Rede sein könnte.

[12]) Staatsrecht 2³, 665.

[13]) Livius c. 35 lässt die Clusiner, *quamquam adversus Romanos
nullum eis ius societatis amicitiaeve erat,* doch durch die Staatsboten
der Römer in der Weise vertreten, dass diese die Gallier auf-
forderten, *ne socios p. R. atque amicos oppugnarent.*

[14]) Appian 2: *οὐ πάλαι δὲ οἱ Κλουσῖνοι Ῥωμαίοις ἔνσπονδοι γε-
γονότες ἐπ' αὐτοὺς κατέφυγον.*

[15]) Allerdings erzählt Diodor diesen Vorgang unter dem J. 364

girenden Kriegstribune bezeichnet, welches den Fasten zufolge L. Aemilius, L. Furius Medullinus, L. Lucretius,
Ser. Sulpicius sind[16]), so ist derselbe nach ihm ein Fabier
nicht gewesen. Alle Späteren dagegen, Appian, Livius
und so weiter, haben diesen Namen. Was die Zahl anlangt, so kehren die zwei Gesandten des Diodor einzig bei
Dionysios[17]) wieder; drei nennen Appian, Livius, die Schrift
de viris illustribus und die Späteren überhaupt, wobei
ausser der späterhin bei solchen Abordnungen bekanntlich
gebräuchlichen Zahl vor allem der Umstand eingewirkt haben
wird, dass die Fasten d. J. 364, mit denen diese Sendung
nachher in ursachlichen Zusammenhang gebracht ward,
drei Kriegstribune dieses Geschlechts (S. 258) aufführten.

5. Ueber den Verlauf der Gesandtschaft selbst und die
Betheiligung der Römer an dem Gefecht zwischen den
Etruskern und den Galliern stimmen die Berichte wesentlich überein. Die derbe Antwort, welche die Kelten den
römischen Intervenienten geben, dass sie niemand fürch-
teten, möge er Krieg drohen oder bringen, hat allein Appian (G. 2); ebenso die Angabe, dass nach der Frevelthat

---

und es könnte daher in Frage kommen, ob seine Quelle hier sich
nicht von der gewöhnlichen Chronologie entfernt hat. Aber bei
Versetzung des Auslieferungsbegehrens in das Jahr der Belagerung verwickelt man sich in die schlimmsten Widersprüche, und
die Identificirung der nach Clusium geschickten Gesandten mit den
in diesem Jahre das höchste Amt bekleidenden Fabiern wird damit erst recht unmöglich. Es wird also, wie schon bemerkt ward
(S. 299) vielmehr anzunehmen sein, dass hier die Ereignisse mehrerer Jahre zusammengefasst sind.

[16]) Dazu treten nach den interpolirten Fasten L. Aemilius und
Agrippa Furius (oben S. 218).

[17]) 13, 12: τὸν ἄνδρα καὶ τὸν ἀδελφὸν αὐτοῦ.

des Römers Brennus eine römische Gesandtschaft unan-
gehört zurückschickt und zu den Boten, die er nach Rom
entsendet, um die Auslieferung der Schuldigen [18]) zu fordern,
die längsten Leute seines Heeres ausliest [19]). Alle diese
Züge können füglich der ältesten Redaction angehören.
Dass der römische Senat zunächst versucht die Gallier zur
Annahme einer Geldbusse zu bewegen, aber damit abgewiesen wird, berichten Diodor und Appian, offenbar nach
der ältesten Quelle.

6. Eine wesentliche Differenz der älteren und der
jüngeren Version betrifft die Formulirung der schliesslichen
Abweisung des gerechten keltischen Begehrens. Nach
Diodor beschliesst der Senat die Auslieferung, das Volk
aber, an welches der Vater des Hauptschuldigen, einer der
fungirenden Kriegstribune, die Sache bringt, verweigert
dieselbe. Nach Appian dagegen werden die gewesenen
Gesandten zu Kriegstribunen auf das nächste Jahr gewählt
und treten ihr Amt an, worauf die gallische Gesandtschaft
dahin beschieden wird, dass das römische Staatsrecht die
Auslieferung des fungirenden höchsten Beamten nicht ge-
statte und dass sie das nächste Jahr wiederkommen
möchten. Mit dieser letzteren Version stimmen Livius,
Plutarch und die Späteren im Allgemeinen überein, aber
es wird hier der Hergang vielmehr so dargestellt, als
hätten die Comitien, denen der Senat die Sache zur Entscheidung überwiesen habe, erst die Auslieferung verwei-

---

[18]) Es ist wohl nur eine Nachlässigkeit Diodors, dass er die
Forderung der Auslieferung auf den einen Boten beschränkt,
von dessen Hand ein gallischer Officier gefallen ist.

[19]) Nach Pausanias 10, 23, 6 sind die Gefolgsleute des Brennus,
der bei Delphi stritt, die μήκιστοι καὶ ἀλκιμώτατοι τῶν Γαλατῶν.

gert und dann die Fabier zu Tribunen gewählt. Der alte
Bericht also legt das Unrecht einfach auf die Schultern
der Comitien, indem er zugleich die Gewissenhaftigkeit
des Senats gebührend anerkennt. Der jüngere tendenziös
umgestaltete erscheint deutlich und scharf nur bei Appian,
während sonst überall durch die Weglassung der charakteristischen staatsrechtlichen Motivirung der Erzählung die
Spitze abgebrochen ist. Derselbe streicht die Entscheidung
des Senats und bewirkt die Befreiung der Fabier zwar
auch durch die Comitien, aber indem diese lediglich ihr
verfassungsmässiges Wahlrecht ausüben, das heisst, er beseitigt den von der römischen Gemeinde hier begangenen
Rechtsbruch mit der den Römern geläufigen juristischen
Rabulisterei. Den Gesandten selber zu entschuldigen ist
die Absicht keineswegs; umgekehrt wird dadurch, dass die
furchtbare Niederlage die Gemeinde unter der Führung
eben derjenigen Männer trifft, die das Gesandtschaftsrecht
verletzt hatten, die Strafe unmittelbar an die Schuld geknüpft. Nach der diodorischen Version ist diese Verknüpfung nicht vorhanden; weder die Gesandten noch der
Vater des einen derselben, der als Kriegstribun sie der
gerechten Strafe entzieht, können von seinem Gewährsmann zu den an der Allia geschlagenen Magistraten gerechnet worden sein. Wenn dann in der jüngeren Erzählung die Gallier sogar aufgefordert werden im nächsten
Jahr ihre Anklage gegen Fabius zu erneuern, so ist das
die directe Vorbereitung auf die Anklage vor der Gemeinde,
die nach dem Rücktritt vom Amte gegen den schuldigen
Fabius erhoben wird und der er nur durch rechtzeitigen
oder gar freiwilligen Tod entgeht[20]).

---

[20]) Liv. 6. 1.

7. Die Gallier brechen auf gegen Rom; nach Diodor
jedoch erst nachdem sie die übrigen gallischen Stämme
zum gemeinsamen Rachekrieg aufgeboten und durch deren
Zuzug ihr Heer von 30000 auf 70000 Mann gebracht
haben. Von den Späteren hat die gleiche Fassung nur
Appian [21]); die übrigen Berichterstatter lassen vielmehr den
König Brennus nach dem Abbruch der Verhandlungen
schleunigst sich aufmachen [22]), streichen also hier den Zuzug der übrigen gallischen Stämme, wogegen sie, wie wir
sahen (S. 302), das Eingreifen der Transalpiner in wenig
geschickter Weise anderswo einfügen. Die ältere Version
zeigt die Tendenz den grossen Krieg zu einem National-
kampf zwischen den Römern und den Galliern insgemein
zu gestalten; die jüngere diejenige die Niederlage dadurch
zu beschönigen, dass die Römer durch die Schleunigkeit
des Angriffes überrascht werden [23]). Die Ziffer des gallischen Heeres giebt keiner der Späteren an; nur Plutarch
(18) sagt, dass das römische Heer von 40000 Mann dem
gallischen an Zahl nicht nachgestanden habe.

---

[21]) Gall. 3. Dass Livius c. 36, 3 es dahingestellt sein lässt, ob
die Senonen allein oder mit Unterstützung der übrigen cisalpinischen Gallier Clusium angegriffen haben, ist etwas anderes.

[22]) Liv. 5, 37. Plutarch 18. Dio fr. 25, 2.

[23]) Liv. c. 37, 7: *velut tumultuario exercitu raptim ducto.* Wenn
aber Dio sagt fr. 25, 3: τοῖς Ῥωμαίοις δεξαμένοις τὴν τῶν Γαλατῶν
ἔφοδον οὐδ' ἀναπνεῦσαι ὑπῆρξεν, ἀλλ' αὐθημερὸν ἐς τὴν μάχην ἐκ
τῆς πορείας ὥσπερ εἶχον καταστάντες ἵππασαν, so übertreibt er. Nach
der gewöhnlichen Erzählung war der Tag des Auszugs (Liv. 6, 1)
der 16. Juli (*postridie id. Quint.*), der Tag der Schlacht der 18.
(*a. d. XV k. Sext.*); also lag, da das Schlachtfeld von Rom nur
elf Milien entfernt war, zwischen Aufmarsch und Schlacht ein
Zwischentag.

8. Die Römer bieten gegen den Ansturm der gefürchteten Gegner nach Diodor die Gesammtheit der Waffenfähigen (*ἅπαντας τοὺς ἐν ἡλικίᾳ* . . . *ἐξελθόντες πανδημεί*) auf, und bringen an geübten Soldaten 24000 Mann und daneben noch von schwächeren Leuten (*ἀσθενέστατοι*) eine anscheinend ungefähr gleiche Anzahl auf die Beine. Dass auch Bundesgenossen an der Allia mit gefochten haben, giebt allein Polybios (2, 1, 2) an, ohne Zweifel nach Fabius; es können dies nur die Contingente der latinischen Städte sein und waltet also auch hier die Tendenz den Kampf zu schildern nicht als einen der Senonen und der Römer, sondern als einen der gallischen und der latinischen Nation. — Die jüngeren Annalisten dagegen lassen, in demselben Bestreben von der Katastrophe herunterzudingen, die Römer nur rüsten wie für einen gewöhnlichen Krieg[24]), womit es sich freilich schlecht verträgt, dass auch bei ihnen die *subsidiarii*[25]) mit im Felde stehen. Die Gesammtzahl giebt Plutarch auf 40000 Mann an, Dionysios (13, 12) auf vier Legionen — also etwa 16000 M. — geübter Truppen und eine grössere Zahl von geringeren, welche beiden Angaben leidlich sowohl unter sich wie mit der diodorischen stimmen.

9. Dass die Gallier auf dem Marsch die Städte rechts und links verschonten und erklärten, sie hätten es allein mit den Römern zu thun, steht nur bei den jüngeren

---

[24]) Liv. c. 37, 3: *tribuni . . . dilectum nihilo accuratiorem quam ad media bella haberi solitus erat, extenuantes etiam famam belli, habebant.*

[25]) Liv. c. 38, 2. Dionys. 13, 12 stellt den vier Legionen *τῶν ἐπιλέκτων τε καὶ κατηθλημένων* entgegen *τοὺς κατοικιδίους τε καὶ σχολαίους καὶ ἧττον ὡμιληκότας πολέμοις.*

Chronisten (Livius und Plutarch), kann aber aus dem
älteren Bericht herübergenommen sein.

10. Es folgt die Schilderung der Schlacht an der
Allia. Nach dem Bericht Diodors überschreitet die römische
Armee den Tiber und marschirt 80 Stadien am Strom
aufwärts, bis sie auf den Feind stösst. Der eine Flügel
lehnt sich an den Fluss, der andere an die Höhen; der
letztere weicht und wird auf das in der Ebene stehende
Gros geworfen; die ganze Heeresmasse wird gegen den
Fluss gedrängt, ein grosser Theil kommt an oder in demselben um, während andere, zum grösseren Theil unbe-
waffnet, denselben durchschwimmend sich retten. 'Die
meisten der Geretteten', fährt Diodor fort, 'besetzten Veii:
'einige wenige derer, die den Fluss durchschwommen hatten,
'gelangten waffenlos nach Rom und brachten dorthin die
'Kunde, dass das ganze Heer zu Grunde gegangen sei'. —
Diese Erzählung versetzt also das Heer zunächst auf das
rechte Tiberufer; denn Ueberschreitung des Flusses vom
römischen Standpunkt aus kann nur dies bedeuten, und
eben dahin führt, dass die von Clusium anrückenden Gallier
nur von dieser Seite her erwartet werden konnten[26]). Die
weiteren Angaben Diodors können an sich damit vereinigt
werden, dass die Schlacht am linken Ufer stattfand; es
hätten dann alle, denen es gelang sich zu retten, den Fluss
durchschwommen (und allerdings führt darauf zunächst
die Verbindung, in welcher die Worte οἱ πλεῖστοι τῶν
διασωθέντων auftreten) und das Gros derselben das nähere

---

[26]) Man wende nicht ein, dass die Gallier im J. 393 *ad tertium
lapidem Salaria via trans Anienem* ihr Lager schlagen (Liv. 7, 9);
diese kommen nicht aus Etrurien.

Veii, einige wenige Waffenlose über das Ianiculum das
entfernte Rom erreicht. Aber wenn vom Standpunkt des
Interpreten aus diese Auffassung wenigstens zulässig, vielleicht geboten ist, so ergiebt sie, sachlich betrachtet,
geradezu eine Albernheit. Was soll man dazu sagen, dass
bei einer am linken Tiberufer gelieferten Schlacht die geschlagenen Römer nicht einmal den Versuch machen sich
nach dem zwei deutsche Meilen davon an demselben Ufer
belegenen Rom auf eben diesem Ufer zu retten, sondern
sämmtlich in entgegengesetzter Richtung den Fluss zu
passiren suchen, also diejenigen Flüchtigen, die Rom
erreichen, den Fluss auf der Flucht zweimal überschreiten? Und nicht viel besser ist die weitere Consequenz,
dass, wenn die Masse der Flüchtenden sich in und vor
Veii sammelt, die Gallier aber auf dem linken Tiberufer
drei Tage verweilen, ohne sich der Stadt zu bemächtigen,
jene nicht versucht haben sollten mindestens nach dem
Ianiculum und auf diesem Wege in die Stadt zurück zu
gelangen. Diese Bedenken würde man geltend machen,
wenn Diodor ausdrücklich die Schlacht auf das linke Ufer
versetzte; aber er thut, wie wir sahen, das gerade Gegentheil, erzählt also, wenn wirklich jene Interpretation seine
Meinung trifft, nicht bloss albern, sondern widerspricht
sich geradezu. Wären etwa die Gallier, um den Fluss
unbehindert vom Feind zu überschreiten, weiter strom-
aufwärts übergegangen und wären diese auf die Kunde
davon ihnen auf das linke Ufer gefolgt, so mussten beide
Operationen nothwendig angegeben oder mindestens das
vorherige Vorrücken der Römer auf das rechte Ufer un-
erwähnt gelassen werden. — Wenn dagegen die Schlacht
auf dem rechten Tiberufer stattgefunden hat, wohin Diodors

erste Angabe sie verweist, so ordnet die weitere Erzählung
von selbst sich klar und sachgemäss. Die römische Armee
ward an den Fluss gedrückt; der Rückzug nach Rom war
ihr damit abgeschnitten; ein grosser Theil ging bei dem
Versuch den Strom zu überschreiten zu Grunde und nur
wenige gelangten auf das linke Ufer und somit nach Rom.
Die grosse Masse der Geretteten dagegen zog sich auf
dem rechten Ufer seitwärts nach dem nahen Veii, wo sie
zwar zunächst in Sicherheit waren, aber nach Rom nicht
zurück gelangen konnten, weil das siegreiche Heer der
Feinde zwischen ihnen und Rom stand. — Das Bedenken,
wie in diesem Falle die Schlacht von dem links in den
Tiber einfallenden Alliabach [27]) hat benannt werden können.
hebt sich leicht. Augenscheinlich erfolgte die Katastrophe
wesentlich bei dem Versuch den Fluss zu passiren; geschah
dies da, wo die Allia in ihn fiel, und suchten die Geschlagenen vor allem diese Stelle zu erreichen, so war es
ganz erklärlich, dass die Benennung der Schlacht sich an
diesen Namen heftete, wenn auch das Lager am anderen
Ufer geschlagen gewesen war.

Andrerseits erklärt sich aber aus diesem Umstand die
hier in den Annalen eingetretene Trübung. Wenn an dem
dies Alliensis die Römer an der Allia ihre Schlachtlinie
gehabt hatten, woran natürlich zunächst jeder denken
musste, so wurde freilich die Schlacht auf dem linken Ufer

---

[27]) Die Oertlichkeit ist vollkommen gesichert; in solchen Dingen
konnte Livius und konnte die Tradition überhaupt nicht irren.
Könnte noch ein Zweifel bleiben, so wäre zu verweisen auf Festus
ep. p. 119: *lucaria festa in luco colebant Romani; qui permagnus inter
viam Salariam et Tiberim fuit, pro eo quod victi a Gallis fugientes e
proelio ibi se occultaverint.*

geschlagen: und daher die Verwirrung. Diodor selber ist
von dieser schwerlich freizusprechen: auch bei ihm scheinen
die nach Veii flüchtenden Römer den Fluss zu passiren,
und in der That erzählt er so, dass die erste Hälfte seines
Berichtes auf das rechte, die zweite auf das linke Tiberufer
führt und derselbe also sich selber aufhebt. Ob eine so
perverse Schlachtbeschreibung bereits dem Fabius zugeschrieben werden darf oder ob Diodor, der lange in Rom
gelebt hat[28]) und die Lage des Alliabachs als linken
Zuflusses des Tiber gekannt haben wird, hier einmal —
sehr ausnahmsweise — sich der Selbständigkeit schuldig
gemacht hat[29]), vermögen wir nicht zu entscheiden. Auf
jeden Fall enthält dieser ältere Schlachtbericht, selbst wie
er bei Diodor vorliegt, noch die thatsächlichen Momente
so vollständig und so rein, dass er mit einer mässigen
Correctur in Ordnung zu bringen ist. — Derjenige der
späteren Annalisten, wie Livius 5, 38 und Plutarch Cam. 18
ihn geben, knüpft an den älteren bestimmt genug an,
namentlich in der Aufstellung des Heeres in langausge-
zogener Schlachtordnung[30]) zwischen Fluss und Hügeln;
in der Besetzung der letzteren durch die geringeren römischen Truppen, während die Gallier ihre Kernschaaren

---

[28]) Diod. I 4: ἡ γὰρ ταύτης τῆς πόλεως ὑπεροχὴ διατείνουσα τῇ
δυνάμει πρὸς τὰ πέρατα τῆς οἰκουμένης ἑτοιμοτάτας καὶ πλείστας ἡμῖν
ἀφορμὰς παρέσχετο παρεπιδημήσασιν ἐν αὐτῇ πλείω χρόνον.

[29]) Man kann hieher ziehen, was er a. a. O. im Hinblick auf
seine weiten Reisen und seine Autopsie der Oertlichkeiten sagt:
πολλὰ γὰρ παρὰ τὰς ἀγνοίας τῶν τόπων διήμαρτον οὐχ οἱ τυχόντες
τῶν συγγραφέων.

[30]) Diodor 114: οἱ δὲ Κελτοὶ μακρὰν τὴν φάλαγγα παρεκτείνοντες.
Livius c. 38, 1: aciem diductam in cornua, ne circumveniri multitudine
hostium possent.

dagegen richten; in der Rettung des grösseren Theiles der
Flüchtigen nach Veii. Aber abweichend von jenem werden
nicht bloss die Flügel vertauscht, so dass hier der römische linke sich an den Fluss lehnt, während in dem
älteren Bericht der rechte am Fluss gestanden haben muss,
sondern es wird ferner der Uebergang der Truppen auf
das rechte Ufer gestrichen und die Rettung des Gros der
geschlagenen Armee über den Fluss nach Veii, deren
Albernheit auch diese Annalisten noch sehr deutlich empfanden[31]), wenigstens abgeschwächt dadurch, dass sie auf
den linken Flügel beschränkt wird, während der rechte
ziemlich unversehrt nach Rom gelangt. Dadurch wird zugleich die Katastrophe überhaupt herabgestimmt und ins
Unklare gezogen. Während Diodor unumwunden sagt,
dass die Römer alle Waffenfähigen ins Feld gesandt hätten
und dass ihre ganze Heeresmacht in der Schlacht entweder
zu Grunde gegangen oder von Rom abgedrängt worden
sei[32]), und damit das Aufgeben der Stadt ohne jeden
Versuch der Vertheidigung begreiflich macht, lassen diese
Geschichtsverbesserer die Römer ihre Truppen nur wie
für einen gewöhnlichen Krieg ins Feld stellen, den gesammten rechten Flügel der Armee von 40000 Mann sich
'auf die Burg retten' (Livius c. 38, 10), und reden dann
doch in demselben Athemzug (c. 39, 9) von der geringen
in der Stadt vorhandenen Mannschaft, die nicht ausgereicht
habe die Mauern zu besetzen.

11. [Da die Magistrate des J. 363 ihr Amt am

---

[31]) Livius c. 38, 8: *tanta omnium oblivio, ut multo maior pars
Veios in hostium urbem, cum Tiberis arceret, quam recto itinere Romam
ad coniuges et liberos fugerint.*

[32]) c. 115: ἁπάντων τῶν νέων ἀπολωλότων.

1. Juli antraten[33]), wurden die Kriegstribune, die an der Allia den Befehl führten, wahrscheinlich kurz vor dem 1. Juli gewählt[34]) und übernahmen an diesem Tage ihr Amt. Somit kam nach der Fassung wenigstens, welche die späteren Annalen der Erzählung geben, die Abweisung der gallischen Gesandten etwa auf den Juni, der Aufbruch der Gallier gegen Rom etwa auf Anfang Juli; die römischen Feldherren hatten also nur wenige Wochen nach ihrem Antritt für die Rüstungen frei und auch in diesem Sinne konnten die Römer als plötzlich überfallen bezeichnet werden. — Ueber das Datum der Schlacht kann eine abweichende Ueberlieferung nicht bestanden haben, da die an den *dies Alliensis* sich knüpfende furchtbare Erinnerung[35]) denselben für alle Zeiten zum Unglückstag gestempelt hat. In der That stimmen die uns erhaltenen Kalender[36]) so wie die Schriftsteller[37]) in dem Datum *a. d. XV k. Sext.* = Juli 18 überein. Dies ist das Datum des officiellen Kalenders; zur kalendarischen Richtig-

---

[33]) Liv. 5, 32. A. Mommsen röm. Daten S. 30. Meine Chronolog.[2] S. 99.

[34]) Staatsrecht 2[3] S. 564.

[35]) Der *dies Alliensis* ist das Prototyp der Unglückstage. Ich erinnere nur an die Worte des pisanischen Decrets (Orelli 643): *diem eum, quo die C. Caesar obit . . . pro Alliensi lugubrem memoriae prodi notarique,* und an die spätere Anknüpfung der Katastrophe am Cremera an denselben Tag (vgl. S. 255).

[36]) C. I. L. I p. 327.

[37]) Liv. 6, 1, 11; Tacitus hist. 2, 91; Servius zur Aen. 7, 717. Abweichend, ohne Zweifel nur durch Versehen des Schriftstellers oder des Abschreibers, die Schrift *de viris ill.* 23: *die XVI k. Aug.* und Plutarch q. R. 25, wo augenscheinlich der von ihm citirte livianische Bericht in verwirrter Weise wiedergegeben ist.

stellung desselben haben wir kein Fundament, indess dürfte
jener sich in dieser Zeit nicht allzu weit von den Jahr-
zeiten entfernt haben [38]). — Dagegen die weitere Erzählung,
welche den gegen die *dies postridiani* obwaltenden Scrupel
insofern mit der gallischen Katastrophe in Verbindung bringt,
als der Abmarsch des Heeres von Rom *postrid. id. Quint.* =
a. d. XVII k. Sext. = Juli 16 stattgefunden und in
Folge dessen der Senat nach der Katastrophe sämmtliche
dies postridiani für Unglückstage erklärt haben soll, sieht
vielmehr wie eine spätere Historisirung jenes ohne Zweifel
uralten Glaubens aus und dürfte wohl erst nachträglich
eingefügt sein, zumal da Livius diese Meldung als Nachtrag und Variante an die den Schlachttag selbst betreffende anreiht [39])].

12. Dass die Kelten erst am vierten Tage nach der
in der unmittelbaren Nähe Roms gelieferten Schlacht vor
den Mauern desselben erscheinen, berichtet übereinstimmend
die ältere Version, das ist Polybios und Diodor, und die
jüngere, Verrius Flaccus und Plutarch [40]); es scheint ein

---

[38]) Wenigstens fiel die Sonnenfinsterniss des römischen 5. Juni
351 auf den julianischen 21. Juni. Darauf, dass nach Plutarch
a. a. O. die Schlacht stattfand περὶ τροπὰς θερινὰς περὶ τὴν παν-
σέληνον, ist kein Gewicht zu legen; dabei ist ohne Zweifel der
Unterschied des berichteten und des unberichteten Kalenders
ignorirt und die Sommersonnenwende dem 24. Juni, die Iden
dem Vollmond gleichgesetzt. Vgl. Chronologie [2] S. 26.

[39]) 6, 1, 12: *quidam, quod postridie idus Quinctiles non litasset Ser.
Sulpicius tr. mil. . . . . etiam postridie idus rebus divinis supersederi
iussum; inde, ut postridie kal. quoque ac nonas eadem religio esset,
traditum putant.* Verrius Flaccus bei Gellius 5, 17; Macrob. sat.
1, 16. Vgl. meine Chronol. a. a. O.

[40]) Dass zwischen dem Tage der Schlacht und dem des Ein-

blosses Versehen des Livius, dass er die Gallier schon am Tage nach der Schlacht in Rom einrücken lässt[41]). Dass die Gallier den ersten Tag mit dem Umbringen der Verwundeten und dem Abhauen der Köpfe der Gefallenen zugebracht, die beiden folgenden Tage wegen eines vermutheten Hinterhaltes gezaudert hätten, sagt allein Diodor. Ueber die Vorgänge in Rom während der dreitägigen Frist ist die Erzählung sehr ausführlich. Dass zahlreiche Bürgerfamilien trotz der gefährlichen Nähe der Feinde mit ihrer Familie in die benachbarten Städte flüchteten, wird von Diodor gemeldet und kehrt in den späteren Versionen wieder. Die Rettung der Heiligthümer der Vestalinnen theils durch Vergraben, woran das Heiligthum der *doliola* die Erinnerung bewahrte [42]), theils durch Flüchtung nach Caere [43]), wobei der fromme Plebejer L. Albinius behülflich ist, finden wir nur in den interpolirten Annalen[44]), und man sieht allerdings nicht ein, warum diese Heiligthümer nicht vielmehr auf das Capitol gebracht werden. Doch mag es sein, dass

---

dringens in die Stadt drei volle Tage lagen, sagt Diodor c. 115 ausdrücklich; wenn Polybios 2, 18 das letztere geschehen lässt τρισὶ τῆς μάχης ἡμέραις ὕστερον, Verrius Flaccus bei Gell. 5, 17 *post diem tertium eius die*, Plutarch Cam. 22 τρίτῃ ἀπὸ τῆς μάχης ἡμέρᾳ, so ist das nur ungenaue Wiedergabe derselben Nachricht.

[41]) Indem Tacitus ann. 15, 41 den Anfang des Brandes auf den 19. Juli setzt, stimmt er mit Livius überein (vgl. S. 308 A. 23), hängt aber vielleicht von ihm ab (vgl. Liv. 5, 42, 2).

[42]) Liv. 5, 40. Plutarch 20. Dass es zwei Fässer waren und dass der Ort davon benannt ward, sagt der letztere allein.

[43]) So Livius und ausführlicher das Elogium C. I. L. I p. 284 n. XXV. Dass Plutarch c. 21 für Caere τινὰ τῶν Ἑλληνίδων πόλεων substituirt, soll wohl nur heissen, dass er Agylla zu diesen zählte.

[44]) Livius c. 39; Plutarch 20. 21.

diese Vorgänge schon bei Fabius standen und Diodor hier
verkürzt hat. Von der Beschränkung der Vertheidigung
auf die Burg[45]) und dem Hinaufschaffen der Lebensmittel —
und der Schätze unter Leitung der Magistrate spricht
Diodor eingehend und sachgemäss. Dass vorzugsweise
die wenige verfügbare waffenfähige Mannschaft auf die
Burg gewiesen ward, liegt in der Sache; ebenso dass man
Frauen, Kinder und Greise wo möglich in die Umgegend
gesandt haben wird. Aber die Schilderung bei Livius,
wonach die wehrhaften Leute mit ihren Frauen und Kindern
auf die Burg geschickt, die *seniorum turba* aber in der
Stadt zurückgelassen und dem Untergang preisgegeben
wird, dürfte Ausmalung der späteren Annalisten sein.
Damit steht weiter in bedenklicher Verbindung die schöne
Erzählung von den adlichen Greisen, die Flucht und
Rettung verschmähend von dem Pontifex maximus M.
Folius[46]) dem Tode geweiht ihn in der Stadt von Feindeshand
zu erwarten beschlossen; auch sie berichten nur Livius
und Plutarch. Doch fordert dieselbe nicht nothwendig jene
Motivirung durch die Knappheit der Lebensmittel auf
der Burg; es kann immerhin sein, dass sie nicht erst
spätere Dichtung ist, sondern schon bei Fabius stand.

13. Die endlich einrückenden Gallier erbrechen nach
Diodor die Thore; in der jüngeren Version (Livius c. 39,
2. c. 41, 4. c. 44, 5. Plutarch 22) steht das collinische
Thor, durch das sie eindringen, offen.

---

[45]) Die Herstellung der Burgmauern und die Aufstellung der
Geschütze kennt nur Plutarch 20. 21.

[46]) Livius 5, 41. Die schlechteren Handschriften desselben und
Plutarch 21 machen daraus einen M. Fabius.

14. Es folgt die Schleifung der Häuser[47]) und die Ver-
heerung der Stadt durch die Fremden. Eine wesentliche
Differenz ergeben die Berichte hierüber nicht; nur ist es
Diodor eigen, dass er das Stehenbleiben 'weniger Häuser'
auf dem Palatin hervorhebt. Woran hier gedacht ist,
weiss ich nicht; möglicher Weise an die *casa Romuli*.
Sonst wird gerade von der Curie der Salier auf dem Palatin überliefert, dass sie im gallischen Brande unter-
ging[48]). — Die Tödtung der Greise, welche in ihren Häusern
sitzend[49]) die Feinde erwarten und die bekannte Erzählung
von dem M. Papirius findet sich, wie die früher erörterte
Einleitung dazu, nur bei den jüngeren Annalisten; die
Zahl derselben, achtzig, hat allein Dio[50]).

15. Die Belagerung der Burg beginnt; die Gallier
erleiden dabei nach Diodor beträchtliche Verluste, während
Livius c. 43 einen abgeschlagenen Sturm schildert.

16. Die Erzählung von dem frommen Kaeso[51]) Fabius

---

[47]) Diodor c. 116: τῶν οἰκιῶν κατεσκαμμένων. Servius zur Aen.
8, 652: *cuncta vastarunt . . adeo ut quae incendere non poterant mili-
tari manu diruerent*. Nach Plutarch c. 32 wären binnen eines
Jahres die Mauern wie die Privatgebäude hergestellt worden.

[48]) Die Wundergeschichte von dem Lituus des Romulus, der
in der abgebrannten Curie der Salier unversehrt wieder aufgefunden wurde, beziehen auf den gallischen Brand ausdrücklich
Lutatius in dem pränestinischen Kalender C. I. L. I p. 389, Dionysios 14, 9 und Plutarch Cam. 32. Dies ist also das *maximum
incendium* Ciceros de div. 2, 38, 80.

[49]) So Livius und Ovid fast. 7, 363. Wenn sie bei Plutarch auf
dem Markt sitzen, so ist dies wohl sein Versehen (vgl. Liv. 5, 41, 6).

[50]) Bei Zonaras 7, 23.

[51]) So Dio fr. 25. 5; (Gaius bei Liv. c. 46. 52, vielleicht nur
durch Abschreiberfehler.

Dorsuo[52]) fehlt bei Diodor, aber höchst wahrscheinlich nur
desshalb, weil sie mit der Belagerungsgeschichte nur lose
zusammenhängt und bei der Epitomirung fast mit Nothwendigkeit fallen musste; eben sie kann wegen ihrer
historischen Bedeutungslosigkeit in Verbindung mit ihrem
gentilicischen Charakter mit Sicherheit auf Fabius Pictor
zurückgeführt werden. Uebrigens liegt sie in doppelter
Fassung vor: nach Appian, der als seinen Gewährsmann
einen gewissen Causius (vielleicht Cassius Hemina) namhaft macht, ist Dorsuo Pontifex und begiebt sich vom
Capitol hinweg nach dem Vestatempel, um dort einen
sacralen Act zu vollziehen; nach Livius dagegen vollzieht
er auf dem quirinalischen Hügel eine dem fabischen Geschlecht obliegende Opferhandlung[53]). Obwohl in der
Regel der appianische Bericht unter denen der zweiten
Klasse dem Original am nächsten kommt, so tritt doch
das gentilicische Element der Erzählung in der livianischen
Version weit bestimmter hervor, und es steht auch nichts _

---

[52]) Das Cognomen beglaubigt eine neuerdings in Praeneste
gefundene archaische Inschrift (Fiorelli *notizie degli scavi* 1878
p. 95): *L. Samiari M. f. Dosuo* (80).

[53]) Mit Livius stimmt ausser Valerius Maximus 1, 1, 11 auch
Florus 1, 7, 16, insofern dieser den Quirinal nennt; es ist wohl bloss
dessen gewöhnliche Confusion, wenn er den Fabius zugleich zum
Pontifex macht. Dasselbe scheint bei Dio fr. 25, 5 der Fall zu
sein, der die Oertlichkeit nicht näher bezeichnet; doch dürfte dies
nicht genügen, um Dios Erzählung auf eine dem Appian analoge
Quelle zurückzuführen. — Jordan Top. 1, 192 denkt an die *Luperci
Fabiani*; aber deren Heiligthum lag nicht auf dem Quirinal, und
überdies ist der Luperkerdienst der historischen Zeit keineswegs
Obliegenheit des fabischen Geschlechts und gehört überhaupt
nicht zu den *sacra gentilicia* (vgl. S. 255 A. 42).

Wesentliches der Annahme im Wege, dass in diesem Fall
der Römer uns die reinere Ueberlieferung aufbewahrt hat.

17. Die ältere im Ganzen wohl zuverlässige Erzählung
der gallischen Katastrophe weiss, dem Wesen des unglücklich geführten Krieges entsprechend, von einem Retter
Roms überall nichts[54]) und zeichnet keine einzelne Persönlichkeit in irgend welcher Weise besonders aus. In
diese Lücke setzen die jüngeren Annalen den Camillus
ein, den sie, vielleicht in bewusster Nachdichtung des
homerischen Achilles, zu dem allzeit unfehlbaren Sieg-
bringer stempeln. Darum musste er zunächst während
der Niederlage an der Allia und der Einnahme der Stadt
fern von Rom gehalten werden; was in der Ilias die Be-
leidigung des Helden, das leistet hier die ungerechte Verbannung. Der der Quelle der Interpolation am nächsten
stehende unserer Chronisten lässt den Sieger von Veii
nach seiner Verurtheilung durch die Gemeinde geradezu die
Stadt verlassen mit der 'achilleischen Verwünschung', dass,
wenn ihm Unrecht zugefügt sei, der Tag kommen möge,
an dem die Heimath seiner bedürfe[55]). — Hier nun, während der Belagerung der Burg, führen dieselben Historiker
den künftigen Retter Roms auf die Bühne, zunächst indem

---

[54]) Wenn Aristoteles (bei Plutarch 22) der Errettung Roms
von den Galliern durch einen gewissen Lucius gedenkt, so geben
die römischen Berichte für diesen Namen keinen Anknüpfungspunkt, falls dabei überhaupt an diesen Keltenkrieg zu denken ist.

[55]) Appian Ital. 8: μετῴκησεν εὐξάμενος τὴν Ἀχίλλειον εὐχὴν
ἐπιποθῆσαι Ῥωμαίους Κάμιλλον ἐν καιρῷ. Ebenso Plutarch 13:
ὥσπερ ὁ Ἀχιλλεὺς ἀρὰς θέμενος ἐπὶ τοὺς πολίτας καὶ μεταστάς. Gemeint ist Ilias A 240: ἥ ποτ' Ἀχιλλῆος ποθὴ ἵξεται υἷας Ἀχαιῶν
σύμπαντας.

er als Verbannter in Ardea weilend die Bürger dieser Stadt
gegen die Gallier zum Kampf und zum Siege führt. Diese
Erzählung kennt Diodor nicht bloss nicht, sondern schliesst
sie aus, da bei ihm die Verurtheilung des Camillus einmal als zweifelhaft bezeichnet, sodann aber eine Reihe von
Jahren nach der gallischen Katastrophe gesetzt, das Exil
aber ganz übergangen wird.

18. Schon Diodor kennt das Zurückschlagen der in
das römische Gebiet einfallenden Etrusker durch den bei
Veii versammelten Heerhaufen und die durch diesen ersten
Erfolg hervorgerufene Hoffnung dieser Truppen die Heimath-
stadt zu entsetzen und im Einverständniss mit den Belagerten die Gallier zu vertreiben. Ein muthiger Soldat
Pontius Cominius unternimmt es der bedrängten Besatzung
Kunde von dem bevorstehenden Entsatzversuch zu bringen;
er durchschwimmt den Fluss[56]), erklimmt an einer steilen
von dem Feind nicht besetzten Stelle das Capitol und
gelangt glücklich auf demselben Weg wieder zurück in
das Lager von Veii[57]). — Die Späteren wiederholen diese
Erzählung mit mannichfachen Zusätzen und Variationen,

---

[56]) Ebenso Livius c. 46, 9: *incubans cortici secundo Tiberi ad
urbem defertur.* Plutarch 25.

[57]) Das Fragment aus Claudius Quadrigarius l. I (bei Gellius
17, 2, 24): *Cominius qua ascenderat descendit atque verba Gallis dedit*
stimmt gerade ebenso mit der diodorischen Recension c. 116:
καταβὰς ᾗπερ ἀνέβη wie mit der jüngeren, z. B. Livius c. 46, 10:
eadem degressus, entscheidet also nicht über die Frage, welcher
Fassung Claudius gefolgt ist. Auch die zweite hieher gehörige
Stelle bei Gell. 17, 2, 26: *putabant eos qui in foro atque qui in arce
erant inter se commutationes et consilia fucere* stimmt zwar gut zu
Liv. 5, 47, 11, kann aber sehr wohl auch in Diodor 14, 116 eingelegt werden.

welche hauptsächlich darauf ausgehen den Camillus in
dieselbe zu verflechten. Bei Diodor erscheinen wohl
die Magistrate als befehlführend in der Stadt, und es muss
also auch nach dem älteren Bericht wenigstens ein Theil
der sechs Kriegstribune sich auf dem Capitol befunden
haben[58]); aber er schliesst die an sich natürliche Annahme
nicht aus, dass einer oder mehrere der Kriegstribune mit
dem Gros der Geretteten nach Veii gelangt sind und diese
dort den Befehl geführt haben. Dagegen stellt die jüngere
Erzählung bei Appian, Livius und Dionysios die veientischen Truppen unter das Commando eines durch die
freie Wahl seiner Kameraden zum Befehl berufenen Cen-
turionen Q. Caedicius, wobei der Name dem Bericht über
ein die gallische Katastrophe verkündendes Götterwort[59]),
die durch die führerlosen Soldaten vollzogene Wahl des
Befehlshabers vermuthlich dem Muster des bekannten Vorgangs in Spanien im J. 542 entlehnt ist[60]) und die Tendenz
sich kennzeichnet durch die Wahl des Führers aus den
Veteranen des Heeres, das unter Camillus Veii erstürmt
hatte, und durch die an den Sieg des Caedicius geknüpfte
Betrachtung, was eine solche Truppe erst unter der Führung
des Camillus selbst leisten werde[61]). Die Aufforderung

---

[58]) Von Rechtswegen musste wenigstens einer dort zurückbleiben (Staatsrecht 1², 645). Als Befehlführer in der Schlacht
erscheint Q. Sulpicius Longus bei Cassius Hemina (bei Macrobius
1. 16, 21), Livius 6, 1, 12 und Verrius Flaccus (bei Gellius 5, 17):
denselben lassen wenigstens Livius und Plutarch auch auf dem
Capitol das Commando führen und den Vertrag abschliessen.

[59]) Nach Livius 5, 32, 6 hört ein M. Caedicius *de plebe homo*
das Wort des 'Aius Locutius', dass die Gallier kommen.

[60]) Staatsrecht 1², 666.

[61]) Liv. c. 45, 7: *tantum par Camillo defuit auctor.* c. 46, 6: *Cae-*

21*

dieser Soldaten, vor allem ihres tapferen und siegreichen
interimistischen Führers, hat zur Folge, dass Camillus den
Oberbefehl über das römische Heer in der Form der Dictatur
erhält[62]); aber in deren Herbeiführung gehen die jüngeren
Berichte wieder unter sich auseinander. Nach der Fassung,
welche bei Dionysios[63]) vorliegt und als stark entstellte
Variante auch bei Livius[64]) erscheint, übernimmt Camillus

---

dicius negare se commissurum, cur sibi aut deorum aut hominum quis-
quam imperium finiret potius quam ipse memor ordinis sui posceret
imperatorem.

[62]) Auch die capitolinischen Fasten fordern die Dictatur des
Camillus von 364, da sie die von 386 und 387 als vierte und fünfte
zählen; ebenso das Elogium C. I. L. 1 p. 285, da es einen Triumph
des Camillus für dies Jahr voraussetzt (S. 329 A. 72), der ohne
Dictatur nicht denkbar ist. Vgl. oben S. 189 A. 76.

[63]) 13, 6. Es kann nicht Schuld des Epitomators sein, dass
hier die Sendung des Cominius und die römische Autorisation
fehlt; denn Dionysios spricht später c. 7 von jener Sendung, fasst
sie aber, wie Diodor, als blosse militärische Benachrichtigung.
Johannes von Antiochia (unter den dionischen Fragmenten 25, 8)
giebt der Sendung des Cominius die gleiche Wendung.

[64]) c. 46, 11: *missi Ardeam legati ad Camillum Veios eum per-*
duxere seu (quod magis credere libet, non prius profectum ab Ardea
quam comperit legem latam, quod nec iniussu populi mutari finibus
posset nec nisi dictator dictus auspicia in exercitu habere) lex curiata
lata est dictatorque absens dictus. Genau genommen freilich lässt
Livius den Camillus den in Rom gefassten Senatsschluss in Ardea
abwarten und dann nach der einen Version sofort nach Veii zur
Uebernahme der Dictatur abgehen, nach der anderen noch so
lange in Ardea verweilen, bis auch die Comitien die Rückberufung
aus dem Exil beschlossen haben und die Dictatorernennung vollzogen ist. Aber dadurch wird die Darstellung sinnlos: warum
hätte man in Rom auf die Botschaft des Cominius hin bloss den
Senatsschluss gefasst und nicht auch die beiden Folgeacte vorgenommen? und wie kam, wenn Cominius bloss jenen zurück-

auf die blosse Aufforderung des Heeres die Dictatur; was
freilich nach römischer Ordnung schlechterdings unmöglich
war. Nach der anderen, welcher Livius den Vorzug giebt
und der Appian, Plutarch und Dio folgen, wird Pontius Cominius nach Rom gesandt nicht, wie bei Diodor und noch bei
Dionysios, um wegen des Entsatzes mit den Belagerten
in Einverständniss zu treten, sondern um die Rehabilitation
des Camillus durch Volksbeschluss und dessen Bestellung
zum Dictator zu betreiben[65]). Das patriotische Concert
des tapferen und edlen Unteroffiziers, der seinen Sieg nur
dazu benutzt, um seinem alten Feldherrn sich wieder unter-
zuordnen, und des eben so tapferen und edlen Feldherrn,
der als Ardeate mit dem ardeatischen Aufgebot die Gallier
schlägt, aber die Uebernahme des Oberbefehls über die
Römer vor der legalen Restitution und Installation entschieden ablehnt, haben aus der kühnen Schwimm- und
Kletterleistung des älteren Berichts eine grosse patriotische
Heldenaction gemacht, welche dann in der freudigen Ein-

brachte, die Nachricht von der Vornahme der Folgeacte dem
Heere und Camillus zu? Augenscheinlich hat Livius sich hier
versehen und war die Differenz, die er andeutet, in der That die,
ob Camillus ungeheissen oder auf Aufforderung von Senat und
Volk die Dictatur übernahm, oder, was dasselbe ist, ob der Sendung des Cominius ein politischer Zweck beigelegt wird oder,
wie bei Diodor und Dionysios, ein bloss militärischer.

[65]) Ob als Auftraggeber des Cominius Caedicius erscheint (so
Livius c. 45; Plutarch 25) oder Camillus (so Dio fr. 24, 7 vgl.
fr. 25, 7), ist ziemlich gleichgültig, da nothwendig die Uebereinkunft beider voraufgeht. Abweichend von der sonstigen Ueberlieferung geht nach Frontinus strat. 3, 13, 1 Cominius vom
Capitol zu dem verbanuten Camillus, um diesen um Uebernahme
des Oberbefehls zu bitten, und kehrt auf das Capitol zurück.

willigung des Senats und der Bürgerschaft ihren harmo-
nischen Abschluss findet. Dass auch bei ihr allerlei staatsrechtliche Dinge unterlaufen, die ebenso bedenklich und
viel weniger klar sind als die spontane Dictatur des Dionysios, wird man einem Poeten von solcher Leistungs-
fähigkeit nicht allzusehr übelnehmen dürfen [66]).

19. Das Wagniss des Cominius brachte, nach Diodors
weiterer Erzählung, den belagerten Römern nicht Rettung,
sondern neue und schwerere Bedrängniss. Die Belagerer
hatten dadurch gelernt, an welcher Stelle der Burghügel
ersteigbar sei, und sie säumten nicht davon die Anwendung
zu machen. In der That gelang es in einer der nächsten
Nächte einigen ihrer beherzten Leute die Höhe zu erklimmen; die Wachen schliefen und nur die heiligen Gänse
der capitolinischen Juno zeigten durch ihr Schnattern und
Flügelschlagen das Eindringen der Feinde an. Dadurch
geweckt traf der tapfere M. Manlius eben noch zur rechten
Zeit ein, um dem ersten der Eindringenden die Hand abzuhauen und ihn durch einen Stoss mit dem Schilde gegen
die Brust den Berg hinabzuwerfen; den unmittelbar folgenden traf dasselbe Geschick und die Reihe der Stür-
menden floh in hastiger Verwirrung den Berg hinab. So
Diodor; und damit stimmen wesentlich die jüngeren Berichte bei Livius, Dionysios, Plutarch und sonst. Was sie

---

[66]) Dass Livius Bericht (5, 46) über Camillus Rückberufung
aus dem Exil und das dabei vorkommende Curiatgesetz unhaltbar ist, habe ich Forsch. 1, 272, St. R. 2², 35 gezeigt, aber nicht
hinreichend erwogen, dass diese ganze Nachricht ein Produkt der
jüngsten Annalenüberarbeitung ist. — Die widersinnige jährige
Dictatur des Camillus ist wohl nichts als ein Versehen Plutarchs
(St. R. 2², 152).

zufügen, insonderheit die Bestrafung der nachlässigen
Posten und die dem Manlius gewährten Belohnungen,
dürfte ebenfalls Bestandtheil des ältesten Berichts gewesen
und nur von Diodor weggelassen sein. — Nach einer
anderen Version dagegen sind die Gallier nicht auf jenem
von Cominius gewiesenen Pfad, sondern durch eine Mine
in das Capitol gelangt; wobei wohl die Absicht obwaltete
sie in den Tempel selbst und also den Gänsen näher zu
bringen. Dass diese Fassung dem Fabius nicht gehört,
zeigt Diodor; da sie aber bei Cicero[67]) auftritt, wird sie
für die vorsullanische Annalistik in Anspruch genommen
werden müssen. Vielleicht ist es eine Reminiscenz aus
der veientischen Belagerungsgeschichte, die etwa Piso in
die capitolinische eingefügt hat; wenigstens die Art der
Erfindung sieht diesem gleich.

20. Dem ältesten Bericht zufolge, wie er bei Polybios
und bei Diodor vorliegt, endigt die Belagerung durch
gütlichen Vertrag. Nachdem die Gallier, sagt Polybios[68]),

---

[67]) Philipp. 3, 8, 20: *adesse in Capitolio iussit, quod in templum
ipse nescio qua per Gallorum cuniculum adscendit.* Ebenso pro Caec.
30, 88. Beide Versionen kennt Servius zur Aen. 8, 652: *Gallos
alii per dumeta et loca aspera, alii per cuniculos dicunt adscendere.*

[68]) 2, 18, 3 (angeführt von Plutarch de fort. Rom. 12): γενο-
μένου δ' ἀντισπάσματος καὶ τῶν Οὐενέτων ἐμβαλόντων εἰς τὴν χώραν
αὐτῶν τότε μὲν ποιησάμενοι συνθήκας πρὸς 'Ρωμαίους καὶ τὴν πόλιν
ἀποδόντες ἐπανῆλθον εἰς τὴν οἰκείαν. Ferner in einer den Boiern
in den Mund gelegten Erinnerung an die Grossthaten der gallischen Nation 2, 22, 5: τῆς πόλεως .. ἑπτὰ μῆνας κυριεύσαντες τέλος
ἐθελοντὶ καὶ μετὰ χάριτος παραδόντες τὴν πόλιν ἀθραυστοι καὶ ἀσινεῖς
ἔχοντες τὴν ὠφέλειαν εἰς τὴν οἰκείαν ἐπανῆλθον. Endlich 1, 6, 3:
πρὸς οὓς ποιησάμενοι 'Ρωμαῖοι σπονδὰς καὶ διαλύσεις εὐδοκουμένας
Γαλάταις καὶ γενόμενοι πάλιν τῆς πατρίδος ἐγκρατεῖς.

sieben Monate[69]) die Stadt Rom in der Gewalt gehabt
hatten, fanden sie mit den Römern, deren Lage als eine
verzweifelte dargestellt wird, veranlasst durch einen Einfall der Veneter in ihr eigenes Gebiet, sich freundschaftlich
ab, gaben ihnen von freien Stücken und aus gutem Willen
die Stadt zurück und zogen unbeschädigt mit ihrer Beute
(ὠφέλεια) heim. Die Römer, erzählt Diodor, schickten
wegen eines Abkommens Gesandte an die Gallier und
diese liessen sich dazu herbei gegen Empfang von 1000
Pfunden Goldes die Stadt zu verlassen und aus dem
römischen Gebiet abzuziehen. — Die umgestaltenden Annalisten haben diese ehrliche und einfache Erzählung zwar in
gewisser Weise festgehalten. aber sie zugleich durch vielfache
Zusätze verdunkelt, ja in ihr Gegentheil verkehrt. Dass
die Hungersnoth der Belagerten die nächste Ursache der
Capitulation gewesen sei[70]), ist auch mit der älteren
Erzählung vereinbar. Dass die nächste Ursache ihrer

---

[69]) Diese Ziffer hat die spätere Erzählung festgehalten, da der
Abzug der Gallier bei Plutarch (Cam. 30) auf Mitte Februar und
in dem Kalender des Polemius Silvius auf die Iden (13.) des
Februar (C. I. L. 1 p. 337: *parentatio tumulorum incipit quo die
Roma liberata est de obsidione Gallorum*) gesetzt wird. Dazu
passt, dass die Belagerung nach Plutarch 23 in den Herbst fällt.
dagegen nicht besonders, dass die Poplifugien des 5. Juli nach
Varro 6, 18 nicht lange nach dem Abzug der Gallier fallen. Es
sind geringfügige, vielleicht nur durch die verschiedene Zählung
der nicht vollen Monate herbeigeführte Varianten, dass Varro bei
Nonius p. 498, die Epitome des Livius 5 (er selbst schweigt darüber) und Florus 1, 7, 15 (daraus Orosius 2, 19) sechs, Servius
zur Aen. 8, 652 'acht volle Monate' angeben.

[70]) So bei Livius u. A. m. Eigenartige Notizen geben Ovid
fast. 6, 349 f. und Servius zur Aen. 8, 652.

Annahme durch die Gallier die Diversion der Veneter
gewesen sei, erfahren wir nur aus Polybios; bei den Späteren
tritt dafür die Pestilenz ein, die das gallische Heer heim-
gesucht habe[71]), welche übrigens auch in dem älteren
Bericht neben dem Einfall der Veneter gestanden haben
kann und nach der Lage der Dinge wahrcheinlich genug
ist. Dagegen ist unzweifelhaft alles freier Zusatz, was
die Späteren von dem Dictator Camillus berichten, der
nun hier seine Schuldigkeit thun muss: seine Intervention
während des Zuwägens des Goldes, sein Doppelsieg erst
in der Stadt selbst und dann an der gabischen Strasse
sind handgreifliche Fabeln, desgleichen sein Triumph[72]).
Charakteristisch genug muss wieder das Staatsrecht dem
patriotischen Geschichtsverbesserer das Rüstzeug liefern:
der mit den Galliern von den Kriegstribunen abgeschlossene
Vertrag ist nichtig, weil diese nach Einsetzung des
Dictators dafür nicht mehr competent sind. Von den
sonstigen untergeordneten Differenzen verdient nur Erwähnung, dass die Ziffer des Lösegeldes von 1000 Pfund
Goldes noch bei Livius und Plutarch festgehalten wird,
dagegen bei Varro[73]) und bei Dionysios[74]) der doppelte
Betrag erscheint. Diese Abweichung knüpft augenscheinlich

---

[71]) Diese an die Localität der *busta Gallica* angeknüpfte Erzählung kennt auch Varro l. L. 5, 156, aber in etwas veränderter
Wendung: hiernach ist sie benannt von der Verbrennung der nach
dem Abzug der Gallier von Rom dort zurückgebliebenen Leichen.

[72]) Von diesem spricht Plutarch c. 30 und das Elogium (C. I.
L. I p. 285) setzt ihn voraus; bei Livius fehlt er, wohl nur aus
Zufall.

[73]) Bei Nonius p. 228: *auri pondo duo milia acceperunt ex aedibus
sacris et matronarum ornamentis.*

[74]) 25 Talente: Dion. 13, 9.

an an die wahrscheinlich von den Feinden des Pompeius
in Umlauf gesetzte Anekdote, dass unter dessen drittem
Consulat im J. 702 das von Camillus im Jupitertempel
niedergelegte Gold und zwar im Betrag von 2000 Pfund
verschwunden sei[15]).   Dieser Stadtklatsch scheint Varro
und andere Spätere bewogen zu haben die altüberlieferte
Zahl abzuändern.

21. Der zusammenhängende Jahresbericht Diodors
schliesst ab mit dem Wiederaufbau der zerstörten Stadt.
Die Gemeinde lieferte auf ihre Kosten den Bauherren die
Dachziegel und gab denselben, ohne Zweifel innerhalb
gewisser gesetzlich normirter Schranken[76]), die Grenzver-

---

[15]) Plinius 33, 1, 11: *certe cum a Gallis capta urbe pax emeretur,
non plus quam M p. effici potuere, nec ignoro duo milia p. auri perisse
Pompei tertio consulatu e Capitolini Iovis solio a Camillo ibi condita
et ideo a plerisque existimari duo milia p. collata, sed quod accessit ex
Gallorum praeda fuit detractumque ab iis in parte captae urbis delubris.*
Die *plerique* sind offenbar eben Varro und die ihm folgenden, wie
Dionysios; die Ausgleichung, welche Plinius versucht, mag von
ihm selbst herrühren und durch Varros Aeusserung, dass die
Römer das Lösegeld aus den Tempeln entnommen hätten, insofern
angeregt sein, als Plinius dies auf die capitolinischen Tempel
bezog und dadurch auf die von den Galliern in den Tempeln der
Stadt selbst gemachte Beute geführt ward. Sachlich wäre freilich dabei noch zu erwägen, dass der Ueberlieferung zufolge das
Gold und Silber aus der Stadt auf die Burg geflüchtet ward, wobei vorzugsweise an die Tempelschätze gedacht ist (Liv. 5, 50, 6).
Vgl. mein röm. Münzwesen S. 400. — Uebrigens giebt es auch
eine Version, wonach das Tempelgold für das Lösegeld überhaupt nicht angegriffen ward, weil die Matronen dafür eintraten
(Liv. 5, 50).

[76]) Wahrscheinlich ist nur gestattet worden, dass die Grenze
gegen die öffentliche Strasse nicht streng eingehalten zu werden
brauche; dass man von Gemeinde wegen den Eigenthümern Nach-

_ letzung frei; an jene Anordnung knüpfte sich als bleibende,
übrigens schlechthin unbekannte und uns nicht recht ver-
ständliche Institution die Einführung der 'Bürgerziegel'[77]),
an diese die unordentliche und krumme Beschaffenheit des
Strassennetzes des späteren Rom, welches, wie Livius
(c. 55, 5) hervorhebt, dem Kloakennetz nicht mehr entsprach und sich dadurch als jüngerer Entstehung kenn-
zeichnete[78]). — Von dieser diodorischen Meldung weichen

---

bargrundstücken gegenüber die Grenzüberschreitung freigegeben
haben soll. ist wenig glaublich.

[77]) *Δημοσίας,* sagt Diodor, *κεραμίδας ἐχορήγουν, αἱ μέχρι τοῦ νῦν
πολιτικαὶ καλοῦνται. Κεραμίς* bedeutet technisch den Dachziegel,
die *tegula,* wie die Wörterbücher und für Diodor insonderheit die
Parallelstelle 12, 41 zeigt; Jordan hat also (Top. 1, 533 A. 61) die
Stelle richtig auf diese bezogen.   Für *δημοσίας* ändert Cobet
(*nor. lect.* p. 566) *δημοσίᾳ,* aber die überlieferte Lesung wird
geschützt durch Diodors Erklärung *πολιτικαί* und durch die spar-
tanische Ziegelaufschrift (Mitth. des athen. Instituts 2, 441):
πλίνθοι δημοσίαι σκανοθήκας ἐπὶ Καλλικράτεος ἐργώνα Νικασίωνος.
Hinsichtlich des Verhältnisses dieser Meldung zu der Angabe des
Nepos, dass Rom bis zum pyrrhischen Kriege Schindeldächer
gehabt habe (Plinius n. h. 16, 10, 36), wird mit Nissen (pomp.
Stud. S. 33) anzunehmen sein, dass Nepos das schliessliche Verschwinden der Schindeldächer durch polizeiliches Verbot datirt
wodurch nicht ausgeschlossen ist, dass in den besseren Stadt-
theilen schon lange vorher die Ziegelbedachung überwog.

[78]) Wenn Jordan (Topographie 1, 483) die Details des Wieder-
aufbaus der Stadt nach dem gallischen Brande 'im Wesentlichen
misslungene Erklärungen späterer Zustände' nennt, so geht diese
Kritik über das rechte Mass hinaus.   Gewiss hat eine auch nur
einigermassen gleichzeitige Aufzeichnung der Details dieser Katastrophe überhaupt nicht stattgefunden; aber sie war von der Art,
dass manche Einzelheit Jahrhunderte lang von Mund zu Mund
sich fortpflanzen konnte, und mögen auch die meisten Angaben
sein, als was sie bei Diodor deutlich sich selber bezeichnen, Rück-

die übrigen Berichte nicht wesentlich ab: ob die einzelnen
in dem ältesten fehlenden Züge, zum Beispiel dass der
Wiederaufbau binnen eines Jahres vollendet war, von
Diodor weggelassen oder vielmehr spätere Ausmalung sind,
ist nicht zu ermitteln. Dasselbe gilt von den sacralen
und politischen Massnahmen, die nach den Späteren durch
die Katastrophe hervorgerufen worden sind, der Expiation
der Tempel, der Weihung desjenigen des Mars (Liv. 6, 5)
am capenischen Thor, dem mit den Caeriten abgeschlossenen _
Freundschaftsvertrag, der Anordnung der capitolinischen
Spiele und der Gründung eines dafür bestimmten capitolinischen Collegiums, der Weihung des Altars des Aius
Locutius, der Einreihung der Daten des Auszugs und der
Schlacht unter die Unglückstage. Diodor erwähnt davon
nur, und auch dies als unsichere Tradition (λέγουσί τινες),

schlüsse aus den Institutionen und der Ortsbeschaffenheit, wie die
späteren Römer sie aus ihrer Anschauung kannten, so sind sie
auch als solche von geschichtlichem Werth. Dass der Neubau
der Stadt auf die gallische Katastrophe zurückging, dass zu
jener Zeit die 'Bürgerziegel' aufkamen, kann recht wohl Ueberlieferung sein. Ebenso konnte ein verständiger Römer der hannibalischen Zeit aus der Unregelmässigkeit der Strassenfronten,
wie er sie täglich vor Augen hatte, aus der Abweichung der
Kloaken von dem Lauf der Strassen, denen sie doch bei ihrer ersten
Anlage im Grossen und Ganzen entsprochen haben müssen, mit
gutem Grund auf einen tumultuarischen Wiederaufbau der gesammten Stadt schliessen. War aber der Schluss richtig, auf welche
andere Katastrophe konnte dieser Bau zurückgeführt werden als
auf die nach der Alliaschlacht? Mir ist es keineswegs erfindlich,
wie man diese Mittheilungen als 'kläglich zusammengebettelt' und
als 'schülerhafte Erklärungsversuche' bei Seite werfen kann:
gerade im Gegentheil geben sie sachliche Meldungen, die sonst
nirgends zu finden sind, und zeugen von verständigem Urtheil.

das den römischen Frauen zum Dank für ihre Beisteuer
zu dem Lösegeld von der Gemeinde verliehene Fahrrecht [79]). — Sicher späterer Zusatz ist das angebliche Pro-
ject einer Verlegung der Gemeinde von Rom nach Veii
und dessen Verhinderung durch den Dictator Camillus.
Es mochte den Schriftstellern am Ausgang der Republik
wohl angemessen erscheinen die Untrennbarkeit der Römer
von Rom in diesem prägnanten Falle drastisch in Scene
zu setzen; an echte Ueberlieferung ist schon darum nicht
zu denken, weil ein nicht zur Ausführung gelangender
Plan in dieser Epoche sicherlich keinen Weg in die
römische Chronik fand.

22. Es bleibt noch die an den Galliern genommene
Revanche und der Wiedergewinn des gezahlten Lösegeldes.
Denn auch diejenigen Versionen, welche nicht, wie die
später vorherrschende, die Zahlung desselben nicht zur
Ausführung kommen lassen, stimmen darin überein, dass
dasselbe späterhin in die Hände der Römer zurückgekommen
ist. — [Wir kennen solcher Erzählungen drei. Nach der
einen sind es die Caeretaner, welche den heimkehrenden
Galliern im Sabinerland auflauernd, sie bei Nachtzeit auf
dem trausischen Feld überfallen und vernichten und das den
Römern abgenommene Gold diesen zurückstellen. Diese

---

[79]) So mag auch der Gewährsmann Plutarchs erzählt haben,
da dieser an die Beisteuer zu dem apollinischen Weihgeschenk
den Ursprung der Leichenreden auf Frauen knüpft. Livius dagegen verbindet umgekehrt die Beisteuer zum apollinischen Geschenk mit dem Fahrrecht (c. 25), die zum Lösegeld mit den
Laudationen. Vgl. Staatsrecht 1^3, 377.

Erzählung kennen Strabon[80]) und Diodor[81]), letzterer indess
in der Weise, dass er sie neben die gleich zu erwähnende
und in die zweite Reihe stellt und, was die ursprüngliche
Erzählung von dem belagernden Keltenheer überhaupt
berichtet, auf einen aus Apulien heimkehrenden Haufen
desselben beschränkt.] — Die zweite dieser Versionen
erscheint hauptsächlich bei Diodor und zwar eingelegt in
die Erzählung von den Siegen, die bald darauf die Römer
und insonderheit Camillus als Dictator über die Volsker,
Aequer und Etrusker erfochten. Diodor berichtet dieselben
in Folge der oben (S. 299) erörterten Zusammenfassung
unter demselben Jahr wie die gallische Katastrophe, übrigens
im wesentlichen so, wie sie auch Livius 6, 2. 3 und Plutarch
Cam. 33 unter dem J. 365 erzählen, knüpft aber daran
die folgende Angabe: τῶν δ' ἀπεληλυθότων Γαλατῶν
ἀπὸ 'Ρώμης Οὐεάσκιον τὴν πόλιν σύμμαχον οὖσαν 'Ρωμαίων πορθούντων ἐπιθέμενος αὐτοῖς ὁ αὐτοκράτωρ καὶ
τοὺς πλείστους ἀποκτείνας τῆς ἀποσκευῆς πάσης ἐκυ-
ρίευσεν, ἐν ᾗ καὶ τὸ χρυσίον ἦν ὃ εἰλήφεισαν [εἰς
'Ρώμην] καὶ σχεδὸν ἅπαντα τὰ διηρπασμένα κατὰ τὴν
τῆς πόλεως ἅλωσιν. Trotz solcher Grossthaten hätten
die Tribune aus Neid seinen Triumph verhindert. Nach

---

[80]) 5, 2. 3 p. 220: (οἱ Καρετανοὶ) τοὺς ἑλόντας τὴν 'Ρώμην
Γαλάτας κατεπολέμησαν ἀπιοῦσιν ἐπιθέμενοι κατὰ Σαβίνους καὶ ἃ
παρ' ἑκόντων ἔλαβον 'Ρωμαίων ἐκεῖνοι λάφυρα ἄκοντας ἀφείλοντο.
Daneben stehen die Erzählungen von den nach Caere flüchtenden
Vestalinnen und von dem Ursprung der caeritischen Liste.

[81]) 14, 117: οἱ δ' εἰς τὴν Ἰαπυγίαν τῶν Κελτῶν ἐπεληλυθότες
ἀνέστρεψαν διὰ τῆς τῶν 'Ρωμαίων χώρας· καὶ μετ' ὀλίγον ὑπὸ Κερίων
ἐπιβουλευθέντες νυκτὸς ἅπαντες κατεκόπησαν ἐν τῷ Τραυσίῳ πεδίῳ.
Der letztere Name kommt sonst nicht vor.

Einigen aber habe Camillus vielmehr, und zwar mit
weissen Rossen, über die Etrusker (nicht die Kelten)
triumphirt und sei zwei Jahre darauf deswegen zu
einer Geldstrafe verurtheilt worden. Von dieser Erzählung als solcher wissen die jüngeren Annalisten,
abgesehen von dem Triumph, den sie acceptirt haben,
unter dem J. 365 nichts. Auch in den sonstigen zerstreuten Erwähnungen erscheint sie nirgends mit einziger
Ausnahme der merkwürdigen Nachricht bei Servius (zur
Aen. 6, 826): *Camillus absens dictator est factus, cum diu
esset apud Ardeam in exilio propter Veientinam praedam
non aequo iure divisam, et Gallos iam abeuntes secutus
est, quibus interemptis aurum omne recepit et signa. quod
cum illic appendisset, civitati nomen dedit, nam Pisaurum
dicitur, quod illic aurum pensatum est. post hoc tamen
factum rediit in exilium, unde rogatus reversus est.* Da
in diesen Virgilcommentaren nicht selten weit von der
gangbaren Erzählung sich entfernende und zum Theil
recht alte Nachrichten über die frühere Geschichte Roms
auftreten, wie denn Servius der einzige nebst Cicero ist, bei
dem die Gallier durch eine Mine in das Capitol gelangen,
so dürfen wir auch diese Erzählung unbedenklich mit der
diodorischen combiniren [82]) und namentlich, auf sie gestützt
und ferner gestützt auf die bekannte Zerrüttung der von
Diodor aufgenommenen römischen Eigennamen, für den

---

[82]) Damit soll natürlich nicht gesagt sein, dass Servius dieselbe aus Fabius geschöpft hat, was vielmehr nicht möglich ist,
da dieser die Verbannung des Camillus überall nicht kennt. Vielmehr liegt irgend eine aus dem ältesten und den jüngeren Berichten zusammengestellte Klitterung zu Grunde. Camillus freiwillige Rückkehr in die Verbannung begegnet nur hier.

offenbar verdorbenen Stadtnamen *Πισαῦρον* herstellen. Es
bestätigt sich dies weiter dadurch, dass die von Rom heim-
gekehrten Gallier nur die Senonen sein und diese im J. 365
nicht wohl anderswo gesucht werden können als in ihrer
Heimath; und Pisaurum liegt eben im Gebiet der
Senonen[83]). Freilich kann diese Stadt, über deren ältere
Geschichte wir nichts wissen, in Wirklichkeit damals nicht
wohl mit Rom verbündet gewesen sein; aber hier handelt
es sich ja um eine Erfindung, und wer die Revanche
dichtete, konnte füglich auch für Pisaurum, etwa in ähnlicher Art wie dies bei Clusium geschehen ist, ein römisches
Bündniss zu Wege bringen. Auf eine von Rom entferntere
norditalische Stadt muss Diodors Angabe unter allen Umständen bezogen werden; und in diesem ganzen Gebiet
kann in jener Epoche, geschichtlich betrachtet, von römischer
Symmachie überhaupt nicht die Rede sein, so dass es insofern ziemlich gleichgültig ist, ob man hier an Volsinii
denkt, wie dies öfter geschehen ist, oder an eine trans-
apenninische Stadt. Die kindische Etymologie endlich
passt wenigstens ebenso gut für die älteste wie für die
jüngste Epoche der Annalistik.

Dass beide Erzählungen, die caeritische sowohl wie
die an Camillus anknüpfende, erfunden sind, bezweifelt
heute niemand; aber nicht viel weniger sicher erscheint
es mir, dass diese Erdichtung der Periode vor Fabius, der
nicht öffentlichen pontificalen Chronistik angehört, schon
darum, weil der gewiss irrige Glaube von dem seit jener
Zeit im Capitol aufbewahrten grossen Goldschatz ein ganz

---

[83]) Nach Liv. 5, 35, 3 reicht dasselbe vom Utens (bei Ravenna)
bis zum Aesis (bei Ancona).

allgemeiner gewesen ist und noch in Caesars Zeit in der
praktischen Politik eine Rolle gespielt hat[84]). [Beide Legenden sind wahrscheinlich sehr alt, da sie schon in dem
diodorischen Bericht in der Weise in einander gearbeitet
sind, dass die zweite die Hauptrolle spielt. Die caeritische Legende gehört offenbar in die Reihe derjenigen
Erzählungen, welche das besondere Verhältniss Caeres zu
der herrschenden Gemeinde hervorzuheben bestimmt sind
und die ja auch bei der Rettung der Heiligthümer vor
dem Brand eine Rolle spielen.] Die andere ist die
älteste Form der Camilluslegende: er ist hier der Rächer
Roms, schlägt die Gallier, die Rom belagert und zerstört
hatten, in ihrer eignen Heimath und nöthigt sie das einst
auf dem Capitol ihnen zugewogene Gold wieder den
Römern zuzuwägen. Als dann aus dem Rächer Roms der
Retter gemacht und der tapfere Feldherr zu dem Sieg-
bringer Achilles umgestaltet ward, wurde es nöthig, wie
dies früher gezeigt ward, zunächst ihn hinter die Scene
zu bringen und ihn von Rom fern zu halten, bis die
Gefahr auf das Höchste gestiegen war. Darum wurde der
Schimmeltriumph des Camillus aus dem J. 365 in das J.
358, der Process aus dem Jahr 367 in das J. 363
versetzt und beide an die Eroberung von Veii an-

---

[84]) Die ἄψαυστα χρήματα, ἃ φασιν ἐπὶ Κελτοῖς πάλαι σὺν ἀρᾷ
δημοσίᾳ τεθῆναι μὴ σαλεύειν ἐς μηδὶν εἰ μὴ Κελτικὸς πόλεμος
(= tumultus Gallicus) ἐπίοι (Appian b. c. 2, 41 vgl. c. 138) und
deren Bann Caesar durch seine Besiegung der Gallier gelöst zu
haben behauptete, werden zwar von Appian auf das aerarium
sanctius bezogen; aber es macht dies so grosse Schwierigkeit, dass
man fast versucht wäre Appians Erzählung von dem aurum vice-
simarium auf jenes Keltengold zu übertragen.
Mommsen, röm. Forschungen II.   22

geknüpft; ferner die Verbannung hinzuerfunden, die
Dictatur zwar im J. 365 beibehalten, aber auch auf 364
übertragen, endlich die Rückgewinnung des Lösegeldes
und der Beute in den Schlussmoment der Katastrophe
selbst und von Pisaurum nach dem Capitol versetzt.
Der Historiker kann nicht umhin dies alles Lüge und
Fälschung zu nennen, ebenso wie jene grossartige Verknüpfung von Schuld und Strafe, welche durch die Identification der pflichtwidrig tapferen Gesandten und der
Feldherren der Alliaschlacht erreicht worden ist; aber er
darf bedauern, dass der namenlose Urheber dieser in
äschyleischem Stil gehaltenen Umgestaltung der Ueberlieferung nicht statt der Annalen vielmehr Prätextaten
geschrieben hat.

Es fragt sich weiter, ob, wenn die Erzählung von
der Rückgewinnung des Goldes so bei Fabius stand, wie
wir sie bei Diodor lesen, Polybios dem Fabius nacherzählend
nichts desto weniger den Ausgang der Katastrophe berichten konnte, wie er ihn berichtet hat. Niese leugnet
dies; ich meine mit Unrecht[85]). Auch Diodors Erzählung

---

[85]) [In welche Schwierigkeiten diejenigen gerathen, welche
Diodors Gewährsmann nicht mit Fabius identificiren, während derselbe doch anerkannter Massen den sonst bekannten Annalisten nach
Alter und Glaubwürdigkeit vorangeht, darauf mag hier nur hingewiesen werden. An Piso ist auf keinen Fall zu denken, da die
beiden nach Livius (9, 44) Angabe bei diesem fehlenden Consulate
447. 448 bei Diodor sich finden. In den Berichten über die Vermehrung der Zahl der Volkstribune im J. 283 bei Piso (Liv. 2, 58)
und bei Diodor (11, 68) stimmen im Uebrigen die Namen, aber nach
Diodor sind es vier, nach Piso fünf. Allerdings ist Diodors Angabe
bisher durchaus, auch von mir (Staatsrecht 2³, 263) als fehlerhaft
behandelt worden; aber in Betreff der Verwerfung der allein

zufolge sind die Senonen, wie Polybios sagt, nach der
Capitulation Roms im J. 364 unverletzt und ungeschädigt
mit ihrer Beute nach Hause gelangt; dass sie diese im
Folgejahr in einem andern Kriege wieder einbüssten, ändert
daran streng genommen nichts. Aber auch wer dies nicht
einräumen möchte, wird doch nicht bestreiten können,
dass Polybios diese Erzählung nur dann berücksichtigen
durfte, wenn er sie für wahr hielt, und dass er sehr gute
Gründe hatte dies nicht zu thun. Die naive Gröblichkeit
der Fälschung, wonach ein Jahr nach dem Kriege fern
von Rom die ganze während der sieben Monate gemachte
Beute sich noch beisammen findet, um mit einem Schlage
wiedergewonnen zu werden, springt doch wahrlich in die
Augen. Polybios durfte wohl darauf anwenden, was er
anderswo sagt: *οὐχ (ἐμνήσθην Φαβίου) ἕνεκα τῆς πιϑα-
νότητος τῶν εἰρημένων ἀγωνιῶν, μὴ πιστευϑῇ παρά τισιν·
ἡ μὲν γὰρ [παρὰ] τούτων ἀλογία καὶ χωρὶς τῆς ἐμῆς
ἐξηγήσεως αὐτὴ δι᾿ αὑτῆς δύναται ϑεωρεῖσϑαι παρὰ τοῖς
ἐντυγχάνουσιν.* In der That möchte ich glauben, dass die
nachdrückliche Betonung der ungestörten Heimkehr der
Gallier im Vollbesitz der gemachten Beute, die er seinen
Galliern in den Mund legt, eben hervorgegangen ist aus
einer Reminiscenz an die annalistische Erdichtung und
einen stillen Protest des kritischen Pragmatikers gegen
dieselbe einschliesst. Auf jeden Fall hatte Polybios guten
Grund diese Erzählung entweder als nicht zur Sache ge-

stehenden diodorischen Meldungen gegenüber dem Consensus der
Späteren sind wir jetzt wohl hinreichend gewitzigt. Auch in
diesem Falle wird der Bericht Diodors anzuerkennen sein als der
echte späterhin durch das Hineinziehen der fünf Classen in die
Tribunenwahl verhängte.]

hörig oder als erdichtet abzulehnen und also eben zu
schreiben, wie er geschrieben hat, auch wenn er bei
Fabius dasjenige in weiterer Ausführung las, was wir bei
Diodor in knappem Auszug finden.

[Die dritte Version endlich ist wahrscheinlich beträchtlich
jüngeren Ursprungs. Erhalten ist sie nur bei Sueton[86]).
Danach ist es ein Prätor Livius Drusus, welcher im Se-
nonenland Krieg führt und von dort das gallische Gold
wieder heimbringt; es scheint diese Erzählung an die Katastrophe der Senonen im J. 471 anzuknüpfen. Sie ist ein
seltsames Product rationalistischer Kritik und später, wahrscheinlich gentilicischer Fälschung; wer sie aufstellte,
wusste wohl, was es mit der gangbaren Camilluslegende
auf sich hatte und benutzte dies, um eine Erzählung dafür unterzuschieben, welche zwar recht pragmatisch klingt,
aber völlig unmöglich ist. Denn mag auch die Fassung
derselben mit dem *pro praetore* und der *provincia Gallia*
auf Suetons Rechnung kommen, so fällt doch der Vorgang
auf jeden Fall in die Zeit, wo es in Rom nur einen einzigen Prätor gab und dieser der städtischen Rechtspflege
oblag, also nicht in der Lage war im senonischen Gebiet
sich Lorbeeren und Ehrennamen zu erwerben[87]).]

---

[86]) Tib. 1: *Drusus hostium duce Drauso cominus trucidato sibi
posterisque suis cognomen invenit: traditur pro praetore ex provincia
Gallia rettulisse aurum Senonibus olim in obsidione Capitolii datum nec,
ut fama est, extortum a Camillo.* Da der Volkstribun des J. 632
dieses ersten Drusus Ururenkel (*abnepos*) gewesen ist, so ist der
Prätor wahrscheinlich ein Sohn des M. Livius Denter Consul 452.

[87]) Vgl. was über eine ähnliche Fälschung unten S. . . . gesagt ist.

Fassen wir zusammen. so dürfen wir für den Bericht
des Fabius alles in Anspruch nehmen, was Polybios und
Diodor über die gallische Katastrophe melden. Ob diejenigen Nachrichten, welche bei Diodor nicht stehen, aber
mit seinem Bericht sich vertragen, von Diodor weggelassen
oder von Späteren hinzuerfunden sind, ist in vielen Fällen
gar nicht und nur in wenigen mit genügend Sicherheit zu
entscheiden. Dass Diodor vieles, was er bei seinem
Gewährsmann fand, nicht aufgenommen hat, ist allerdings
sicher genug; schon aus Polybios kurzen Erwähnungen
können wir das Aufgebot der römischen Bundesgenossen,
die siebenmonatliche Dauer der Belagerung und die
Diversion der Veneter ergänzen, und dass die Erzählung
von Dorsuo aus Fabius herrührt, wird kaum jemand bestreiten. Auch zeigt sich in den seltenen Fällen, wo wir
Diodors Quelle besitzen, zum Beispiel in der Wiedergabe
des karthagischen Söldnerkriegs nach Polybios, bei ihm
eine sehr weit gehende Zusammenziehung der Vorlage.
Wenn also die Kritik es forderte jede dem fabischen
Bericht widersprechende Angabe der Späteren auszuscheiden,
so forderte sie nicht minder alle diejenigen Nachrichten,
welche aus Fabius herrühren können, als solche zu bezeichnen und nach Möglichkeit den Grad der Probabilität
oder Improbabilität zu bestimmen, den diese Herleitung
in jedem einzelnen Falle hat. — Dieser also reconstruirte
fabische Bericht ist für die gallische Katastrophe nicht
bloss unsere beste, sondern die einzige geschichtlich in
Betracht kommende Quelle, jede Nachricht über diese
Vorgänge[88]), die nicht auf ihn zurückgeht, nichts als Miss-

---

[88]) Nur solche Angaben. wie die des Livius 5, 55 über das
Verhältniss des Strassen- und des Kloakennetzes, können als

verständniss oder Fälschung. Wenn diese Sätze meines
Erachtens sich zur völligen Evidenz bringen lassen, so ist
umgekehrt natürlich keineswegs alles, was Fabius aus
dieser Zeit berichtet, schon dadurch historisch beglaubigt.
Wohl mögen die Grundzüge der Erzählung wenn nicht
gerade gleichzeitig, doch noch in frischer Erinnerung an
die entsetzliche Katastropho zur Aufzeichnung gelangt sein:
aber sicherlich besitzen wir dieselbe keineswegs in der
Gestalt, wie sie zuerst niedergeschrieben worden ist.
Die zweifellos erdichtete an den gallischen Besiegern
der Römer von M. Furius Camillus sofort genommene
Revanche hat sicher schon bei Fabius gestanden; und
ebenso ist es wenigstens möglich, dass schon er die
Alliaschlacht vom rechten Tiberufer auf das linke versetzt
hat. Dass die Erzählung von M. Manlius mit ihrem für
die Urchronik viel zu lebendigen Detail allem Anschein
nach aus der Familientradition aufgezeichnet und wahrscheinlich aus dem alten Cognomen dieses Geschlechts
Capitolinus heraus entwickelt ist, habe ich anderweitig
ausgeführt[89]). Nichtsdestoweniger erscheint die Erzählung
hier bescheiden in den Zahlenansätzen, ehrlich in den
Angaben über die Misserfolge der Römer und im Ganzen
genommen durchsichtig und verständig. Für manches,
das in der gleichzeitigen Aufzeichnung nicht gestanden
haben kann, lassen andere Anknüpfungen sich finden, wie
zum Beispiel das Eingreifen der Veneter in die Katastrophe
in den späteren staatsrechtlichen Beziehungen dieser Völker-

---

spätere Beobachtung thatsächlicher Zustände und darauf verständig gebaute Rückschlüsse ausgenommen werden. Doch ist es
sehr wohl möglich, dass auch dies schon bei Fabius stand.

[89]) Oben S. 183.

schaft zu Rom wohl eine Rolle gespielt haben kann.
Sichere Mittel der Controle besitzen wir nicht und wie
viel oder wenig positiver Ueberlieferung in diesem ältesten
Bericht enthalten ist, lässt sich nicht in dem Wege der
vergleichenden Quellenkritik ermitteln; aber wenn auch den
einzelnen Nachrichten gegenüber Vorsicht geboten ist,
dürfen wir in den wesentlichen Dingen diesen Bericht als
historisch glaubwürdig betrachten.

Wenden wir uns von Fabius zu den jüngeren Annalisten
so liegt aus den übrigen vorsullanischen Chroniken uns
über die gallische Katastrophe eigentlich kein einziges
Fragment vor, welches die Frage entschiede, ob sie mit
Fabius oder mit den Späteren gegangen sind; denn die
geringen Reste, die von Cassius Hemina (S. 323 A. 58 und
vielleicht S. 320), Lutatius (S. 319 A. 48) und Claudius
Quadrigarius (S. 322 A. 57) hieher gehören, lassen sich
sowohl in die fabische wie in die jüngere Version einreihen.
Es bleibt also die Möglichkeit offen, dass die reinere Tra-
dition bis um die Mitte des 7. Jahrhunderts den Platz
behauptet hat und die umfassende Fälschung, welche die
späteren Annalen beherrscht, erst der sullanischen Epoche
angehört. Aber wahrscheinlich ist die Umsetzung älteren
Datums: wenigstens kennt schon Cicero, der von der älteren
Annalistik abzuhängen pflegt, das nur mit der jüngeren
Umdichtung zu vereinigende Exil des Camillus[20]). Diese
Fälschung dreht sich hauptsächlich um zwei Momente.
Es sind dies einmal die Identificirung aller oder einiger
der drei Söhne des M. Fabius Ambustus, Quintus, Kaeso

_____

und Numerius, welche in dem Jahre der alliensischen
Schlacht Kriegstribune waren, mit den nach Clusium im
Jahr vorher gesandten Boten und die Eludirung der Auslieferung der letzteren dadurch, dass sie zu Magistraten
gemacht werden; zweitens die Hereinziehung des M. Furius
Camillus, der schon bei Fabius als Träger der Revanche
auftritt, in die Erzählung der Katastrophe selbst und die
damit gegebene Verwandelung der Revanche für die vollzogene Capitulation in eine Abwendung der im Vollzug
begriffenen. In diesen beiden Grundzügen stimmen die
Späteren, insonderheit der für die capitolinischen Fasten
ausgezogene Annalist, Livius, Dionysios, Plutarch, Appian.
Cassius Dio sämmtlich überein.

Aber in dieser Interpolation unterscheiden sich wieder
verschiedene Klassen und ältere und jüngere Retouchen.
Der ursprünglichen Interpolation am nächsten steht offenbar
Appian: er hat nicht nur mehrere Momente mit dem
fabischen Bericht gemein, welche späterhin fallen gelassen
(5) oder in ihr Gegentheil verkehrt werden (7), sondern er
allein erzählt die Wahl der gewesenen Gesandten zu
Kriegstribunen in der Weise, dass die sonst überall ver-
dunkelte Tendenz der Interpolation klar hervortritt (6).
Bei der Erzählung von Dorsuo (16) haben wir dagegen
der livianischen Darstellung den Vorzug geben müssen;
also liegt die interpolirte Erzählung auch bei Appian nicht
rein vor, sondern durchgegangen durch einen sie weiter
entstellenden Mittelsmann. Liesse es sich erweisen, dass
der Καύσιος, den er einmal (16) anführt, überhaupt für
diesen Abschnitt seine Quelle und dass er mit Cassius
Hemina identisch ist, so wäre damit ein wichtiger Schritt-
stein festgestellt; aber beides ist nichts weniger als gewiss.

und so werden wir uns begnügen müssen den Appian
gegenüber der übrigen Masse als den Repräsentanten der
besten Familie der römischen Geschichtsinterpolatoren zu
betrachten: welche Stellung übrigens überall, wo er für
die ältere Zeit aus römischen Berichten schöpft, deutlich
hervortritt.

Die übrigen Berichterstatter, insonderheit Livius und
Plutarch, die uns vollständig vorliegen, nicht minder aber
Dionysios und Dio, von denen wir hier nur Trümmer besitzen, stimmen so eng mit einander überein, dass
sie allem Anschein nach wenigstens das Meiste aus einer
und derselben Quelle geschöpft haben müssen und im
Ganzen behandelt werden können wie vier mehr oder
minder entstellte Abschriften derselben Handschrift. Denn
einander gegenüber sind sie vielmehr selbständig und scheint
keiner geradezu aus einem der andern abgeschrieben zu
haben: vielmehr hat bald da, bald dort der eine eine
anderswo fehlende Notiz der gemeinschaftlichen Quelle
bewahrt oder eine Nachricht richtiger als die übrigen gefasst, während andrerseits bei keinem Specialfehler mangeln,
die durch die eigene Nachlässigkeit verschuldet zu sein
scheinen. Bei Dionysios begegnet sogar eine ganz späte
noch in Livius und Plutarchs Quellen nicht eingedrungene
Interpolation.

Livius ist unter den genannten Schriftstellern wie der
geschmackvollste, so auch der am wenigsten incorrecte.
Dass er zwei Versionen einsah, die aber beide der interpolirten Familie angehörten, zeigt die Variante in Betreff
der Dictatur des Camillus (S. 324). Specialfehler mangeln
auch bei ihm nicht: ich rechne dahin die Verwandlung
des zwischen der Schlacht und der Einnahme liegenden

Triduum in einen Tag (12) und die Anknüpfung des Frauenfahrrechts an das apollinische Weihgeschenk so wie der Frauenlaudationen an das Lösegeld (21), während die ältere Erzählung wahrscheinlich die Verknüpfung umkehrte.

Dass Plutarch den Bericht des Polybios über die gallische Katastrophe gekannt hat, sagt er selbst (S. 327 A. 68); und da andererseits es feststeht, dass er den Dionysios vielfach und wenigstens mittelbar auch den Livius benutzt hat, so kann dies auch für die Biographie des Camillus geschehen sein. Indess kommt man damit auf keinen Fall aus. Er hat nicht wenige Angaben, welche bei Livius fehlen[91]), schliesst sich aber im Ganzen genommen weit enger an diesen an als an Dionysios[92]). Es ist daher geboten ihn als eine für sich stehende Quelle zu behandeln,

---

[91]) Das Verhältniss von Plutarchs Camillus zu Livius ist von Peter (Quellen Plutarchs S. 17 fg.) in befriedigender Weise auseinandergesetzt worden. Die lateinischen Wendungen, wie *esta prosecuisse* und *Aius Locutius*, welche bei Plutarch falsch übersetzt sind, standen in jedem lateinischen Annalenwerk und beweisen nur was keines Beweises bedarf, dass die plutarchische Erzählung unmittelbar oder mittelbar aus einer lateinischen Quelle geflossen ist. Eben die Berufung Plutarchs auf Livius in dieser Biographie c. 6 zeigt schlagend, dass er selbst den Livius hier nicht vor Augen gehabt hat. Angeführt wird Livius Mittheilung über die *dies postridiani* (oben S. 316 A. 39) auch q. R. 25.

[92]) Die Annahme Peters a. a. O. S. 226, dass Plutarch hier wesentlich aus diesem schöpft, kann trotz des fragmentarischen Zustandes des dionysischen Berichts dennoch mit Sicherheit zurückgewiesen werden. Gerade in den entscheidenden Besonderheiten der dionysischen Darstellung (S. 324. 329) geht Plutarch mit Livius gegen Dionysios, wie denn auch zum Beispiel die Belohnungen des Manlius (S. 187 A. 68) bei beiden ausführlich verzeichnet, bei Dionysios nur kurz erwähnt sind.

wenn auch in vielen einzelnen Angaben die Möglichkeit
offen bleibt, dass er aus einer uns erhaltenen schöpft. An
eigenen Versehen mangelt es natürlich nicht; wohin zum
Beispiel die Tödtung der Greise auf dem Markt (S. 319 A. 49)
und die Jahresdictatur des Camillus (S. 326 A. 66) gehören, während anderes Anstössige, wie zum Beispiel
Brennus Katalog der römischen Kriegsthaten (c. 17), mehr
Stilfehler ist.

Sehr eigenthümlich verhält sich Dionysios. Es finden
sich bei ihm Angaben, die er gegenüber den sonstigen
interpolirten Annalen allein mit Diodor gemein hat,
insonderheit die Zweizahl der Gesandten (4) und die Behandlung der Sendung des Cominius als einer rein militärischen (18). Damit kann man zusammenstellen die in
einzelnen Fällen sehr auffallende Aehnlichkeit der Fassung
mit Appian[93]). Von den beiden Versionen über die Rechts-
begründung der Dictatur des Camillus, die Livius kannte,
hat Dionysios der von Livius bei Seite geschobenen den
Vorzug gegeben (18). Daneben steht wenigstens eine
Interpolation jüngster Fabrication, bei welcher Dionysios
mit Varro stimmt und vielleicht ihm folgt, während Livius
und Plutarch mit Diodor gehen: ich meine die merkwürdige an eine im J. 702 in Rom in Umlauf gesetzte

---

[93]) Dies gilt ganz besonders von der Ansprache des Caedicius
an den Camillus Dion. 13. 6. App. G. 5. während doch eben hier
der radicale Unterschied besteht, dass bei Dionysios Caedicius
bei Appian Senat und Volk den Camillus zum Dictator machen.
Man vergleiche noch die enge Uebereinstimmung zwischen Dionysios 14. 8. 9 und Appian G. 7. 8. die übrigens ausserhalb unserer
Betrachtung liegen. — Daran, dass Appian den Dionysios ausgeschrieben hat, kann nicht gedacht werden.

Scandalanekdote anknüpfende Verdoppelung des römischen
Lösegeldes (20), womit noch verglichen werden kann, dass
die von Camillus in dem Prozess des J. 363 eingetriebene
Geldbusse bei Livius c. 32, 9 und Plutarch c. 13 auf
15000, bei Dionysios 13, 5 auf 100000 Asse angesetzt
wird. Es scheint dies auf ein eklektisches Verfahren bei
Dionysios hinzuweisen; er geht bald mit dieser, bald mit
jener Kategorie von Gewährsmännern und mag auch
einzelnes, zum Beispiel die Entstehung der camillischen
Dictatur, nach der ihm eigenen verdrehten staatsrechtlichen
Gelehrsamkeit willkürlich zurechtgemacht haben.

Mit den dürftigen Ueberresten aus Dio ist in diesem
Fall wenig anzufangen, zumal da der entsprechende Abschnitt
bei Zonaras fast ganz aus Plutarch entlehnt ist. Doch
verdient hervorgehoben zu werden, dass nur Dio die Zahl
der getödteten Greise angiebt (14). Dergleichen für uns
vereinzelt dastehende Angaben begegnen auch in den zerstreuten Mittheilungen zahlreich und nicht bloss bei
Schriftstellern wie Cicero und Servius, wo dies sich leicht
begreift, sondern auch wo man es nicht eben erwarten
sollte, wie denn zum Beispiel allein Florus (1, 7, 13) die
Zahl der auf dem Capitol eingeschlossenen Waffenfähigen
auf 'kaum tausend' ansetzt. Indess solchen Angaben nach-
zugehen würde bei dem Stande unseres Materials kaum
erspriesslich sein. Das grosse Schlinggewächs der historischen
Fabulirung, das den bescheidenen Baum der echten Ueberlieferung nach allen Seiten hin überwuchert und verdeckt,
hat noch bis in die späte Zeit hinab andere und andere
Sprossen getrieben. Wir müssen zufrieden sein, wenn es
uns gelingt die hauptsächlichsten Knotenpunkte der Lüge
mit einiger Sicherheit genetisch zu erfassen und damit zu

beseitigen. [Doch mag es nicht überflüssig sein anhangsweise zweier Umgestaltungen zu gedenken, welcher die Legende von der Einnahme Roms durch die Gallier noch in byzantinischer Zeit unterlegen hat, wäre es auch nur um zu zeigen, dass bei dieser Erzählung der Prozess der Märchenwandelung und Märchensteigerung länger vielleicht als irgendwo sonst sich fortgesetzt hat.

Die eine derselben nimmt die ältere Erzählung von Camillus Verbannung und seiner Rückkehr während der gallischen Belagerung wesentlich auf und weicht nur darin ab, dass Camillus nicht wegen des Schimmeltriumphs oder wegen unterschlagener Beute, sondern wegen Strebens nach königlicher Gewalt von einem Consul gallischer Herkunft Namens Februarius angeklagt und durch falsche Zeugenaussagen in die Verbannung getrieben wird. Als dann Camillus zurückgekehrt ist und die Gallier besiegt hat, tritt er als Ankläger seines Anklägers vor der Gemeinde auf: Februarius wird überwiesen theils der falschen Anklage, theils wohl auch des Einverständnisses mit seinen Landsleuten[94]), und von den Dienern der Volkstribune, den *vernaculi* mit Ruthen aus der Stadt gepeitscht, zu seiner ewigen Schande aber der seinen Namen führende Monat kürzer gemacht als die übrigen sind. — Die Sinnwidrigkeit dieser Erfindungen: der aus Gallien gebürtige Consul mit dem Monatsnamen: die sonst unerhörte Bezeichnung der Gemeindesclaven — denn nur diese können gemeint sein — als *vernaculi;* die Einführung des ver-

---

*) Davon steht in der Ueberlieferung nichts, aber es kann nicht gefehlt haben, da doch ein Motiv obgewaltet haben muss, um den Februarius zu einem Gallier zu machen.

kürzten Februars nach der gallischen Belagerung, kennzeichnet sie als nicht italischen Ursprungs. In der That
ist der einzige Gewährsmann dieser Legende für uns
Johannes von Antiochia[85]), der am Anfang des 7. Jahrh.
n. Chr. schrieb. Doch muss sie älter sein, nicht bloss
weil er selbst solche Scherze sich nicht gestattet, sondern
auch weil eine andere offenbar aus dieser entwickelte
Legende bereits bei Malalas in der zweiten Hälfte des
sechsten Jahrhunderts sich findet. Wann und durch wen
sie aufgekommen ist, wäre nicht unwichtig zu wissen; bei dem
Mangel indess jeder Anknüpfung in der älteren Litteratur[86])

---

[85]) Wir lesen sie vollständig bei Suidas unter Φεβρουάριος (zum
Theil wiederholt unter Βρέννον), allerdings ohne Namen des
Autors, aber ohne Zweifel gleich so vielen anderen analogen
Excerpten aus Johannes; im Auszug in den planudischen Ex-
cerpten, die, wie ich im Hermes 6, 82 fg. gezeigt habe, nicht dem
Dio gehören (unter dessen Namen schon Salmasius in den *exerc.*
Hin. p. 14 dies Stück herausgab und in dessen Werk dasselbe
jetzt bei Dindorf als fr. 27 steht), sondern dem Johannes. H.
Haupt, der diese planudischen Excerpte kürzlich im Hermes 14, 36
fg. erörtert hat, stimmt meinem Ergebniss im wesentlichen bei,
hat aber auffallender Weise (S. 42) gerade für dieses Fragment
die Ableitung aus dem Johannes in Zweifel gezogen, obwohl das
ohne Frage diesem gehörige Excerpt des Suidas dieselbe eben
hier ausser Zweifel stellt. Dass Johannes hier den Malalas ausgeschrieben hat, wie Haupt S. 43 meint, ist nicht möglich.

[86]) Beachtenswerth ist die Angabe bei Appian Ital. 8: αὐτὸν
δὲ Κάμιλλον ἐν τῷ δήμῳ τις ἐδίωκεν ὡς αἴτιον γεγονότα τῇ πόλει
φασμάτων καὶ τεράτων χαλεπῶν, wo auch sonst in Betreff der Verbannung des Camillus eine eigenthümliche und gesteigerte Version erscheint: die ihm auferlegte Busse, nach dem älteren Bericht 15000, nach Dionysios 100000 (oben S. 348), beträgt hier
500000 Sesterze und nur hier wird erwähnt, dass dem Camillus
während des Processes ein Sohn starb. Man sieht hier den Fort-

muss die Frage für jetzt wenigstens ohne Antwort
bleiben [97]).

Durchgreifender noch hat Johannes Malalas [98]) die Geschichte verbessert, wie er sagt nach der römischen Chronik
des Brunichius, welche er glücklich genug war in Thessalonike aufzufinden — vor und nach ihm hat niemand
weiter dieses Buch zu Gesicht bekommen. Hier ist es
Manlius Capitolinus, der die Gallier überwindet und desswegen triumphirt. Gegen ihn tritt ein aus dem Gallier-
land gebürtiger Senator Februarius im Senat auf, tadelt
seine Hoffart und zeiht ihn des Trachtens nach der Königswürde. Manlius geht in die Verbannung auf seine Güter
bei Apuleia; sein Haus wird geschleift. Auf diese Kunde
hin überzieht der König der Gallier Brennus Rom mit
Krieg, nimmt die Stadt ein am 15. Sextilis und belagert
das Capitol, bis Manlius, vom Senat zur Hülfe gerufen,
die Burg entsetzt und den König mit seinem ganzen Heer
erschlägt. Nachdem ihm zum Dank dafür das Regiment

---

gang des Ausmalungsprocesses und das Hervortreten eines indi-
viduellen Anklägers; aber von da ist doch noch weit bis zu der
tollen Erzählung des Antiocheners.

[97]) Welche Quellen ausser dem griechischen Eutropius Johannes
gebraucht hat, ist eine immer noch offene Frage. Dass einzelne
Stellen mit Dio übereinstimmen, beweist noch keineswegs, wie
Haupt (im Hermes 14, 44) meint, dass er diesen direct benutzt
hat; so wenig wie dies aus dem S. 324 A. 63 Bemerkten in Betreff des Dionysios folgt. Dass ein Theil seiner Angaben für Dio
zu spät und zu schlecht ist (Hermes 6, 86), wird schwerlich in
Abrede zu stellen sein.

[98]) p. 183 fg. Bonn. Es ist mehr als ungenau, wenn Haupt
(Hermes 14, 43) sagt, dass die von Suidas und Planudes ausgezogene Erzählung 'fast wörtlich' sich bei Malalas wiederfindet.

übertragen ist, lässt er den Februarius sowohl wegen
seines überhaupt schlechten Lebenswandels wie insbesondere
wegen des gegen ihn verübten Frevels und wegen des Einverständnisses mit seinen Landsleuten greifen und durch die
vernaculi erst aus der Stadt hinaus und dann als Opfer der
Manengötter zu Tode peitschen und vertheilt seine Habe
unter die Bürger. Der Monat Sextilis wird verstümmelt
und fortan mit dem Namen des Verbrechers genannt.
Jährlich aber wird seitdem in allen Städten des römischen
Reiches ein gefesselter Mann in gleicher Weise zur Stadt
hinaus geprügelt. — Diese erbauliche Klitterung, für welche
die Verbannung des Camillus durch den Februarius den
Grundstock geliefert hat und in die dann weiter die Vertheidigung des Capitols durch Manlius Capitolinus, der *dies
Alliensis a. d. XV k. Sext.* und die Umnennung des Sextilis unter Augustus hineingearbeitet worden sind, ist von
den Späteren[99]) mehrfach nacherzählt, aber wie scheint,
nicht weiter verbessert und nicht übertroffen worden. Dass
sie eine freie Composition des Malalas ist, kann namentlich
wegen der Berufung auf die in Thessalonike glücklich ent-
deckte Chronik keinem Zweifel unterliegen.]

Diese Untersuchung über die gallische Katastrophe
würde unvollständig bleiben, wenn nicht auch ihre Datirung
wenigstens bis auf einen gewissen Punkt zur Erörterung

---

[99]) So bei Georgios Hamartolos l. 1 c. 15 (p. 19 Muralt) und
bei Cedrenus 1 p. 263 (Bonn.). Eigenthümliches findet sich hier
nicht; es ist wohl nur Versehen, dass der erstere für den 15. Sextil
angiebt τῇ εἰκάδι τοῦ λεγομένου Σιξτιλίου.

käme. Die Feststellung ihres Datums an sich freilich ist mit den Fundamentalfragen der römischen Chronologie so verwachsen und steht der uns hier zunächst beschäftigenden Frage nach dem Verhältniss unserer annalistischen Quellen so fern, dass ich darauf nicht eingehe[100]). Wohl aber können wir der Frage nicht aus dem Wege gehen, wie Polybios die Alliaschlacht datirt hat oder vielmehr — denn dies ist insofern keine Frage, als er uns (1, 6) geradezu das Olympiadenjahr dafür angiebt — wie seine Datirung sich zu der für Fabius zu erschliessenden verhielt. Es führt dies zu einer nochmaligen Erörterung der kürzlich von Niese[101]) behandelten 'Chronologie der gallischen Kriege bei Polybios', deren Ergebnissen bei aller Anerkennung der scharfsinnigen und methodischen Untersuchung ich mich nicht anschliessen kann.

Die Grundlage der polybischen Chronologie darf als festgestellt betrachtet werden[102]). Polybios rechnet zunächst nach dem achäischen von der Herbstnachtgleiche beginnenden Jahr, so dass er dies dem Olympiadenjahr gleichsetzt, das im Laufe desselben abläuft, und den Consuln, welche im Laufe desselben antreten. Dieser Antritt fand vom J. 532 bis zum J. 600 d. St., also fast in der ganzen Epoche, deren Geschichte Polybios erzählt hat, am 15. März des officiellen Kalenders statt. Bei der damals in Rom herrschenden Kalenderverwirrung entsprach dies Datum keinem astronomisch festen Tag; doch scheint der Amt-

---

[100]) Die neueste Ungersche Hypothese hat Niese im Hermes 13 S. 406 fg. nach meiner Meinung so kurz wie richtig zurückgewiesen.

[101]) Im Hermes 13, 407 fg. Vgl. oben S. 297 A. 1.

[102]) Nissen Rhein. Mus. 26, 245 f.

wechsel durchaus in die Winterzeit gefallen zu sein, so
dass jedem Consul einige Monate für die städtischen
Geschäfte und die Vorbereitung zur Kriegführung und der
ganze Sommer für das Commando im Felde blieb. Man
scheint demnach damals die Schaltung in der Weise gehandhabt zu haben, dass die Consuln mindestens zwei Monate
vor der Frühlingsnachtgleiche ihr Amt antraten, also der
15. März des unberichtigten Kalenders spätestens in den
Januar des berichtigten fiel [103]).   Die drei magistratischen
Jahre, nach denen Polybios seine Geschichte wesentlich

---

[103]) Ohne Zweifel ist dies dem praktischen Bedürfnis entsprechende Resultat nicht durch die Gefälligkeit der zufälligen
Kalenderverwirrung entstanden, sondern durch Unterlassung der
gesetzlich gebotenen Schaltung herbeigeführt worden; wenn das
Intercalationsgesetz, wonach die varronisch geraden Jahre 377 oder
378, die varronisch ungeraden 355 Tage zählen sollten, im J. 563
durch Volksschluss abgeschafft ward (Chronologie² S. 46 fg.), so heisst
das nicht, dass dasselbe bis dahin unverbrüchlich befolgt worden ist,
sondern nur, dass bis dahin das Pontificalcollegium nicht anders
als nach besonderer Gestattung — von Rechts wegen wohl der Bürgerschaft, thatsächlich vielleicht häufig nur des Senats — davon
abgehen durfte, seitdem aber über die Intercalation das Collegium
oder auch der Senat von Rechtswegen frei verfügt. — Beispielsweise mag erwähnt werden, dass die Schlacht an der Trebia geschlagen ward um den 25. Dec. 536 des richtigen (Polyb. 3, 72, 3), um
den oder wohl eher bald nach dem 15. März 537 des officiellen Kalenders (Polyb. 3, 70, 7; Seeck im Hermes 8, 153); die Schlacht am tra-
simenischen See 537 etwa im April des richtigen (meine R. G. 1⁶
S. 594; Seeck a. a. O. S. 152), am 29. Juni des officiellen Kalenders
(Ovid fast. 6, 765); die Schlacht bei Cannae 538 etwa im Juni des
richtigen (Polyb. 3, 107, 1), am 2. Aug. des officiellen Kalenders
(Claudius bei Macrobius sat. 1, 16, 26). Auch nach Erlass des
acilischen Gesetzes wurde es nicht merklich besser; die Sonnenfinsterniss des 14. März 564 fiel den Römern auf den 11. Juli, die
Mondfinsterniss des 21/2 Juni 586 auf den 3/4 Sept. (Chronol.² S. 46).

gegliedert hat, gehen also zwar in ihrem Anfangspunkt
auseinander, stimmen aber doch insofern überein, dass die
dem Historiker wichtigste Zeit der Kriegsvorbereitung und
der Kriegführung in allen dreien zusammenfällt. Zum
Beispiel das Jahr nach der Schlacht bei Cannae, mit welchem
Polybios annalistische Erzählung anhebt, läuft ihm von
Herbst zu Herbst und umfasst die neun letzten Monate
von Ol. 141, 1 und die drei ersten von Ol. 141, 2, dess-
gleichen, da die Fasces etwa im Januar wechseln, die vier
letzten Monate (Dec. - März, nach dem unberichtigten,
etwa Oct. — Jan. nach dem berichtigten Kalender) der
Consuln Paulus und Varro und die acht ersten ihrer Nachfolger (März — Juli nach dem unberichtigten, etwa Jan. —
Sept. nach dem berichtigten Kalender). Geglichen aber wird
es nach polybischem Ausdrucke mit dem in ihm endenden
Olympiadenjahr, also mit 141, 1 und den in ihm antretenden Consuln, also, nach varronischer Bezifferung ausgedrückt, mit dem J. 539. Da wir gewohnt sind das
Consuljahr mit dem im Lauf des Consulats beginnenden
Olympiadenjahr zu gleichen, also die Consuln des varronischen Jahres 539, das in der That (julianisch gerechnet)
der zweiten Hälfte von Ol. 141, 1 und der ersten von
Ol. 141, 2 entspricht, auf das Olympiadenjahr 141, 2 zu
bringen, so entfernt sich die bei uns gangbare Gleichung
von der polybischen um eine Stelle; das Jahr der trasi-
menischen Schlacht (217 v. Chr.) zum Beispiel, das Ol.
140, 3/4 ist und in unsern Handbüchern 140, 4 heisst,
bezeichnet Polybios (5, 105) als Ol. 140, 3. Es wird angemessen sein diese Gleichungen sich gegenwärtig zu halten
obwohl die vorliegende Untersuchung nur beiläufig darauf
zu recurriren hat.

23*

Was von Polybios römischer Chronologie auf uns gekommen ist, ist zwiefacher Art. Einmal besitzen wir in
dem merkwürdigen Bericht über die älteren Beziehungen
zwischen den Römern und den cisalpinischen Galliern 2.
17—23, eine zusammenhängende und chronologisch ge-
gliederte Uebersicht derselben von der Einnahme Roms
bis auf den cisalpinischen Krieg; dieser ist augenscheinlich
den römischen Annalen entlehnt[104]) und er ist es vorzugsweise, mit dem wir uns hier zu beschäftigen haben. Daneben stehen verschiedene Gleichungen einzelner Thatsachen
der älteren römischen und der griechischen Geschichte
oder auch directe Angaben der Olympiadenjahre für solche
Thatsachen; von diesen soll, so weit sie überhaupt hier in
Betracht kommen, später die Rede sein.

Zum richtigen Verständniss der polybischen Darstellung
ist es vor allem erforderlich seine Zählweise festzustellen.
Diese ist eine doppelte: entweder er giebt einen dauernden
Zustand nach Jahren an oder er bestimmt ein Ereigniss
der Zeit nach mit Rücksicht auf ein anderes als vorgefallen im so und so vielten Jahr vor- oder nachher. Dass
im ersteren Falle ausschliesslich gerechnet ist, kann keinem
Zweifel unterliegen; eine Waffenruhe von zehn Jahren bezeichnet, dass der vorhergehende Krieg im Jahre vorher auf-
gehört, der nachfolgende im Jahre nachher begonnen hat,
und zwischen beiden zehn Jahre des Friedens liegen.
Nicht so selbstverständlich ist es, was man zu verstehen
hat, wenn Polybios zum Beispiel den Wiederbeginn der

---

[104]) Die Versuche diesen Bericht aus griechischen Quellen ab-
zuleiten hätten billiger Weise nie gemacht werden sollen. Niese
a. a. O. S. 402 hat darüber richtig geurtheilt.

gallischen Einfälle auf das dreissigste Jahr nach der Einnahme Roms setzt. Dass bei dieser Ausdrucksweise das
Jahr mitgezählt ist, in welches das zu bestimmende Ereigniss fällt, versteht sich von selbst; aber ist dasjenige,
in welchem das Ereigniss stattgefunden hat, nach welchem
bestimmt wird, ebenfalls mitgerechnet oder ist es ausgeschlossen? Oder, wie man dies auch ausdrücken kann, ist
der Endtermin nach beiden Seiten oder nur nach unten
hin eingerechnet? Beispielsweise, wenn die Einnahme
Roms im J. 364 stattfand und der Wiederbeginn des
Kampfes im dreissigsten Jahre darauf, ist damit das
J. 393 oder das J. 394 gemeint? Niese entscheidet sich
für die letztere Rechnung; nach meiner Meinung mit
Unrecht. Ich will nicht bei allgemeinen Erörterungen
verweilen: es mag zugestanden werden, dass die Frage an
sich eine offene ist und nur durch den Sprachgebrauch
entschieden werden kann. Aber eben dieser liefert bei
Polybios für die erstere Rechnung die unzweideutigsten
Beweise.

Am deutlichsten erhellt die polybische Rechnungsweise
aus der Angabe 2, 23, wonach der Einfall der Insubrer
und der Boier, den die Consuln Papus und Regulus zu-
rückwarfen, im achten Jahre nach der Vertheilung des
picenischen Ackers stattgefunden hat; denn jene Consuln
sind die des J. 529 und das flaminische Ackergesetz setzt
Polybios 2, 21 ausdrücklich unter das Consulat des M.
Lepidus (*Μάρκου Λεπέδου στρατηγοῦντος*), also in das
Jahr 522. Freilich will Niese S. 406 diese Worte dahin
verstanden wissen, 'dass Lepidus die vom Volk beschlossene
'Assignation ausgeführt habe, sei es, dass er damals Prä-
'tor war, sei es in ausserordentlichem Auftrag etwa als

'Obmann der Triumvirn für die Assignation'. Aber die dafür
geltend gemachte Behauptung, dass ein Consul zur Datirung
nicht ausreicht, ist an sich von geringem Gewicht, da bei
der Eponymie dergleichen Verkürzungen zu allen Zeiten
zulässig und gewöhnlich gewesen sind, und widerspricht in
diesem Fall sogar dem nachweislichen Sprachgebrauch des
Polybios[105]). Andrerseits verstossen diese Hypothesen in
aller Weise gegen den uns genau bekannten Hergang des
Assignationsacts. Einen 'Obmann der Triumvirn' — welche
Stellung übrigens durch στρατηγεῖν nimmermehr bezeichnet werden könnte — gab es nicht und hat es nicht
geben können, und wenn es auch einmal vorkommt, dass
ein gewesener Prätor angewiesen wird die Triumvirn bei
der Assignation, es scheint durch militärischen Beistand,
zu unterstützen[106]), so ist es doch ganz unglaublich, dass
ein derartiger ausserordentlicher Vorgang durch jene einfachen Worte hat angezeigt werden sollen. Endlich
widerspricht es dem Wesen der polybianischen Darstellung, die mit bewusster Beschränkung hier nur die
Umrisse giebt, dass ein solches für den Vorgang gleich-
gültiges Detail hier eingeflochten sein sollte[107]). Viel-

---

[105]) Dies hat Unger im Hermes 14 S. 84 mit Recht geltend
gemacht unter Berufung auf 16, 24, 1: τοῦ χειμῶνος ἤδη κατηρχε-
μένου, καθ' ὃν Πόπλιος Σολπίκιος ὕπατος κατεστάθη ἐν Ῥώμῃ und
18, 42, 1: ἐπὶ Μαρκίλλου Κλαυδίου παρειληφότος τὴν ὕπατον ἀρχὴν
ἧκον εἰς τὴν Ῥώμην οἱ ... πρέσβεις.

[106]) Liv. 32, 1. St. R. 2³, 609. Dass dieser denkbaren Beziehungen
wegen eine Assignation nicht kurzweg bezeichnet werden darf
als erfolgt 'unter der Prätur des Lepidus', wird man einräumen.

[107]) Die gleich folgenden Worte Γαΐου Φλαμινίου πρῶτην τὴν
δημαγωγίαν εἰσηγησαμένου und die daran sich knüpfenden Betrachtungen über diesen Vorläufer der Gracchen sind ganz anderer

mehr wird man durchaus bei der hergebrachten Interpretation stehen bleiben und jene Worte übersetzen
müssen 'unter dem Consulat des M. Lepidus'. Die chronologischen Daten giebt Polybios in dieser Uebersicht
überall sorgfältig an, ja es sind dieselben ein wesentliches Stück seiner Auseinandersetzung; sprachlich aber
wechselt er bekanntlich noch mit στρατηγός und ὕπατος
ab und braucht στρατηγεῖν auch anderswo in gleichem
Sinn[106]). Wenn also Polybios im achten Jahr nach dem
flaminischen Gesetz die Boier in Italien einfallen lässt, so
rechnete er hier die beiden Endjahre mit.

Aber diese Angabe steht nicht allein. Wenn Polybios anderswo (1, 6) das Jahr des antalkidischen Friedens
Ol. 98, 2 bezeichnet als das 19. nach der Schlacht von
Aegospotamoi Ol. 93, 4[105]) und das sechzehnte vor derjenigen von Leuktra Ol. 102, 2, so sind bei der ersteren
Rechnung offenbar die Endjahre eingeschlossen. Bei der
zweiten kommen wir allerdings für die Schlacht von Leuktra damit auf Ol. 102, 1; aber da das Olympiadenjahr
nach polybischer Rechnung erst mit der Herbstnachtgleiche
endigt und die Schlacht bei Leuktra im Monat Hekatom-

Art; hier tritt die politische Tendenz des Schriftstellers klar genug hervor, während die Bemerkung über den Lepidus dafür gar
nichts austrägt.

[106]) 3, 114, 6 Μάρχος καὶ Γναῖος οἱ τῷ προτέρῳ ἔτει στρατηγοῦντες,
wechselnd mit οἱ προυπάρχοντες ὕπατοι c. 106, 2. Staatsrecht 1³,
73 A. 1.

[105]) Und zwar kann, da Ol. 93, 4 nach polybischer Ansetzung
mit dem Herbst beginnt, die Schlacht nicht vor October des Jahres
stattgefunden haben, was aber auch zwischen ihr und der Capitulation von Athen im Munychion (April) noch hinreichend Raum
lässt. Vgl. die Erörterung von Clinton *fasti Hell.* 2³ p. 327 fg.

hâon unmittelbar nach dem Beginn des gewöhnlichen
Olympiadenjahrs geliefert worden ist, so fällt nach polybischer Rechnung die Schlacht noch in das Vorjahr, und
es ist diese scheinbare Abweichung die beste Bestätigung
der Regel[110]).

Nachdem also die Elemente der Rechnung festgestellt
sind, erscheint es mir das einfachste Verfahren das Ergebniss, zu dem ich gelangt bin, in der Form einer Tabelle
hinzustellen, und zwar in der Weise, dass in der zweiten
Columno die Jahre der Stadt verzeichnet sind, wie die
von Polybios ausgezogenen Annalen sie entweder zählten
oder doch ergaben, unter Ansetzung der Anarchie nicht _
als fünfjährig (379—383 d. St.), sondern als einjährig

---

[110]) Da Niese späterhin durch die Angaben des Polybios 2, 41
bis 43 über die Stiftung des achäischen Bundes die von ihm vertheidigte Zählweise zu stützen versucht hat, so soll hier kurz
die Rechnung ausgeführt werden:

Ol. 124, 4   Dyme Patrae Tritaea und Pharae treten zusammen.
Pol. c. 41, 1. 11.

Im 5. Jahre darauf

Ol. 125, 4   Zutritt von Aegion, Bura, Koryneia c. 41, 13.

nach 25 jährigem Bündniss der ebengenannten (sieben)
Städte

Ol. 131, 4   Wahl des ersten Bundesfeldherrn c. 43, 1.

Im 1. Jahre darauf

Ol. 132, 3   Sikyon tritt dem Bunde bei c. 43, 3.

Im 8. Jahre darauf

Ol. 134, 2   Korinth mit dem Bunde vereinigt c. 43, 4.

Ol. 134, 3   Sieg des Catulus (nach der bei uns gangbaren
Gleichung Ol. 134, 4, vgl S. 355) c. 43, 6.

Es ist also alles in vollkommenster Ordnung; nur muss man nicht,
wie dies allerdings häufig geschieht, den zweiten Posten zwischen
dem Vier- und dem Siebenstädtebund beseitigen, wo dann freilich die Rechnung zu kurz kommt.

(379 d. St.), und unter Weglassung der vier Dictatorenjahre (421. 430. 445. 453 d. St.), während die erste Columne
diejenigen Jahreszahlen nennt, welchen die angegebenen
Jahre in unserer Tafel nach Einschaltung jener acht Füll-
jahre entsprechen. Dass die in allen Annalen fehlenden
vier Dictatorenjahre hier ausser Ansatz bleiben müssen,
hat Niese mit richtigem Blick erkannt. Aber auch die
Einjährigkeit der Anarchie in jenen Annalen vorauszu-
setzen sind wir insofern berechtigt, als sie in dieser Gestalt in den diodorischen Annalen auftritt und wie diese
von allen uns bekannten die reinsten sind, so auch die
gleiche Reinheit der Quelle bei Polybios von vornherein
vorausgesetzt werden muss.

364	364	Einnahme Roms durch die Gallier.
		im 30. Jahre darauf
397	393	Wiederbeginn der gallischen Einfälle. — Unten I.
		im 12. Jahre nachher
408	404	Gallischer Einfall. — Unten II.
409 ... 422	405 ... 417	dreizehnjährige Waffenruhe; Friede. Unten III.
423 ... 455	418 ... 447	dreissigjähriger Friede.
456	448	Einfall der Gallier in das römische Gebiet. — Unten IV.
		im 4. Jahre darauf
459	451	Schlacht bei Sentinum.
460 ... 469	452 ... 461	zehn Friedensjahre. — Unten V.

470	462	Kämpfe bei Arretium; L. Caecilius fällt; Katastrophe der Senonen.	
471	463	Niederlage der Boier am vadimonischen See durch den Consul Dolabella.	Unten VI.
472	464	Abermalige Niederlage der Boier.	
473	465		
|	|	fünfundvierzigjährige Waffenruhe.	
517	509		
518	510	Boier vor Ariminum. — Unten VII.	
|	|	im 5. Jahre darauf	
522	514	flaminisches Ackergesetz; M. Lepidus Consul. — Unten VIII.	
|	|	im 8. Jahre darauf	
529	521	Einfall der Boier und Insubrer zurückgeschlagen durch Papus und Regulus.	

1. Die jüngeren Annalen melden bei dem J. 397 von einem Keltenkriege nichts, dagegen verzeichnen sie solche unter 387[111]). 393. 394. 396 und es tritt unter diesen derjenige der J. 393. 394 am meisten hervor. Ist die gallische Invasion, von der Polybios spricht, in der That eben dieser Keltenkrieg, so wird allerdings eingeräumt werden müssen, dass die von Polybios benutzten Annalen die Anarchie fünfjährig angesetzt haben. Allein in diesem Abschnitt ist so viel verschoben und so viel geradezu erfunden und sind die Erzählungen so blass und allgemein gehalten[112]), dass auf die Identification

---

[111]) Es ist wohl nichts als ein Versehen Plutarchs (Cam. 41). dass er die Besiegung der Gallier in der fünften Dictatur des Camillus (387) dreizehn Jahre nach der gallischen Eroberung setzt.

[112]) Dass die Gallier bis nach Alba gelangen, erwähnt Polybios c. 18, 6 in Beziehung auf diesen Krieg; in den späteren Annalen

eines einzelnen jener Keltenkriege der jüngeren Annalen
mit dem polybischen nur geringes Gewicht gelegt werden
darf. Ist sie aber richtig, so lässt sich vielleicht
zeigen, auf welchem Wege die Erzählung in den jüngeren Annalen an ihre jetzige Stelle gekommen ist. Es
kann in den ältesten dieser Keltenzug, eben wie bei Polybios, in einer zusammenfassenden Darstellung gestanden
haben [112]) als geschehen im 30. Jahre nach der Einnahme
Roms. Als ihm dann auf Grund dieser Zählung später
sein annalistischer Platz angewiesen ward, war inzwischen
die Anarchie aus einer ein- zu einer fünfjährigen geworden
und so kam der Bericht auf das Jahr 393. Wenn also
derselbe geschichtlich ist, und wenn namentlich es mit der
dreissigjährigen Zwischenzeit seine Richtigkeit hat, wird
man die Erneuerung des Krieges zwischen den Italikern
und den Kelten auf das Consulat des L. Marcius
und Cn. Manlius (jetzt 397) zu setzen haben, da
einem Annalisten, der die Anarchie noch als einjährig kannte, jene dreissigjährige Zwischenzeit unter

---

erscheint die Besetzung des Albanerbergs durch die Gallier unter
387 (Liv. 6, 42, 6) und 404. 405 (Liv. 7, 24, 8. c. 25, 3), ihr Einfallen in das albanische Gebiet unter dem J. 394 (Liv. 7, 11, 3).
Man sieht, was hier auf das Detail zu geben ist; Alba gehörte
einmal mit zur Schablone.

[112]) Dass die ältesten Annalen die annalistische Ordnung für
die frühere Epoche nicht so streng durchführten wie dies später
geschieht, ist ihrer Entstehung nach sehr wahrscheinlich; denn sie
sind doch in ihrem älteren Theil zusammengestellt theils aus den
Magistratslisten, theils aus daneben stehenden anfänglich nicht nach
dem Jahresschema zurecht geschnittenen Erzählungen. Die Behandlung der gallischen Katastrophe bei Diodor und vielleicht
schon bei Fabius selbst (S. 299) giebt dafür eine Analogie.

Beseitigung der fictiven Jahre 380—383 die Jahrstellen
364—379. 384—397 umfasst haben muss.

II. Von dem nächstfolgenden gallischen Einfall gilt
genau dasselbe. Wenn die ältesten Annalen gleichfalls
in einer zusammenfassenden Darstellung von einem im
zwölften Jahr nach dem vorigen geführten Keltenkrieg
berichteten, so meinten sie damit das der jetzt unter 408
stehenden Consuln. Da aber die annalistische Einreihung
erst stattgefunden zu haben scheint, nachdem der Anarchie
vier Jahre zugeschlagen waren, kam man vielmehr auf
das J. 404, unter welchem und dem Folgejahr in der That
Livius diesen Krieg erzählt[114]).

III. Offenbar unrichtig setzt Niese ein besonderes Jahr
für den Frieden an und rechnet also 13 + 1 + 50. Wenn
Polybios sagt: ἀπὸ δὲ τούτου τοῦ φόβου τριακαίδεκα μὲν ἔτη
τὴν ἡσυχίαν ἔσχον, μετὰ δὲ ταῦτα συνορῶντες αὐξανομένην
τὴν Ῥωμαίων δύναμιν εἰρήνην ἐποιήσαντο καὶ συνθήκας, ἐν
αἷς ἔτη τριάκοντα μείναντες u. s. w., so ist der Vertrag
gefasst als Uebergangsmoment von der Waffenruhe zum
Frieden und muss für den Chronologen verschwinden; wir
haben kein Recht einem verständigen Manne, der kriegerische
und friedliche Zeiten in ihrer Folge aufzählt, den logischen
Schnitzer beizumessen, dass er zwischen Krieg und Frieden
ein Friedensschlussjahr eingeschaltet hat. Uebrigens ist
dieser wichtige Friedensvertrag aus den jüngeren Annalen

---

[114]) Was Niese S. 409 bemerkt über die angebliche Differenz
zwischen Polybios, der diesen Krieg zwölf, und Livius, der denselben elf Jahre nach dem vorigen setzt, ist schon darum hinfällig, weil bei Livius jeder dieser Kriege sich durch zwei Jahre
fortspinnt. Wahrscheinlich ist in beiden Fällen das zweite Kriegs-
jahr spätere Zuthat.

verschwunden; nur Appian[115]) hebt bei dem Ausbruch des Krieges im J. 471 das ὄντες ἔνσπονδοι in Bezug auf die Senonen hervor.

IV. Von diesem Einfall wird in unseren sonstigen Quellen nichts gemeldet, ausser dass bei Livius[116]) unter dem Vorjahr von einer Bedrohung der Römer durch einen *Gallicus tumultus* erzählt wird.

V. διαγενομένων δὲ πάλιν ἐτῶν δέκα. Mir scheinen diese Worte am natürlichsten von zehn vollen zwischen den beiden durch kriegerische Ereignisse bezeichneten liegenden Friedensjahren verstanden zu werden, mindestens also verstanden werden zu können. Es mag eingeräumt werden, dass διαγίγνεσθαι die ausschliessliche Rechnung nicht nothwendig fordert und dass andere Schriftsteller bei ähnlichen Wendungen einschliesslich gerechnet haben mögen. Der Gebrauch der Zahlwörter unterliegt, namentlich wo es sich um das Einziehen oder Ausschliessen der Endjahre handelt, in den alten wie in den neueren Sprachen vielfältig Zweideutigkeiten und sehr häufig kann aus der Fassung an sich nicht erkannt werden, ob in der einen oder in der anderen Weise gerechnet worden ist. Analogien also sind wohl für den einzelnen Schriftsteller beweisend, insofern ihm, wie das von Polybios gilt, ein folgerechtes Verfahren in diesen Dingen zugetraut werden kann; aber keineswegs darf auf Grund einer einzelnen Stelle die dort beliebte Verwendung als die sprachlich allein zulässige in Anspruch genommen werden.

VI. Die schwierige Frage, wie die Berichte über den senonisch-boischen Krieg sich zu einander verhalten, ver-

---

[115]) Samn. 6. Gall. 11.
[116]) 10, 10.

dient auch insofern eine eingehende Erörterung, als wir
hier in der Lage sind die Darstellung des Fabius (denn
nur aus ihm kann Polybios seine Nachrichten geschöpft
haben) mit derjenigen der jüngeren Annalen zu vergleichen
und in die unerhörte Willkür, mit welcher diese die überlieferte Erzählung nicht bloss in der Fabelzeit, sondern
selbst im historischen Bereiche umgestaltet und ver-
unstaltet haben, einen Blick zu thun, der in der That einen
Abgrund zeigt. Ich gebe zunächst eine Uebersicht der
Ereignisse nach Polybios mit Hinzuziehung der wenigen
mit Sicherheit aus den späteren Erzählungen sich ergebenden Ergänzungen und knüpfe daran die Erörterung der
annalistischen Umgestaltung und schliesslich das chronologische Ergebniss.

1. Die Senonen überfallen Arretium. Polyb. 2, 19:
παρεγένοντο Γαλάται μετὰ μεγάλης στρατιᾶς πολιορκήσον-
τες τὴν Ἀρρητίνων πόλιν. Dass auch er unter den Kelten
die Senonen versteht, zeigt die weitere Erzählung.

2. Der römische Feldherr L. Caecilius zieht den Arre-
tinern zu Hülfe; er wird von den Galliern geschlagen und
fällt. An seine Stelle tritt M'. Curius; die von diesem
wegen Lösung der Gefangenen an die Gallier geschickten
Gesandten werden ermordet. So erzählt Polybios: 'Ρωμαῖοι δὲ παραβοηθήσαντες καὶ συμβαλόντες πρὸ τῆς
πόλεως ἡττήθησαν . ἐν δὲ τῇ μάχῃ ταύτῃ Λευκίου τοῦ στρα-
τηγοῦ τελευτήσαντος Μάνιον ἐπικατέστησαν τὸν Κόριον,
οὗ πρεσβευτὰς ἐκπέμψαντος εἰς Γαλατίαν ὑπὲρ τῶν αἰχ-
μαλώτων παρασπονδήσαντες ἐπανείλοντο τοὺς πρέσβεις. —
Den Namen des geschlagenen Magistrats, welchen Polybios
wie öfter nur mit dem Vornamen bezeichnet, ergänzen die
weiterhin zu erörternden jüngeren Berichte zu L. Caecilius.

Dieselben machen ihn — wir werden später sehen warum — zum Prätor, während Polybios ihn nach seiner Gewohnheit nicht nach dem Rang, sondern nur als den Anführer bezeichnet. In der That muss er vielmehr Consul gewesen sein und auch M'. Curius dasselbe Amt bekleidet haben. Der damals einzige Prätor ist zunächst und hauptsächlich für die Rechtspflege bestimmt und nur unter ganz besonderen Umständen, wo auch die Dictatur nicht am Platz ist, wird er im Felde verwendet[117]). Hier aber ist schlechterdings nicht abzusehen, warum nicht einer der Consuln, eventuell ein Dictator die Führung hätte übernehmen können. Geradezu unglaublich aber ist es, dass dieser Prätor, nachdem er gefallen ist, durch einen anderen nachgewählten Prätor ersetzt worden sein soll und nicht wenigstens jetzt einer der berufenen Beamten an die Spitze des Heeres tritt. Dazu kommt endlich, dass dieses Ereigniss nach allen sonstigen Erwägungen der Zeit nach dem J. 470 angehört und dass die Consuln dieses Jahres, von deren Thaten wir übrigens nichts erfahren, C. Servilius Tuccus (?) und L. Caecilius Metellus Denter heissen[118]), also der vermisste Consul eben den Namen führt wie der zu Unrecht hier eintretende Prätor.

3. M'. Curius, erbittert über die von den Senonen verübten Frevel, marschirt gegen dieselben, schlägt ihr ihm entgegenrückendes Heer und bemächtigt unter Aus-

---

[117]) Staatsrecht 2³ S. 186 A. 4. Vgl. oben S. 340 A. 86. In den wenigen Fällen der Art die wir kennen, und von denen in der That nur ein einziger wohl beglaubigt ist, tritt der Prätor in dem Fall ein, wenn der eine Consul verhindert ist und die Ernennung des Dictators desswegen nicht opportun erscheint, weil man zwei Feldherren braucht.

[118]) C. I. L. I p. 878. 519.

treibung der gesammten Bewohner sich ihres Gebietes, in
welchem die Colonie Sena gegründet wird. So Polybios: τῶν
δε ῾Ρωμαίων ὑπὸ τὸν θυμὸν ἐκ χειρὸς ἐπιστρατευσαμένων
ἀπαντήσαντες συνέβαλον οἱ Σήνωνες καλούμενοι Γαλάται.
῾Ρωμαῖοι δ᾽ ἐκ παρατάξεως κρατήσαντες αὐτῶν τοὺς μὲν
πλείστους ἀπέκτειναν, τοὺς δὲ λοιποὺς ἐξέβαλον, τῆς δὲ
χώρας ἐγένοντο πάσης ἐγκρατεῖς, εἰς ἣν καὶ πρώτην τῆς
Γαλατίας ἀποικίαν ἔστειλαν τὴν Σήνην προσαγορευομένην
πόλιν ὁμώνυμον οὖσαν τοῖς πρότερον αὐτὴν κατοικοῦσι
Γαλάταις. Dass diese Revanche mit den vorher berichteten
Vorgängen in dasselbe Jahr gehört, zeigen die Worte ἐκ
χειρός.

4. Die Boier, erbittert durch die Vertilgung der stamm-
verwandten Senonen bringen ihre gesammte streitbare
Mannschaft auf die Beine und unternehmen in Gemeinschaft mit den Etruskern einen Zug gegen Rom, werden
aber am vadimonischen See (unweit Ameria an der obern
Tiber[119]) gänzlich geschlagen. So Polybios: οἱ δὲ Βοῖοι
θεωροῦντες ἐκπεπτωκότας τοὺς Σήνωνας καὶ δείσαντες
περὶ σφῶν καὶ τῆς χώρας μὴ πάθωσι τὸ παραπλήσιον,
ἐξεστράτευσαν πανδημεὶ παρακαλέσαντες Τυρρηνούς,
ἀθροισθέντες δὲ περὶ τὴν Ὀάδμονα προσαγορευομένην
λίμνην παρετάξαντο ῾Ρωμαίοις · ἐν δε τῇ μάχῃ ταύτῃ
Τυρρηνῶν μὲν οἱ πλεῖστοι κατεκόπησαν, τῶν δὲ Βοίων
τελέως ὀλίγοι διέφυγον.

5. Im Jahr darauf werden die Boier und Etrusker, die
ihre letzte kaum waffenfähige Mannschaft zusammenraffen,
abermals besiegt und machen Frieden. So Polybios:
οὐ μὴν ἀλλὰ τῷ κατὰ πόδας ἐνιαυτῷ συμφρονήσαντες

---

[119]) Plinius ep. 8, 20, 3.

αυθις οι προειρημένοι και τους άρτι των νέων ήβωντας καθοπλίσαντες παρετάξαντο προς 'Ρωμαίους, ήττηθέντες δ' όλοσχερώς τη μάχη μόλις είξαν ταῖς ψυχαῖς και διαπρεσβευσάμενοι περι σπονδών και διαλύσεων συνθήκας έθεντο προς 'Ρωμαίους.

Chronologisch erwogen fordert die polybische Darstellung einen dreijährigen Zeitraum. Dass die Ereignisse von dem Einfall der Senonen in Etrurien bis zur Gründung von Sena einem und demselben Jahr angehören, ist schon oben nachgewiesen worden. Da ferner die Erhebung der Boier erst durch die Aufreibung der Senonen herbeigeführt wird, so ist es unmöglich in das Jahr, dem die Niederlage des L. Caecilius und der grosse Sieg des M'. Curius angehört, noch den boischen Krieg einzureihen[120]); es wird also dieser in dem Jahr darauf begonnen haben. Dass der boische Krieg zwei Jahre währte, sagt Polybios ausdrücklich. — Die drei Kriegsjahre, über welche Polybios berichtet, sind 470. 471. 472. Wenn vorher der Feldherr L. Caecilius mit Recht mit dem Consul dieses Namens identificirt worden ist, so ist diese Ansetzung damit erwiesen. Sie ist aber auch dann erwiesen, wenn die Schlacht am vadimonischen See von den späteren Annalisten mit Recht mit dem Namen des Consuls Dolabella verknüpft wird; und eben in diesem Punkte wird man der Triumphaltafel Glauben schenken dürfen. — Welche Epoche er meine, sagt Polybios ferner mit den Worten: ταῦτα δὲ

---

[120]) Dies thut dennoch Niese S. 404 und ich bin ihm früher darin gefolgt. Aber aus der Erzählung des Polybios geht in der That der Jahrabschnitt mit so vollständiger Deutlichkeit hervor, dass es einer ausdrücklichen Hinweisung darauf nicht bedurfte.

συνέβαινε γίνεσθαι τῷ τρίτῳ πρότερον ἔτει τῆς Πύρρου διαβάσεως εἰς τὴν Ἰταλίαν, πέμπτῳ δὲ τῆς Γαλατῶν περὶ Δελφοὺς διαφθορᾶς· ἐν γὰρ τούτοις ἡ τύχη τοῖς καιροῖς ὡσανεὶ λοιμικήν τινα πολέμου διάθεσιν ἐπέστησε πᾶσι Γαλάταις. Das dritte Jahr vor dem Uebergang des Pyrrhos nach Italien 473 d. St. und das fünfte vor der Niederlage der Kelten bei Delphi Ol. 125. 2, n. Chr. 279, 475 d. St., ist nach dem oben (S. 357) Gesagten das J. 471. Nur fragt es sich, was er mit dem *ταῦτα* meint. Schwerlich ist dabei zunächst an das Nachspiel der Katastrophe der Boier gedacht, wobei deren ungeübte Jugend niedergemacht ward[121]); vielmehr war die Schlacht, welche Polybios mit der gallischen Niederlage von Delphi zusammenstellte, die am vadimonischen See, in der die waffenfähige Mannschaft der Boier insgesammt auf dem Felde blieb und die Polybios allein in dieser ganzen Darstellung neben derjenigen bei Sentinum durch Nennung des Kampfortes hervorhebt.

Vergleichen wir damit diejenige Fassung, welche diese Vorgänge in den jüngeren Annalen erhalten haben.

1. Zunächst sind es nicht die Senonen, sondern die Etrusker, die den Krieg gegen die Römer beginnen; jene erscheinen vielmehr als damals mit den Römern verbündet und betheiligen sich an dem Kriege als etruskische Söldner unter Verletzung ihrer Bundespflicht. Appian Gall. 11: *τὸ τῶν Σενόνων ἔθνος ἔνσπονδον ἦν Ῥωμαίοις καὶ ἐμισθοφόρουν κατὰ Ῥωμαίων.* Ders. Samn. 6: *Κελτῶν Σενόνων πολὺ πλῆθος Τυρρηνοῖς συνε-*

---

[121]) Diese Beziehung habe ich früher angenommen und insofern das richtige Ergebniss verfehlt.

μάχουν κατὰ 'Ρωμαίων. Offenbar ist diese Aenderung vorgenommen, um die Senonen, deren Ausrottung hier zu berichten war, von vorn herein völkerrechtlich ins Unrecht zu setzen. Das Bündniss selber ist nicht erfunden (S. 365). Das Hineinziehen der Etrusker ist Anticipation, indem diese bei Polybios erst in dem Boierkrieg auftreten. Incorrect fasst Eutrop. 2, 10: *iterum se Gallorum copiae contra Romanos Tuscis Samnitibusque iunxerunt* den bei Livius in demselben Buch, aber getrennt erwähnten Samniterkrieg mit dem etruskisch-senonischen zusammen; noch ungenauer verfährt Orosius 3, 22[122]): *anno ab u. c. CCCCLXIII Dolabella et Domitio cos. Lucani, Bruttii, Samnites quoque cum Etruscis et Senonibus Gallis facta societate cum redivivum contra Romanos bellum molirentur,* indem er nebst dem samnitischen auch noch den lucanisch-bruttischen Krieg, von dem Livius später handelte, hier hereinzieht.

2. In Verbindung mit dieser Aenderung steht es, dass die römischen Gesandten, welche von den Senonen ermordet wurden, nach den Späteren wegen der bundeswidrig den Etruskern gewährten Unterstützung an dieselben abgeschickt sind, und dass die Expedition des L. Caecilius hier unternommen wird, um für die Ermordung der Gesandten Rache zu nehmen. So erzählte Livius nach der ep. 12: *cum legati Romanorum a Gallis Senonibus interfecti essent, bello ob id Gallis indicto L. Caecilius praetor ab iis cum legionibus caesus est,* und Orosius 3, 22

---

[122]) Daraus Augustinus *de civ. dei* 3, 17, 2. Ist dieses Werk auch etwas früher publicirt als das Geschichtsbuch des Orosius, so waren doch diese Abschnitte damals sicher schon entworfen und offenbar dem Augustinus bekannt.

(danach Augustinus *de civ. dei* 3, 17, 2): *Romani ad exorandos Gallos misere legatos: quos cum Galli interfecissent, Caecilius praetor ob ulciscendam legatorum necem et comprimendum tumultum hostium cum exercitu missus ab Etruscis Gallisque oppressus interiit: septem praeterea tribuni militum in ea pugna occisi, multi nobilium trucidati, tredecim milia militum Romanorum illo bello prostrata sunt.* Der von Appian (Samn. 6, ebenso Gall. 11) ausgeschriebene Annalist berichtete die Ermordung der Gesandten , mit vielem sonst nicht vorkommenden Detail: ʽΡωμαῖοι δὲ πρὸς τὰς Σενόνων πόλεις ἐπρέσβευον καὶ ἐνεκάλουν ὅτι ὄντες ἔνσπονδοι μισθοφοροῦσι κατὰ ʽΡωμαίων · τοὺς δὲ πρέσβεις Βριτόμαρις[123]) μετὰ τῶν κηρυκείων καὶ τῆς ἱερᾶς στολῆς κατέτεμεν ἐς πολλὰ καὶ διέρριψεν, ἐγκαλῶν ὅτι αὐτοῦ ὁ πατὴρ ἐν Τυρρηνίᾳ πολεμῶν ἀνῄρητο ὑπὸ ʽΡωμαίων.

3. Die Expedition des M'. Curius in das Gebiet der Senonen ist bei den Späteren in diesem Zusammenhang verschwunden. Auch die capitolinische Magistratstafel folgt hier, wie immer, der jüngeren Version: sie verzeichnet unter 470 weder den Tod des Metellus noch einen Ersatzmann für ihn und ignorirt bei M'. Curius Consul II 479 und III 480 die Nachwahl vom J. 470. In der That aber ist dessen Senonensieg nicht gestrichen, sondern nur in sein erstes Consulat 464 zurückgeschoben worden. Zwar ist in den auf uns gekommenen Trümmern des

---

[123]) Dieser nur bei Appian sich findende Name ist insofern verdächtig, als der gallische Fürst Virdumarus, der von Marcellus Hand bei Clastidium fiel, bei Plutarch (Rom. 16, Marc. 6. 8) Βριτόμαρτος oder Βριτόματος heisst; es ist nicht unwahrscheinlich, dass dieser zu Appians Senonenkönig Pathe gewesen ist.

annalistischen Berichts hier der pragmatische Zusammenhang aufgehoben; aber da die Gründung der Colonie Sena
von Livius unter den J. 464—466 erzählt ward, so ist die
Expedition des M'. Curius in das Gebiet der Senonen und
die Gründung von Sena ohne Zweifel an dessen Doppel-
triumph über die Sabiner und die Samniten im J. 464
angeknüpft worden.

4. Die Schlacht am vadimonischen See kennt auch der
annalistische Bericht, aber in wesentlich abweichender
Gruppirung. Der livianisch - dionysische nennt als Sieger
den Consul des J. 471 P. Cornelius Dolabella, als Be-
siegte neben den Etruskern nicht die Boier, sondern die
Senonen. Dionysios 19, 13: *Πόπλιον Κορνήλιον, ὃς
ἐνιαυτῷ τετάρτῳ πρότερον ὑπατεύων Κελτῶν ἔθνος ὅλον
τοὺς καλουμένους Σένωνας ἐχθίστους Ῥωμαίων ὄντας
πολεμῶν ἅπαντας ἡβηδὸν κατέσφαξεν.* Florus 1, 8 [13]:
*omnes reliquias eorum (Gallorum) in Etruria ad lacum
Vadimonis Dolabella delevit, ne quis extaret ex ea
gente qui incensam a se Romam urbem gloriaretur.*
Eutrop. 2, 10: *(Galli) cum Romam tenderent, a Gnaeo
Cornelio Dolabella consule deletae sunt.* Dio fr. 39, 2:
*τοῦ Δολαβέλλου περαιουμένοις τὸν Τίβεριν ἐπιθεμένου
τοῖς Τυρρηνοῖς ὁ ποταμὸς αἵματός τε καὶ σωμάτων ἐπλη-
ρώθη, ὡς τοῖς κατὰ τὴν πόλιν Ῥωμαίοις τὴν ὄψιν τοῦ
ποταμίου ῥείθρου σημᾶναι τὸ πέρας τῆς μάχης πρὶν ἀφι-
κέσθαι τὸν ἄγγελον.* Diese Substituirung der Senonen für
die Boier war die nothwendige Folge der Beseitigung des
Sieges des M'. Curius über die Senonen: die Annalen, aus
denen Livius und Dionysios schöpften, knüpften in Folge
dessen an die Niederlage des Caecilius unmittelbar den Sieg
des Dolabella. — Verwandt, aber verschieden ist die Erzäh-

lung Appians, welche (Gall. 11 und fast wörtlich ebenso Samn. 6) unmittelbar nach dem Bericht über die Ermordung der Gesandten also fortfährt: Κορνήλιος δὲ ὁ ὕπατος τοῦ μύσους ἐν ὁδῷ πυθόμενος τὰ μὲν Τυῤῥηνῶν εἴασεν, ἐς δὲ τὰς Σενόνων πόλεις σιντόνῳ σπουδῇ διὰ Σαβίνων καὶ Πικεντίνων ἐσβαλὼν ἅπαντα καθῄρει καὶ ἐνεπίμπρη καὶ τὰς μὲν γυναῖκας καὶ τὰ παιδία ἠνδραποδίζετο, τοὺς δὲ ἡβῶντας πάντας ἔκτεινε πλὴν Βριτομάριος, ὃν δεινῶς αἰκισάμενος ἦγεν ἐς τὸν θρίαμβον (καὶ τὴν χώραν ἐλυμαίνετο ποικίλως καὶ ἄοικον ἐς τὸ λοιπὸν ἐποίει fügt Gall. 11 hinzu). οἱ δὲ Σενόνων ὅσοι ἦσαν ἐν Τυῤῥηνίᾳ πυθόμενοι ἀνῃρῆσθαι Τυρρηνοὺς ἦγον ἐπὶ Ῥώμης· καὶ πολλῶν μεταξὺ γενομένων οἱ Σένονες οὔτε πατρίδας ἔχοντες ἐς ἃς διαφύγωσιν, ὀργιζόμενοί τε τῶν γεγονότων ἐνέπιπτον τῷ Δομιτίῳ καὶ διεφθάρησαν πολλοί· τὸ δὲ λοιπὸν σφᾶς αὐτοὺς διεχρῶντο μανικῶς. καὶ δίκη μὲν ἥδε παρανομίας ἐς πρέσβεις ἐγένετο Σένοσιν. Auch hier sind die Senonen für die Boier substituirt und auch hier die Vollstreckung der römischen Rache unter Beseitigung des M'. Curius dem Consul des J. 471 Dolabella übertragen, der hier sogar triumphirt. Aber der hier ausgeschriebene Annalist hat die Geschichtsverbesserung und das Motivirungsspiel noch weiter und recht gescheit geführt. Die Niederlage des Caecilius ist hier ganz verschwunden; zu strafen bleibt nur der Gesandtenmord, und diesem folgt hier die Vergeltung auf dem Fuss, indem der auf dem Marsch nach Etrurien von diesem Frevel benachrichtigte Consul Dolabella sogleich in das senonische Gebiet einrückt und dort ausführt, was die polybische Erzählung dem M'. Curius überweist, die livianisch-dionysische wahrscheinlich in das J. 464 zurückschob. Dadurch ward der Sieg, den Dola-

bella über die gegen Rom ziehenden Gallier und Etrusker
am vadimonischen See erfocht, vacant; der Annalist macht,
mit geschickter Benutzung der voraufgehenden Erzählung,
aus diesen Galliern die bei den Etruskern dienenden senonischen Söldner und gab diesen Sieg dem Collegen des
Dolabella Cn. Domitius Calvinus.

5. Den zweiten boischen Feldzug finden wir nur bei
Polybios. Dass der Consul des J. 472 Q. Aemilius
Papus gegen die Etrusker commandirte, sagt Dionysios
(19, 13: *Κόιντον Αἰμίλιον τὸν συνάρξαντα τῷ Φαβρικίῳ
καὶ τὴν ἡγεμονίαν τοῦ Τυρρηνικοῦ πολέμου σχόντα*) und
berichtete wahrscheinlich auch Livius[124]); von Kämpfen
gegen die Gallier wissen unsere Quellen, von Polybios abgesehen, für dieses Jahr nichts und konnten auch nichts
davon berichten, da nach ihrer Darstellung die Senonen
das Jahr vorher vernichtet waren und sie von den Boiern
überhaupt schwiegen.

Aus dem dreijährigen Kriege des Polybios ist bei den
späteren Annalisten ein einjähriger geworden; sämmtliche
Vorgänge der J. 470. 471. 472, soweit sie nicht weggelassen oder versetzt worden sind, drängt dieser Bericht
in das J. 471 zusammen. Ausdrücklich legt Orosius
(S. 371) die Reihe der Ereignisse von dem Ausbruch des
Krieges an bis zur Entscheidungsschlacht den Consuln
dieses Jahres bei. Aus diesem Grunde ist in dem livianischen Bericht der Consul des J. 470 L. Caecilius in einen
Prätor verwandelt, so dass dessen Niederlage in das

---

[124]) Vgl. ep. 12. Frontinus strat. 1, 2, 7 bezieht sich dagegen auf den in Etrurien gegen die Boier von L. Aemilius Papus,
Consul 529 geführten Krieg.

Folgejahr gebracht werden konnte, und der Feldzug des
M'. Curius auf das J. 464 zurückgeschoben. In der ap-
pianischen Version tritt die Einjährigkeit noch deutlicher
hervor, insofern hier auch die Niederlage des Caecilius
beseitigt und die Schlacht am vadimonischen See unmittelbar an den Gesandtenmord geknüpft ist. Das dritte Kriegs-
jahr endlich haben diese Annalisten, wie wir sahen, gestrichen.

Die patriotische Tendenz der Abänderung liegt auf der
Hand. Die Hoffart der Epigonen fühlte sich verletzt durch
die Sendung der Römer an die Gallier um Lösung der
Gefangenen, und diese ward vor allen Dingen beseitigt.
Sodann wurden über die frevelhafte Ermordung der Gesandten hinaus die Senonen noch weiter völkerrechtlich ins
Unrecht gesetzt. Die Niederlage der Römer blieb anfänglich stehen und ist erst im Fortschreiten der Fälschung
ausgeworfen worden. Massgebend war bei der Umgestaltung das Bestreben die von den Römern an den
nationalen Erbfeinden und den Zerstörern Roms genommene
Rache durch Zusammenziehung und Isolirung des Acts
schärfer zu accentuiren. Darum sind die Boier beseitigt
und ist die gefeierte Schlacht am vadimonischen See in
eine nicht historische, aber sehr wirksame Verbindung
mit der Katastrophe der Senonen gebracht worden.

Wenn Niese S. 404 für die Erzählung des Polybios,
die er auf nur zwei Jahre vertheilt (S. 369 A. 120), 469
und 470 ansetzt, so dass die Schlacht am vadimonischen
See auf das erstere zu stehen kommt, so ist dagegen vor
allem zu erinnern, dass die gesammte annalistische Ueberlieferung die gallische Katastrophe an den Namen der

Consuln des J. 471 anknüpft und dass Abweichung von
der fabischen Erzählung am wenigsten in einem solchen
Punkte angenommen werden kann. Wie arg auch sonst die
Späteren mit den alten Berichten gewirthschaftet haben,
die hauptsächlichen Triumphaldaten, geschützt durch das
Gedächtniss der Adelsgeschlechter, sind nicht verschoben
worden, und nach meiner Meinung ist es ein sicheres
Kennzeichen der Verfehlung, wenn eine Untersuchung diese
Probe nicht besteht.

VII. Nach dem einzigen sonst vorliegenden annalistischen
Bericht, dem des Dio bei Zonaras 8, 18, beginnt der Krieg
516 und endigt 518, in welches letzte Jahr in Uebereinstimmung mit Polybios das Erscheinen der Boier vor Ariminum gesetzt wird. Polybios Gewährsmann dagegen hat
den Krieg als einjährigen dargestellt[125]).

VIII. Diese bisher allgemein angenommene Auslegung
der Worte des Polybios ist schon oben S. 357 gegen Nieses
abweichende Interpretation vertheidigt worden.

Es scheint hienach erwiesen, dass der unzweifelhaft
aus Fabius entlehnte polybische Bericht über die Gallier-
kriege nicht bloss in sich selbst vollständig zusammenhängt, sondern auch mit den diodorischen Fasten, und mit
diesen allein, in vollem Einklang steht, insofern sie nicht
bloss mit allen übrigen Annalen die Dictatorenjahre ignoriren, sondern auch die fünfjährige Anarchie sowohl im
Ansatz wie in der Handhabung[126]) als einjährige behandeln.

---

[125]) Ich habe früher in Widerspruch mit Polybios diesen Krieg
als zweijährigen in Rechnung gebracht. Nach Beseitigung des
S. 369 A. 120 bemerkten Fehlers fällt die Nothwendigkeit weg
Polybios hier eines Versehens zu zeihen.

[126]) Ich habe S. 288 A. 94 bemerkt, dass die von Nitzsch

Somit gewährt dieser Nachweis der von mir vertheidigten
Entlehnung der Fasten Diodors aus Fabius eine wesentliche Unterstützung und ist zugleich für die römische
Chronologie überhaupt von nicht geringer Wichtigkeit, da
wir danach in die von Fabius befolgte Zeitrechnung zum
ersten Mal einen deutlichen Einblick gewinnen[127]. — Aber
allerdings stimmt der also gefundene Einklang keineswegs
zu den sonst bei Polybios vorkommenden Gleichungen
zwischen der römischen Annalistik und der griechischen
Historie und ihrer Olympiadenrechnung. Bekanntlich setzt
er (1, 6) in das Jahr des antalkidischen Friedens Ol. 98, 2
die Schlacht an der Allia[128]; und aus seiner späteren
Rechnung erhellt, dass das Jahr der Consuln Papus und
Regulus, für uns 529 d. St., ihm Ol. 138, 3 ist. Diese
Epoche umfasst, einschliesslich gerechnet, 162 Jahre: dagegen ergiebt die obige Rechnung von der Niederlage an
der Allia bis zu dem Sieg von Papus und Regulus nur
158 Stellen. Diesen Widerspruch zu entfernen ist nicht

(Anm. S. 235) zuerst als die ältere und bessere Ueberlieferung
hervorgehobene Einjährigkeit der Anarchie in der einzigen Rechnung, in welcher sie bei Diodor in Frage kommt und die sicher
auch aus Fabius abgeschrieben ist, ebenfalls in Ansatz kommt.

[127] Dass in den lateinischen Annalen des Fabius Pictor (bei
Gellius 5, 4, 3) das Jahr der Wahl der ersten plebejischen Consuln bezeichnet wird als das zweiundzwanzigste von der Einnahme
Roms an gerechnet, scheint eine vierjährige Dauer der Anarchie
zu fordern (Chronol.² S. 204), gehört aber insofern nicht hieher,
als diese Chronik wahrscheinlich von einem jüngeren gleichnamigen
Annalisten verfasst ist.

[128] Da der Tag der Schlacht der 18. Juli ist, so ist dies, wenn
die polybische Olympiade in die gewöhnliche umgesetzt wird, vielmehr Ol. 98, 3.

möglich; wohl aber lässt er sich erklären. Wir wissen,
dass Polybios den Fabius gebraucht, also auch seine Jahrzählung gekannt hat; wir wissen aber auch, dass er eben
in diesen Gleichungen dem Fabius nicht gefolgt ist, dass
er 'nach der Pontificaltafel' die Gründung Roms auf Ol. 7, 2
gesetzt hat, während sie bei Fabius auf Ol. 8, 1 stand.
Bei der nothwendigen Harmonie sämmtlicher derartiger
Gleichungen darf es damit als erwiesen gelten, dass alle
übrigen Ansetzungen, welche direct oder indirect auf das
Verhältniss des Olympiadenjahres zu dem der Stadt gestellt sind, von Polybios eben derselben Tafel entlehnt
oder aus derselben durch Rechnung entwickelt sind. Mit
jener Differenz über das Gründungsjahr haben wir es hier
nicht zu thun[129]), da es sich hier nicht um die Jahreszahl

---

[129]) Doch mag darauf hingewiesen werden, dass, wenn die polybische Zählung der Zwischenjahre oben richtig festgestellt worden
ist, das Jahr der ersten Consuln, nach Polybios 3, 22, 2 das acht-
undzwanzigste vor Xerxes Landung in Hellas Ol. 75, 1, nicht,
wie man bisher angenommen hat, nach seiner Rechnung Ol. 68, 1
ist, sondern vielmehr Ol. 68, 2. Hieraus folgt in Verbindung mit
den obigen Ansetzungen einmal, dass Fabius, wenn die Zahl 68, 2,
wie wahrscheinlich, auf ihn zurückgeht, da ihm das Gründungsjahr
Ol. 8, 1 ist, auf die Königszeit 241 Jahre rechnete, Polybios dagegen, das heisst seine Pontificaltafel, indem sie die Gründung auf
Ol. 7, 2 zurückschob, vielmehr 244. Beide Ziffern lassen sich .
recht wohl mit den übrigen Angaben vereinigen. — Ferner hat
Polybios von den ersten Consuln Ol. 68, 2 bis zu dem Jahre der
Alliaschlacht Ol. 98, 2, beide eingeschlossen, 121 Jahre gezählt,
während von 245 bis 364 die diodorischen Fasten 122 (S. 260 fg.),
die gewöhnlichen 120 Stellen verzeichnen. Ich unterlasse es in
weitere Untersuchungen hierüber einzugehen, da dieselben nur
in einer allgemeinen Darstellung der römischen Chronologie in
befriedigender Weise gegeben werden können.

von der Erbauung der Stadt, sondern nur um die Zahl der zwischen jenen zwei Schlachten liegenden Jahre handelt. Für diese Epoche hat, wie wir jetzt ersehen, Polybios zwei verschiedene Zählungen der Stadtjahre gekannt, und es erhellt auch, worauf diese Verschiedenheit beruht. Er kannte einerseits die annalistische Zählung, wie er sie bei Fabius fand, welche die Anarchie einjährig ansetzte und die Dictatorenjahre ignorirte, andererseits die Zählung der Pontificaltafel seiner Zeit, welche die Anarchie sehr wohl auch einjährig angesetzt haben kann, aber die Dictatorenjahre, ein sehr altes, ja in gewissem Sinn gleichzeitiges Zeitrechnungscomplement[130]) nothwendig aufgeführt haben

---

[130]) Dies sind allerdings die der Anarchie zugeschlagenen Jahre wahrscheinlich auch, aber sie sind wohl erst beträchtlich später eingelegt. Allem Anschein nach gehört die einjährige Anarchie der ursprünglichen annalistischen Erzählung an und es ist gar nichts im Wege, sie wenigstens im Wesentlichen für geschichtlich zu halten; die politischen Kämpfe, die zu der Sprengung des patricischen Alleinbesitzes der Aemter führen, können sehr wohl so lange fortgesetzte Interregnen herbeigeführt haben, dass diese als Jahr in der Tafel figuriren durften. Aber durch ein Lustrum hat eine solche Procedur sich nicht fortspinnen können; in dieser Ausdehnung schlägt die Anarchie dem gesunden Menschenverstand ebenso ins Gesicht wie jene Jahrdictaturen den bestehenden politischen Ordnungen. Wann und warum die Erweiterung der Anarchie stattgefunden hat, vermag ich nicht zu sagen; aber da sie gewiss bestimmt war ein chronologisches Deficit zu decken, eben wie die Dictatorenjahre, so wird sie gleichfalls bei der Jahrestafel begonnen und eine Zeitlang ausserhalb der Annalen gestanden haben. Dass die späteren Annalisten wohl die vier der Anarchie zugeschlagenen, nicht aber die Dictatorenjahre aus der Tafel übernommen haben, begreift sich; denn eine fünfjährige Anarchie war wohl sachlich, aber nicht gerade rechtlich unmöglich und störte ferner die fortlaufende

muss. So erhöhten jene 158 Jahre, die die Annalen von
der Alliaschlacht bis zu Papus und Regulus Consulat
zählten, in der nach der Pontificaltafel angesetzten Rechnung sich ihm um vier Stellen. Es steht der Annahme
_ nichts im Wege, dass er die doppelte Zählweise mit Be-
wusstsein neben einander anwandte, ebenso wie wir heut
zu Tage die livianische und die Zeittafeljahrzählung gleichmässig kennen und brauchen.

Erzählung nicht, während diese durch die Dictatorenjahre in der
That aufgehoben ward.

DAS VERZEICHNISS DER ITALISCHEN WEHR-FÄHIGEN AUS DEM JAHRE 529 DER STADT.[1])

Beglaubigte und statistisch wie historisch brauchbare Volkszählungsziffern aus dem Alterthum giebt es kaum. Unter den sparsamen Angaben aber, die einigermassen dieselben zu vertreten geeignet sind, ist kaum eine von gleicher Wichtigkeit und gleicher Beglaubigung wie die der waffenfähigen Mannschaft, welche die verschiedenen Landschaften Italiens dem Einfall der Kelten im J. 529 d. St., 225 v. Chr. theils entgegenstellten, theils entgegen zu stellen vermocht hätten. Die ältere Forschung hielt an dieser Ueberlieferung, wie sie namentlich bei Polybius 2, 24 vorliegt, einfach fest, wie denn schon Schweighäuser in der Anmerkung nachwies, dass die Theilzahlen mit den Summen im wesentlichen stimmen. Aber nachdem Niebuhr in seinen Vorlesungen (2, 52 Isler) ausgesprochen hatte, dass Polybius hier 'nicht klar gesehen' und Fabius 'sich übereilt' habe, und dann K. W. Nitzsch (Gracchen S. 18) einen Versuch ge-

---

[1]) [Zuerst veröffentlicht im Hermes Bd. 11 (1876) S. 49—60. Auf die zum Theil zu anderen Ergebnissen gelangenden Erörterungen E. Herzogs in den *commentationes Mommsenianae* S. 124—142 und Belochs im Rhein. Museum 32 (1877) S. 245 fg. ist hier Rücksicht genommen worden.]

macht hatte zu zeigen, dass der polybianische Bericht
'wohl nicht so verwirrt sei, als ihm öfters vorgeworfen
werde', werden diese Ziffern mit einem gewissen Zweifel
betrachtet; und mir wenigstens ist es nicht bekannt, dass
eine Sichtung und Rechtfertigung der Ueberlieferung seitdem gegeben worden ist. Es scheint darum nicht überflüssig auf den wichtigen Gegenstand zurückzukommnen.

Sechs Schriftsteller sind es, die uns hieher gehörige
Zahlen aufbehalten haben: Polybios 2, 24; Diodor 25, 13
p. 511 Wess.; Livius ep. 20; Eutropius 3, 5; Orosius 4, 13;
Plinius h. n. 3, 20, 138. Die grosse Rüstung erwähnt
auch Plutarch Marc. 2, aber ohne Zifferangabe. Zwei von
jenen, Eutropius und Orosius, nennen als ihren Gewährsmann den Fabius, letzterer mit dem Zusatz, dass dieser
selbst den Krieg mitgemacht habe (*qui eidem bello inter-
fuit*); sie können dies nur aus Livius entnommen haben,
der also hier, wenn auch vermuthlich nur mittelbar, aus
_ Fabius schöpfte. Vielleicht ist sogar in der Epitome: *eo
bello populum Romanum sui Latinique nominis DCCC
armatorum habuisse dicit* vor dem letzten Worte *Fabius*
ausgefallen[2]). Plinius Angaben gehen nach dem Autorenverzeichniss dieses Buches auf Antias oder wahrscheinlicher
auf Livius zurück[3]), auf jeden Fall mittelbar ebenfalls auf

---

[2]) Diese meine Vermuthung findet sich auch bei Pirogoff *de
Eutropii indole ac fontibus* (Berlin 1873) p. 81. Dass die Periochen
sonst Quellenangaben des Livius nicht wiederholt haben, scheint
mir Wölfflin (*comment. Mommsen.* p. 348) dagegen nicht mit Recht
geltend zu machen; die Autorität war offenbar bei Livius hier
besouders stark betont.

[3]) Der Auszug des Orosius beweist, dass Livius die Theilzahlen
aufgeführt, also seinen Bericht etwa in der Form abgeschlossen

Fabius. Dass Polybius, der hier überhaupt römischen Quellen folgt und diese Angabe natürlich nur aus einer solchen haben kann, sie unmittelbar aus Fabius geschöpft hat, bedarf keines Beweises. Diodor, der mit Polybios auf das Genaueste stimmt, hängt entweder von ihm oder ebenfalls von Fabius ab. Also gehen alle uns vorliegenden Angaben auf eine und dieselbe schriftstellerische Quelle zurück, auf den ältesten der römischen Annalisten, einen der Mithandelnden bei diesen Vorgängen. Dieser selbst aber entnahm seinen Bericht den officiellen Acten; denn, wie Polybios, ohne Zweifel ebenfalls nach ihm, berichtet, 'es forderten die 'Römer bei dieser Veranlassung von ihren gesammten 'Unterthanen das Verzeichniss der waffenfähigen Mann-'schaft ein, da ihnen daran gelegen war die Gesammt-'zahl der verfügbaren Streitkräfte zu kennen'[1]), während die Zahl der waffenfähigen Bürger natürlich ohnehin bekannt war. Es lohnt sich wohl der Mühe einen Bericht dieser Art so weit aufzuklären wie wir es vermögen.

Ueber die Gesammtzahl der Waffenfähigen theils überhaupt, theils gesondert nach Fussvolk und Reitern stimmen die sechs vorliegenden Zeugnisse wesentlich überein.

	Fussvolk	Reiterei	zusammen
Polybios	+ 700000	−70000	[+770000]
Diodoros	700000	70000	[770000]

---

hat, dass die Gesammtsumme 700000 Mann zu Fuss und 80000 (?) Reiter, also überhaupt gegen 800000 Mann betrage. Plinius konnte also bei ihm finden, was er vorbringt.

[1]) 2, 23, 9: καθόλου δὲ τοῖς ὑποταγμένοις ἀναφέρειν ἐπέταξε ἀπογραφὰς τῶν ἐν ταῖς ἡλικίαις, σπουδάζοντες εἰδέναι τὸ σύμπαν πλῆθος τῆς ὑπαρχούσης αὐτοῖς δυνάμεως. Vgl. c. 24, 10: καταγραφαὶ δ' ἀνηνέχθησαν Λατίνων u. s. w.

	Fussvolk	Reiterei	zusammen
Plinius	700000	80000	[780000]
Livius	—	—	800000
Eutropius	—	—	800000
Orosius	—	—	800000

Kritischen Bedenken unterliegt keine dieser Ziffern. Denn dass bei Plinius nur die beste Handschrift, der Leidensis *A*, $\overline{LX\overline{X}X}$ bewahrt hat, während die übrigen nur $\overline{XXX}$ haben, kommt nicht in Betracht. In der livianischen Perioche steht allerdings in unseren Ausgaben *eo bello populum Romanum sui Latinique nominis $\overline{CCC}$ armatorum habuisse dicit*, welche Ziffer Peter (fragm. histor. p. 37) von den Römern und Latinern im Gegensatz zu den übrigen *socii* verstanden wissen will. Aber die von mir verglichene Handschrift hat die (in den Ausgaben nicht angemerkte) Lesung *nominis ac cc armatorum*, und es ist hier, wie in diesem Codex fast regelmässig[3]) und auch sonst oft, das Zeichen für fünfhundert in *a* verdorben. — Die Zahlen stimmen ferner alle überein, nur dass sie theilweise abgerundet sind und die Abweichung in der Zahl der Reiter zwischen Polybios und Diodor eines- und Plinius anderntheils auf einen Schreibfehler in dem Text des Plinius oder seiner Vorlage zurückgeführt werden muss, da nach Polybios Angabe nur 'gegen' (*εἰς*) 70000 Reiter gezählt werden. Die Gesammtzahl von 800000 beruht ohne Zweifel auf der Summirung und Abrundung der reichlich 700000 Mann zu Fuss und der fast 70000 Reiter.

---

[3]) Bei den beiden unten (S. 398) angeführten Censuszahlen von 508 und 521 ist gleichfalls *acc* geschrieben für DCC, obwohl die Ausgaben auch diese Varianten nicht angeben.

Theilzahlen haben sich nur bei Polybios und bei Orosius erhalten. Jener stellt die folgende Classification auf:

I. active Truppen:

	Fussvolk:	Reiterei:
vier Legionen in Nord-		
italien⁹) zu 5200 z.		
F., 300 R.	20800	1200
Bundesgenössische Con-		
tingente dazu	30000	2000

		Fussvolk:	Reiterei:
mobilisirte (Gesammtaufgeb.)	der Sabiner und Etrusker	+50000	4000
	der Umbrer und Sarsinaten	20000	....
	der Veneter und Cenomanen	20000	....

	Fussvolk:	Reiterei:
zwei Legionen in Ta-		
rent u. Sicilien zu		
4200 z. F., 200 R.	8400	400
Bundesgenössische Con-		
tingente dazu	....	....

	Fussav.	Reit.	zus.
	+149200	7600	+156800

II. hauptstädtische Reserve:

	Fussvolk:	Reiterei:	zus.
Bürgertruppen	20000	1500	
Bundestruppen	30000	2000	
	50000	3500	53500

III. nicht einberufene Waffenfähige:

	Fussvolk:	Reiterei:
der Römer und Cam-		
paner	250000	23000
der Latiner	80000	5000
der Samniten	70000	7000
der Iapyger und Mes-		
sapier	50000	16000

---

⁹) Das eine consularische Heer stand zwar zu Anfang des cisalpinischen Krieges in Sardinien, erschien aber während desselben auf dem Kriegsschauplatz und ist hier offenbar mitgerechnet.

	Fussvolk:	Reiterei:			
der Lucaner	30000	3000			
der Marser, Marruciner, Frentaner, Vestiner	20000	4000	Fussv.	Reit.	zus.
			500000	58000	558000
			+ 699200	69100	+ 768300

Die Scheidung nach Bürgern und Bundesgenossen ergiebt folgende Aufstellungen:

I. Bürgertruppen:

vier active Legionen in Norditalien	20800	1200			
zwei Legionen in Tarent und Sicilien	8400	400			
hauptstädtische Reserve	20000	1500			
nicht einberufene Römer und Campaner	250000	23000	Fussv.	Reit.	zus.
			299200	26100	325300

II. Bundesgenossen:

bei der Nordarmee	30000	2000			
einberufene Sabiner und Etrusker	+ 50000	4000			
„ Umbrer und Sarsinaten	20000	....			
„ Veneter und Cenomanen	20000	....			
in Tarent und Sicilien	....	....			
hauptstädtische Reserven	30000	2000			
nicht einberufene Latiner	80000	5000			
„ „ Samniten	70000	7000			
„ „ Iapyger und Messapier	50000	16000			
„ „ Lucaner	30000	3000			
„ „ Marser, Marruciner, Frentaner, Vestiner	20000	4000			
			+ 400000	43000	+ 443000
			+ 699200	69100	+ 768300

Vier Einzelposten sind also bei Polybios ausgefallen: —
bei dem Fussvolk die den Legionen von Tarent und Sicilien beigegebene Bundesgenossen-Infanterie; bei der Reiterei
die bundesgenössische derselben beiden Legionen, so wie
vermuthlich auch die der Umbrer und der Transpadaner.
Denn dass in den Ziffern, die für diese gegeben werden,
Fussvolk und Reiter zusammengerechnet sind, ist weniger
wahrscheinlich, da diese Liste sonst durchaus die beiden
Waffen trennt[1]). Die jenen Legionen beigegebene Infanterie
kann auf 10000—12000 Mann angeschlagen werden; die
Bestandzahl der drei fehlenden Reiterabtheilungen lässt
sich nicht mit Sicherheit schätzen, mag aber etwa 4000—5000
betragen haben. — Ob diese Auslassungen schon von Fabius
verschuldet sind oder Polybios selbst hier kleine Flüchtigkeiten begangen hat, wie sie auch sonst wohl in Neben-
sachen bei ihm begegnen, ist nicht zu entscheiden.

Mit dem ausführlichen polybischen Bericht ist die kurze
Angabe des Orosius zusammenzuhalten: *octingenta milia
armatorum fuisse referuntur . . . . . ex quibus Romanorum et Campanorum fuerunt peditum trecenta quadraginta
octo milia ducenti, equitum vero viginti sex milia sescenti:
cetera multitudo sociorum fuit.* Die Zahl der Bürgerreiterei stimmt mit den Theilzahlen bei Polybios bis auf
500 Köpfe überein; die des Fussvolks weicht ab, aber
offenbar nur in Folge eines leichten Schreibfehlers, indem
aus der polybischen Ziffer $\overline{\mathrm{CCLXXXXVIIIICC}}$ die oro-

---

[1]) Nitzschs Annahme, dass die Umbrer und die Transpadaner
überhaupt keine Reiterei gehabt hätten, ist unhaltbar. Wenn die
Kelten mit 50000 zu Fuss und 20000 Pferden auf Rom marschirten
(Polyb. 2. 23. 4), wie konnten da die keltischen Cenomanen und
die Veneter gar keine Reiterei besitzen?

sische $\overline{\text{CCCXXXXVIII}}$CC durch Uebergang eines L in C
und Ausfall einer Einheit hervorgegangen ist*). Die Zuverlässigkeit und Unverdorbenheit der polybischen Theilzahlen wird also hiedurch schlagend bestätigt.

Anders verhält es sich mit der bei Polybius selbst vorliegenden Summirung der activen Truppen. Die Theil-
angaben schliessen mit den Worten: ὥστ᾽ εἶναι τὸ κεφάλαιον τῶν μὲν προκαθημένων τῆς ῾Ρώμης δυνάμεων πεζοὶ
μὲν ὑπὲρ πεντεκαίδεκα μυριάδες, ἱππεῖς δὲ πρὸς ἑξακισ-
χιλίους, τὸ δὲ σύμπαν πλῆθος τῶν δυναμένων ὅπλα
βαστάζειν αὐτῶν τε ῾Ρωμαίων καὶ τῶν συμμάχων πεζῶν
ὑπὲρ τὰς ἑβδομήκοντα μυριάδας, ἱππέων δ᾽ εἰς ἑπτὰ
μυριάδας. Die Theilzahlen der activen Truppen, die uns
vorliegen, ergeben 149200 zu Fuss und 7600 Reiter, während
hier als Summen + 150000 und 6000 angegeben werden.
Wenn K. W. Nitzsch (a. a. O.) indem er die beiden
Legionen in Tarent und Sicilien gegen Polybios eigene
Angabe von 4400 M. rund zu 4000 rechnet und sodann,
weil sowohl 148400 + 7600 wie 150000 + 6000 beide die
gleiche Summe von 156000 Mann geben, die bei Polybios
überlieferten Summen gerechtfertigt zu haben meint, so
wird man ihm darin nicht folgen dürfen; da die Theilzahlen differiren, müsste die Harmonie der Hauptsumme,
auch wenn sie vorhanden wäre, als zufällig betrachtet
werden. In der That sind diese polybischen Gesammtsummen

---

*) Die massgebenden Handschriften des Orosius stimmen, wie
Zangemeister mir mittheilt, in den Zahlen überein. Niebuhr
R. G. 2. 81 hat $\overline{\text{CCXXXXVIII}}$CC hergestellt (siehe S. 391 A. 9);
besser A. v. Gutschmid bei Wietersheim 1, 238 CCCX$\overline{\text{LVIII}}$CC
in $\overline{\text{CCXCVIII}}$CC geändert.

mit den bei ihm überlieferten und, wie gezeigt ward, kritisch
gesicherten Theilzahlen nicht in Einklang zu bringen.
Sie sind es noch weniger, wenn man die bei Polybios
fehlenden Posten einstellt: man würde dadurch für die
active Infanterie etwa auf 160000, für die Reiterei mindestens
auf 8000 Köpfe kommen. — Aber die ganze erste Hälfte
der Summenziehung ist sachlich wie sprachlich bedenklich:
sachlich, weil Polybios diese Uebersicht giebt, um die
römische Streitkraft mit derjenigen Hannibals zu vergleichen, wofür es doch in keiner Weise in Betracht kommt,
wie stark das eben im J. 529 im Felde stehende Aufgebot
war; sprachlich, weil die Construction fehlt, wesswegen
Bekker ἦν statt εἶναι hergestellt hat. Man wird darum
Hultsch beistimmen müssen, wenn er die Worte von
κεφάλαιον bis τὸ δὲ als Glossem bezeichnet hat. Wie
man übrigens über diese kritische Frage urtheilen möge,
sachlich kommt auf ihre Beantwortung überall nichts an.

Die aufgestellte Rechnung geht von der Voraussetzung
aus, der auch die älteren Gelehrten, wie zum Beispiel
Schweighäuser zum Polybios und noch der ältere Zumpt
(über den Stand der Bevölkerung im Alterthum, Abh. der
Berl. Akad. 1840 S. 19) und von Wietersheim (Geschichte
der Völkerwanderung 1, 191) stattgegeben haben, dass die
von Polybios in der dritten Kategorie nach den Listen
aufgeführten Waffenfähigen mit den beiden ersten Kategorien der zum activen Dienst oder zur Reserve einberufenen Mannschaften zusammenzuzählen sind oder, was
dasselbe ist, dass die in die dritte Kategorie eingestellten
Posten die Restsummen sind der gesammten Waffenfähigen
nach Abzug der Einberufenen. In der That müssen
sie dies sein. Denn wenn Fabius ohne Zweifel diese Ziffern ⎯

hinsetzte, um darzulegen, in welcher Weise die römische
Vormacht die Vertheidigung von Italiens Nordgrenze führte
und erforderlichen Falls zu steigern im Stande war, so kam
es dagegen dem Polybios, wie eben bemerkt ward, keineswegs darauf an die Zahl der im J. 529 zufällig im Felde
stehenden Leute mitzutheilen, sondern Roms Waffenmacht
für diese Epoche klar zu legen. Hätte er also die Ziffern der
Waffenfähigen in ihren Gesammtbeträgen angegeben gefunden, so hatte er keine Veranlassung durch jene weit-
läufigen Theilposten seine Ansätze zu vervielfachen und
seine Resultate zu verdunkeln. Nitzsch freilich sagt, hierin
Niebuhr folgend[9]), dass die activen Legionen 'unstreitig
in der später angeführten Zahl der Römer und der Campaner wieder mit enthalten seien'[10]), und indem er von der

---

[9]) Denn dessen S. 388 A. 7 angegebene Herstellung der Zahl
bei Orosius 248200 + 26600 beruht ebenfalls darauf, dass die polybischen Ziffern 250000 + 23000 die Gesammtzahl der waffenfähigen römischen Bürger darstellen.

[10]) [Belochs Vertheidigung der Niebuhrschen Auffassung hat
mich nicht überzeugt. Warum es zweckmässiger gewesen sein soll
neben die Ziffern der mobilisirten Truppen statt der Restsummen
der nicht mobilisirten vielmehr die Gesammtsummen zu stellen, ist
nicht erfindlich; vielmehr ist es einleuchtend, dass bei der letzteren
Annahme die ersteren Zahlen ein leerer Ballast sind, den ein
Schriftsteller von Polybios Art nimmermehr zulassen konnte. Auf
jeden Fall aber musste, wenn Polybios neben die Ziffern der
Mobilen die der Gesammtaufgebote stellen wollte, jede Reihe
besonders summirt und mit derjenigen Deutlichkeit, die man von
einem solchen Schriftsteller verlangt, die erste Summe als in der
zweiten enthalten bezeichnet werden, was er keineswegs thut. Er
musste ferner, wenn die unter I und II aufgeführten Römer und
Latiner in der Ziffer von III noch einmal enthalten sind, auch
den gesammten norditalischen Landsturm, den er als mobilisirt

ersten Kategorie nur die mobilisirte Landwehr mit zusammen 90000 + 4000 Mann und sodann die ganze dritte
mit 500000 + 58000 Mann aufnimmt, erhält er aus den
Theilposten Gesammtzahlen von 590000 + 62000, also
gegen die von Polybios selbst genannten ein Deficit von
109200 + 7100 Mann. Bei dem Versuch der Deckung
desselben durch die in keiner Weise motivirte Annahme, dass
einige Landschaften wohl die Listen nicht nach Rom eingesendet haben möchten, verweile ich nicht. Die wesentliche Vollständigkeit des Verzeichnisses soll weiterhin nachgewiesen werden, und es ist daher nicht nöthig die be-
denklichen Fragen aufzuwerfen, woher denn Polybios die
fehlenden Posten dennoch insoweit kannte, dass er sie in
die Gesammtsumme mit hineinzog, und wenn er sie kannte,
warum er sie bei den Theilposten nicht mit aufführte.
Vielmehr beruht jenes Deficit lediglich auf einem Missverständniss des nach meiner Meinung vollkommen klaren
polybischen Berichtes. Mit Polybios Theilzahlen stimmen
seine Gesammtsummen wesentlich überein und scheinen
geradezu aus eben diesen Theilzahlen gezogen. Denn
nach diesen beträgt das Fussvolk 699200 Mann, worunter
ein Posten mit 'über 50000' sich findet, die Reiterei
69100 Pferde; was den Summen von über 700000 und fast
70000 Mann genügend entspricht. Wenn man dagegen
annimmt, dass die polybischen Summen auch die wahrscheinlich ausgefallenen Posten enthalten, also eine ältere
Summirung wiedergeben, so würde das Fussvolk um etwa

---

unter I verzeichnet, in der dritten Kategorie ebenfalls aufführen
oder doch wenigstens darauf verweisen, wenn er nicht geradezu
den Leser in die Irre führen wollte.]

10 — 12000 Mann, die Reiterei um mindestens 3 bis 4000 Pferde höher zu stehen kommen. Die Summe für die Infanterie stimmt auch in diesem Fall; aber die der Reiter würde alsdann nicht, wie Polybios sagt, gegen, sondern über 70000 Pferde betragen.

[Es bleibt noch übrig das Verhältniss der Contingente und der Gesammtaufgebote der Bundesgenossen zu bestimmen. Eine jede italische Gemeinde hatte bekanntlich *ex formula togatorum* eine im Maximum (Liv. 29, 15, 6) ein für allemal normirte Zahl von Mannschaften und Pferden zu stellen. Da man bereits in einem grossen Theil der abhängigen Gemeinden die gesammte Mannschaft unter die Waffen gerufen hatte, so waren diese regulären Contingente damals ohne Zweifel sämmtlich eingefordert und standen entweder im Felde oder in Rom als Reserven, im Gesammtbetrag, abgesehen von der nicht beträchtlichen in Tarent und Sicilien stehenden im Verzeichniss fehlenden Zahl, von 60000 Mann und 4000 Reitern. Ausserdem hatte man diesmal ausserordentlicher Weise die Gesammtliste der waffenfähigen Mannschaften eingefordert und im Norden Italiens sogar dieselben mobil gemacht; dies sind die nach Landschaften gruppirten Ansätze. Die von jeder Gemeinde vertragsmässig zu stellenden ordentlichen Contingente sind dabei ohne Zweifel von Haus aus in Abzug gebracht und die Frage gleich so gestellt worden, wie viele Waffenfähige in einer jeden Gemeinde über ihr Contingent hinaus vorhanden seien.[11])]

---

[11]) Fabius hatte also keineswegs, wie Beloch meint, die Restziffern auszurechnen, sondern die Listen, die dem Urheber dieser Aufstellung vorlagen, waren von Haus aus auf Ergänzungsziffern gestellt.

An diese Ergebnisse knüpfen sich sowohl in Betreff
des Aufgebots der Bundesgenossen wie desjenigen der
Bürger weitere Folgerungen. Zunächst kommt in Frage,
ob das Verzeichniss auch diejenigen Bezirke Italiens umfasst, die von der Contingentstellung befreit waren. Was
indess die Bürgercolonien anlangt, so gilt für die bei
weitem meisten derselben die Befreiung vom Landdienst
nach bekannter römischer Ordnung bei dem *Gallicus
tumultus* nicht, und es sind also von diesen Gemeinden
die Listen der Wehrfähigen im J. 529 ohne Zweifel mit
eingefordert worden.   Selbst die wenigen rechtlich schlechthin befreiten Seecolonien, wie namentlich Ostia und Antium
(Liv. 27, 10), können in einem derartigen Fall recht wohl
ihre Listen freiwillig eingesendet haben.   Ob die griechischen
Städte Süditaliens, die bekanntlich regelmässig nur Schiffe
zur Flotte stellten, darum von jedem Landdienst befreit
waren, wissen wir nicht; möglich ist es, dass die Bündniss-
verträge jenen Seestädten Rechte einräumten, wie sie
selbst die Hafenfestungen Roms nur ausnahmsweise besassen, und dass dies Moment bei den Ansetzungen für Süd-
italien mit in Rechnung zu ziehen ist[12]). — Die Bruttier

---

[12]) [Schon aus diesem Grunde, aber auch überhaupt ist es mehr
als bedenklich, wenn Beloch S. 247 meint, 33000 Waffenfähige für
die Lucaner und Bruttier seien zu wenig, da ein lucanisches Heer
von 34000 M. bei Diodor 14, 101 'schon 390' (als ob seitdem die
Bevölkerung zugenommen hätte!) und ein bruttisches Aufgebot
von 15000 Mann im hannibalischen Kriege (Liv. 24, 2) erwähnt
wird. Wer nur einige Vorstellung von den Daten hat, die wir
besitzen müssten, um über dergleichen Ziffern 'entschieden' zu
urtheilen und die uns sämmtlich fehlen, wird jede auf solche
Prämissen gebaute Erörterung kurzweg bei Seite legen.]

fehlen nicht, wie Zumpt, Nitzsch und Wietersheim meinen;
sie sind vielmehr, wie in dem ein Jahrhundert vor
dieser Aufnahme abgefassten Periplus des Skylax § 12,
unter den Lucanern mit begriffen, und es ist dies ein
zweites Zeugniss dafür, dass diese Völkerschaft erst sehr
allmählich als eigene Landschaft anerkannt worden ist. —
[Wenn man ferner diejenigen Bewohner Campaniens vermisst hat, die nicht römische Vollbürger, wie die Ansiedler
auf dem falernischen Acker, oder Bürger der Stadt Capua
waren[13]), so ist dagegen zu erinnern, dass Polybios die
Bewohner der Landschaft, die *Καμπανοί*[14]) und die Bürger
von Capua, die *Καπυανοί*[15]) sorgfältig unterscheidet und
hier mit gutem Bedacht jenen Ausdruck braucht, welcher
nicht bloss die Bürger der Stadt Capua einschliesst, sondern
auch diejenigen der übrigen Gemeinden dieser Landschaft,
welche damals mit Capua gleichen Rechts waren, wie zum
Beispiel von Atella, Calatia, Casilinum, Acerrae, Suessula,
Kyme, auch wohl von Nola, Nuceria, Teanum. Ohne
Zweifel sind in gleicher Weise die römischen *legiones
Campanae* aufzufassen, welche vermuthlich *a potiori* also
hiessen, da den Römern die Bezeichnung *Campani* für
die Bewohner der Landschaft erst beträchtlich später
geläufig geworden ist. — Das neue Latium enthielt allerdings damals noch ausser den Vollbürgergemeinden und
den latinischen Colonien eine beträchtliche Anzahl von
Halbbürgerstädten, wie zum Beispiel Fundi und Formiae.

---

[13]) Dies thun Beloch a. a. O. S. 247 und Herzog a. a. O.
S. 135.

[14]) Dies braucht er sonst nur von den Lanzknechten 1, 7. 8,
die natürlich nicht allein aus der Stadt Capua herkamen.

[15]) So 3, 118. 9, 5. 24, 15, 4; vielleicht auch *Καπυήσιοι* 7, 1.

Diese dürften aber nicht in eigenen Legionen, wie die
campanischen Halbbürger, sondern mit in den römischen
gedient haben und demnach bei dem Bürgeraufgebot mitgezählt sein. [16]) Die wenigen Gemeinden aber der Landschaft, die nicht römisches Bürgerrecht besassen und auch
nicht latinische Colonien waren, wie zum Beispiel die Herniker-
stadt Ferentinum, haben latinisches Recht erhalten [17]) und
sind also bei Latium mitgezählt.— Die Sabiner fehlen, weil sie
damals bereits Vollbürgerrecht besassen. —] Noch weniger
durfte Nitzsch zur Deckung seines Deficits die Paeligner
heranziehen; dass von den kleinen Völkerschaften der
Abruzzen nur vier (Marser, Marruciner, Frentaner, Vestiner),
nicht aber Paeligner und Praetuttianer genannt sind, erklärt
sich bei dem zusammenfassenden Charakter dieser Aufzeichnungen von selbst. — Die Bewohner von Picenum
und des ehemals senonischen Gebiets *(ager Gallicus)*
fehlen nur scheinbar. Während in dem übrigen Italien
die Gemeinden, welche Rom vorfand, im Allgemeinen

---

[16]) [Dasselbe gilt auch wohl für Caere und die sonstigen nicht
zahlreichen Halbbürgergemeinden Norditaliens. Ueberhaupt aber
muss erinnert werden, dass bei unserer sehr unvollständigen
Kunde über die Modalitäten der bundesgenössischen Heerleistung
und bei der grossen Schwierigkeit die Kategorien der römischen
Bürger, der Latiner, der Campaner genau zu bestimmen man
sehr vorsichtig sein muss mit der Annahme von Lücken in diesem
Verzeichniss; während es andrerseits bei seiner gesammten Beschaffenheit nicht befremden kann, wenn eine Anzahl Gemeinden
geringerer Bedeutung in der That ausserhalb der aufgestellten
Kategorien bleibt. Die gesammte Liste ist nun einmal sehr im
Groben gegriffen; wie sie ja auch die mobilisirten Abtheilungen
einfach nach dem Normaletat in Ansatz bringt.]

[17]) Liv. 34, 42.

bestehen blieben und nur in die römische Clientel traten,
wurden die früheren Bewohner dieser Landschaft bei der
römischen Eroberung bekanntlich exterminirt, das heisst
wenn nicht schlechthin ausgerottet, doch nicht zur Bildung
abhängiger und contingentpflichtiger Gemeinden zugelassen;
die Bürger- und die latinischen Colonien aber, welche Rom
hier anlegte, wie Sena Gallica und Ariminum, so wie die
praefecturae vollen römischen Bürgerrechts und wieder die
fora et conciliabula civium Romanorum[18]) sind in dem
Aufgebot der Bürgerschaft und der Latiner enthalten.

Auf das cispadanische Gebiet war damals die Herrschaft Roms noch nicht erstreckt; die grossen römischen
Städte Cremona, Placentia, Parma, Mutina, Bononia sind
alle späterer Entstehung; die mächtigste Völkerschaft dieser
Gegend, die Boier, standen damals gegen die Römer unter
Waffen[19]). Noch mehr gilt dies von den Transpadanern,
deren Ausschluss auch Plinius hervorhebt; nur die Veneter
und die gallischen Cenomanen machen eine Ausnahme als
damals mit Rom verbündet. Sieht man von diesen beiden

---

[18]) [Beloch S. 248 hat dies sehr wesentliche Element ganz
übersehen. Jede Specialuntersuchung bestätigt, dass in Mittel-
italien vor dem Bundesgenossenkrieg die ohne Städteverfassung
in den Märkten und Flecken wohnhaften römischen Bürger einen
beträchtlichen Theil der Bevölkerung Italiens ausgemacht haben
müssen. In Picenum zum Beispiel sind Asculum und Auximum
in dieser Epoche wohl nichts anderes gewesen. Dies änderte
sich in Folge des Bundesgenossenkriegs, indem damals wahrscheinlich ganz Italien in Territorien von Vollbürgern getheilt
ward und jeder in einem solchen heimathberechtigte Römer
dieser Gemeinde als *civis* angehörte.]

[19]) Nitzsch führt sie aus Versehen unter den römischen Bundesgenossen mit auf.

Völkerschaften ab, so umfasst das Verzeichniss das italische Festland im Nordwesten bis zum Apennin, im Nordosten bis zum Rubico.

Die Gesammtzahl der waffenfähigen römischen Bürger einschliesslich der campanischen Halbbürger belief sich hienach im J. 529 auf 325300 Köpfe. Es fragt sich, wie diese Zahl sich zu denen des Census verhält. Der damals geltende Census ist der des J. 524/5, dessen Ziffer wir nicht besitzen; die nächstangrenzenden uns erhaltenen sind die folgenden:

502/3	297797	(Liv. 18)
507/8	241717	(Liv. 19: vgl. S. 385 A. 5)
513/4	260000	(Eusebius J. Abr. 1774/3)
520/1	270713	(Liv. 20: vgl. S. 385 A. 5)
545/6	137108	(Liv. 27, 36)
550/1	214000	(Liv. 29, 37).

Einer Rechtfertigung bedarf nur der vierte dieser Ansätze, da diese Ziffer auf den Census des J. 534/5 bezogen zu werden pflegt. Sie beruht auf der Angabe der livianischen Epitome 20, die in der Handschrift also lautet: *lustrum a censoribus per conditum est: primo lustro censa sunt civium capita cclxx.accxiii.* Da in dieses Buch die vier Lustren 40—43 von 521. 525. 530. 535 fallen, so ist es evident, dass für *per* zu schreiben ist *quater* (oder, wenn man annimmt, dass Livius oder der Epitomator ein Lustrum übersah, *ter*) und dass die Periocha am Schluss die Schätzungsberichte zusammenfasst, aber nur von dem ersten die Ziffer beibringt. Da in dem Apparat der Ausgaben die Lesung der massgebenden Heidelberger Handschrift fehlt, ist die Stelle falsch behandelt[20]) und falsch bezogen worden.

In diese Reihe nun würde zwar die polybische Ziffer von 273000 Mann, als Bürgeraufgebot überhaupt betrachtet, sich recht gut einfügen, und es hat diese Uebereinstimmung sowohl Niebuhr, der (R. G. 2, 31) sie ausdrücklich geltend macht, wie ohne Zweifel auch Nitzsch hauptsächlich zu ihrer oben erörterten Auffassung der polybischen Zahlen geführt. Die Ziffer dagegen, die wir für das Bürgeraufgebot gefunden haben, von 325300 Mann ist augenscheinlich zu hoch; und es scheint hier ein Widerspruch vorzuliegen, an dem das Gesammtergebniss scheitert. Aber es findet hierin vielmehr nur eine weitere Bestätigung. Sowohl Polybios wie noch Orosius sprechen es ausdrücklich aus, dass unter dem nicht mobilisirten Bürgeraufgebot von 273000 Mann und demnach auch unter der Gesammtsumme des Bürgeraufgebots von 325300 Mann die *cives Romani Campani* mit einbegriffen sind. Bekanntlich hatten diese, trotz ihres römischen Bürgerrechts, noch selbständige Legionen und also ohne Zweifel auch einen zwar dem römischen conformirten, aber doch für sich bestehenden Census. Dass bei den gewöhnlichen Schätzungssummen unter den *capita civium Romanorum* diese *cives sine suffragio* nicht mit einbegriffen sind, hat an sich grosse Wahrscheinlichkeit[21]) und es spricht weiter dafür, dass Polybios und Orosius bei diesen

---

[20]) Zum Beispiel hat Niebuhr R. G. 2, 81, irre geführt durch das in den interpolirten Texten nach *censoribus* eingeschobene *bis*, geschrieben *primo lustro* CCLXX̄, *altero* CCLXXIII.

[21]) [Staatsrecht 2³, 350. Für sämmtliche Halbbürgergemeinden gilt dies indess schwerlich.]

Listen die *Campani* noch besonders hervorheben, vermuthlich doch, weil man sie den römischen Wehrpflichtigen bei der regelmässigen Zählung nicht zuschlug, während sie hier, wo die italische Wehrmannschaft gezählt werden sollte, nicht wegbleiben konnten. Nun haben wir bei Livius (23, 5) eine Angabe aus dem J. 538, also nur neun Jahre später als die uns beschäftigende Liste, wonach Capua überhaupt 30000 Mann zu Fuss und 4000 Reiter zu stellen vermochte. Da Livius dieselbe in einer Rede vorbringt, in welcher Form er bekanntlich selbständige Thatsachen nicht mitzutheilen, sondern nur das anderweitig von ihm beigebrachte historische Material rhetorisch zu variiren pflegt, so hat es nicht geringe Wahrscheinlichkeit, dass er dieselbe eben bei der Gesammtzählung des J. 529 mitgetheilt hatte und sie daraus hier wiederholt[22]). Bringen wir diesen campanischen Posten von den polybianischen Ziffern in Abzug, so erhalten wir

	299200	26100	325300
Campaner	30000	4000	34000
	269200	22100	291300

für die bei der römischen Aushebung in Betracht kommenden römischen Bürger: und es wird nun keines weiteren Nachweises bedürfen, wie passend die Ziffer von ungefähr

---

[22]) [Allerdings hat er dann durch Missverständniss den Ansatz auf die Stadt bezogen, der für die Landschaft gilt. Aber wenn, wie dies sehr wahrscheinlich ist, die Ziffern in seiner Quelle nur insoweit mehr detaillirt waren als sie es bei Polybios sind, dass in der dritten Liste Römer und Campaner geschieden waren, ihm also für Kyme und so weiter besondere Ziffern nicht vorlagen, so konnte er sehr leicht dazu kommen die 'Campaner' auf die Stadt Capua zu beziehen.]

291300 Köpfen als die Summe des im J. 525 aufgestellten Verzeichnisses oder vielmehr der darauf beruhenden *tabulae iuniorum* für 529 in die Censusreihe sich einfügt. Die verhältnissmässig starke Steigerung wird auf das flaminische Ackergesetz vom J. 522[23]) oder auf irgend eine andere der zahlreichen hier einwirkenden für uns nur selten bestimmt zu erkennenden Zufälligkeiten zurückgehen.

Damit ist denn weiter der Satz erwiesen (Staatsrecht 2², S. 400), dass die römischen Censuszahlen, so weit sie überhaupt als historisch beglaubigt angesehen werden können, auf die *tabulae iuniorum* (Liv. 24, 18, 7) sich beziehen, das heisst dass damit die männlichen römischen Bürger vom Anfang des 18. bis zum Ende des 46. Lebensjahres gezählt worden sind. [Hiemit im Gegensatz nimmt Herzog an, dass auch die *seniores* mit in Ansatz gebracht seien. Er stützt dies wesentlich darauf[24]), dass die fabische Angabe der Kopfzahl für den ersten Census von 84000 *eorum qui arma ferre possent* (Liv. 1, 44) mit der ebenfalls fabischen für den Census von 529

---

[23]) [In dies Jahr setzt das Gesetz Polybios 2, 21 (vgl. oben S. 357), dagegen Cicero *de sen.* 4, 11 in das J. 526. Herzog a. a. O. S. 136 versucht den Widerspruch in der Weise auszugleichen, dass er das Gesetz in 522, die Ausführung in 526 bringt; aber er übersieht, dass Cicero den Flaminius als Volkstribun bezeichnet und dass ein derartiges 522 erlassenes Gesetz unmöglich bis zum J. 526 ein leerer Buchstab geblieben und dann in Ausführung gebracht sein kann. Es bleibt nichts übrig als den Widerspruch anzuerkennen und der besseren Autorität zu folgen.]

[24]) Dass Plutarch *de fort. Rom.* a. O. die livische Ziffer von 250000 Köpfen (Liv. 9, 19, 2) mit 130000 wiedergiebt, macht nach keiner Seite Beweis.

gleichartig sein müssten und dass, da jene die *centuriae seniorum* mit umfasse, dasselbe auch von der zweiten zu gelten habe.   Dass aber die erstere Zahl die *seniores* mit einschliesst, beruht auf der von mir aufgestellten Combination (R. G. 1⁶ S. 95), dass jene Zahl aus dem ältesten Feldheer von zwei Legionen zu 4200 M. dadurch herausgerechnet ist, dass man ein ebenso starkes Besatzungsheer daneben annahm und, indem man die also gefundenen 16800 Waffenfähigen als Familien zu je fünf Köpfen ansah, für die Gesammtbevölkerung die Ziffer von 84000 Köpfen fand, welche dann irrthümlich auf die Waffenfähigen übertragen ward.   Ob es zulässig ist auf eine hypothetische Annahme in dieser Art weiter zu bauen, mag dahin gestellt sein; aber auch wer jene Combination als thatsächlich richtig anerkennt, wird doch als ihren Urheber nimmermehr den Fabius betrachten können. Die Entwickelung aller dieser schematischen Zahlen fällt in diejenige Epoche, in welcher die Annalistik mehr der geschäftlichen als der litterarischen Aufzeichnung angehörte.   Mag die Ziffer 84000 so oder so entstanden sein, Fabius fand sie vor und betrachtete sie, sei es nun im Sinn ihres Urhebers oder auch nicht, als den zu seiner Zeit praktisch geläufigen gleichartig.   Noch weniger also wird die Frage, welche Kategorien in die späteren Censussummen hineingezogen seien, davon abhängig gemacht werden dürfen, ob dieselben Kategorien auch für den ersten Census passen oder nicht; mag immer wer jene Ziffer des ersten Census herausgerechnet hat, dabei nur die *assidui* der fünf Klassen einbegreifen und die Proletarier und Freigelassenen haben ausschliessen wollen, so folgt daraus, dass Fabius die Ziffer wiederholt, noch durchaus nicht, dass die

Censoren zu seiner Zeit diese Personen nicht verzeichneten
oder auch nur nicht summirten. Für die historisch
beglaubigten Zahlen wird vielmehr festzuhalten sein, dass
in dem Census nicht die in der That für die regelmässige
Aushebung geeigneten, sondern sämmtliche im Allgemeinen
durch ihr Alter und durch ihr Bürgerrecht zum Felddienst
berufenen Personen verzeichnet werden, aus denen weiter
die aus besonderen Gründen vom regelmässigen Dienst
entweder befreiten oder ausgeschlossenen Personen auszuscheiden nicht den Censoren, sondern den Aushebungs-
beamten obliegt.

Sind also die Argumente hinfällig auf welche Herzog
sich stützt, so ruht die Annahme, dass es sich hier nur
um die *iuniores* handelt, vor allen Dingen auf dem festen
Grunde der inneren Nothwendigkeit. Kein praktischer
Militär wird die Mannschaften, die das sechsundvierzigste
Lebensjahr überschritten haben, für den Felddienst wesentlich in Anschlag bringen; es ist diese Altersgrenze so
ziemlich die höchste, welche bei Veranschlagung des
militärisch brauchbaren Materials angenommen werden
kann. Wenn, so lange die Vertheidigung der Mauern der
eigenen Stadt in der römischen Kriegführung eine wesentliche Rolle spielte, es angemessen war für diese Alters-
klasse ebenfalls die militärische Organisation vorzubereiten,
so kann Polybios bei den zu seiner Zeit obwaltenden
Verhältnissen und bei seiner praktischen Einsicht in
das Kriegswesen diesen ziffermässig recht ansehnlichen
Theil der Bevölkerung unmöglich in die italischen Mannschaften ἐν ταῖς ἡλικίαις mit hineingezogen und seine
Leser so leichtfertig in die Irre geführt haben. Noch
weniger kann man den Römern zutrauen, dass sie im

26*

J. 529 in ganz Norditalien jeden Mann unter sechzig Jahren an die Landesgrenze geschickt haben sollte. Vielmehr ist *ἐν ταῖς ἡλικίαις* deutlich die Uebersetzung von *iuniores*, und sind diese und nur diese gemeint. Wahrscheinlich hat in Folge der römischen Rechenscheu bei dem Census eine Kopfzählung der *seniores* überall nicht stattgefunden, ebenso wie sie offenbar bei den Knaben und den selbständigen Frauen unterblieben ist; diese Ziffern hatten keine unmittelbare geschäftliche Verwendung, während dagegen die Summirung bei den *tabulae iuniorum*, besonders wenn man sie sich detaillirt denkt, die geradezu unentbehrliche Grundlage für die militärische Organisation war.]

Die statistische Verwerthung dieser Ziffern, die zuletzt Wietersheim[25]) versucht hat, liegt nicht im Kreise dieser Untersuchung. Doch glaube ich, damit diese wünschenswerthe Prüfung nicht von unrichtigen Gesichtspunkten ausgehe, noch hinzufügen zu müssen, dass Nitzsch aus

---

[25]) Geschichte der Völkerwanderung 1, 191 f. Für denjenigen, der die Untersuchung von dieser Seite her aufnehmen möchte, bemerke ich, dass nach meiner Ansicht die von Wietersheim als fehlend bezeichneten Kategorien mit Ausnahme der dritten, das ist der aus zufälligen Gründen bei dem Census des J. 524/5 übergangenen Personen, nicht in Anschlag kommen. Insbesondere sind die aus körperlichen Gründen zum Militärdienst untauglichen Personen ohne Zweifel mitgezählt, da es, wie so eben bemerkt ward, nicht den Censoren, sondern den die Aushebung leitenden Beamten oblag dieselben auszuscheiden. Dasselbe gilt von den durch Privilegium vom Dienst befreiten Leuten; die Prüfung dieser *vacatio* geht ebenfalls nicht den Censor an. Eher kann es sein, dass die aus politischen Gründen vom ordentlichen Heerdienst ausgeschlossenen Personen, insbesondere die Freigelassenen,

den Reiterziffern mit Unrecht auf den Pferdestand der
betreffenden Landschaften geschlossen hat. Die sogenannten
Reiter der censorischen Zählung sind vielmehr diejenigen,
die ihrem Vermögensstand nach für diesen kostspieligeren
Dienst befähigt sind[26]), wobei es freilich durchaus zweifelhaft bleibt, ob die für die augustische Zeit feststehende
Grenze des Rittercensus von 400000 Sesterzen (70000 M.)
schon für diese Epoche angenommen werden kann. Man
wird also vielmehr aus diesen Ziffern zu schliessen haben,
dass das Verhältniss der wohlhabenden zum Rossdienst
befähigten und der zu einem niederen Steuersatz veran-
schlagten Bürger (mit Ausschluss auch hier der überall
nicht steuerfähigen *capite censi*) damals in Italien durchschnittlich 1 : 10 war, jedoch so, dass an der Ostküste die
Zahl der Vermögenden (in der südlichen Hälfte nahezu 1:3,
in der nördlichen 1 : 5) auffallend überwog, während theils
in den westlichen Landschaften, theils bei den Römern
und mehr noch bei den Latinern die Zahl der kleinen
Vermögen sich relativ höher stellte. Dies stimmt im allgemeinen wohl zu den uns bekannten Verhältnissen,
namentlich zu dem Vorwiegen der Heerdenwirthschaft

---

in der Gesammtzahl fehlen; wahrscheinlich aber scheint mir auch
dies nicht, da die Ausschliessung keine absolute war und im
Nothfall oft auf diese Kategorie zurückgegriffen worden ist.
Die Censoren werden also vermuthlich verpflichtet gewesen sein
sie in den Listen mit Angabe ihrer Libertinenqualität aufzu-
führen; das Weitere blieb dann auch hier den aushebenden Beamten überlassen.

[26]) Also nicht diejenigen, denen der *equus publicus* adsignirt
ist, sondern die, die für diese Adsignation qualificirt sind.

über den Ackerbau in dem italischen Südosten.   Weitere
Folgerungen freilich werden sich kaum an diese Ziffern
knüpfen lassen, zumal da die Vertheilung der einberufenen
Bundesgenossen nach den einzelnen Landschaften aus
unserer Liste nicht erhellt.

———————

DIE TRANSLATION DES IMPERIUM [1]).

Bei Festus p. 351. 352 Müller[2]) finden sich folgende verstümmelte Worte:

> hominis gratia nunc redintegrari . . . .
> . . . . . . ex curiata fertur quo Hanni-
> . . . . . . Romae cum esset nec ex praesidi-
> . . . . . . Q. Fabius Maximus Verru-
> . . . . . . rcellus cos. facere in-
> . . . . . . vit Aelius in XII sig . .
> . . . . . . risulcum fulgur fu . .

Paulus hat dieselben übergangen. Der erste Buchstab der hier fehlenden Lemmata war T, den zweiten lässt die Reihenfolge der Artikel (vgl. Müller praef. p. XXVIII) in diesem Abschnitt nicht erkennen. Dass mit *redintegrari* eine Glosse schliesst, mit *[t]risulcum* eine andere beginnt, ist deutlich. Davon ausgehend sind meines Wissens zwei Versuche gemacht worden die verlorenen Worte zu ergänzen, der eine von Ursinus:

---

[1]) [Zuerst gedruckt im Rhein. Museum 13 (1858) S. 565—572. Vgl. Staatsrecht 1[1], 54 = 2[3], 592.]

[2]) Vgl. H. Keil im Rh. Mus. N. F. 6, 626.

*Tribuni-
cia rogatione* lex curiata fertur, quo Hanni-
bal anno in conspectu Romae cum esset nec ex praesidi-
is discedere liceret, Q. Fabius Maximus Verru-
cosus id per tr. pl. et Marcellus cos. facere in-
*stituerunt, ut nota*vit Aelius in XII *signi-
ficationum verborum.*

der zweite von Rubino (röm. Verfassung I, 381 fg.), dem
O. Müller in seiner Ausgabe und Marquardt in der ersten
Auflage seines Handbuchs 2, 3, 189 insofern gefolgt sind,
als Müller das durch einen Irrthum über die Grenzen
des Erhaltenen und des Ergänzten in Rubinos Restitution
veranlasste sprachlich wie sachlich unzulässige *Verrucosus
egit per tr. pl. et Marcellus cos. facere instituit* angemessen abänderte:

*Tri-
ginta lictoribus* lex curiata fertur, quo*d,* Hanni-
bal in propinquitate Romae cum esset nec ex praesidi-
is discedere liceret, Q. Fabius Maximus Verru-
cosus M. Claudius Marcellus cos. facere in-
*stituerunt, ut nota*vit Aelius in XII *signi-
ficationum verborum.*

Es konnte Rubino nicht schwer fallen die Incongruenz der
ursinischen Ergänzung darzuthun; Hannibal ist nicht unter
Fabius und Marcellus Consulat 540, sondern erst unter dem
des Sulpicius und Fulvius 543 gegen Rom marschirt und
ein Curiatgesetz kann nimmermehr mittelst einer tribunicischen Rogation erlassen werden, anderer zahlreich sich
aufdrängender sprachlicher und sachlicher Bedenken zu ge-
schweigen. Die von ihm selber vorgeschlagene ruht wesentlich auf Ciceros Angabe, dass die *lex curiata* über das Im-

perium in Scheincomitien durch dreissig Lictoren rogirt werde
(*de lege agr.* 2, 12, 31: *illis — comitiis curiatis — ad speciem
atque ad usurpationem vetustatis per XXX lictores auspiciorum causa adumbratis*).   Fabius, meint er, habe nach
der Schlacht von Cannä den Angriff Hannibals auf Rom
vorausgesehen und, um die Stadt stets auf einen Bela-
gerungszustand gerüstet und namentlich auch darauf, dass
ein Feldherr im Kampfe fallen und schnell ein neuer zu
bestellen sein werde, vorbereitet zu halten, die Form der
Ertheilung des Imperiums abgekürzt.   Um das Volk nicht
von den Wachposten abzuziehen und den Tumult, den die
Herolde durch die Berufung an den Stadtmauern (*circum
muros* Varro 6, 90) erregten, zu vermeiden, habe jede
Curie die Anerkennung des Imperiums auf den ihr zuge-
hörigen Lictor übertragen, und dabei sei es später geblieben.
— Indess auch gegen diese Annahme, so scharfsinnig sie
ist und so vielfacher Billigung sie daher sich erfreut hat,
erheben sich dennoch sehr ernstliche Bedenken.   Die
Ladung zu den Curiatcomitien erfolgte nicht durch militärische Signale an den Stadtmauern, wie die zu den Centuriatcomitien, sondern durch blosses Abrufen des *lictor
curiatus* (Gell. 15, 27); sollten in der That die Römer
schreckhaft genug gewesen sein das Horn des Gemeinde-
herolds mit dem Allarmsignal zu verwechseln, so hätte
man nicht die Curiat-, sondern vielmehr die Centuriatcomitien einstellen müssen.   Es ist ferner weder bezeugt
noch glaublich, dass den Scheincomitien zur Ertheilung
des Imperium keine Ladung vorausgegangen sei; denn
daraus, dass bloss dreissig Lictoren zu stimmen pflegten,
folgt dies keineswegs, und dem Charakter des äusserlich
beibehaltenen Actes ist das Wegfallen der Ladungs-

formalität wenig angemessen. Andererseits ist das Erscheinen der Stimmberechtigten bei der Abstimmung in
Rom beständig facultativ geblieben: so dass die Einladung
zu den praktisch nichtigen Curiatcomitien weder der
Schildwache ein Recht geben konnte ihren Posten zu verlassen noch auch nur vernünftiger Weise als ein Grund
betrachtet werden durfte die Bürger von ihren sonstigen
Obliegenheiten abzuziehen. Ob die seltsame Delegation
der Rechte der Curie auf den *lictor curiatus*, welche Rubino
annimmt, nach römischem Staatsrecht überhaupt denkbar
ist, mag dahingestellt bleiben; das wird nicht bestritten
werden, dass es keines Gesetzes bedurfte, um die Bürgerschaft aus den Curiatcomitien *de imperio* zu vertreiben,
sondern dass vielmehr von selber niemand kam und der
Magistrat, um nur stimmende Individuen zu finden, seine
Amtsdiener dazu verwenden musste. Sagt doch Cicero
(*pro Sest.* 51, 109), dass es in den wirklich beschliessenden
Tributcomitien sehr oft nicht viel anders herging, dass
kaum je fünf Individuen, und zwar nicht selten in einem
andern als ihrem eigenen Bezirk, ihre Stimmen abgaben;
was den besten Fingerzeig dafür giebt, wie und warum
jene dreissig Lictoren die Curien vertreten konnten und
vertraten. Man wird hienach einräumen, dass Rubinos
Ergänzungen theils auf ein positives Gesetz zurückführen,
was allem Anschein nach ohne ein solches sich von
selber gemacht hat, theils dem Fabius und Marcellus eine
Verfassungsänderung zuschreiben, von der ein praktischer
Nutzen nicht abzusehen ist. Der Act, durch den das Imperium ertheilt ward, war allem Anschein nach an sich
weder weitläuftig noch schwierig und ward lediglich unbequem dadurch, dass er die Anwesenheit des mit dem

Imperium auszustattenden Magistrats in Rom erforderte[3]).
Es ist also das Richtige immer noch nicht gefunden.

Was denn aber hat hier gestanden? [Zunächst wird
man R. Schöll (XII tab. p. 28) darin beipflichten müssen,
dass die Zeile . . . *vit Aelius in XII sig* . . . von dem
was voraufgeht abzutrennen und auf den Zwölftafelcom-
mentar des Aelius Stilo zu beziehen ist, etwa, wesentlich
nach seinem Vorschlag, in folgender Weise: ['*transque
dato*' *nota*]*vit Aelius in XII sig*[*nificare* '*traditoque*'].]
In der dieser vorhergehenden Glosse muss das Lemma
ein mit T anfangender technischer Ausdruck des Staatsrechts gewesen sein, die Erklärung aber nothwendig irgend
eine Thatsache berichtet haben, wodurch dem bei Antritt seines Amtes von Rom abwesenden und im Lager
festgehaltenen Magistrat die Möglichkeit eröffnet ward das
Imperium auszuüben, ohne desswegen nach Rom zurückzukehren. Danach wird jeder unbefangen das Bruchstück Erwägende in denen, die *ex praesidiis* sich nicht
entfernen können, nicht mit Rubino die Soldaten, sondern
mit Ursinus die für das Imperium der *lex curiata* be-
dürftigen Magistrate erkennen und in dem fehlenden
Lemma irgend ein Surrogat für die thatsächlich unmögliche
ordentliche Beantragung derselben suchen. Zur völligen
Gewissheit aber wird diese Annahme dadurch, dass in der
That Fabius und Marcellus, als sie das Consulat 540 an-

---

[3]) Dieselben Bedenken ergeben sich, wenn man ergänzen wollte:
Trinundino omisso lex curiata fertur; der Magistrat konnte die Promulgation auch abwesend beschaffen und es wäre demnach durch
den Wegfall des Trinundinum nichts Wesentliches erreicht worden.
Ueberdies hat es grosse Wahrscheinlichkeit, dass das Trinundinum
auf das Imperiengesetz niemals bezogen worden ist.

treten sollten, beide bei den campanischen Heeren standen, wo sie auch bestimmt waren zu bleiben, so dass es widersinnig gewesen sein würde sie der blossen Formalität des Curiatgesetzes wegen beide die Reise nach Rom machen zu lassen. Abhülfe wurde hier durch eine Aenderung der bestehenden Ordnung geschafft, und zwar nicht bloss durch eine transitorische Bestimmung, sondern, wie das Präsens *fertur* zeigt, durch eine seitdem stehend gewordene Modification des Curiatgesetzes. Nur kann diese Abhülfe nicht einem jeden ausserhalb Rom das Consulat oder die Prätur antretenden Beamten ohne weiteres die Möglichkeit gegeben haben das Imperium abwesend zu erwerben, da die bisherige Ordnung als Regel auch ferner in Kraft blieb; es muss unter gewissen besonderen Voraussetzungen eine Ausnahme zugelassen worden sein.

Allen diesen Anforderungen scheint die folgende Restitution zu entsprechen:

> *Transit*
> *ipso iure imperium nec lex* curiata fertur: quo*d*, Hanni*bal in locis vicinis* Romae cum esset nec ex praesidi*is tuto decedere possent,* Q. Fabius Maximus Verru*cossus et M. Claudius Marcellus* cos. facere in*stituerunt.*

Ob hinsichtlich des Lemmas genau das Richtige getroffen sei, lässt sich allerdings insofern bezweifeln, als das technische Wort des römischen Staatsrechts für die Fortführung des Imperium durch dasselbe Individuum in einer andern Magistratur nicht nachweisbar ist und dafür mancherlei verschiedenartige Ausdrucksweisen gedacht werden

können[4]). Aber welcher es auch gewesen sein mag, die Sache
selbst ist nicht zweifelhaft. Denn wenn, wie gezeigt ward,
die Verpflichtung des Magistrats das Curiatgesetz in Rom
zu beantragen im Allgemeinen bestehen blieb, aber wegfiel unter gewissen Voraussetzungen, die bei den Consuln
des J. 540 eintraten, so bestand das Eigenthümliche
ihres Falles offenbar darin, dass sie das für 540 zu er-
werbende consularische Imperium beide bereits für 539
erworben hatten, Fabius als Consul des Jahres, Marcellus
kraft der ihm durch Volksbeschluss ausserordentlicher Weise
ertheilten proconsularischen Gewalt (Liv. 23, 30. 31. 32.
vgl. 22, 35. 24, 9). Das Imperium war, wie anderweitig
gezeigt ist (Rechtsfrage zwischen Caesar und dem Senat
S. 27), der Zeit nach nicht absolut begrenzt, sondern
dauerte fort, bis der Nachfolger eintraf; wenn also der
Magistrat sich selber succedirte, konnte er der Erneuerung
der *lex curiata* insofern entrathen, als ihm wenn auch das
diesjährige Imperium nicht erworben, doch wenigstens das
vorjährige nicht entzogen ward. Darauf gestützt erklärten
zu Anfang des J. 540 Fabius und Marcellus, dass eine
besondere Erwerbung des Imperium für sie nicht erforderlich sei und dass sie von der Einbringung des Curiatgesetzes absähen, und es wurde dies Verfahren von den
römischen Juristen als verfassungsmässig statthaft anerkannt.

Zur vollständigen Erörterung dieser Frage gehört noch

---

[4]) [Zum Beispiel *transfertur aliquando imperium*; nur freilich
nicht, wie Bergk (rhein. Mus. 19, 606) meinte bessern zu können,
translatione lex curiata fertur, da die Translation der Lex und die
Latio der Lex sich ausschliessen und, wenn die *lex curiata* von
Rechtswegen transferirt, sie eben nicht rogirt wird.]

die Vergleichung der Praxis mit der eben entwickelten
Theorie. Weitere Anwendungen des von Fabius und
Marcellus aufgestellten Satzes aus der folgenden in ver-
fassungsmässiger Ordnung verlaufenden Epoche kann man
allerdings desswegen nicht erwarten, weil die unmittelbar auf einander folgende Bekleidung zweier patricischer
Jahresämter schon in der Zeit des hannibalischen Krieges
der republicanischen Verfassung zuwiderlief (Staatsrecht
1², 506). So ist in der Zeit vor dem Zusammenbrechen
der Republik Fabius der letzte geblieben, der zwei
Jahre nach einander das Consulat verwaltet hat. Erst
in der Revolutionszeit haben die Parteihäupter Marius
650—654, Cinna 667—670, Carbo 669. 670, Caesar 708—710
und später die Kaiser ihre monarchische Gewalt in diese
Form gekleidet. Dass in diesen Fällen die von Fabius
und Marcellus aufgestellte Regel mehrfach zur Anwendung
kam, ist sehr wahrscheinlich, aber bei der rein formellen
Beschaffenheit dieses Actes kann es nicht befremden
positive Erwähnung davon nicht zu finden. — Andrerseits
muss, wenn das gefundene Resultat richtig ist, aus
der Zeit vor 540 kein Fall vorkommen, in dem bei
Continuation des höchsten Amtes nicht dennoch die *lex
de imperio* erneuert worden, also der Beamte nach Rom
zurückgegangen wäre. Die Beschaffenheit unserer Quellen
gestattet natürlich nicht dies in jedem Falle positiv nachzuweisen; aber die Spuren einer derartigen Einrichtung
liegen dennoch deutlich vor. Zunächst gehört schon das
hierher, dass die Continuationen im Ganzen genommen
selbst in den früheren Jahrhunderten der Republik ebenso
selten als die Wiederwahlen nach kurzer Frist häufig begegnen; wenn Ser. Cornelius Maluginensis 368. 370. 372.

374, L. Menenius Lanatus 374. 376. 378 Kriegstribune
waren, L. Sulpicius Peticus 399. 401. 403 Consul, so liegt
schon hierin ein nicht misszuverstehendes Zeugniss. Von
den nach Absonderung der nur scheinbaren[5]) übrig bleibenden
vierzehn Continuationsfällen ist bei den späteren und
besser bekannten die Rückkehr des Beamten nach Rom
nachweisbar, bei den älteren, deren Feldzüge mit dem
Sommer endigten, selbstverständlich, überhaupt kein einziger der Art, dass die Rückkehr zur Wiederholung der
lex curiata ausgeschlossen wäre. Es sind die folgenden:

1) P. Valerius Poplicola Consul 245. 246. 247.

2) Ap. Claudius Decemvir 303. 304.

3) C. Servilius Axilla Kriegstribun 335. 336. 337.
(nach den capitolinischen Fasten und den davon ab-
hängenden Quellen).

4) L. Servilius Ahala Kriegstribun 346. 347.

5) L. Furius Medullinus Kriegstribun 356.357.359.360.

6) Ser. Sulpicius Rufus Kriegstribun 370. 371.

7) L. Aemilius Mamercinus Kriegstribun 371. 372.

8) Ser. Sulpicius Praetextatus Kriegstribun 377. 378
(379—383 *solitudo mag.*) 384 (so wahrscheinlich die capitolinischen Tafeln: Borghesi *fasti* 2, 208). Dieser und der
folgende Fall gehören hieher, falls die Anarchie überhaupt
als bloss chronologische Füllung betrachtet wird; wenn sie,

---

*) Dahin gehören M. Valerius Corvus Consul 454. 455, da er
in dem letzteren Jahre als *suffectus* eintrat; L. Valerius Potitus,
der 361 abdicirte und 362 wieder gewählt ward; P. Cornelius *tr.*
mil. II 360, welcher nicht nothwendig P. Cornelius Cossus *tr. mil.*
359 oder P. Cornelius Scipio *tr. mil.* 359 gewesen sein muss, sondern auch P. Cornelius Maluginensis *tr. mil.* 357 gewesen sein kann
(Borghesi *fasti* 2, 165).

wie wahrscheinlich (vgl. S. 377. 379), eine geschichtliche Grundlage hat, so scheiden diese beiden Fälle aus.

9) Ser. Cornelius Maluginensis Kriegstribun 378 (379—383 *solitudo mag.*) 384 (Borghesi *fasti* 2, 206).

10) L. Veturius Crassus Cicurinus Kriegstribun 386. 387.

11) C. Plautius Decianus Consul 425 und vielleicht abermals 426. Er triumphirte 1. März 426, war also am Schluss des Amtjahres 425 in Rom.

12) L. Papirius Cursor Consul 434. 435.

13) Q. Fabius Maximus Rullianus Consul 444 (445 Dictatorenjahr). 446. Er triumphirte 13. Nov. 445, war also am Schlusse seines ersten Amtjahres in Rom.

14) M'. Curius Dentatus Consul 479. 480. Er triumphirte im Februar 480, war also zum Antritt des neuen Consulats in Rom.

DIE SCIPIONENPROZESSE[1]).

1. DIE QUELLEN.

— Ueber wenige Abschnitte der römischen Geschichte besitzen wir so ausgiebige Quellen wie über die sogenannten Scipionenprozesse, die Kette von Angriffen, welcher der ältere Scipio Africanus erlag. In der That ist nicht bloss die Katastrophe an sich betrachtet ein folgenschweres historisches Ereigniss, sondern auch die Ueberlieferung derselben in ihrer allmählichen Trübung von nicht geringem und keineswegs bloss litterarhistorischem Interesse, so dass der Gegenstand sich wohl zu einer abgesonderten und eingehenden Betrachtung eignet[2]).

---

[1]) [Zuerst abgedruckt im Hermes 1 (1866) S. 161—216.]

[2]) Ausser beiläufigen Behandlungen dieses Gegenstandes oder solchen, die völlig ausserhalb jeder Kritik bleiben, sind mir über diesen Gegenstand bekannt geworden die Untersuchungen von F. Lachmann (*de fontt. hist. T. Livii* 2 1828, 105 fg.), von H. W. Heerwagen (*de P. et L. Scipionum accusatione quaestio*, Baireuther Herbstprogramm 1836), von K. W. Nitzsch (Gracchen 1847 S. 112) und von H. Nissen (krit. Unters. über Livius 1863 besonders S. 213 fg.). Allen gemeinsam ist der Fehler, dass sie den Gegenstand nur von der historischen, nicht von der juristischen Seite her untersucht haben; daher nicht bloss einzelne arge Versehen, wie zum Beispiel Heerwagen für die chronologische Folge der Ereignisse davon ausgeht, dass Scipio nach Liternum als *exul* im Rechtssinne gegangen sei, sondern überhaupt die ganz müssigen Debatten darüber, ob

Zur Vereinfachung der Untersuchung erscheint es
zweckmässig zunächst dasjenige Quellenmaterial, das relativ primär ist, von demjenigen abzusondern, das zwar
auch bei alten Schriftstellern sich findet, aber als aus uns

---

die Anklagen auf *maiestas* oder *peculatus* gerichtet gewesen seien,
und die Unmöglichkeit eindringender Untersuchung und end-
gültiger Ergebnisse. Nitzschs Darstellung ist gänzlich beherrscht
von falschem Pragmatismus und von willkürlichen zum Theil
sehr seltsamen Einfällen; wie er denn zum Beispiel meint die
Schuld der Scipionen wahrscheinlich machen zu können, was
gerade so unmöglich ist wie die Constatirung ihrer Unschuld;
ferner meint, dass Ti. Gracchus aus Bosheit gegen die Scipionen
intercedirt habe, um dem Lucius das angestrebte Märtyrerthum
unmöglich zu machen. Heerwagens Abhandlung ist eine reine
Schutzschrift für Livius oder vielmehr für Antias — *ne causa
quidem fingi poterit*, sagt er S. 14, *quare Valerium hac in re a veritate
recessisse putemus* — und geschrieben ohne Einsicht in das allgemeine Verhältniss der Quellen, so dass der livianische Bericht
wesentlich durch die Zeugnisse der Ausschreiber des Livius beglaubigt wird. Auch Lachmanns Arbeit, obwohl sie die verschiedenen Versionen weit sorgfältiger sondert und abschätzt, ist
von diesem Fehler nicht frei. Die beste Untersuchung ist ohne
Frage die von Nissen, der namentlich zuerst den Unterschied der
für uns primären Quellen und ihrer Ausschreiber so wie die grosse
Bedeutung der polybischen Angaben mit sicherem historischem
Takt festgestellt hat, auch die verschiedenen Versionen im Wesentlichen richtig scheidet und von der falschen Methode sie in einander zu arbeiten, die noch bei Lachmann sich findet, sich frei-
haltend den Bericht des Antias mit Recht einfach verwirft. Aber
im Einzelnen begegnen mancherlei Flüchtigkeiten und noch mehr
Gewaltsamkeiten; und abgesehen von der Vernachlässigung der
einschlagenden Rechtsfragen ist auch auf die Genesis der Fälschungen, die doch hier so wichtig und so belehrend ist, gar keine
Rücksicht genommen. In der That ist der Gegenstand der Art,
dass er nicht im Verlauf eines grösseren Werkes, sondern nur
monographisch in genügender Weise sich behandeln lässt. [Auf

noch vorliegenden Büchern entlehnt für die historische
Kritik nicht weiter in Betracht kommt. Hienach scheiden
die Berichte sich in die folgenden Massen:

1) Wirkliche Actenstücke aus diesen Verhandlungen
oder nachweislich aus solchen geflossene Angaben besitzen
wir nicht. Zwar erwähnt Livius[3]) als noch zu seiner Zeit
vorhanden Catos *oratio de pecunia regis Antiochi*; benutzt
zu haben scheint er sie aber nicht, führt wenigstens ausdrücklich nichts daraus an. — Die beiden tribunicischen
Decrete in der Intercessionssache, die bei Gellius 6 (7), 19
aus älteren Annalen entlehnt sich vorfinden, sind unzweifelhaft auf eine Reihe zu stellen mit den Reden,
Briefen und sonstigen Actenstücken, wie sie in den alten
Geschichtswerken so zahlreich begegnen: es sind nicht
Fälschungen, sondern Darlegungen des Sachverhalts, die
der Schriftsteller den handelnden Personen in den Mund
legt. Schon Weissenborn[4]) hat mit Recht bemerkt, dass
in einer gleichzeitigen Urkunde L. Scipio unmöglich
Asiaticus heissen könnte, da er ja so wie seine Descen-
denten bis in die sullanische Zeit sich vielmehr *Asiageni*
nannten[5]): überhaupt aber sind in einer Urkunde des
sechsten Jahrhunderts die Cognomina anstössig[6]), und

---

die nach dem Erscheinen dieser Abhandlung veröffentlichten hier
einschlagenden Untersuchungen von Ihne röm. Gesch. 4, 253 fg.
und von Unger in der 2. Abth. des 3. Supplementbandes zum
Philologus S. 121 fg. ist bei diesem Abdruck, so weit es erforderlich schien, Rücksicht genommen worden.]

3) 38, 54, 11.
4) Zu Liv. 38, 60.
5) C. I. L. I p. 36.
6) Vgl. Bd. 1 S. 46.

27*

nun gar diese neuen selbstgewählten. Gewiss nicht
mit Recht wendet Nissen[1]) ein, dass die Decrete echt, die
Namen aber später interpolirt sein könnten. Andere Bedenken, die gegen diese Urkunden sich erheben, werden
besser unten erörtert; in der Hauptsache genügt es in
der That sie zu lesen, um sich zu überzeugen, dass dies
nicht actenmässige Documente, sondern Rhetorenarbeiten
sind — oder wie sollte je ein römischer Beamter sein
Decret damit motivirt haben, 'dass es dem Ansehen des
Staats nicht entspreche den Feldherrn der römischen Gemeinde daselbst einzusperren, wo er die Feldherren der
Feinde eingesperrt habe'? — Anderer Art sind die beiden
Reden angeblich des P. Scipio gegen den M. Naevius
und des Ti. Gracchus zur Motivirung seiner Intercession
zu Gunsten des L. Scipio, welche beide Livius[8]). die
erstere ausserdem Gellius[9]) erwähnen; denn dass diese
nicht in Annalen eingelegt waren, sondern als selbständige
Schriften circulirten, geht insbesondere aus der Erwähnung
des Titels *(index)* der ersteren bei Livius hervor. Indess
beide Gewährsmänner bezeichnen diese Reden als sehr
zweifelhafter Echtheit[10]); und für ihre Unechtheit spricht
entschieden, dass nach Ciceros bestimmtem Zeugniss es
keine Schriften des älteren Africanus gab[11]) und auch
seine Beredsamkeit nur durch Ueberlieferung bezeugt

---

[1]) S. 217.

[8]) c. 56, 5 (vgl. 39, 52, 3).

[9]) 4, 18.

[10]) Freilich hat Livius nachher 39, 52, 3 diesen Zweifel wieder
vergessen.

[11]) *de off.* 3, 1, 4: *nulla eius ingenii monumenta mandata litteris,
nullum opus otii, nullum solitudinis munus extat.*

war[12]), während er von Ti. Gracchus nur eine in Rhodos
gehaltene griechische Rede kennt[13]). Das scharfe Wort,
das derselbe[14]) von Scipio gegen Naevius anführt: *quid
hoc Gnaevio ignavius?* kann aus derjenigen Rede, die
Livius und Gellius lasen, schon darum nicht entnommen
sein, weil die letztere nach Livius Zeugniss den Namen
des Anklägers nirgends nannte, so dass jenes Wort nothwendig aus einer annalistischen Notiz oder auch durch
mündliche Ueberlieferung Cicero zugekommen sein muss.
Es bleibt also nur zweifelhaft, ob die Reden erst nach
Cicero in Umlauf gekommen sind oder er sie gekannt,
aber stillschweigend verworfen hat. Uebrigens zeugt auch
der Inhalt namentlich der Rede des Gracchus, auf den
zurückzukommen sein wird, deutlich dafür, dass sie erst in
verhältnissmässig später Zeit untergeschoben ist.

2) Polybios hat zwar diese Processe nicht erzählt, wie
es denn dem universalhistorischen Charakter seines Werkes
und seiner bewussten Opposition gegen die Stadtchronik
entspricht die Vorgänge auf dem römischen Markt nach
Möglichkeit zurückzudrängen; wohl aber bringt er, wo er
Scipios Ende berichtet und denselben charakterisirt[15]),
zum Belege der Gunst, deren er bei dem Volk, und des Zu-
trauens, dessen er im Senat genossen, drei Erzählungen
bei, von denen die erste und dritte diesen Händeln angehören. — Dieselben drei Anekdoten wiederholt, offenbar

---

[12]) Brut. 19, 77: *Scipionem accepimus non infantem fuisse*, wogegen es von der Beredsamkeit des Sohnes desselben heisst: *indi-
cant oratiunculae.*

[13]) Brut. 20, 79.

[14]) *de or.* 2, 61, 249.

[15]) 23, 14.

. nach Polybios, Diodor[16]), einiges ungeschickt entstellend;
zum Beispiel gehört es ihm, dass die Anklage gegen
Publius auf schimpfliche Todesstrafe ($\delta\epsilon\iota\nu\delta\varsigma$ $\vartheta\acute{\alpha}\nu\alpha\tau\sigma\varsigma$) gerichtet gewesen sei. — Aber ebenso muss in unserer
Hauptquelle für diesen Prozess, dem achtunddreissigsten
Buche des Livius, der Schluss des 55. Kapitels aus Polybios herrühren[17]). Livius erzählt hier die zweite und die
dritte der polybischen Anekdoten — die erste derselben hat
er in ihrer annalistischen Fassung bereits früher mitgetheilt — und zwar ganz wie dieser ausserhalb des pragmatischen Zusammenhangs und als Beleg der *fiducia
animi* Scipios, auch sonst völlig übereinstimmend, nur dass
freilich bei der dritten Anekdote die Zahlen in auffallender
Weise abweichen. Scipio bei Polybios fragt, wie es komme,
dass man von seinem Bruder und von dessen Nachfolger
Manlius über 3000 Talente (== 72 Mill. Sesterze) Rechenschaft fordere, sich aber darum nicht kümmere, durch
wen die 15000 von Antiochos gezahlten Talente (== 360 Mill.
Sesterze) dem Aerar zugeflossen seien[18]). Livius dagegen

----

[16]) 29, 21 = Vat. p. 78.

[17]) [Unger S. 124 meint beweisen zu können, dass Livius hier
den Polybios durch Vermittelung des Claudius benutzt hat. Die
Möglichkeit wird man einräumen; aber den Beweis zu übernehmen,
dass Livius dies nicht aus Polybios selbst habe entlehnen können,
und überhaupt in dieser Weise zwischen mittelbarer und unmittel-
barer Benutzung die Grenzlinie ziehen zu wollen, ist einer derjenigen methodischen Fehler, an denen unsere heutige der Grenzen
zwischen dem Möglichen und dem Beweisbaren wenig eingedenke
Quellenanalyse vorzugsweise krankt.]

[18]) Bekanntlich zahlte Antiochos an die Römer 15000 Talente.
davon 500 bei Abschluss der Präliminarien, 2500 bei der Ratification, den Rest in zwölf Jahresterminen (Polyb. 21, 17. 45 =
Liv. 37, 45. 38, 37, 9. c. 38). [Polybios Erzählung wird gewöhnlich

lässt den Scipio 200 Millionen Sesterze in das Aerar bringen,
Rechenschaft aber von ihm über 4 Mill. Sesterze gefordert
werden. Dass die erstere Summe den 15000 Talenten des
Polybios entsprechen soll, ist unzweifelhaft. Bei der
zweiten kann allerdings Livius vielmehr an die 500 Talente
(= 12 Mill. Sesterze) gedacht haben, welche L. Scipio vom
König empfing und über die allein ihm Rechnung abverlangt werden konnte; aber falsch bleibt die Umrechnung [19])

---

so verstanden und ist früher auch von mir so aufgefasst worden,
als habe man von L. Scipio über die ganze Summe von 3000 Talenten
Rechenschaft gefordert. Aber mit Recht bemerkt Unger S. 124,
dass Polybios dies nicht hat sagen können, da ja von den
3000 Talenten, die Antiochos bei dem Abschluss theils des Waffenstillstandes, theils des Friedens zu zahlen hatte, nur 500 an L. Scipio,
2500 dagegen an seinen Nachfolger Cn. Manlius gezahlt worden sind,
also jenem keineswegs über 3000 Talente Rechenschaft abverlangt
werden konnte. Indess das sagt Polybios auch nicht, und es ist zwar
nicht bei seinen Ausschreibern, aber wohl bei ihm selbst alles in
Ordnung. Von den 15000 Talenten, die Antiochos zu zahlen hatte,
waren 500 resp. 2500 an die Feldherren, 12000 in späteren Fristen
an das Aerarium zu zahlen. Es war also in der Ordnung, dass im
Senat die Rechnungslegung über jene Summe gefordert ward
und zwar von den Scipionen eben über die 500 Talente (λόγον
ἀπαιτοῦντός τινος ἐν τῷ συνεδρίῳ τῶν χρημάτων ὧν ἔλαβε παρ' Ἀντιόχου πρὸ τῶν συνθηκῶν εἰς τὴν τοῦ στρατοπέδου μισθοδοσίαν), während
selbstverständlich gleichzeitig eine analoge Forderung an Manlius
gestellt oder doch vorbehalten ward. Aber ebenso war es in der
Ordnung, wenn Scipio erwiderte, er begreife nicht, wie man die
Forderung erheben könne, wie und durch welche die 3000 Talente
verwandt seien (ἤρετο πῶς μὲν τῶν μὲν τρισχιλίων ταλάντων τὸν λόγον
ἐπιζητοῦσι, πῶς ἐδαπανήθη καὶ διὰ τίνων). Dass seinem Bruder die
Verrechnung der ganzen Summe angesonnen worden sei, ist eine
von den Neueren in die Stelle des Polybios hineingetragene Voraussetzung, für die Polybios selber nichts kann].

[19]) Dass wie die Römer überhaupt so auch Livius das Talent
zu 6000 Denaren rechnet, zeigt insbesondere die Stelle 34, 50, 6.

auch unter dieser Voraussetzung; und es ist beachtenswerth, dass Livius sich theilweise zu seinem Schaden versehen hat, da er die grosse Summe erheblich verringert. An
Schreibfehler kann weder dort noch hier gedacht werden;
denn die polybischen Ziffern bestätigt ausser Diodor auch
der Bericht über den Frieden mit Antiochos auf das Voll-
ständigste, die livianischen aber Valerius Maximus [20]), und
auf die erste (*quadragies*) stützt sich Livius selbst, um
danach eine allzu hohe Angabe des Antias (*ducenties quadragies*) zu emendiren. Somit wird die freilich für Livius
wenig günstige Annahme unvermeidlich, dass er bei der
Umsetzung der Talente in Sesterze, die er sonst regelmässig vermeidet, hier sich auf das gröblichste verrechnet hat [21]).

3) Cicero hat nur wenige hierher gehörige Notizen
insbesondere *de or.* 2, 61, 249 und *de prov. cons.* 8, 18,
die natürlich den besseren annalistischen Berichten folgen.

4) Dass von den zwei Kapiteln des Gellius 4, 18 und
6 (7), 19, welche die Scipionenprozesse betreffen, das zweite
aus den *exempla* des Nepos genommen sei, sagt Gellius
eigentlich geradezu [22]) und ist oft, zum Beispiel von
F. Lachmann [23]), bemerkt worden. Aber auch von dem
ersten hat Nissen [24]) mit Recht angenommen, dass die da-

---

[20]) 3, 7, 1.

[21]) [Die weiteren Folgerungen, die Unger an diese Zahlen
knüpft, sowohl die von ihm vorgeschlagenen sachlichen Unmög-
lichkeiten wie die mehr als verwegene Textänderung bei Polybios
können auf sich beruhen bleiben.]

[22]) vgl. c. 18, 11.

[23]) *de fontt. Livii* 2, 106.

[24]) S. 214.

rin in ganz ähnlicher Weise aufgeführten *duo exempla* aus der gleichen Quelle herstammen.

5) Der livianische Bericht ist bekanntlich zwiespältig und der ganze Abschnitt c. 55, 8 *has ego summas* — c. 57 a. E. *proponenda erant* augenscheinlich erst später von dem Verfasser eingelegt[25]). Er stellt hier die verschiedenen von seiner Haupterzählung abweichenden Momente zusammen, die ihm anderswo vorgekommen sind; die dafür benutzten Quellen sind verschiedene. Einzelne Notizen am Anfang dieses Abschnittes sind bereits auf Polybios zurückgeführt worden. Die Angaben über das Scipionengrab in Liternum und die Statuen der Scipionen in Rom gehen zurück auf mündliche an Ort und Stelle vernommene Berichte. Was er über die angeblich aus diesen Prozessen erhaltenen Reden vorbringt, beruht höchst wahrscheinlich auf eigenem Lesen derselben, wie denn die verhältnissmässig häufige Anführung erhaltener Reden zu den Eigenthümlichkeiten des livianischen Geschichtswerkes gehört und dessen Verfasser auf jeden Fall als kundigen Rhetoriker, wenn nicht gar als Rhetor vom Fach charakterisirt. Unzweifelhaft aber hat Livius ausserdem für diesen Nachtrag noch einen zweiten Annalisten benutzt und die wesentlichen Momente angegeben, worin dessen Erzählung von der aufgenommenen abwich. Die Uebereinstimmung dieser Fassung mit der des Nepos ist so gross, dass beide aus demselben Annalisten geschöpft zu sein scheinen[26]); und wahrscheinlich ist der gemeinschaft-

---

[25]) Daher greift auch diese Einlage in sehr ungeschickter Weise vor und berichtet zum Beispiel von der Intercession die Varianten vor dem Text.

[26]) Vgl. Liv. c. 57, 3. 4 mit Gellius 6, 19, 6. 7.

liche Gewährsmann für beide Q. Claudius Quadrigarius,
der im Anschluss an die um 600 in griechischer Sprache
abgefassten Annalen des C. Acilius in der sullanischen
Zeit die Geschichte Roms schrieb[27]); dass die oben (S. 419)

---

[27]) Dass Livius für diese Zeit neben Antias vorzugsweise den
Claudius gebraucht hat, hat Nissen (S. 214) wahrscheinlich gemacht, dem ich in seiner sonst befriedigenden Auseinandersetzung
über Claudius (S. 39 fg.) nur darin nicht beistimmen kann, dass
er den von Livius angeführten Claudius, der die acilischen Annalen bearbeitete und fortsetzte, von dem bei Velleius, Seneca,
Gellius und den späteren Grammatikern öfter citirten Q. Claudius
Quadrigarius unterscheidet. Einmal wäre es doch in hohem Grade
seltsam, wenn der von Livius so oft genannte Claudius allen
übrigen Gewährsmännern, umgekehrt der sonst so oft erwähnte
Quadrigarius dem Livius unbekannt geblieben wäre; zumal wenn
man Stellen vergleicht wie Liv. 25. 39. 33. 10. 30. 36. 38. 23.
Oros. 5, 3 einer- und Gellius 3, 8 andererseits, wo dort Claudius,
hier Claudius Quadrigarius im Gegensatz zu Antias genannt
werden. Zweitens stimmt die Zeit: denn der Claudius des Livius
führte seine Geschichte wenigstens bis 672 (Oros. 5, 20), Quadrigarius aber war nach Velleius 2, 9 Zeitgenosse des L. Sisenna
Prätor 676 und behandelte in seinem 19. Buch die Ereignisse des
J. 668 (Gellius 10, 1, 3), während die Citate bis zum 23. Buche
reichen. Endlich giebt die Beschaffenheit der Fragmente nirgends
einen Anhalt dafür die livianischen Anführungen von den übrigen
zu trennen. — Nissen beruft sich für seine Ansicht theils darauf,
dass Livius den fünfzehnmal von ihm erwähnten Annalisten niemals Quadrigarius nenne, während er sonst sehr häufig so heisst;
theils darauf, dass Quadrigarius mit dem gallischen Brande seine
Erzählung begonnen zu haben scheine, während von Acilius, den
der livische Claudius bearbeitet hat, eine Notiz über Romulus
(Plutarch Rom. 21) angeführt wird. Was den ersten Umstand anlangt, so verlangt diese Verschiedenheit in der Form des Citirens
allerdings ihre Erklärung, findet sie aber auch leicht darin, dass
Quadrigarius, wie jeder mit dem römischen Namensystem Ver-
traute zugeben wird, ein eigentliches Cognomen nicht gewesen
sein kann, sondern nur entweder eine Standesbezeichnung oder

erwähnten tribunicischen Decrete auf ihn zurückgehen, ist um so glaublicher, als auch sonst ähnliche Actenstücke in directer Rede aus Claudius angeführt werden [28]).

6) Dass die Haupterzählung des Livius c. 50, 4—55,

---

ein Spitzname. So ist es begreiflich, dass derselbe erst nach Livius Zeit zur Unterscheidung dieses Claudius von anderen Schriftstellern des Namens gangbar geworden ist, und ist es nicht auffallender, dass er den Q. Claudius, genannt der Jockey, immer Claudius nennt, als dass er den L. Coelius Antipater nie anders nennt als Coelius. Was aber den zweiten von Nissen geltend gemachten Umstand betrifft, so bestärkt derselbe vielmehr die Identität der beiden Historiker; denn auch Livius nennt seinen Claudius zuerst bei dem J. 387 (6, 42) und wenn Acilius von Erbauung der Stadt anhob, so beweist dies nur, dass der lateinische Bearbeiter den ersten Abschnitt wegliess, wie er andererseits das am Schluss Fehlende selbstständig ergänzte. Dass seine Bearbeitung überhaupt eine sehr freie war, beweisen auch andere Stellen, zum Beispiel die Anführung von Daten nach römischem Kalender (Gell. 5, 17, 5). [Unger S. 3 fg. meint drei Werke desselben Claudius unterscheiden zu können, eine Uebersetzung der acilischen Annalen, ein selbstständiges, aber auch an den Acilius sich anlehnendes Annalenwerk und endlich den ἔλεγχος χρόνων bei Plutarch Num. 1. Wer den Stand unserer Ueberlieferung kennt, weiss, was von dergleichen zerbrechlichen Feinheiten zu halten ist. Meines Erachtens reicht man völlig mit der Annahme aus, dass Claudius eine freie und am Anfang verkürzte Bearbeitung der acilischen Annalen gab; in wie weit seinem Werk der Charakter der Uebersetzung zukam, wird sich erörtern lassen, wenn es wieder aufgefunden sein wird.]

[28]) Man vergleiche besonders den angeblichen Brief der Consuln Fabricius und Aemilius an den König Pyrrhos (Gellius 3, 8), in dem sie diesem melden, sie wünschten seinen Tod nicht, damit sie einen Gegner hätten, den sie im Felde schlagen könnten, und schliessen: *tu nisi caves, iacebis*. Wer die Decrete im Scipionenprozess als echte Actenstücke behandelt, muss folgerichtig auch diesen Brief als ein solches gelten lassen.

7. c. 58, 1 — 60 z. E., deren Ränder auf das Genaueste
zusammenschliessen, aus Valerius Antias herrührt, ist klar
und oft bemerkt worden; Livius citirt denselben ausdrücklich sowohl da, wo er diese Erzählung beginnt (50, 4) als
auch da, wo er von ihm weg zu anderen Quellen sich
wendet (55, 8), endlich später (39, 52), wo er seine eigene
frühere Erzählung als diejenige des Antias berichtigt.
Zum Ueberfluss hebt auch Gellius 6 (7), 19, 8 die Haupt-
momente hervor, in denen der Bericht des Antias über
die Scipionenprozesse sich von dem der sonstigen älteren
Chroniken, den *auctoritates veterum annalium* entferne;
alle diese Momente aber kehren in der livianischen Erzählung wieder. Es ist nicht unwahrscheinlich, dass der
gelehrte und genaue Philolog mit diesem Tadel des Antias
nicht so sehr auf diesen zielt als auf den unkritischen
Ausschreiber desselben, den zu der Zeit des Gellius längst
bei dem grossen Publicum als der eigentliche Geschichtschreiber der Republik geltenden Livius, den er wohl nicht
ohne Absicht niemals mit Namen anführt. — Aus diesem
livianischen Bericht geflossen ist alles, was von lateinischen
Schriftstellern Valerius Maximus [29]) und Orosius [30]), von

---

[29]) 3, 7, 1. 4, 1, 8. 4, 2, 3. 5, 3, 2. 8, 1, *damn.* 1 Einzelne zum
Theil sehr alberne Angaben, zum Beispiel dass der Ankläger
Scipios nicht nur allein auf dem Markt zurückbleibt, sondern zu-
letzt selbst mit auf das Capitol geht (3, 7, 1); dass es der Consul
ist, der den L. Scipio verhaftet (4, 1, 8); dass P. Scipio auf sein
Grab zu schreiben befiehlt: *ingrata patria, ne ossa quidem mea habes*
(5, 3, 2), kommen natürlich auf Rechnung des Verfassers des
Anekdotenbuchs. — Aus Valerius Maximus (4, 2, 3), den er kurz
vorher anführt, schöpft Gellius 12, 8 (Mercklin Citirmethode des
Gellius S. 670).

[30]) 4, 20. Er gedenkt nur des Exils und des Todes in Liternum.

Griechen Plutarch[31]) und Dion-Zonaras[32]) darüber vorbringen, vielleicht auch die meisten hieher gehörigen Angaben des Philosophen Seneca[33]); man wird also diese
Angaben, die, so weit sie Neues bieten, sicher auf Missverständniss oder Erfindung beruhen, gänzlich bei Seite
zu werfen haben.

7) Was Appian über diesen Prozess vorbringt, zeigt
auch ihn abhängig von der Version des Antias[34]). Dass
er diese aus Livius entlehnt hat, kann nach dem, was sonst
über seine Quellen ermittelt ist, nicht angenommen werden;

---

[31]) *Cato mai.* 15 und *apophthegm. Scip. mai.* 7. 9. 10. Er kennt
als Ankläger nur die Petillier, was der Fassung des Antias
eigenthümlich ist; wenn er *apophth.* 10 sagt: Πασιλίου δὲ καὶ
Κοΐντου ... κατηγορησάντων, so scheint er sogar Livius Worte c. 50, 5:
duo Q. Petillii falsch übersetzt zu haben. Auch kehrt manches
Detail bei ihm wieder, z. B. *apophth.* 7 die Erzählung vom Prätor
Q. Terentius nach Livius c. 55, 2.

[32]) Dio fr. 63; Zonar. 9, 20. Wenigstens was wir von der
Erzählung kennen, stimmt genau zu der livianischen; auch findet
das Hervortreten der Petillier sich ebenfalls hier, denn die 'Brüder',
die als Volkstribune anklagen, können nur sie sein.

[33]) Was dieser *de brev. vit.* 17, 6 und *de consol. ad Pol.* 14, 4
vorbringt, schliesst sich so eng an Livius Mittheilungen aus der
falschen Rede des Gracchus c. 56, 10—13 an, dass es wahrscheinlich
daraus genommen ist, zumal da Seneca ja auch sonst den Livius
benutzt hat. Andere Angaben freilich über die Mitgift der Töchter
des Africanus *de consol. ad Helv.* 12, 6 und über den Tod des
Asiaticus *de consol. ad Pol.* a. a. O. sind nicht livianisch, übrigens
beide theils nachweislich, theils wahrscheinlich falsch.

[34]) *Syr.* 40. Dass zwei Tribune den P. Scipio bei dem Volke
anklagen, findet sich nur bei Antias; was Appian sonst erzählt,
ist den Annalisten allen gemein. Nicht mit Recht sieht Nissen
S. 215 die appianische Erzählung an als aus den beiden annalistischen Versionen zusammengestellt.

durch welche andere Vermittelung aber ihm die Version
des Antias zugekommen ist, bleibt ungewiss.

8) Zwei Angaben in der Schrift *de viris illustribus*
(49. 53) betreffen gleichfalls unsern Prozess und schliessen
sich wesentlich der Version des Antias an; sie sind darum
von Nissen[35]) den aus Livius geflossenen Berichten zu-
gezählt worden. Allein dies verträgt sich weder mit dem,
was über die Quellen dieser wichtigen Schrift anderweitig
feststeht, wonach ihr eben neben Livius noch ein anderes
Annalenwerk zu Grunde liegt, noch mit den Besonderheiten dieses Berichts; denn so kurz er ist, giebt er doch
den zweiten Namen des Anklägers, den Livius nicht nennt,
und den ebenfalls bei Livius fehlenden Zug, dass Scipio
den Auftrag ihn nicht in Rom beizusetzen seiner Gattin
giebt; wobei wohl zu beachten ist, dass der Urheber dieser
Schrift nicht ausschmückt, sondern auszieht. Man wird
also annehmen dürfen, dass dieser Bericht aus der gleichen
Quelle wie der livianische geschöpft worden ist; und der
Umstand, dass die darin berichtete Version der Scipionenprozesse nach Gellius ausdrücklicher Angabe nicht in den
älteren Annalen, sondern allein bei Antias sich fand, legt
für weitere Untersuchungen die Frage nahe, ob nicht
überhaupt für diejenigen Bestandtheile der Schrift *de viris
illustribus*, die nicht aus Livius entlehnt sind, Antias die
Hauptquelle gewesen ist.

Versuchen wir nun, gestützt auf diese Darlegung des
Verhältnisses unserer Quellen, nachdem vor allen Dingen
die einschlagenden Rechtssätze festgestellt sind, die geschichtliche Erzählung in ihrer ursprünglichen Form her-

---

[35]) S. 215.

zustellen, so weit dies für uns möglich ist. Wir werden
dabei davon auszugehen haben, dass alle unsere Berichte
auf eine älteste in immer weiter vorschreitender Trübung
wiedergegebene Annalistenerzählung zurückgehen; denn
auch die Angaben des Polybios stimmen mit den annalistischen so nahe zusammen, dass er sie eher den von
ihm benutzten Chroniken als einer ganz unabhängigen
Quelle, etwa der Ueberlieferung des scipionischen Hauses,
entnommen haben wird. Dem Grade der Reinheit nach
lassen sich drei Stufen unterscheiden. Am lautersten
ist natürlich die polybische Erzählung, obgleich die Angaben hier aus ihrem sachlichen Zusammenhang losgelöst
auftreten. Auf der zweiten Stufe stehen die aus den
älteren Annalen geschöpften Berichte, wie sie bei Cicero
und Nepos und in der livianischen Einschaltung erhalten
sind; an eben diese knüpfen die aus den falschen Reden
des Scipio und des Gracchus aufbehaltenen Angaben an.
Mögen diese Nachrichten auch aus verschiedenartigen
älteren Chroniken genommen sein, so bürgt doch das Zeugniss des Gellius dafür, dass diese hier übereinstimmten,
und es findet sich auch nirgends in diesen Angaben ein
wesentlicher Widerspruch. Die dritte Stufe endlich bildet
die abweichende Erzählung des Antias, wie sie Livius in
dem Hauptbericht, Appian und die Schrift *de viris illustribus*
uns aufbewahrt haben. Die polybischen Bruchstücke und
die reinere annalistische Fassung stimmen so nahe zusammen, dass sie sich füglich combiniren lassen; und diese
Erzählung soll zunächst vorgelegt werden, indem damit
zugleich dasjenige vereinigt wird, was allen Berichten
gemein gewesen sein muss, wenn es uns auch nur aus der
uns am ausführlichsten überlieferten Version des Antias

bekannt ist. Sodann sollen die chronologischen Fragen
geprüft werden, die sich auf die Katastrophe der Scipionen
beziehen und die es zweckmässig erscheint von der eigentlichen pragmatischen Darlegung zu sondern. Zum Schluss
werden wir diejenigen Punkte, in denen Antias von seinen
Vorgängern abwich und die Gründe dieser Abweichungen
wie auch die sonstigen an diesen Prozess sich anknüpfenden
litterarischen Fälschungen erörtern.

2. DIE RECHTSFRAGE.

Zur richtigen Würdigung der Scipionenprozesse ist vor
allem die Frage zu beantworten, die bis jetzt wohl nicht
einmal ernstlich aufgeworfen worden ist, inwiefern der
römische Beamte verpflichtet war über die durch seine
Hände gegangenen öffentlichen Gelder Rechenschaft zu
legen; bei welcher Untersuchung sowohl die Verschiedenheit der einzelnen Beamtenklassen als auch diejenige der
öffentlichen Gelder selbst ins Auge zu fassen sein wird.
— Ueber die Stellung des Quästors in dieser Hinsicht
besteht kein Zweifel: er hat 'nach altem Recht und Herkommen' die Rechnungen über die von ihm verwalteten
Gelder im städtischen Aerar niederzulegen (*rationes ad*
aerarium deferre[36]), wo sie dann in die öffentlichen Bücher
eingetragen werden (*rationes referre*[37]). — Der dem Quästor

---

[36] *Cic. ad fam.* 5, 20: *si rationum referendarum ius vetus et mos
antiquus maneret, me relaturum rationes, nisi tecum . . . contulissem
confecissemque, non fuisse. Quod igitur fecissem ad urbem, si consue-
tudo pristina maneret, id, quoniam lege Iulia relinquere rationes in
provincia necesse erat easdemque totidem verbis referre ad aerarium,
feci in provincia.*

[37] Cicero *in Pis.* 25, 61, woraus deutlich erhellt, dass diese
Eintragung von den städtischen Quästoren mit ihren Schreibern

vorgesetzte Oberbeamte dagegen ist bis auf die letzte Zeit
der Republik nicht unmittelbar rechenschaftspflichtig gewesen. Dafür spricht die Sache selbst. Die Einführung der
Quästur und die Ueberweisung der Kassenverwaltung von
dem Feldherrn an den ihm beigegebenen Gehülfen hat
nur dann Sinn und Zweck, wenn der Oberbeamte einer
unmittelbaren Controle verfassungsmässig nicht unterlag und er also durch die Einrichtung der Quästur
wenigstens einer mittelbaren unterworfen ward. Dazu
kommt, dass die Beamten, denen Rechnung gelegt ward,
doch auf keinen Fall andere sein konnten als die städtischen
Quästoren; und wenn der gewesene Provinzialquästor diesen
sehr wohl Rechnung legen konnte, so ist es mit der streng
gegliederten magistratischen Hierarchie der Römer in
keiner Weise vereinbar den Consular in eine gleiche untergeordnete Stellung zu minderen Beamten zu versetzen. —
Aber nicht bloss allgemeine Gründe sprechen für den
Ausschluss der Rechnungslegung bei den Oberbeamten
wenigstens als Regel[38]), sondern auch die ausdrückliche
Angabe Ciceros in den Verrinen (684), dass der Quästor

---

bewirkt ward. Natürlich wird aber *rationes referre* auch sehr oft
von dem Rechenschaft legenden Provinzialquästor gesagt, da ja
durch ihn und ohne Zweifel unter seiner Mitwirkung die Eintragung beschafft wird und die Rechnungslegung eben darin recht
eigentlich besteht, dass die Beamten des Aerariums seine Rechnungen in der Ordnung finden und also protokolliren.

[38]) Rechnungslegung von Seiten des Stadtprätors wird schon
für die Jahre 673 und 680 erwähnt (Cic. a. a. O.), aber als
angeordnet durch einen besonderen Senatsbeschluss und in einem
gewissen wenigstens factischen Zusammenhang mit der Rechnungslegung desjenigen Quästors, der auf Anweisung des Prätors die
betreffenden Summen gezahlt hat.

ohne seinen Statthalter Rechnung abzulegen pflege[39]). In
den letzten Decennien der Republik finden wir allerdings
den Oberbeamten verpflichtet zwar nicht eigentlich selbst
Rechnung zu legen, aber doch die Rechnungen seines
Quästors zu prüfen[40]) und dieselben in den beiden grössten
Städten der Provinz vor seinem Abgang aus derselben
niederzulegen, ferner sie nach seiner Ankunft in Rom bei
der dortigen Kasse einzureichen[41]). Diese Einrichtung
aber wird zurückgehen auf Caesars Repetundengesetz von
695, da sie 684 noch nicht bestand. Dafür, dass vor diesem
Gesetz der Oberbeamte mit der Rechnungslegung nichts zu
thun hatte, spricht noch sehr bestimmt der Umstand, dass
noch später Bibulus mit Berufung auf die Nichtigkeit der
julischen Gesetze die Rechnungslegung überhaupt ver-
weigerte[42]).

---

[39]) Verr. 1, 39, 98. 99.

[40]) Das zeigen die beiden Briefe Ciceros *ad fam.* 2, 17 und 5.
20. Es sind immer noch *rationes quaestoris* (2, 17, 4), aber doch
auch des Statthalters. Wenn Cicero in dem Brief an seinen
Quästor 5, 20, 6 *rationes meae* und *tuae* unterscheidet, so sind die
letzteren die Handacten des Quästors, aus denen er in zweifelhaften
Fällen der die Rechnung abnehmenden Behörde Aufschluss giebt.

[41]) Cicero a. a. O.; *ad Att.* 6, 7, 2; *in Pis.* 25, 61. Paulus Dig.
48, 13, 9, 6: *qui eum provincia abiret, pecuniam, quae penes se esset,
ad aerarium professus retinuerit.*

[42]) Cicero *ad fam.* 2, 17, 2 schreibt an den Proquästor des Bibulus C. Sallustius: *de rationibus referendis non erat incommodum te
nullas referre, quam tibi scribis a Bibulo fieri potestatem: sed id vix
mihi videris per legem Iuliam facere posse, quam Bibulus certa quadam
ratione non servat, tibi magnopere servandam censeo.* Dass Bibulus
seinem Quästor gestattet haben solle gar nicht Rechnung zu
legen, ist gewiss eine der vielen boshaften Unterstellungen dieses
bitterbösen Briefes. — Uebrigens kann der Empfänger desselben

Wenn also nach dem asiatischen Feldzug des L. Scipio
um die Rechnungslegung gestritten ward, so konnte der
Feldherr ohne Zweifel insofern behaupten, dass dieselbe
von ihm nicht gefordert werden könne, als dies Geschäft
vielmehr seinem Quästor oblag. Aber nicht über diese
formale Frage ist in den Scipionenprozessen gestritten
worden. Vielmehr ist der Sache und den praktischen
Folgen nach die Rechnungslegung des Quästors stets behandelt worden als Rechnungslegung desjenigen Oberbeamten, nach dessen Anweisung und unter dessen Verantwortlichkeit der Quästor die Kasse verwaltet hatte. Sehr
klar spricht sich dies aus in dem wohlbekannten, aber
noch nicht in seinem Zusammenhang aufgefassten Satz
des republikanischen Staatsrechts, dass wohl der Consul,
aber nicht der Dictator schuldig sei über die von ihm
verwalteten Gemeindegelder Rechnung zu legen[43]) —
welcher Satz sowohl zur Frage kam bei den Versuchen
die Erben des Dictator Sulla zur Erstattung der von

---

füglich der spätere Historiker sein; die Adresse (nach der Handschrift *s. d. salustium proquaes.* im Index, *salutem dicit canini salustio
proq.* im Text) spricht dafür, da zumal in der mediceischen Handschrift nichts gewöhnlicher ist als unverständige Auflösung selbst
der bekanntesten Siglen, und nichts steht der Annahme im Wege,
dass der Volkstribun des J. 702 zwei Jahre später als *legatus
pro quaestore* in Syrien fungirt hat.

[43]) Darum heisst der Dictator bei den Griechen häufig ἀνυπ-
εύθυνος (Staatsrecht 1², 675). Die lateinische Formulirung dieses
Satzes, die wir nicht kennen, wird wohl darauf Rücksicht genommen haben, dass in formalem Sinn auch der Consul von der
Rechnungslegung frei war und dies bei dem Dictator nur insofern besonders hervorgehoben werden konnte, als bei ihm auch
die mittelbar den Consul treffende quästorische Rechnungslegung
wegfiel.

diesem unterschlagenen Staatsgelder zu zwingen[44]), wie
auch als man sich darum stritt, ob Pompejus für 702 zum
Dictator oder zum Consul ohne Collegen gewählt werden
solle[45]). Es ist dies eben nichts anderes als dass dem
Consul nothwendig der Quästor, dem Dictator nothwendig
der Reiterführer zur Seite steht und jener zur Rechnungslegung verpflichtet ist, nicht aber dieser. Damit hängt
dann weiter zusammen, dass ohne dessfälligen Senatsbeschluss wohl der Consul[46]), aber nicht der Dictator Geld
aus dem Aerar zu erheben befugt war[47]) — offenbar weil
jener dies auf seine Verantwortlichkeit und unter Vor-
behalt der Verrechnung durch den Quästor that, dieser
aber in keiner Weise gezwungen werden konnte Rechnung
zu legen. — Nicht darum also handelte es sich in dem
Prozess des L. Scipio, ob er überhaupt rechenschaftspflichtig sei, sondern um die ganz davon verschiedene
Frage, ob die Gelder, wegen deren ihm Rechenschaft ab-
gefordert ward, zu denjenigen gehörten, für die eine solche
Verpflichtung bestand. Es ist keinem Zweifel unterworfen,
dass der Quästor Rechnung abzulegen hat über die aus

---

[44]) Denn darauf geht Ciceros Aeusserung in einer Rede aus
seiner demokratischen Zeit (*pro Cluent.* 34, 94), dass die Geschwo-
renen keineswegs der Meinung gewesen seien Sulla als den Gesetzen nicht unterworfen zu betrachten (*non quo illi .. exlegem
esse Sullam .. putarent*). Vgl. unten S. 450 A. 75.

[45]) Appian *b. c.* 2, 23: ὡς ἂν ἔχοι μὲν ἐξουσίαν δικτάτωρος ἄρχων
μόνος, τὴν δ᾽ εὔθυναν ὑπάτου.

[46]) Polyb. 6, 13. Staatsrecht 2², 124.

[47]) Zon. 7, 13. Liv. 22, 23. Staatsrecht 2², 159.

[48]) Cicero *Verr.* l. 1, 14, 36: *dedi stipendio, frumento, legatis pro
quaestore, cohorti praetoriae . . .* Vgl. daselbst l. 1, 13, 34 und
l. 3, 76, 177.

dem Staatsschatz dem Oberbeamten überwiesenen Beträge
und ohne Frage auch über diejenigen Summen, die der
Statthalter von den Steuerpflichtigen oder Gemeinde-
schuldnern für Rechnung der Gemeinde einzog oder in
gültiger Weise für die Gemeinde aufborgte [49]). Wohl aber
fragt es sich, ob auch der Kriegsgewinn nothwendig durch
die Hände und die Bücher des Quästors gehen musste;
und es wird nothwendig sein die hierüber geltenden Regeln
klar zu stellen.

Bekanntermassen konnte der Feldherr die gemachte
Beute entweder sofort den Soldaten zu freiem Eigenthum
überlassen [50]), wo dann der etwanige Verkauf der Beute-
stücke den Feldherrn und den Staat überhaupt zunächst
nichts anging [51]), oder auch die Beute selbst oder deren
Erlös zu späterer Verfügung reserviren. Ein Verkauf der
Beute im Lager für Rechnung der Gemeinde hat in älterer
Zeit wohl in der Regel nicht oder doch nur in beschränktem

---

[49]) Analogisch zeigen dies Asconius *in Cornel.* p. 72 Or.: *ex
vectigalibus* und Paulus Dig. 48, 14, 9, 3.

[50]) Aber auch in diesem Fall wird wenigstens der Regel nach
der Soldat nicht angewiesen zu behalten, was er ergriffen hat,
sondern es wird alles abgeliefert und dann, was den Soldaten
bestimmt ist, vom Feldherrn vertheilt (Liv. 38, 23, 10; vgl. über
den Charakter dieser Stelle die folgende Abhandlung). Natürlich blieb trotz dieser Vorschrift manches Beutestück in den
Händen derer, die zuerst darüber kamen, und sagt dies auch derselbe Bericht wenige Zeilen vorher (c. 23, 4).

[51]) Das kam freilich vor, dass aus militärischen Gründen die
Soldaten veranlasst wurden sich der Beutestücke durch Verkauf
unter der Hand sofort wieder zu entledigen (Liv. 10, 17, 6. c. 20, 16),
auch wohl, dass der Feldherr die den Soldaten bestimmte Beute
durch den Quästor verkaufen und ihnen nur den Erlös zustellen
liess (Liv. 35, 1, 12).

Umfang stattgefunden; namentlich Vieh und Gefangene, unzweifelhaft der wesentliche Inhalt des Kriegsgewinns in den Kriegen der früheren Republik, sind damals sicher im Triumph mit aufgeführt und, so weit der Feldherr nicht anderweitig über sie verfügte, so wie sie waren an das Aerar und dessen Quästoren abgeliefert worden[52]), die sie dann für Rechnung der Gemeinde verkauften. Mit der Kriegskasse, aus welcher der den Feldherrn begleitende Quästor die Soldzahlung und andere nothwendige Ausgaben bestritt, hat also dieser Kriegsgewinn keinen unmittelbaren und namentlich keinen rechnungsmässigen Zusammenhang; die die Beute 'unter dem Kranz' versteigernden Quästoren sind ursprünglich die städtischen[53]), eben dieselben, die auch den im Krieg gemachten Landgewinn in angemessenen Parzellen zum Verkauf bringen; und wenn auch das Aerar durch diese Verkäufe in den Stand gesetzt wird den Bürgern, die das Tributum und damit mittelbar das Stipendium gezahlt haben, die gezahlten Summen zu erstatten, so sind doch die Rechnungen des Kriegsquästors und diejenigen der die abgelieferte Beute verwerthenden Quästoren von Haus aus getrennte. — Als später die Kriege nach Zeit und Ort grössere Dimensionen annahmen, verlegte sich der Verkauf der-

---

[52]) Die Möglichkeit einer solchen Ablieferung beweist Livius 6, 4, 2. 7, 27, 8. 9, sicherer aber als diese Zeugnisse die Natur der Sache.

[53]) Darauf führen die plautinischen Stellen über den Kauf der Kriegsgefangenen *de praeda a quaestoribus* (*Capt.* 1, 2, 110 und 2, 3, 453 Fleckeisen), die ältesten solche Verkäufe betreffenden, die wir haben, da der gebrauchte Plural nur an die Stadtquästoren zu denken gestattet. Staatsrecht 2², 538.

jenigen Beutestücke, die nicht in Geld, Kleinodien oder
Kunstwerken bestanden, nothwendig mehr und mehr von
dem Markte der Hauptstadt in das Lager. Könnte nun auch
nachgewiesen werden, dass der Feldherr bei dieser Ver-
silberung der Beute sich des ihm beigeordneten Quästors
bedient hat, so würde daraus immer noch nicht folgen,
dass dies Beutegeld einfach in die öffentliche Kriegskasse
fiel; es könnte immer darüber der Quästor gesonderte
Rechnung geführt und der Feldherr freier als über die
eigentlichen Staatsgelder verfügt haben. Allein nicht
bloss fehlt es für die derartige Thätigkeit eines Militair-
quästors an jedem zuverlässigen Beleg[54]), sondern ein
ausdrückliches nur nicht gehörig berücksichtigtes Zeugniss

---

[54]) Die Stellen, welche man dafür beigebracht hat, wollen wenig
bedeuten. Wenn Gellius 13, 25, 29 die *manubiae* definirt als die *pecunia
per quaestorem populi Romani ex praeda vendita contracta*, so erregen
die gleich folgenden Worte: *quod per quaestorem dixi, intellegi nunc
oportet praefectum aerario significari; nam cura aerarii a quaestoribus
ad praefectos translata est* — das Bedenken, ob nicht jener Angabe
eine missverstandene Notiz über den ältesten Beuteverkauf durch
die Stadtquästoren (S. 438 A. 53) zu Grunde liegt. Denn die Vorgänger der *praefecti aerarii* sind nicht die Militär-, sondern die
Stadtquästoren (vgl. Staatsrecht 2³, 550 A. 4). Wenn ferner
Dionysios 7, 63 (vgl. 8, 82) ein 'Gesetz' anführt, wonach der Feldherr gar kein Recht auf die Beute habe, sondern der Quästor
dieselbe für Rechnung der Gemeinde verkaufe, so ist die erste
Hälfte dieses Satzes notorisch ein grober Irrthum, die zweite
aber offenbar zu beziehen auf den nach Ablieferung der Beute
durch den Stadtquästor, nicht auf den vor Ablieferung derselben
durch den Militärquästor zu vollziehenden Verkauf. Ueber
Livius 35, 1 vgl. S. 437 A. 51. Vermuthlich waren in der trala-
ticischen Definition des Verkaufs *sub corona*, die in unserer
juristischen Ueberlieferung fehlt (vgl. Gellius 7, 4), als Verkäufer
der an das Aerar abgelieferten Sclaven die städtischen Quästoren

von unbedingter Glaubwürdigkeit stellt fest, dass wenigstens
in der späteren Zeit der Republik die Feldherrn ihr Beutegeld nicht durch den Quästor verwalten liessen, sondern
durch andere Offiziere. Die aus der im Taurus gemachten
Beute gelösten Gelder habe niemand angerührt, schreibt
Cicero dem Proquästor von Syrien, der ihn um Ueberweisung von 100000 Drachmen ersucht hatte, und werde
auch niemand anrühren als der städtische Quästor. Alles
gehe in dieser Hinsicht bei ihm seinen gewiesenen Weg:
*omnis enim pecunia (publica) ita tractatur, ut praeda a
praefectis, quae autem mihi attributa est a quaestore
curetur* [55]). Also die aus der Staatskasse Cicero zuge-
wiesenen Summen verwaltete der Quästor und auf diese
allein beziehen sich die Rechnungen, die der Statthalter
dem Aerar zu legen hatte; das Beutegeld dagegen wird
verrechnet von den *praefecti*. Aehnlich drückt Tacitus[56])

---

bezeichnet; womit dann bei halbkundigen Berichterstattern der
keineswegs damit identische Verkauf der Kriegsgefangenen auf
Befehl des Feldherrn im Lager zusammengeworfen ward.

[55]) *ad fam.* 2, 17, 4. Die Lesung *curatur* ist nichts als eine
unverständige Conjectur. — Cicero war das ihm für ein Jahr
(*sumptus annuus: ad Att.* 6, 3, 2. 7, 1, 6) ausgeworfene Geld nicht
in Rom, sondern durch Anweisung (*permutatio*) in Laodikeia gezahlt worden (*ad fam.* 3, 5, 4); beim Abgang überwies er die
gleiche Summe für das folgende Jahr seinem Nachfolger (*ad Att.* 7,
1, 6: *me C. Caelio quaestori relinquere annuum*) und nahm für den
Ueberschuss, den er an das Aerar abzuliefern gedachte (*ad Att.*
a. a. O.: *referre in aerarium ad HS* ∞, wo die Zahl verdorben ist),
in Laodikeia für Rechnung der Staatskasse Anweisung auf Rom
(*ad fam.* 2, 17, 4: *Laodiceae me praedes accepturum arbitror omnis
pecuniae publicae, ut et mihi et populo cautum sit sine vecturae periculo*).

[56]) *hist.* 3, 19 sagen die Soldaten, es sei besser Cremona sofort
durch nächtlichen Ueberfall einzunehmen: *si lucem opperiantur* . . . .

sich aus. Ohne Zweifel sind hier die *praefecti fabrum*
gemeint: denn ungleich den anderen *praefecti*, die dem
Statthalter untergeben sind, den *praefecti alarum, cohortium,
evocatorum*, sind die *praefecti fabrum* zwar Offiziere, aber
nicht solche, die feste Truppenkörper führen, und begegnen
wir ihnen bei rein militärischen Geschäften kaum, während
ihre Verwendung zum Beispiel bei politischen Missionen
und selbst bei der Rechtspflege nachzuweisen ist[57]).
Somit erscheinen sie durchaus geeignet die Beute und die
Beutekasse zu verwalten. Es kommt hinzu, dass Lepta,
den Cicero ausdrücklich als *praefectus fabrum* bezeichnet[58]),
anderswo in Beziehung auf die Rechnungslegung genannt
wird[59]). Diese Präfecten also, nicht Beamte des römischen
Volkes, sondern vom Statthalter nach Gefallen bestellte
Offiziere, führten wenigstens in Ciceros Zeit die Rechnung
über das Beutegeld; und da die Rechnungslegung des
Oberbeamten durch den Quästor vermittelt ward, so folgt
von selbst, dass sie auf die nicht durch den Quästor ver-
rechneten Gelder sich nicht erstreckt hat. Auch leuchtet
ein, dass die oben dargelegte Behandlung des Kriegsgewinns eine förmliche öffentliche Rechenschaftslegung von
vorn herein ausschliesst. Der Feldherr ist zur Rechnungs-

---

*opes Cremonensium in sinu praefectorum legatorumque fore; expugnatae
urbis praedam ad militem, deditae ad duces pertinere.*

[57]) Ein *praef. fabrum i(ure) d(icundo) et sortiend(is) iudicibus in
Asia* aus der Zeit des Augustus oder Tiberius findet sich I. N. 4336
= Henzen 6470. Vgl. Staatsrecht 1³, 224. Auch kommen *praefecti
fabrum* in der Kaiserzeit bekanntlich häufig in solchen Provinzen
vor, wo keine Truppen standen.

[58]) *ad fam.* 3, 7, 4.

[59]) *ad fam.* 5, 20, 4; vgl. *ad Att.* 5, 17, 2. 10, 11, 2.

führung über den Kriegsgewinn nicht viel anders verpflichtet, als wie auch jeder Hausvater verpflichtet ist über
Einnahme und Ausgabe Buch zu führen. Er handelt
vorsichtig, wenn er bei diesem gerade durch seine völlige
Schrankenlosigkeit gefährlichen Geschäft sich sowohl durch
sorgfältige Auswahl seiner Vertrauensmänner wie durch
gewissenhafte Buchführung gegen mögliche Verleumdungen
sichert. Es mag oft vorgekommen, vielleicht Regel gewesen sein, dass der Feldherr bei Ablieferung des Rein-
ertrags der ganzen oder eines Theils der Beute an das
Aerar, wie sie wenigstens sehr häufig stattfand, zugleich
seine Rechnungen über den gesammten Kriegsgewinn bei-
schloss[60]). Aber eine gesetzliche Verpflichtung zur Rechnungslegung hat bei den Römern zu allen Zeiten nur für
die dem Beamten von Staatswegen zur Verrechnung überwiesenen, nicht für die durch ihn dem Feind abgenommenen
Gelder bestanden. Wenn sonach Polybios dem Scipio die
Worte in den Mund legt, dass sein Bruder über die an-
tiochische Beute keinem Rechenschaft schuldig sei[61]), so
wird man hierin doch etwas anderes zu erkennen haben
als die stolze Ueberhebung einer adlichen Natur über
Recht und Gesetz, und demnach es auch anders beurtheilen,
als es bisher geschehen ist, dass Scipio denen, die diese
Rechnungen forderten, sie zerrissen vor die Füsse warf.

------

[60]) Dafür spricht Gellius 4, 18, 9 (S. 464). Nicht gleichartig
ist die Verzeichnung der bei dem Triumph abgelieferten Gegenstände *ad aerarium* (Cicero *Verr. l.* 1, 21, 57); diese ist vielmehr
eine einfache Empfangsbescheinigung.

[61]) Auch bei der bekannten Aeusserung 6, 56, dass in Rom
auch ohne Brief und Siegel kein Unterschleif öffentlicher Gelder
vorkomme, hat Polybios gewiss zunächst diese Ordnung im Sinne
gehabt.

Die Art der Verwendung des Kriegsgewinnes durch
den Feldherrn bestätigt vollständig die über dessen
rechnungmässige Behandlung gefundenen Ergebnisse. Das
aus der Beute gelöste Geld, die *manibiae*[62]), bildet die
Handkasse des Feldherrn, mit der er geradezu anfangen
kann, was ihm beliebt, wofern er nur diese Gelder nicht
in seinen Nutzen, sondern in den der Bürgerschaft verwendet. Er kann damit Soldaten und Offiziere beschenken,
sowohl sofort im Lager wie bei dem Triumph; er kann
daraus Weihgeschenke setzen oder öffentliche Gebäude
errichten; er kann endlich was ihm übrig bleibt in den
öffentlichen Schatz abführen. Die Staatsbehörden vermögen
auf die Behandlung dieser Summen in keiner Weise rechtlich
einzuwirken[63]). An eine Frist ist der Feldherr hiebei

---

[62]) *Manibiae* oder *manubiae* (die Schreibung ist beglaubigt durch
das *mon. Anc.* 3, 8. 17. 4, 24. ferner *elog.* 33, C. I. L. I, 290. VI, 1301
und I. N. 4089) scheint das vom Feldherrn aus dem Beuteverkauf
gelöste Geld zu sein und sich von *praeda* insofern zu unterscheiden,
als dies die Beutestücke unmittelbar bezeichnet. Diese Distinction
stellt schon Gellius 13, 25 auf und dafür spricht, dass, wo *manubiae* und *praeda* zusammenstehen, wie bei Cicero (*Verr.* 3, 80, 186;
de l. agr. 1 z. A. 2, 22, 59 fg. und sonst). jenes stets die zweite
Stelle einnimmt, und dass aus dem Beutegeld gemachte Widmungen stets bezeichnet werden mit der Formel *ex manubiis*, wogegen die unter die Soldaten vertheilte Beute niemals so heisst.
Wenn dagegen Cato (p. 37 Jordan) sagt: *numquam praedam neque
quod de hostibus captum esset neque manubias*, so ist *praeda* hier der
Gattungsbegriff und dessen Arten die Beutestücke selbst und das
aus der Beute gelöste Geld. Ebenso heisst im metaphorischen
Gebrauch der Erlös, besonders des Verbrechens, *manubiae*, z. B.
furtorum manubiae Liv. 33, 47, 2. — Die Ableitung des Wortes ist
dunkel, obwohl es sicher mit *manus* zusammenhängt.

[63]) Bezeichnend ist es, dass Cn. Strabo nach der Eroberung
von Asculum die gemachte Beute trotz der grossen Bedrängniss

zwar insofern gebunden, als er bis zu dem Termin, wo er sein Imperium niederlegt, über den Kriegsgewinn in einer oder der andern Weise verfügt haben muss; aber die wirkliche Verwendung der Gelder zu diesem Zweck erfolgt nicht nothwendig sogleich. Bei der Verwendung für Bauten ist es etwas Gewöhnliches, dass der gewesene Feldherr den Bau nach seinem Ermessen betreibt und beendigt und demnach die dafür bestimmten Summen Jahre lang in der Hand behält. — Ein derartiges Verfügungsrecht, schon für sich allein betrachtet, schliesst jede Rechnungslegung in der That aus⁶⁴).

Hienach können wir uns wenden zur Beantwortung der wichtigen Frage, welcher Art von gerichtlicher Controle nach den Ordnungen des römischen Freistaats theils die anvertrauten öffentlichen Gelder, theils der Kriegsgewinn unterlagen, falls die Inhaber derselben sie nicht bestimmungsmässig verwendeten oder an die Gemeinde ab-

---

der Staatskasse nicht in deren Interesse verwandte, nicht einmal den Sold daraus zahlte (Oros. 4, 18).

⁶⁴) Aehnlich wie die Beute sind auch die Multen behandelt worden; denn wie Krieg und Prozess gleichartig sind, so auch Kriegsbeute und Prozessgewinn. Der multirende Magistrat konnte mit der Mult machen was er wollte, vorausgesetzt nur, dass er das Geld im öffentlichen Interesse verwendete; demnach wird auch in republikanischer Zeit die Mult nicht in das städtische Aerar abgeführt und darüber von dem multirenden Magistrat keine Rechnung gelegt worden sein. Ohne Zweifel erst der Kaiserzeit gehört die Einrichtung an, dass der multirende Volkstribun die Mult dem Quästor anzuzeigen hat (Tac. ann 13, 28), der alsdann vermuthlich die Einziehung bewirkt. Aehnlich hatten nach dem Stadtrecht von Malaca (c. 66) die Aedilen zwar das Recht zu multiren, aber ihre Multen dem Duovir anzuzeigen, der die Eintreibung beschafft (vgl. meinen Commentar S. 442. 450).

lieferten. Es wird nothwendig sein beide Fälle streng zu
unterscheiden. — Die Unterschlagung anvertrauter öffentlicher Gelder ist nach römischem Recht unzweifelhaft
Diebstahl von beweglichem Eigenthum des Staats; es fragt
sich aber, wie in der älteren Zeit das *furtum pecuniae
publicae*, oder gewöhnlicher *peculatus*, prozessualisch behandelt worden ist. Weniger als über die meisten Fragen
des römischen Rechts sind wir darüber unterrichtet, in
welcher Form die Gemeinde in älterer Zeit ihre Civilan-
sprüche gerichtlich geltend gemacht hat; indess ist wahrscheinlich in den Fällen der sogenannten *delicta privata*,
also namentlich bei *furtum* und *damnum iniuria datum*,
wenn die Gemeinde also geschädigt war, die Schädigung
im Wege des Civilprozesses in der Weise verfolgt worden,
dass jeder Bürger als befugt galt die Gemeinde an Kläger-
statt zu vertreten. Dafür spricht einmal der bekannte
Satz, dass im Legisactionenverfahren, das sonst keine
Stellvertretung und keine besonderen *actiones populares*
kennt, doch jeder befugt war für das Volk zu klagen[65];
ferner dass im J. 541 die Betrügereien des Lieferanten
M. Postumius aus Pyrgi zunächst bei dem Stadtprätor
zur Anzeige gebracht wurden[66]. Auch das Verfahren,
das nach Antias gegen den L. Scipio und Genossen eingeleitet wird und das, wenn es gleich nicht historisch und
auch nicht als Peculatprozess im strengen Sinne des

---

[65] Gai. 4, 82. Inst. 4, 10 pr.

[66] Liv. 25, 3, 12. Was ihm vorgeworfen ward, würde allerdings
nach den späteren privatrechtlichen Kategorien mehr zu einer
Klage aus dem Kauf- oder Arbeitsmiethcontract als zu einer
Klage wegen *damnum iniuria datum* geführt haben, obwohl auch
die letztere begründet gewesen wäre. Staatsrecht 1², 179.

Wortes gedacht ist, doch im Wesentlichen den Peculatprozess des sechsten Jahrhunderts der Stadt darzustellen
scheint, ist nichts als ein Privatprozess, ganz entsprechend
dem wegen Gelderpressungen in der Provinz vor Einrichtung der *quaestio perpetua repetundarum* öfter einge-
haltenen Verfahren: es wird ein Prätor angewiesen die betreffenden Klagen entgegenzunehmen und für jeden Beklagten ein besonderes (vermuthlich recuperatorisches)
Gericht niederzusetzen, worauf dann die Verurtheilten,
da der Kläger für die Gemeinde geklagt hat und das Urtheil also der Gemeinde den Ersatz zuspricht, wie alle
anderen Gemeindeschuldner entweder ihr Bürgen (*praedes*)
zu stellen haben oder der Verhaftung unterliegen[67]. —
Selbstverständlich übte der Senat als höchste Finanzbe-
hörde in dieser Beziehung eine Oberaufsicht, indem er
wichtigere Fälle einer Vorprüfung unterwarf und nach
Umständen die Erhebung der Anklage veranlasste oder
verhinderte[68], nicht in eigentlicher Form Rechtens, sondern
durch seinen Einfluss auf die Beamten und durch die freie
Stellung des Prätors hinsichtlich der Annahme oder Nicht-
annahme namentlich wohl solcher zunächst die Gemeinde
betreffender Klagen. Der Umstand, dass der Senat die
Klagerhebung veranlasst oder dass sogar die Comitien,
wie in dem von Antias gesetzten Fall, den Senat anweisen die Klagerhebung zu veranlassen, ändert an sich

---

[67] Liv. 38, 54, womit besonders zu vergleichen sind die analogen
Prozesse Liv. 43, 2. Man vergesse nicht, dass der ältere Quästionen-
prozess überhaupt dem Civilverfahren angehört und sogar noch
nach Einsetzung der ständigen Quästionen bis auf die Zeit der
Gracchen mittelst *legis actio sacramento* angestellt worden ist.

[68] Liv. 25, 3, 12.

in der Prozessform nichts; das Verfahren bleibt darum immer ein *iudicium privatum* vor Recuperatoren. — Dass dagegen ein Privatdelict darum, weil es gegen die Gemeinde verübt ward, im eigentlichen Criminalprozess vor den Comitien verfolgbar gewesen sei, hat weder innere Wahrscheinlichkeit noch äussere Beweise für sich [69]). Wohl setzte die allgemeine einer strengen Definirung und Begränzung nicht fähige oberpolizeiliche Befugniss, die die Vorstände der Plebs ausübten, sie in den Stand besonders ärgerliche und besonders gemeinschädliche Fälle der Art ausnahmsweise in der Form des Multprozesses vor die Gemeinde zu ziehen; dass aber dieselbe in dieser Richtung zur Anwendung gekommen sei, ist nicht sicher zu

---

[69]) Freilich wird derjenige anderer Meinung sein müssen, der aus Ciceros Worten *de leg.* 2, 9, 22: *sacrum sacrove commendatum qui clepsit rapsitve, parricida esto* folgert, dass das *sacrilegium* in ältester Zeit als *parricidium* behandelt ward; denn wie *sacrum* und *publicum*, Eigenthum der Götter des römischen Volkes und Eigenthum des römischen Volkes, selbst gleichartig behandelt werden, so sind auch *sacrilegium* und *peculatus* von Haus aus identisch und stand jenes dem Parricidium gleich, so muss dasselbe auch von diesem gelten. Aber gewiss ist dies nicht altes Recht, sondern ciceronischer Vorschlag, anknüpfend einerseits (worauf Wilamowitz mich aufmerksam macht) an die platonische Bestrafung der Hierosylie mit dem Tode (*de leg.* 9 p. 854. 12 p. 941), andrerseits an die bekannte Controverse (*notissimum exemplum:* Quintilian 7, 3, 21; vgl. 4, 2, 8. 68. 5, 10, 39. 7, 3, 22 und Cicero *de inr.* 1, 8, 11), ob der Diebstahl einer in einem Tempel aufbewahrten, aber im Privateigenthum stehenden Sache *sacrilegium* sei oder *furtum*. Wäre diese Streitfrage in den zwölf Tafeln oder einem anderen alten Volksgesetz so ausdrücklich entschieden worden wie dies durch Ciceros *sacro commendatum* geschieht, so hätte nicht bis auf die Zeit Severs über dieselbe gestritten werden können (Dig. 48, 13, 5). Vgl. noch *ad Her.* 1, 12, 22.

belegen[70]). — Somit war es die alte Privatklage wegen
furtum publicum, aus der im Laufe des siebenten Jahrhunderts die *quaestio perpetua peculatus* hervorging; eben
wie aus dem Privatprozess wegen des von einem Beamten
begangenen *furtum privatum* die *quaestio perpetua repetundarum* sich entwickelt hat. Wann das ständige Gericht wegen Peculat niedergesetzt ward, ist nicht mit
Sicherheit nachzuweisen; doch fand Sulla dasselbe schon
vor[71]) und mag diese wohl zu den ältesten Quästionen
gehören. Uebrigens scheint dies Verbrechen nicht, wie
die Repetunden, als ein vornehmes gegolten, sondern die
Quästion überwiegend mit Personen nicht senatorischen
Ranges, insbesondere den bei den öffentlichen Kassen be-
schäftigten Dienern und Schreibern zu thun gehabt zu
haben[72]).

Bis zu einem gewissen Puncte haben die Rechtssätze
über den Peculat auch auf den vom Feldherrn unterschlagenen Kriegsgewinn Anwendung gefunden. Unter-

---

[70]) Die Klage gegen den Lieferanten M. Postumius ist nur
ähnlich (Liv. 25, 3). Eher gehört hieher die dem Camillus vor-
gerückte Unterschlagung von Bronzethüren aus der veientischen
Beute (unten S. 453 A. 79); aber die Angaben über diesen unhistorischen Prozess sind doch viel zu schwankend, um ihn mit Sicherheit zu classificiren. Bei den Aussagen Catos in dem Prozess
gegen Glabrio über gewisse im Triumph nicht aufgeführte Beutestücke (S. 460) handelte es sich wahrscheinlich nur darum zu
ermitteln, wie hoch sich die Beute belaufen habe.

[71]) Das zeigt das von Cicero in die J. 676/9 verlegte Gespräch
de deorum natura 3, 30, 74, wo diese Quästion unter den *quotidianis*
genannt und der *quaestio testamentorum lege* (*Cornelia*) *nova* ent-
gegengesetzt ward; ferner dass 668 gegen Cn. Pompeius eine Anklage wegen Peculat erhoben ward (Plutarch *Pomp.* 4).

[72]) Vgl. besonders Cicero *pro Mur.* 20, 42 und unten S. 471 A. 107.

schlagung von Beutestücken, einerlei ob sie ein Anderer begeht oder der Feldherr selbst, ist unzweifelhaft stets als Peculat betrachtet worden[73]) und musste es auch; denn die Beute wird bekanntlich nicht Eigenthum des Feldherrn, sondern Eigenthum des Staats und war, wenn der Feldherr sie nicht verschenkte oder verkaufte, an den Staat abzuliefern; somit sind alle Bedingungen des Diebstahls und der Diebstahlsklage hier vorhanden. Aber wenn der Feldherr die Beute verkauft und den Erlös im eigenen Interesse verwendet, so ist es zunächst fraglich, ob hier im Rechtssinn von Diebstahl die Rede sein kann. Zu verkaufen und zu verwenden ist der Feldherr befugt; und da er das aus dem Verkauf gelöste Geld nicht an den Quästor der Gemeinde abliefert, sondern in seiner Hand behält, so ist es nicht bloss eine mögliche, sondern selbst die natürliche Auffassung, dass durch den Verkauf der Beute die 'Manibien' zunächst in sein Eigenthum kommen. Damit aber ist der Diebstahl ausgeschlossen, der durchaus Verletzung des Eigenthumsrechts eines Dritten voraussetzt[74]). Selbst für die Ersatzklage

---

[73]) Modestinus Dig. 48, 14, 13: *is qui praedam ab hostibus captam surripuit lege peculatus tenetur et in quadruplum damnatur.* Gegen den Sohn des Cn. Pompeius Strabo wurde Anklage erhoben wegen *furtum pecuniae publicae* (ὑπὲρ κλοπῆς δημοσίων χρημάτων) und derselbe insbesondere beschuldigt Jagdnetze und Bücher aus der Beute von Asculum in seinem Besitz zu haben (Plutarch *Pomp.* 4). Vgl. auch Gell. 11, 18, 18.

[74]) Wie streng dies auch bei dem Peculat festgehalten wird, zeigt zum Beispiel, dass derjenige, der öffentliches Eigenthum zur Bewahrung oder zum Transport auf seine Gefahr hin übernimmt, keinen Peculat daran begehen kann (Dig. 48, 14, 9, 2. 4) — offenbar weil hierin, ähnlich wie bei der abgeschätzten Mitgift

— die *condictio* des Privatrechts — fehlt die formale Grundlage; denn von Ersatz kann nur die Rede sein, wo eine Pflicht
besteht abzuliefern. — Wenden wir uns zu der positiven
Ueberlieferung, so darf man wohl vermuthen, dass die
scharfe Unterscheidung zwischen *praeda* und *manibiae* recht
eigentlich beruht auf der verschiedenen Art der Verantwortlichkeit, indem die unterschlagene *praeda* unter das
furtum publicum fiel, nicht aber die unterschlagenen Manibien. Die Behandlung dieser Unterschlagung ist aus
unseren Quellen nicht ausdrücklich zu entnehmen, wie ja
denn die Manibien in der Kaiserzeit überhaupt nur bei
dem Kaiser vorkommen konnten; aber es liegt nicht ein
einziger sicherer Fall vor, wo unterschlagene Manibien als
Peculat behandelt wären. Ja die allgemeine Untersuchung,
die der Senat einige Jahre nach dem Tode des Dictator
Sulla wegen der Restforderungen der Staatskasse überhaupt
und insbesondere gegen die Erben Sullas verfügte, wird in
Betreff dieser ausdrücklich beschränkt auf die von Sulla aus
der Staatskasse und von den Steuerpflichtigen erhobenen
öffentlichen Gelder, während von dem so ansehnlichen
Kriegsgewinn mit keinem Worte die Rede ist[75]). Als

(D. 23, 3, 10 pr.), wenigstens bedingungsweise eine Eigenthums-
übertragung gefunden wird, der Empfänger also als Schuldner
des Staats für den Werthbetrag gilt.

[75]) Asconius *in Cornel.* p. 72 Or.: *quia defuerat superioribus temporibus* (d. h. vor dem J. 687) *in aerario pecunia publica, multa et saepe eius
rei remedia erant quaesita, in quibus hoc quoque, ut pecuniae publicae,
quae residuae apud quemque essent, exigerentur. Id autem maxime
pertinebat ad Cornelium Faustum dictatoris filium, quia Sulla per multos
annos, quibus exercitibus praefuerat et rem publicam tenuerat, rumperat
pecunias ex vectigalibus et ex aerario populi Romani.* Vgl. Cicero
pro Cluent. 34, 94. 53, 147. Die Einrede, dass Sulla als Dictator

dann in dem servilischen Ackergesetz vorgeschlagen ward
den neuen Zehnmännern zu überweisen 'aurum argentum
ex praeda, ex manubiis, ex auro coronario ad quoscumque
pervenit neque relatum est in publicum neque consumptum
in monumento' und ebenso denselben allen künftigen Kriegsgewinn zur Verfügung zu stellen[76]), da wird nicht bloss
nicht darauf hingedeutet, dass auch vorher schon der Staat
im Wege Rechtens diese Summen habe einziehen können[77]),
sondern es erscheint dies geradezu als eine neue Satzung, die
nicht bloss die künftigen Feldherren, sondern auch alle
gewesenen und deren Erben mit bisher unerhörten Rechen-
schaftsklagen bedroht. — Valerius Antias lässt allerdings
gegen L. Scipio und seine Untergebenen wegen der angeblich
von ihnen unterschlagenen Manibien aus dem antiochischen
Krieg nach der Analogie des Peculats einen Privatprozess
einleiten[78]). Allein einmal ist diese Angabe, wie später
zu zeigen sein wird, unzweifelhaft falsch und also nur
mit grosser Vorsicht zu benutzen. Aber auch davon abgesehen beweist sie im besten Falle nur, dass auf Grund
eines desshalb erlassenen Specialgesetzes wegen Unterschlagung der Manibien wie wegen Peculat geklagt

---

nicht rechenschaftspflichtig gewesen sei (S. 435 A. 43), schützte
nur theilweise, namentlich nicht für den mithradatischen Krieg.

[76]) Cicero de l. agr. 1, 4, 12. 13. 2, 22, 59. 60.

[77]) Freilich sagt Cicero im Hinblick auf die 687 erhobene
Peculatklage gegen Faustus Sulla, dass Rullus hier eine Verfolgung gegen diesen beabsichtige wegen bereits gerichtlich abge-
wiesener Ansprüche. Allein das ist offenbar eine Verdrehung
der Sache; nach der ausdrücklichen Angabe des Asconius handelte
es sich damals um die pecunia ex aerario attributa oder ex vectigalibus sumpta.

[78]) Liv. 38, 54.

werden konnte; die Regel also, dass im gewöhnlichen
Rechtsgang eine derartige Klage wegen Manibien nicht
möglich war, würde durch diese Ausnahme lediglich bestätigt. Rechtlich statthaft war ein derartiges Privilegium
ohne Zweifel. Es kann auch sein, dass Antias das von
ihm angenommene Verfahren gegen L. Scipio nach solchen
Präcedentien aufgestellt hat; aber weit wahrscheinlicher
ist es, dass man sich wohl gehütet hat durch gesetzliche
Ausnahmebestimmungen in diese zunächst privatrechtlichen
Verhältnisse einzugreifen und Antias seine Erzählung nicht
historischen Vorfällen nach, sondern ohne Analogie frei
erfunden hat.

Wenn demnach auf die Manibien der Begriff des Peculats keine Anwendung fand, welche Controle blieb denn
schliesslich hinsichtlich derselben der Gemeinde? Man kann
auf diese Frage zunächst mit der Gegenfrage antworten:
welche Controle gewährte das älteste römische Recht dem
Privaten, der einem Dritten im Vertrauen auf dessen Recht-
schaffenheit Geld zur Verwendung in einem bestimmten Sinn
überwiesen hatte? Es ist bekannt genug, dass es für dergleichen Vertrauensverhältnisse, abgesehen natürlich von
den Fällen, wo der Geber durch ein besonderes formal
gültiges Rechtsgeschäft sich vorgesehen hatte, einen prozessualischen Rechtsschutz an sich nicht gab und erst in
verhältnissmässig später Zeit die Regel durchdrang die
redliche Uebereinkunft im Wege der Civilklage zu schützen.
Aehnlich steht es auch hinsichtlich der Manibien. Es
mangelt bei ihnen das positiv obligatorische Moment, wie
es zum Beispiel zwischen der Gemeinde und dem *praes*
oder *manceps* und bei der *pecunia ex aerario attributa*
zwischen der Gemeinde und dem Quästor vorliegt, und

somit bleibt es ein Verhältniss auf Treue und Glauben,
desson wesentlicher Schutz, wie Polybios (S. 442 A. 61)
ganz richtig sagt, der von dem Beamten geschworene Eid
ist. — Indess unbedingt gilt dies doch nur für die älteste
Zeit. Seit mit der Entwickelung der plebejischen Institutionen das oberpolizeiliche Multirungsrecht der Beamten
der Plebs und in zweiter Instanz der plebejischen Gemeinde
selbst sich festgestellt hatte, gab es allerdings einen formell zulässigen Weg Verwendung des Kriegsgewinns in
den eignen Nutzen des Feldherrn ebenso prozessualisch
zu ahnden wie andern unredlichen und unsittlichen Geld-
gewinn: so gut wie dem durch Wucher oder Zauber oder
Unzucht Bereicherten eine arbiträre Geldbusse auferlegt
werden konnte, so gut und mit noch besserem Recht
konnte der Feldherr wegen unterschlagenen Kriegsgewinns
multirt werden. Von der alten Civilklage und späteren
quaestio perpetua wegen *furtum pecuniae publicae* oder
Peculat ist dieser Multprozess vollständig verschieden, mag
man nun auf den Rechtsgrund oder auf das Klagobject
oder auf die Rechtsformen sehen: aber an der formellen
Statthaftigkeit desselben kann kein Zweifel sein[79]). —
Damit ist freilich nicht gesagt, dass man diesen Weg
bereits in älterer Zeit auch wirklich betreten hat. Die Straf-
urtheile gegen M. Camillus Dictator 358[80]) und M. Livius

---

[79]) Insofern ist es auch in der Ordnung, dass Camillus, obwohl
als Dictator von der Rechnungslegung und also wenigstens factisch
auch von der Peculatklage befreit, doch mit einer Multklage
wegen unterschlagener Beute in Anspruch genommen wird.

[80]) Die Berichte über diesen geschichtlich nicht beglaubigten
(oben S. 334 fg.) Prozess (zusammengestellt bei Schwegler 3, 174.
wo Dio 52, 13 fehlt) sind schwankend. In der Regel wird er dar-

Consul 535[81]) lassen sich keineswegs mit Sicherheit als
Multirungen auf diesen Grund hin bezeichnen; die erste nach-
weisliche Verurtheilung dieser Art aber, eben diejenige des
L. Scipio — denn die gleichartige Klage gegen M'. Glabrio
565 ward nicht bis zur Aburtheilung geführt — wird ausdrücklich bezeichnet als durch keinen Präcedenzfall gerechtfertigt[82]).   Auch ist dies wohl begreiflich.   Augen-

---

gestellt als ein von einem Tribun vor den Tribus erhobener
Multprozess; doch gab es auch eine Version, wonach ein Quästor
anklagt (Plinius *h. n.* 34, 3, 13) und die Centurien entscheiden
(Cicero *de domo* 32, 86) und wo also die Anklage wohl capital
war.   Als Klaggrund wird in der ältesten Ueberlieferung (bei
Diodor 14, 117 und sonst) angegeben, dass er mit weissen Rossen,
wie sie vor die Götterwagen gespannt zu werden pflegten, triumphirt habe; die gewöhnliche Erzählung bezieht die Anklage auf
die Behandlung der Beute, entweder dass er die Beute unter die
Soldaten unbillig vertheilt oder dass er Beutestücke — es werden
bronzene Thüren genannt — unterschlagen habe; auch wird wohl
beides, der Gebrauch der weissen Rosse und die unbillige Austhei-
lung der Beute, verbunden (Victor 23). Man wird hier kaum auf
einen festen juristischen Kern kommen, um so weniger als der
Multprozess überhaupt jeder streng formalen Motivirung entbehrte
und der Annalist, der den multirenden Tribun diese und noch
andere Unrechtfertigkeiten dem Camillus nebeneinander vorhalten
liess, in so weit ganz in seinem Recht war.

[81]) Nach Frontinus (strat. 4, 1, 45) ward er wegen unbilliger
Vertheilung der Beute an die Soldaten von den Tribus multirt;
wenn er bei Victor (50) *peculatus reus* heisst, so ist hier wohl nur
dies Wort unrichtig oder doch nicht technisch gebraucht.

[82]) Gellius 6, 19, 5: *multamque nullo exemplo irrogaverit.* Damit
steht freilich im entschiedensten Widerspruch, was nach Antias
(Livius 38, 54, 5) die dem Scipio günstigen Tribunen fordern:
*senatum quaerere de pecunia non relata in publicum, ita ut antea
semper factum esset.* Allein es steht dies innerhalb eines Berichts,
der namentlich auch darin gefälscht ist, dass er das Verfahren

fällige Unterschlagung der Manibien wird die römische
Aristokratie der besseren Zeit zu vermeiden gewusst haben;
für die Unrechtfertigkeiten aber, die ohne Zweifel nicht
ausblieben, gewährte das tribunicische Multirungsrecht
keineswegs eine ernstliche Controle, die vielmehr nothwendig davon hätte ausgehen müssen die Manibien der
Rechnungslegung zu unterwerfen. Dass der erste beste
Tribun dem Feldherrn, dem er Unterschleif beimass,
eine nach Gefallen bemessene Strafsumme auflegte und
dann über die Billigkeit oder Unbilligkeit seines Spruchs
die Bürger auf dem Markte abmehren liess, hiess in der
That nur ein Unrecht durch ein anderes und unver-
gleichlich gefährlicheres bekämpfen; man braucht weder
die Scheu der Römer in die häusliche Verwaltung des
einzelnen Bürgers einzugreifen noch den Coteriegeist der
Nobilität besonders in Anschlag zu bringen, um es zu
erklären, dass die Republik in ihrer besseren Zeit zu diesem
Mittel nicht gegriffen hat und die Hülfe auch hier gefähr-
licher erschien als das Uebel.

3. DER HERGANG DER SACHE.

Seit der grosse Kampf der Stände in Rom zu Ende
gegangen war und das Gemeinwesen in gewaltigen Kriegen
und Siegen sich aufs neue consolidirt hatte, ist es schwerer
als vorher in unserer geringhaltigen Ueberlieferung dem
Schwanken der Parteien zu folgen, da zumal die Haupt-

---

gegen L. Scipio nach den für den Peculat vorgeschriebenen
Formen modelt, wie er die Klage auch geradezu gerichtet sein
lässt auf *peculatus* (Gellius 6, 19, 8; Livius 38, 55, 5). So musste
von selbst die für den Peculat nicht zweifelhafte Oberaufsicht
des Senats (S. 446 A. 67) sich ihm auch hierauf übertragen.

schlachten jetzt innerhalb der Curie geschlagen werden.
Nichtsdestoweniger erkennt man es deutlich, dass unmittelbar nach dem Ausgang des hannibalischen Krieges
(553) die Conservativen das Gemeinwesen beherrschten,
und an ihrer Spitze stand als das anerkannte Haupt der
Partei der Sieger von Zama P. Scipio Africanus, etwa wie
in England der Sieger von Waterloo lange Jahre hindurch
das Haupt der englischen Tories geblieben ist.   Von
seiner persönlichen Geltung zeugen nicht bloss seine
Stellung als *princeps senatus* (seit 556) so wie seine
Censur (555/6) und sein zweites Consulat (560), zu einer
Zeit, wo die Iteration sonst kaum noch vorkam, sondern
vor allen Dingen die Vorgänge während des antiochischen
Krieges, insbesondere die Wahlen.   Denn während für 562
Scipio mit seinen Candidaten nicht durchgedrungen war[83]),
wurden für 563, das Jahr, in dem der Krieg begann, sein
Vetter P. Nasica und sein treuer Verbündeter M'. Glabrio[84]), für 564 sein Bruder L. Scipio und sein langjäh-
riger Vertrauter C. Laelius gewählt — wobei noch zu beachten ist, dass sowohl Glabrio wie Laelius *homines novi*
waren und also wohl hauptsächlich durch Scipio zu den
Fasces gelangten.   Es ist auch begreiflich genug, dass bei
dem Ausbruch des höchst gefährlichen und weitaussehenden

---

[83]) Liv. 35, 10.   Diese Wahlen entschied der Einfluss des
Flamininus; aber beide Consuln führen Krieg in Norditalien und
den Ausbruch des grossen asiatischen Krieges erwartete man
offenbar in diesem Jahre noch nicht, wenn man auch sich darauf
als auf etwas Mögliches gefasst machte (Liv. 35, 20, 7).

[84]) Dafür bürgt Glabrios Auftreten bei den Versuchen dem
Scipio den Oberbefehl aus der Hand zu nehmen (Liv. 30, 40, 43);
hinzu kommt sein bitterer Hader mit Cato.

Krieges mit dem König von Asien und Syrien die Bürgerschaft wie der Rath allein auf den erprobten Kriegshelden
blickten, den 'Unbesiegten', wie Ennius ihn nennt, und
seinen Rathschlägen unbedingt folgten, bis dann schliesslich
die Führung desselben in Asien in einer streng genommen
mit den republikanischen Institutionen nicht verträglichen
Weise unter dem nominellen Oberbefehl seines Bruders
ihm selber übergeben ward. Dass aber Scipio wenigstens
in dieser Epoche seiner politischen Thätigkeit entschieden
auf Seiten der Aristokratie stand, sagt Polyblos[85]) ausdrücklich und deutlicher noch als er die von Scipio oder
doch unter seiner Mitwirkung in seinem zweiten Consulat
eingeführte Scheidung der senatorischen Schauspielstände
von denen der übrigen Bürgerschaft[86]). — Demnach trat
der demokratischen Opposition als das erste und unmittel-
barste Ziel ihrer Angriffe der Ueberwinder Hannibals
entgegen; und wie unter den Führern derselben Cato der
namhafteste und energischste war, so ist das Ringen der
beiden grossen Parteien in dieser Epoche gewissermassen
verkörpert in der Fehde zwischen Scipio und Cato[87]).

[85]) 21. 9: φιλοδοξήσας ἐν ἀριστοκρατικῷ πολιτεύματι. Vgl. R.
G. 1⁴, 824.

[86]) Es steht freilich dahin, bis zu welchem Grade Scipio als
Urheber dieser Massregel anzusehen ist (Asconius in Cornel.
p. 69 Or.).

[87]) Livius c. 54: (Cato) adlatrare magnitudinem eius (Africani)
solitus erat; hoc auctore existimantur Petillii et vico Africano rem in-
gressi et mortuo rogationem promulgasse. Vgl. daselbst § 11 und
Plutarch Cat. mai. 3. Ob Gellius 4, 18: Petillii quidam tribuni plebis
a M. ut aiunt Catone inimico Scipionis comparati in eum atque immissi
den älteren Annalen folgt oder hier Livius Erzählung im Sinne
hat, ist nicht zu entscheiden; über das Sachverhältniss selbst
konnten die erhaltenen Reden Catos keinen Zweifel lassen.

Zum grossen Theil bewegte sich der Streit der Parteien auf dem Gebiete der äusseren Politik. Die Aristokratie wollte, wie das bereits anderswo dargelegt worden ist[88]). den Staat auf Italien beschränken und von Eroberungen im Ausland nichts wissen; auf Seiten der Opposition dagegen brach zwar entschieden und folgerichtig mit dem alten System erst Gaius Gracchus, aber verfolgte man doch von Haus aus gleichsam instinctmässig kühnere Pläne und weitere Ziele. Durchgängig wurde desshalb der Senat beschuldigt die grossen militärischen Erfolge nicht in genügender Weise ausgenutzt und den ausländischen Gegnern allzu günstige Bedingungen gewährt zu haben. Die wesentliche Differenz dieser Auffassungen kam zuerst zu Tage bei den Verhandlungen über Africa; wenn Scipio den Karthagern einen verhältnissmässig günstigen Frieden gewährte, so ward Cato funfzig Jahre hindurch nicht müde ihn und den Senat wegen dieser schwächlichen, wenn nicht landesverrätherischen Politik anzuklagen, bis er im hohen Greisenalter endlich durchdrang und die Vernichtung des Gemeinwesens der africanischen Phoeniker erreichte. Dasselbe wiederholte sich wenige Jahre später nach der Niederwerfung Makedoniens; und ohne Zweifel daher schreibt sich die bittere Feindschaft, die Cato den hier im Vordergrund stehenden Flamininen nicht minder wie den Scipionen bewahrte. Aber zum Ausbruch brachte das lange grollende Gewitter erst der dritte der drei grossen Kriege. die in rascher Folge die Römer zu Herren der drei Erdtheile machten, der asiatische; und in diesem waren es wieder wesentlich die Scipionen, die den Krieg führten und den

88) R. G. 1⁶, 800. 2, 20. 106 und sonst.

Frieden festsetzten. Es war nicht die eigentliche Ursache
des Angriffs, aber es kam demselben zu Statten, dass die
Rollen, die beide Brüder in diesem Krieg gespielt hatten,
vielem und gerechtem Tadel unterlagen: weder die factische
Oberfeldherrnstellung eines Adjutanten noch die nominelle
Oberfeldherrnschaft eines Mannes, der nichts war als der
Bruder seines Bruders, vertrugen sich mit dem Geiste,
der in der hannibalischen Zeit die römische Bürgerschaft
beherrschte. Ein weiterer Vortheil war es, dass der Angriff hier in erster Linie den Lucius Scipio traf, der politisch und militärisch nichts bedeutete und von dem es
sich wenigstens ohne Aergerniss behaupten liess, dass er
nicht mit reinen Händen aus Asien zurückgekommen sei.
So ist es gekommen, dass die Opposition mit ihren Angriffen gegen die äussere Politik des Senats hier zuerst
Ernst machte und ihnen die Richtung gab auf den Sturz
der Scipionen. Wir werden sehen, dass sie im Wesentlichen ihr Ziel erreichte.

Die Einleitung zu dem Angriff auf die Scipionen selbst
machte ein Angriff auf den Amtsvorgänger des Lucius,
der im J. 563 den König Antiochos aus Griechenland
hinausgeschlagen hatte, den M'. Glabrio[89]). Es ist wahrscheinlich, dass Glabrio als eifriger Anhänger der Scipionen

---

[89]) Livius 37, 57 wahrscheinlich aus Antias, dessen Bericht
wir hier nicht zu controliren im Stande sind; denn weiter wissen
wir über diesen Handel nichts als dass von Cato eine vierte
Rede gegen M.' Acilius angeführt wird (Festus v. *penatores* p. 237
M.; Cato *fr.* p. 45 Jordan) und dass derselbe Reden hielt *de
praeda militibus dividenda* und *uti praeda in publicum referatur*,
welche auch hieher gehören mögen (Jordan p. 69. XCIV). Uebrigens
giebt Antias Bericht keinen besonderen Anstoss; nur hob die

durch ihren Einfluss zu seiner Feldherrnstellung gelangt war (S. 456): aber auch davon abgesehen bahnte
eine Anklage hinsichtlich des ersten Feldzugs ähnlichen
Anschuldigungen gegen die in dem zweiten commandirenden Generale den Weg. Die Volkstribune P. Sempronius
Gracchus und C. Sempronius Rutilus belangten also im
J. 565 den Glabrio wegen angeblicher Unterschlagung der
nach der Schlacht an den Thermopylen gemachten Beute
auf eine Geldbusse von 100000 schweren Assen[90]). Wie
unerhört ein solches Vorgehen war, erhellt aus der früher
gegebenen Auseinandersetzung. Es kam hinzu, dass Glabrio ein entschieden tüchtiger Offizier war und eben damals mit Aussicht auf Erfolg sich um die Censur bewarb:
der Angriff auf ihn war zugleich ein Wahlmanöver zu
Gunsten seiner der demokratischen Partei genehmeren
Mitbewerber um dieses höchste Ehrenamt. Hinter den
Anklägern stand Cato, als persönlich an diesem Kriege
betheiligt — er hatte den Feldzug in Griechenland unter
Glabrio als Kriegstribun mitgemacht[91]) — Hauptzeuge

ältere Erzählung gewiss schärfer hervor als er es gethan zu
haben scheint, dass es für eine solche Anklage keinen Präcedenzfall
gab (S. 453).

[90]) Livius: *quod pecuniae regiae praedaeque aliquantum captae in
Antiochi castris neque in triumpho tulisset neque in aerarium ret-
tulisset.*

[91]) Man tritt Cato schwerlich zu nahe durch die Annahme,
dass, als er, obwohl bereits Consular, dennoch gegen den Gebrauch
dieser Epoche als Kriegstribun in das Heer des Glabrio eintrat,
ihn auch und vielleicht zunächst politische Zwecke bestimmten.
Es musste seiner Partei daran liegen die Führung und die Führer
des Krieges selber zu beaufsichtigen und entweder die Dinge in
ihrem Sinne zu leiten oder sich den Stoff für spätere Anklagen

— dafür, dass gewisse goldene und silberne Beutestücke
vorhanden gewesen, aber im Triumph nicht mit aufgeführt worden seien; er spielte in diesem Prozess, in
dem er wenigstens vier Mal gegen Glabrio sprach, eine
besonders gehässige Rolle, da er nicht bloss gegen seinen
früheren Feldherrn auftrat, sondern auch gegen seinen
jetzigen Mitbewerber um die Censur. Dass die Scipionen
in irgend einer Weise in diesen Prozess eingegriffen hätten,
erhellt nicht; wahrscheinlich waren sie, als derselbe stattfand, noch nicht aus Asien zurück. Die Stimmung der
Bürgerschaft war für Glabrio nicht günstig; er zog desshalb seine Bewerbung um die Censur zurück, die ihm bis
dahin wegen seines frischen Kriegsruhms und der vielen
an seine Soldaten vertheilten Spenden sicher zu sein
schien. Die Ankläger, hiemit befriedigt, liessen darauf die
Sache fallen und trieben es nicht bis zur Abstimmung.
Wenn gleich bei der Censorenwahl Cato selber diesmal
noch unterlag, so war der gewonnene Erfolg doch nicht
gering anzuschlagen; auch der Vetter Scipios P. Nasica
war durchgefallen und die siegreichen Candidaten T. Flamininus und M. Marcellus zwar Männer der aristokratischen Partei, aber keineswegs des engeren scipionischen
Kreises, Flamininus sogar mit Scipio verfeindet. Es war
genug erreicht, um Cato und die Seinigen zu weiteren
und ernstlicheren Angriffen zu ermuthigen.

---

zu schaffen. Eine feiner organisirte Natur hätte vor der Zwei-
deutigkeit und der Aufpasserei, die in dieser Stellung lag, wohl
zurückgescheut; dass Cato daran keinen Anstoss nahm und gewiss
in diesem Falle ebenso meinte seine Bürgerpflicht zu erfüllen
wie bei seinen Predigten des Kreuzzugs gegen Karthago, ist vollkommen begreiflich.

Die dem Antiochos abgenommenen Gelder bildeten
auch in den Angriffen auf die Scipionen selbst den Ausgangspunkt der Beschwerden. Nichts haftet im Publicum
so leicht wie die Beschuldigung eigennützigen Verhaltens
gegen diejenigen Staatsmänner, die mit auswärtigen Mächten
zu verhandeln, vor allem gegen diejenigen, die die Kriegs-
contributionen geschlagener Feinde festzustellen haben.
Da die Thätigkeit des Unterhändlers sich jeder wirklichen
Controle entzieht, liegt der Argwohn immer nahe, ob
nicht die Gewährung persönlicher Vortheile auf die Feststellung der Friedensbedingungen eingewirkt habe. Das
nothwendige Dunkel solcher Verhandlungen und die fast
ebenso unvermeidlichen freundlichen Beziehungen, in die
der Unterhändler hier zu dem Landesfeind tritt, regen
die beiden mächtigsten Leidenschaften der Menge, die
Neugier und den Neid gegen ihn auf und geben ihm von
Haus aus eine schwierige Stellung. Cato kannte seine
Leute, und die Scipionen haben es empfunden. Auf seinen
Betrieb wurde im J. 567 (S. 479) im Senat von zwei
Volkstribunen Q. Petillius Atcius (?) und einem andern
Q. Petillius[32]) die Vorlage der Rechnungen wegen der

---

[32]) *Petillii quidam tr. pl.* heissen sie bei Gellius 4, 18; *duo Q.
Petillii* bei Livius 38, 50; *a Petilio Ateio tribuno plebis* steht bei
Victor 49, 16, wo die Lesung nicht wohl von den Abschreibern
wesentlich entstellt sein kann, da die Uebereinstimmung der beiden
Recensionen in derselben die Annahme eines gewöhnlichen Schreiber-
versehens ausschliesst. Eher mag das seltsame Cognomen auf ein
Versehen des Verfassers der Schrift zurückgeben. Auf keinen
Fall darf, wie oft geschieht, *a Petilio ac Naevio tr. pl.* hergestellt
werden. — Brüder nennt die beiden Ankläger nur Dio *fr.* 63, der
den Livius ausschreibt und sicher dies lediglich aus der Namens-
gleichheit schloss, natürlich mit Unrecht; denn so gewöhnlich es

antiochischen Kriegscontribution — das heisst wegen der
theils bei Abschluss der Präliminarien, theils bei der
Ratification des Friedens an die Feldherren gezahlten
3000 Talente (S. 422 A. 18) — und der in diesem Kriege
gemachten Beute[93]) gefordert[94]). Natürlich richtete sich
diese Forderung, so weit sie die Scipionen anging, unmittelbar gegen den nominellen Oberbefehlshaber Lucius, welcher
die bei dem Abschluss der Präliminarien gezahlten 500 Talente entgegen genommen hatte, in der That aber vielmehr
gegen den Publius, der der Sache nach den Frieden geschlossen hatte; es war in der Ordnung, dass Publius, nicht

in Dios Zeit war, dass Brüder den gleichen Vornamen führen, so
wenig passt dies für das sechste Jahrhundert. Wohl aber mögen sie
Vettern gewesen sein. Der eine von ihnen ist ohne Zweifel der
Prätor 573, Consul 578 Q. Petillius *C. f. Q. n.* Spurinus; der
zweite kommt sonst nicht vor. Die Schreibung mit doppeltem *l*
fordern die capitolinischen Fasten wie die Münzen.

[93]) *ut pecuniae Antiochinae praedaeque in eo bello captae* (*capta
erat* die Hdschr.) *rationem redderet* wird wohl bei Gellius mit
Gronov zu schreiben sein, da es nachher heisst *omnis pecuniae
omnisque praedae.*

[94]) Dass diese Verhandlung im Senat stattfand, bezeugen übereinstimmend Polybios 23, 14 und Gellius 4, 18, das ist Nepos;
wogegen die von Antias abhängigen Erzähler Livius und Victor
die Petillier zu Anklägern des P. Scipio vor dem Volke machen
und der letztere auch das Zerreissen der Rechnungsbücher vor
diesem geschehen lässt (*in conspectu populi scidit*), während Livius
diesen Zug in dem Hauptbericht ganz übergeht und ihn nur in
der Einschaltung ausser dem Zusammenhang nach Polybios beibringt. — Ob ein Angreifer genannt wird, wie bei Polybios
(ἀπαιτοῦντός τινος) und Victor, oder zwei, wie bei Gellius und
Livius, ist in der That nicht verschiedene Ueberlieferung, sondern
nur verschiedene Fassung; immer machte in solchen Fällen einer
den Angriff und secundirte ein anderer, so dass man ebenso gut
einen wie zwei Angreifer nennen konnte.

Lucius den hingeworfenen Handschuh aufhob. Er erwiederte,
nach Polybios Erzählung, dass die Rechnungen vorhanden
seien, eine Verpflichtung aber zur Vorlage derselben nicht
bestehe; und da die Gegner nichts desto weniger auf ihrer
Forderung beharrten, liess er seinen Bruder die Rechnungen
herbeischaffen, zerriss aber das Rechnungsbuch in vollem
Senat und erklärte dem Antragsteller, dass er daraus die
Rechenschaft sich abnehmen möge. Den Senat aber fragte
er, wie es komme, dass man über die 3000 Talente
Rechnung fordere, nicht aber frage, weder durch wen
die von Antiochos gezahlten 15000 Talente an den
Staat gekommen seien noch wer Rom zum Herrn von
Spanien, Africa und Kleinasien gemacht habe. Alles ver-
stummte auf diese stolzen Worte; und auch der Antragsteller stand davon ab die Sache fortzuführen und einen
Beschluss des Senats darin zu erwirken. — Mit dieser
Erzählung des Polybios stimmt der ältere bei Gellius erhaltene annalistische Bericht wesentlich überein[95]); er fügt
noch hinzu, dass P. Scipio erklärt habe, es sei seine Absicht gewesen das Rechnungsbuch öffentlich zu verlesen
(*palam recitare*) und im Gemeindearchiv niederzulegen
(*ad aerarium deferre*); jetzt aber werde er sich nicht
selber den Schimpf anthun sich wegen Unterschleifs zu
rechtfertigen. .

Es erhellt aus der vorher angestellten Erörterung, dass
die Scipionen, indem sie die ihnen angesonnene Rechnungslegung über den Kriegsgewinn verweigerten, nicht bloss

---

[95]) Nur führt P. Scipio hier das Rechnungsbuch selber bei sich
(*prolato e sinu togae libro*), während bei Polybios, offenbar nach-
gemässer, dasselbe durch den Bruder herbeigeschafft wird, in dessen
Gewahrsam dasselbe sich befinden musste.

in ihrem Rechte waren, sondern kaum anders handeln
konnten; denn eine solche Forderung war nicht bloss
nicht rechtlich erzwingbar, sondern auch unerhört und an
sich schon beschimpfend. Wenn also die Tribune, die den
Antrag gestellt hatten, ihn nach der Erklärung des
P. Scipio zurückzogen, so geschah dies nicht, weil die
zuversichtliche Vertheidigung des Angeklagten sie schreckte
oder verwirrte, sondern einfach weil auf diesem Wege
nicht weiter zu kommen war. Schwerlich hatte Cato
etwas anderes erwartet als eine solche Weigerung und
schwerlich auch etwas anderes gewünscht; die Verhandlung
im Senat sollte vermuthlich bloss der Bürgerschaft den
Beweis liefern, dass gegen die hochgestellten Männer der
Weg der Güte umsonst versucht sei und nun, da sie jede
Verständigung und sogar jede Erörterung abgelehnt hätten,
nichts weiter übrig bleibe als die förmliche Versetzung in
Anklagestand, zu der man jetzt vorschritt. Die im J. 568
von L. Scipio zehn Tage hindurch zur Feier der Besiegung
des Antiochos und in Erfüllung eines damals geleisteten
Gelöbnisses mit Unterstützung der Könige und Städte
Kleinasiens gefeierten Spiele scheinen in diesen Zusammen-
hang zu gehören[*6]) und ein Versuch gewesen zu sein die

[*6]) Livius 39, 22; Plinius 33, 10. 138, wonach das Jahr der
Spiele feststeht. Was Valerius Antias bei Livius a. a. O. über
diese Spiele vorbringt, hängt mit seiner abgeänderten Fassung
der Erzählung, namentlich mit der verschobenen Chronologie so
eng zusammen, dass es keinen Glauben verdient. Dass Scipio,
um das für die Spiele erforderliche Geld sich zu verschaffen, vorher eine Mission nach Kleinasien zur Beilegung von Streitigkeiten
zwischen den Königen Antiochos und Eumenes übernimmt, ist
offenbar desswegen erfunden, weil L. Scipio nach Antias schon
567 sein ganzes Vermögen in Folge des Prozesses eingebüsst hat.

Bürgerschaft umzustimmen; aber er erreichte seinen Zweck nicht. Am Ende des Jahres 569 oder zu Anfang des Jahres 570[97]) erhob der Volkstribun M. Naevius bei der Gemeinde wegen dieser Sache Anklage gegen den P. Scipio[98]). Dass gegen diesen geklagt ward und nicht gegen seinen Bruder, beweist an sich schon, dass es sich hier nicht zunächst um Verwendung der Beutegelder in den eigenen Nutzen handelte; denn eine solche Anklage hätte in erster Reihe gegen den L. Scipio gerichtet werden müssen. Damit stimmt auch die Ueberlieferung überein. Der bessere annalistische Bericht lässt den Scipio desswegen angeklagt werden, weil er vom König Antiochos bestochen ihm den Frieden zu allzu günstigen Bedingungen ausgewirkt habe[99]).

Damit kann es auch zusammenhängen, dass nach Plinius a. a. O. — der vielleicht ebenfalls aus Antias schöpft (vgl. Brunn *ind. Plin.* p. 41) — das Volk durch Collecten ihm das für die Spiele nöthige Geld verschaffte; es ist denkbar, dass Antias bei seiner Tendenz Scipios Armuth zu illustriren beide Sammlungen verband.

[97]) Ueber die Zeitbestimmung ist der vierte Abschnitt (S. 480) zu vergleichen.

[98]) Den Volkstribun M. Naevius nennen als Ankläger des P. Scipio vor dem Volke Nepos bei Gellius 4, 18 und Livius in der Einschaltung (38, 56, 2, vgl. 39, 52). Auch trug die dem Scipio fälschlich beigelegte Rede diesen Namen auf dem Titel, während er in der Rede selbst nicht vorkam (Liv. a. a. O.). Endlich bestätigt Cicero (S. 421), dass Scipio gegen den Naevius sprach; und wenn er auch nicht angiebt, bei welcher Gelegenheit dies geschah, so wird doch an keinen anderen Handel gedacht werden dürfen als an den einzigen Fall, wobei ein Zusammenstossen Scipios mit einem Naevius anderweitig überliefert ist. — Valerius Antias lässt statt des Naevius die beiden Petillier den Scipio bei dem Volke anklagen.

[99]) *Accepisse* (P. Scipionem) *a rege Antiocho pecuniam, ut con-

In dem Bericht des Antias verschwimmt zwar der eigentliche Anklagegegenstand einigermassen in der Reihe allgemein gehaltener Beschuldigungen, aber auch hier noch
tritt die angebliche Bestechung durch Antiochos[100]), insbesondere die Freigebung des in Gefangenschaft gerathenen
Sohnes des Africanus ohne Lösegeld, nicht undeutlich als
Hauptbeschwerde hervor. Wären die Kategorien des
Quästionenprozesses schon damals massgebend gewesen,
so wäre diese Anklage, als erhoben wegen Landesverrath,
unter die *quaestio maiestatis* gefallen; für den alten
Comitialprozess kann nur gefragt werden, ob sie capital —
also als *crimen perduellionis* — gefasst oder auf eine Mult
gestellt worden ist. Formell ist beides denkbar und ausdrücklich wird darüber nichts gesagt; indess ist ohne
Zweifel das letztere anzunehmen, theils weil später auch
gegen den Bruder die Klage nicht anders erhoben ward,
theils besonders weil die Versammlung, die den entscheidenden Spruch thun sollte, von den Volkstribunen berufen
ward, also nicht die Centurienversammlung war. — Der
Verlauf der Anklage ist der im Comitialprozess gewöhnliche: es wird zunächst in kurzen Zwischenräumen dreimal vor dem Volke über die Sache verhandelt, alsdann
nach längerem Zwischenraum (nehmlich *post trinundinum*)
ein vierter Termin zur Fällung des tribunicischen Spruches,
Einlegung der Provocation und definitiver Entscheidung
durch die Gemeinde anberaumt[101]). Als an einem der drei

---

dicionibus gratiosis et mollibus pax cum eo populi Romani nomine fieret.
Gellius a. a. O.

[100])*Pecuniae captae reum accusarunt.* Livius c. 51, 1.

[101]) Diese Termine treten nur in der Erzählung bei Livius nach
Antias einigermassen hervor. Hier lassen die Tribune in dem

ersten vorbereitenden Termine, welcher zufällig auf den
Jahrestag der Schlacht von Zama fiel, der Ankläger eine
lange und heftige Rede gehalten hatte, stand Scipio auf
und sagte zu seiner Vertheidigung nichts als dass es
es sich für diejenigen wenig schicke zu horchen, wie man
den P. Scipio schmähe, die es diesem zu verdanken hätten.

---

ersten Termin erst den Scipio sprechen und klagen ihn dann ausführlich an. Darauf setzen sie den zweiten Termin an (*prodicta dies est* c. 51, 4), an welchem die Contio, von Scipio aufgefordert ihm zum Dankopfer für den Sieg über Karthago
auf das Capitol zu folgen, den Ankläger auf dem Markt
allein lässt. Endlich wird die schliessliche Entscheidung auf
einen entfernteren Tag anberaumt (*die longiore prodicta* c. 52, 1).
In dieser Darstellung ist allerdings manches verwirrt. Es ist
nicht möglich, dass der Angeklagte zuerst sprach und dann
die Ankläger; ferner fehlt ein Termin, so dass die Schilderung
der ersten und zweiten Accusation bei Antias oder auch erst
bei Livius in einander geflossen zu sein scheinen. Aber erfunden
kann diese, wie ich schon in meiner Recension von Geibs
Criminalrecht (Jen. Allg. L. Z. 1844 S. 251) erinnert habe, im
Wesentlichen den Formalien des römischen Comitialprozesses entsprechende Erzählung unmöglich sein; und es ist auch nicht abzusehen, warum Antias hier von der älteren Ueberlieferung ab-
gewichen sein sollte, während es andrerseits kein Wunder ist,
dass dergleichen uns nur in seiner Version vorliegt, der einzigen
ausführlichen und zusammenhängenden, die wir besitzen. Die
Trümmer der besseren Berichte widersprechen in diesem Puncte
dem des Antias keineswegs; namentlich ist es nicht richtig, was
Nissen S. 215 behauptet, dass nach Polybios und Gellius die Anklage in Folge von Scipios Anspielung auf die Schlacht bei Zama
zurückgezogen worden sei. Polybios sagt davon gar nichts, und
in Gellius Worte: *contio quae ad sententiam de Scipione ferendam
convenerat* wird damit viel zu viel hineingetragen. Auch hätte,
wenn hier die vierte Versammlung, in der es zur Abstimmung
kommt, gemeint wäre, dieselbe nicht *contio*, sondern *concilium*
heissen müssen, wie auch richtig bei Livius 38, 53, 6 steht.

dass sie dergleichen überhaupt im Stande seien zu hören;
worauf das Volk den Ankläger auf den Marktplatz stehen
liess und dem Scipio auf das Capitol folgte, um mit ihm den
Göttern den Dank für jenen Sieg darzubringen und ihn von da
nach Hause zu geleiten[102]). Diese stolzen und wohl be-
rechtigten Worte des Mannes, der den Hannibal bezwungen,
schafften ihm einen Rednertriumph und beschämten die
Ankläger; jedoch im Rechtsgange änderte es nichts, ob
Scipio mit vielen oder wenigen Worten sich vertheidigte
und ob der Termin vor vollem oder vor leerem Markt zu
Ende kam. Als der entscheidende Tag herankam, fand
Scipio es gerathen sich der Abstimmung der Bürgerschaft
nicht zu unterwerfen, sondern wenigstens zunächst ihr
auszuweichen, indem er in Folge einer inzwischen von ihm
übernommenen diplomatischen Mission sein Ausbleiben mit
Abwesenheit in öffentlichen Angelegenheiten entschuldigen
liess und dadurch zunächst Vertagung der Urtheilsfällung
bewirkte[103]). Was er im Besonderen damit bezweckte,

---

[102]) So erzählt Polybios 23, 14, nur dass der letzte Zug, die
Geleitung auf das Capitol und nach Hause, bei ihm fehlt. Ver-
gröbert, aber nicht wesentlich verändert findet sich derselbe
Bericht bei den römischen Annalisten, sowohl bei dem Gewährsmann des Nepos (vgl. auch Gellius 4, 18, 6) wie bei Antias;
danach sagt Scipio geradezu, dass dies der Jahrestag von Zama
sei und fordert die Zuhörer auf den Ankläger stehen zu lassen
und ihm auf das Capitol zu folgen.

[103]) Dass der Prozess des Publius nicht zu Ende kam, zeigt
der weitere Verlauf der Dinge; darüber, auf welchem Wege er
den besseren Annalen zufolge sistirt ward, ist die einzige Andeutung darin enthalten, dass sie ihn einige Zeit nachher
während des Prozesses seines Bruders als *legatus* in Etrurien
verweilen lassen (Livius c. 56, 8), welches nur heissen kann,

wissen wir nicht. Schwerlich gedachte er in dieser Form —
von der politischen Bühne überhaupt abzutreten und das
Spiel den Gegnern gewonnen zu geben; er mochte wohl
hoffen, dass die Anklage durch blosse Verschleppung werde
beseitigt werden und er bald wieder zurückkehren
können, um seinen Platz im Senat und die Führung der
Aristokratie aufs Neue zu übernehmen.

Bis zu einem gewissen Grade erreichte Scipio was er
wollte; die Anklage gegen ihn blieb sistirt. Aber die
Gegner ruhten darum nicht; man erkennt Catos unermüd-
liche Thätigkeit und sein Anklägergeschick in der Führung
dieser grossen auf gerichtlichem Boden ausgefochtenen
politischen Fehde. Man ging jetzt an den Bruder und
machte im Frühjahr 570[104]) ihm den Prozess wegen der
vom König Antiochos empfangenen Summen. Inwiefern

---

dass er, als Gesandter in Staatsgeschäften (denn die offen-
kundigen *legationes liberae* gab es in dieser Zeit sicher noch
nicht) von Rom abwesend, derzeit in Etrurien verweilte. —
Antias dagegen lässt den P. Scipio sich nach Liternum in Campanien entfernen und Lucius den abwesenden Bruder mit Krankheit entschuldigen, welche Entschuldigung die Tribunen nicht
annehmen wollen, aber durch ihren Collegen Ti. Gracchus dazu
gezwungen werden. Indess die Intercession zu Gunsten des
Publius ist offenbar derjenigen desselben Mannes zu Gunsten
des Lucius nacherfunden. Andrerseits wird die Hereinziehung
Liternums und der Krankheit Scipios darauf beruhen, dass
Scipio nach Antias unmittelbar nachher starb — was entschieden
falsch ist —, notorisch aber der Ort, wo er starb, eben Liternum
war. Während also diese Erzählung mit handgreiflich erfundenen
Angaben untrennbar zusammenhängt, ist sie mit dem hinreichend
beglaubigten Aufenthalt des Scipio als *legatus* in Etrurien schlechthin unvereinbar. Man wird sie also als gefälscht zu beseitigen
haben.

[104]) Ueber die Zeitbestimmung s. den vierten Abschnitt (S. 481).

dies Verfahren mit Recht bezeichnet werden konnte als
der Observanz widerstreitend und ohne Beispiel[105]), ist
früher (S. 454) gezeigt worden. In der Form war die
Anklage nicht verschieden von der gegen den Africanus
erhobenen: auch sie wurde von einem Volkstribun — es
war C. Minucius Augurinus[106]) — bei den Tribus ein-
gebracht und war, wie hier ausdrücklich angegeben wird,
auf eine Geldbusse gerichtet[107]). Wie die Verhandlungen

---

[105]) Gellius 6, 19, 2 aus dem tribunicischen Decret: *cum contra
leges contraque morem maiorum tribunus pl. hominibus accitis per vim
inauspicato sententiam de eo tulerit multamque nullo exemplo irrogaverit.*

[106]) Gellius a. a. O. hat allein den Namen erhalten. Antias
weist auch diesen Angriff gegen den Lucius den Petilliern zu.

[107]) Als Multprozess bezeichnet die Klage ausdrücklich Gellius
6, 19, indirect Livius in der zweiten Version c. 56, 9, da die
Tribune nur unter dieser Voraussetzung in der Lage sind den Scipio
nach der Verurtheilung ins Gefängniss zu setzen. Antias dagegen —
und es hebt dies Gellius § 8 als eine von ihm in die Erzählung
eingeführte Neuerung hervor — substituirt dem Multverfahren
eine Privatklage vor dem Prätor wegen sogenannten Peculats,
die veranlasst worden sei durch einen Volks- und einen durch
den Volksschluss hervorgerufenen Senatsbeschluss; die Eintreibung
der Summe, welche die Staatskasse den ergangenen Urtheilen
gemäss zu fordern hat, übernimmt hier sachgemäss der der *quaestio*
vorstehende Prätor mit Zuziehung der städtischen Quästoren,
ganz wie die *litium aestimatio* des acilischen Gesetzes uns das
Verfahren zeigt, und derselbe Beamte verfügt auch die Verhaftung (c. 60, 2). Nach Antias wird ferner nicht bloss Scipio ver-
klagt, sondern auch sein Quästor C. Furius Aculeo, seine beiden
Legaten A. und L. Hostilius Cato, zwei Schreiber und ein Ge-
richtsdiener und die ersten beiden von diesen gleichfalls verurtheilt.
Darauf, dass auch gegen diese untergeordneten Personen Multen
erkannt wurden, führt in dem besseren Bericht keine Spur; es
scheint dies von Antias zugesetzt als zur Scenerie des Peculat-
prozesses mit erforderlich (S. 448 A. 72).

verliefen, ist nicht näher bekannt. Den Anklägern wurde vorgeworfen die Beobachtung der Auspicien bei der ersten Urtheilsfällung[108]) versäumt zu haben und in tumultuarischer und gewaltthätiger Weise verfahren zu sein — ob mit Recht, vermögen wir nicht zu entscheiden und der erstere Vorwurf ist seltsam, da den Tribunen ja die Auspicien fehlen[109]). Die Verurtheilung indess erfolgte: die Tribus bestätigten die dem L. Scipio von dem Tribun auferlegte Mult[110]); nicht ohne Grund also war Publius einem ähnlichen Spruche ausgewichen. Hierauf forderte, ohne Zweifel in Gemässheit der bei jeder liquiden Forderung der Gemeinde zur Anwendung kommenden Normen, der Tribun von Scipio sofortige Sicherheitsstellung durch Staatsbürgen (*praedes*); und da dieser sie entweder zu leisten

---

[108]) Staatsrecht 2³, 274.

[109]) Will man die Angabe halten, so wird man an *auspicia privata* zu denken und anzunehmen haben, dass der Tribun, bevor er den Richterspruch that, der dann die Grundlage der Verhandlung vor der Plebs bildete, gewohnt und observanzmässig auch verpflichtet war *auspicia privata* einzuholen.

[110]) Die Worte bei Gellius lassen die Annahme offen, dass der Tribun die Stellung von Bürgen schon verlangte, bevor die Comitien die von ihm irrogirte Mult bestätigt hatten; und rechtlich mochte es zulässig sein auch in diesem Stadium schon Bürgschaft zu fordern, eventuell die Verhaftung zu verfügen. Aber es ist unglaublich, dass der Tribun zu einem so beispiellos harten Verfahren gegriffen haben soll; auch würde in diesem Fall das Decret der Collegen wohl ohne Zweifel die Verhaftung wenigstens bis zur Entscheidung der Sache durch das Volk hinausgeschoben oder mindestens auf diese Entscheidung irgendwie hingewiesen haben. Endlich tritt auch in der Umgestaltung des Valerius Antias die Appellation an die Tribune erst ein, nachdem Scipio definitiv verurtheilt ist.

nicht im Stande war oder nicht leisten wollte, schickte er
sich an ihn wegen verfallener Schuld in das Gemeinde-
gefängniss abführen zu lassen [111]). Dagegen gab es keinen
anderen Schutz als die Intercession der Collegen des Anklägers. Während darüber verhandelt ward, kam, auf die
Kunde von der dem Bruder und mittelbar auch ihm drohenden Gefahr, P. Scipio aus Etrurien, wo er in Ausführung
der von ihm übernommenen Mission zur Zeit sich aufhielt,
nach Rom zurück und forderte von dem tribunicischen
Collegium Schutz für die persönliche Freiheit des Verurtheilten [112]).   Die Tribune waren getheilter Meinung.
Acht von ihnen [113]) sprachen sich dahin aus, dass dem
Recht sein Lauf zu lassen sei. Aber Ti. Sempronius
Gracchus, der 564 den asiatischen Feldzug mitgemacht
hatte [114]) und in diesem Jahre Volkstribun war, gewährte
die gewünschte Intercession: er erklärte dem Volke, dass
er mit den Scipionen zwar persönlich verfeindet sei und
eidlich betheuern könne es auch bleiben zu wollen, aber
nicht zugeben werde, dass der Ueberwinder des Antiochos

---

[111]) Dies ist nichts als das Verfahren *per manus iniectionem*
gegen den *addictus* in Anwendung auf die Forderung der Gemeinde.
Noch im Repetundenprozess des acilischen Gesetzes muss der
Verurtheilte dem die Gläubiger repräsentirenden Staat sofort
entweder *praedes* stellen oder es tritt die *bonorum possessio* ein
(Z. 57 fg.).

[112]) Dass Publius für den Bruder an das tribunicische Collegium
appellirte, sagen Gellius a. a. O. und Livius 38, 56, 9. Nach
Antias (Livius c. 58, 3) dagegen that es des Lucius Vetter
P. Cornelius Scipio Nasica Consul 563.

[113]) Als den ersten derselben nennt Antias bei Livius c. 60, 3
den C. Fannius.

[114]) Liv. 37, 7.

als Schuldner der Gemeinde in denselben Kerker eingesetzt
werde, wohin er als ihr siegreicher Feldherr so viele feindliche Führer gesendet habe[115]). Damit war das Mult-
urtheil der Sache nach cassirt; denn das Veto eines einzigen
Tribunen genügte um die Personalexecution unmöglich zu
machen und unmittelbare Realexecution hat das römische
Recht dieser Periode schwerlich zugelassen[116]). Aber
wenn gleich die Hochherzigkeit eines persönlich ihm ver-
feindeten Mannes dem L. Scipio Freiheit und Vermögen
rettete und auch das Verfahren gegen den Publius trotz
seines Wiedererscheinens in Rom nicht wieder aufgenommen
ward, so war die politische Niederlage der Scipionen darum
nur um so offenbarer und unwiederbringlicher, weil man
gegen die Ueberwundenen Gnade und Milde walten liess.
Das Ende des langen Haders also war der Sturz des bis
dahin in der Gemeinde übermächtigen und im Senat fast

---

[115]) Hierin stimmen alle Berichte überein, sowohl die älteren
Annalen, aus denen Cicero *de prov. cons.* 8, 18, Gellius 6, 19 und
Livius c. 57, 3 schöpfen, wie auch Antias bei Livius c. 60, 4 und
Victor 53. 57; endlich die dem Gracchus untergeschobene Rede
(Livius c. 56, 10), die nur in der Motivirung abweicht. Vgl. Plinius
h. n. praef. 10 und Quintilian *decl.* 9, 17.

[116]) Antias freilich lässt, nachdem durch die tribunicische
Intercession die Personalexecution verhindert ist, den Prätor die
Quästoren in das Vermögen des Verurtheilten einweisen (c. 60 4. 8);
aber es ist dies vermuthlich, wie alle Einzelheiten seiner Erzählung, dem Peculatprozess des siebenten Jahrhunderts entnommen. Das ältere Recht kennt keinen anderen Weg an das
Vermögen des Schuldners zu kommen als den mittelbaren; in
erster Reihe haftet durchaus die Person und so lange diese Leben,
Freiheit und Bürgerrecht nicht verwirkt hat, giebt es keine Realexecution.

allmächtigen[117]) Africanus[118]). Er verliess, wie es scheint,
unmittelbar nach der letzten Katastrophe die Hauptstadt
zum zweiten Mal und begab sich auf seine Villa bei
Liternum in Campanien[119]), einer wenige Jahre vorher in
seinem zweiten Consulat gegründeten Bürgercolonie[120]),
wo er nicht viel über ein Jahr nach diesen Ereignissen im
Laufe des J. 571 starb[121]), im einundfunfzigsten Jahre seines
Alters. Auf dem Todbette befahl er seiner Gattin Aemilia
ihn auf seinem Landgut beizusetzen, nicht in dem
Geschlechtsbegräbniss der Scipionen am capenischen Thore
in Rom; auch seine Gebeine sollte die undankbare Stadt
nicht besitzen[122]). Es geschah also, und bis in die Kaiserzeit
wies man an dem öden Strande Campaniens das Grab des

---

[117]) *Regnum in senatu Scipionum* Livius c. 54, 6. So fasst Scipios
Stellung auch Seneca *ep.* 86: *aut Scipio Romae deesse debebat aut
Roma libertati* (so mit Schweighäuser statt *Roma in libertate*).

[118]) Seneca *ep.* 51, 10: *Literni honestius Scipio quam Baiis exu-
labat: ruina ei visa* (so statt *ruina eius* nach Haupts Verbesserung
im Berliner *ind. lect.* vom Herbst 1864 p. 12 = opusc. 2, 279) *non est
tam molliter collocanda.*

[119]) Der bessere Bericht fehlt uns hier; Antias lässt den
Scipio schon nach der ersten Anklage nach Liternum gehen
(Livius c. 52, 1).

[120]) Schon dies zeigt, dass an ein Exilium im technischen Sinne
des Wortes nicht zu denken ist. Scipio ist nicht ausgewandert,
sondern als römischer Bürger gestorben.

[121]) Ueber die Zeitbestimmung s. den vierten Abschnitt
(S. 482 fg.).

[122]) Wenigstens berichtet dies Antias (bei Liv. c. 53, 8 und
Victor 49, 18). — Die Version, dass Scipio in Rom gestorben sei,
scheint nicht aus den Annalen zu stammen, sondern aus der
Führererzählung, dass die drei auf dem Scipionengrab in Rom
stehenden offenbar aufschriftlosen Statuen die der beiden Brüder
Publius und Lucius und des Dichters Ennius seien. Diese Er-

grossen Mannes[123]), der den Hannibal auf dem Schlachtfeld
überwunden hatte, um, von Cato auf dem Markte besiegt,
gebrochenen Herzens in der Einsamkeit zu sterben.   Wie
vollständig Catos Erfolg war, zeigt nichts so deutlich wie
der Ausfall der Censorenwahlen im J. 570; er selbst
wurde gewählt und mit ihm der patricische Candidat,
den er dem Volke empfahl, L. Valerius Flaccus, obwohl
beide Scipionen, sowohl der Bruder des Africanus als
auch dessen Vetter P. Nasica sich um das Amt mit be-
worben haben sollen[124]).   Dies erlebte der Africaner noch.

---

zählung kennt schon Cicero (*pro Arch.* 9, 22: *putatur*; vgl. **Plinius**
h. n. 7, 30, 114) und ebenso Livius (c. 56, 4: *dicuntur esse*); und
darauf so wie auf die gleichartigen in Liternum vernommenen
Berichte geht es, wenn dieser c. 56, 1 neben den variirenden *scrip-*
tores auch die variirende *fama* anführt.   Zu dieser Erzählung gehört
wohl auch die Anekdote, dass Q. Terentius Culleo an dem Grabmal dem Leichengefolge Wein verabreicht habe (Livius c. 55, 2).
[Wenn also diese Erzählung von den Fälschungen des Antias zu
trennen und vielmehr Guidenlegende ist, so habe ich damit keineswegs leugnen wollen. wie Unger S. 127 meint, dass sie schon bei
Antias, wenn auch nur als Variante, gestanden hat.   Dies ist vielmehr wahrscheinlich; dafür aber, dass er ihr folgend den Tod des
Scipio nach Rom verlegte, finde ich keine Begründung.]

   [123]) Das Grabmal in Liternum mit der Statue auf demselben
sah noch, letztere freilich in Trümmern liegend, Livius c. 56, 3.
Auch Strabon 5, 4, 4 p. 243 erwähnt dasselbe, indem er bemerkt.
Scipio habe hier sein Leben beschlossen ἀψεὶς τῆς πολιτείας κατ'
ἀπέχθειαν τὴν πρός τινας.   Später zeigte man daselbst seinen
Sarkophag, aber ohne Inschrift (Seneca *ep.* 86, 1), oder eine Grube.
wo ein Drache sein Grab behütend hause, und darüber einen angeblich von ihm selbst gepflanzten grossen Myrtenbaum (Plin. 16,
44, 234).   Auf Scipios Aufenthalt auf der literuinischen Villa
beziehen sich noch Plinius *h. n.* 14, 4, 49; Val. Max. 2, 10, 2;
Seneca *ep.* 51, 10. 86, der die Villa ausführlich beschreibt.

   [124]) Liv. 39, 40.

Ob die Degradirung im Senat, dessen Vormann er die
letzten funfzehn Jahre hindurch gewesen war, ihm durch
rechtzeitigen Tod erspart worden ist oder ob selbst Cato
nicht gewagt hat die rechtlich wohl zulässige, aber unerhörte Entziehung dieser Stellung gegen den Africaner eintreten zu lassen, lässt sich nicht bestimmt entscheiden [185]).
Dagegen unterliessen die Censoren es nicht dem L. Scipio,
obwohl sie ihn nicht aus dem Senat entfernten, doch das
Ritterpferd zu nehmen [186]), da er zum Reiterdienst ohne
Zweifel zu alt war, die Ritter aber, die bloss wegen der
bevorzugten Stellung der Rittercenturien in den Comitien
ihr Pferd behielten, vor Catos Augen keine Gnade fanden [187]).
Weiter ist von Lucius Scipio nicht in beglaubigter Weise

---

[185]) Dass bei dem Lustrum 571 (nicht 570) L. Valerius Flaccus
princeps senatus wurde, ist gewiss (Liv. 39, 52). Livius sagt, dass
Scipio nicht wohl hätte übergangen werden können, ohne zugleich aus dem Senat ausgeschlossen zu werden, was doch gewiss
die Annalisten angemerkt haben würden. Ob ein Mann wie Cato
vor dem formell unzweifelhaft zulässigen und auch von dem Ausschluss des bisherigen Vormanns aus dem Rath nicht nothwendig
abhängigen Wechsel desselben zurückgeschreckt haben würde, wenn
es galt den gewonnenen Sieg zu verfolgen, darf bezweifelt werden;
aber allerdings ist anzunehmen, dass, wenn er dies gethan hätte,
die Annalisten darüber nicht würden geschwiegen haben, und
Livius fand doch darüber in seinen Quellen offenbar nichts. Vergleiche unten S. 488.

[186]) Liv. 39, 44. Victor 53. Plutarch *Cat.* 18.

[187]) Wäre Lucius als ehrlos aus der Ritterliste gestrichen
worden, so hätte er nicht im Senat bleiben können; aber sehr
wohl konnte er unbeschadet seines Sitzes im Senat genöthigt
werden sein Pferd wegen Alters abzugeben. Wie sehr Cato für
die Herstellung der militärisch gänzlich verfallenen Bürgerreiterei
thätig war, zeigt die Rede über Vermehrung der Reiterstellen
von 1800 auf 2200.

die Rede[128]). — So endigte der grosse Kampf, um doch
seinen vollen Abschluss erst in einem späteren Geschlecht
zu finden. Die jüngere Tochter des Publius und die
Erbin seines hohen Sinnes vermählte sich einige Zeit nach
dem Tode des Africanus mit dem grossherzigen Feinde
desselben, dem Ti. Gracchus[129]) und aus dieser Ehe ent-

---

[128]) Denn die Legation vom J. 571 an Prusias (Liv. 39, 56 und
ohne Zweifel aus Livius Plutarch *Flam.* 21) beruht nach Livius
auf dem Zeugniss des Antias und ist ebenso bedenklich wie die
von demselben Gewährsmann unter dem J. 568 berichtete an
Antiochos und Eumenes (S. 465 A. 96). — Nach Seneca (*cons. ad
Pol.* 14, 4) wäre Lucius noch vor dem Bruder gestorben und diesem
der Tod desselben nach Liternum gemeldet worden. Unmöglich
ist dies nicht, wenn beide Brüder während der Censur des Cato
570/1 bald nach einander starben, Lucius etwa am Ende des
J. 570, Publius im Laufe des J. 571; aber es kann die Angabe
leicht auf einem Versehen beruhen.

[129]) Die richtige Ueberlieferung hat Polybios (32, 13 und, nicht
aus dieser Stelle, bei Plutarch *Ti. Gracch.* 1. 4) aufbehalten und
auf ihn geht auch gewiss die Notiz bei Livius c. 57, 3 zurück.
Dabei ist zu beachten, dass sowohl Plutarch wie Livius ausdrücklich hervorheben, also sicher auch Polybios hervorhob, dass nicht
bloss die Ehe, sondern schon das Verlöbniss erst nach dem Tode
des Vaters — und zwar, wie Plutarch sagt, nach Beschluss des
Familienraths — stattgefunden habe. Dagegen scheinen die
römischen Annalisten durchaus den Vater selbst unmittelbar nach
der Intercession des Tiberius zu Gunsten des Lucius das Verlöbniss haben vornehmen zu lassen: so erzählen Cicero *de inv.* 1,
49, 91, der ältere Seneca (*contr.* 5, 2) und Livius c. 57, 3 (mit
den von ihm abhängigen Schriftstellern Valerius 4, 2, 3; Dio
fr. 65; Gellius 12, 8), welche letztere Erzählung auf keinen
Fall aus Antias herrühren kann, weil darin P. Scipio noch nach
der Befreiung des Bruders lebend auftritt. Die Verschiebung
lag freilich nahe, bringt aber eine arge Unschicklichkeit in die
Erzählung; denn wie konnte Tiberius Gracchus, nachdem er eben
sich öffentlich und feierlich verschworen hatte trotz der Intercession

sprossen die Schöpfer der eigentlichen Demokratie und insofern der demokratischen Monarchie in Rom, die Gracchen. In ihnen haben sowohl der catonische Reformgedanke wie auch das scipionische persönliche Regiment sich gesteigert und geklärt und also allerdings die politischen Tendenzen ihrer beiderseitigen Ahnen in gewissem Sinne sich verschmolzen.

4. DIE CHRONOLOGIE DER EREIGNISSE.

Die eben dargestellte Katastrophe lässt sich mit grösserer Sicherheit in ihrem pragmatischen Zusammenhang darlegen als in der chronologischen Folge ihrer einzelnen Acte; was darüber ermittelt werden kann, schien am angemessensten hier zusammengefasst zu werden.

L. Scipio Consul 564/5 triumphirte am letzten des Schaltmonats, dem Tag vor dem 1. März 566[130]). Der Angriff auf die Scipionen durch die beiden Petillier im Senat folgte nicht unmittelbar darauf und konnte es auch schicklicher Weise nicht, da man dem Feldherrn doch für die freiwillige Rechnungslegung, die ja beabsichtigt war (S. 464), einigen Spielraum gewähren, auch die Lorbeeren des glorreichen Krieges erst etwas welken lassen musste, ehe man damit vorging. Mit grösster Wahrscheinlichkeit wird die dessfällige Verhandlung im Senat in das Jahr 567 gesetzt. Wir haben dafür zwar nur das Zeugniss des Livius, welcher, dem Antias nacherzählend, unter dieses Jahr nicht bloss jenen Handel, sondern den ganzen Verlauf der

---

zn Gunsten des L. Scipio demselben feind bleiben zu wollen, unmittelbar darauf durch die Verlobung mit der Nichte desselben sich selber Lügen strafen?

[130]) Liv. 37, 59.

Katastrophe der Scipionen einstellt[131]), während er im folgenden Buch andeutet, dass andere Gewährsmänner darüber bei anderen Jahren berichteten[132]). Die Version des Antias ist nun freilich ganz unglaubwürdig; wenn aber seine Umgestaltung der alten Erzählung wesentlich darauf beruht die drei auf einander folgenden Angriffe zusammenzuziehen und sie alle drei demselben Angreifer zu überweisen, so ergab es sich gewissermassen mit Nothwendigkeit, dass er für den ersten Act, wie nachweislich den richtigen Namen, so auch das richtige Jahr beibehalten und nur darin gefälscht haben wird, dass er diese Namen und dieses Jahr auch auf die folgenden Acte übertrug. — Hierauf folgt, nachdem im J. 568 L. Scipio seine Votivspiele gegeben hat (S. 465 A. 96), die Anklage des P. Scipio durch M. Naevius Ende 569 oder Anfang 570. Dass dieser Tribun zu dem am 10. Dec. 569 antretenden tribunicischen Collegium gehörte, fand Livius *in magistratuum libris*, das heisst doch wohl in den von ihm benutzten Annalen[133]); und der Regel nach bringen

---

[131]) Am bestimmtesten Liv. 39, 6, 4, wo der Umstand, dass Cn. Manlius erst unmittelbar vor dem Schluss des Magistratsjahrs 567 am 3. März 568 triumphirt, dadurch motivirt wird, dass er eine Anklage aus dem petillischen Gesetz habe vermeiden wollen und desshalb erst in die Stadt gekommen sei, als der Prätor Culleo im Begriff war sein Amt niederzulegen.

[132]) Liv. 39, 1: *dum haec, si modo hoc anno acta sunt, Romae aguntur.*

[133]) Sollte Livius auch unter den *magistratuum libri* ein die Volkstribune einschliessendes Beamtenverzeichniss verstehen, so braucht er darum noch keineswegs ein solches hier eingesehen zu haben, sondern kann diese Berufung nach seiner Weise einem seiner Gewährsmänner entlehnen. Als solchen betrachtet Nissen

die römischen Parteimänner dergleichen grosse politische
Actionen unmittelbar nach ihrem Amtsantritt ein. Dazu
passt auch, dass einer der in diesem Prozess anberaumten
Termine auf den Jahrestag der Schlacht bei Zama fiel; dieser
ist zwar nicht genau bekannt, fällt aber wahrscheinlich in den
Frühling des officiellen Kalenders[134]). — Diesem Prozess muss
der Angriff auf L. Scipio durch den Tribun C. Augurinus unmittelbar, also etwa im Frühjahr 570 gefolgt sein,
so dass dieser als College des Naevius zu betrachten ist[135]).
Einmal passt es dazu wenigstens sehr gut, dass Scipio
auf der diplomatischen Mission, mittelst deren er sich dem
ihm angehängten Prozess entzieht, nicht weiter als bis
nach Etrurien gelangt ist, als die Kunde von der dem
Bruder drohenden Gefahr ihn nach Rom zurückführt.
Zweitens kann der Tod Scipios, wie wir sehen werden,
nicht später als in den Sommer oder höchstens den Herbst
des J. 571 gesetzt werden, demnach, wenn der Aufenthalt auf der literninischen Villa nicht allzu kurz ausfallen
soll, seine definitive Entfernung von Rom und die damit

S. 218 den Claudius und wohl mit Recht. Doch kann dasselbe
auch bei Antias gestanden haben, der den Naevius, da er ihn bei
dem Prozess ganz beseitigte, aus dem tribunicischen Collegium
des J. 569/70 zu streichen keinen Grund hatte. — Antias setzt,
wie bemerkt, diesen Prozess wie alles übrige in das Jahr 567.

[134]) Meine R. G. 1⁶ S. 656.

[135]) Nissens Vorschlag S. 218 die Anklage des Asiaticus mit
Antias in 567 und vor diejenige des Africanus zu setzen hat keine
Wahrscheinlichkeit; denn Antias hatte guten Grund die drei
Händel in dasselbe Jahr zusammenzudrängen, aber keinen die
Reihenfolge derselben umzuwerfen. Hätte er die von Nissen auf-
gestellte Folge vorgefunden, so hätte er diese gewiss festgehalten,
um mit dem Tode des Africanus zu schliessen und sich die un-
geschickte doppelte Intercession des Gracchus und den noch

unmittelbar zusammenhängende Verurtheilung des Lucius
nicht später fallen als in das Frühjahr 570.

Unter den unmittelbaren Angaben über das Todesjahr
des Africanus ist die des Antias, dass er 567 gestorben

ungeschickteren Substituten des Africanus im Prozess des Lucius,
den Nasica zu ersparen. Ferner sieht man in diesem Falle nicht
ein, wie P. Scipio 567 als *legatus* nach Etrurien gekommen ist,
wogegen bei Festhaltung der überlieferten Folge die Veranlassung
dieser Legation klar ist (S. 469 A. 103). Endlich tritt politisch die
Katastrophe doch erst durch die Verurtheilung des Lucius ein,
nicht durch die ohne Ergebniss verlaufende Verklagung des
Publius. [Ihne röm. Gesch. 4, 259 und Unger Philologus Suppl. 2,
2, 122 — keineswegs Weissenborn, den Ihne arg missver-
standen hat — haben sich für Nissens Ansicht ausgesprochen,
aber meines Erachtens sie nicht besser bewiesen. Dass die Anklage des Asiaticus bei Livius 39, 6, 4 mit dem am Ende des J. 567
gehaltenen Triumph des Cn. Manlius in Verbindung gebracht wird,
beweist nichts, als dass Antias sie in dies Jahr setzte; denn dass
die livianische Erzählung von dem Triumph des Manlius aus
Antias geflossen ist, wird allgemein und mit Recht angenommen. —
Wenn Livius 38, 54, 6 von einem mit Rücksicht eben auf den
Cn. Manlius zu dem petillischen Gesetz gestellten Amendement
berichtet die Untersuchung auf alle in dem asiatischen Krieg
geleisteten Zahlungen zu erstrecken, und dann weiter 39, 6, 4
davon, wie Manlius sich der nach dem petillischen Gesetz gegen
ihn zu erhebenden Klage entzogen habe, so liegt die Verknüpfung
beider Erzählungen und damit die Identität des Urhebers auf der
Hand; unbegreiflicher Weise folgert Unger S. 135 daraus im
Gegentheil, dass die erste Stelle von Antias, die zweite von
Claudius herrühre, indem er annimmt, dass jenes Amendement
abgelehnt sei, wovon Livius kein Wort sagt und ohne Zweifel
seine Quelle das gerade Gegentheil sagte. — Ganz dasselbe gilt davon, dass Gracchus bei Livius 38, 60 den Volkstribunat im J. 567
verwaltet; auch hier redet ja anerkannter Massen Antias, und
dieser musste, wie dies unten S. 494 hervorgehoben ist, den Tribunat des Gracchus nothwendig verschieben. — Weiter heisst es

sei, ein nothwendiges Glied der ganzen Kette von Fälschungen, die früher dargelegt worden ist, und fällt
somit aus. Die Annahme des Livius, dass Scipio zu

---

bei Ihne — es scheint angemessen die Worte herzusetzen: 'Dasselbe Datum ergiebt sich daraus, dass L. Scipio seine Votivspiele
feierte im J. 136 v. Chr. — 567 d. St. — Liv. 39, 22, 8. Plin.
n. h. 33, 10, 138. Diese Spiele veranstaltete er aber nach seiner
Verurtheilung, wie allgemein angegeben wird.' Von diesen
Spielen sprechen nur die beiden angezeigten Schriftsteller: Livius
citirt den Antias ausdrücklich, bei Plinius (der übrigens über die
Zeit der Spiele nichts aussagt) steht er im Autorenverzeichniss
des betreffenden Buches; das heisst allgemeine Ansetzung
und wird als ein von Antias unabhängiges Zeugniss geltend
gemacht. — Dass die Rede des Gracchus von der vereitelten Anklage gegen den Publius schweigt (Liv. 38, 56, 7), würde unter
allen Umständen nicht beweisen, was Ihne daraus deducirt, dass
Gracchus Intercession vor diese Anklage fällt; aber wie kann
überhaupt diese später zu ganz besonderen Zwecken gefälschte
Rede ernsthaft als ein Actenstück des Prozesses citirt werden? —
Also die Sache läuft darauf hinaus, dass sämmtliche für den
Prozess des Livius auf 567 führende Daten erwiesener Massen
auf Antias zurückgehen und von dem Zirkelschluss hier ein in
besonderer Weise reichlicher Gebrauch gemacht wird. Dagegen
ist davon nicht die Rede, dass das einzige in der That von Antias
unabhängige Zeugniss, das des Gellius, bei der Anklage des L. Scipio
weder die Petillier noch den Culleo kennt, sondern danach C. Minucius
Augurinus anklagt, und dass die Erzählung über das Verfahren vor
dem Prätor Culleo vom criminalrechtlichen Gesichtspunkt aus die
ernstlichsten Bedenken erweckt. Nicht einmal auf die Argumente,
die ich ausdrücklich gegen Nissen geltend gemacht habe, wird
auch nur mit einem Worte eingegangen, weder darauf, dass wir
zwar guten Grund haben eine Zusammenrückung der durch
mehrere Jahre sich vertheilenden Angriffe auf die Scipionen, aber
keinen Grund eine Verschiebung der Reihenfolge bei Antias anzunehmen, noch auf all die politischen Unschicklichkeiten und
Unglaublichkeiten, welche aus der von Nissen vorgeschlagenen

31*

Anfang 570 vor dem Amtsantritt der Censoren gestorben
sei, ist seiner eigenen Erklärung zufolge eine blosse Vermuthung[136]), und zwar die Vermuthung eines rath-
und kritiklosen Schnellschreibers gegenüber den Widersprüchen seiner Quellen; auch diese wird also in Wegfall
kommen müssen. Von Angaben also, die in der That
Berücksichtigung verdienen, bleiben nur übrig diejenige
Ciceros[137]), der den Tod Scipios in das J. 569 setzt, und

Versetzung hervorgehen; das fehlende Motiv für die etrurische
Legation; die Albernheit, dass der Sieger des Antiochos im J. 567
zur Erstattung der unterschlagenen Beute verurtheilt wird und
dann im J. 568 das zehntägige Siegesfest aus Bettelgeldern feiert;
endlich und vor allem die geradezu widersinnige Aufstellung,
dass die vereitelte Anklage gegen Publius und nicht die gelungene
gegen Lucius die politische Katastrophe der Scipionen und die
Selbstverbannung des Africaners herbeigeführt habe. Dagegen
werden wir belehrt, dass nach dem Angriff auf Publius im J. 567
und der schnöden Abfertigung der Angreifer im Senat Scipios
Gegner unmöglich zwei Jahre hätten warten können, ehe sie mit
der förmlichen Anklage des Lucius antworteten. Es wäre wünschens-
werth zu erfahren, nach welcher Regel die Zahl der Monate
sich bestimmt, welche Cato und seine politischen Freunde ver-
streichen zu lassen angemessen fanden, bevor sie nach dem ersten
abgeschlagenen Sturm den zweiten unternahmen].

[136]) Nissen S. 51 meint, dass Livius den Tod Scipios in das
Ende 569 setze, nicht in den Anfang 570 und dass er darin einem
bestimmten Zeugniss gefolgt sei. Allein Livius sagt gar nicht
dies, sondern nur, dass Scipio den 10. Dec. 569 überlebt habe, aber
vor dem Amtsantritt der 570 erwählten Censoren gestorben sei.

[137]) Cato 6, 18: anno ante me censorem (570—571) mortuus est,
novem a nis post meum consulatum (559). Die zweite Angabe ist
mit der ersten kaum in Einklang zu bringen, da bei einer solchen
Rechnung doch das Endjahr nicht füglich ausgeschlossen werden
kann und also die neun Jahre vielmehr auf 568 führen. Wenn
Cicero ferner das Jahr, in das das Gespräch gesetzt wird, das

die übereinstimmende des Polybios und des Rutilius,
welche beide nach Livius Zeugniss Scipios Tod unter dem
J. 571 berichtet haben [138]). Der Widerspruch ist evident,
jedoch nach Nissens Ansicht [139]) nur scheinbar. Einmal
habe sich die polybische Erzählung bei Livius durch Nachlässigkeit um ein Jahr verschoben; zweitens umfasse das
polybische J. 570 oder Ol. 148, 4 auch die letzten Monate
des römischen J. 569 mit; somit sei in der That von
Polybios der Tod des Africanus wohl wie von Cicero in
das J. 569 gesetzt worden und liege also eine wirkliche
Divergenz in den Quellen überhaupt nicht vor. — Indess
diese Ausgleichung ist in keiner Weise zulässig. Einmal
wird die Angabe des Livius über den Ansatz des Rutilius
durch Nissens Argumentation in keiner Weise berührt.
Zweitens ist die Verschiebung der polybischen Excerpte
bei Livius, die im Uebrigen nicht bestritten werden soll,
gerade für diesen Fall unwesentlich, wo Livius das Zeugniss
des Polybios ausser der Reihe vorbringt, er dasselbe also
nur durch, sei es unmittelbares oder mittelbares, auf jeden
Fall aber von Livius früherer Bearbeitung unabhängiges
Nachvergleichen des Gewährsmanns gefunden haben kann.
Es ist sogar sehr wahrscheinlich, dass Livius, besonders
da er den Rutilius nur an dieser Stelle nennt, hier nicht
direct aus den von ihm genannten Quellen, sondern aus
irgend einer älteren kritischen Erörterung über das Todesjahr des Africanus schöpft; wonach also diese Angabe ausser

Jahr 604, das dreiunddreissigste nach dem Tode Scipios nennt,
so ist diese Ziffer sicher verschrieben oder verrechnet.

[138]) Liv. 39, 50, 10 (dazu Nissen S. 41), c. 52, 1.

[139]) S. 51.

allem Zusammenhang mit den chronologischen Entstellungen stehen würde, die Livius bei Benutzung des Polybios sich hat zu Schulden kommen lassen. Drittens hat
nach Nepos [140]) Polybios den Tod des Hannibal, der nach
Polybios ebenso wie Philopoemen in dem gleichen Jahr mit
Scipio gestorben ist, in das J. 572 gesetzt, was sich
wohl mit jener Angabe vereinigen lässt, wenn man
Polybios Angabe in der Weise auffasst, dass der Tod der
drei Feldherren zwar nicht in demselben Kalenderjahr,
aber doch in Jahresfrist erfolgt ist, aber in keiner Weise
zu dem J. 569 stimmt. — Zu der Ansetzung des J. 571
als Todesjahr Scipios passt ferner im Ganzen genommen,
was bei anderen Schriftstellern, sei es nun auf Grund der
polybischen Angabe, sei es aus anderen Quellen über das
Todesjahr der beiden von Polybios als gleichzeitig ver-
storben Genannten [141]) berichtet wird. Hannibals Tod verzeichnen unter 571 ausser Livius selbst Antias [142]) und
Atticus [143]), unter 573 ein gewisser Sulpicius Blitho [144]).
Ebenso führen für Philopoemens Tod die Angaben auf den
Sommer 571 [145]). Demnach sind wenige Dinge so sicher
beglaubigt wie dass Polybios den Tod der drei grossen
Feldherren Philopoemen, Hannibal und Scipio theils in die

---

[140]) *Hann.* 13.

[141]) Polybios 24, 9 und daraus Diodor (p. 575 fg. und *fr. Vat.*
p. 78 fg.); Iustinus 32, 4, 9. Livius 39, 50, 10 (daraus Oros. 4, 20;
Zonaras 9, 21).

[142]) Liv. 39, 56, 7.

[143]) Nepos a. a. O.

[144]) Nepos a. a. O.

[145]) Dies Jahr giebt Livius ausdrücklich an; dass es das richtige ist, hat Weissenborn zu Livius 39, 50, 11 gegen Nissen S. 232
in sehr befriedigender Weise dargethan.

letzten Monate seiner Ol. 149, 1 (Herbst 570 bis Herbst
571[146]), theils in die ersten seiner Ol. 149, 2 (Herbst 571
bis Herbst 572 gesetzt hat. — Dass Rutilius Rufus Consul 649 als das Todesjahr Scipios ebenfalls das J. 571
nannte, ist ferner von grossem Gewicht. Möglich ist es
freilich, dass er diese Angabe aus Polybios geschöpft hat,
aber nicht eben wahrscheinlich, sowohl nach den Zeit-
verhältnissen, als weil der alte gewiss kundige Gewährsmann, auf den Livius Angaben vermuthlich zurückgehen,
das Zeugniss des Polybios durch das des Rutilius unter-
stützt. Auf jeden Fall steht die Ueberlieferung so, dass,
von erwiesenen Fälschungen und eingestandenen Vermuthungen abgesehen, als Todesjahr des Scipio Africanus
von Polybios und Rutilius das Jahr 571, von Cicero das
Jahr 569 angesetzt wird.

Zwischen diesen beiden Ansetzungen kann nun die
Wahl nicht schwer sein, und zwar nicht bloss wegen der
sehr ungleichen Autorität, sondern auch mit Rücksicht
auf die sonst bekannten Thatsachen. Denn wenn der
Tribun, welcher den Africanus vor dem Volke anklagte,
sein Amt am 10. Dec. 569 antrat, so ist damit Ciceros
Angabe schlechthin unvereinbar[147]); wenn dagegen Scipio

---

[146]) Ueber die Gleichung s. S. 355.

[147]) Nissens Annahme S. 51. 218, dass die Anklage des Africanus durch den am 10. Dec. 569 antretenden Volkstribun Naevius,
sein freiwilliges Exil und sein Tod in Liternum in das eine J. 569
falle, ist äusserst unwahrscheinlich, selbst wenn man das Jahr
569 als Magistratsjahr fasst, also bis zum 14. März 570 ausdehnt.
Ganz unmöglich aber wird diese Ansetzung, wenn man, wie man
muss, daran festhält, dass der Prozess des Bruders, in dem
Africanus intervenirte, später fällt als der ihm selbst angehängte
(S. 481 A. 135).

im Sommer 571 gestorben ist, so bleibt für die überlieferten
Vorgänge genügender Raum. — Was die oben schon
berührte Frage anlangt, ob die Censoren Cato und Flaccus
in ihrer Senatsliste den Scipio bei dessen Lebzeiten übergangen haben oder derselbe bei deren Aufstellung
bereits todt war, so übernahmen jene ihr Amt im J. 570.
nachdem die Consuln am 15. März d. J. angetreten waren
und kurz bevor dieselben zum Heer abgingen. Die Aufstellung der Senatsliste ist vom Lustrum nicht abhängig
und hat wohl in der Regel den Anfang der Censurgeschäfte
gebildet[148]), wenn auch wahrscheinlich eine rechtliche
Nöthung damit zu beginnen nicht bestand und es sehr
möglich ist, dass gerade die vielen Streichungen, welche
diese Censoren vornahmen, und die dadurch hervorgerufenen gleichsam gerichtlichen Erörterungen den Abschluss ihrer Senatsliste bis an das Ende der Censur
hinausschoben. Hat Scipio in der That diesen Act noch
erlebt, so ist er auch von jenen ihm feindlichen Censoren in
seiner Stellung als Princeps des Senats belassen worden.
da die Streichung, wie schon gesagt ward, zwar nicht
gerade an sich unwahrscheinlich sein würde, aber, wenn
sie erfolgt wäre, nicht wohl in unserer Ueberlieferung
fehlen könnte. Die Belassung verträgt sich auch wohl
damit, dass in der Liste des Cato und Flaccus dennoch
der letztere an der Spitze des Senats stand. Die Censoren
waren wahrscheinlich befugt oder vielmehr verpflichtet noch
nach Aufstellung der Senatsliste diejenigen Aenderungen.
welche durch Todesfälle nöthig wurden, nachträglich vorzunehmen und die also modificirte Liste bei ihrem Rücktritt

—

[148]) Staatsrecht 2², 414. 415.

— einzureichen. Wenn also Scipio, wie es sehr wahrscheinlich ist, während der Censur des Cato und Flaccus starb,
so kann der letztere sehr wohl erst dann zum Vormann
des Senats bestimmt worden sein, als der Platz des Africaners erledigt war. Scipio braucht also nicht vor dem
Antritt der Censoren gestorben zu sein, wie Livius meint,
und mit ihm manche Neuere, sondern nur vor deren Rücktritt. Dieser aber wird erst nach Ablauf der vollen acht-
zehnmonatlichen Frist[149]) gegen den Schluss des J. 571
stattgefunden haben, während der Africaner vermuthlich im Sommer dieses Jahres starb.

Was endlich die Vermählung der jüngeren Cornelia
anlangt, so ist bereits gezeigt worden (S. 478 A. 129), dass
dieselbe nicht vor dem Tode ihres Vaters 571 stattfand.
Unrichtig aber wird daraus, dass nach dem Bericht des
Polybios[150]) die Mitgift derselben erst 592 vollständig
ausgezahlt ward, gefolgert, dass sie erst im Jahre vorher
sich vermählt habe. Vielmehr ist das Sachverhältniss
folgendes. Als Scipio Africauus, erst einundfunfzig Jahre
alt, im J. 571 starb, verordnete er im Testament, dass
seinen beiden noch unerwachsenen Töchtern eine Mitgift
jeder von 1200000 Sesterzen zukommen solle[151]). Die Mutter
Aemilia aber zahlte jeder von ihnen bei der Heirath selbst
nur die Hälfte, wozu sie in Gemässheit des Testaments
befugt gewesen sein muss, das ihr wahrscheinlich

---

[149]) Liv. 39, 52.

[150]) 32, 13 vgl. 14.

[151]) Senecas Angabe, dass die Töchter aus dem Aerarium aus-
gestattet seien (de cons. ad Helv. 12, 6; nat. q. 1, 17, 8. 9), ist
also falsch.

wenigstens von der Hälfte der den Töchtern bestimmten
Summen die Nutzung auf Lebenszeit zuwandte. Demnach war, als sie im J. 592 starb, von jeder der beiden
Summen noch die Hälfte rückständig und jetzt auch klag-
bar, natürlich mit Einhaltung der allgemein für die Mitgift gültigen drei Jahres- oder vielmehr Zehnmonatter-
mine[152]). Dass diese Termine nicht von dem Tage an
liefen, wo die Ehe geschlossen, sondern von dem, wo die
Mitgift fällig geworden war, ist in der Ordnung. Der
Haupterbe aber der Aemilia, der Adoptivsohn ihres
inzwischen auch verstorbenen Sohnes, Scipio Aemilianus
zahlte seinen Vaterschwestern das Heirathgut sofort vollständig aus, ohne von jenen Terminen Gebrauch zu
machen, was in diesem Fall um so billiger war,
wenn die Mitgiften selbst schon vor längerer Zeit
bestellt worden waren. — Hienach braucht also die Vermählung der jüngeren Tochter nicht gerade erst 591 stattgefunden zu haben. Doch ist es allerdings aus anderen
Gründen wahrscheinlich, dass sie wenigstens nicht lange
vorher erfolgt ist. Denn von den zwölf Kindern, die dieser
Ehe entstammten[153]), wurden die beiden bekannten Söhne
Tiberius 592, Gaius 601 geboren[154]) und war jener, da er

---

[152]) *Annua bima trima die.* Wir kennen aus unseren Rechts-
quellen diesen Satz nur für die Rückzahlung der Mitgift (Ulp. 6, 8);
aber dass er ebenfalls für die Klage auf die *dos dicta vel promissa*
galt, zeigt das, was wir über die Mitgift der Tullia erfahren
(Drumann 6, 702), und folgt übrigens schon aus der bekannten
Weise der Römer Eingehung und Auflösung jedes Rechtsgeschäfts
nach den gleichen Normen zu behandeln.

[153]) Plinius *h. n.* 7, 13, 57. Seneca *de cons. ad Helv.* 16, 6. Plutarch *Ti. Gracch.* 1.

[154]) Plutarch *C. Gracch.* 1.

den Namen des Vaters führte, vermuthlich der älteste
Sohn und entweder das erste oder zweite Kind dieser
Ehe[155]), so dass diese selbst nicht füglich vor 589 geschlossen sein kann. Tiberius Gracchus der Vater war allerdings bereits 564 ein namhafter Offizier (S. 492 A. 158);
aber wir wissen auch, dass diese Ehe im Altersverhältniss
ungleich war und dass, als Gracchus in vorgerücktem
Alter bald nach 601 starb (S. 492 A. 158), seine Frau noch
jung[156]) und die Kinder unerwachsen waren, so dass die
Erziehung dieser ausschliesslich der Mutter zufiel und es
als etwas bemerkenswerthes hervorgehoben wird, dass dieselbe sich nicht wieder vermählte[157]).

5. DIE FÄLSCHUNGEN.

Nachdem der Hergang der Sache, so weit möglich,
festgestellt ist, wird es angemessen sein noch einmal die
an die Scipionenprozesse sich anknüpfenden Fälschungen
in ihrer Gesammtheit ins Auge zu fassen, zumal da dieselben in mancher Hinsicht litterarhistorisches und selbst
historisches Interesse in Anspruch nehmen.

Der Bericht des Polybios hat sich auch hier wieder
wie überall als vollkommen glaubwürdig herausgestellt;
wir wenigstens haben nirgends Veranlassung gefunden
auch nur irgend einen Nebenumstand desselben zu be-

---

[155]) Plinius *h. n.* 7, 13, 57: *aliae feminas tantum generant aut
mares, plerumque et alternant, sicut Gracchorum mater duodeciens.*

[156]) Cicero *de div.* 1, 18, 35: *aequius esse censuit (Gracchus) se
maturam appetere mortem quam P. Africani filiam adulescentem.* 2, 29,
62. Val. Max. 4, 6, 1. Plin. 7, 36, 122. Plutarch *Ti. Gracch.* 1.
Victor *de vir. ill.* 57.

[157]) Plutarch *Ti. Gracch.* 1.

zweifeln. Auch der ältere annalistische Bericht, wie ihn
Cicero las und wie er, im Wesentlichen wohl aus Claudius Quadrigarius, von Nepos wiedergegeben, von Livius
wenigstens angeführt wird, erscheint im Ganzen genommen
als zuverlässig. Denn die sogenannten falschen Urkunden,
die darin vorkommen, gehören eben nur zu der diesem
Annalisten eigenthümlichen Darstellungsweise (S. 419).
Im Uebrigen sind wohl Nebenumstände etwas verschoben:
das Rechnungsbuch wird von Scipio aus dem Busen gezogen, nicht aus des Bruders Tablinum herbeigeschafft
(S. 464 A. 95); Scipio fordert die Bürgerschaft nicht fein
und indirect, wie bei Polybios, sondern geradezu und recht
plump auf den Sieg und den Sieger von Zama zu ehren
(S. 193 A. 1); die Versöhnung des edlen Tiberius Gracchus
und der Scipionen und seine Vermählung mit der ihres
Vaters würdigen Tochter erfolgt nicht, wie in der
wahrhaften und schönen Erzählung des Polybios, über der
Asche des grossen Todten, sondern Gracchus und Africanus
selbst verabreden sie bei dem Jupiterschmaus auf dem
Capitol [158]). Man sieht auch hier wohl, wie viel und wie
viel des Besten die römische Geschichte unter den plumpen

---

[158]) S. 478 A. 129. Auf diese Entstellung hat wahrscheinlich
die Anekdote eingewirkt von dem Vater, der von einem Schmaus
nach Hause kommend seiner Frau erzählt, dass er die Tochter
verlobt habe. Sie erzürnt sich, dass sie nicht gefragt worden sei,
was doch nicht hätte unterbleiben dürfen, selbst wenn der
Bräutigam derjenige Jüngling sei, nach dem alle Mädchen und
alle Mütter verlangten. Sie nennt diesen Jüngling und der Mann
antwortet: eben diesem habe ich die Tochter verlobt. — Wir
haben dieses Geschichtchen mit doppelter Personenbesetzung, sowohl auf den älteren Ti. Gracchus erzählt, den Gatten der Cornelia, der Tochter des Africanus und der Aemilia (Livius 38, 57, 5;

Händen der Chronikenschreiber eingebüsst hat; aber es
sind Entstellungen wie die des Schülers, der des Meisters
Bildwerk copirt. unschuldiger und nicht den Kern der
Sache zerrüttender Art.

Mit Valerius Antias steht es anders. Bei ihm hat eine
vollständige Umsetzung der Ueberlieferung stattgefunden,
völlig derjenigen vergleichbar, die heutzutage die Verfasser
historischer Romane mit einigem Fug so wie die die Vergangenheit wiederbelebenden Historiker mit starkem Unfug
betreiben. Um diese erbauliche Procedur zu beleuchten
wird es nicht überflüssig sein diese Aenderungen, die
einzeln grösstentheils schon früher gewürdigt worden sind,
mit ihren Motiven sich im Zusammenhang zu vergegen-
wärtigen.

1. Aus den drei Acten der Katastrophe, der Beschwerde-
führung der Petillier über die Scipionen im Senat, der
Anklage des Publius vor dem Volke durch Naevius und
der Anklage des Lucius vor demselben durch Augurinus
macht Antias insofern einen einzigen, als alle diese Angriffe bei ihm durch dieselben Männer, an demselben Ort
und in demselben Jahr erfolgen. Zu diesem Ende wird
die Verhandlung im Senat unterdrückt und auch das Zer-

Plutarch *Ti. Gracch.* 4), als auf den jüngeren, den Tribun, den
Gatten der Claudia, der Tochter des Ap. Claudius Consul 611 und
der Antistia (Plutarch a. a. O.); dort findet die Verlobung statt
auf dem oben erwähnten Jupiterschmaus, hier bei einer Augural-
mahlzeit. Beglaubigt ist natürlich keine der beiden Versionen;
doch wird die letztere Fassung, die Plutarch für die gangbarere
erklärt und die nicht wie die andere gegen feststehende Thatsachen verstösst, die ältere sein. Von Antias übrigens stammt
die erstere nicht, da sie theils bei Livius in der Einschaltung
steht, theils zu seiner Version schlechterdings nicht stimmt.

reissen der Rechnungsbücher auf den Markt verlegt (S. 463
A. 94), ferner Namen (S. 466 A. 98. S. 471 A. 106) und
Jahrzahl (S. 480), wie sie bei der ersten Erzählung vor-
kamen, auch für die beiden folgenden beibehalten. Das
Motiv dieser Veränderung kann, wer es nicht selber sieht,
sich von jedem Litteraten sagen lassen, der einmal einen
historischen Stoff 'zurechtgemacht' hat und mit den drei
Einheiten des Aristoteles wenigstens praktisch Bescheid
weiss.

2. Eine nothwendige Consequenz hievon war die
Fälschung der Magistratlisten, wenigstens in so weit, als
die echte Liste das Tribunat des Ti. Gracchus nicht, wie
Antias, unter 566/7, sondern unter 569/70 verzeichnet
haben muss [159]). Dies war unvermeidlich, da seine Betheiligung bei dem Scipionenprozess allgemein bekannt und
dem Erzähler unentbehrlich war. Weiterer Aenderungen
der Listen bedurfte es, so viel wir sehen, nicht; die Prä-

---

[159]) Dem steht auch sonst nichts im Wege. Gracchus erscheint
564 als Officier im Heer des L. Scipio (S. 473 A. 114), 569 als Gesandter nach Makedonien (Pol. 23, 6; Liv. 39, 24, 13), von welcher
Sendung er jedoch bei dem Antritt der Consuln 570 bereits zurückgekehrt war, 571 als *III vir col. ded.* (Liv. 39, 55, 9), 572 als
Aedil (Liv. 40, 44). Consul war er 577, 591, Censor 585. Die
Geschichte erwähnt ihn zuletzt 592 oder 593 (Polyb. 31, 23);
doch kann er nicht vor 601 gestorben sein, da in diesem Jahre
sein Sohn Gaius geboren ward, hat aber auch vermuthlich dessen
Geburt nicht lange überlebt (S. 491). — Dass er im Jahre 567
noch einmal als Volkstribun redend eingeführt wird (Liv. 39, 5, 1)
beweist natürlich nur, dass Livius auch hier aus Antias schöpft,
wie dies von der Notiz 39, 5, 4 ebenfalls feststeht. — Uebrigens
gab es in dieser Zeit noch einen zweiten Ti. Sempronius Gracchus
Augur 550—580 (vgl. Bd. 1 S. 84) und es ist möglich, dass einige
der obigen Angaben sich auf diesen beziehen.

toren Ser. Sulpicius und Q. Terentius Culleo kann Antias
in der Prätorenliste für 567 gefunden haben[160]), und er
hatte ebenso wenig Ursache die Tribune M. Naevius (S.
480 A. 133) und C. Minucius, wenn er ihrer überall gedachte,
von der Liste für 569/70 zu streichen.

3. Die Selbstverbannung und der Tod des Africanus
sollten nicht, wie in der Wirklichkeit, an die dem Bruder
auferlegte Geldbusse sich knüpfen, sondern durch die gegen
ihn selbst gerichtete Anklage wegen Landesverraths motivirt werden. Darum musste also Publius schon vor der
Erhebung des Multprozesses sterben; und wenn danach in
der Folge der Ereignisse kaum für sein literninisches Exil
die nöthige Zeit zu schaffen ist, so schrieb Antias eben
nicht für so prosaisch nachrechnende Leser. Uebler war
es, dass es hiebei dem Publius unmöglich ward seinem
und seines Bruders edelmüthigem Retter seine Tochter
selbst zu verloben. Wir wissen nicht, wie Antias sich
hier half; vermuthlich hat bei ihm Asiaticus die Scene auf
dem Capitol aufgeführt.

4. Als Corollarium dieser Fiction ergab sich die Nothwendigkeit für die sehr wesentliche Rolle, die der P. Cornelius Scipio Africanus im Prozess des Asiaticus spielt,
einen Substituten zu schaffen. Dieser fand sich denn auch
leicht in der Person des Vetters P. Cornelius Scipio Nasica

---

[160]) Nur eine Bestätigung für Antias Erzählung darf man nicht
darin erblicken, dass die Namen Liv. 38, 42, 6. c. 55, 1. 2. 39, 3.
5. c. 5, 6. c. 6, 4 mit ihr stimmen. Wenn Antias Prätoren für seine
Composition brauchte, nahm er sie natürlich, wo nicht besondere
Umstände dagegen sprachen, aus dem überlieferten Personal;
aber wo sonst Verdacht der Fiction besteht, kann die mehrmalige
Erwähnung desselben Namens bei ihm, und nach ihm bei Livius,
doch unmöglich gelten als sich gegenseitig stützend.

(S. 473 A. 112), der gleichsam von der Natur zur Doublûre
bestimmt erschien.

5. Dem Prozess des Publius, der in der Wirklichkeit
ohne Endurtheil blieb, indem der Angeklagte sich mit
Abwesenheit in Staatsgeschäften entschuldigte, fehlte offenbar der richtige Schluss, und dieser konnte namentlich
jetzt, wo die Katastrophe des Africanus sich an ihn knüpfte,
nicht entbehrt werden. Dem war indess leicht abzuhelfen,
wenn man die Motive aus dem Prozess des Lucius, zumal
da diese wegen des dabei eintretenden Nasica doch dort
nicht mehr recht am Platze waren, hieher übertrug: die
Fürbitte des Bruders für den durch die Tribunen verge-
waltigten Bruder und das Einschreiten des Gracchus zu
Gunsten des jetzigen Feindes und künftigen Schwieger-
vaters (S. 469 A. 103). Damit gewann man weiter, dass
der Schwiegervater erschien als in eigener Person vom
Schwiegersohn bewohlthätigt und dieser um so mehr als ein
würdiger Gegenstand zum Verlieben für die Tochter. Freilich liess sich wieder dagegen sagen, dass die Bitte des
Africanus für den Asiaticus etwas anderes war als wenn
man die Rollen vertauschte. Auch war die Intercession
des Gracchus im Prozess des Asiaticus schlechterdings nicht
zu entbehren; genau besehen hatte man also dieselbe
Geschichte doppelt und beide Male verdorben. Aber es
ist das Verhängniss aller Motivverbesserer hinten einzu-
büssen, was vorne gewonnen wird; und jene Intercession
war so drastisch und so berühmt, dass man ein solches
Kabinetsstück dem Publicum wohl zweimal bieten konnte.

6. Ein übler Fehler des Stoffes war es, dass weder
die Drangsal noch die Tugendhaftigkeit der Helden gehörig an den Tag kam, die Beschuldigungen der Bestechung

durch den Landesfeind und des unterschlagenen Beute-
geldes in keiner Weise als schändliche Verleumdungen
offenbar wurden. Denn aber Publius wurde gar nicht geurtheilt, Lucius zwar verurtheilt, aber nicht ausgeklagt;
und ob bei der Verurtheilung zu einer willkürlich gegriffenen
Geldstrafe die Volksversammlung nach Recht oder nach
Gunst entschied, wusste sie vielleicht selber nicht und
blieb wenigstens dem Leser vollständig dunkel. Aber der
richtige Historiker weiss für alles Rath. Man setze nur
an die Stelle des unterschlagenen Kriegsgewinns etwa
Kassendiebstahl und was daran hängt, den gemeinen
Unterschlagungsprozess der sullanischen Zeit, wie er gegen
solche Beamte, die sich statt des officiös erlaubten Ge-
werbes die Unterthanen zu plündern aber die öffentlichen
Gelder der Gemeinde selbst hermachten, und oft genug
gegen deren Diener und Schreiber vorkam. In diesem Wege
ward nicht bloss an Jammer und Noth ein Beträchtliches
gewonnen — wobei zugleich der edle den Scipionen innig
befreundete, aber doch das Recht mit Strenge handhabende
Prätor Q. Terentius ein schönes Gegenstück gab zu dem
ebenfalls edlen, aber den Scipionen feindlichen und den
Rechtslauf hemmenden Gracchus —, sondern es konnte
nun auch handgreiflich die Unschuld der Angeklagten de-
monstrirt werden, die nicht einmal so viel besassen als
sie unterschlagen haben sollten; und darum drehen sich
denn auch im Wesentlichen die hier eingelegten Reden.
So ward der Multprozess zum Peculatprozess; und aber
die gute Absicht war es leicht zu verschmerzen, dass damit den Scipionen ein ganz anderes Verbrechen Schuld
gegeben ward, als das in Wirklichkeit ihnen zur Last gelegt, und dass der also geschaffene Peculatprozess genau

ein solches juristisches Monstrum ist wie in der Regel die
Prozesse unserer Criminalromane.

7. Den Lucius kennt die Geschichte als eine recht
jämmerliche Figur; es war in der Ordnung, dass der Geschichtsverbesserer ihn ausser für Kassendefect insbesondere noch zu Paupertätsrührstücken verwendete. Schon
die Familiengefühle machen an den Leser starke Ansprüche, die Aufopferung des Bruders für den Bruder,
das Eintreten des Vetters für den Vetter und am Horizont
aufdämmernd die junge Liebe der Cornelia zu dem Retter
des Vaters und des Oheims und dem künftigen Erzeuger
ihrer zwölf Kinder. Die eigentliche Rührung aber geht
erst an mit dem Concurs, der darum auch, obwohl rechtlich
in dieser Weise nicht möglich, nothwendig nachzutragen
war. Zunächst also wird dem Lucius das Vermögen von
Staatswegen confiscirt; aber keine Spur findet sich von
den königlichen Schätzen und der Gesammtbetrag des
Vermögens ist weit geringer als die Bestechungssumme,
zu deren Erstattung er verurtheilt war. Weiter schiessen
die Freunde, Verwandte und Clienten des also glänzend
gerechtfertigten Märtyrers eine Summe zusammen, die den
Betrag des ihm confiscirten Vermögens weit übersteigt:
aber Edelmuth über Edelmuth, er schlägt sie aus und
gestattet nur, dass ihm die nöthigsten Gegenstände aus
der Auction von seinen Nächsten zurückgekauft werden.
Das hält ihn aber nicht ab fortwährend in Staatsgeschäften
thätig zu sein, ja ein Jahr nach seiner Verurtheilung zehntägige Triumphalspiele auf seine Rechnung zu geben —
die dazu nöthigen Gelder schaffen, dazu von ihm aufgefordert, die Städte und Fürsten Kleinasiens; vielleicht auch
dass die Freunde wieder für ihn collectiren oder ihm die

vorige Collecte zu diesem Behuf aufgehoben haben. So
bringt er es denn dahin bei der Bewerbung um die Censur
durchzufallen und schliesslich in Gemeinschaft mit T. Flamininus nach Bithynien zu reisen, um zur Krönung des
Sieges von Zama den Hannibal aus der Welt zu schaffen
und damit, so viel wir sehen, seine wenn nicht nützliche
und grossartige, doch rührende und merkwürdige Laufbahn
zu beschliessen.

So weit Antias [158]). Es soll nicht behauptet werden,

---

[161]) Es mag gestattet sein hier noch auf eine andere ganz
ähnliche Umsetzung hinzuweisen, die Antias sich gestattet hat.
Die älteren Jahrbücher berichteten unter dem J. 476, dass ein
zu der persönlichen Umgebung des Königs Pyrrhos gehöriger
Mann Namens Nikias den Consuln C. Fabricius und Q. Aemilius
persönlich das Anerbieten gemacht habe, wenn ihm eine ange-
messene Belohnung zu Theil werde, den König zu vergiften.
Die Consuln aber hätten dies nicht angenommen, sondern den
Nikias festnehmen lassen und zur angemessenen Bestrafung dem
König ausgeliefert und der Senat habe ihr Verhalten gebilligt.
So erzählen Claudius Quadrigarius bei Gellius 3, 8, wo auch das
Schreiben der Consuln an den König zu lesen ist (oben S. 427 A. 28),
und Cicero *de off.* 3, 22, 86. Antias aber, wie Gellius a. a. O.
weiter meldet, änderte dies dahin ab, dass erstens der Verräther
nicht Nikias heisst, sondern Timochares aus Ambrakia, der Vater
des königlichen Mundschenks; zweitens nicht die Consuln über
seinen Antrag beschliessen, sondern Fabricius darüber an den
Senat berichtet und sich Verhaltungsbefehle erbittet: drittens der
Senat nicht den Verräther ausliefert, sondern, mit Rücksicht auf
dessen gute Absicht gegen die Römer, den König zwar durch eine
besondere Gesandtschaft vor den Umtrieben seiner Hofleute warnt,
den Namen des Verräthers aber verschweigt. Das ganz unrö-
mische Einholen von Instructionen in einem solchen durchaus
innerhalb der Competenz des Oberfeldherrn liegenden Fall ist
noch der geringste Fehler dieser ebenso frechen wie albernen
Erfindung, deren Tendenz übrigens auf der Hand liegt. Statt

dass dieser Ueberblick den künstlerischen Motiven dieses
Autors in allem Einzelnen gerecht wird; darauf kommt es
auch bei ihm so wenig an wie bei seinen Nachfahren.
Aber wichtig ist es doch sich zu erinnern, in wie unendlich
vielen einzelnen Dingen, namentlich im Criminalprozess,
diese von Antias zugestutzten Scipionenprozesse als gewichtige, ja nicht selten einzige Autorität auftreten; man

des einen Fabricius soll der ganze Senat an der moralischen
Glorie participiren und Fabricius unter vielen Tugendhelden als
der Obertugendheld erscheinen. Ferner genügte dem Scribenten
der Edelmuth gegen den Feind nicht und es ward noch ein
zweiter Edelmuth hinzugesetzt gegen denjenigen, der zwar Gift-
mischer, aber doch auch ein guter Freund der Römer war. Dass
man keinen Anstoss nahm an einem Feldherrn, der in einem
solchen Fall um Instructionen bittet und sich also zum Mitschuldigen des Mörders macht, und an der ebenso lächerlichen wie
infamen Senatsdebatte über die Vergiftungsfrage, ist charakteristisch für den Schreiber, um nicht zu sagen für die sullanische
Zeit. — Was Livius Verhältniss zu diesen beiden Versionen anlangt, so muss er sie wohl beide berichtet haben; denn bei ihm
selbst finden sich Spuren sowohl der älteren (*cp.* 13; 24, 45, 3.
42, 47, 6) wie der des Antias (39, 51), und bei denjenigen Schriftstellern, die wahrscheinlich von ihm abhängen, überwiegt zwar
die claudische Version bei weitem (am bestimmtesten Zonar. 8, 5
und Plutarch *Pyrrh.* 21, wo selbst der Brief des Claudius sich
wiederfindet; ferner Frontinus 4, 4, 2; Florus 1, 13 [18]; Eutrop. 2.
14), aber die des Antias erscheint vollständig bei Valerius Maximus 6, 5, 1, der sie doch wohl nur aus Livius haben kann.
Livius scheint also in der Erzählung selbst dem Claudius gefolgt
zu sein, dessen Version daher bei den aus Livius schöpfenden
Historienschreibern sich behauptet hat; aber umkommen liess er
die Anekdote des Antias auch nicht und verwendete sie gelegentlich zur Colorirung. — Wenn dagegen Ammian 30, 1, 22 beide
Namen, Demochares — statt Timochares — und Nikias neben einander nennt, so hat er dies nicht aus Livius entlehnt, sondern,
wie Hertz im Hermes 8, 277 gezeigt hat, aus Gellius.

vergisst diesen detaillirten und in viele bedeutende Fragen eingreifenden Angaben gegenüber nicht ungern, dass in allen wesentlichen Stücken hier uns zwei sich einander geradezu ausschliessende Ueberlieferungen vorliegen, von denen die eine nothwendig erfunden sein muss. Wichtiger noch ist es überhaupt sich gegenwärtig zu halten, welcher Art Schriften sich unter unseren sogenannten Quellen finden und neben Polybios gebraucht werden und gebraucht werden müssen. Was Livius anbetrifft, so wird man wohl im Ganzen annehmen dürfen, dass auch in denjenigen Theilen seines Werkes, wo er auf das annalistische Material angewiesen war, nur wenige Abschnitte so, wie der über die Scipionenprozesse, wesentlich auf Antias allein beruhen; wie er denn auch durch mehrfache Nennung desselben anzudeuten scheint, dass es Ausnahme ist, wenn er hier so eng an ihn sich anschliesst. Auch lässt sich der Grund erkennen, warum er von seiner oft hervortretenden und wohlbegründeten, freilich nur zu oft bloss durch eingesetzte Fragezeichen bethätigten Scheu vor diesem Gewährsmann hier so völlig abgegangen ist. Er arbeitete ohne Zweifel so, dass er in den Quellen, die er neben einander benutzte, von Jahr zu Jahr fortschritt. Bei dem J. 567 angekommen fand er nun bei Antias den ganzen ausführlichen Bericht, bei Claudius nur den geringfügigen Auftritt im Senat; es ist begreiflich, dass er jenen vorzog. Weiter lesend sah er dann wohl, wie die Dinge lagen und dass Claudius und wen er etwa sonst noch einsehen mochte dieselben Erzählungen auch hatten, nur einige Jahre später[162]); und

---

[162]) Bezeichnend dafür sind besonders die Anfangsworte des 39. Buchs (S. 480 A. 132).

so entstand jene längere Einschaltung im 38. Buch (S. 425
A. 25) und die theilweise Zurücknahme des früheren Berichts
im 39. Arg ist es freilich, dass er sich nicht erinnerte,
wie mit der chronologischen Umsetzung des Todes des
Africanus von 567 auf 570 seine ganze frühere Erzählung
zusammenbrach. Aber was er geschrieben, das hatte er
geschrieben, und so hat denn dieser Abschnitt eine so
monströse und widerspruchsvolle Gestalt erhalten, wie
kein anderer in den uns vorliegenden Ueberresten seiner
Annalen.

Es bleibt noch eine andere Fälschung zu erwägen, die
von sehr verschiedener Beschaffenheit ist. Der falschen
Reden des Scipio gegen Naevius und des Ti. Gracchus
zur Motivirung seiner Intercession für L. Scipio ist öfter
gedacht worden. Von der ersteren wird nichts besonderes
berichtet; wir haben keine Veranlassung darin etwas anderes
zu erkennen als eine gewöhnliche litterarische Fälschung,
die vielleicht, jedoch nicht nothwendig jünger ist als
Cicero (S. 420). Aber sehr merkwürdig ist, was Livius[163])
uns aus der zweiten aufbehalten hat: es fällt dies in
Haltung und Motiven völlig heraus aus den übrigen echten
wie interpolirten Berichten über die Scipionenprozesse,
sieht aber doch auch keineswegs, wie Nissen meint, einer
Declamation aus einer Rhetorenschule ähnlich. Die Rede
lehnt sich an die bessere annalistische Tradition und zwar
an das Eintreten des Africanus für den Bruder an, giebt
diesem aber die Wendung, dass Africanus, aus Etrurien
auf dem Markte der Hauptstadt anlangend, den Gerichts-

---

[163]) c. 56, 10—13, was Valerius 4, 1, 6 ausschreibt. Ueber die
Angaben bei Seneca vgl. S. 429 A. 33.

diener des Tribuns beschäftigt findet den Bruder zu verhaften und desshalb gegen die sacrosancten Tribune Gewalt braucht. Da tritt Gracchus auf und hält dem Africanus eine lange Strafrede, worin er ihn zunächst hinweist
auf seine frühere Mässigung: als das Volk ihn habe zum
Consul und Dictator auf Lebenszeit *(perpetuus)* machen
wollen, habe er dies abgelehnt; als man ihm Statuen auf
dem Comitium, den Rostren, in der Curie, auf dem Capitol,
im Tempel des Jupiter in dessen Cella selbst habe setzen
wollen, habe er deren Errichtung verhindert; dass sein
Bild im Triumphalschmuck aus dem Jupitertempel auf
dem Capitol unter den Götterbildern aufgestellt werde, habe
er nicht gelitten. Wie sei er jetzt von sich selber abgefallen
und unter sich gesunken, indem er die geheiligte tribunicische Gewalt verletze und sich an deren Trägern ver-
greife! Die Rede schliesst damit, dass die Intercession
von Gracchus gewährt wird, aber nicht zum Besten der
Scipionen, sondern im Interesse der tribunicischen Gewalt
selbst, die besser sich selber breche als von einem Privaten
gebrochen werde. — Man sieht, die Facta, wenigstens so
weit sie in den Scipionenprozess eingreifen, sind nicht
eigentlich verändert: Gewaltthätigkeiten bei der Verhaftung
scheinen vorgekommen zu sein (S. 471 A. 105); auch ist es
anderweit bekannt, dass wenigstens in der ersten Kaiserzeit die Wachsmaske des Africanus im Tempel des capitolinischen Jupiter aufbewahrt ward und zu Leichenbe-
gängnissen der Cornelier von dort abgeholt zu werden
pflegte [161]). Aber die Motive sind geradezu umgewandt

---

[161]) Val. Max. 8, 14, 1; Appian *Hisp.* 23. In ähnlicher Weise
hing des älteren Cato Wachsmaske in der Curie (Val. Max.
8, 14, 2; Victor 47). Schwerlich ist die Aufstellung dieser Masken

und auf Dinge gerichtet, die auf den Africanus bezogen
gar keinen Sinn haben. Wohl aber erinnern sie an eine
andere weit schwerere Krise des römischen Staats. Ist
es nicht klar, dass der Scipio, gegen den hier gesprochen
wird. eigentlich Caesar ist? Fast alle jene Dinge, die auf
Scipio Africanus bezogen wahre Ungeheuerlichkeiten sind,
lassen für Caesar sich nachweisen. Caesar ward bekanntlich kurz vor seinem Tode im J. 710 zum Dictator auf
Lebenszeit ernannt[165]), und damals zuerst ward die Bezeichnung *dictator perpetuus*, die auch die Münzen ihm
geben, in den bisherigen Freistaat eingeführt. Zum Consul ward Caesar gleichzeitig auf die nächsten zehn Jahre
designirt und übernahm während seiner ganzen Regierung
von Jahr zu Jahr die Fasces, so dass auch hier. thatsächlich wenigstens, von Perpetuirung des Consulats gesprochen
werden kann[166]). Statuen Caesars standen nachweislich
auf den Rostren[167]), auf dem Capitol neben den Statuen
der sieben Könige[168]). und im Jupitertempel. dem Bilde
des Gottes gegenüber[169]); dass dergleichen auch in der

---

in der Curie und auf dem Capitol früher erfolgt als in der letzten
Zeit der Republik; auch der Verfasser unserer Rede scheint vor-
auszusetzen, dass der Africaner bei Lebzeiten diese Ehre abgelehnt
habe und sie ihm dann von der dankbaren Nachwelt wirklich zu-
erkannt worden sei.

[165]) C. I. L. I p. 452.
[166]) Drumann 3, 661. Vgl. Sueton *Caes.* 76: *recepit continuum
consulatum, perpetuam dictaturam.*
[167]) Drumann 3, 663. Becker Top. S. 338.
[168]) Drumann a. a. O.: vgl. Becker Top. S. 408 A. 812.
[169]) Drumann 3. 610. Sueton a. a. O.: *simulacra iuxta deos.*
Genauer Dio 43. 14 (vgl. 21): ἅρμα τι π αὐτοῦ ἐν τῷ Καπιτωλίῳ
ἀντιπρόσωπον τῷ Διὶ ἱδρυθῆναι καὶ ἐπ' εἰκόνα αὐτὸν τῆς οἰκουμένης
χαλκοῦν ἐπιβιβασθῆναι γραφήν ἔχοντα ὅτι ἡμίθεός ἐστι. Hier ist

Curie und auf dem Comitium gesetzt worden sind, ist
glaublich genug, wenn auch nicht geradezu bezeugt[170]).
Dass die Angabe über das Bild im capitolinischen Tempel
auf Scipio selbst bezogen ihren guten Sinn hat, wurde
schon gesagt; aber auch Caesars Bild wurde gleich denen
der Götter auf einer eigenen Trage und in einem eigenen Wagen
bei den Circusfesten aus dem Tempel geholt und in dem
Festzug aufgeführt[171]). Dass Scipio Africanus Hand an den

nicht an die Thensa zu denken, die bei Dio anderswo (44. 6. 47,
40. 50, 8) ὀχός heisst und die nicht dem capitolinischen Jupiter
gegenüber, sondern nur in der allgemeinen *aedis thensarum*, dem
Götterwagenschuppen gestanden haben kann, sondern an eine
Statue Caesars auf der Quadriga, wie Jupiter gewöhnlich dargestellt wird, so dass den Wagen ein Globus trug.

[170]) Dass ihm in allen Tempeln Statuen gesetzt wurden, sagen
Dio 44. 4 und Florus 2. 13 [4. 2] p. 104, 21 Jahn; an allen öffentlichen und heiligen Orten Appian *b. c.* 2, 106.

[171]) Dio berichtet unter dem J. 708 (43. 45): τότε μὲν ἀνδριάντα
αὐτοῦ ἐλεγάντινον, ὕστερον δὲ καὶ ἅρμα ὅλον ἐν ταῖς ἱπποδρομίαις
μετὰ τῶν θείων ἀγαλμάτων πέμπεσθαι ἔγνωσαν und darum heisst
Caesar auch bei Cicero in Briefen aus dem J. 709 (*ad Att.* 13, 28,
3 vgl. *ep.* 44, 1) *de pompa*. Damit nicht zu verwechseln, obwohl
beständig verwechselt, ist die erst im J. 710 dem Caesar decretirte
Thensa (Dio 44. 6: κἂν ταῖς ἱπποδρομίαις ὀχὸν ἐσάγεσθαι ἐψηφίσαντο);
denn Dio unterscheidet zwischen ἅρμα = *quadrigae* und ὀχός = *thensa*
(A. 166). Auch ist der Unterschied klar. Bekanntlich kommt
die Thensa nicht allen in der Pompa aufgeführten Götterbildern
zu, sondern nur den höchsten, insbesondere den capitolinischen,
die übrigen wurden, wie es scheint, auf Tragen (*fercula*) aufgeführt. Es war also ganz in der Ordnung, dass zunächst beschlossen
wurde die Bildsäule Caesars als *ferculum* in der Pompa mit aufzu-
führen, dann einige Zeit darauf ihm die höhere Ehre der Thensa
decretirt ward. Die in der Pompa aufgeführte Statue wird keine andere
sein als die im capitolinischen Tempel aufgestellte (A. 166);
denn diese dachte man sich wohl als das eigentliche Cultbild des

Tribun gelegt haben soll, klingt höchst unglaublich; aber wer
weiss es von Caesar nicht, dass er im J. 705 den Volkstribun
L. Metellus, als dieser mit seinem Leibe das heilige Aerarium
deckte, augenblicklich niedermachen zu lassen drohte —
es sei das, setzte er hinzu, rascher gethan als gesagt —
und also die Kasse mit Gewalt erbrach? Ja es scheint
sogar ein weiter nicht bekannter Cotta, wahrscheinlich ein
College des Metellus, diesen, ähnlich wie nach der Rede
Gracchus seine den Scipio verhaftenden Collegen, von
seinem Widerstand gegen den Feldherrn abgebracht zu
haben, damit die tribunicische Macht lieber sich selber
weiche als der unberechtigten Gewalt[169]). — Sollte also
diese falsche Rede des Gracchen nicht in der That eine
Parteischrift aus dem Bürgerkrieg sein, die unter dieser
für die Zeitgenossen durchsichtigen Maske Caesar angriff
und die Livius, gutmüthig genug, bloss als untergeschoben
bezeichnet? Freilich scheint es bei dieser Annahme etwas
Schielendes zu haben, dass der Redner den Scipio, das
heisst den Caesar, auf der einen Seite dafür preist, dass
er alle jene unrepublikanischen Ehrenbezeugungen ablehnt,
auf der andern Seite darum tadelt, dass er die Volkstribune

---

neuen Gottes. Dazu passt auch, dass die in der Pompa aufgeführte Statue auf einer Quadriga stand, eben wie Dio die in der
Cella des Jupitertempels aufgestellte beschreibt. Das Decret also,
von dem Gracchus bei Livius spricht, *ut imago (Scipionis) triumphali
ornatu e templo Iovis optimi maximi iret*, passt mit aller nur möglichen
Genauigkeit auf Caesar.

[172]) Das sagt freilich nur Lucan 3, 140 fg.: *nondum foribus
cedente tribuno acrior ira subit: saevos circumspicit enses ... Tum Cotta
Metellum compulit audaci nimium desistere coepto .... protinus abducto
patuerunt templa Metello.* Die Anrede des Cotta an den Metellus:
libertas populi, quem regna coercent, libertate perit, cuius servaveris

vergewaltigt; denn Caesar nahm ja jene an. Aber dieser
Schein verschwindet, wenn man sich in die Verhältnisse
hinein versetzt, wie sie bei dem Ausbruch des grossen
Bürgerkrieges bestanden, in welche Zeit dies Pamphlet
wahrscheinlich fällt. Dasselbe trägt keineswegs den Stempel
der catonischen Partei, in deren Schriften Caesar sicherlich
unter ganz andern Masken auftrat als derjenigen des
Scipio Africanus; vielmehr ist sie von einem Manne geschrieben, der die Unterwerfung Galliens wohl zu würdigen
wusste und durchaus nicht zu den eigentlichen Gegnern
Caesars sich zählte. aber wohl zu den aufrichtigen Re-
publikanern und zu den Vertretern des gemässigten und
besonnenen Liberalismus. Es zeigt dies eben die ver-
mittelnde Rolle, die Ti. Gracchus bei ihm zwischen
den Männern der starren Consequenz des Rechts und dem
das Recht nicht respectirenden, aber übrigens hochver-
dienten General spielt. Der Krieg war ausgebrochen in
Folge der von Caesar gestellten Forderung des Consulats
für 706; und dass sofort die Dictatur, wenigstens als
eventuell und interimistisch nothwendig, von den Cae-
sarianern für ihren Führer in Anspruch genommen ward.
ist nicht zu bezweifeln, da Caesar sie bereits zu Ausgang 705
wirklich übernahm. Es ist nur der natürliche Lauf der
Dinge. dass sofort nach dem ersten grossen Erfolg, nach

---

umbram si quidquid iubente velis stimmt auf genaueste mit der
Situation, in der uns die Rede bei Livius den Gracchus vorführt.
Schwerlich ist dies von Lucan erfunden, obwohl die übrigen Berichte davon schweigen; dass Caesar selbst davon nichts sagt, erklärt sich daraus, dass er die Stirn hatte zu behaupten, er habe
das Aerarium gar nicht erbrochen, sondern offen vorgefunden (*b.
c.* 1, 14 vgl. 33*).

der Eroberung der Hauptstadt und Italiens die enragirten
Caesarianer wenigstens in ihren Reden und Broschüren
für ihren Herrn und Meister Consulat und Dictatur auf
Lebenszeit und einen Theil jener Ehrenbezeugungen forderten, wie sie nach Pharsalos, Thapsus und Munda ihm
wirklich decretirt wurden; denn auch solche Dinge werfen
ihren Schatten voraus. Höfische Gemeinheit und höfische
Bewerbung wartet nicht durchaus auf den Sieg; es giebt
auch verwegene Speculanten in diesem Fache, die schon
dem künftigen Sieger huldigen, und es wäre seltsam, wenn
es Caesar an solchen gefehlt hätte. Als Caesar dann Ende
März 705 zum ersten Mal nach Rom kam, wird er natürlich,
wie er nicht anders konnte, dergleichen vorzeitige Huldi-
gungen mit Indignation und vielleicht mit Ostentation zurückgewiesen haben. Aber da er Geld brauchte und der
eigensinnige Volkstribun L. Metellus ihm hiebei in den Weg
trat, konnte er nicht anders als die tribunicische Gewalt
verletzen; und es hätte kommen können, dass er über die
Leiche des Tribuns weg in das Aerarium einbrach, wenn
nicht ein vermittelnder College des Metellus im Interesse
beider Theile das Aeusserste abgewandt hätte. Dies Erbrechen der Kasse, der Handel mit Metellus machten, wie
natürlich, ungeheures Aufsehen und erregten die allgemeine Indignation auch der Gemässigten[173]); es war für

---

[173]) Die Stimmung des Augenblicks erkennt man an den ciceronischen Briefen. Der Caesarianer Curio erzählt (*ad Att.* 10, 4, 8):
*plane iracundia elatum voluisse Caesarem occidi Metellum tr. pl.; propius
factum esse nihil; quod si esset factum, caedem magnam futuram fuisse.*
Ein anderer Caesarianer Caelius (*ad fam.* 8, 16, 1) schreibt über
Caesars Stimmung: *nihil nisi atrox et saevum loquitur; iratus senatui
exiit; his intercessionibus plane incitatus est.* Auf der andern Seite

jeden, der sehen wollte, die offenbare Ankündigung der Despotie. In die Verhältnisse, wie sie im April des J. 705 waren, passt unser Pamphlet vollständig hinein. Es war gar kein ungeschickter Gedanke diese Vorgänge in der Form einer Rede des Ti. Gracchus in der berühmten Intercessionsangelegenheit zu debattiren. Das im capitolinischen Tempel aufgestellte Bild des Africanus gab einen passenden und allgemein bekannten Anknüpfungspunkt: ganz angemessen erschien der gefeierte und hochverdiente, aber unbotmässige Feldherr in der Rolle des Scipio, allerdings des ersten unter den römischen Feldherren von caesarischen Tendenzen[171]), die Männer der starren Verfassungstreue in derjenigen des Tribuns Augurinus und seiner Collegen, die vermittelnden und den Umständen Rechnung tragenden gemässigt Liberalen in derjenigen des Ti. Gracchus; und der Schreiber gelangte vermuthlich, eben wie Cotta bei Lucanus, zu dem ebenso verständigen wie bequemen Schluss, dass unter den obwaltenden Verhältnissen es der einzig noch mögliche Schatten von Freiheit sei freiwillig zu weichen und das zu wollen was man müsse. — So hat es denn sich gefügt, dass Livius die Scipionenprozesse in der Hauptsache nach zwei Quellen geschildert hat, von denen man die eine den letzten Tagen von Pompeii, die andere den Gesprächen des Labienus an die Seite stellen darf: und

hoffte man ein baldiges Ende des Tyrannen wegen des Umschwungs der öffentlichen Meinung gegen ihn in Folge der letzten Auftritte (*ad Att.* 10, 8, 6): *nullo modo posse video stare istum diutius . . . . qui duarum rerum simulationem tam cito amiserit, mansuetudinis in Metello, divitiarum in aerario.*

[174]) Vgl. meine R. G. 1⁶, 630, 791. 824.

wenn die Geschichte aus dem Inhalt dieser Schriften für
die Scipionenzeit nur geringen Nutzen ziehen kann, so gewinnen wir dafür eine neue Ergänzung zu dem Bilde der
grossen Katastrophe, in der der römische Freistaat zu
Grunde ging, so wie beachtenswerthe, wenn auch wenig
erfreuliche Einblicke in das Wesen der römischen Historiographie.

DER FRIEDE MIT ANTIOCHOS UND DIE KRIEGS-
ZÜGE DES CN. MANLIUS VOLSO[1]).

Die Geschichte des Krieges, den die römische Republik
im J. 563 d. St. gegen den König von Asien Antiochos
geführt hat, gehört zu den sichersten und reinsten Abschnitten der auf uns gekommenen Ueberlieferung. Die
nationale Erbitterung, welche die Erzählung der hannibalischen
Zeit so vielfach getrübt hat, hat hier ebenso wenig Platz
gefunden wie die persönlichen Leidenschaften, die in den
Schilderungen aller Bürgerkriege nothwendig nachzucken;
die diplomatisch-militärische Execution, welche die Römer
über den Hellespont führte und allerdings auf Jahrhunderte
hinaus den Gang der Weltgeschicke bestimmte, vollzog
sich leicht und rasch und scheint schon von den Zeitgenossen in einsichtiger und wenigstens relativ unpar-
teiischer Weise aufgezeichnet worden zu sein. Darum hat
denn auch die historische Kritik im Ganzen wenig Veranlassung gefunden sich mit diesem Abschnitt zu beschäftigen; der Gesunde bedarf des Arztes nicht. Aber
eben aus diesem Grunde scheint es nicht unzweckmässig
gerade an diesem Beispiel zu zeigen, wie selbst in solchen
Abschnitten die spätere Annalistik ihre Einwirkung geltend

---

[1]) Früher nicht gedruckt.

gemacht hat und wo in unserer Ueberlieferung ihre Spuren
sich finden. Ich lasse die Kriegsgeschichte bei Seite und
beschränke mich auf die Verhandlungen, die zwischen den
kriegführenden Staaten vor und nach der Entscheidungsschlacht gepflogen worden sind, weil die dafür erhaltene
Darstellung des Polybios der Quellenkritik eine sichere
Unterlage gewährt.

Allem Anschein nach beruht unsere Ueberlieferung
nicht, wie für die hannibalische Epoche, auf der Vergleichung der beiderseits von den kämpfenden Nationen
gegebenen Darstellungen, sondern allein auf dem römischen
Bericht. Es mögen ja diese Vorgänge auch vom Standpunkt der Besiegten aus eine zeitgenössische Schilderung
gefunden haben; aber nichts deutet darauf hin, dass Polybios, an den hier allein gedacht werden kann, eine solche
Erzählung benutzt hat, vielmehr ist sein gesammter Bericht
der Art, dass er füglich römischen Annalen entnommen
sein kann[2]). — Ebenso wenig liegen Beweise dafür vor, dass
in der römischen Annalistik mehrere von einander unabhängige Darstellungen dieses Krieges neben einander bestanden haben — in unserer Ueberlieferung wenigstens
deutet nichts darauf, dass zum Beispiel über die Schlacht
von Magnesia den Späteren mehr als ein zeitgenössischer
Bericht vorgelegen hat; und was wir über die Entwickelung der römischen Geschichtschreibung wissen, ist auch
nicht geeignet eine solche Annahme besonders wahrscheinlich zu machen. Wenn wir absehen von der Frage ohne

---

[2]) Die rhodischen Historiker Antisthenes und Zenon wird
Polybios auch hier zugezogen haben (16, 14 fg.); aber die Rhodier
standen in diesem Krieg mit grösster Entschiedenheit auf der
Seite der Sieger.

Antwort, was der Oberpontifex der Zeit über diesen Krieg
in das Jahrbuch der Stadt eingetragen haben mag, so ist
es ziemlich gewiss, dass diesen Krieg in lateinischer Sprache
ein Zeitgenosse überhaupt nicht erzählt hat, und was die
griechisch schreibenden Römer anlangt, so findet wenigstens
unter den Namen, die uns zufällig in dieser Hinsicht
erhalten sind, sich wohl nur ein einziger, welcher füglich
derjenige sein kann, dem die Späteren nacherzählt
haben. Fabius Annalen reichten schwerlich so weit
hinab. A. Postumius (Consul 603) und C. Acilius (um
612) sind fast zu jung, um in einem von ihnen den Urheber der primären Erzählung zu erkennen, abgesehen davon, dass nach der geringschätzigen Art, mit der Polybios
von dem ersteren spricht, man kaum in ihm eine seiner
Hauptquellen wird suchen dürfen. Dagegen kann die
nach Ciceros (Brut. 19, 77) Zeugniss von P. Scipio des
Africanus Sohn verfasste *historia quaedam Graeca* recht
wohl eine monographische Darstellung des antiochischen
Krieges gewesen sein. Dieser war den Zeitverhält-
nissen nach wie nach seiner persönlichen Stellung vorzugsweise befähigt eine pragmatische Darstellung des Krieges
gegen Antiochos zu geben, und das auffallende Hervortreten der Personalien des scipionischen Hauses so wie das
Hervorheben des Vaters auf Kosten des Oheims erklären
sich dann in befriedigender Weise. Aber mag diese Combination das Richtige treffen oder ein uns nicht einmal
dem Namen nach bekannter Fortsetzer der fabischen
Annalen die ursprüngliche Quelle sein, es hat die höchste
Wahrscheinlichkeit, dass alle unsere Ueberlieferung auf einen
und denselben detaillirten und pragmatischen römischen
Urbericht zurückgeht. Wir dürfen darum auf den inneren

Zusammenhang und den homogenen Charakter unserer
Ueberlieferung nicht allzu sehr pochen; die Abwesenheit
von Widersprüchen ist keineswegs eine Bürgschaft für
die unbedingte Zuverlässigkeit der Ueberlieferung. Aber
ziemlich sicher scheiden sich von dem ursprünglichen
Bericht eine freilich mässige Zahl von späteren Zusätzen
aus. Möglich ist, dass die jüngeren Annalen hie und da
aus den Senatsprotokollen oder anderen Actenstücken ihre
Quelle zu ergänzen oder zu corrigiren versucht haben;
aber sichere Spuren führen nirgends darauf und im Grossen
und Ganzen dürfen diese Zusätze als ebenso viele Entstellungen oder Ausschmückungen des einen Urberichts
bezeichnet werden. Wenn die Vermuthung, dass der
eigene Sohn des Feldherrn unser letzter Gewährsmann
ist, das Richtige treffen sollte, so erklärt es sich leichter,
dass sowohl Polybios bei seinem Verhältniss zu den
Scipionen sich lediglich an diesen Bericht hielt, als auch
die Späteren sich nicht nach anderweitigen Quellen um-
sahen; ähnlich wie wir über Caesars gallischen Krieg
kaum mehr erfahren als was er selbst in seine Commen-
tarien aufgenommen hat. Die jüngeren und absichtlichen
Zusätze und Umgestaltungen unserer Berichte hervorzuheben ist vorzugsweise die Aufgabe dieser Darstellung.
wenn auch daneben versucht werden soll die durch die
Auszugmacher und die Abschreiber in den Urbericht
hineingetragenen Entstellungen ebenfalls zu bezeichnen
und zu beseitigen.

Jener römische Urbericht ist uns auf zwiefachem Wege
überliefert: durch Polybios, von dem Diodor ganz und Livius
grösstentheils abhängen, und durch die nicht durch Polybios durchgegangene annalistische Ueberlieferung, welche

rein bei Appian vorliegt, in einzelnen Einlagen auch bei
Livius hervortritt. Diese Ansetzungen sind allgemein an-
erkannt mit Ausnahme derjenigen, die den Appian betrifft;
Nissen (krit. Untersuch. S. 114. 194 fg.) stellt ihn zu den
Ausschreibern des Polybios. Es wird also auf ihn besonders
Rücksicht zu nehmen sein.

Nach erfolgter Kriegserklärung fand die erste Verhandlung zwischen den kriegführenden Mächten statt unmittelbar nachdem das römische Heer den Hellespont überschritten hatte. Darüber berichten Polybios 21, 13. 14. 15;
Livius 37, 34—36; Diodor 29, 7. 8; Appian Syr. 29. Abweichungen sind folgende hervorzuheben:

1. Die Gefangennahme von Scipios Sohn berichten
die polybischen Excerpte anerkannter Massen kürzer, als
Polybios selbst dies gethan hat, ohne Zweifel weil der
Epitomator angewiesen war in den Titel über die Gesandtschaften kein militärisches Detail aufzunehmen. Dass
die Gefangennahme bei Euboea erfolgte, sagt auch Diodor
p. 620, 30, der fast gänzlich von Polybios abhängt. Es
ist danach nicht zu bezweifeln, dass von der ersteren Hälfte
des livianischen Doppelberichts c. 34, 5: *alii principio
belli a Chalcide Oreum petentem circumventum de regiis
navibus tradunt* nicht bloss die ersten auch in die Excerpte
(*ἐν ἀρχαῖς τοῦ πολέμου*) übergegangenen Worte, sondern
ebenfalls die Ortsangabe aus Polybios geflossen ist. Aber
wenn Appian, der, abgesehen von der Verwechselung dieses
Sohnes mit dem berühmten Enkel Scipios, sachlich übereinstimmt, die Gefangennahme auf der Fahrt von Chalkis
nach Demetrias erfolgen lässt, so ist es nicht wohl möglich
hierin mit Nissen einen weiteren seiner vielen Flüchtigkeitsfehler zu erkennen; denn beide Angaben können mit ein-

ander bestehen und sind wahrscheinlich beide gleichmässig richtig. Da die Gefangennahme gleich bei Eröff-
nung des Krieges erfolgte, so ist sie sicher zu beziehen
auf die Vorgänge des J. 562, als vor dem Eintreffen der
römischen Armee der Vormann der römischen Gesandtschaft T. Quinctius Flamininus mit den zu Rom haltenden
Griechen versuchte die Festsetzung des Antiochos in
Griechenland zu verhindern. Die Kunde, dass Demetrias
sich den Aetolern angeschlossen habe, bestimmte einerseits den Flamininus von Chalkis aus dorthin abzu-
gehen (Liv. 35, 39), um wo möglich die wichtige Festung
zurückzugewinnen, andrerseits den König mit der Flotte
über Imbros und Skiathos sich nach Pteleon zu begeben
(Liv. 35, 43). Diese Curse kreuzten sich; hier begannen
die Feindseligkeiten und einzelne Schiffe der Römer müssen
den weit überlegenen Feinden in die Hände gefallen sein.
Darunter war ohne Zweifel auch das, welches den Sohn
des Africanus trug. Somit konnte die Gefangennahme
ebenso gut bezeichnet werden als erfolgt auf der Fahrt
von Chalkis nach Demetrias wie als erfolgt auf der von
Chalkis nach Oreos; Oreos ist Station auf dieser Fahrt und
die nächste an Skiathos und Pteleon, so dass das
römische Schiff vermuthlich auf der Höhe von Oreos den
Feinden in die Hände gerieth. Demnach hat aller
Wahrscheinlichkeit nach die Urquelle, die diesen Vorgang offenbar sehr ausführlich berichtete. die drei Orte
genannt und liegen uns verschiedenartige Excerpte vor,
insofern Polybios Demetrias, Appian aber Oreos wegliess. — Andere Erwähnungen dieser Gefangennahme
schliessen der gegebenen Erzählung sich an, ohne wesentlich

neue Züge hinzuzufügen[3]). — Es giebt aber auch eine
zweite Version, die als Variante von Livius mitgetheilt
wird und die den Stempel annalistischen Ursprungs an
der Stirn trägt: *alii postquam transitum in Asiam est,
cum turma Fregellana missum exploratum ad regia castra
effuso obviam equitatu cum reciperet sese, in eo tumultu
delapsum ex equo cum duobus equitibus oppressum, ita ad
regem deductum esse.* Dieser Version schliesst sich Plinius[4])

---

[3]) Uebereinstimmend erzählen die Schrift *de viris ill.* 54: *quem
inter navigandum ceperat*, und Justinus 31, 7, 4: *quem rex parvo
navigio traicientem ceperat*, wo das *parvum navigium* sogar dem Ori-
ginalbericht angehören kann. Dass Valerius Maximus 3, 5, 1 dem
Sohn die Gefangenschaft als einen Act der Feigheit anrechnet,
scheint rhetorische Combination dieser Erzählung mit einer anderen
über den ungerathenen Sohn des Africaners Gnaeus umlaufenden
Anekdote (vgl. 4, 5, 3; C. L. L. I p. 13 n. 12), und es wird dadurch auch zweifelhaft, ob der gefangene Sohn in der That dieser
Gnaeus gewesen ist. Dass Appian ihn mit dem jüngeren Africanus
verwechselt, würde dafür sprechen, dass es vielmehr Publius war,
der Verfasser der *historia Graeca*; doch ist natürlich auch diese
Identification nichts weniger als sicher. Sollte dagegen jene
Identification des gefangenen Sohnes mit dem Gnaeus thatsächlich
richtig sein, so hat Valerius hier nicht aus Livius geschöpft. Dass
der Urbericht den Vornamen des Sohnes genannt hat, versteht
sich von selbst. Etwas anders wendet die Erzählung Dio fr. 62, 2
(vgl. Zon. 9, 20): Σέλευκος ὁ τοῦ Ἀντιόχου τὸν τοῦ Ἀφρικανοῦ υἱὸν
διαπλέοντα ἐκ τῆς Ἑλλάδος λαβών. Seleukos führte im Winter 563/4
das Commando an der aeolischen Küste (Liv. 37, 8, 5) und würde
hiernach die Gefangennahme bei einem Landungsversuche dort
stattgefunden haben.

[4]) h. n. 35, 4, 22: *L. Scipio tabulam victoriae suae Asiaticae in
Capitolio posuit, idque aegre tulisse fratrem Africanum tradunt ..
quando filius eius illo proelio captus fuerat.* Diese Version ist übrigens
insofern mit der gesammten Ueberlieferung im Widerspruch, als
die Gefangennahme jedenfalls den Verhandlungen am Hellespont
voraufging.

wenigstens insofern an, als der Sohn auch bei ihm in
einem Gefecht zu Lande gefangen genommen wird. Sie
steht nicht gerade in nothwendigem Zusammenhang mit
den die Scipionen bemakelnden Erzählungen, welche an
die Freilassung des Sohnes ohne Lösegeld späterhin an-
gesponnen worden sind, ist aber wahrscheinlich gleichzeitig
mit diesen entstanden, wie es scheint nur um den drama-
tischen Effect dadurch zu steigern, dass des Feldherrn
Sohn nicht über ein Jahr vor den Verhandlungen am
Hellespont, sondern unmittelbar vorher in die Gewalt der
Feinde geräth.   Da die einfältige Erzählung von dem
blinden Lärm in Rom über die Vernichtung der asiatischen
Armee (Liv. 37, 48) ausdrücklich auf Antias zurückgeführt wird, so ist es ganz glaublich, wie Nissen S. 196
vermuthet, dass auch jene fregellanische Schwadron von
seiner Fabrik ist.

2. Während nach den sonstigen Berichten die Friedens-
gesandtschaft des Königs durch gemessene Instructionen
gebunden ist, wie dies auch nach der Sachlage nicht anders
sein konnte, ist sie nach Appian vielmehr angewiesen zu
gewähren was die Scipionen fordern würden[5]).   Dieser
dem Verlauf der Dinge auch bei Appian widersprechende
Zusatz kann ein blosses Versehen Appians sein; aber
wahrscheinlicher dünkt es mir, dass schon die späteren
Annalisten diesen Ton angeschlagen und in ihrer unbe-
dachtsamen Hoffart die Scipionen von Haus aus als die
unbedingten Herren der Sachlage dargestellt haben.

---

[5]) καὶ εἴ τι τι ἄλλο αἰτοῖεν οἱ Σκιπίωνες. Den Ansatz dazu hat
schon Polybios 21, 14, 6: εἰ δὲ πάντως καὶ τῆς Ἀσίας βούλονται τινα
προσεπιδράττεσθαι, διορίσαι ταῦτα.

Nachdem dann die Entscheidungsschlacht in der Nähe
von Magnesia geschlagen ist, folgt der Abschluss der
Friedenspräliminarien in Sardes. Darüber liegen uns die
Berichte vor von Polybios 21, 16⁴). 17; Diodor 29, 10;
Livius 37, 45; Appian Syr. 38. Der livianische ist lediglich übersetzt aus Polybios; es mag aber nützlich sein,
an diesem Beispiel zu zeigen, wie Livius bei solcher Re-
production verfährt. Einmal begegnen eine Anzahl kleiner
Einlagen, wodurch die schlichte Vorlage motivirend und
verstärkend aufgefrischt wird. Die Gesandten des Königs
finden den Eumenes günstiger für sie gestimmt, als sie
erwartet hatten, sagt Polybios; als sie und der König erwartet hatten, Livius. Dass die Gesandten Zeuxis und
Antipater sich zunächst an den P. Scipio und durch diesen
an den Consul wenden, sagt Polybios nicht und kann es
nicht sagen, da officielle Botschaften an den Magistrat
gehen; Livius hat ungeschickt hier wiederholt, was Polybios
von der ersten vertraulichen Sendung des Musaeos berichtet hatte und was dort an seinem Platz gewesen war.
Dass der Kriegsrath besonders zahlreich war, ist auch ein
livianischer Pinselstrich. Wer von den beiden Gesandten
sprach, giebt Polybios nicht an; Livius nimmt den als
Sprecher, der in seiner Quelle zuerst genannt war, während

---

⁴) Zu Anfang muss etwa gestanden haben: μετὰ τὴν νίκην οἱ
Ῥωμαῖοι τὴν αὐτῶν πρὸς Ἀντίοχον, παρειληφότες καὶ τὰς Σάρδεις καὶ
τῆς ἀκροπόλεις (d. h. die oft genannte mit dreifacher Mauer umschlossene Burg von Sardes, vgl. Arrian anab. 1, 13 und sonst),
ἄρτι [τὸν Πόπλιον ἀπ' Ἐλαίας παρεδέξαντο, ὅτι] ἧκε Μουσαῖος ἐπι-
κηρυκευόμενος παρ' Ἀντιόχου. Die Rückkehr des erkrankten
P. Scipio vor dem Beginn der Friedensverhandlungen erscheint
bei Livius und Appian in ähnlicher Verbindung und kann auch
bei Polybios nicht gefehlt haben.

doch der Vetter des Königs vornehmer war, als der Satrap
von Lydien und später jener als das Haupt der Gesandtschaft auftritt (Livius 37, 55, 3. c. 56, 8. Polyb. 21,
17, 9. c. 24, 1. 3. 14). Die beiderseitigen Reden hat
Livius in seiner Weise umgearbeitet, namentlich in die
der Gesandten den masslosen Ausdruck der Unterwürfig-
keit, die königliche Abbitte des Irrthums und die Vergleichung der Römer und der Götter hineingetragen, in die
des römischen Sprechers die ihm eigenen trivialen historischen Reminiscenzen, mit welchen letzteren auch, in argem
Verstoss gegen die politische Schicklichkeit, das Verzeichniss
der auszuliefernden Römerfeinde verziert ist.   Dass der
König seine Gesandten ausdrücklich angewiesen hat auf
jede Bedingung hin den Frieden abzuschliessen, ist ferner
Erfindung des Römers.   Im Uebrigen giebt er seine Vorlage im Ganzen vollständig und genau wieder; einen
Fehler hat er sich nur insofern zu Schulden kommen
lassen, als die stipulirte Zahlung des Geldes und Getreides,
das Antiochos dem Vater des Eumenes schuldete, durch
ungeschickte Umstellung auf das Getreide beschränkt ist,
so dass bei der Geldzahlung die *causa debendi* fehlt.   Eine
Berichtigung des polybischen Textes geben die Paragraphen c. 45, 16. 17 verglichen mit Polybios c. 17, 7. 8
an die Hand; letztere müssen umgestellt werden, so dass
erst die Geisselstellung, dann die Auslieferung der Römerfeinde zu stehen kommt, da σὺν δὲ τούτοις, wie es jetzt
gestellt ist, in der Luft steht.   Eine Ergänzung giebt c. 45,
19, da der polybische Epitomator die Vertheilung der
Truppen in die Winterquartiere als nicht in diesen Titel
gehörig gestrichen hat. — Von den eigentlichen Friedensbedingungen erwähnt Polybios hier nur den Hauptpunkt,

die Abtretung Vorderasiens bis zum Taurus, offenbar
weil die näheren Bestimmungen schicklicher bei der
Schlussverhandlung ihren Platz fanden. Dagegen führt
er hier, wie natürlich, diejenigen Leistungen an, die Antiochos sogleich zu erfüllen hatte, um die Präliminarien
und den Waffenstillstand zu erlangen, insonderheit die Geld-
forderung für König Eumenes und für Rom, wo dann freilich
der Vollständigkeit wegen nicht bloss die sofort geforderte
Zahlung von 500 Talenten, sondern auch die bei und nach
dem Friedensschluss zu leistenden namhaft gemacht werden
mussten; ferner die Stellung der Geisseln und die Auslieferung der Römerfeinde. Dass die Besiegten das siegreiche Heer bis zum definitiven Friedensschluss zu ver-
pflegen hatten, sagt Polybios hier nicht, holt es aber
später c. 43, 8 (vgl. Liv. 38, 13, 9) nach. — Livius ist dem
Polybios hier durchaus gefolgt. Auch Appian weicht sachlich
nicht wesentlich ab; dennoch kann sein Bericht nicht wohl
aus dem polybischen geflossen sein. Es ist wenig wahrscheinlich, dass das lange und in der hoffärtigen Geschmack-
losigkeit des rechten Annalenstils gehaltene Sünden-
register des Königs von Asien erst von Appian zusammengestellt und hier eingereiht worden ist. Wenn
ferner Appian den Präliminarvertrag auch auf die Auslieferung der Elephanten und der Kriegsschiffe, so wie der
Gefangenen und der Ueberläufer erstreckt und, während
die Gleichheit der vor und der nach der Schlacht gestellten
Forderung bei Polybios wie bei Livius als das eigentliche
Wort der Situation erscheint, Appian nachher einige kleine
Dinge mehr fordern lässt (*μικρὰ ἄττα προσθέντες*), so
ist dies sachlich wahrscheinlich richtig, da doch wohl
schon der Präliminarvertrag auf diese Angelegenheiten

eingegangen ist, und auf keinen Fall eine blosse Umstellung
der von Polybios mit guter Absicht so geordneten Erzählung.
Viel glaublicher ist es, dass der Urbericht beide Verträge
in aller Weitläuftigkeit enthalten und Appian hier mittelbar
aus diesem geschöpft hat. Endlich kommt hinzu, dass er
allein (nebst Zon. 9, 20) den zweiten Sohn des Königs,
den jüngeren Antiochos, unter den Geisseln mit Namen
nennt und diesen von der sonst stipulirten Wechselung aus-
nimmt. — Diodor hat die Präliminarien mit dem folgenden
Frieden und der Ausführungsverhandlung in eins gezogen.

An die Präliminarien schliesst sich der definitive
Friedensschluss in Rom im J. 565, berichtet von Polybios 21,
24; Livius 37, 55. 56; Appian Syr. 39. In der für Polybios
wie für Livius gleich charakteristischen Rede der rhodischen
Gesandten trägt jener sein politisches System vor, die Freiheit der Hellenen zu beiden Seiten des Meeres unter
römischem Schutz. Der Historiker der augustischen Zeit,
der allerdings dies so sich nicht aneignen konnte, giebt
diese Rede wieder mit Weglassung der eigentlichen Pointen.
Indess ich verweile nicht bei diesen einleitenden Betrachtungen. In der Sache selbst beschränkt Polybios sich
darauf die Thatsache des Friedensabschlusses zwischen
den Römern und Antiochos und dessen Bestätigung theils
durch die Comitien, theils durch den Eidschwur des Antipater hervorzuheben, ferner die Einsetzung der Zehner-
gesandtschaft zu berichten und aus der dieser vom Senat
ertheilten Instruction die leitenden Gesichtspunkte hervorzuheben. Livius hat die polybische Fassung in ihrem allgemeinen Rahmen beibehalten, aber sie aus den Annalen
wesentlich erweitert. Zwar dass er Antipater als des Königs
Brudersohn nennt, kann Wiederholung der früheren Meldung

des Polybios c. 16, 4 sein[7]). Aber dass der Bündnissact
auf dem Capitol vollzogen wird, sagt derselbe nicht[8]).
Ebenso fehlen bei Polybios die Namen der zehn Friedensge-
sandten, wie er denn für seine Zwecke derartige Namen-
reihen ebenso vermeidet, wie Livius mit Rücksicht auf die
römische Nobilität sie regelmässig aufnimmt[9]). Endlich
berichtet Livius die Instruction mit verschiedenen Details,
welche Polybios nicht hat und auch nach seinem universalhistorischen Standpunkt gar nicht hat setzen können[10]).

---

[7]) Dies hat Nissen (S. 199) übersehen, wenn er diese Notiz
ansieht als ausgefallen aus dem Text des Polybios.

[8]) Man kann auch nicht sagen, dass der Bündnisschwur regelmässig auf dem Capitol stattfand und Livius darum dies zusetzt.
Die Aufstellung der Bündnisstafeln freilich fand gewöhnlich auf
dem Capitol statt (C. I. L. I p. 170; *ann. dell' inst.* 1858 p. 198 fg.);
aber den Bündnisschwur vollzog wenigstens Claudius auf dem
Forum (Sueton Claud. 25). — Warum Nissen (a. a. O.) diese
Notiz für polybisch hält, weiss ich nicht; hier führt nichts darauf
unseren Auszug für lückenhaft zu halten.

[9]) Nissen nimmt auch hier an, dass die zehn Namen bei Polybios gestanden hätten. Aber so geläufig es diesem ist bei Gesandtschaften von drei Personen deren Namen zu setzen, so geht er
doch über diese Zahl nie hinaus; vgl. besonders 33, 9, 3: ἡ σύγ-
κλητος . . . δίκα πρεσβευτὰς κατίστησι τοὺς περὶ Λεύκιον Ἀνίκιον καὶ
Γάϊον Φάννιον καὶ Κόιντον Φάβιον Μάξιμον, ferner 30, 23, 8. Mit
ebenso wenig Grund nimmt derselbe Gelehrte Anstoss an den
Worten Polyb. 24. 24. 6: δόντες ταύτας τὰς ἀποκρίσεις: diese beziehen sich nicht bloss auf die zuletzt dem Uros der asiatischen
Gesandtschaften ertheilte Antwort, sondern auch auf die an
Eumenes, an die Rhodier, an Antiochos gegebenen Bescheide,
der Plural ist also am Platze.

[10]) Nissen S. 200 nimmt auch hier Verkürzung des polybischen
Textes an und verkennt die Oekonomie des Schriftstellers, sowohl
insofern, als dieser das Detail, so weit er es überhaupt aufnehmen will, nicht bei der Instructionsertheilung, sondern bei dem

Zum Beispiel von Telmissos spricht Polybios hier, wo nur
die allgemeine Richtschnur angegeben wird, gar nicht und
sagt bei dem Ausführungsact (21, 48, 8. 10) nur, dass die
Stadt nicht, wie das übrige Lykien, an die Rhodier, sondern
an Eumenes gegeben worden sei. Die Senatsinstruction
bei Livius dagegen besagt, dass Telmissos nebst seinen
Burgen[11]) an Eumenes fallen, die Besitzungen aber eines
weiter nirgends genannten Ptolemaeos von Telmissos, offenbar eine derjenigen Personen, die individuell zum Freundschaftsvertrag mit Rom zugelassen worden waren, weder
unter rhodischer noch unter pergamenischer Oberherrlich-
keit stehen, also so zu sagen reichsunmittelbar und
souverain sein sollen. Hier liegt uns bei Livius ein Actenstück vor, sei es dem Urbericht angehörig, sei es, was
auch möglich ist, später aus den Senatsprotokollen eingesetzt, das offenbar nicht durch die polybische Schwinge
durchgegangen ist[12]). -- Wenden wir uns schliesslich zu
Appian, so begegnet uns zunächst hier wieder der Umstand,
dass er nicht wie Polybios und Livius die Friedensbedingungen mit Rücksicht auf die noch bevorstehende Schlussverhandlung übergeht, sondern sie hier ausführlich und zwar
in der Art mittheilt, dass er die bei den Präliminarien
angeführten Punkte nicht wiederholt, dagegen die bei dem

Schlussdecret vorträgt, als auch darin, dass er eben manches
Detail verständiger Weise bei Seite warf.

[11]) *castra*; vgl. die Erzählung über den Abfall des *castellum*
von Alabanda Liv. 38, 13, 2.

[12]) Uebrigens hat Livius 37, 56, 5, wahrscheinlich nicht durch
der Abschreiber, sondern durch eigene Schuld, gesetzt: *haec et ab
Eumene et ab Rhodiis excepta*, wo nur der *ager Ptolemaei* gemeint
sein kann und es also heissen müsste: *hunc . . . exceptum.*

Abschluss neu hinzugefügten unwesentlichen Forderungen (βραχέα ἄττα) einzeln aufzählt. Dies konnte in dieser Form aus Polybios in keiner Weise entnommen werden und widerlegt allein schon die Annahme, dass Appian seine Friedensbedingungen aus der später bei Polybios mitgetheilten Schlussverhandlung entlehnt hat; wogegen die römischen Annalisten sich keineswegs, wie Polybios, vor der Wiederholung derselben Dinge gescheut, vielmehr die getroffenen Abmachungen wiederholentlich referirt haben werden. Auf die materiellen Abweichungen, die in Betreff der Friedensbedingungen und der Form des Friedensschlusses in unseren Quellen auftreten, soll später eingegangen werden.

Zum Abschluss gelangte die politische Umgestaltung, welche die Schlacht von Magnesia herbeiführte, durch die von dem Proconsul Cn. Manlius Volso in Verbindung mit den zehn Senatsbevollmächtigten in Apamea in Phrygien im J. 566 vorgenommene Verhandlung. Die darüber erhaltenen Berichte finden sich bei Polybios 21, 43 — 48; Diodor 29, 11; Livius 38, 37—39; Appian Syr. 44. Allerdings ist der Friedensvertrag, um den es dabei sich handelte, nicht das Werk des Volso und der Decemvirn, sondern ward er in Rom schriftlich festgestellt und nur zur Sanctionirung und zur Ausführung dem Consul mitgetheilt. Was Appian (Syr. 39) ausdrücklich sagt, dass der Vertrag in Rom auf dem Capitol aufgestellt worden, Abschrift aber dem Consul gesandt sei, damit er selbst so wie der König durch ihren Schwur denselben bekräftigten, das geht auch aus Polybius c. 44, 10 mit gleicher Bestimmtheit hervor: Volso und die Decemvirn begannen ihre Thätigkeit damit, dass der Vertrag mit Antiochos

beschworen ward, da dieser schon fertig vorlag und es
insofern keiner Verhandlung, sondern nur der Ausführung
der verbrieften Bestimmungen bedurfte. Die abweichende
Darstellung bei Livius c. 38, 1 [13]) hat Nissen S. 207 mit
Recht verworfen. Chronologisch also ist der Vertrag
bei Appian richtiger als bei Polybios eingereiht; der
letztere ist von der strengen Zeitfolge hier desswegen ab-
gewichen, weil es zweckmässig schien mit dem Detail der
Friedensbestimmungen gleich die Ausführungshandlungen
zu verbinden. Dass, obwohl der Gesandte des Antiochos
Antipater den Vertrag schon in Rom beschworen hat,
noch von dem König eine persönliche Eidleistung vor den
dazu vom Consul abgeordneten Offizieren gefordert ward,
kann nicht befremden. — Dass in der Mittheilung der
Friedensbedingungen Polybios und Livius sich wieder durchaus verhalten wie Original und Uebersetzung, ist allgemein
anerkannt; dagegen begegnen hier verschiedene schwere
Abschreiberversehen [14]), die theilweise selbst die Einsicht
in die politische Bedeutung des Acts verdunkeln.

Gleich im §. 2 wird zu schreiben sein: μὴ ἐᾶν διιέναι
(μὴ εἰδέναι δὲ die Hdschr.) βασιλέα Ἀντίοχον καὶ τοὺς
ὑποταττομένους διὰ τῆς αὑτῶν χώρας ἐπὶ Ῥωμαίους καὶ
τοὺς συμμάχους πολεμίους, nach dem lateinischen *ne quem*

---

[13]) Daraus haben noch Spätere eine Verschärfung der dem
Antiochos von den Scipionen gestellten Bedingungen durch Manlius
gemacht (Zonaras 9, 20).

[14]) Für Livius hat Hr. Luchs in Strassburg die Gefälligkeit
gehabt mir die Lesungen des Bamb. und des jungen, aber aus einem
Zwillingscodex des Bamb. abgeschriebenen, nach seinem Urtheil
dem Bamb. selbst an Zuverlässigkeit wenig nachstehenden Pariser
Codex (n. 5690) mitzutheilen.

*exercitum, qui cum Romano sociisve bellum gesturus erit, rex
per fines regni sui eorumve qui sub dicione eius erunt transire
sinito*; die verdorbenen Anfangsworte hat Ursinus im
Uebrigen richtig gebessert, aber *iāν* kann nicht fehlen.
Andrerseits hätte Livius besser übersetzt *ne quem exercitum . . . rex quive sub dicione eius erunt per fines suos
transire sinunto.* Auch weiterhin bei der Stipulation über
die Auslieferung der Gefangenen hat Livius es verwischt,
was staatsrechtlich nicht unwichtig ist, dass Antiochos
für sich und seine Unterkönige stipulirt.

Ein anderer evidenter Uebersetzungsfehler ist es, dass,
während bei Polybios Antiochos sich verpflichtet keinem
Staat in Europa den Krieg zu erklären, er bei Livius nur
verspricht nicht in Europa Krieg zu führen.

Der folgende Paragraph, der den wesentlichen Inhalt
des Friedens, die Grenzlinie ausspricht, ist bei Polybios
bis auf die gleichgültigen Anfangsworte ausgefallen, und
wie bei Livius zu lesen sei, ist mehr noch ein historisches
als ein philologisches Problem. Ueberliefert ist: *excedito
urbibus agris vicis castellis cis Taurum montem usque ad
Tanaim amnem et ea* (a Paris.) *calle Tauri usque ad iugum*
(ab iuga Bamb.), *qua in Lycaoniam* (lycaonia Bamb.) *vergit.*
Da ein Fluss Tanais hier sonst nicht bekannt ist, dagegen
Strabon [15]) das Ergebniss der Kriege des sechsten Jahrhunderts für Asien dahin zusammenfasst, dass der innerhalb des Taurus und des Halys liegende Theil Kleinasiens

---

[15]) 6. 4. 2 p. 287: συνεχωτέρωσαν δὲ τοῖς Καρχηδονίοις οἱ θ'
Ἕλληνες καὶ Μακεδόνες καὶ ἧς Ἀσίας οἱ ἐντὸς Ἅλυος καὶ τοῦ Ταύρου,
καὶ τούτους οὖν ἅμα συγκατακτᾶσθαι προήχθησαν, ὧν Ἀντίοχός τι ἦν
καὶ Φίλιππος καὶ Περσεύς. Vgl. 11, 1. 7 p. 492: ἡ ἐντὸς Ἅλυος γῆ
καὶ τὰ ἐν αὐτῇ τῷ Ταύρῳ καὶ ἐκτὸς ὅσα εἰς τὴν χερρόνησον ἐμπίπτει.

den Römern botmässig wurde, so ist es herkömmlich
geworden für den Tanais den Halys hineinzucorrigiren
und nach dieser Conjectur die Geschichtserzählung zu
gestalten. Der Sache nach ist vollständig richtig, was
Strabon sagt: die galatische Expedition wird eben unternommen, um das Gebiet diesseit des Halys in die
Gewalt der Römer zu bringen und nachdem die Tolistoboier am Olympos, die Tektosagen am Berg Magaba
(Livius c. 19, 1), zehn römische Meilen östlich von Ankyra
gegen den Halys zu (Livius c. 24, 2) überwunden sind,
greifen die Römer die jenseit des Flusses sitzenden Waffen-
brüder der Tektosagen, die Trokmer nicht an, sondern
begnügen sich sie über den Halys zu scheuchen (Livius
c. 27, 6; vgl. das. c. 16, 13 und Polybios c. 39, 9). Aber
dass Antiochos Vorderasien bis zum Taurus und zum Halys
abtritt, wird weder von Strabon noch sonst irgendwo gesagt,
vielmehr in den vielfachen Erwähnungen dieser Grenzver-
schiebung durchaus nur der Taurus genannt[16]), und konnte
auch nicht gesagt werden, da des Königs Machtgebiet sich auf
die Süd- und die Westküste beschränkt, im nördlichen Kleinasien dagegen Kappadokien, Galatien, Bithynien keineswegs
in seiner Gewalt sind, die galatischen Fürsten sogar von
dem König Syriens wie vom ganzen übrigen Kleinasien
Tribut empfangen (Livius c. 16, 13) und mit diesem gegen
Rom als selbständige Bundesgenossen gekämpft haben
(Livius c. 18, 1). Wenn die Verwandlung von *ad Tanaim*
in *ad Halyn* dem Philologen keineswegs das Gefühl der

---

[16]) Polybios c. 17, 3. c. 24. 7. Livius 37, 45, 14. c. 54, 23. c. 55,
5. 38, 47, 11. c. 48, 1. 4. Diodor p. 621, 63. p. 622, 87. Appian
Syr. 29. 38. Val. Max. 4, 1, ext. 9.

Befriedigung erwecken kann, so hätten die Historiker
schon aus dem angeführten Grunde noch viel energischer
gegen die Einreihung des Ergebnisses des Galaterkrieges
in den Friedensvertrag mit Antiochos protestiren sollen.
Aber diese Schlimmbesserung hat noch viel mehr Schaden
gestiftet. Wenn die römischen Diplomaten das abgetretene
Gebiet so bezeichnet haben, wie in unseren Ausgaben steht:
*cis Taurum montem usque ad Halyn amnem et a valle
Tauri usque ad iuga qua in Lycaoniam vergit*, so haben
sie unter den zahlreichen den Hohn des Geographen heraus-
fordernden Friedenstractaten ohne Zweifel den unsinnigsten
abgeschlossen. Denn das Taurusgebirge als Grenze zu
setzen ohne nähere Definition, ferner dasselbe bis zum
Halys zu erstrecken, dann diesen zwischen den Taurus
und das — ja welches? — Thal des Taurus einzuschieben
ist eine Kette von Unvernünftigkeiten, die in einem wirklich
abgeschlossenen Vertrag nicht hat stehen können, wie
bereitwillig man auch einräumen mag, dass es nicht die
Weisen sind, die die Welt regieren. Wenn etwas einleuchtend ist, so ist es der Umstand, dass in den Worten
usque ad Tanaim amnem derjenige der Flüsse des Taurus
namhaft gemacht wird, welcher zur Grenzscheide aus-
ersehen war[17]), und dass das folgende *et ea valle Tauri*
nicht, um sinnlos zu werden, in *a valle Tauri* corrigirt
werden muss, sondern vielmehr das Thal eben dieses
Flusses bezeichnet, also hienach dieses Flussthal und
sodann die Wasserscheide des Bergzugs die Grenzlinie

---

[17]) Verständlig lässt Appian Syr. 38 den Scipio gleich bei der
ersten Forderung der Tauruslinie hinzusetzen: καὶ τούτοις ὅροι
τεθήσονται.

bilden sollten, wie denn nachher (c. 45, 3) ausdrücklich die *divortia aquarum* die Grenzen des römischen
Gebiets genannt werden. Problematisch bleibt allerdings
sowohl philologisch, ob *ad Tanaim amnem* richtig überliefert oder wie der Name zu corrigiren ist, wie auch
historisch, welcher Fluss hier gemeint ist. In ersterer
Hinsicht ist vielleicht nach c. 15, 7 (wo die Lesung *ad
fluvium Taurum* in unserer Ueberlieferung feststeht) zu
schreiben *ad Taurum amnem*. Denn der dort genannte
pamphylische Fluss ist, nach dem was aus jener Stelle
über seine Lage erhellt, durchaus geeignet die Reichsgrenze
zu bezeichnen. Andrerseits ist es gar nicht unwahrscheinlich,
dass die Römer wie die Griechen, die diesen Frieden
entwarfen, über die Geographie Pamphyliens in diplo-
matischer Unschuld sich befanden und bei der Abgrenzung
einen pamphylischen Fluss in dem Taurusgebirge als
'Taurusfluss' zu Grunde legten, den unter diesem Namen
kein Geograph kennt. Unter dieser Voraussetzung erklärt
sich auch, was an sich sehr auffallend ist, dass sofort
nach dem Abschluss des Friedens über die hier bezeichnete
Grenzlinie ein ernstlicher Rechtsstreit sich erhob [18]) und
dass keiner der späteren Geographen, selbst der kundige

---

[18]) Polybios c. 48, 11: περὶ δὲ τῆς Παμφυλίας Κυμίνους μὲν εἶναι
φάσκοντος αὐτὴν ἐπὶ τάδε τοῦ Ταύρου, τῶν δὲ παρ' Ἀντιόχου πρεσβευτῶν ἐπέκεινα, διαπορήσαντες ἀνέθεντο περὶ τούτων εἰς τὴν σύγκλη-
τον. Livius c. 39, 17: *de Pamphylia disceptatum inter Eumenem et
Antiochi legatos cum esset, quia pars eius citra, pars ultra Taurum est,
integra res ad senatum reicitur.* Darum findet auch im J. 566 die
Begegnung des Seleukos und des Manlius an der pamphylischen
Grenze statt (Polybios c. 43, 8; Livius c. 37, 7, 9). Incorrect
nennt Diodor 29, 13 dafür Lykaonien.

Strabon nicht, den in diesem Vertrage genannten Fluss
namhaft macht; ein seinem Namen nach nicht zu identi-
ficirender Grenzfluss konnte ihnen freilich nichts nutzen.
Gemeint kann kaum ein andrer Fluss sein als der
pamphylische Kestros, der wenig östlich von Perge
ins Meer fällt. Dass die Grenze in Pamphylien zu
suchen ist, wird ausdrücklich gesagt (S. 530 A. 18)
und aus dem Bericht über die Vorgänge bei den pamphylischen Zügen des Manlius in den J. 565 (Polyb.
c. 35 genauer als Livius c. 15) und 566 (Polyb. c. 44:
Livius c. 37, 9. 10), in Verbindung mit der später dagegen in Rom geübten Kritik (Livius c. 45) geht deutlich
hervor, dass Perge auf dem rechten Ufer des Kestros
römisch wurde, obwohl der dort für Antiochos das Commando führende Offizier zunächst darüber im Zweifel war,
ob nach dem Vertrag die Stadt den Römern zu übergeben
sei, Aspendos dagegen links vom Kestros nicht in die
Gewalt der Römer kam[19]. Dann aber kann, da man
doch nicht einen ganz geringfügigen Bach zur Grenzscheide
des Ostens und des Westens bestimmt haben wird, schlechterdings kein anderer Fluss gemeint sein als dieser recht
ansehnliche und sogar schiffbare Strom[20].

Eine schliessliche Bestätigung dieser Erörterung gewähren die kürzlich von G. Hirschfeld auf Grund seiner
Bereisung der betreffenden Gegend über den Feldzug des

---

[19] Aus Polybios c. 35 geht deutlich hervor, was Livius c. 15
freilich entstellt hat, dass Manlius wohl Verträge mit Aspendos
und den anderen Städten des östlichen Pamphyliens abschloss und
Geld von ihnen nahm, aber den Kestros keineswegs überschritt.
[20] Strabon 14, 4, 2 p. 667; *Stadiasmus maris magni* 219.

Manlius angestellten Untersuchungen[21]). Er hat dort
nachgewiesen, dass der *Taurus fluvius*, an dem Manlius
aus Pamphylien kommend am ersten Marschtage sein Lager
schlug, eben der Kestros ist, welcher aus den Bergen
kommt, die nach seiner Angabe heute allein den Taurus-
namen (Davras) führen und vielleicht schon in alter Zeit
ihn vorzugsweise geführt haben. Darf man den *Taurus
mons* des Friedensvertrages, der in der gewöhnlichen allgemeinen Bedeutung verstanden der Sachlage wenig entspricht, in diesem beschränkteren Sinne nehmen, so gewinnen wir überhaupt eine wesentlich schärfere Fassung:
der König soll seine Truppen wegziehen aus dem gesammten
Gebiet diesseits der Bergkette des Taurus bis zum Taurusfluss und ferner aus diesem Thal des (Flusses) Taurus
bis zur Wasserscheide gegen Lykaonien.

Nur der Vollständigkeit wegen hebe ich hervor, dass
Livius in den Paragraphen über die Rückgabe der Gefangenen die Terminsetzung hineinbringt, ohne doch, wie
dies dann nothwendig war, das Datum beizufügen; dass
er der Auslieferung der Gefangenen die stolze Wendung
nimmt, die sie bei Polybios hat, und die Auslieferung der
freien Deserteure als vergessen hineincorrigirt, ohne zu
bemerken, dass der Vertrag hierüber vornehm schwieg.
Die Auslieferung der römerfeindlichen Aetoler hat er
vergessen.

Schwierigkeit macht der die Flotte betreffende Paragraph wegen der beiderseitigen Entstellung der Texte. Bei

---

[21]) In der Festschrift der Königsberger Universität für den
funfzigsten Jahrestag des archäologischen Instituts in Rom
(Königsberg 1879. 4) p. 10.

Polybios wird etwa zu schreiben sein: *ἀποδότω δὲ καὶ τὰς ναῦς τὰς μακρὰς καὶ τὰ ἐκ τούτων ἄρμενα καὶ τὰ σκεύη, καὶ μηκέτι ἐχέτω πλὴν δέκα καταφράκτων . μηδὲ [λέμβον πλείοσι] τριάκοντα κωπῶν ἐχέτω ἐλαυνόμενον μηδὲ [μονήρη] πολέμου ἕνεκεν, οὗ αὐτὸς κατάρχει.* Die überlieferte Schreibung *μηδὲ τριακοντάκωπον ἐχέτω ἐλαυνόμενον* ist sprachlich wie sachlich unmöglich: sprachlich, 'weil Poly- 'bios für *τριακόντορος* nicht das Unwort *τριακοντάκωπος* 'gebraucht haben kann und weil die Schiffsnamen weiblich 'sind[22])', sachlich, weil, wenn dem König untersagt ward ein mit dreissig Rudern fahrendes Kriegsboot zu haben, ihm Vierzig- und Funfzigrudrer noch weniger gestattet sein konnten, aus einem Staatsvertrag aber dies nicht bloss folgeweise sich ergeben durfte, sondern darin gerade- zu gesagt werden musste. Im Uebrigen ist bei Aus- füllung der Lücken wesentlich der freilich auch arg zu- gerichtete lateinische Text massgebend gewesen. Die Ueberlieferung lautet hier: *tradito et naves longas arma- mentaque earum, neu plures quam decem naves actuarias* (*actuarias* hat die Mainzer Handschrift, fehlt Bamb. Paris.) *nulla quarum* (*quarum* fehlt Bamb. Paris.) *plus quam* (*in* setzt Bamb. ein) *XXX remis agatur habeto neve monerem* (so Mog. nach Gelenius und Paris., *minore* Bamb.) *ea* (*ex* Mainzer Handschr.) *belli causa quod ipse illaturus erit.* Nach diesen Spuren und nach der poly- bischen Vorlage dürfte etwa gestanden haben: ' *neu plures quam decem naves tectas neve navem actuariam ullam, quae earum plus quam XXX remis agatur, habeto neve*

―――

22) Dies ist einer Mittheilung von Wilamowitz entnommen, dem ich auch bei Herstellung dieser Stelle theilweise gefolgt bin,

monerem belli causa, quod ipse illaturus erit. Es weiden
hier dieselben drei Klassen von Schiffen unterschieden
welche Tacitus[23]) auffuhrt: *complet quod biremium quaeque
simplici ordine agebantur: adiecta ingens lyntrium vis;* und
zwar wird bei den Deckschiffen eine bestimmte Zahl
gestattet, bei den übrigen Fahrzeugen die Haltung sowohl
von grösseren Kähnen wie auch von Moneren ein für allemal untersagt. -- Appian (Syr. 39) stimmt in Betreff des
Flottenparagraphen mit Polybios und Livius, nur dass er
zwölf Schiffe setzt statt zehn; von den Böten schweigt er.

Wenn in allen diesen Stellen wir es nur mit Abschreiber-
verderbnissen zu thun hatten, so verhält sich dies anders
bei der Grenzbestimmung, welche der Fahrt der Schiffe
des Antiochos gesetzt wird. Bei Polybios heisst es ein-

---

[23]) hist. 5, 23. Diese für die Herstellung der livianischen massgebende Stelle des Tacitus hat Georges im Wörterbuch nachgewiesen; die Bearbeiter des alten Seewesens haben, so viel ich
finde, sie unberücksichtigt gelassen. Die bei diesen gangbare
Auffassung der *moneres* als eines Synonyms von *navis actuaria*
(Graser *de re navali* p. 5. 54; Marquardt Staatsverwaltung 2. 479)
ist danach unzweifelhaft falsch und steht dieser 'Eindecker' vielmehr der Grösse nach zwischen der *navis tecta* und der *navis
actuaria.* Es wird dies in der Weise aufzufassen sein, dass die
μονήρης ein Schiff war mit einem Deck, aber ebenso viel Ruderern,
als sie bei den Zwei- und Dreideckern in dem tiefsten Deck verwendet wurden, also ein Vierundfunfzigruderer, während die
lyntres oder *naves actuariae* nicht bloss ebenfalls nur ein Deck,
sondern auch noch weniger Ruderer hatten. In der That kommt
unter den von der Zahl der Ruderer entlehnten Benennungen der
Boote keine höhere vor als πεντηκόντορος. Der Unterschied
zwischen dieser und der Moneres war also gering. Man mag
auch wohl häufig unter der *navis actuaria* die *moneres* mitver-
standen haben und daraus sich das ungemein seltene Vorkommen
der letzteren erklären.

fach: μηδὲ πλείωσαν ἐπὶ τάδε τοῦ Καλυκάδνου ἀκρωτηρίου,
Livius dagegen übersetzt: *ne navigato citra Calycadnum
neu Sarpedonium promunturia*, und mit ihm stimmt
Appian Syr. 39: ὅρον Ἀντιόχῳ τῆς ἀρχῆς εἶναι δύο ἄκρας
Καλύκαδνόν τε καὶ Σαρπηδόνιον καὶ τάςδε μὴ παραπλεῖν
Ἀντίοχον, nur dass die Umwandlung der Fahrt- in die
Reichsgrenze ihm zur Last fällt. — Vergleicht man diese
Angaben, so muss zunächst jedem es sich aufdrängen,
dass die Nennung zweier Vorgebirge in diesem Zusammen-
hang widersinnig ist; die Fahrtgrenze, deren Ueber-
schreitung *casus belli* war, konnte doch nur eine sein. Es
lässt sich aber auch ziemlich deutlich erkennen, dass die
Verdoppelung der Vorgebirge nichts ist als eine spätere
Entstellung. Das kalykadnische Vorgebirge kommt nirgends
vor als hier; es scheint damit ganz ähnlich gegangen zu
sein wie mit dem Taurusfluss. Gemeint ist ohne Zweifel
das berühmte sarpedonische, das von der Mündung des
Kalykadnosflusses nicht weit entfernt ist[24]); es lag also den
Späteren nahe für jenes gänzlich unbekannte dies einzu-
setzen, und dies ist offenbar von den Annalisten in der
fehlerhaften Weise der Verdopplung geschehen. Hier
also ist es meines Erachtens evident, theils dass Livius
aus den Annalen ergänzt hat, was Polybios nach seiner
Meinung ausgelassen hatte, theils dass Appian hier aus den
Annalen und nicht aus Polybios schöpft. Es ist nicht
erbaulich, dass unter dem Eindruck der vorgefassten

---

[24]) Doch fallen die Flussmündung und das Vorgebirge keineswegs geographisch zusammen; die Entfernung beträgt 80 Stadien.
Ich bemerke dies, damit man nicht etwa meine, dass es genüge
für das kalykadnische Vorgebirge die Mündung des Kalykadnosflusses zu substituiren.

Meinung, als seien Livius und Appian einfache Epitomatoren
des Polybios, diesem in unseren Ausgaben die widersinnige
Doppelgrenze in den Text hinein corrigirt worden ist.

Der Vertrag bestimmt weiter, dass Antiochos aus dem
den Römern gehorchenden Gebiete weder anwerben noch
Flüchtlinge von dort bei sich aufnehmen dürfe, welche
letztere Bestimmung Livius gedankenloser Weise in das
Verbot Freiwillige anzunehmen umgesetzt hat, was ja bereits
unter die erstere Clausel fällt. Etwas auffallend ist es,
dass dasselbe vorher für König Eumenes besonders ausgemacht wird; doch wird daraus wohl kaum gefolgert
werden dürfen, dass dessen Reich nicht zu dem den
Römern unterworfenen Gebiet gerechnet worden ist.

Die Wiederherstellung der Zollfreiheit der Rhodier und
das Verbot etwa künftig von Rom abfallende Gemeinden
unter Schutz zu nehmen hat Livius übergangen, wie
manches andere Nebensächliche, das hervorzuheben nicht
nöthig erscheint.

Bei der Tributzahlung hat Livius aus dem attischen
Silber attische Talente gemacht, was fehlerhaft ist, denn
da das Gewicht des Talents nach römischen Pfunden
bestimmt wurde, so bedurfte es einer Definition des Talents
nicht, wohl aber einer solchen für den Feingehalt. Auch
würde, wenn das Talent definirt werden sollte, dafür die
technische Bezeichnung des euboischen gewählt worden
sein, wie dies bei den Präliminarien geschah (Polyb. c. 17.
4; Livius 37, 45, 14; Appian 38). Die Getreideleistung
ist bei Polybios durch die Abschreiber entstellt, aber mit
Hülfe des Livius leicht in Ordnung zu bringen [25].

---

[25]) Es ist für *κει τοῦ σίτου φ και μ τνθ* zu schreiben: *και*

Die wichtige Bestimmung über das Rechtsverhältniss
zu den Staaten, denen Krieg zu erklären dem Antiochos
vorher untersagt ist — nicht, wie Livius dies wiedergiebt,
zu den mit Rom verbündeten Staaten — hat Livius wieder
falsch aufgefasst: der Vertrag bestimmt, dass Antiochos,
angegriffen, sich vertheidigen, aber keine bleibende Eroberung machen dürfe, dagegen, wenn ihm ein Unrecht
zugefügt sei, ein Schiedsgericht prociren solle, nicht
aber selber angreifen, wogegen Livius hier 'nach beider-
seitigem Belieben (!)' die Kriegführung gestattet, Appian
noch unvernünftiger aus dem Angriffskrieg einen Krieg
'gegen die Unterthanen' gemacht hat.

μεδίμνων σίτου M̅ (d. i. ἐννέα μυριάδας): Εὐμένει δὲ τάλαντα
ιν. Hultsch irrt, wenn er meint, dass für 90000 geschrieben worden
sei ϑ; das Myriadenzeichen kann wenigstens in der gewöhnlichen
Schrift nicht fehlen und es ist wohl ϙ καὶ μ nichts als Entstellung
von M̅. Die Umwandlung des unmöglichen τοῦ in das Medimnen-
zeichen verdanke ich Wilamowitz. Ebenso sind die Worte: τῷ
ἐπιβαλλομένῳ καιρῷ καὶ τοῖς Ῥωμαίοις ἀποδίδωσι sicher kein
Glossem; es war angemessen die Gleichzeitigkeit der Zahlung
an die Römer und an Eumenes anzuordnen und dadurch die von
Antiochos gegen diese eingegangene Verpflichtung gewissermassen
unter römische Bürgschaft zu stellen und dies ist sicher in den
verdorbenen Worten ausgedrückt gewesen. Wilamowitzs Vorschlag: καταβάλλων ἐν ᾧ καιρῷ καὶ τοῖς Ῥωμαίοις ἀποδίδωσιν wird
wenigstens im Wesentlichen das Richtige treffen. Ueber die völlig
zerrütteten Schlussworte schreibt mir derselbe: 'οὓς συνεχώρησιν
'ist unmöglich, da Antiochos in dem Zwischensatz (καθὼς ἐπήνεσιν
'ὁ βασιλεὺς Ἀντίοχος), also sicher nicht im Hauptsatz Subject ist.
'Offenbar handelt es sich um eine Getreideforderung des Eumenes
'an Antiochos, welche dieser mit Geld abzulösen sich erbietet, was
'Eumenes annimmt; es stand etwa: καὶ ἀντὶ τοῦ σίτου, καθὼς ἐπί-
'μησιν ὁ βασιλεὺς Ἀντίοχος, τάλαντα ρκζ καὶ δραχμὰς χιλίας σος
'(oder jede andere Zahl) συνεχώρησιν Εὐμένης λαβεῖν, γάζαν (vgl.
'wegen dieses Wortes 11, 34, 12) εὐαριστουμένην ἑαυτῷ.'

Ueber die Vertheilung des Kriegsgewinnes unter die Bundesgenossen und die diese überhaupt betreffenden Bestimmungen ist wenig zu bemerken. Dass die Verfügungen zu Gunsten der Ilier und der Dardaner Liv. c. 39, 9. 10 bei Polybios c. 48, 5 fehlen, führt Nissen S. 16. 209 auf Verkürzung des Epitomators zurück; es ist vielmehr wahrscheinlich ein Zusatz aus den Annalen, da ja die *originum memoria* bei beiden Städten als die Ursache der Begünstigung bezeichnet wird und es also sehr nahe lag, dass die Annalisten, sei es aus echter Quelle, sei es durch Erfindung, diesen Zusatz einfügten. — Anlangend die Differenz in Betreff der an Eumenes gelangenden Myser, οὒς πρότερον αὐτὸς παρεσκευάσατο (Polyb. c. 48, 10), *quam (Mysiam) Prusia rex ademerat* (Liv. c. 39, 15), möchte ich nicht, wie es gewöhnlich geschieht (Hultsch z. d. St.; Nissen S. 205), den Fehler bei Polybios suchen, sondern vielmehr *Prusia* in *pridem* ändern.

Es ist bei der bisherigen Untersuchung keine Rücksicht genommen worden auf die Erzählung der beiden Expeditionen, die L. Scipios Nachfolger im Oberbefehl Cn. Manlius Volso im Jahre nach der Ueberwindung des Antiochos nach Pisidien und nach Galatien unternahm, so wie auf die Zurückführung der Heere aus Kleinasien nach Italien im Jahre 566 und die unterwegs den Thrakern gelieferten Gefechte. Indess wird es zweckmässig sein, schon weil es an sich nahe liegt, dass diese Berichte und der über den antiochischen Krieg auf dieselbe Quelle zurückgehen, zu zeigen, dass dies nicht der Fall ist und hier ganz andere Verhält-

nisse obwalten. Der eigenthümliche Stempel, den die
Erzählung dieser beiden Expeditionen an sich trägt, drängt
jedem Leser sich auf. Es giebt in unserer gesammten
annalistischen Ueberlieferung keinen Abschnitt, der dem
Lagerjournal so nahe käme; die Erzählung sticht auffallend
ab gegen alles was vor und was nach dem Commando des
Manlius vor sich geht und erinnert lebhaft an das Buch
über Caesars zweiten spanischen Krieg. Die durchgeführte
Aufzählung der einzelnen Tagemärsche[36]) und anderes vom
Standpunkt der historischen Darstellung betrachtet unwesent-
liche und störende Detail[37]), die fast stehenden geographischen
und ethnographischen Excurse[38]), welche in dem Charakter
der gewissermassen auch als geographische Entdeckungs-
reise zu betrachtenden Expedition ihre Rechtfertigung
finden, die eingehende Schilderung der Bewaffnung und
der Fechtweise[39]), die ausserhalb der allgemeinen Erzählung

---

[36]) Livius 38, 13. 14. 15 (wo § 14 ein Tagemarsch von nur
5 Milien angemerkt wird). 18. Polybios 21, 43, 9 = Liv. c. 37, 8.
c. 41.

[37]) Dahin gehören zum Beispiel die Einnahme des Castells von
Alabanda (Liv. c. 13, 2. 4) und der zweitägige Aufenthalt des
Eumenes und der römischen Commissarien in Ephesos (Polyb.
c. 44, 6).

[38]) Ueber Kelaenae und den Maeandros Liv. c. 13, 5—7; über
Sagalassos c. 15, 9 (vgl. Polyb. c. 36, 3); über die Landschaft
Axylos c. 18, 4; über den Sangarios c. 18, 8 (vgl. Polybios c. 37, 4);
über Gordiaion c. 18, 12; vor allem die belehrende Erörterung
über die kleinasiatischen Galater c. 16. In unseren polybianischen
Excerpten finden sich an den entsprechenden Stellen nur Andeutungen, aber, wie Nissen S. 204 richtig bemerkt, nur desshalb,
weil die Epitomatoren für ihre Rubriken diese Notizen nicht
passend fanden.

[39]) Livius c. 21.

stehende Erwähnung gebliebener Offiziere[30]), das militärische Urtheil über die einzelnen Operationen[31]) zeigen,
dass uns hier die nur oberflächliche Ueberarbeitung eines
von einem betheiligten Militär über diese Expedition auf-
gesetzten Gesammtberichts vorliegt. Der Schreiber steht
politisch zwar durchaus auf dem römischen Standpunkt[32]),
aber ein Römer scheint er nicht zu sein[33]) und römische
Dinge vielmehr als ein Fremder zu schildern, wie dies
hervortritt theils in dem Hervorheben solcher Dinge, die
für den Römer selbstverständlich waren, namentlich der
militärischen Sacralhandlungen[34]) und der Behandlung der
Beute[35]), theils in seiner Schilderung der Bewaffnung der

[30]) Livius c. 41, 3.

[31]) Livius c. 22, 2 handelt von der Theilung der Truppen und
der Zweckmässigkeit starker Reserven auf coupirtem Terrain.

[32]) So ist der König von Kappadokien, der sich auf die Seite
der Gallier gestellt hat, rathlos, wie er für seine Verkehrtheit
Entschuldigung finden könne (παραιτήσασθαι τὴν σφετέραν ἄγνοιαν)
nach Polybios c. 43, 5. Livianische Aeusserungen in diesem Ton
beweisen freilich nichts.

[33]) Nur darf man dafür, dass die Quelle griechisch geschrieben
war, nicht mit Nissen S. 203 die Worte Liv. c. 18, 4 geltend
machen: *axylon quam vocant terram: ab re nomen habet.*

[34]) Livius c. 12, 2: *exercitu lustrato.* Polyb. c. 43, 9: καθαρμὸν
ποιησάμενος τῆς δυνάμεως = Liv. c. 37, 8: *lustrato exercitu.* Livius
c. 20, 6: *sacrificio facto cum primis hostiis litasset.* c. 26, 1: *cum
auspicio operam dedisset, deinde immolasset.*

[35]) Liv. c. 23, 10: *consul armis hostium in uno conrematis cumulo
ceteram praedam conferre omnes iussit et aut vendidit, quod eius in
publicum redigendum erat, aut cum cura, ut quam aequissima esset, per
milites divisit.* Die Verbrennung der erbeuteten Waffen zu Ehren
der römischen Götter und das Sammeln, Vertheilen und Verkaufen der übrigen Beutestücke sind nichts Besonderes, sondern
stehende römische Uebung.

römischen leichten Infanterie[36]). Nimmt man dazu die
auffallende Rücksichtnahme auf die bei der Expedition
befindlichen Truppen griechischer Nationalität[37]) und die
umfassende und beherrschende Kenntniss der kleinasiatischen Verhältnisse, zum Beispiel der inneren Geschichte
Bithyniens, die in der Erörterung über die Vorgeschichte
der Galater zu Tage tritt, so wird man darauf geführt in
dem Urheber dieses Berichts einen Griechen zu suchen,
und zwar einen hervorragend geschichtskundigen Griechen,
der in dem von Eumenes gesandten Corps den Feldzug
mitgemacht hat.

Vielleicht dürfen wir noch einen Schritt weiter gehen.
Polybios c. 38 und nach ihm Livius[38]) berichten, dass Chio-

<hr>

[36]) Livius c. 21, 13.

[37]) Die Rücksicht auf Eumenes und seine Brüder tritt überall
hervor: Livius c. 12, 6—9. c. 13, 1. 3 (*Athenaeus Eumenis et Attali frater
cum Cretensi Leuso et Corrago Macedone venit: mille pedites mixtarum
gentium et trecentos equites secum adduxerunt*). c. 13, 8. 10 (wo die
Controverse ausführlich erörtert wird, ob nach dem Vertrag
Antiochos auch für die nichtrömischen Truppen die Verpflegung
zu gewähren habe). c. 20, 9. c. 21, 2. c. 23, 11. Polyb. c. 39 = Liv.
c. 25. Dass bei dem Eintreffen des Eumenes in Ephesos besonders
verweilt wird, wurde schon bemerkt (S. 539 A. 27). Auch bei der
Schlussverhandlung mit Antiochos zeigt sich dasselbe.

[38]) 38, 24. Die Erzählung steht ferner bei Valerius Maximus 6, 1
ext. 2; Florus 1, 27 [2, 11]; Schrift *de viris ill.* 52. Dabei tritt der
seltsame Umstand ein, dass die drei letztgenannten Schriftsteller
einen Lesefehler des Livius reproduciren. Denn während der
Name des Gatten bei Plutarch *de mul. virt.* c. 43 (der diese Poly-
bios-Stelle erhalten hat), bei Suidas u. d. W. (aus dem Polybios 22,
21 genommen ist) und bei Livius selbst 38, 19, 2 Ὀρπάγων lautet,
lesen wir bei Livius c. 24 und ebenso bei Valerius, Florus und
dem sogenannten Victor (*orgiagontis* die Brüsseler Handschrift des
vollständigen Werkes, *orgaguntis* die besten Handschriften der

mara, die Gattin des Königs der Tolistoboier Ortiagon,
auf dem Berg Olympos mit den anderen Weibern und
Kindern des Stammes[39]) den Römern in die Hände gefallen
sein; dass der römische Centurio, der zur Bewachung der
Gefangenen in Ankyra commandirt war, der schönen Frau
Gewalt angethan, dann aber von den Ihrigen bestochen
sie denselben ausgeliefert habe; dass sie dann bei der Ueber-
gabe ihre Landsleute in ihrer Sprache geheissen habe den
Centurio niederzumachen. Diese Frau, fügt Polybios der
Erzählung hinzu, habe er selbst in Sardes gesehen. Wann
dies geschah, erfahren wir nicht; unter den galatischen
Fürsten aber, die der Consul Volso im J. 566 anwies während
seines Marsches von Apamea nach dem Hellespont sich persönlich bei ihm einzufinden[40]), ist Ortiagon, der später eine
hervorragende Rolle in den kleinasiatischen Angelegenheiten

---

defecten Klasse) *Orgiago*. Ein Abschreibeverderbniss ist dies
schwerlich, da der Uebergang von *T* in *G* wenig Wahrscheinlichkeit hat: vielmehr wird Livius in seinem Polybios-Text hier aus
Versehen, und ohne sich der früheren Erwähnung desselben
Mannes zu erinnern, für *OPTIAΓΩN* gelesen haben *OPΓIAΓΩN*.
Es ist dies insofern wichtig, als hiemit der Beweis geführt ist,
dass nicht bloss Valerius und Florus, sondern auch die Schrift *de
viris illustribus* aus Livius geschöpft ist. Dies bestätigt sich weiter
dadurch, dass der von Livius verkehrter Weise weggelassene
Name der Heldin der Geschichte auch bei den drei abhängigen
Autoren fehlt. Dass die Schrift *de viris illustribus* die Katastrophe
der Anekdote etwas anders wendet, ist gleichgültig.

[39]) Livius c. 23, 9.

[40]) Sie wurden zunächst nach Ephesos vorgeladen (Livius c. 27,9).
dann aber angewiesen nach dem Eintreffen des Eumenes abermals
(Polybios c. 43, 3. 7 = Livius c. 37, 6) und zwar persönlich (Diodor
p. 622, 94) sich einzufinden, während Manlius nach dem Hellespont zurückging (Polyb. c. 48, 12; Livius c. 40, 1).

spielte[41]), ohne Zweifel gewesen, und mit ihm kann seine hochangesehene Gattin gekommen sein[42]). Es kann also die Begegnung mit Polybios in Sardes recht wohl bei dieser Gelegenheit stattgefunden haben. Sollte jener geschichtskundige griechische Offizier, der in dem Hülfscorps des Attalos die kleinasiatischen Feldzüge des J. 565 mitgemacht hat, Polybios selber gewesen sein[43])? Seinem Alter und seinen Lebensverhältnissen ist dies angemessen. Er war um das Jahr 544 d. St. geboren[44]), hatte also damals das zwanzigste Lebensjahr überschritten und stand in der Epoche, wo der junge Mann guter Herkunft seine militärische Schule macht.

Dies ist allerdings nicht mehr als eine Möglichkeit; jene Begegnung kann auch bei anderer Veranlassung und

------

[41]) Polyb. 22. 21.

[42]) Man übersehe dabei nicht, dass der Centurio, der eine Gefangene geschändet hatte und dann gegen Bestechung freiliess, auch vom römischen Standpunkt aus das Leben verwirkt hatte, wie er denn auch überhaupt als ein schlechtes Subject geschildert wird.

[43]) Ich habe diese Vermuthung schon vor vielen Jahren in meiner römischen Geschichte 2⁶ S. 448 ausgesprochen, allerdings ohne sie zu motiviren. Nissen S. 205 hat sie zurückgewiesen, indem er meinte, dass sie sich lediglich auf die Angabe über das Zusammentreffen des Polybios und der Chiomara stütze, und dass Chiomara jedenfalls erst nach dem Friedensschluss in Sardes gewesen sein könne. Dies ist richtig, und es ist auch richtig, dass die Nachricht über das Zusammentreffen des Polybios und der Chiomara nicht genügen würde, um darauf hin jene Vermuthung aufzustellen. Aber die für mich bestimmenden Gründe sind wesentlich andere gewesen, wie oben entwickelt ist.

[44]) Er war im J. 573 noch nicht dreissig Jahr alt (25. 7); gedacht wird seiner zuerst bei Philopoemens Bestattung 571, wo er die Aschenurne trug.

zu anderer Zeit stattgefunden haben. Aber eine andere
Erwägung giebt dieser Möglichkeit ein erhebliches Gewicht.
Warum nimmt die Erzählung des Polybios in der Darstellung dieses Feldzugs, und dieses Feldzugs allein, der
historischen Oekonomie zum Trotz die Form der militärischen Ephemeriden an? Fremde Berichte der Art hätte
Polybios ohne weiteres auf das historisch richtige Mass
zurückgeführt; dass, wo er Selbsterlebtes erzählt, er mit
anderem Mass misst, weiss jeder, der ihn kennt.

Ausser bei Polybios und seinem lateinischen Ueber-
setzer liegen über die Feldzüge des Volso Nachrichten
vor theils in den bei Livius c. 23, 8 eingelegten Stellen
aus Claudius Quadrigarius und Valerius Antias, theils
bei Diodor 29, 12. 13 und bei Appian Syr. 42. 43.
Was Livius bei den Römern mehr las als bei Polybios,
beschränkt sich auf die Zahl der am Olympos gefallenen
Feinde, welche Polybios (Liv. c. 23, 6) unbestimmt gelassen
hatte und die hier wie an hundert anderen Stellen freie
Erfindung der Chronisten sein können. Die wenigen
Notizen bei Diodor sind ohne Zweifel polybischen Ursprungs[45]). Von Appian aber ist dies nicht so völlig
ausgemacht. Zwar in dem Thatsächlichen schliesst auch
er dem Polybios sich eng an und stimmt namentlich
in den Verlustziffern mit ihm, nicht mit Claudius oder
Valerius[46]). Aber der scharfe Tadel, den Appian gegen

---

[45]) Es ist ein Gedächtnissfehler Diodors, wenn er p. 622, 6
die von Antiochos an Manlius geleistete Zahlung als den ersten
der zehn Jahrestribute betrachtet; das Richtige hat Polybios c.
43, 8 und, wenn auch mit einem Fehler in der Ziffer, Livius
c. 37, 9.

[46]) 40000 Gefangene auf dem Olymp wie Polyb. bei Liv. 23. 9:

Volsos Führung auf dem Rückmarsch durch Thrakien
ausspricht, stimmt wenig zu dem polybischen Bericht, obwohl dieser die verlustvollen Gefechte nicht verschweigt,
und sieht fast aus wie die Einleitung zu den schweren
Anklagen, die bei Livius später in dem annalistischen
Abschnitt des Folgejahrs bei Gelegenheit des Triumphes
gegen Manlius erhoben werden. Es ist allerdings wahrscheinlich, dass auch die appianische Erzählung im wesentlichen auf der polybischen beruht: aber wenn es zugegeben
werden muss, dass er für diese Epoche einen Annalisten
sehr ausgiebig benutzt hat, so ist neben der Möglichkeit,
dass er hier den Polybios selbst ausgeschrieben, auch
die andere offen zu halten, dass er hier den polybischen
Bericht mittelbar benutzt hat. Nichts nöthigt uns anzunehmen, dass Polybios von den Annalisten vor Livius
nicht gebraucht worden ist: wenn er gar diese Feldzüge nach
eigener Anschauung schilderte, so lag es nahe, dass schon
die älteren Annalisten ihn eben hiefür zu Grunde legten, so
dass die natürlich nicht aus ihm genommenen Berichte
über den hauptstädtischen Hader mit diesen Theilen der
polybischen Erzählung früh in den Annalen verschmolzen.
Aus einer solchen Darstellung hat Appian die seinige recht
wohl schöpfen können.

****) Todte in der Schlacht gegen die Tektosagen und die Trokmer
wie Polyb. bei Liv. c. 37, 6.   Dass er die dem Ariarathes auferlegte
Busse auf 200 Talente angiebt, während Polybios (c. 43, 8) und
Livius (c. 37, 6) 600 nennen, die dann auf 300 herabgesetzt wurden
(Pol. c. 47; Liv. c. 39, 6), kann Flüchtigkeitsfehler sein.

REGISTER.

---

¹) Ich habe an dieser Stelle übersehen, dass die Ausführung
der Colonie Tauromenium, welche Diodor kennt (16,7), nach der
Notiz bei Dio 51. 7 in das J. 733 zu setzen ist, also Diodors
Werk etwas später geschrieben ist, als ich dort angenommen
habe.

Berlin, Druck von W. Büxenstein.